U0853311

心理学译丛

Essentials of Educational Psychology
Big Ideas to Guide Effective Teaching, 5e

Jeanne Ellis Ormrod
Brett Jones

# 教育心理学

## 指导有效教学的主要理念（第5版）


[美] 简妮 · 爱丽丝 · 奥姆罗德　布雷特 · 琼斯　著

雷雳　伍亚娜　柳铭心　王艳　聂佳　译

雷雳　审校



中国人民大学出版社

· 北京 ·

# 译者前言

如果我们有心去查找一下，可能会发现教育心理学方面的教材不计其数：从时间上纵向看，经典而恒久的教育心理学专著有之，时刻追踪反映不同年代当时最新教育心理学研究成果的著作亦有之；从内容上横向看，较为全面而完整地反映教育心理学学科体系的著作有之，以教育心理学的分支内容为重点来翔实阐述的著作亦有之；从自著译著来看，国内学者自己撰写的著作有之，翻译国外专家学者的著作亦有之。那么，现在翻译这本由奥姆罗德和琼斯撰写、于2018年出版的《教育心理学：指导有效教学的主要理念》（第5版）又有何意义呢？

通常，教育心理学教材都是首先讲解理论，然后解释其假设和原则，继而明确其在教育实践中的意义。但是，这本《教育心理学：指导有效教学的主要理念》（第5版）更为关注的是各种理论观点的共性，而不是差异，因为在作者看来，尽管源于不同传统的研究者会从很多不同的视角去审视人类的认知和行为，但是，有时候他们却殊途同归，得出或多或少有些相似的结论。该书把源于很多不同理论观点的理念整合成了一套心理学作为一个整体所能够提供的原则和具体策略，它充分关注了教育心理学领域的核心概念、原则和基本假设，即教育心理学的主要理念。因为这种关注及该书非常直接和清晰的呈现方式，所以它非常适合于一学期的教学。对于想要成为合格有效的教师的人而言，该书可以让学生理解教育心理学的价值和根本重要性。

在该书中，作者力图把教育心理学带入儿童、教师和课堂的真实世界中。作者把来自众多理论观点的理念整合到一套具有普遍性的原则和策略中，这正是教育心理学作为一个整体可以为新手教师所做的。所以，该书在简短介绍了研究及研究策略的重要性（第1章）之后，就对人类经验最核心的部分——认知进行了讨论（第2章）。以此为基础，作者展开了五个方面的阐述——复杂的认知过程（第3章）、在背景中学习（第4章）、动机和情感（第5章）、认知发展（第6章），以及人格、社会性和道德发展（第7章）——而所有这一切又都会回到基本的认知过程中来，这是各种普遍的人类现象的基础。该书的最后三章基于前面的内容而对教学（第8章）、课堂管理（第9章）和评价（第10章）提出了建议。

我们希望使用这本《教育心理学》中译本的读者，无论是教师、学生，还是其他对教育感兴趣、有关注的人，也都会有类似的感受，用得顺手、读得开心。

这本书的翻译工作由我和我带过的几位学生共同完成，翻译规范及体例等方面由我制定，具体章节的分工是：雷雳翻译第1章部分，王艳（北京科技大学）翻译

第2、3章，柳铭心（中国儿童中心）翻译第1、5、6章，聂佳（西安交通大学）翻译第7章，伍亚娜（北京教育考试院）翻译第4、8、9、10章及附录。翻译初稿完成后，由我进行审校统稿。翻译过程中我们已经尽力追求译文的信、达、雅，如若仍然存在一些错谬之处，敬请专家读者批评指正。

本成果也受到中国人民大学“双一流”跨学科重大创新规划平台——心理健康教育跨学科交叉平台支持。

雷 雳

2021年夏

CONTENTS 目录

# 第 1 章

# 教育心理学导论

**主要理念**

第一节　有效力的教师会利用研究发现和基于研究的理论，对教学策略、课堂管理及评估方法做出决策。

第二节　有效力的教师会持续不断地提升自己的专业知识和技能。

第三节　当学习者计划合理并且使用有效的策略时，他们就可以更加有效地阅读、研究和学习。

**本章概要**

**个案研究："没有D（不及格）"策略**

安妮·史密斯是一位拥有10年教龄的九年级英语教师，大家都说她是位优秀的教师。即使这样，在过去的几年里，她的许多学生并没有在写作课作业上投入太多的时间和精力，似乎也没有在她的课上受到成绩为C等或D等的困扰。为了让今年的学生更充分地投入到学业中，史密斯小姐在开学之初提出了两个新策略。首先，要通过她的课程，学生必须至少达到C，她最终不会给任何人打D（不及格）。其次，学生会有很多机会修改和重新提交作业。她会根据学生的作业情况提供任何反馈，如果有必要，还会提供一对一的指导来帮助学生提高学业。她征求学生们对新策略的问题和意见，取得他们对"尝试新事物"的赞同，并让他们参与讨论A等、B等和C等成绩的具体特点。然后，随着学生学年的升高，她定期进行简短的调查，提出诸如"'没有D'策略对你有何作用？""你认为你的成绩可以准确地反映出你的学习情况吗？"以及"你还有什么建议吗？"这样的问题，以收集学生对她这些创新的反馈。

学生对调查的反应是非常积极的。学生们提到他们在写作质量上的显著提高，并且有越来越多学生报告说，他们相信自己可以控制自己的学习和成绩。而且，他们对他们的老师有了新的认识——"一个能帮助他们取得最好成绩的人，而不是一个只给分数的人……作为一名教师，鼓励他们在漫长的学习过程中前进。"最终的课程成绩也证明了新策略的价值：在学生中，C或更好成绩的比例远高于过去几年。[①]

- 有效力的教师并不仅仅是向学生传递新知识和技能，他们还努力帮助学生掌握知识和技能。在上述案例中，史密斯小姐使用了什么方法提高学生的写作水平？

教别人——特别是教即将进入成人世界的那代人——是天底下最有回报的职业之一，也是一个非常有挑战性的职业。当然，有效教学包括以一种学生能够理解和掌握的方式呈现主题或技能。但是除此以外，它还包括许多其他方面的内容，例如，教师必须激励学生愿意[②]去学习，必须帮助学生认识什么是真正的掌握，并且——为了因材施教——必须评估每个学生目前所处的学习和发展阶段。通常，有效力的教师会创设一个环境，让学生相信，如果他们努力学习并得到合理的支持，他们就能够达到很高的水平。在开篇的案例中，史密斯小姐做了所有这些事情。

儿童和青少年如何思考和学习，他们拥有哪些知识和技能，还有哪些知识和技能是没有掌握的，他们在自己的发展历程中目前处于什么位置，他们感兴趣和优先考虑的是什么——所有这些因素都会影响各种课堂策略的有效性。因此，教师在课堂上做出的决定——决定讲什么内容、教什么技能（*规划*），如何教这些内容和技能（*教学*），如何让学生专注于课程及对相互之间的学习努力提供支持（*创造有效力的课堂环境*），以及如何确定学生学到了什么（*评估*）——必须最终取决于学生现有的特征和行为。

---

① 行动研究项目：A.K. Smith, 2009.

② 正文中的楷体字为原书斜体字，用于标示需要突出的内容。——译者注

当然，正如我们从开篇安妮·史密斯的案例中所看到的那样，教师的课堂策略也会改变学生所知、所思和所能的东西。因此，学生的特征和行为是一方面，教师的教学策略是另一方面，两者之间的关系是双向的。而且，正如你在后面的章节中会发现的，规划、教学、课堂环境和评估也会相互影响，就像图 1.1 所描述的那样。要注意到，学生的特征和行为位于图的中心，因为这些因素会驱动教师在课堂里能够做的几乎一切行为。这样一种教学的方法有时候被称为**学习者为中心的教学**（**learner-centered instruction**）。[①②]

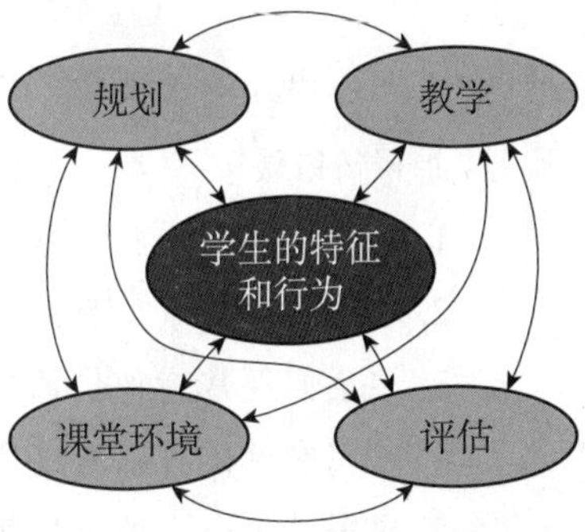


**图 1.1　一个学习者为中心的教学模型**

本书的目的是帮助你理解儿童和青少年——他们是如何学习和发展的，他们彼此之间如何可能相似而又不同，哪些课堂活动和功课更容易让他们参与其中，等等。本书也会给你提供一个策略工具箱，来帮助你规划和实施教学、创造一个保持学生积极性和让学生专注于功课的环境，并且评估学生的进步和成绩。这些话题是**教育心理学**（**educational psychology**）的范畴，教育心理学是这样一门学科：（a）系统研究人类学习、发展、动机及相关内容的本质，（b）并将研究发现应用于有效教学实践的甄别和发展。我们从探索教师如何能够利用不同类型的研究发现做出教学决策开始。

# 第一节　利用研究发现做出教学决策

**主要理念：有效力的教师会利用研究发现和基于研究的理论，对教学策略、课堂管理及评估方法做出决策。**

教师基于他们先前的经验、他人的建议、他们在正规学校教育中学习的知识和技能等来做出教学决策。尽管这些信息中有的内容对教师的教学决策有潜在的帮助，但是有效力的教师会依靠研究发现和基于研究的理论来影响实践。在遵循原则中，我们讨论教师为什么需要理解研究，我们探讨教育心理学家做的不同类型的研究，我们解释如何综合整理研究以帮助教师。

## 一、各种课堂教学措施的有效性可以通过系统的研究得到最好的确认

你自己现在可能已经做了很多年的学生，毫无疑问，在这一过程中你已经学到了大量关于儿童如何学习和发展，以及老师如何促进他们的学习和发展方面的知识。但是，你又确切地知道多少呢？为了帮助你搞清楚这一点，我们的一位作者开发了一个短小的预测验——“奥姆罗德自行心理调查”（Ormrod’s Own Psychological Survey, OOPS）。

① 对学习者为中心的教学方法进行清楚的一般性讨论的，可见 McCombs，2005；National Research Council，2000。

② 原书棕色粗体字，用于标示重要概念或观点，本书用黑体字标示。——译者注

## 自己看一看

### “奥姆罗德自行心理调查”（OOPS）

判断下面的每一条阐述是“正确”还是“错误”。

正确 / 错误

1. 有些孩子是左脑优势思考者，有些孩子是右脑优势思考者。________
2. 学习和记住一个新的事实的最好方法是不断地重复。________
3. 学生们经常对他们已经学会了多少东西缺乏判断。________
4. 焦虑有时候可以帮助学生们在课堂上学得更好、表现更好。________
5. 根据学生个人的学习风格因材施教是最有效的教学。________
6. 儿童的个性在很大程度上是家庭环境影响的结果。________
7. 玩电子游戏可以促进儿童的认知发展。________
8. 老师评估学生学习的方式影响着学生到底会学到什么及如何学习。________

---

现在让我们来看看你在 OOPS 上的表现如何。答案如下，每一条也都加上了相应的解释：

1. **有些孩子是左脑优势思考者，有些孩子是右脑优势思考者。错误**——近年来，随着医学技术的发展，研究者对人类大脑如何工作有了大量的了解，弄清了大脑的哪些部分专门负责人类思维的哪些方面。我们将在第 2 章中发现，大脑的两个半球似乎有一些不同的专长，但是它们在处理日常任务时，即使是最简单的任务，也会不断地沟通协作。实际上，并不存在左脑或右脑思维。[①]

2. **学习和记住一个新的事实的最好方法是不断地重复。错误**——尽管反复地重复信息比起什么都不做要好，但是，相对而言重复并不是学习具体信息的有效方式。当学生把新的信息与他们已经知道的东西相联系，他们对新信息的学习更加容易，记住的时间更加长久。一个特别有效的方法是**精细加工（elaboration）**：用先前的知识以某种方式扩展或润色一个新的想法，也许是从某个历史事实中得出推理，确定某个科学概念的新例证，或是思考那些数学程序可能会有用的情境。第 2 章描述了几个有助于学生有效学习和记忆学校学习内容的认知过程。

3. **学生们经常对他们已经学会了多少东西缺乏判断。正确**——与通常看法不同的是，学生们经常无法很好地判断自己知道什么、不知道什么。比如，很多学生认为，如果他们已经花了很长一段时间学习课本上的某个章节，他们就一定对其内容了如指掌。然而，如果他们毫无效率地花费了大多数时间（或许是在“读书”的时候想些风马牛不相及的东西，或者是心不在焉地抄写概念），那么他们知道的就远远地少于他们认为自己知道的。我们将在第 3 章探讨认知错觉（*illusion of knowing*）。

4. **焦虑有时候可以帮助学生们在课堂上学得更好、表现更好。正确**——很多人认为焦虑总是一件坏事。事实上，适度的焦虑实际上能够促进学习和表现，特别是当学生认为某项功课是他们通过合理的努力可以完成的时候，例如，少量的、可控的焦虑能够激发学生认真完成作业或是为考试而学习。我们将在第 5 章探讨焦虑和其他情绪的影响。

5. **根据学生个人的学习风格因材施教是最有效的教学。错误**——与通常看法不同的是，大多数所谓的“学习风格”的测量工具仅仅反映了学生自我报告的偏好，根据这样的偏好因材施教并不能

① Schlegel, Alexander, & Tse, 2016.

显著地提高学生的学习或是学业成绩。[①]更重要的是，教师的教学实践要建立在对所有学生实际思考和学习的认知过程的认识的基础上。我们将在第 6 章学习更多有关学生偏好和认知风格的内容。

6. **儿童的个性在很大程度上是家庭环境影响的结果。错误**——儿童的家庭环境当然会在一定程度上影响他们的行为。但是，遗传也有重要的影响。从出生开始，婴儿在冷静或挑剔、害羞或外向、恐惧或冒险等方面就明显不同。我们将在第 7 章看到，这些性情上的差异似乎根源于生物和遗传因素，而且这些差异从儿童期一直持续到成年期。

7. **玩电子游戏可以促进儿童的认知发展。正确，或者更准确地说，有时正确**——用大量时间玩游戏而不是阅读、做作业或是参加与学校有关的其他活动，一定会影响儿童的长期学业成功。但是有些电子游戏可以成为促进重要认知能力发展的有力工具，比如空间能力和注意力的灵活运用。[②]教育技术人员也越来越多地设计高激励性的电子游戏，模拟现实世界的问题，培养复杂的问题解决技能。[③]在后面的章节中（特别是第 4 章和第 8 章），我们将探讨计算机技术支持学生学习和认知发展的多种方式。

8. **老师评估学生学习的方式影响着学生到底会学到什么及如何学习。正确**——学生会学什么及怎么学，在一定程度上依赖于他们对自己的学习会得到什么评价的预期。比如，在开篇的案例中，安妮·史密斯的"没有 D（不及格）"以及多次提交策略鼓励学生寻求作业反馈、从错误中获益，并且提高他们的写作技能。我们将在第 10 章中更仔细地研究课堂评估对学生学习的重要影响。

OOPS 的这些项目你回答对了多少？那些错误的题项是否看起来有足够的说服力让你以为它们是对的？那些正确的题项是否与你的某些信念冲突？如果这两种情况都存在，你也并不孤独。大学生经常会同意看起来显然是部分不正确或完全不正确的陈述。[④]而且，当研究发现似乎与自己的个人信念和经验矛盾时，很多学生会拒绝接受这些研究发现。[⑤]

人们很容易被"常识"说服，并认为看起来合乎逻辑的东西必定是真的。然而，对于人们实际上是在如何学习和发展的，常识和逻辑并非总能够给我们真实的面貌，而且，对于如何帮助学生在课堂上获得成功，它们也并非总能够给我们恰当的指导。教育心理学家相信，关于教学和学习的知识应该来自更为客观的信息来源，即来自系统研究的信息。目前越来越明显的趋势是，教育者和策略制定者都在呼吁**循证教学**（**evidence-based practices**），即使用的教学方法和其他的课堂策略由研究一致证明可以明显促进学生的发展，提高学生的学业成绩。[⑥]

## 二、教育心理学家关注与教育相关的心理学原理的科学研究

当然，将循证教学融入你的教学中需要时间和实践。但是也需要教育心理学学科的主题知识，包括人类学习和动机的知识、发展趋势、个体和群体差异、课堂评估和标准化测验，以及有效的

① Kirschner & van Merriënboer, 2013; Kozhevnikov, Evans, & Kosslyn, 2014; Krätzig & Arbuthnott, 2006; Mayer & Massa, 2003.

② Green, 2014; Rothbart, 2011; Tobias & Fletcher, 2011.

③ Blumberg, 2014; Squire, 2011.

④ Gage, 1991; L. S. Goldstein & Lake, 2000; Woolfolk Hoy, Davis, & Pape, 2006.

⑤ Gregoire, 2003; Holt-Reynolds, 1992; T. M. McDevitt & Ormrod, 2008; Patrick & Pintrich, 2001.

⑥ Cook, Smith, & Tankersley, 2012. 比如，参见 Darling-Hammond & Bransford, 2005; Waterhouse, 2006。

课堂教学。教育心理学家通过使用严谨的科学方法解决教育领域的问题来发展这种知识。[①] 一些密切相关学科的研究者也会研究教育心理学的课题，比如，教育、教学设计与技术、学习科学、认知科学，以及心理学的其他重叠领域（如，行为心理学、认知心理学、发展心理学、社会心理学和学校心理学）。此外，神经学家、认知心理学家以及其他学科的研究者为了发现大脑如何影响人的行为和学习，以及人的行为和学习经验如何影响大脑发展而共同努力着。这个快速发展的领域，被称为*认知神经科学*，它为理解人类学习做出了重要的贡献。如图 1.2 所示，教育心理学与不同学科之间相互影响着。

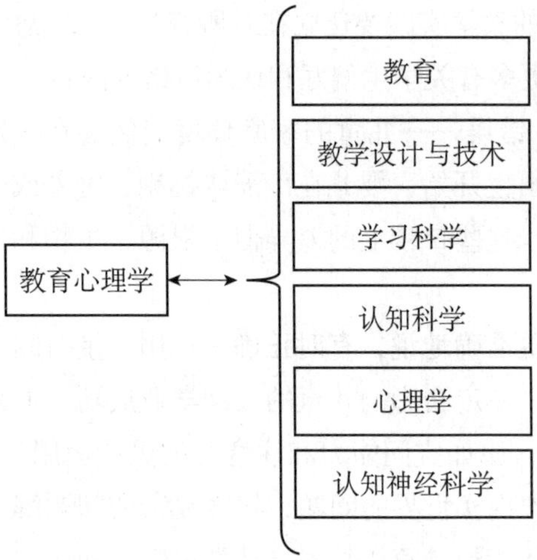


**图 1.2　教育心理学与不同学科之间相互影响**

个体对教育心理学领域做贡献的一种方式是在学术期刊和书籍上发表他们的研究成果。许多教育心理学家也是地区、国家以及国际组织机构的成员，与其他成员分享研究、交流观点（见图 1.3）。本书作者在阐明本书中呈现的主要理念时，综合了大量的相关研究。

| 组织机构 | 网址 |
|---|---|
| 美国教育研究协会（AERA） | http://aera.net |
| 美国心理学会（APA） | http://www.apa.org |
| 美国心理科学协会（APS） | http://www.psychologicalscience.org |
| 国际学习科学学会（ISLS） | http://www.isls.org |

**图 1.3　几个代表教育心理学的组织机构**

当教育心理学家撰写并发表他们的研究时，他们会确定一些特别的研究论文、书籍、会议报告，以及其他信息源来支撑他们的观点。大多数教育心理学出版物和会议要求作者遵循“APA 格式”（APA style），即美国心理学会为明确资料来源及准备参考文献而制定的指南。[②] 在 APA 格式中，对一个资料来源的引用要在文中呈现作者和发表日期。比如，在前面段落中的这句话用 APA 格式引用如下：大学生经常会同意看起来显然是部分不正确或完全不正确的陈述（Gage, 1991; Goldstein & Lake, 2000; Woolfolk Hoy, Davis, & Pape, 2006）。在本书中，我们有意没有使用 APA 格式，而是使用脚注的方式提供参考资料。我们希望这种格式可以帮助你把注意力集中于观点，而不是参考资料中提供的姓名和日期。但是当你发现书中的一些观点特别有意思、令人兴奋或惊讶时，我会强烈建议你去阅读脚注中列出的第一手资料，你会发现，本书后面的参考文献中列出了所有资料的详细引用。

① Harris, Graham, & Urdan, 2012; Reynolds & Miller, 2013.

② 要了解更多关于 APA 格式的信息，可以看它的《出版手册》（*Publication Manual*）（APA，2010）。

## 三、研究可以提供定量信息、定性信息或两者皆有

很多研究会涉及**定量研究**（**quantitative research**）：这类研究可以得到能够反映与某些特征或现象相关的百分率、频数或平均数的数字。比如，一项定量研究可能可以提供有关学生学习成果的测验成绩、学生在等级评分问卷中的反应，或是学校严格记录的学生出勤率和辍学率的信息。

另一些研究会涉及**定性研究**（**qualitative research**）：这类研究可以得到非数字型的信息——其形式也许是口头报告、书面文件、图片或地图——这些信息可以反映一个复杂情境的很多方面。比如，一项定性研究可能是涉及让学生对自己的未来希望进行描述的长程访谈，或是对一个彼此关系密切的青少年女孩团体内人际关系的详细个案研究，或是对在自己的班级中创造了截然不同心理气氛的几位教师的深入观察。

最后，当教师同时考虑来自定量研究以及定性研究的发现时，他们对学生和有效力的课堂教学方法都会有更好的理解。既有定量方法，又有定性方法的研究被称作**混合法研究**（**mixed methods research**）。[①] 事实上，很多研究都提供定量及定性两方面的信息。比如，在开篇个案所描述的研究项目中，安妮·史密斯将学生在不同调查问题中的回答制成表格，并计算各种期末分数的百分比——所有这些都是定量信息。但是当她收集学生完成的调查时，她也会仔细查看他们的具体意见和建议，这些意见和建议提供了定性信息。

## 四、不同类型的研究会得出不同类型的结论

除了可以得到定量或定性数据（或者两者皆有），研究可以很有代表性地分为四种一般类型：描述研究、相关研究、实验研究和半实验研究。这些不同类型的研究可以得到不同类型的结论，适合不同类型的研究问题（见表 1.1）。

**表 1.1**　　比较不同类型的研究

我们可以通过定性研究及定量研究来回答的问题举例

| 主题 | 定性研究 | 定量研究 | | |
|---|---|---|---|---|
| | 描述研究 | 描述研究 | 相关研究 | 实验研究和半实验研究 |
| 一般性质和目标 | 描述人类行为的复杂性、多面性，尤其是在真实的社会情境中。 | 了解现实世界中问题或难题的现状。 | 识别特征、行为、和/或环境之间的联系；<br>根据对一个变量的程度或数量的了解，可以对另一个变量进行预测；<br>当实验操作违反道德或可操作性差的时候，提出一个替代方法。 | 操作一个（自）变量以观察其对另一个（因）变量可能产生的影响；<br>排除其他对观察结果似是而非的解释（特别是在严格控制的实验研究中）；<br>得出因果关系的结果。 |

① Creswell, 2014.

续前表

我们可以通过定性研究及定量研究来回答的问题举例

| 主题 | 定性研究 | 定量研究 | | |
|---|---|---|---|---|
| | 描述研究 | 描述研究 | 相关研究 | 实验研究和半实验研究 |
| 局限 | 不能得出因果关系的预测或结论。 | 不能（1）基于一个变量预测另一个变量，或者（2）得出因果关系的结论。 | 除了观察到的普遍关系，只能做出不精确的预测；<br>不能得出因果关系的结论。 | 不可能完全排除对观察结果的其他解释（特别是对准实验研究）；<br>在某些情况下，人工实验室条件不像真实的学习环境（或许我严格控制的实验研究确实如此）。 |
| 举例 | 学习好的学生在读书学习的时候，他们会说自己“在头脑中”做些什么？<br>各种青少年帮派的成员意气相投、相互尊重地进行交往时，他们所在的学校有什么独特的特点？<br>当教师的工作和薪水取决于自己学生在全国性成就测验中的分数时，他们的教学方法会发生怎样的变化？ | 在儿童文学中提到的性别刻板印象到底有多普遍？<br>学校里会发生什么类型的攻击行为，其频率如何？<br>学生们在最近的一次全国性成就测验中表现如何？ | 阅读好的学生是否拼写也好？<br>如果学生经常在家里或在社区看到暴力，那么他们更可能表现得具有攻击性吗？<br>学生的课堂分数与他们的成就测验分数相关程度如何？ | 两种阅读项目中哪一种在促进阅读理解上更加有效？<br>哪一种方法最有利于减少攻击行为——奖励适当的行为、惩罚攻击行为，或这两种策略综合运用？<br>不同类型的测验（比如，多重选择或短文写作）可以鼓励学生以不同的方式学习吗？ |

**描述研究**（**descriptive study**）实际上可以顾名思义：它会*描述*一个情境。描述研究可能给我们关于学生、教师或学校的信息。它可能也提供某些事件或行为发生频率方面的信息。描述研究可以让我们得出关于事情来龙去脉的结论——事情当前的状态。实际上，所有的定性研究本质上都主要是描述性的，而一些定量研究也属于描述的范畴。

**相关研究**（**correlational study**）探索的是不同事物之间可能的关系。比如，它可能告诉我们不同的人类特征彼此之间的联系有多密切，或者它可能给我们关于某些人类行为在特定环境条件下发生的关联的一致性方面的信息。一般而言，相关研究使我们能够得出关于**相关**（**correlation**）的结论：两种特征或现象被发现在一起或一起变化的程度。如果一个变量在另一个变量增长的同时也增长（正相关），或一个变量增长而另一个变量下降（负相关），其变化的方式有一定的可预测性，那么，两个变量就是相关的。表1.1中的第四栏最后一行呈现的是三个相关关系的例子：（1）阅读和拼写能力；（2）在学校中的攻击行为和家庭暴力；（3）课堂分数和成就测验分数。相关性通常用统计中的相关系数来描述，如附录A中所描述。

如果两个变量之间存在着相互关系，那么知道其中一个变量的状况就可以让我们对另一个变量进行*预测*。比如，如果我们发现阅读能力和拼写能力是正相关，我们一般就能预测热衷读书的学生拼写能力也好。除了一般规律，我们的预测至多是不够精确，比如，我们有时可能会看到拼写能力弱但是阅读能力强的学生。相关研究的一个比较重要的局限在于，虽然它们能够表明关系存在，却不能够告诉我们关系为什么存在。它们无法告诉我们哪些特定的因素——先前经验、人格、动机或是我们可能想不到的其他因素——影响着我们看到的关系。换言之，*相关未必表明是一种因果关系*。

描述研究和相关研究描述事物在环境中自然存在的样子。相对地，**实验研究**（**experimental study**）或**实验**（**experiment**）指的是研究者一定程度上会改变或操控环境的一个或多个方面（通常称之为*自变量*），然后测量这种变化对其他变量产生的影响（通常称之为*因变量*）。在教育研究中，因变量常常是学生行为的某些方面——或许是学期末的成绩、进行复杂的身体运动时的技能、解答困难的数学题时的毅力，或者是与同伴融洽交往的能力。[①] 在一个好的实验中，研究者会*分离和控制变量*，在保持其他所有可能有影响的变量恒定不变时，测量一个变量的效应。实验研究如果经过仔细设计和操作，它可以使我们对因果关系得出结论，即哪些变量会引起或影响其他变量发生变化。

通常实验研究涉及两个或更多的接受不同处理的组别。思考一下下面的例子：

- 研究者使用不同的教学方法来教两组不同的学生阅读理解技能。（教学方法就是自变量。）然后，研究者测量学生们的阅读能力（因变量），并比较两个组阅读测验的平均分。
- 研究者让三组不同的学生对木工艺进行不同程度的练习。（练习次数是自变量。）随后研究者对每一个学生木工设计的质量（因变量）进行评估，并比较三组的平均分。
- 研究者对一组学生实施一个深入训练的项目，以提高他们的学习技能。研究者对另一组学生不进行训练，对第三组训练的是与学习技能无关的内容。（学习技能训练的有无是自变量，第二组和第三组没有受到学习技能训练。）研究者之后评估学生的学习技能，并获得学生们的学习成绩平均分（这两者都是因变量），来看训练项目是否有效果。

这些例子每一个都包含一个或多个**处理组**（**treatment groups**），即某种干预的接受者。第三个例子也包括一个**控制组**（**control group**），即要么不接受干预，要么接受的是不可能对问题中的因变量产生影响的干预。在很多实验研究中，被试的分组是*随机的*。比如，从帽子里随意抽出名字或是通过计算机软件随机抽取被试分组。这样的随机分组形成的组别一般而言在其他可能对因变量产生影响的变量上（能力水平、人格特征、动机等）是对等的。

然而，随机分组并不总是可行或是现实的，尤其是在真实的学校或课堂中进行研究。例如，当研究一种新的教学技术或治疗干预可能带来的益处时，研究者不可能完全控制哪些学生接受实验，哪些学生不接受，或是一种特定的治疗或干预可能对所有学生都有益。在这种情况下，研究者经常进行**准实验研究**（**quasi-experimental study**）。在准实验研究中，他们会考虑其他影响因素，但是不完全控制这些因素。下面是一些例子：

- 研究者在一所高中实施一项新的课后作业项目，并确定一所没有这个项目的类似的高中作为控制组。研究者分别在项目实施前后收集了两所学校学生的考试成绩。在理想的情况下，为了证明作业项目的有效性，两所学校的平均考试成绩在项目开始前应该是相同的。然后，如果在项目结束时，成绩存在差异，差异就可以归因于新的作业项目。
- 一个研究团队想研究安全指导对儿童操场行为的影响。研究者在第一周对一年级学生、第二周

① 你可以这样考虑它们的区别：学生行为（因变量）取决于教学活动或是环境中的其他方面（自变量）。

对二年级学生、第三周对幼儿园和三年级学生进行了指导性干预。在干预前、中、后对学生在操场的行为进行监控，以确定每个年级的危险性操场行为是否在干预后立刻减少。[①]

当研究者进行这样的准实验研究时，他们没有控制所有有影响的潜在变量，因此不能完全排除对他们研究结果所做的其他解释。例如，在课后作业项目的例子中，可能得到新作业项目的学校——但是只有那所学校——在学校中同时开始使用更多有效的教学方法，而这些方法是考试成绩提高的原因。在操场安全的例子中，可能在他们各自的安全指导周中，四个教室中碰巧发生了一些其他事情，而这些事情是学生们行为改善的真正原因。

当实验精心设计和实施时，实验研究能够使我们得出因果关系的结论——解释行为为什么会发生，准实验研究在一定程度上也可以得出这样的结论。然而，由于现实或道德原因，教育中的许多重要问题不方便对一些潜在影响变量进行实验操作和严格控制。例如，虽然我们可能会发现儿童在学校的攻击行为和家庭暴力程度之间存在相关关系，但是在实验研究中有意将孩子置于暴力环境中来研究攻击行为则是非常不道德的。因此，一些重要的教育问题只能进行描述研究或是相关研究，即使这样的研究不能让我们确定明确的因果关系。

## 五、得出关于因果关系的结论需要排除对结果的所有其他可能的解释

在我们看一项研究的结果时——无论这项研究是谁做的，无论这项研究是否由专业期刊或是可靠的媒体发布——我们都不可急于得出因果关系的结论。举例而言，想象一下“家乡学区”想要搞清楚两个新的阅读项目——阅读很棒（*Reading is Great*，RIG）或阅读和你（*Reading and You*，RAY）——中哪一个可以让三年级学生的阅读成绩变得更好。学区要求每一个三年级的教师都选择这两个阅读项目中的一个，并在整个学年中都使用它。然后，学区对RIG课堂和RAY课堂的学生学年末的成绩进行比较，并发现RIG学生阅读理解分数显著高于RAY学生。我们可能很快地就会得出结论：RIG能够比RAY更好地提高阅读理解能力，换言之，教学方法与阅读理解之间存在着因果关系。但是，真的是这样吗？

未必。如果我们更加仔细地来看看这项研究，我们就会认识到学区并不能排除对学生阅读理解分数差异的其他解释。要记住，三年级教师是自行选择他们使用的教学方法。为什么一些教师选择RIG，而另一些教师选择RAY呢？这两组教师会不会有什么差异呢？选择RIG的教师是否曾经上过较多阅读教学方面的高级课程呢？他们对于使用创新性的教学是否更加开放和充满热情呢？或者他们是否把更多的课堂时间用于阅读教学呢？或者RIG教师的学生是否从一开始就具有更好的阅读能力？如果RIG教师和RAY教师在这些方面迥然不同——或者也许是在我们可能还未想到的其他某些方面并不相同——那么，学区就没有排除RIG学生阅读表现优于RAY学生的其他原因。研究阅读项目对阅读理解的因果影响的更好方法是随机安排教师使用RIG和RAY项目，这样可以使得两组在学生能力和教师特点等方面（大体上）相似。

要小心的是，你不能太急于对哪些因素会影响特定情境中学生的学习、发展和行为得出结论。要仔细检查研究的描述，头脑中总要带着这些问题：研究者分离和控制了可能对结果产生影响的变

---

① 我们描述的是Heck, Collins, Peterson（2011）进行的一项研究。

量吗？他们排除了其他可能的对结果的解释吗？只有当这些问题的答案都毫无疑问是“是”的时候，你才能得出因果关系的结论。

## 六、原理和理论能够有助于综合、解释及运用研究发现

大量的教育心理学研究被组织成原理和理论时，对教师更有用。**原理（principles）**描述了特定因素对其他因素或是结果的具体影响，比如那些与学习、发展和行为有关的因素。考虑一下这个基于研究的原理：当学生对所学内容感兴趣时，他们有可能学到更多。在这个原理中，有影响的或是“潜在的有因果关系的”因素是*兴趣*，这个因素对学生的学习有影响。任何年级和学科的教师都可以以多种方式应用这个原理。例如，当教学内容是一场特定的战争时——比如，美国内战或法国大革命，社会学教师可以选择一些有意思的读物，比如有特定历史人物的故事情节，来激发学生的兴趣，以此来提高他们的学习能力。

原理告诉我们什么因素重要，但是理论告诉我们这些因素为什么重要。**理论（theory）**是一套完整的概念和原理，用来解释现象的潜在机制。因为人类机能是如此复杂，教育心理学中没有一个“宏大的理论”能够解释我们所有的思想、行为和情感。相反，有些较小的理论能够解释人类机能的不同方面。例如，在第 2 章中，我们将发现一个有关人如何学习的著名理论——信息加工理论——提出专注力是学习过程中的一个重要要素。如果学习者不专注，信息就会很快地从记忆中消失。用通俗的话来说，就是信息会“左耳进右耳出”。信息加工理论中专注力的重要性表明，吸引和保持学生注意力的策略有助于提高学生的学习。因此，信息加工理论能够解释为什么当学生对所学内容感兴趣时，他们有可能学到更多：他们更密切地关注他们要学习的内容。

有时人们使用*理论*这个词表示一种猜测、预感或是未经证实的假设。例如，有人可能会说：“我有一个理论能解释他为什么再也不想见她。”然而，随着时间的流逝，教育心理学家建立理论的基础是证据，而不是纯粹的推测。即便如此，随着新的研究方法的发明、新的研究的开展和新的研究结果的出现，理论也会变化。相对而言，原理随着时间推移则会相当稳定。

尽管目前的理论在未来可能会有所修正，但即使在其未完成的形式下，它们仍然是非常有用的。它们可以帮助我们把数以千计的研究整合为简明而统一的认识，让我们明白儿童学习和发展的典型规律，可以让我们推论和预测课堂上学生会在特定的情境中倾向于什么样的表现、会获得什么样的成绩。一般而言，理论能够帮助我们既*解释*也*预测*人类行为，因此它们会给我们无数关于如何最好地帮助学生在学校里获得学业成功和社交成功的理念。事实上，我们通过将相似的原理和理论组合为*主要理念*来组织本书，以帮助你更容易理解许多研究的结果。

# 第二节　作为一名教师的发展

**主要理念：有效力的教师会持续不断地提升自己的专业知识和技能。**

如果你现在已经在学习教师教育的课程项目，那就应该把这个项目看成是成为一名训练有素

的教师的良好开端。[①] 但是，这仅仅是一个开始。在任何专业领域，包括教育领域，真正的专业能力都需要很多年的经验才能获得，哪怕只是一年的教学经验也会带来很大的不同。[②] 所以对自己要有耐心，要认识到偶尔感到有点不确定和犯错误也是正常的。随着经验的积累，你逐渐能够更快、更有效地对日常情况和问题做出决定，让你有时间和精力创造性地、灵活地思考如何最好地教学。[③] 我们会提供几个策略来发展你作为一名教师的知识和技能——所有这些都是基于对教师效能的研究。

## 一、跟踪教育中的最新研究发现和创新的循证教学

偶尔听一听大学的课程及参加培训是提高教学有效性的两个好方法。[④] 此外，有效力的教师通常会订阅一种或多种专业杂志，并且只要时间允许，他们会去参加当地的专业研讨会。很多网站会提供其他的方式，教师可以借此获得关于有效的课堂教学方法的信息和理念，包括专业组织机构的网站，例如，美国国家数学教师委员会（www.nctm.org）、国家社会研究委员会（www.socialstudies.org）、国家音乐教育协会（www.nafme.org）、国家科学教师协会（www.nsta.org），以及国际文学协会（www.literacyworldwide.org）。

## 二、尽可能多地学习你所教科目的内容、教学策略以及学习者及其发展

有效力的教师通常会非常了解他们的教学内容，并且他们会预料到——因此也能够提出——在掌握一种技能或知识体系的过程中，学生可能会面临的困难和可能会犯的错误类型。[⑤] 有效力的教师还知道各种各样的教学策略，包括教授特定主题和技能的策略，这些策略统称为**教学内容知识**（**pedagogical content knowledge**）。[⑥] 此外，有效力的教师还具有学习者及其在社会背景中发展的知识，这就是为什么教师理解教育心理学的相关概念很重要。[⑦]

教师要拥有教学内容的知识、教学策略的知识以及有关学习者的知识，这些知识是设计和实施满足学生需求的教学所需的知识（见图 1.4）。为了满足所有学生的需求，教师必须做好准备在课堂中教有各种特殊需求的学生。这些有**特殊需求的学生**（**students with special needs**）与他们的同龄人有很大的不同，他们需要专门改编的教学材料或是实践活动来帮助他们的学习和发展最优化。许多这样的学生被纳入普通的教学课堂中，这是一种被称作**融合教育**（**inclusion**）的实践活动。在本书的几个地方，我们会考虑有特殊需求的学生，并且明确可能尤其适用于他们的策略。

---

① Bransford, Darling-Hammond, & LePage, 2005; Brouwer & Korthagen, 2005.

② P. A. Alexander, 2003; Berliner, 2001; Clotfelter, Ladd, & Vigdor, 2007; Henry, Bastian, & Fortner, 2011.

③ Borko & Putnam, 1996; Bransford, Derry, Berliner, & Hammerness, 2005; Feldon, 2007.

④ Desimone, 2009; Guskey & Sparks, 2002; Hamre et al., 2012; Hattie, 2009.

⑤ Borko & Putnam, 1996; Cochran & Jones, 1998; H.C. Hill et al., 2008; D. C. Smith & Neale, 1991; Windschitl, 2002.

⑥ Baumert et al., 2010; Cochran & Jones, 1998; Krauss et al., 2008; Shulman, 1986.

⑦ Bransford, Darling-Hammond,& LePage, 2005.

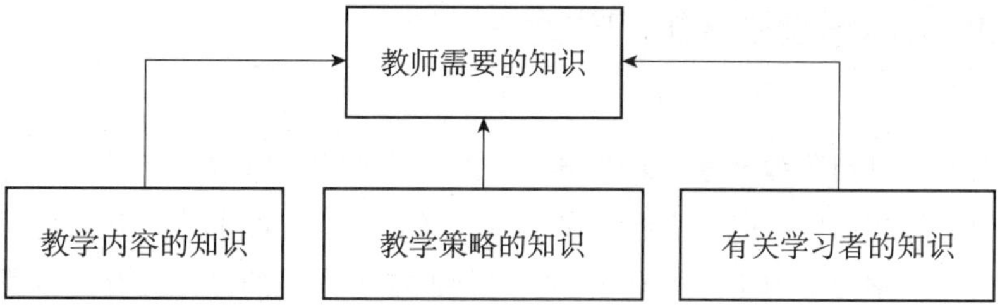


**图 1.4　有效力的教师在课堂中做决策时要利用很多类型的知识**

## 三、尽可能多地了解你所工作的社区的文化

在贯穿全书的“文化因素”专栏中，你将会看到，大量的来自形形色色的文化团体的儿童的思维和行为方式，与你孩提时的思维和行为方式不同。但是，一本教材所能够提供的只是你可能遇到的诸多文化差异的样例。如果你参加当地的社区活动，经常与学生的父母和其他社区成员交谈，你就可能对学生的文化信念及做法有更多的了解。[1]

## 四、不断地反思和批判性地检验你自己的假设、推论及教学实践

在开篇的案例中，安妮·史密斯对学生以前的表现进行反思，然后制定了新的可能更有激励性、创造性的评估策略。就像史密斯小姐，有效力的教师会进行**反思教学**（**reflective teaching**）：他们不断地检验和批判自己的假设、推论和教学实践，并且，他们定期地根据新的证据来调整自己的信念和策略。[2]

## 五、与同事交流并进行合作

好的教师很少单打独斗。相反，他们经常和自己学区及全国的同事同行进行交流——或许还会与其他国家的同行，通过面对面的会议、电子邮件、地区和国家会议以及专业网站（比如，www.oercommons.org）交流。在理想的情况下，一所学校的教师和管理人员应该建立**专业学习共同体**（**professional learning community**），分享对学生学习和成就的共同愿景，共同努力达成所有学生期待的目标，定期交流彼此的策略和进展。[3] 资深的教师乐于在遇到挑战的时候为新手教师提供建议和支持。事实上，你问他们问题时，他们可能会非常高兴！

---

① Castagno & Brayboy, 2008; Mclntyre, 2010; Rogoff, 2003.

② Hammerness, Darling-Hammond, & Bransford, 2005; T. Hogan, Rabinowitz, & Craven, 2003; Larrivee, 2006.

③ DuFour, DuFour, & Eaker, 2008; P. Graham & Ferriter, 2009; Raudenbush, 2009.

## 六、相信你能够改变学生的命运

在第 5 章你会看到高**自我效能感**（**self-efficacy**）的重要性，即相信自己能够完成某种行为或实现某个目标。如果学生相信他们能够学会某种东西，换句话说，如果他们有高自我效能感，那么他们更可能会付出努力去学习。但是，教师也必须对他们能够完成的任务具有高自我效能感。成绩好的学生的教师往往对自己为学生能够做的事充满信心，无论是在个人层面还是在集体层面。[①] 事实上，教师在教室中的所作所为对学生来说至关重要，这不仅是指短期的影响，而且会影响之后的很多年。[②]

## 七、在你正在进行的课堂实践中融入行动研究

就像开篇案例中的安妮·史密斯，实习教师有时会提出现有研究结果中无法充分回答的问题。在**行动研究**（**action research**）中，教师在自己的学校里对遇到的问题展开系统的研究，目标是寻求与学生合作的更有效的策略。例如，一个行动研究项目可能包括检验一种新的教学技术的有效性、征求学生对课堂新策略的意见（就像史密斯小姐所做的那样），或者确定有些学生很少完成家庭作业的原因。

行动研究通常包括下面几个步骤[③]：

- *确定一个目标领域*。教师—研究者从一个问题开始，通过阅读相关书籍或期刊文章、互联网搜索或是与同事或学生讨论这个问题，来收集可以阐明问题的基本信息。然后教师—研究者确定一个或多个具体问题来制订和形成一个回答这些问题的研究计划（数据收集技术、必要的资源、时间表等）。在这一点上，教师还要寻求学校管理者以及其他有关当局的研究许可。根据研究的性质，父母的许可也许是必要的。
- *收集数据*。教师—研究者收集与研究问题相关的数据。例如，这些数据可能来自调查问卷、访谈、成就测验、学生的日志或是作品集、现有的学校记录（例如，出勤模式、停课率）、观察或是这些内容的任意组合。
- *分析和解释数据*。教师—研究者在数据中寻找模式。有时，分析需要计算特定的统计数据（例如，百分比、平均数、相关系数），这些使研究成为定量研究。其他时候，分析需要对数据进行深度的、非数据化的检查，这些使研究成为定性研究。或者，研究可能是定量和定性数据的结合，这将使研究成为混合方法的研究。然后，教师—研究者将这些发现与原有的研究问题联系起来。
- *制订和实施研究计划*。最后一步将行动研究与前面描述的比较传统的研究区分开来。特别是，教师—研究者利用收集到的信息采取行动——例如，改变教学策略、学校政策或是教学环境。

---

① Holzberger, Philipp, & Kunter, 2013; J. A. Langer, 2009; Skaalvik & Skaalvik, 2008.

② Hattie, 2009; Konstantopoulos & Chung, 2011.

③ 基于 Mills（2014）推荐的步骤。

在最后一步之后，教师—研究者可能拥有了他或她与学生更有效合作所需要的所有信息。或者，他或她可能想通过收集更多数据、分析和解释数据、制订和实施另一个行动计划来重复这个过程。这个循环过程如图 1.5 所示，并且能够反复进行。

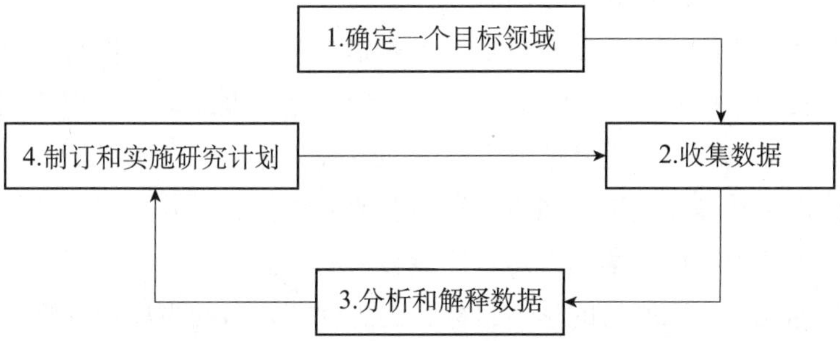


**图 1.5　行动研究项目的步骤**

# 第三节　有效学习及研究的策略

**主要理念：当学习者计划合理并且使用有效的策略时，他们就可以更加有效地阅读、研究和学习。**

这本书有许多特色，我希望它们有助于你阅读、研究和运用研究者和资深教育者所了解的关于学习、发展、动机和有效的课堂教学等方面的知识。例如，每章都以一些主要理念开始，这些主要理念体现了章节的根本主题。每章还用粗体标题呈现出它的主要前提（指导原则）和建议（关键策略）。此外，开篇的个案研究、图片、表格、练习、具体实例和贯穿全书的应用练习都是为了促进你对阅读内容的理解和记忆而设计的。

然而最终，你从这本书中能够学到多少则完全取决于你自己。在接下来的章节中，你会对有关人类——包括你自己——如何思考、学习和记住新想法有更多的了解。我们乐观地认为，读完这些章节后，你会成为更加优秀的学生，与此同时，这里有一些你可以在阅读和学习时使用的一般性的策略。①

## 一、在你学习之前，为你的学习做好准备

当你很忙的时候，很容易在没有太多计划的情况下仓促进入学习阶段。但是你会发现，如果你使用以下策略来规划你的学习，那么你能更有效地利用你的时间：

- *在头脑清醒时学习*。你是一个“早起的人”还是一个“夜猫子”？找出你能够最有效学习的时间，然后利用这些时间来学习。当你跑腿、查看社交媒体或是洗衣服时，你可能不需要那么清醒，所以把这些事情留到你感觉不那么清醒的时候去做。

① Ormrod, 2011.

- *选择适当的学习环境。*不要低估选择一个可以让你专心学习的地方的重要性。找一个没有干扰的地方，例如，你可能需要把你的 iPad 放到另一个房间，关掉你的手机，告诉别人不要打扰你，或者去咖啡店，如果在那里你能更好地集中精力。分散你注意力的事情可能不会分散别人的注意力，所以找到对你最好的学习环境。
- *在任何时候都要对自己能有效学习和记住多少内容实事求是。*正如你将在第 2 章中发现的，我们的大脑只允许我们在短时间内思考和学习有限的信息。提前计划，把长期的学习活动分成可以在几天完成的小块。当然，不要把一整章留到最后一分钟！
- *为每个学习阶段设置目标。*决定你在学习期间想要完成什么，并且以一种能达到目标的方式来组织学习。在第 3 章中，你会学到设定目标能够帮助你监督自己的学习，并且帮助你专注于重要的事情。有时你无法达到所有的学习目标，因为你需要做的事情比计划的时间要长——这种情况并不少见。但是随着时间和经验的积累，你应该能够更好地为每一门课程设定现实的目标并完成，这将使你可以更有效地规划每一天、每一周甚至每一个月。

## 二、在你的学习过程中，使用有效的学习策略

当然，你在学习过程中所做的事情对你能学习和记住多少有很大的影响。这里有一些学习策略能够帮助你更有效地学习：

- *注意你正在学习的内容。*如果你想记住你正在学习的内容，你需要在学习时保持思维活跃。如果你的思维开始涣散或是感到困倦，你正在“学习”的内容就不太可能留在你的脑海里。如果你太累了，也许你需要休息 5 分钟去做一些不需要太多注意力的事情。或者离开，等休息得更充分、注意力更集中时再回来。
- *把新信息与你现有的知识和以前的经验联系起来。*想想你的新想法是如何与你的个人经历、知识、信念以及你在其他课程中学到的知识相联系的。你甚至可以积极地思考一些新信息如何与你现有的经验、知识或信念相矛盾。正如前面 OOPS 测验中已经向你表明的那样，你目前“知道”和相信的某些事情可能在准确性上似是而非，甚至是完全不准确的。现有的信念有时会对新知识造成严重破坏。例如，教师教育课上的很多学生坚决拒绝接受与他们的个人信念和经历不符的研究发现。[1] 当你遇到令人困惑或是看起来“错误”的想法和发现时，试着保持开放的心态，思考它们如何以及为什么会有一些值得肯定的特点。真正有效的学习者偶尔会经历*概念转变*，根据新的、可靠的证据修正目前的理解和信念。
- *组织新信息。*组织信息需要你积极地思考各种信息之间的关系如何。你可以使用大纲或图表对相关信息进行分类。如果信息中含有因果关系，就可以通过解释或使用符号和 / 或箭头以图形的方式显示这些关系。
- *使用视觉表象。*一张图可能抵得上 1 000 个单词。在脑海中形成物体和想法的图像来帮助你记忆信息。你也可以创建图片、图表或其他图形来帮助自己获取信息的意义。
- *精细加工你读过的内容。*超越内容本身，丰富它的内涵。如前所述，精细加工需要以某种方式

① Fives & Gill, 2015; Gregoire, 2003; Richardson, 2003.

修饰新信息。所以尝试跳出你所读到的内容去思考，从提出的观点中进行推论，生成新的概念示例，明确你自己对各种学习、发展及动机原理在教育中的运用。当你把抽象的信息与具体的对象和事件联系起来时，你会更容易理解和记住这些抽象的信息。在本书中，我们试图通过提供涉及真实孩子和教师的案例研究和简短的例子来帮助你做到这一点。我们还提供了一些描述课堂实际情况的视频链接以及像 OOPS 测验那样的自己看一看练习——所有这些都可以增强你对新概念的理解和记忆，并有助于你在与儿童和青少年接触的过程中认识他们。

- *定期检查以确保自己记住和理解了读过的东西。*为了自查对内容的理解，尝试总结材料，问问自己与之有关的问题，确保每一个地方对你而言都是有意义的。尝试向不懂的人解释难懂的概念。

## 三、学习结束后，复习你所学习的内容

你在学习前和学习过程中所做的事情很重要，但是你在学习后所做的事情也能够帮助你学习和长期记住信息。这里有一些建议：

- *安排时间复习你以前学习的内容。*研究在这点上是明确的：定期复习先前的学习材料肯定有助于学生更有效、更准确地记忆。所以，在你的学习计划中留出复习时间，在学习后的几天或几周内进行复习。
- *快速复习你以前学习的内容。*复习的要点是复习，而不是重复你在上次学习中所做的事情。因此，这个环节可以简短。只提醒自己回忆重要的内容，澄清误解就可以。复习甚至可以发生在新的学习之前，这可以帮助你用已经学到的知识更好地去吸收新信息。

**想一想**

你在阅读时，会用多长时间进行精细加工？当你对自己正在阅读的东西进行精细加工时，你是否更加有效地学习和记住了这些信息？

## 总结

这本书的每一章都包括一个总结，围绕着每章开头列出的主要理念进行组织。下面就是第 1 章中的主要理念：

- **有效力的教师会利用研究发现和基于研究的理论，对教学策略、课堂管理及评估方法做出决策**。有效力的教师是使用*循证教学*的，即教学包含的策略是研究一致证明会明显促进学生的发展，提升其成绩和个人幸福感的。循证教学某种程度上是在教育心理学家研究人类学习、发展、动机和相关主题的基础上发展起来的。随着研究者越来越多地了解各种现象和事件是什么样的（描述研究）、什么变量之间相互关联（相关研究）、什么事件导致什么结果（实验研究），他们逐渐发展并不断修正理论，以整合及解释这些发现。教师在日复一日且旷日持久的教学决策中能够——并且*应该*——利用关于儿童学习及发展的研究发现和得到很好支持的理论。
- **有效力的教师会持续不断地提升自己的专业知识和技能**。作为一名教师，你必须把自己看成是终生的学习者，对于有效的教学方法、你所教的科目以及你的学生生活的校外环境和文化等，

你总是可以发现新内容。这当中的有些内容你可以通过书籍、专业杂志、高级课程班、互联网以及向同事咨询来获得，但是，其他的内容可能需要你把自己投入到当地社区中或展开行动研究。你也必须愿意反思和批判性地分析自己目前的假设、推论及教学方法——好的教师会承认有时候自己会犯错，并且他们会相应地调整自己的信念和策略。你分析自己教学实践的一种方法就是开展你自己的行动研究，以解决你在学生和课堂实践方面的具体问题。最重要的是，你必须记住，作为教师，你每天所做的很多琐碎之事可能会对学生的学业成绩及个人成就产生巨大影响——要么是积极的要么消极的。

- **当学习者计划合理并且使用有效的策略时，他们就可以更加有效地阅读、研究和学习**。你可能不仅仅会把自己学到的关于思维和学习的知识运用到课堂上以帮助儿童、青少年获得成功，也会用来帮助自己。你应该在头脑清醒的时候学习，在你能集中注意力的地方学习。当你学习的时候，你应该：（1）注意你正在学习的内容；（2）把新信息与你现有的知识和以前的经验联系起来；（3）组织新信息；（4）使用视觉表象，在脑海中形成物体和想法的图像；（5）精细加工你读过的内容，例如，生成新的示例和应用；（6）定期检查以确保自己记住和理解了读过的东西。在学习之后，你应该安排一些时间简要地复习你所学到的内容。

## ▼资格考试备考练习

**新软件**

高中数学教师瓜尔迪埃里先生周一上第一节课时宣布了一件重要的事："我们学校刚刚为计算机实验室购买了一套新的教学软件程序。这套程序被称为'问题—超越'，可以让你对我们这学期正在学习的概念和方法进行练习。无论什么时候，如果你在做我布置的作业时遇到困难，我强烈建议你每周放学后有一两次去用这套软件进行额外的练习。"

瓜尔迪埃里先生坚信新的教学软件可以帮助他的学生更好地理解和运用数学。为了检验他的假设，他记录了哪些学生在放学后去了计算机实验室，哪些学生没有去。之后，他会看看两组学生在考试和小测验上有什么不同表现。让他惊讶不已的是，总体上，放学后待在学校使用计算机软件的学生所得分数比不使用软件的学生分数更低。"这怎么可能？"他困惑不已，"计算机软件真的是弊大于利吗？"

### 1. 问答题

瓜尔迪埃里先生想知道，计算机软件给他的学生带来的弊是否大于利。假设这套软件是由经验丰富的教育者精心设计的，并且瓜尔迪埃里先生的考试和小测验也可以很好地测评学生对所学内容的学习状况。那么：

A. 解释一下为什么瓜尔迪埃里先生无法从他掌握的证据中得出因果关系。依据教育研究的原理来说明你的回答。

B. 找到另一种可获得认可的解释，来说明瓜尔迪埃里先生得到的结果。

## 2. 选择题

下面的哪一项研究发现可以提供最有说服力的证据来证明“问题—超越”软件可以提高学生的数学成绩?

A. 一所高中的学生被随机分为两组。其中一组使用“问题—超越”软件，另一组则使用名为“写个不停”的软件程序——它是用来教写作技能的。“问题—超越”组在随后的数学成就测验上得分高于“写个不停”组。

B. 纽约市有 10 所高中购买了“问题–超越”软件，并让学生随便使用。这 10 所高中的学生数学成就测验上的得分高于另外 10 所未购买并使用这套软件的高中学生。

C. 一所高中购买了“问题—超越”软件，但是学校里 8 位数学教师中只有 4 位决定让自己的学生使用这个软件。这 4 位教师的学生的数学成就测验得分高于另外 4 位教师的学生。

D. 在一所很大的高中里，所有 10 年级的学生都在 9 月份进行了数学成就测验。在接下来的两个月中，他们在不同时间点各自花费了 20 小时使用“问题—超越”软件。在 12 月份的时候，学生们都参加相同的数学成就测验，平均而言，他们得到的分数大大高于 9 月份时的分数。

# 第 2 章

# 学习、认知和记忆

**主要理念**

第一节　大脑在人的一生中是不断进化且自主学习的。

第二节　人类的大多数学习都是主动建构而非被动吸收知识的过程。

第三节　人类记忆是一个在一定程度上受学习者控制的复杂且多方位的信息加工系统。

第四节　人类的记忆易出错，即学习者并不能记得其所学的全部内容，且有时还会记错。

第五节　有效力的教师会以有助于学生长时存储并提取记忆的方法使其由心而发地加工新信息。

**本章概要**

**个案研究：造山**

山从何而来？七岁的鲍勃对这个问题持有极有意思的见解，正如以下他与成年人的一段对话所示：

成年人：山从何而来呢？

鲍勃：先从外面拿些泥土，再把它们放在山上，就造好山了。

成年人：那山是谁造的呢？

鲍勃：人造的，而且造山肯定需要很多人——至少四人。他们先拿了泥土然后自己造了座山。

成年人：但如果他们想要再造一座山呢？

鲍勃：他们可以把之前那座山推倒，就能再造一座更雄壮漂亮的了。[①]

基于以上对话，我们极难准确判断鲍勃到底认为山为何物。因为，他首先谈到了泥土是“被”放到山上的，并说人们“造”了山。但他接着又提到他们“自己造了座山”。尽管此情况是在“给”泥土之人的帮助下进行的，但仍有极大可能是指山自己建造了自己。鲍勃的见解是略显稚嫩，但不可否认，他早已掌握几个关于山的正确事实，特别是，他知道：（1）山相当大（所以需要“很多人”的努力）；（2）山是由泥土组成的（至少部分如此）；（3）山看起来雄壮漂亮。所以，为了了解儿童和青少年是如何学会认识物质与社会世界、掌握学校课程内容，以及如何看待作为人类的自己的，我们必须首先了解学习的本质。

恰当且综合地来定义，**学习（learning）**是一个由经验增长所造成的心理表征或联想（association）的长期改变。此定义又可被划分为以下三个部分：首先，学习是一个长期的变化过程，即该变化虽然并不限于信息的短暂使用——如记住电话号码并拨打——但也并不具备永久性。其次，学习涉及心理表征或联想，因此也与大脑相关。最后，学习是由经验增长产生的变化，而并不依赖于心理成熟、疲劳、酒精、药物或精神疾病发作等。

而且，正是因为人类利用大脑对其所在环境进行思考、理解与学习，所以本章开始我们便先来看看大脑及其关键特性。但又因大多数发现学习本质并帮助学生提高学习效率的人是心理学家，而非研究大脑的神经科学家，所以本章将着重探究心理学家所发现的学习过程中学习者的内心活动。

## 第一节　大脑的思考与学习

**主要理念：大脑在人的一生中是不断进化且自主学习的。**

大脑的结构极为复杂，包含了数万亿个细胞，其中约有上千亿为神经细胞，即**神经元（neurons）**。它们体积微小且相互间形成无数连接。其中，一些神经元接收从身体其他部分传送来

① Piaget，1929，p. 348.

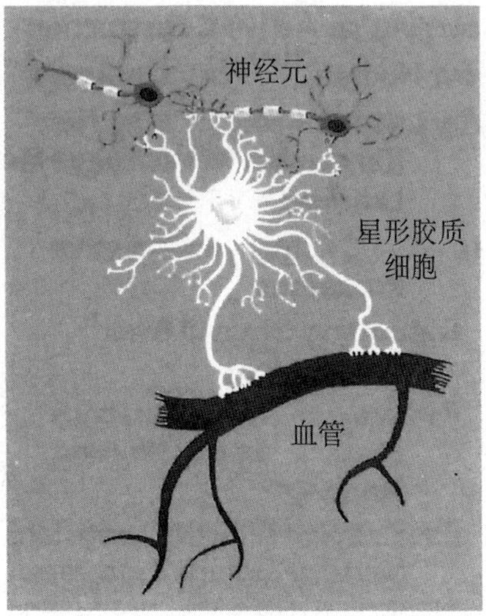

图 2.1 两个神经元、一个星形胶质细胞以及它们的连接状态

的信息，一些合成与解释，还有一些则发送以通知身体如何应对当前环境。但是，令人诧异的是，神经元之间并不会有接触。相反，它们将通过穿越微小间隙即**突触**（**synapses**）的不同化学物质以传递信息。这意味着，任何一个神经元都有可能与其他成百甚至上千的神经元产生突触连接。①

与神经元密切相连的可能为一万亿到五万亿个神经胶质细胞，这些细胞执行着不同的特定功能。一些扮演着清扫队员的角色，清理体内的无用废料；一些是"营养学家"，控制着流向细胞的血液；一些是处理感染和损伤的"医生"；还有一些则可以提供一种叫作*髓磷脂*（*myelin*）的物质以提高神经元效能。而某种特定的神经胶质细胞，即星星状的**星形胶质细胞**（**astrocytes**），似乎与学习及记忆密切相关（以下将详细论述该点）。② 图 2.1 展示了神经元及星形胶质细胞的形态与连接关系。

在有关认知发展的第 6 章中，你将发现：大脑在儿童与青少年时期会发生巨大变化。但在本章中探讨认知与学习时，关键仍为记住大脑相关的以下四个基本知识点。

## 一、大脑的不同部位彼此密切配合

大脑不同部位的神经元和神经胶质细胞群似乎皆各司其职。大脑下部和中部主要负责人体必要生理过程（如，呼吸、心率控制）、身体活动（如，步行、骑自行车）和基本知觉技能（如，协调眼动、将注意力转移到可能危及生命的刺激上）。复杂的思考、学习与理解则由大脑上部与外部，即统称为**皮层**（**cortex**）且像一顶厚实、凹凸不平的假发套的部分控制（见图 2.2）。更具体地说，位于额头附近的皮层被称为*前额皮层*（*prefrontal cortex*），主要负责控制人类特有活动，包括维持注意力、进行推理、做计划决策、协调复杂活动以及抑制无用想法和行为等。③ 皮层其他部位也极其重要，多与解释视觉听觉信息、确定目标和事件的空间特征以及掌握常识等活动密切相关。

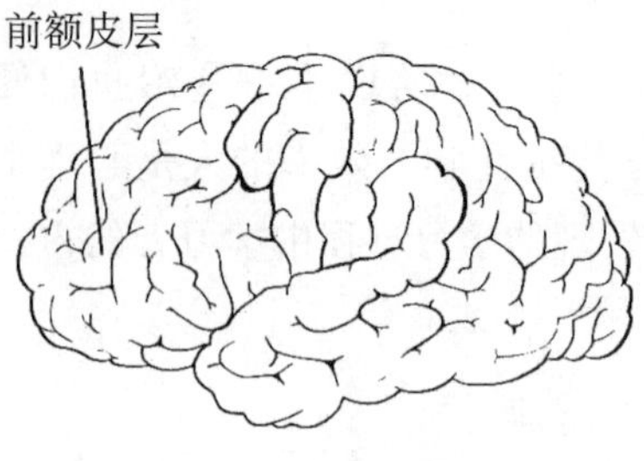

图 2.2 人类的脑皮层

某种程度上来说，大脑皮层的左右两半，即它的两个半球（*hemisphere*），都有不同的专长。④ 大多数人认为，左半球主要负责语言和逻辑思维，而右半球则多掌管视觉和空间任务。但是，与大多数人所持观点不同，世界上并没有很多人只用一边的大脑进行思考，因此也并不存在"左脑"或"右脑"思维等概念：两个半球在日常任务中始终是协同活动的。事实上，几乎所有人

① C.S. Goodman & Tessier-Lavigne, 1997; Lichtman, 2001; Mareschal et al., 2007.

② Koob, 2009; Oberheim et al., 2009; Verkhratsky & Butt, 2007.

③ Otero & Barker, 2014; Verghese, Garner, Mattingley, & Dux, 2016.

④ Byrnes, 2001; R.Ornstein, 1997; Siegel, 2012; M.S.C.Thomas & Johnson, 2008.

类学习或思考都不止涉及一个大脑部位。比如说，像识别口语或书面语中一个特定词这样看似简单的任务，都会牵涉到大脑皮层的许多区域。①

## 二、多数学习过程可能涉及神经元、星形胶质细胞以及它们之间连接状态的改变

从生理学的角度看，学习过程如何发生又在哪里发生呢？最近，绝大部分学习理论研究者认为，多数学习的生理基础在于神经元之间连接状态的改变。具体来说，学习过程可能包含了现有突触的增强、新突触的形成，或某种特定情况下突触的消除。消除突触极其重要，因为有效学习要求的不仅仅是人们想或做某些事，也包括人们不想或不做某些事。换句话说，突触的消除即人们以特定方式抑制去想或做某事的倾向。②

近年来，部分研究者开始推测，在学习与记忆方面，星形胶质细胞和神经元同等重要，甚至可以说更为重要。因为人体内的星形胶质细胞在数量上远多于神经元，两者比率至少为 10 比 1，远大于小鼠与大鼠的两者之比，而且星形胶质细胞彼此间及其与神经元间有大量的化学介质联系。因此星形胶质细胞似乎对神经元活动及神经元间彼此信息传递量大小有一定控制作用。③

而在人的一生中，将有无数新的星形胶质细胞形成。④神经元亦然，尤其是在海马体（*hippocampus*）（大脑中部的一个海马形状的微型结构）处，也可能会在皮层的某些特定区域。⑤而学习经验似乎恰好能刺激新的脑细胞形成，但我们仍未明白这些新细胞与学习及记忆产生联系的方式、过程等。

至于学习在*哪里*发生，答案是：大脑的许多部位。当人们关注与思考新信息及事物时，其前额皮层将极为活跃。而且，在解释新输入的信息时，已掌握的知识可能会让整个皮层多多少少地变得更为活跃。在学习过程中，因为具有可同时整合来自大脑不同部位信息的功能，海马体也可被称为核心部位。⑥

## 三、大脑与身体其他部分协同工作，而非相对孤立运转

很明显，没有身体其他部分的健康运转及其所提供的营养，就没有正常工作的大脑。不仅大脑需要从眼睛、耳朵和其他感觉器官处获取新信息，而且思考与学习等活动也通常和人

① Gonsalves & Cohen, 2010; Huey, Krueger, & Grafman, 2006; Jung & Haier, 2007; Pereira, Detre, & Botvinick, 2011; Posner & Rothbart, 2007; Schlegel, Alexander, & Tse, 2016.

② Bruer & Greenough, 2001; Byrnes, 2001; Dempster, 1992; Haier, 2001; Merzenich, 2001; C.A.Nelson, Thomas, & de Haan, 2006.

③ Koob, 2009; Oberheim et al., 2009; Scharfman & Binder, 2013; Szu & Binder, 2016; Verkhratsky & Butt, 2007.

④ Han et al., 2013; Koob, 2009.

⑤ Deng, Aimone, & Gage, 2010; Gould, Beylin, Tanapat, Reeves, & Shors, 1999; C.A. Nelson et al., 2006; Sapolsky, 1999.

⑥ Bauer, 2002;Byrnes, 2001; Davachi & Dobbins, 2008; Huey et al., 2006.

类身体活动及反应紧密交织。[①] 比如，当人们在想投篮这个动作时，即使没有真正地投，也会相应激活控制投篮的胳膊、手部肌肉相关脑区[②]；当人们在冥思苦想复杂问题，或是数学题，抑或是空间内物体的形状与位置时，手或胳膊的动作往往会有助于人们更高效地思考和讨论[③]。

## 四、了解大脑的工作与发育只能拓展人类学习与教学方面的知识

正如以下章节所示，近期人类对大脑的研究的确有助于进一步理解人类记忆与高效教学实践、认知发展的典型过程（见第 6 章）以及某些残障[如，阅读障碍（dyslexia）、计算障碍（dyscalculia）、自闭症谱系障碍（autism spectrum disorders）]的神经学基础。[④]

然而，尽管研究者已确定学习过程如何以及在哪里发生，但目前人类有限的大脑生理学认识仍不足以解释所有学习相关及促进学习的方法等必需知识。比如，现存的大脑研究仍无法告诉人类，在特定社会与文化中掌握何种信息及技能最为重要[⑤]；也并不能为教师如何最有效地帮助学生掌握此番信息、技能提供指导[⑥]。实际在大多数情况下，所谓"运用大脑研究"或"基于大脑学习"的教育工作者所涉及的皆为心理学家从人类行为研究中获取的知识，而非那些从大脑解剖学和生理学中获取的知识。

总之，若我们想了解人类的认知本质并找到有助于儿童及青少年更高效学习的方法，我们首先就必须研究心理学家而非神经学家的发现成果。因此，本书将通过心理学家对人类记忆的研究解释继续探讨学习与认知过程。

# 第二节　把学习当作主动建构的过程

**主要理念：人类的大多数学习都是主动建构而非被动吸收知识的过程。**

一个多世纪前，心理学家就已展开了对学习本质的研究，各种各样的理论观点也由此产生。表 2.1 按其在教育心理学领域内盛行的时间顺序总结了四种主要观点。很大程度上，这些迥异的观点互为补充而非相互矛盾，它们皆为人类学习研究提供了丰富且全方位的视角。表格最右侧一栏中会相应显示该类学习内容及教师促进学生的课堂表现与实现长期成功的方法。

**认知心理学（cognitive psychology）**是关注学习和行为潜在心理过程，包括知觉、记忆和推理的一种理论视角。以下将阐述认知心理学家所持的学习基本原则。

---

① Abrahamson & Lindgren, 2014. 大脑需要身体其他部分以帮助其完成思维过程的行为，有时候称为具身（*embodiment*）。

② Spunt, Falk, & Lieberman, 2010.

③ Alibali, Spencer, Knox, & Kita, 2011; Goldin-Meadow & Beilock, 2010.

④ Butterworth & Varma, 2014; Tager-Flusberg, 2007; Varma, McCandliss, & Schwartz, 2008.

⑤ L. Bloom & Tinker, 2001; Chalmers, 1996; Gardner,2000b.

⑥ D. M. Beck, 2010; Byrnes, 2007; G. A.Miller, 2010; Schenck，2011.

## 理论观点

表 2.1　　有关学习研究的主要理论观点

| 理论观点 | 总体描述 | 著名理论家举例 | 该观点在本书中的位置 |
|---|---|---|---|
| 行为主义 | 早期的行为主义学家认为：人类无法直接观察到思维过程，因此也无法对此进行客观科学的研究。所以，多数行为主义学家并不重视认知过程在学习中的作用；相反，他们关注的是研究者能观察和测量到的两个指标——行为（反应）以及行为前后所出现的环境事件（刺激）。学习被视为一个获得与修正刺激和反应之间连接状态的过程，且这一过程主要通过学习者和环境之间的直接互动达成。 | B.F. 斯金纳（B.F.Skinner）<br>爱德华・桑代克（Edward Thomdike） | 我们将在第 4 章的开头部分学习到刺激—反应模式（详情见“以直接刺激为背景”一节中的前四个原则），在论述课堂管理的第 9 章中了解到行为主义学家的观点（详情见“减少与学习无关的行为”一节中对于暗示、惩罚、行为分析法、功能分析法以及正面行为干预和支持的论述）。 |
| 社会认知理论 | 历史上，社会认知理论家主要关注人们通过相互观察进行学习的方式。不仅环境刺激会对行为产生影响，认知过程（如，对刺激—反应关系的觉察、对未来事件的预期）也起着重要的作用。人们经常通过模仿进行学习：他们会观察模仿其他人的行为。人们是否能有效学习和表现也取决于他们的*自我效能感*，即在多大程度上他们相信自己能成功完成某项特定任务或活动。随着时间的推移，社会认知理论也更加强调*自我管理*的概念，即人们可以控制和管理其自身行为。 | 阿尔伯特・班杜拉（Albert Bandura）<br>戴尔・申克（Dale Schunk）<br>巴里・齐默尔曼（Barry Zimmerman） | 我们将在第 3 章中学习到对自我管理的论述，在第 4 章中了解到社会认知中的模仿、替代性结果、诱因和互为因果，在第 5 章中运用社会认知理论探讨动机（将集中讨论自我效能感和目标）。 |
| 认知心理学 | 尽管认知心理学家并不否认环境在学习中起着重要作用，但他们更关心学习者的内心情况，即参与学习、记忆和绩效的认知过程。通过观察人们对不同情境和任务的反应，他们推断出了人们感知、解释心理操作环境中遇到的信息的各种可能方式。一些认知心理学家对人类认知（如：*工作记忆*和*长时记忆*）的内部机制的概念及人类对信息进行心理加工的方式（如：通过*精细加工*和*视觉表象*）进行了推测，这种取向最初被称为**信息加工理论**（**information processing theory**）。此外，还有一些认知心理学家倾向于关注个体学习者通过其与环境互动而创造知识的方法，这个取向被叫作**个人建构主义**（**individual constructivism**）。 | 理查德・阿特金森（Richard Atkinson）<br>理查德・谢夫林（Richard Shiffrin）<br>让・皮亚杰（Jean Piaget）<br>杰罗姆・布鲁纳（Jerome Bruner）<br>约翰・安德森（John Anderson）<br>约翰・布兰斯福德（John Bransford） | 认知心理学为本章许多关于学习、记忆的论述提供了基础。此外，该理论在论述第 3 章复杂认知、第 5 章影响动机的认知、第 6 章认知发展和智力因素、第 7 章社会认知，以及第 8 章教学策略的论述中也起着至关重要的作用。 |

续前表

| 理论观点 | 总体描述 | 著名理论家举例 | 该观点在本书中的位置 |
| --- | --- | --- | --- |
| 背景理论 | 背景理论学家尤为强调学习者所在的自然与社会环境对认知和学习的影响。但比起具体刺激（如行为主义学家所指），他们更关注总体因素，即自然的、社会的和文化的支持“思考型”（即以认知为基础）的学习。有些背景理论学家认为低龄学习者最初在社会交往中会使用较为复杂的思维策略，随之逐渐将这些策略内化，这种取向被称为**社会文化理论（sociocultural theory）**。另一些背景理论学家则强调两个或两个以上的人常常会通过共同工作，获得优于个人单独工作所得的理解，这个取向被称为**社会建构主义（social constructivism）**。还有一些背景理论学家认为，不同的思维方式和特定的自然或社会环境密不可分，这个取向又被冠以一系列名称，如**情境学习（situated learning）**和**分布式认知（distributed cognition）**等。 | 列夫·维果茨基（Lev Vygotsky）<br>让·莱夫（Jean Lave）<br>芭芭拉·罗格夫（Barbara Rogoff）<br>罗伊·皮（Roy Pea）<br>加夫瑞尔·所罗门（Gavriel Salomon）<br>詹姆斯·格里诺（James Greeno） | 我们将利用背景理论在第4章中深刻讨论对人类学习思考有重大影响的文化、社会以及技术因素，在第6章中论述认知发展，并在第3章、第5章、第8章、第9章中分别了解复杂认知过程、动机、教学策略、课堂管理等概念。此外，第3章到第10章的“文化因素”专栏也会不断推动我们寻找答案：学生的文化背景是如何对他们的想法、观点及行为产生影响的。 |

## 一、学龄前儿童学习者往往主动且自主地学习

有时，儿童汲取经验，并未有过多思考。例如，当婴幼儿学习母语的基本词汇与句法时，他似乎并非有意识地去学习或思考所学内容。因此，在婴幼儿期发生的大多数学习为*内隐学习*，而且也有更年长的孩子和成人仍然会以一种无意的、不加考虑的方式去学习与其所处环境相关的问题。[①] 不过，随着儿童成长，他们会越来越多地有意进行*外显学习*，即有意识地思考、解释和重组他们在环境中的所见所闻。请尝试练习以下简单案例。

### 自己看一看

**十二个词**

花 30 秒记住下面的 12 个词，然后将纸翻面，按你所记的顺序将单词写下。

| | | |
| --- | --- | --- |
| 菊花 | 苹果 | 蒲公英 |
| 锤子 | 梨 | 扳手 |
| 郁金香 | 钳子 | 西瓜 |
| 香蕉 | 玫瑰 | 改锥 |

① P.A.Alexander,Schallert, & Reynolds,2009; S.W.Kelly, Burton, Kato, & Akamatsu, 2001; Kihlstrom, 2013; Siegel, 2012.

你是以何种顺序记忆以上这些词的呢？是按原有顺序，还是以某种顺序重新排列呢？如果你和大多数人的逻辑思维一样，你应该会把这些词分为三类——花、水果和工具，然后依次按类别记忆。换句话说，你对这些词进行了组织。随着年龄增长，儿童将更倾向于组织所学内容。无论是哪个年龄段的学习者，组织学习内容都会大大提高学习效率。

## 二、认知过程影响所学内容

你可能经常听到老师、父母、雇主或其他人说他们想让学生成为更好的思考者，但是你是否想过思想或者思维到底包括什么？思维（*thinking*）是一个含义宽泛的术语，包含了各种**认知过程**（**cognitive processes**），即个体在试图解释和记住他们的所见、所闻和所学时所进行的特定智力活动。正是因为认知过程对于人类学习与记忆影响深刻，所以它的地位十分重要。认知过程的显著案例就是**编码**（**encoding**），即学习者以某种方式改变或增加所获信息，以便更轻松地记忆。在之前的“十二个词”练习中，对词进行分类就是一种可能的编码策略。但是，你也可以通过创作一个故事或一首诗（如“当菊花和郁金香正在散步时，她们遇到了蒲公英和玫瑰……”）对其进行编码，甚至也可以用这 12 个词产生一个心理图像——一份精心制作但不是完全可食用的水果沙拉（见图 2.3）。

**图 2.3　十二个词编码所产生的心理图像**

认知心理学家对人们如何从心理上加工和记忆新信息及事物的相关解释都可归为**信息加工理论**（**information processing theory**）。其中，许多早期的解释将人类的思维和学习与计算机操作相类比，但之后又发现，这种方式过于简单：人们往往很难只用计算机式的因果关系来解释思考与阅读信息的行为。①

## 三、学习者须选择其关注与学习的内容

如今，人们常会接触大量信息。想象一下，此时此刻，其实你已面临诸多刺激：一段话中的字符，读书时可以看到的其他物体、听到的其他声音，衣服触碰到你皮肤上的感觉等等。我猜直到刚才，你都没有注意到身边大多数的刺激。而正是因为人们在任何时刻都只能处理一定量的信息，所以我们才必须有所选择。而那些高效的学习者往往只关注他们认为重要的事务，几乎忽略了其他。

打个比方，想一下你每年都会接收成百上千的邮件，有邮局的纸质版也有电子邮箱版，难道你会一一打开查看与回复吗？我想是不会的。你应该只关注重要邮件，再看看是否有必要拆开其他的，如果没有，你可能都不会打开就直接把那些给扔掉了。

当然，人们并不总能一直做出正确选择，恰如当人们打开一张五颜六色的写着“你可能赢得

① 举例请见 Hacker, Dunlosky, & Graesser, 2009a; G. Marcus, 2008; Minsky, 2006。

了……”的彩票通知时，往往会忽略掉不起眼的退税支票。课堂上也同理，学生可能只关注到了一个琐碎细节，或是其他同学引人注目的行为，导致他们走神未能理解课堂上讲的重要的概念。因而，教师们的重要工作就是帮助学生理解哪些是学习的重点，哪些可以像“垃圾邮件”一样适当丢弃。

## 四、学习者主动创造（而非被动接受）其对世界的看法与认识

人们可以通过无意识地“吸收”所处环境中的规则性事物来学习。[①]但是，大部分的人类学习都包括**建构**（**construction**）过程：为了充分利用自身的经历，学习者会使用一些单独信息对其世界观进行塑造、解释或重新融合。[②]正如开篇中七岁的鲍勃与成年人的对话所示，学习者往往倾向于构建自己对任何给定主题或情况的独特理解，并且这些理解在不同程度上可能是准确的。这些着重于阐述建构过程本质的理论被统称为**建构主义**（**constructivism**），而其中用于解决学习者如何构建自身独特知识的理论又被称为**个人建构主义**（**individual constructivism**）。

通过学习以下案例，你就会理解建构的过程：

### 自己看一看

**洛奇**

请只读一遍下面的文章：

洛奇慢慢地从垫子上站起来，计划着如何逃脱。他犹豫了一下，想道：事情进展得并不顺利，最让他心烦的是现在被抓，尤其想到对手以前的进攻都并不激烈时。他又思考了一下目前的处境：尽管束缚住他的“力量”很坚硬，但他认为自己可以挣脱。但他也明白，好的时机十分重要。洛奇意识到正是他早先的粗暴，使其如今受到如此严厉的惩罚，不过他认为这也有些过于严厉了。[③]

请简单总结以上文章大意。

---

你能理解以上这段话的大意吗？你认为它讲了什么呢？一个囚犯的逃跑？一场摔跤比赛？抑或是其他完全不同的东西？这段文字包含了很多没有交代的内容。例如，它只字未提洛奇在哪儿，是什么样的“力量”在控制着他，或者说为什么时机很重要。但是，你也可以通过提供给你的现有信息，去建构一个全面的关于洛奇所处情境的理解。大多数人也确实会通过这段文字得出一种以上的结论。

理论家们有时称人类学习中主动产生意义的过程为建构意义，而且这并不仅仅限于言语材料。大家可以看以下案例。

---

① 举例请见 Aslin & Newport, 2012。

② 建构过程请见 Bransford & Franks, 1971; Neisser, 1967。

③ R.C. Anderson, Reynolds, Schallert, & Goetz, 1977, p. 372.

## 自己看一看

### 三张面孔

请看图 2.4 中的三张图片，在每张图里你都看到了什么呢？

**图 2.4　你在图片里看到了什么？**

来源：“Age in the Development of Closure Ability in Children” by C.M. Mooney，1957，*Canadian Journal of Psychology*, 11, p.220. Copyright 1957 by Canadian Psychological Association. Reprinted with permission.

即使缺失了很多面部特征，大多数人仍会认为左边的图片上是一个女人，因为有足够多的面部特征是可见的：一只眼睛、一部分鼻子、嘴、下巴以及头发。你可以通过这些信息来建构一个有意义的认识。那另外两张图片是否也提供了足够的信息使你能建构出另外两张面孔呢？通过右边图片建构出一张面孔可能会花一点时间，不过仍然可以做到。

客观来说，以上三幅图中黑色斑块形成的轮廓，特别是右边两个，给读者留下了极大的想象空间。比如，中间的女子缺失了半边面孔，右边的男人缺失了头的上半部分。但是，因为早已知晓人类面孔的典型外观，心理上添加缺失的部分并完成图片也并非难事。令人奇怪的是，一旦你从图案中建构出了人类面孔，它们就会变得显而易见。如果你现在合上书，一个星期或更长时间后再去看这一页，很可能打开第一眼你就能看出这些面孔，即便第一次观察时还困难重重。

## 五、学习者会用其已有知识与信念帮助理解新经验

通过刚刚做过的“洛奇”和“三张面孔”练习，我们可以得出这样的结论：即使信息缺失较多，人类仍能有所了解。已有知识——可能与越狱、摔跤比赛以及与确定人类面孔特征相关——都帮助你填补了较多缺失细节。因此已有知识与信念通常在人们建构新意义中起着重要作用。

很多时候，在相同情境下，不同的人会建构不同的意义。原因一部分在于每个人都将自己特有的先前经验与知识带到了这一情境中。比如，当“洛奇”这段用在大学生实验时，体育教育专业的学生常将它解释为摔跤比赛，但是音乐教育专业的学生（大多数人对摔跤了解较少或不了解）更可能认为文中所指为越狱。[①] 学习者们不仅会将不同领域的专业知识，也会把不同的童年经历、文化背景及世

**想一想**

为什么互联网被当作一种双向传播方式？

① R. C. Anderson et al., 1977.

界观带到学习任务中。因此，这些差异常对学习者如何去理解新信息产生重要影响。举个例子，七岁的鲍勃可能只是在建筑工地看到人们运输灰土，其实他毫无与山脉形成相关的地理知识（侵蚀、板块运动）储备。

## 第三节　人类如何记忆

**主要理念：人类记忆是一个在一定程度上受学习者控制的复杂且多方位的信息加工系统。**

**记忆（memory）**指的是学习者从心理上“储存”新获取的知识与行为的一种能力。有时“记忆”一词会用来指示将新知识或技能储存一段时间的实际过程。而在其他情况下，“记忆”会被用来形容某类知识存储的特定“位置”，例如我们即将讨论到的人类记忆系统的两个成分——工作记忆（*working memory*）和长时记忆（*long-term memory*）。

将新事物“纳入”记忆的过程又被称为**存储（storage）**。而回忆起之前所存储的信息，或在记忆中“找到”信息的过程即为**提取（retrieval）**。以下练习将说明提取的过程。

---

**自己看一看**

**提取练习**

看看你能多快回答下面的每个问题：

1. 你叫什么？
2. 法国的首都是哪座城市？
3. 克里斯托弗·哥伦布（Christopher Columbus）何时首次横渡大西洋到达新世界？
4. 你在三年前的今晚吃了什么？
5. 当说到聚会中所吃的开胃菜时，人们常用法语词而非英语词 *appetizer*。那该法语词是哪一个呢？又该如何拼写呢？

---

你可能已通过尝试回答以上问题发现：从记忆中提取某些信息（如，你的名字）极其容易轻松，但提取另一些则需要思考和努力。例如，你可能只需要几秒钟就能想起：法国的首都是巴黎；哥伦布于 1492 年首次横跨大西洋。但有些信息即便在你的记忆中也难以提取，例如三年前的晚餐单和法语词 *hors d'oeuvre* 的正确拼法。

人类记忆非常复杂，又涉及多方面，且仍有待探索，但许多心理学家发现，人类记忆可以系统地按存储信息时间长短划分为三类：感官记忆、工作记忆和长时记忆（见图 2.5）。[①] 毫无疑问，以下模型是过度简化的，但我们仍可将其与理论结合研究从而获得人类记忆运行的原理。[②]

---

① 比如说，请见 R.C. Atkinson & Shiffrin, 1968; Reisberg, 1997; Willingham, 2004。

② 近来，对人类大脑的研究表明，图 2.5 中介绍的构成记忆的不同部分之间并非完全割裂的，更多可见如 Baddeley, 2001; Nee, Berman, Moore, & Jonides, 2008; Öztekin, Davachi, &McElree, 2010。

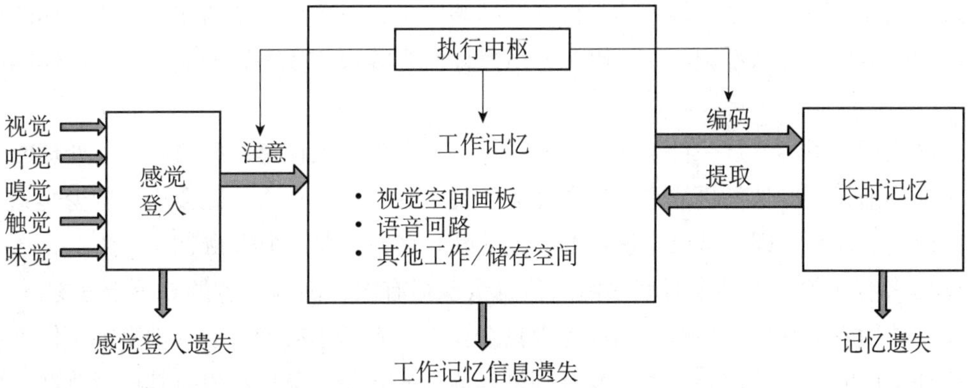


**图 2.5　人类记忆模型**

## 一、感觉登入只能短暂保持未加工形式

如果你曾在夜晚放过烟火，将其晃动，你可以看到拖在后面的光尾；如果你曾在课堂上做过白日梦，当你调整回课上时，你仍能“听见”老师之前说过的三四个词。烟火的光尾和耳边回荡的词语，并不是真实存在于环境，而是记录在你的感觉登入里了。

**感觉登入（sensory register）**是记忆中保存的从感觉中接收到的信息成分，即几乎是一种原始的、未编码形式的输入。你的大多数所见所闻和其他感觉都被储存在感觉登入中了。换句话说，感觉登入有较大容量：它能同时保存大量信息。

以上为好消息。坏消息是存储在感觉登入中的信息并不会持续很长时间。[①] 视觉信息（所见）的持续时间很可能不会超过一秒。举个例子，小时候，我就从来没能用一根烟火棒完整地拼写出我的名字（Jeanne）；不管我写得有多快，在我写第一个 n 之前，J 就会消失。听觉信息（所听）持续的时间很可能会稍微长一点，应该是两三秒。但无论何时，为了保存信息，学习者都必须将其移入工作记忆中。

## 二、注意对大多数学习与记忆是不可或缺的

无论我们怎样处理，像烟火的夺目光辉这样直接从环境中接收到的信息都不会持续较长时间，但我们可以用一些小手段将其储存在记忆中，比如，可以把烟火的光尾解释成字母或者其他熟悉的形状。如图 2.5 所示，该模型的第一步就是**注意（attention）**：人们（由心而发）所注意到的都会进入工作记忆中。而感觉登入中并未受到人们注意的信息通常都会从记忆系统里消失。[②]

保持注意不仅仅是要使用感觉器官（眼睛、耳朵、手指等），还要集中心思于要学习和记忆的内容。想象一下你正在某个课堂上看书。你的眼睛在逐页移动，但你心里却在想一些完全不同的事

① Cowan, 1995; Dahan, 2010; Darwin, Turvey, & Crowder, 1972; Sperling, 1960.

② 有些没被注意的信息可能仍然存在，但若没有有意察觉，学习者也可能极难回忆起来，特别是相隔时间较长时。例子见 Cowan, 2007。

情——最近和朋友的一次争吵，网上的一份高薪招聘广告，或者你的咕咕作响的胃。你能记住书上的什么东西呢？显然你什么都记不住。因为，虽然你的眼睛聚焦在书里的文字上，但你的心思并不在这儿。

小孩的注意通常很容易从一件事转移到另一件事上，而且往往是那些与手头上处理的事务无关的事。当小孩逐渐长大，他们更能在特定的任务上集中并保持注意力，也会逐渐较少受到不相关想法和事物的影响。但是，即使是成年学习者，也难以一直关注同一个事物。①

即使学习者有所关注，某个时间段内的信息量也很有限，因为注意的*容量十分有限*。②例如，你一边看课本一边看电视剧，一般你的注意力只会集中在看课本或看电视一件事上，你不可能一心二用。又譬如上课时，你一门心思关注着老师糟糕透顶的着装，急切地想对其进行改造，那你一定很难注意到老师的讲课内容。在同一个时间段做两件及以上的事情被称为*多任务*。但由于注意容量有限，在某些情况，我们会感到很难甚至不可能实现多任务状态。

那么，人类注意的有限容量究竟*多么有限*？人们常常能熟练且无意识地同时进行两个或三个任务。例如，你可以边走路边嚼口香糖，你很可能也可以边开车边喝咖啡。但是当有一个刺激或遇到一项精细且复杂的任务时（如，看教科书）或者当一个任务需要大量思考时（如，理解一堂大学课程或在结冰的山路上开车），人们往往一次只能注意一件事。

**想一想**

请你运用学到的有关注意的内容，解释为什么开车时发短信在很多国家/地区都是违法的。

让我们回到本章开始所陈述的观点：学习者须选择其关注与学习的内容。原因在于，注意容量有限，只有一小部分存储在感觉登入中的信息可以转移到工作记忆中。而身体最初接收到的绝大数信息都迅速在记忆系统里消失了，就如同我们每天都会快速丢弃掉接收到的垃圾邮件。

## 三、进行思考学习的工作记忆维持时间短且容量有限

**工作记忆（working memory）**是指短暂存储以便进一步理解被注意到的信息之地。同时，它也是思维、认知加工之处。具体来说，它可以是课堂上试图理解的新概念，可以是通过课本段落推断出的观点，也可以是解决问题的地方。而且，因为此成分做了记忆系统大部分的内心工作，因此它也被称为*工作记忆*。

正如图2.5所示③，工作记忆不是一个单独的整体，而似乎是由很多处理并存放不同信息的功能部分组成。举例来说，用来短暂储存视觉和空间信息的部分被称为*视觉空间画板*，短期存储声音包括口头话语的部分被称为*语音回路*，此外，也可能有负责其他感觉登入及整合的部分。

工作记忆中似乎也有监管，这就是被称为**执行中枢（central executive）**的部分。该部分集中注意，通过记忆体系监管信息流，选择、控制复杂自发行为，并抑制相反的思想与行为。④以上过程被统称为执行功能，且在儿童与青少年时期得到快速发展（主要是由大脑成熟所致），能在极大程

① Barron, Riby, Greer, & Smallwood, 2011; Dempster & Corkill, 1999; Reichle, Reineberg, & Schooler, 2010.

② J. R. Anderson, 2005; Cowan, 2007; Lien, Ruthruff, & Johnston, 2006; Oberauer & Hein, 2012.

③ Baddeley, 2012.

④ Alloway, Gathercole, Kirkwood, & Elliott, 2009; Aron, 2008; Banich, 2009; Cowan, Saults, & Morey, 2006; Logie, 2011; E.E. Smith, 2000; J. Wood, 2007.

度上提升学生的学业表现。[①]

但任何储存在工作记忆里的信息都不会持续很长时间，最多也就 5 到 20 秒，除非人们为此做出了更多努力。[②] 正因如此，它有时也被称为短时记忆（*short-term memory*）。打个比方，假如晚上需要打电话订个比萨，你先用电脑查了一下饭店的电话号码。而且因为你之前注意过这个号码，它可能已经在你的工作记忆里了。但这时你发现手机找不到了，手头又刚好没有纸和笔。在你成功打出电话前，该怎样记住这个号码呢？一个常用的方法就是**复述**（**rehearsal**）——将它重复一遍又一遍，这样将有利于在你使用该信息前将其一直保存在工作记忆中，但一旦停止复述，该信息可能马上消失。

人们将随着年龄增长，拥有能储存更多信息的工作记忆，但原由仍未明确。[③] 然而，即便是成年人，也才刚具备同时存储和思考信息的能力。为了进一步理解工作记忆的性质，你可以利用工作记忆完成以下练习。

**想一想**

在阅读该材料之前，你是否对“短时记忆”这个概念理解有误呢？如果是，那现在改正过来了吗？

### 自己看一看

**一道除法题**

试试在脑中计算该除法题答案，并把这些数字放在工作记忆里，请记住在计算答案时不要偷看这些数字：

$$59\sqrt{49\,383}$$

你是否发现自己边处理该题某些信息边记忆其他信息有些困难呢？你是否得到它的正确答案 837？事实上，除非把题目写在纸上，否则大多数人无法计算出有这么多位数字的除法题。原因是工作记忆并没有足够的空间：既容纳所有数字，又用这些信息进行数学运算。就像注意一样，工作记忆的容量有限，可能只够容纳一个电话号码或极短的杂货清单。[④]

学生们有时会说为了考试考高分，要把课堂内容放在“短时记忆”里。但是，这样的陈述反映出两个常见的误解：（1）这个记忆会持续几天、几周，甚至几个月；（2）它（短时记忆）有一个较大的“空间”。你应该已经知道，存储在工作记忆里的信息除非得到进一步加工，否则只能持续几秒，而且每次只能有几件事同时存储于此。显而易见，工作（短时）记忆并不能留存以后上课需要的信息，更不用说应付本周的考试了。因此，这样的任务只能存储在长时记忆里。

## 四、长时记忆持续时间长、容量大

**长时记忆**（**long-term memory**）是存储一般的知识与信念，再现过去的经历以及学校内所获知识的地方。以上关于事物是什么和怎么样的知识以及一系列事实、数据和大事件（例如，托马

① Atkins, Bunting, Bolger, & Dougherty, 2012; Best & Miller, 2010; Goldstein, Naglieri, Princiotta, & Otero, 2014; Masten et al., 2012.

② 例如：Baddeley, 2001; L. R. Peterson & Peterson, 1959; W. Zhang & Luck, 2009.

③ Ben-Yehudah & Fiez, 2007; Kail, 2007.

④ Cowan, 2010; Logie, 2011; G. A. Miller, 1956.

斯·杰斐逊是美国第三任总统）同时又可以被称为**陈述性知识**（**declarative knowledge**）。同时，长时记忆也可以储存关于人类如何做出各种行为的知识，如怎样骑自行车，怎样挥动棒球棒，或怎样书写草体字母J。而关于如何做事这样的知识则被称为**程序性知识**（**procedural knowledge**）。[①] 因为程序性知识也包括在不同情况下的区别应对方法，因此它有时也被称为*条件性知识*（*conditional knowledge*）。

储存在长时记忆里的信息持续的时间要远远长于储存在工作记忆里的信息——存储时间可能是一天，一周、一个月、一年，甚至一生（本章后文会继续探讨“一生”）。但是，即使信息就储存在那儿，人们也不能总在需要的时候立即找到（提取）它。正如下节内容所示，人们从长时记忆里提取已学信息的能力，取决于最初储存的方式及记忆情景。

长时记忆好像“取之不尽，用之不竭”——学习者只要想存储信息，就能想保留多少就保留多少。而且，在长时记忆里存储的信息越多，学习新东西也就越简单，下文探讨其原因。

## 五、长时记忆中的信息在某种程度上是相互联系且有组织的

正如我们之前所学的大脑知识所示，神经元有许多连接，思考任何问题都会牵涉到大脑的许多领域。因此，人类的知识、信念和技能也情有可原地与其长时记忆相关。请尝试以下练习，以粗略了解你自己长时记忆的组织方法。

### 自己看一看

**马**

当你看见“马”（horse）这个词的时候，首先进入你脑海的另一个词是什么？这个词又会使你想起哪个词呢？而第三个词又会让你想到什么样的第四个词呢？请以“马”这个词为开始，顺着你的思路，通过你想出的每个词提示下一个新词或新短语。请至少写出成串的八个词或短语。

---

你可能会发现从“马”字延续自己的思路很简单，有可能是这样：

马（horse）→ 牛仔（cowboy）→ 套索（lasso）→ 绳子（rope）→ 绳结（knot）→ 女童子军（Girl Scouts）→ 曲奇饼干（cookies）→ 巧克力（chocolate）

你的词组里的最后一个词可能和马关系并不大或没有明显的联系，但你可以发现，每个词或短语与它后面的都是有逻辑关系的。在长时记忆里，相关信息片段往往是彼此联系的，其网状体系或许与图 2.6 相似。

在建构知识时，学习者往往围绕特定概念或群组创建出较为合理的组合。举例来说，从婴儿期开始，人们形成的**概念**（**concepts**）就能对物体、事件分类有所裨益。[②] 有一些概念，如蝴蝶、椅子和仰泳，指的是狭义的物体或事件。另一些则如图 2.7 诺亚（Noah）的“蝴蝶是种昆虫”所示，含义广泛，如昆虫、家具和游泳，且包含了大量具体概念。诺亚认为一些词（如蝴蝶）可以和两个完全不同的、更广义的概念（如昆虫和游泳）相联系，因此可能会导致一些人有以下思路：

---

① Mayer, 2012.

② J.M. Mandler, 2007; Quinn, 2002.

马 → 牛仔 →（套马的）套索 → 绳子 → 绳结 → 女童子军 → 宿营 → 户外 → 自然 → 昆虫 → 蝴蝶 → 游泳

学习者将某些概念融合在一起并形成了对事物一般形式的理解。这些理解皆采取了**图式**（**schemas**）形式，即一组与特定概念或现象相关且紧密组织的事实。[①] 例如，让我们回到马的概念上。你一定知道马是什么样的，所以当你看见一匹马时，也一定能认出来。因此，对于马这样的动物，你有概念在心。但请思考一下你了解马的其他知识吗？它们吃什么？它们怎样打发时间？你最有可能在哪里看见它们？毫无疑问，在提取这些与马相关的信息时——它们喜爱燕麦和胡萝卜，热爱吃草和奔跑，以及它们在牧场和赛马场上频频露面——你可能会遇到一点困难，但是，你所拥有的马的知识以“马”的图式形式与长时记忆密切相连。

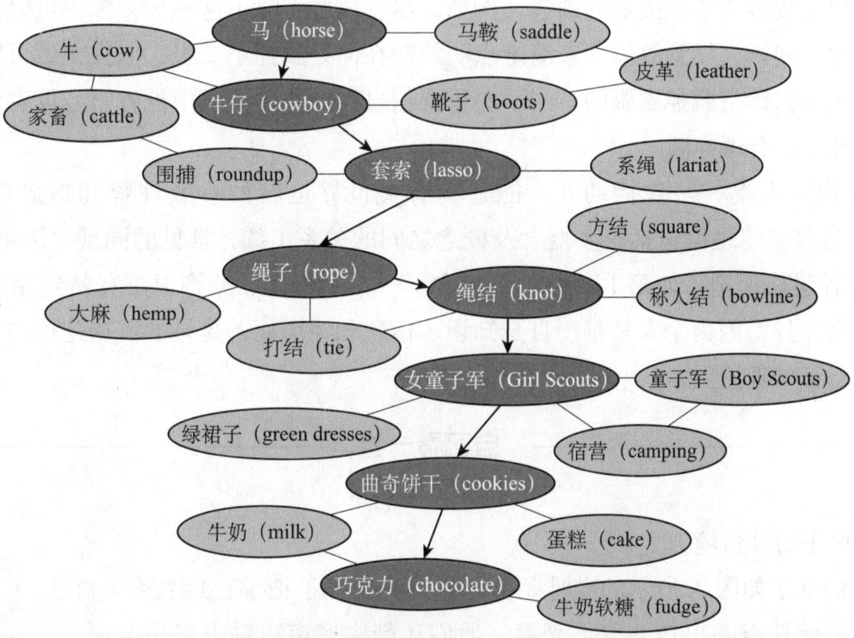


**图 2.6　相关的概念往往在长时记忆里彼此相互联系，图示为作者从*马*到*巧克力*的思路图**

**图 2.7　八岁的诺亚描绘的与蝴蝶等昆虫概念相关的系统知识**

人们既有关于物体也有关于事物的图式。而且，当图示包含一个可预料的事件发生顺序时，它又可以被称为**脚本**（**script**）。[②] 以下练习即为相关案例。

① 例如：Rumelhart & Ortony, 1977; Kalyuga, 2010; Schraw, 2006.

② 有时“脚本”一词也指知道做某事的流程，这时属于程序性知识，而不是陈述性知识。

## 自己看一看
### 约翰

请只读一遍以下段落：

约翰今天感觉不好，因此他决定去看家庭医生。他在医生的接待员那里登记了，然后浏览了几本放在他椅子旁桌子上的医学杂志。护士终于来了，让他脱掉衣服。医生也很和蔼。最后他给约翰开了一些药。然后约翰离开医生的诊室回家了。①

可能这段文字理解起来并不成问题，因为你自己就曾去过医生诊室，对于这样的经历也有图式，因此你能填补较多文章未提示的细节。例如，尽管故事省略了这一步，你仍可以推断出约翰去医生诊室的路途。同样，尽管故事并未清楚点明约翰在何处脱掉了衣服，但你大致可以断定约翰是在检查室而不是在候诊室脱掉衣服的。当一些重要信息在约翰的故事中被省去，读者仍然可以利用图示与脚本对此进行合理推断。

更宽泛地说，人类——包括幼儿，能建构有关世界运转的一般理解和信念系统，或**理论**（**theories**）。② 这些自建理论包括很多概念及概念之间的关系（如，常见的同现、因果等）。个人建构理论与研究者建构理论（如第 1 章所示，包含了一系列概念、原则以解释特定情况）有类似之处，但两者也有差异，因为个人是基于自身知识、信念和经历而不是科学依据建构的。请通过以下练习，检验你自己的理论。

## 自己看一看
### 咖啡壶与浣熊

考虑以下每种情境：

A

B

1. 人们拿了如图 A 所示的咖啡壶，他们首先去掉了把手，封上盖子再去掉壶帽，堵住壶嘴出口并取下壶嘴。他们还削去底座再贴上扁平金属，后来又在上面粘上一根小棍，剪开一个小窗，最后在这个金属容器里装上鸟食。图 B 即为完工式样。

经过这些变化后，它是咖啡壶还是鸟食罐呢？

2. 医生抓到了一只浣熊，如图 C 所示。他首先剃掉了浣熊的一些毛，接着把剩下的毛染成黑色，然后在它的后背中间，从头到尾漂白了一道。再通过外科手术往它的身体里置入了一个有极臭气味的液囊，就像臭鼬的气味一样。

经过这些变化，这个动物如图 D 所示。那它是一只臭鼬还是一只浣熊呢？③

C

D

① G.H. Bower, Black, & Turner, 1979, p. 190.

② Gelman, 2003; Keil & Newman, 2008; Wellman & Gelman, 1998.

③ 两个方案依据的是 Keil, 1989, p. 184。

你的结论很有可能是：咖啡壶变成了鸟食罐，但浣熊，尽管接受了外表整容和臭味手术，却还是浣熊。那为何咖啡壶可以被改造成完全不同的东西，而浣熊却不能呢？毫无疑问的是，即便小孩也似乎能区分出人造物品（如，咖啡壶、鸟食罐）和生物实体（如，浣熊、臭鼬）。[①] 比如，人造物品大多是根据其功能来界定（如，煮咖啡、喂鸟），而生物实体则主要根据血统来界定（如，给予它们生命的父母，它们的 DNA）。[②] 因此，当咖啡壶开始盛鸟食而不是咖啡时，它的功能已经发生变化，咖啡壶也就变成了鸟食罐。当一只浣熊通过整容和外科手术拥有了像臭鼬一样的外貌和气味时，它仍然有其父母和浣熊 DNA，因此浣熊不可能是臭鼬。

**想一想**

你去杂货店的典型脚本是怎样的呢？那去电影院的呢？还有去快餐店的呢？

当孩子们到入学年龄时，他们早已建构起关于其身体、生物和外部世界的基本理论[③]，也建构起了关于自身的本性及人们理性思考的初步理论。比如说，他们认识到了人的内心想法与外部现实是截然不同的，他们开始理解人在生活中有思维、情绪和动机，而且这些在很大程度上指导着人们的所作所为（见第 7 章）。总体而言，自我建构理论会帮助儿童理解和记忆个人经验、课堂学习内容以及其他新信息。[④] 但是，由于儿童的理论发展很少获得来自知识更为丰富者的指导，它们有时会形成错误的认识，从而对学习新知识造成不利影响（以下将详细阐述）。

尽管长时记忆的结构并不能轻易用一张图表达清楚，但图 2.8 也为我们展示了一些重要成分。陈述性知识是由事实形成的概念组成，包括图示 / 脚本、理论，还有信念。而程序性知识是由做事情的步骤、实现目标的方法以及运用某特定战略的情景性知识构成的。在下一条原则中我们将继续讨论长时记忆得到整合的程度、方法以及决定因素——在某种程度上取决于学习者最初储存信息的方式。

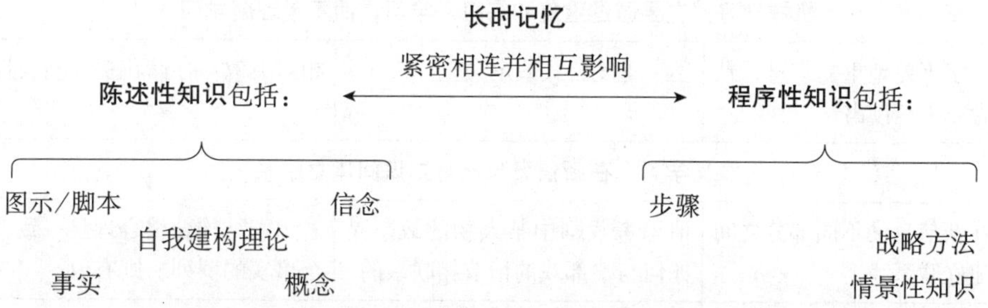


**图 2.8 长时记忆包括紧密相连并相互影响的陈述性知识和程序性知识**

## 六、某些长时记忆拥有更高效的存储过程

如图 2.5 所示，有意识地向长时记忆储存新信息这一过程需要对信息进行编码，将其从工作记忆转到长时记忆，但该过程往往包括运用已存储“旧”信息的过程，即包括了对已有知识的使用。[⑤] 以下练习将详细阐述该点。

① Gelman & Kalish, 2006; Inagaki & Hatano, 2006; Keil, 1986, 1989.

② Greif, Kemler Nelson, Keil, & Gutierrez, 2006; Inagaki & Hatano, 2006; Keil, 1987, 1989.

③ Geary, 2005; Torney-Purta, 1994; Wellman & Gelman, 1998.

④ Gelman, 2003; Reiner, Slotta, Chi, & Resnick, 2000; Wellman & Gelman, 1998.

⑤ 对这一点的充分讨论，见 Kirschner, Sweller, & Clark, 2006。

## 自己看一看

### 字母与图

1. 请学习以下两串字母，直到你能完全记住：

AIIRODFMLAWRS FAMILIARWORDS

2. 请学习页边空白处图片，直到能准确再现该图。

毫无疑问，对你来说学习第二串字母更简单，因为你可以把它和已有知识—— familiar words 这个词组相联系。那么你觉得学习并记忆图片容易吗？你还能在一个星期后记起并画出它吗？如果它的标题是“鸟瞰视角下骑自行车的牛仔”，你会更轻松地记住它吗？最后一个问题的答案几乎是肯定的，因为标题将有助于你将图片和熟悉的形状，如鸟、牛仔等联系起来。①

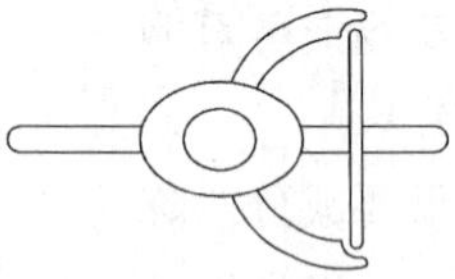

接下来我们一起来区分一下之前和现在所见的两种基本学习类型：机械学习和意义学习（如表 2.2 所示）。当人们进行**机械学习**（**rote learning**）时，虽然在学习和记忆，但并未给这些内容附加意义，就好似单单记住 AIIRODFMLAWRS 这串互相独立的字母，或者牛仔 / 自行车这些由随机、互无关联的线条曲线组成的意象。

**表 2.2** 长时记忆的存储过程

| 过程 | 定义 | 例子 | 效果 |
|---|---|---|---|
| **机械学习：主要通过重复和练习来学习，而不是理解学习** | | | |
| 复述 | 一字不差地重复信息，默念或大声读出 | 逐字重复公式或定义 | 相对无效：存储花费时间长且提取困难 |
| **意义学习：在新信息和已有知识间建立联系** | | | |
| 组织 | 在新信息的不同部分之间建立联系 | 请思考戏剧中某人物的故事是如何与整部戏的情节相联系的 | 若组织结构合情合理且一致，而非仅为单个事实的罗列，则有效 |
| 视觉表象 | 通过直观感受或想象来形成某些事物的心理图像 | 请想象小说中的角色与事件 | 效果因人而异；与精细加工及组织一起使用时，该方法更为有效 |
| 精细加工 | 基于已有知识润色新信息 | 请想想历史人物做出某个决定的可能原因 | 若所做的联系和补充是适宜且有成果的，则有效 |

机械学习的常见形式是复述，即在短时间内通过大声读出或是一字不差地不断默念，一遍遍重复某些内容。我们已经了解到：毫无疑问，复述有助于学习者将信息保留在工作记忆里，但遗憾的是，与许多学生期待的相反，复述并不能将信息有效储存在长时记忆中。若学习者能重复记忆某物足够多的次数，最后复述可能会“奏效”，但这个过程是缓慢而单调的。此外，出于一些原因（具体将于下文详细阐述），使用复述或其他形式进行机械学习的人往往很难记住他们所学的东西。②

① G. H. Bower, Karlin, & Dueck, 1975.

② J. R. Anderson, 2005; Ausubel, Novak, & Hanesian, 1978; Craik & Watkins, 1973.

而与机械学习相反，**意义学习**（**meaningful learning**）包含的是新旧信息之间的关系。比如说，在字母串 FAMILIARWORDS 中得到了 familiar words 这个词组，或在简笔画里看到了一个骑着自行车的牛仔。同样，一年级的小学生也可能会把新学的减法与之前学过的同一“系列”中的加法相联系（如，通过 5–3=2 可以反向推断出 2+3=5）。多数情况下，若要将信息存储在长时记忆中，意义学习都比机械学习更有效[①]，特别是学习者发挥自我主观能动性时[②]。

意义学习形式多样，且在多数情况下都以某种方式添加或重组信息。比如，**组织**（**organization**）形式下的学习者会将新信息整理出清晰的逻辑结构。更具体来说，他们既可以将信息进行分类（如之前“十二个词”练习里处理菊花、苹果等词的方法），也可以辨别信息间的关系，举例来说，学生在物理课上会学到：速度是加速度和时间的乘积（$v = a \times t$），物体的力是由物体的质量和加速度决定的（$f = m \times a$）。但是学习物理并不仅仅为了记忆公式（这是机械学习），而是理解公式所体现的关系。因此，在多数情况下，比起把信息当做单独且孤立的事实列表，有组织地学习会使知识识记和运用都更加高效。[③]

### 想一想

在你的学生生涯中，课堂考评是否曾促使你逐字记忆而不是理解学习？

另一个有效长时记忆存储过程为**视觉表象**（**visual imagery**），即形成事物或概念的心理图像。为了更直观地了解视觉表象的有效性，我们将在以下练习中学习中国普通话。

### 自己看一看

#### 五个中文词

请尝试通过我描绘的视觉表象来学习以下五个中文词 （声调标记可以忽略）。

| 中文词 | 英文意思 | 视觉表象 |
|---|---|---|
| fáng | 房 | 请画一座有房顶和墙的房子 |
| mén | 门 | 请画一扇门上写着“男”的卫生间 |
| kè | 客 | 请画一个某人正把房子钥匙交给另一人的场景 |
| fàn | 饭 | 请画一盘正在被风扇吹着等待冷却的饭 |
| shū | 书 | 请画一只鞋，鞋里还有本书探出 |

现在请花时间做点别的事：站起来，伸个懒腰，倒杯水喝，或去趟洗手间……但是确保一两分钟后能回来接着看书。

现在请继续看书，但请把中文词、英文意思和视觉表象列表遮住，再试着回想以下每个词的意思：

kè　　fàn　　mén　　fáng　　shū

以上中文词是否可以让你想起你所储存的视觉表象呢？这些表象对你记住其英文意思是否起作

① Ausubel, et al., 1978; Ghetti & Angelini, 2008; Marley, Szabo, Levin, & Glenberg, 2008; R. E. Mayer, 2010b; Wittrock, 1974.

② Heatherton, Macrae, & Kelley, 2004; Kesebir & Oi shi, 2010;T. B. Rogers, Kuiper, & Kirker, 1977.

③ Bjorklund, Schneider, Cassel, & Ashley, 1994; Haugwitz, Sumfleth, & Sandmann, 2010; Nesbit & Adesope, 2006; P. A. Ornstein, Grammer, & Coffman, 2010.

用？你可能已经很轻松地记住了以上所有的词，也可能只记住了一两个。因为人们使用视觉表象的能力也存在差异：一些人可以快速而轻松地形成视觉表象，而另一些人则形成得缓慢且艰难。至于前一类人，视觉表象能够成为他们在长时记忆里存储信息强有力的方式。[①]

意义学习除了以上两种方式，还有**精细加工**（**elaboration**），即学习者用已有知识润色新想法，由此存储比实际呈现更多的信息。[②] 举例来说，当学生读到异龙（恐龙的一种）拥有有力的腭与利齿时，可能会正确推断出异龙是肉食者；同样，若有学生听说哥伦布第一次横渡大西洋，他的船员曾威胁起义并返航回欧洲时，这个学生可能会推测道，“我敢说当这些水手日复一日不断向西航行，却看不到任何陆地时，他们对生活失去了希望”。你也可以用精细加工来记住那些帮你将信息储存至长时记忆中的方法，即用首字母法 MOVE 记住：意义学习（meaning）包括组织（organization）、视觉表象（visual imagery）和精细加工（elaboration），且会将信息从工作记忆中迁移（move）至长时记忆。（见图 2.9）

**图 2.9　你可以用首字母法 MOVE 记住：意义学习（meaning）包括组织（organization）、视觉表象（visual imagery）和精细加工（elaboration），且会将信息从工作记忆中迁移（move）至长时记忆**

以上所探讨的意义学习的三种形式——组织、视觉表象和精细加工，本质上显然都具有建构性。因为它们都是将数条信息合并成一个有意义的整体。具体来说，当你组织信息时，你会给它一个符合逻辑的结构（分类、因果关系等）；当你使用视觉表象时，你会基于物体通常的确定的模样创造心理图像（也许是一幢带着尖牙的房子，也许是标记着“男”的洗手间）；当你精细加工新信息时，你也会将它与已有知识相联系从而更好地理解。

## 七、练习可以使知识运用更加熟练与持久

有时将学习内容储存在长时记忆中并不是结束，如果人们继续练习并了解不同情境下的使用状态，则用其所学可以变得更迅速、轻松和自如。换句话说，人们充分练习后最终可以达到知识、技能的**自动化**（**automaticity**）状态。[③]

正如上文所示，复述（短时间内对信息的重复）是一种将信息纳入长时记忆却相对无效的方式。但我们所提及的习得自动化是一种长期的重复，即在几周、几个月甚至几年时间里，定期间隔地复习与练习信息和动作步骤，以使所学内容维持时间更长，使用效果也更好。[④]

若想获得程序性知识，练习尤为重要。程序性知识既包括简单动作（如正确地握笔或拿网球拍），也包括复杂技能，如写草书书法或打网球正球）。而获取复杂技能需要大量时间与练习。[⑤] 而

---

① Behrmann, 2000; Johnson-Glenberg, 2000; Konkle, Brady, Alvarez, & Oliva, 2010; Sadoski & Paivio, 2001; Urgolites & Wood, 2013; R.F. Williams, 2012.

② 请注意此处“精细加工”一词表示的是学习者行为而非教师行为。精细加工是一种出现在学习者内心而非外部的认知过程，但教师亦可以在此方面帮助学生，我们下章将就此继续讨论。

③ J. R. Anderson, 2005; P. W. Cheng, 1985; Graham, Harris, & Fink, 2000; R. W. Proctor & Dutta, 1995; Semb & Ellis, 1994.

④ Cepeda, Vul, Rohrer, Wixted, & Pashler, 2008; Ennis & Chen, 2011; R. W. Proctor & Dutta, 1995; Rohrer & Pashler, 2007.

⑤ Ericsson, 2003; Macnamara, Hambrick, & Oswald, 2014; Proctor & Dutta, 1995.

且我们可以发现，在某一领域表现卓越的人，比如说花样滑冰或弹钢琴的人，一般都做了很多练习，至少每天三至四小时并坚持了十年以上。[①]

**想一想**

达到运用自如阶段的学习并不同于机械学习，那么其重要区别在哪儿呢？

诸如开车等复杂行为，起始状态多为外显的陈述性知识，换句话说，也就是执行步骤的信息，而非实际能力。比如说，打网球正球包括以下步骤：（1）侧身转；（2）微屈膝盖；（3）将网球拍摆至合适位置；（4）握球后击球。当学习者用陈述性知识尝试执行新动作时，整个过程会显得迟缓费劲。老师或教练可能在一旁提醒，学习者也可能整场下来都在自言自语（“将拍子甩回再甩出”）。然而，不断练习可以将陈述性知识逐渐转化为程序性知识，而程序性知识也会随着时间而演化，并最终成为使学习者迅速且轻松完成活动的状态，即自动化。[②]（见图 2.10）

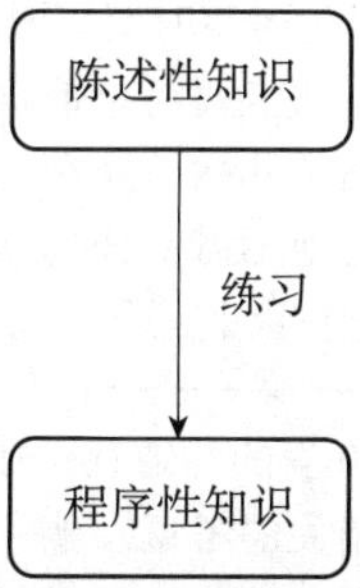


**图 2.10　复杂行为起始状态为陈述性知识，随着练习逐渐转变为自动化的程序性知识**

## 八、随着年龄和经验的增长，儿童将获得更高效的学习策略

有时，学习者并未有意存储有效长时记忆。比如，若我告诉你我曾经住在科罗拉多（*Colorado*），你可能会立刻推断出我住在洛基山脉或其周边，甚至早已在脑海里想象出了白雪皑皑的山脉。其实，在这种情况下你已经自动进行了精细加工和视觉表象：因为我的陈述里并未提及洛基山脉，但你却通过长时记忆对其进行了补充。

还有的时候，学习者会有意使用特定认知过程以学习或熟记相关信息。例如，本章开篇所示的记词练习（“十二个词”）中，你可能很快注意到了列表中 12 个词的分类特点并有意使用了花、水果和工具等分类来加以组织。相同的原理也运用在“五个中文词”的练习里，你根据我的指导有意地形成了视觉表象。而当学习者有意进行特定认知过程以帮助学习与记忆时，他们就是在使用**学习策略**（**learning strategy**）。

将新信息与以往知识相联系的倾向（即意义学习），其实有极大可能以各种形式出现在各年龄段。[③]更具体及有意的学习策略（如，复述、组织、视觉表象）往往较少出现在小学低年级阶段，但不论是频率还是效率在儿童期和青少年期都会有所提高。而精细加工，即有意使用以帮助记忆的策略，多出现较晚，一般到青少年期才学会，且常见于优等生中。表 2.3 总结了不同年级学生学习策略的发展趋势。

---

① Ericsson, 1996; Horn, 2008.

② J. R. Anderson, 1983, 1987; Baroody, Eiland, Purpura, & Reid, 2013; Beilock & Carr, 2003.

③ G. Mandler, 2011; Pressley & Hilden, 2006; Siegler & Alibali, 2005; R. F. Williams, 2012.

## 发展趋势

**表 2.3** 不同年级的典型学习策略

| 年级 | 该年龄段的典型特点 | 案例 | 建议策略 |
|---|---|---|---|
| <br>幼儿园~2 年级 | • 以物体原有组织形式记忆；<br>• 间歇使用复述方法记忆词语，常使用且相对无效；<br>• 有成年人提示时，可以使用视觉表象以增强记忆；<br>• 几乎毫无尝试获取新信息的有意努力，学习和记忆是儿童其他活动（创造东西、谈论事物等）的副产品。 | 放学时，老师提醒一年级的学生他们明天上学需要带三样东西：一个以字母 W 开头的物品（在拼读课上要用）；前往当地的某个历史名胜进行实地考察所需的家长签字同意书；一件实地考察时要穿的暖和外衣。6 岁的卡西简单地自言自语地嘟囔了几次“外衣”后天真地认为她不需要任何其他努力就能记住以上三项。 | • 可以通过亲自动手、阅读材料或者进行想象游戏，让学生们主动参与到话题中；<br>• 将新主题与学生们之前所有的经验相联系；<br>• 将模仿复述视为短时记忆的策略之一；<br>• 为词语学习提供说明性的图片；<br>• 为学生们提供可记住需做事情的方法（接下来将在提取线索中继续讨论）。 |
| <br>3~5 年级 | • 可自发或有意使用复述策略进行短时记忆，效果逐步提升；<br>• 获取口头信息时多使用组织学习策略；<br>• 通过使用视觉表象策略提高学习效率。 | 10 岁的乔纳森正在准备与云彩相关的考试。他一边盯着科学课本上四种云彩的图片，一边大声说着每一种的名字并不断重复：“积云、积雨云、卷云、层云。积云、积雨云、卷云、层云。积云、积雨云、卷云、层云。” | • 强调理解信息的重要性；<br>• 鼓励学生自行组织所学内容，并就相关可行的组织性结构提出建议；<br>• 为学生提供不同的视觉辅助办法以促进其视觉表象形成，并建议学生针对记忆任务自行创造个人图画或视觉表象。 |
| <br>6~8 年级 | • 学习策略中，复述仍占主导地位；<br>• 组织信息时，分类更具有抽象性和灵活性；<br>• 精细加工作为有意学习策略开始出现。 | 拉兹和欧文是中学生，他们正在备考岩石测验。拉兹说：“我们一起给它们分个组吧。”于是，欧文首先建议用颜色来分组（灰色、白色、淡红色等）。但经过进一步讨论之后，他们认为将其分为沉积岩、火成岩和变质岩将更为有效。 | • 提出学生会在其学习过程中反问自己的问题；强调一些有利于推动精细加工策略使用的问题。（如：“为什么__________会那么做？”“__________和__________有何不同？”）<br>• 在作业和测验中测试学生的理解而非机械记忆。 |
| <br>9~12 年级 | • 在有意学习时仍然依赖复述策略，尤其是后进生；<br>• 学习新材料时，逐步增加使用精细加工和组织策略，尤其是优等生。 | 在高中世界史课上，凯特努力地识记一些名字、年代和地点，但她的同学嘉妮卡喜欢了解历史人物的性格和动机，如亚历山大大帝（Alexander the Great）、拿破仑·波拿巴（Napoleon Bonaparte）和阿道夫·希特勒（Adolf Hitler）。 | • 提一些可以激发学生兴趣或思考的问题，并帮助他们将讨论主题与实际生活相联系；<br>• 让学生在能力各异的合作小组中学习，优等生可为后进生树立有效学习策略榜样。 |

来源：Bjorklund & Coyle, 1995; Bjorklund & Jacobs, 1985; Bjorklund et al., 1994; Cowan et al., 2006; DeLoache & Todd, 1988; Gaskins & Pressley, 2007; Gathercole & Hitch, 1993; Kosslyn, Margolis, Barrett, Goldknopf, & Daly, 1990; Kunzinger, 1985; Lehmann & Hasselhorn, 2007; Lucariello, Kyratzis, & Nelson, 1992; Marley et al., 2008; L.S. Newman, 1990; P. A. Ornstein et al., 2010; Plumert, 1994; Pressley, 1982; Pressley & Hilden, 2006; Schneider & Pressley, 1989; Schwamborn, Mayer, Thillmann, Leopold, & Leutner, 2010.

## 九、已有知识和认知会影响以后的学习，它们通常是有益的，但有时也会有害

学习者已掌握内容会为新的学习尤其是意义学习提供**知识基础**（**knowledge base**）。例如，当你读到本章中约翰去看医生的段落时，只有你自己之前也看过医生且知道大概流程，你才能理解该段落大意。一般来说，在学习新信息时，对该主题已有所了解的人会比那些对此一无所知的人更有效率。[①]

但是已有知识有时也会对新学习产生干扰，因为它使学习者建立起一种不恰当的联系。举个例子，一个叫丽塔的四年级学生曾经被问，为什么美洲被称作“新世界”。她回答道，因为有一些欧洲早期探险者“想要去中国寻找他们想要的东西，比如说杯子，还有皮毛”[②]。很明显，丽塔将中国（*China*）这个词与瓷器（包括杯子）联系起来了，而且她还知道有一些早期殖民者是想要进口外域皮毛的。但实际上，那些想找捷径到达中国的早期殖民者是想得到一些他们国内没有的物种与商品，而不是杯子或皮毛。

有时，已有“知识”甚至是不完整或错误的。假设有一组孩子，他们认为地球是平的，因为这样的想法和他们的早期经验是一致的，尤其是对那些住在伊利诺伊州或堪萨斯州的孩子而言，这种一致性更突出。你现在突然告诉他们世界实际上是圆的，他们不仅不会用地球是圆的观点代替地球是平的观点，还可能会将两者混在一起，然后得出结论说地球是一个空心球，人们都住在地球内部的平面上（见图 2.11）。[③]

**图 2.11　一种将地球想象为既平又圆的方式**

如你所知，人们常会得出一些**错误概念**（**misconception**）——一些就某事或某现象被广泛认可且“有理有据”的错误认识。图 2.12 呈现的是儿童和青少年可能会带到课堂上的错误概念案例。尤其是当以下概念已深深印刻在学习者的认知中时，那些可以帮助其改正的指导也将变得毫无意义。[④]这时，学习者就只能通过通常有益但此刻有害的精细加工方式进一步解释或歪曲新信息，使其与已知信息一致并保持原有想法。再举个例子，11 年级的学生们在物理课上学到：物体的质量和重量

① P. A. Alexander, Kulikowich, & Schulze, 1994; Cromley & Azevedo, 2007; Hutchinson, Park, & Turk-Browne, 2016; Kintsch, 2009; Schneider, 1993; Shapiro, 2004.

② Van Sledright & Brophy, 1992, p.849.

③ W. F. Brewer, 2008; Vosniadou, Vamvakoussi, & Skopeliti, 2008.

④ Derry, 1996; P. K. Murphy & Mason, 2006; Sinatra & Pintrich, 2003; C. L. Smith, Maclin, Grosslight, & Davis, 1997.

本身并不影响物体的下落速度。且老师要求学生们设计并制造一个放鸡蛋的容器，以防鸡蛋从三楼窗户上掉落破碎。在扔鸡蛋测验那天，他们还被要求记录下鸡蛋下落的时间。但因为一个叫贝瑞的学生认为重的物体会落得更快，所以他又在自己的鸡蛋容器里放了几枚钉子。但是，经同学计时表明，贝瑞的鸡蛋容器下落时间为 1.49 秒，与其他学生的容器所花时间基本一样。比起承认轻物体和重物体以相同速率下落，贝瑞更倾向于将结果解释为“人为计时不准确”。[①]

**天文学**

**事实：**地球绕着太阳旋转。
**错误概念：**绕着地球旋转的太阳会在早上“升起”，晚上“落下”，且落下时“运行”到了地球的另一面。
**事实：**地球类似于一个球体。
**错误概念：**地球像一个圆且扁平的盘子，或者地球是一个空心球，人们住在它内部的平面上。
**事实：**四季是受太阳光折射到地球表面不同部分角度不同的影响，与地日距离无关。
**错误概念：**四季受地日距离影响。地日距离小时为夏天，大时为冬天。

**生物学**

**事实：**生命需进行新陈代谢、生长和繁殖。
**错误概念：**生命即为运动和 / 或生长之物，且太阳、风、云和火都是生命。
**事实：**植物是自给自足的生命。
**错误概念：**植物摄取土地的养料，且体型较小并只长在花园里。

**物理学**

**事实：**物体在没有受到其他力作用时将保持匀速运动；改变物体速度或方向只需要一个力。
**错误概念：**任何移动的物体都有一个作用于它的力。比如，一个被抛向空中的球在其下降前都会受抛力向上推动影响。
**事实：**轻的物体和重的物体以相同的速率下落，除非有其他力（如，空气阻力）对物体产生不同影响（如，羽毛往往下落得比较慢，因为它们遇到了相对于自身质量、作用非常明显的空气阻力）。
**错误概念：**重的物体比轻的物体下落得快。

**历史学和地理学**

**事实：**恐龙在人类出现在地球前就已灭绝。
**错误概念：**恐龙和早期人类生活在同一时期的地球上。
**事实：**地图和地球仪都包括了一些人类创造但并不存在于真实地球上的信息。
**错误概念：**国界线 / 州界线是真实存在于地球上的。
**事实：**侵蚀是一个持续的过程。
**错误概念：**侵蚀大部分发生在过去。比如说，大峡谷就已经不再受到侵蚀。
**事实：**河流从高海拔流向低海拔处。
**错误概念：**河流从北向南流（在地图上是“下”行的）。例如，河流可以从加拿大流入美国，但是不能反过来从美国流入加拿大。

**数学**

**事实：**乘法和除法既可以产生更大的数字也可以产生更小的数字（如，5 被 1/2 除是 10，而 10 比 5 大）。
**错误概念：**乘法总是产生更大的数字，而除法总是产生更小的数字。
**事实：**分数的大小是分子相对于分母所占比例的函数。
**错误概念：**含大数字的分数比含小数字的分数表示的数目大（如，4/35 大于 4/5）。

**图 2.12　学生的普遍错误概念**

来源：W. F. Brewer, 2008; Brophy, Alleman, & Knighton, 2009; S. Carey, 1986; Hynd, 1998a; Kyle & Shymansky, 1989; V. R. Lee, 2010; Liben & Myers, 2007; M. C. Linn & Eylon, 2011; Maria, 1998; Martínez, Bannan-Ritland, Kitsantas, & Baek, 2008; J. Nussbaum, 1985; K. J. Roth & Anderson, 1988; Sneider & Pulos, 1983; Vosniadou, 1994; Vosniadou & Brewer, 1987; Vosniadou et al., 2008. 关于河流的错误概念由 R. K. Ormrod 提供。

这种为自身认为正确的事找理由且忽略相反证据的倾向被称为**证实偏向**（**confirmation bias**）。比如，当学生们在科学实验室观察到和他们的预期不同的结果时，他们中的很多人不仅会拒绝相信这些结果，还可能会抱怨“我们的实验设备不行”或“无论如何我都搞不定科学”[②]。同样的，当学

① Hynd, 1998a, p. 34.

② Minstrell & Stimpson, 1996, p. 192.

生们在历史课上读到一个历史描述，且该描述与他们之前对此事可能不那么准确的看法相矛盾，尤其是恰好还被他们所在的文化群体广泛接受时，他们可能会一直陷在最初的理解中，还会找理由说，“虽然没写在这儿……但我还是觉得确有其事”[①]。

因此，正如上文所示，与某主题相关的先前知识和认知通常是有利的，但它也可能成为祸害。

## 十、学习者受导致其拥有不同的学习与记忆能力的因素影响

儿童与青少年会受各种导致其课堂内拥有不同学习与记忆能力的因素影响，比如说注意范围、工作记忆力、长时记忆储存过程，还有先前知识。比如说，平均来看，女孩在课堂上保持注意力和执行记忆任务，比如说记列表还有特定的大事件等比男孩有一定优势。[②] 而且学生性别不同，通常在思考、编码还有回应新事件和新想法方面的能力也会不同。这种差异在一定程度上也受工作记忆力和执行能力的影响。如果学生整体能力和处理问题、解决困难以及完成手头工作时的心理控制力较差，他们的学术成就会因此大打折扣。[③] 而以上不利条件多出现在因极端贫困而造成成长环境压力极大的孩子身上。[④]

学生的先前知识也因人而异，因为学生的生活经验、人际关系还有文化实践与认知各不相同。因此，拥有多文化背景的学生一般都会有多种知识，即多种概念、图示、剧本或是自建理论等。当然，这也意味着他们会遇到新情况，具体请通过以下练习理解。

### 自己看一看

**幽灵之战**

请阅读以下故事，只读一遍：

一天晚上，两个来自伊古莱克（Egulac）的年轻人去河边捕海豹。他们到那儿时刚好升起了大雾，周围一片沉寂。这时传来一阵战斗呐喊，他们想：“可能要打仗了。”他们逃到河岸边，藏在一根圆木后。远远地出现了几只独木船，桨声渐近，一只小船驶向他们。船上有五个人，他们说：

“我们想带你们走，沿河而上去和那里的人作战。你们认为怎么样？”

一个年轻人说：“我没有箭啊。”

“箭就在船上。”他们回答。

“我不想去。会被打死的。再说，我的亲友不知道我去了哪儿。但是，你，”他转向另一人，“可以跟他们一起去。”

于是一个年轻人跟着他们去了，而另一个回家了。

战士们逆流而上，到了卡拉马（Kalama），即河另一边的一个小镇。人们跳进河里，

① Levstik, 2011; Porat, 2004.

② Das, Naglieri, & Kirby, 1994; Halpern, 2006; Halpern & LaMay, 2000.

③ Alloway, Gathercole, Kirkwood, & Elliott, 2009; DeMarie & López, 2014; Miyake & Friedman, 2012.

④ Evans & Schamberg, 2009; Masten et al., 2012; Noble, McCandliss, & Farah, 2007.

开始战斗，很多人被杀死了。不久，年轻人听到一个战士喊：“快，我们回家去，那个印第安人已经被击中了。”他就想：“哦，原来他们是幽灵。”因为他觉得自己并未受伤，可是那些人说他被击中了。

独木船回到伊古莱克，年轻人上岸回家，生起了火。他向他遇到的每一个人讲述这件事，说：“瞧！我和幽灵一起打过仗。很多同伴被杀，很多敌人也死在我们的箭下。那群幽灵说我被击中了，可我并未觉得受伤。”

他告诉了所有人，然后慢慢平静下来。太阳升起时，他倒下了，嘴里还流出一些黑色的液体，脸也变得扭曲。人们都跑过来哭着喊他。

但他已经死了。[①]

现在请遮住以上故事，并尽可能地完整复述。

---

请将你复述的故事和原版本进行比较。你注意到两者间有何不同吗？毫无疑问，你的版本肯定是两版中更短的那个，而且你可能遗漏了较多细节。但是你是否发现为了使故事更合理，你也歪曲了某些部分呢？

美洲土著印第安人的鬼故事《幽灵之战》可能和你从之前经验中获得的图式与脚本并不一致，尤其是当你并非成长于土著印第安人文化环境中时。在一个长时记忆的早期研究中，英国剑桥大学的学生们就被要求将该故事读两遍，并在不同的时间段里进行回忆。为了使故事和英国的文化相一致，学生们回忆故事时常常包含着添油加醋和一定的歪曲。例如，英国人很少去“河里捕海豹”，因为海豹是咸水动物，而英国大多数河流都是淡水河。因此学生们可能会改为：那些人去河里捕鱼。同样，故事里的幽灵部分也并不符合多数学生的宗教信仰，因此常常会被修改。当某学生被要求在读完该故事六个月后再次回忆时，他给出了以下描述：

四个男人来到水边，他们被要求带武器登船，于是询问道：“什么武器？”得到的答案是：“战斗用的武器。”而当他们到战场时，听到了极大的喧闹声与叫喊声，其中有个声音说道：“黑人死了。”接着他被带到了他们曾经待过的地方，被放在地上。他口吐白沫。[②]

我们可以注意到：该学生的版本读起来颇令人疑惑，至少从文化角度来说如此。该研究表明，学习者的已有知识会影响其理解新情境，同时我们又一次见证了学习者主动构建新知识的情形。

## 第四节　为何学习者会记住或记不住所学内容

**主要理念：人类的记忆易出错，即学习者并不能记得其所学的全部内容，且有时还会记错。**

正如我们所知，大部分的环境输入并不会被储存至长时记忆中（如图 2.5 中“记忆遗失”箭头所示）。原因可能是学习者在第一阶段就未足够关注，因此信息并未经过感觉登入。也有可能是登

① Bartlett, 1932, pp.71-72.

② Bartlett, 1932, p.65.

入后，学习者并未继续加工，因此该知识被归入工作记忆中。甚至有可能是，该知识已被储存至工作记忆中，但在完全**巩固**（**consolidation**）阶段——一般需要几小时甚至更长时间——出现了诸如没睡好等“小问题”，致使新信息的长时记忆未达到理想状态。[①]

但是假设某些类型的新信息需要一定时间及条件来在人脑中进行巩固，在这种情形下，该信息可能会也可能不会被轻易提取，具体原则如下所示。

## 一、回忆的难易程度取决于最初的学习方式

从长时记忆中提取信息似乎包含了一条追踪联系的路径，更直白地说，是一个追寻记忆轨迹的过程。一个想法使你联想起另一个想法，即一个想法激发另一个想法，第二个想法使你联想起第三个想法，依此类推，这种方式和本章先前从马一词开始追踪思路相似。若联系路径最终将你引领至你试图记住的内容处，那你就可扎实记住它；但若是相反方向，那真是不走运。[②]

要想记住，新信息就必须和长时记忆中的其他信息相联系。理想情况即为“新旧”信息之间存在逻辑关系。让我们再回到信箱或电子邮箱里所收到的邮件这个案例上。请想象一下，你平均每天会收到五封重要邮件，就是那些你真心希望能保存下来的。这样，你每年就会保存超过 1 800 封邮件。长此以往，15 年后，最终将有超过 27 000 条重要信息存贮在你家中，或是电脑里，或是云存储内。

当某天你听说某服装公司（Mod Bod Jeans 股份公司）的股票增值三倍时，你突然想起几年前你有钱的弗雷德叔叔曾给你送过一些 Mod Bod 的股票当作生日礼物，你当时觉得它们是值得保存的，但到底把它们放在哪儿了呢？你找到证券邮件的难易程度，即事实上你到底能否真正找到它们，都取决于你存储邮件的方式。若你以一种有逻辑、有组织的方式存储，比如，将付过的账单放在壁橱搁板上，银行投资的纸质文件都按字母顺序排列放在文件柜里，所有亲戚朋友发来的电子文件都放在电脑上已命名的文件夹里，那么你应该能很快找到那份礼物。但若相反，你乱扔每天的邮件，那么你可能花很长时间也仍然难觅其踪影。

就如同一个存储了 15 年有用信息的房子一样，长时记忆中也包含了大量信息。就如寻找 Mod Bod 证券一样，从长时记忆中提取信息的难易程度也多取决于信息是否按逻辑存储，即信息是否与相关概念形成联系。人们通过与现有知识建立重要联系，即意义学习，就能知道需要时去何处寻找信息；若是相反，则可能再也无法找到。

当学习者有多种提取信息的途径时，换句话说，当他们将新信息与已有知识或多个已知情境建立起联系时，他们更倾向于提取信息。建立多重联系就像是在邮件存储系统里进行交叉引用。你可能把 Mod Bod 的证券归档在了银行投资文件夹中，但是你也在其他备忘录里记下了其位置，或许是你的出生证明中（毕竟你是在生日那天收到股票的），你电脑上的家庭文件与照片文件夹里（因为股票是你的家庭成员之一送的）。通过查找这些合理存储处，你就能知晓股票位于何处了。

**想一想**

请回想你最近参与的一场考试，再想一想是哪一类学生取得了更高的分数。是逐字学习的学生还是进行意义学习的学生呢？

① Payne & Kensinger, 2010; Rasch & Born, 2008; Wixted, 2005.

② 为长时记忆提取干扰案例之一，更多请见 Healey, Campell, Hasher, & Osser, 2010。

## 二、记忆取决于情境

有时，学习者会在特定情境下获得或习得特定表现及思考方式，比如说在科学或外语课堂上。出现这种情况时，学习者可能只将某些表现和思考方式与特定情境相联系，因此在其他情境下难以提取该信息。这种将回复和意识过程与特定物理或社会语境相联系的倾向被称作**情境学习**（**situated learning**）或**情境认知**（**situated cognition**）。[①] 举例来说，若学生只将代数与数学课堂联系在一起，在真正应用时，更具体一点说，比如在决定买价值 8 美元的 10 英尺比萨还是 6 美元的 8 英尺比萨哪个更划算时，他们可能仍难以调取相关的代数原理。[②]

总之，学习者更倾向于在新语境可提供一条或多条**提取线索**（**retrieval cues**），以增加长时记忆中的有效回忆路径时，提取已有知识与技能。[③] 请通过以下练习进一步加深理解。

**自己看一看**

**五大湖**

若你在北美接受过教育，那么你应该知道五大湖。请试试能否在 15 秒里想起五大湖的名称。

若在短时间内想不出五个湖的名字，此处有一条提示：五大湖的首字母拼起来可组成词 HOMES（家）。请再试试能否在 15 秒里想起五大湖的名称。

---

若在第 1 步中表现并不出色，则 HOMES 一词可在第 2 步时助你回忆，让你在长时记忆中定位搜索。打个比方，若你起初记不起密歇根湖（Lake Michigan），HOMES 能告诉你有一个湖的名称是以字母 M 开头的，这将推动你展开 M 开头词语的头脑风暴，直到你无意中发现“密歇根”一词。HOMES 中各个字母都起着线索提取的作用，促使你在正确方向上对长时记忆进行搜索。

幸运的是，并不是所有的学校学习内容都仅局限于特定课程。人们可以在日常生活中也运用到学校所习得的阅读、写作、算术和地图识别等能力。[④] 但是，人们往往并不愿使用课堂所学知识。与转换相关的话题将在第 3 章中继续更详细地进行讨论。

**想一想**

当你在做选择题和问答题（比如说，请定义名词“民主”）时，你分别采用什么样的线索提取方法呢？

## 三、回忆与使用知识或技能的难易程度取决于之前回忆及使用的频率

熟（练习）并不一定就能生巧，但是正如我们所知，练习确实能使知识变得更持久与自动化。

---

① 与该主题相关的更多经典著作请见 J.S. Brown, Collins, & Duguid, 1989; Greeno, Collins, & Resnick, 1996; Light & Butterworth, 1993; Säljö & Wyndhamn, 1992。

② 有时，情境学习或情境认知也指在某些物理、社会情境下或通过不同文化创造的物理、社会情境工具。人们将更轻松地学习、思考或表现。（请见 Greeno & Engeström, 2014; Hickey, 2011; van de Sande & Greeno, 2012。）

③ Balch, Bowman, & Mohler, 1992; Holland, Hendriks, & Aarts, 2005; Tulving & Thomson, 1973.

④ J.R. Anderson, Reder, & Simon, 1996.

此外，练习还能让我们在需要知识时更轻松地“找到”它们。[①] 我们频繁地使用信息及技能，本质上实则是“铺就”了以后找到它们的必经之路，有时甚至是高速公路。

已通过学习达到自动化的知识还有另一个优势。还记得吗，工作记忆容量有限：人类记忆系统活跃的“思维”部分一次只能处理一定信息量。因此，当其大部分容量被用来回忆某个事物或执行某个程序时，就只有少量空间可用来处理任务中更复杂的内容。那么，学习事实和程序以达到自动化程度的一个重要原因即为，将工作记忆容量空出来给更为复杂的任务与问题。[②] 例如，一个四年级的学生遇到下列乘法问题：

$$\begin{array}{r} 87 \\ \times 59 \\ \hline \end{array}$$

若其能快速提取像 $9 \times 8=72$ 和 $5 \times 7=35$ 这样的基本事实，那他就能更轻易地解决该问题了。若高中学生学化学时不必停下来先想 Na、C 和 O 这些符号代表的意义，他也就能更轻易地解释 $Na_2CO_3$（碳酸钠）了。若八年级的学生可以将拼写、语法、手写或键盘录入达到自动化水平，那他就可以花更多时间在论文内容与结构上了。[③]

## 四、回忆通常包含着建构或重构

尽管你和你的朋友都积极地参与了某件事，但你们是否对其拥有不同的记忆呢？因为你俩都确信自己的记忆准确无误，那么是否就认定对方记错了当时的情况呢？正如同贮存，提取也可建构，这也就是回忆产生差异的原因。

从长时记忆里提取信息并不一定是一个全或无的现象，有时人们只会提取他们先前所学部分。在此种情况下，人们倾向于将可回忆起的片段与常识及对世界的假设结合起来以建构对某事的“记忆”。[④] 以下练习即可说明该点。

### 自己看一看

**缺失的字母**

请将下列词语中所缺字母填上。

1. exist__nce
2. adole__nce
3. perc__ve
4. gesundh__t

---

① Finn & Roediger, 2011; Pyc & Rawson, 2009.

② De La Paz & McCutchen, 2011; R. W. Proctor & Dutta, 1995; L. B. Resnick, 1989; Walczyk et al., 2007.

③ Limpo & Alves, 2013.

④ Brainerd & Reyna, 2005; Ranganath, 2010; Roediger & McDermott, 2000.

你能从你的长时记忆里提取缺失字母吗？若不能，你可能会发现自己已经用词语发音知识或常见拼写方式对其进行猜测。例如，你可能在第三个词中用了“*i* 通常在 *e* 前，除非前面有 *c*”这条规则；若是如此，则能正确重构 *perceive* 一词。或许你也想起了 *obsolescence* 和 *effervescence* 等词中 -escence 的拼写模式，如此则能正确拼写 *adolescence* 一词。但如果你把 -ance 这个常用的拼写模式应用到第一个词上，那么你就会错误地拼写 *existence*。不管是发音还是常见英语拼写模式都无法帮助你拼写 *gesundheit* 一词，因为它是德语舶来词。

人们看似“逻辑”地去填补提取信息却还是常常犯错，这种现象被称为**重构误差**（**reconstruction error**）。当然，有时人们起初并不知道遗失信息，因此他们的建构也就只是对事实的“猜测”。毫无疑问，在开头案例中 7 岁的鲍勃解释造山时亦是如此。无论“提取”的记忆有多么准确，思考或再思考的过程都会巩固（在大多数情况下是“再巩固”）人类已有知识或决定。①

## 五、长时记忆并不必然会永久保持

人们肯定不需要记住所有事情。例如，你可能不用记住昨天和你通话的同学的电话号码，上周《生活大爆炸》重播的故事情节，或上学期提交作业的最后期限。因为你遇到的大部分信息就像垃圾邮件，并不值得长期保存。

但遗憾的是，人们有时不仅会忘记无关紧要的事，还会忘记至关重要的事。这在一定程度上也可以反映出**提取失败**（**retrieval failure**）现象：个体并未在长时记忆中的正确“位置”上进行搜索。②原因可能是健忘的人没有进行意义学习，或是没有一个好的提取线索。但其他遗忘的情况多因**衰退**（**decay**）导致：存储在长时记忆里的知识可能会随时间推移逐渐变弱，甚至完全消失，尤其是不常用的知识。③因而，在某种程度上，人类记忆是“用进废退”的。

不管遗忘是因提取失败还是衰退导致，人类常常不能记住其所学的所有内容。然而，教师们仍可以采取一系列措施以增强学生记住学业内容的可能，具体将在下节中详细讨论。

# 第五节　促进有效力的认知过程

**主要理念：有效力的教师会以有助于学生长时存储并提取记忆的方法使其由心而发地加工新信息。**

由于人类有选择性和建构性，学生在建构环境下学习到的知识不可能与教师或教科书呈现的内容完全一致。因此，教师的目标就不应该——事实上也不可能——是让学生吸收其传授的所有知识。一个更可能完成的目标是让学生建构合适且有用的学业认识，即对学业内容的合理理解。

学生理解所学内容的有效性较大程度上取决于其认知过程。尽管学生才是最终控制自己思维

---

① Monfils, Cowansage, Klann, & LeDoux, 2009; Schiller et al., 2010.

② Einstein & McDaniel, 2005; Loftus & Loftus, 1980.

③ Altmann & Gray, 2002; J. R. Anderson, 2005; Schacter, 1999.

及学习的人，但教师仍可以帮助其更有效地思考和学习。我将教师所用策略总结为五类：促进大脑最优化工作；牢记注意力与工作记忆的限度；鼓励有效长时记忆存储；促进记忆提取；监控学生的进步。

## 一、促进大脑最优化工作

我们建议你在阅读“促进大脑最优化工作”的书籍、文章与网页时持小心谨慎的态度，因为大多数相关内容至多为推测。但以下三条建议在大脑研究领域已有坚实理论基础。

### 1. 提供持续智力积累，但不要做过头

部分新挑战和学习机会（当然是符合年龄要求的）看起来可以通过滋养现有的神经元、突触和星形胶质细胞以及刺激新神经元生长促进大脑工作。[①] 但同时，教师不应将学生淹没在没完没了的挑战性任务和作业中，从而导致其很少或根本没时间进行精神上的“放松”。其实人类似乎是会从一定程度的精神停工中受益的，因为他们将有机会反思自己的学术及个人经历，探索所学知识间的新关联，并确定未来的计划和目标。[②]

偶尔的精神停工并不意味着给学生很多无所事事的时间。相反，这样的机会可以让学生利用反思性文章或小组讨论的形式，讨论与当天课程相关的主题或问题。当学生在教室里无事可做时，多是因为他们中的许多人缺乏足够的自我管理能力，无法有效利用时间，因此妨碍到自己和同学的学习（第 9 章将更详细地对此进行阐释）。

### 2. 多多锻炼身体

锻炼，特别是有氧运动，似乎对大脑也有所裨益，不仅可以使心血管系统保持良好的工作状态，还可以促进执行中枢即工作记忆的一大组成部分的正常运转，从而使学习者更有效地投入到任务中去。[③]

### 3. 鼓励学生保证充足睡眠

众所周知，良好的睡眠可以让人保持机警，并帮助抵御可能使人生病的细菌。除此之外，睡眠还可以巩固新记忆并在长时记忆中对其进行加固。[④]

但很遗憾，一般的学校日程，尤其是早课开始时间与大多数高中学生的睡眠模式并不相容。不过教师可通过另一种方式来保证学生的良好睡眠习惯，即最大限度地降低学生通宵准备考试或完成作业的可能性。比如说，教师可以多次安排覆盖小部分内容的测试，而不是只有两三次大范围考试（详情请见第 10 章）。教师也可以将一份十页的作业拆分成几份分发给学生，并要求其在不同的时间段完成。此外，教师在布置作业时应尽可能考虑到学生的课外活动。

① Koob, 2009; C. A. Nelson et al., 2006.

② Immordino-Yang, Christodoulou, & Singh, 2012.

③ Castelli, Hillman, Buck, & Erwin, 2007; G.D. Cohen, 2005; Tomporowski, Davis, Miller, & Naglieri, 2008.

④ Dinges & Rogers, 2008; Kirby, Maggi, & D' Angiulli, 2011; Payne & Kensinger, 2010; Rasch & Born, 2008.

## 二、牢记注意力与工作记忆的限度

通过本章中已学人类记忆模式可知，在将信息存入工作记忆时，注意力尤为关键，且工作记忆持续时间短（少于半分钟）、容量有限。在课堂实践中，我们应牢记以上两点。

### 1. 吸引并保持学生的注意力

教师课堂上的所作所为可能会对学生对当前主题的关注产生巨大影响。例如，教师可以通过非同寻常或令人困惑的现象或让学生对他们自己的兴趣进行建模来激发学生的好奇心。教师还可以将各种指导方法纳入每周的日程安排以及探索学习的课程中，鼓励学生就有争议的问题展开辩论，开展一系列有利于解决问题的合作性活动等。以上活动皆有助于学生更加主动地专注于并掌握新信息和技能。课堂策略“吸引并保持学生的注意力”一栏会提供和阐述更多的建议。

## 课堂策略

### 吸引并保持学生的注意力

- **创造引发学生兴趣的课程**

  在某节有关营养学的生物课上，一名高中教师让学生们测定当地一家受欢迎的快餐店中不同菜品的营养价值。

- **让学生亲身参与到课堂中来**

  一名初中历史教师在学期末安排了一节让所有学生都“穿越到过去”的美国南北战争（American Civil War）课程。在准备该活动时，学生们花了几周学习葛底斯堡战役（Gettysburg），研究了那个时期的典型装束和饮食，收集了合适的服装和装备，准备了点心和午餐。在“交战”那天，学生们扮演了不同的角色：联邦军和南部邦联军的士兵、政府官员、记者、商人、家庭主妇、医生和护士等等。

- **在课程中使用多种指导方法**

  在解释完如何计算正方形和矩形面积后，一名四年级的教师结合文字描述，让学生们练习计算更难的实际问题。她把班上的学生分成多个三到四人的合作小组，每组分发了一把卷尺和计算器，让学生计算教室不规则形状地板的面积。为了完成这个任务，学生们必须把教室划分为几个更小的矩形，并在分别计算每个矩形的面积后将其相加。

- **特别是在给小学生上课时，不断通过安静的原地活动提供休息时间**

  为了让孩子们练习字母表，一名幼师偶尔会让学生们用身体来表现字母：一个孩子站着，两个胳膊向上往外伸展形成了一个Y，两个孩子弯下腰手拉着手形成了一个M等等。

- **在初中和高中阶段，鼓励学生多记笔记**

  在初中科学课上，不同的合作小组会研究不同的濒危物种。当每个小组为班上其他同学进行口头汇报时，教师应让作为听众的学生们快速记下他们想要了解的关于该动物的问题。报告小组成员在完成报告后，应回答同学们提出的问题。

- **在学生们安静、独立地学习时，尽量减少分散其注意力的事情**

  两个三年级的班级窗户正对着操场，学生们时常被操场上玩耍的人吸引。因此，在准备考试期间，应安排其他班孩子休息时间在体育馆玩耍。

来源：一些策略取材于 Di Vesta & Gray, 1972; Kiewra, 1989; Ku, Chan, Wu, & Chen, 2008; Pellegrini & Bjorklund, 1997; Posner & Rothbart, 2007。

### 2. 将工作记忆限度牢记于心

实际上，任何学习活动都会对学习者施加一定的**认知负荷**（**cognitive load**）——学习者必须同时思考一定量的信息及其排列方式，以便理解并记住其所学内容。[①]当教师设计和执行课程计划时，他们必须考虑到学生的工作记忆在一定时间段内可以处理的信息量。例如，教师应循序渐进地加快课堂上重要信息的传授速度，以使学生有时间有效处理所见所闻。教师也可以数次重复重要观点（可能每次都会做删改），在黑板上书写时稍作停顿，数次举例与印证。而且，在大多数情况下，平板电脑、手提电脑以及其他电子工具都能帮助学生关注其形成的概念，其中既包括来自有说服力的论文中的，也有来自科学项目替代性研究计划中的关键点。

但是，尽管有以上策略，一般课堂上所输出的新信息还是远远超过了学生真正可以记住与理解的量，而且他们也常常不能判断出知识的重要程度。[②]因此，教师必须帮助学生瞄准真正重要的事情，比如说通过不停强调主旨，为如何学习及学习什么提供指导，在学生学习时提供手写或音频资料，以及删除一些解释或课程中不必要的信息及细节，如此教师可以帮助学生做出正确的选择。

## 三、鼓励有效长时记忆存储

关注且并未过分关注新信息的学生往往可以主动思考其学习内容。为此，学生需要更有意识且有目的地利用有效学习策略，如组织、视觉表象及精细加工。以下建议皆可促进主动积极的有效学习。

### 1. 把新概念和学生已有知识及经验相联系

若学生将课堂学习内容与其已有知识相联系，他就能更有效地学习和记忆这些内容。不过，学生并不总能独立进行类似联系，导致经常出现机械学习。而教师则可鼓励学生将新知识与下列一个或多个内容相联系，进行更有意义的学习：

- 相同科目领域中的观念和概念（如展示算术中的乘法只是加法的变体）。
- 其他科目领域中的观念和概念（如讨论原子物理学的进步对历史事件的影响）。
- 学生的科学常识（如将惯性的概念与汽车急转弯时乘客受到的影响相联系）。
- 学生的个人经历（如探讨罗密欧和朱丽叶的家族仇恨与学生自己家冲突的相似性）。
- 学生的现实活动及课外需要（如有说服力的写作技巧该如何被应用到大学申请的个人陈述中）。
- 学生的空间感（如将小说主题与当地人物或地点相联系）。[③]

最理想的是，教师在讲解新主题时以学生现有知识作为起点，该策略也被称为**激活已有知识**（**prior knowledge activation**）。例如，在一年级的课堂上，教师可能会通过要求学生们描述其父母

① R.E. Mayer, 2011; Plass, Moreno, & Brünken, 2010; Sweller, 1988, 2008.

② P. A. Alexander & Jetton, 1996; Broekkamp, Van Hout-Wolters, Rijlaarsdam, & van den Bergh, 2002; Gathercole, Lamont, & Alloway, 2006.

③ Azano, 2001.

种植花园或菜园的过程来开启植物相关的单元，或是在中学英国文学课上，教师可能会让学生们讲述他们已知的罗宾汉（Robin Hood）故事从而来介绍沃尔特·斯科特爵士（Sir Walter Scott）的《劫后英雄传》（*Ivanhoe*）（罗宾汉为书中主角）。

### 2. 利用学生背景的多样性设计教学计划

一些（但不是说所有）来自低收入家庭的学生可能会在阅读、写作和运算等基础学业能力上落后于他们的同班同学[①]，但他们往往会调动整个班的氛围。因为他们通常很了解流行文化，比如说说唱音乐的歌词、热门电影的对白等等[②]，而且很擅长即兴制作日常物件[③]。原因有几层：如果这些孩子需要打工来帮助他们的家庭维持生计，他们肯定会对职场有更充分的理解；如果他们经济特别拮据，肯定会对人类的基本需求有更深的体会，会对世界各地战争或饥荒的受害者产生更真切的同情。从某些方面来说，成长于贫困之中的学生往往会比那些成长于优渥家境中的同伴有更多的知识和技能。

教师在设计教学计划时应充分利用学生的多元背景。比如说，教师应该确保在小组讨论中，来自不同背景的学生都可以在组内分享他们的观点。也就是说，在组织小组活动时，教师应将拥有不同背景的学生分为一组。这样，他们才能在组内分享自己独特的见解，并帮助同伴们理解不同的观点。[④]

### 3. 提供学生能够建构的经验基础

当然，有时学生只是没理解某主题所需的背景知识。在这种情况下，教师可以将具体经验当作课程基础。例如，当学生在自然历史博物馆看到与实物一样大小的恐龙骨架后，就能更好地理解恐龙的大小。当学生参观战场后，就能更容易明白某场重要战役中发生的事件。教师通常可以只在学校内就创造出经验基础：或是通过让学生直接接触物体和生物（如同时对轻物体和重物体的下落时间进行计时，照顾某班的宠物等），或是通过电脑软件模拟复杂活动（如模拟经营卖柠檬水的小摊，模拟解剖青蛙等），或是通过在班级内模拟成人世界的活动（如模拟法庭审案场景、政治选举等）。

### 4. 帮助学生建立事物之间的相互联系培养组织观念

在各个年级，学生大多都只将知识当成个别、孤立的事实来学习，而不是真正将其作为一个整体来理解。[⑤]但是，当学生进一步将所学科目内容相联系，或者说，可以将所学内容组织得更好，他们今后也就能更轻松地记忆与应用知识。当学生将某个主题的具体概念与观念形成较多逻辑联系时，就可获得关于该主题的**概念理解**（**conceptual understanding**）。举个例子，比起单纯记住基本的数学运算步骤，学生更应该学习这些步骤所反映或隐含的数学原理；比起学习时将历史事实仅看作是一些彼此不相关的人物、地点和日期列表，学生更应该把这些事实置于主要社会和宗教潮流、

---

① Farkas, 2008; Goldenberg, 2001; Serpell, Baker, & Sonnenschein, 2005; Siegler, 2009.

② Alim, 2007; Freedom Writers, 1999.

③ Torrance, 1995.

④ Miyake & Kirschner, 2014.

⑤ M. Carr, 2010; De Corte, Op't Eynde, Depaepe, & Verschaffel, 2010; Lesgold, 2001; M. C. Linn & Eylon, 2011; Paxton, 1999.

变迁模式、经济因素、人们的人格特质等背景中。

帮助学生发现同一范畴中相互关系的一大策略即为，将要教授的单元归纳为几个核心概念和主题，且通常是将具体概念与核心相联系。①（例如，本章的两个核心概念是学习和记忆的建构性，以及意义学习的重要性。）另一大策略则是要求学生把其所学知识传授给他人（正如图 2.13 中 9 岁的特丽莎所创作的水圈图所示②）。这样可以鼓励他们关注重要概念，并以理解的方式将各个概念联系在一起。③最终，当学生深入地探索某个主题时，比如思考大量案例、考察因果关系及发现具体细节与普遍原则之间的联系等，概念理解仍是最可能出现的结果。相应的，很多教育者支持“少即是多”的观点，即将最少的材料理解透，亦可获得最完整的理解。④

图 2.13　9 岁的特丽莎所创作的图画中，其所学知识与水圈完美融合

## 5. 利用视觉表象助力教学

正因为我们皆为视觉学习者，因此视觉表象是极为有效的学习和记忆信息的方式。教师可以通过各种方式促进学生利用视觉表象。比如说，教师可以要求学生想象文学作品或历史上的某些事件，也可以提供视觉素材（图片、图表、视频、三维模型、电脑动画等）来说明或生动组织某些重要概念，更可以要求学生针对所学内容创作属于他们自己的图画、图表或模型，就如特丽莎水圈图一样。⑤

通常，当教师鼓励学生既用言语又用视觉编码课堂内容时，他一般能更好地帮助学生记住新的理念。⑥如图 2.14 所示，9 岁的尼古拉斯同时用文字和图画描述了他在三年级做的某个科学实验的发现。在实验中，他观察了把小而重的物体扔进装满水的玻璃杯后会发生什么。尽管尼古拉斯在书面表示某特定学习任务上还存在困难（可以注意到他拼写错了很多词，且写字时是从由纸的底部向上书写的，而不是通常从上往下写），但我们可以感受到：尼古拉斯在思考将方块扔进杯子后，水

① Brophy, Alleman, & Knigton, 2009; Prawat, 1993; J. J. White & Rumsey, 1994.

② van der Veen, 2012.

③ Hatano & Inagaki, 2003; McCaslin & Good, 1996; Roscoe & Chi, 2007.

④ Brophy et al., 2009; Marshall, 1992; Sizer, 1992, 2004.

⑤ R. K. Atkinson et al., 1999; Carlson, Chandler, & Sweller, 2003; Edens & Potter, 2001; R.E. Mayer, 2010a; Sadoski & Paivio, 2001; Schwamborn et al., 2010; Van Meter, 2001; Van Meter & Garner, 2005; Verdi, Kulhavy, Stock, Rittschof, & Johnson, 1996.

⑥ R. E. Mayer, 2011; Moreno, 2006; Sadoski & Paivio, 2001; Winn, 1991.

是怎样向上运动并溢出的。

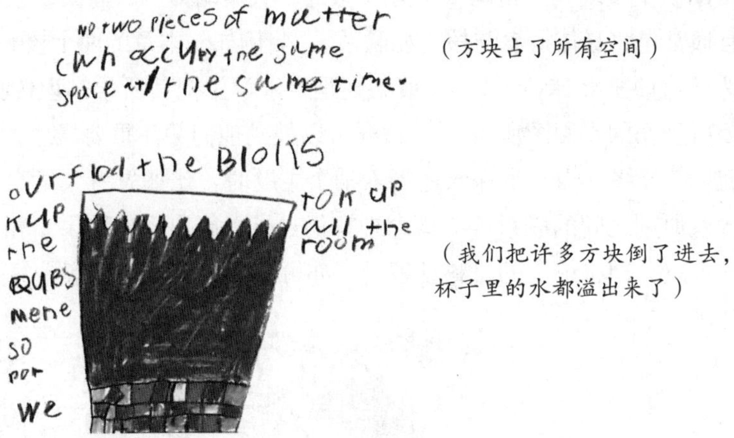


图 2.14　9 岁的尼古拉斯同时用文字和图画描述了他的科学实验发现

### 6. 提出可鼓励学生精细加工的问题和任务

学生对新内容进行的精细加工越多，即他们对学习内容花费的心力越多，他们对学习内容的理解和记忆也就越有效。课堂策略专栏“鼓励学生对课堂主题的精细加工”详细描述和说明了教师可用于帮助学生增强对所学内容的理解和记忆的数个方法。

### 7. 提供难记内容的记忆方法

有些知识极难理解，即很难对其进行意义学习。比如，为什么人类身体的骨骼会被起名为肱骨、腓骨和耻骨？为什么 fáng（房）在中文中代表“房子”之意？为什么奥古斯塔（Augusta）是缅因州的首府？事实上，以上内容从实际用途上看并无规律或原因。

所以，当学生在将新内容和已有知识建立联系的过程中遇到困难时，或是当信息主体是有组织的结构却无明显潜在逻辑时（就像许多列表所示），**记忆方法**（**mnemonics**）将会帮助他们更有效地学习课堂内容。[①] 图 2.15 中就阐释了三个常用的记忆方法。

### 8. 给学生思考时间

我们讨论了让学生针对课堂内容去发现其对自身的意义，并进行组织、想象和精细加工的重要性。以上过程需要思考，而思考需要时间。然而，教师并不总是有耐心给学生充分的时间，有时甚至还不到一秒就要求学生回答问题。若学生并没有在如此短的时间内做出回应，教师就会再次开口：有时是换一个问题，有时就自问自答了。有些教师既不愿在学生回答问题后空出大量时间，也不愿学生在课堂上发表评论。还是那句话，在对某个问题做出回应前或在提出某个问题前，他们通常只容许片刻的沉默。[②] 此处反映的问题就是不充分的**等待时间**（**wait time**）。

---

① Bulgren, Schumaker & Deshler, 1994; M. S. Jones, Levin, Levin, & Beitzel, 2000; Pressley, Levin, & Delaney, 1982; Scruggs & Mastropieri, 1989.

② Jegede & Olajide, 1995; M. B. Rowe, 1974, 1987.

**言语中介**

“言语中介”（verbal mediation）是一个词或短语在两条信息间创立的逻辑联系，或“桥梁”。言语中介可以用于匹配信息，如外语词汇及其英文含义，国家和其首都，化学元素和其符号，以及词语和其拼写方法。以下为案例：

| **学习信息** | **言语中介** |
|---|---|
| *Handschuh* 在德语中为“手套”。 | 手套是手（*hand*）的鞋子 *(shoe)*。 |
| 基多（Quito）是厄瓜多尔（Ecuador）的首都。 | 蚊子（mosquitoes）在赤道（equator）上。 |
| *Au* 是金的符号。 | 唉（ay），你偷了我的金表！ |
| 校长（Principal）这个词是以字母 pal 结尾的（而非 ple）。 | 校长是我的朋友（pal）。 |
| 肱骨（humerus）是肘部以上胳膊最大的骨头。 | 幽默（humorous）骨就在肘的尺骨端（funny bone，又作幽默感讲）上方。 |

**关键词法**

和言语中介法一样，**关键词法**（**keyword method**）也是通过在两者间建立联系辅助记忆的方法。当不存在有逻辑的言语中介来填补两者间的差距时，该技巧尤为有用，例如，当没有易理解的句子或短语来联系外语词及其英文含义时。关键词法包含两个步骤，分别以西班牙语词 *amor* 和其英文意思爱（*love*）进行说明。

确定每条信息代表的具体对象。这个对象要么是一个常用符号（如一颗心象征着爱），要么是发音一样的词［如用 *armor*（盔甲）来代表 *amor*］。这样的对象就是关键词。

形成一种把两个对象放在一起的心理影像。为了记住 *amor* 的意思是爱，你可以想象一个武士身披盔甲，他的胸口上还印着一个大大的红心。

你在本章前面部分练习“五个中文词”中学习到了 fáng、mén、ké、fàn 和 shū 这些汉字的意思，你就已经使用了关键词法。以下是另外一些案例：

| **学习信息** | **视觉表象** |
|---|---|
| *Das Pferd* 在德语中是“马”的意思。 | 想象一匹马正在涉水（*Ford*）。 |
| 奥古斯塔（*Augusta*）是缅因州（*Maine*）的首府。 | 想象一阵强风（*a gust of wind*）吹过一匹马的鬃毛（*mane*） |
| 柴可夫斯基（Tchaikovsky）创作了“天鹅湖”。 | 想象一只天鹅在湖里游泳，打着领带（tie），正在咳嗽（coughing）。 |

**重叠意义结构**

大量的信息，如清单，通常可通过在该信息上重叠有意义的组织，如熟悉的形状、词汇、句子、旋律、诗歌或故事来进行学习。以下是**重叠意义结构**（**superimposed meaningful structures**）的案例：

| **学习信息** | **重叠意义结构** |
|---|---|
| 意大利的形状。 | 一只“靴子”。 |
| 五大湖［Huron（休伦湖）、Ontario（安大略湖）、Michigan（密歇根湖）、Erie（伊利湖）、Superior（苏必利尔湖）］。 | HOMES（家）。 |
| 吉他上的弦（E A D G B E）。 | 埃德加（Edgar）吃了（ate）炸药（dynamite）。别了（good-bye），埃德加（Edgar）。 |
| 每个月的天数。 | 九月三十天……（一首用来记忆天数的短诗）。 |
| 如何拧螺丝（顺时针拧紧；逆时针拧松）？ | 右边，紧；左边，松。 |
| 如何在（ax + b）（cx + d）这样的数学表达式中进行乘法计算？ | 用语言解释：把每个括号里的第一项先相乘，然后把靠外侧的两项相乘，再把中间两项相乘，最后剩下两项相乘。 |

**图 2.15　常用的记忆方法技巧**

当教师在提出问题后和学生发表评论后至少停留三秒时，学生的课堂表现将发生巨大改变。更多学生（尤其是女生和少数族裔学生）会更加积极地参与到课堂中来，并且学生们会开始互相回应彼此的评论和问题。甚至当他们不知道答案时，也可以以证据或逻辑来支持他们的推理与推测。此外，他们也将更积极地学习课堂内容，课上表现更佳，实际上学得更多。之所以会发生这样的变化正是因为，随着等待时间的增加，教师的行为也随之改变。教师会更少地提过分简化的问题（如要求回忆事实），相反，会更多提一些可以激发思考的问题（如需要精细加工的问题）。教师更会不断调整对学生讨论的管理活动，容许学生进行评论和提问，还会允许学生在课堂上比最初设想更为深入地探究。而且他们对很多学生，尤其是之前的后进生的期望也开始提升。[①]

## 课堂策略

### 鼓励学生对课堂主题的精细加工

- **给学生传达他们能且应该理解其所学内容的信念**

  一名初中语言艺术课的教师曾在班上说，他并不希望学生记住的是他所提供的新字词的定义。“永远要用自己的语言描述定义，”他说，“在句子中练习使用你掌握的新词汇。比如说，这周单词列表上有一个词叫做‘艳俗’。请看看我给你们的讲义上所列的定义，再想想你会在什么情况下使用艳俗这个词呢？”

- **提出学生可通过利用所学内容进行推论而得出答案的一些问题**

  某节高中急救课上，学生们已经学习了当人遇到创伤性休克时，许多正常身体功能会由于全身循环血液减少而下降。教师接下来问道：“根据你所学的创伤性休克的知识，请想一下为什么专家推荐，若我们发现某人正处于休克状态，我们应该让他平躺，同时要注意保暖且不能太热呢？”

- **让学生将其所学应用到新情境和问题中**

  为了让班上的学生练习创建和解释条形图，一名二年级的教师要求孩子们在发给他们的便利贴上写下最喜爱的宠物种类。“让我们来做个图表，从而可以知道有多少孩子喜欢不同种类的宠物。”她说道。接着，教师在黑板上画了一条水平线和垂直线作为图表的 $x$ 轴和 $y$ 轴。“我们首先画喜欢狗的人数柱形，”她接着说道，“你们中有多少人将狗选为你最喜欢的动物呢？七个人？好的，请上来把你的便笺纸贴在图表上我写着狗的地方。我们需要按上下序列排放，来做成一个长条。”在喜欢狗的孩子把便签贴在图表上后，教师照此步骤接着让喜欢猫、鸟、鱼等的学生上台粘贴。

- **关注关键概念的深入理解，而非肤浅地涵盖很多主题**

  在准备即将到来的学年地理课程时，一名四年级的教师意识到：他的学生即使在学习了世界上这么多国家的事实和数据后，仍可能收获不大。因此，他只选择了六个在文化上存在巨大差异的国家——意大利、日本、摩洛哥、新西兰、秘鲁和坦桑尼亚，并在一年内持续关注。通过深入学习以上国家，教师计划帮助学生发现：不同的气候、地貌、文化和宗教会导致不同的生活方式和经济状况。

- **让学生通过小组或全班讨论自由交流观点**

  在第二次世界大战的相关单元中，一名高中历史教师让学生按小组推测广岛和长崎遭到原子弹轰炸后日本人民不得不面临的问题。

来源：某些策略取材于 Brophy, Alleman, & Kinghton, 2009; Croninger & Valli, 2009; Middleton & Midgley, 2002; Slavin, Hurley, & Chamberlain, 2003; N. M. Webb et al., 2008。

---

① Castagno & Brayboy, 2008; Giaconia, 1988; Mohatt & Erickson, 1981; M. B. Rowe, 1974, 1987; Tharp, 1989; Tobin, 1987.

## 四、促进记忆提取

即使学生进行的是意义学习，他们也不一定能在需要时提取出重要信息。请记住，提取包含了某条心理联想路径的追踪过程，而学生有时会走到错的路径上。以下两条建议将有利于学生对所学内容进行提取。

### 1. 提供大量机会练习重要的知识和技能

有些知识和技能较基础，因此学生必须能快速且轻易地提取与使用，也是说要形成自动化。例如，要想较好地阅读，学生必须在不读出来或查字典的情况下，就能识别该页面上的多数词汇；要想解决数学问题，学生应该有像 2+4=6 和 5×9=45 这样能被熟练掌握的数学知识；要想写出好作文，学生应该能不必停下思考如何拼写大写 G 或 the，就写出其他字母和单词。除非以上基础知识和技能皆通过学习达到自动化水平，否则学生可能会使用过多工作记忆容量，以至于几乎没有“空间”进行其他复杂任务了。[①]

最终，学生只能通过反复使用与练习基本知识及技能来达到自动化水平[②]，但这并不意味着教师要让每天的学习成为无止境的对孤立事实及程序的训练（如图 2.16），相反，当基础知识嵌入到不同的刺激和挑战中时，自动化就轻松形成了。此外，学生应在特定引导性背景下练习新技能，以促进技能的改善与提高。课堂策略专栏“帮助学生掌握新技能”提供了能帮助学生更有效地掌握程序性知识的教育策略的例子。

**图 2.16　机械学习一定量的数字与字母确实可以促进自动化，但过多则会使学习变得无聊枯燥。以上是 5 岁的贡纳尔在练习书写数字 1 至 9，其中 9 是逆写的！**

与此同时，教师必须意识到：自动化也有消极影响。[③] 具体来说，学生或许能较快地回忆起某些概念或执行某些程序，但实际上，可能此刻其他自动化程度并不高的概念及程序才更为有用。若

① De La Paz & MuCutchen, 2011; R.E. Mayer & Wittrock, 1996; Sweller, 1994; Walcayk et al., 2007.

② Karpicke, 2012; R.W. Proctor & Dutta, 1995; Rohrer & Pashler, 2010.

③ Killeen, 2001; E. J. Langer, 2000; LeFevre, Bisanz, & Mrkonjic, 1988.

未被自动“锁定”于某特定反应，学生则可以更加灵活，因此也更可能具体问题具体分析，或发现解决问题的创造性方法。我们将在第 3 章关于心理定式的讨论中回顾该问题。

## 课堂策略

### 帮助学生掌握新技能

- **帮助学生理解其所学程序的逻辑性**

  教师在说明挥网球拍的正确方法后，问学生们：“为什么双脚分立而不是并在一起？为什么挥拍时手臂要伸直？”

- **当技能非常复杂时，可将其分成数个更简单的任务，并让学生一次练习一个**

  驾驶教练都知道刚开始开车很难，因此在课程开始时，往往会让学生在空旷的驾校停车场多次练习转向和刹车。只有在学员掌握了以上技能后，教练才会让其上路在城市街道上穿梭的车流中驾驶。

- **提供能帮助学生记住一系列步骤的记忆法**

  一名数学老师在黑板上书写了以下方程式：

  $$y=\frac{3(x+6)^2}{2}+5$$

  她问道：“当 $x$ 等于 4 时，$y$ 等于多少？”为此，她教给了学生们一个记忆法：请原谅我亲爱的萨莉姨妈。（*Please excuse my dear Aunt Sally.*）它们能帮助学生记住如何解决包含这么复杂代数式的问题。首先，简化括号（parentheses）里的东西（取 Please 里的字母 P）。然后，简化带幂（exponent）的部分（取 *excuse* 里的字母 e），再做乘法（multiplication）和除法（division）（取 *my dear* 里的字母 *m* 和 *d*）。最后，做剩下的加法 (addition) 和减法 (subtraction)（取 *Aunt Sally* 里的字母 *A* 和 *S*）。

- **多给学生机会练习新技能，并在需要时提供反馈以促进进步**

  一名科学课教师要求他的学生在每周实验活动后撰写实验报告。但由于很多学生之前都很少或几乎没有科技写作的经验，因此教师在改作业时会附上大量评语，当中既包括优点，也有一些可以让报告更客观、准确或清晰的建议。

来 源：P. A. Alexander & Judy, 1988; J. R. Anderson, et al., 1996; Beilock & Carr, 2004; Ennis & Chen, 2011; Hattie & Timperley, 2007; Hecht, Close, & Santisi, 2003; R. W. Proctor & Dutta, 1995; Shute, 2008; Van Merriënboer & Kester, 2008.

### 2. 给予有助于学生回忆或重建所学内容的提示

有时遗忘仅是由于提取困难：学生们要么是“找不到”长时记忆里的知识，要么是完全忘记去“找”相关知识。在该情况下，线索提示往往颇有裨益。例如，若某学生询问 *liquidation*（液化）一词的拼写方法，教师可能会回答：“*liquidation* 的意思是使某物液体化（liquid）。那么你会怎么拼写 liquid 呢？”另一个例子则来自我之前的实习老师——杰西·詹森（Jesse Jensen）。在她教的八年级的历史课上，学生的某个写作主题为新奥尔良战役（Battle of New Orleans），即 1812 年美英战争中美国取得了决定性胜利的那场战役。以下为师生间的对话：

**学生：**为什么新奥尔良战役极为重要呢？
**杰西：**请看看地图，新奥尔良在哪里呢？
（学生找到了新奥尔良的位置。）
**杰西：**所以新奥尔良为什么重要呢？

**学生：** 噢！因为它离密西西比河河口极近，对于控制河流上下游运输极为重要。

低年级时，教师往往会提供较多提取线索：他们会提醒学生在任务中应该做什么且在什么时候做。如：“我听见了火警声，请记住，我们在消防训练中都轻轻地走路。”“到回家的时间了，你们都记得带实地考察的知情同意书回家吗？”但是随着孩子的成长，他们必须更独立，即在记忆方面要更多地靠自己，而不是教师。在不同年龄阶段，教师皆可教给学生帮助其自身提取线索的方法。例如，若二年级的教师希望学生第二天能将已签字的知情同意书带回学校，他们可以要求学生将备忘便签贴在外衣或饭盒上；若中学教师给学生布置了一份几周后才上交的主修课作业，他们可以建议学生在床头桌上贴便签或在手机日历里输入备忘录来帮助自己记住提交日期。在以上情况下，教师皆在培养学生的自我管理（*self-regulation*）能力，详情将在第 3 章中继续探讨。

## 五、监控学生的进步

正如第 10 章将会学习到的内容所示，一些课堂评估，如倾听学生在课堂上的所言、观察学生的身体语言等都是自发且非正式的。但另一些，如随堂测验和布置课题，则是更系统及正式的评估，需预先计划。如以下建议所示，非正式和正式评估对于促进有效认知加工皆极为重要。

### 1. 定期评估学生的认知理解

教师必须牢记：学生可能会以其独特方式解释课堂内容，有时甚至会形成错误信息。学生有时也可能会以教师并不鼓励的方式解释非学术性关系。例如，8 岁的达西在转学进入三年级的第一天不小心把鸡蛋弄到了头发上。她的老师惠利夫人把她带到校医院清洗鸡蛋。正如图 2.17 日记中所示，达西最初认为惠利夫人的话只是不讨人喜欢的批评，直到五天后她才知道惠利夫人的本意。

**10 月 22 日**

今天我去了一所新学校。我的老师叫惠利夫人。我不小心把一个鸡蛋弄到了头发上。惠利夫人告诉护士我是一个爱炫耀的讨厌鬼。我真的很难过，当时就想从学校跑掉，但我并没走。

**10 月 27 日**

今天我讲了我的读书报告。我是最后一个做读书报告的。因为每次我做读书报告，他们就取笑我，但老师说他们是在和我一起笑。我问老师为什么第一天时她叫我讨厌鬼。她说：“达西，我没叫你讨厌鬼，我是和拉森夫人说试着把鸡蛋从你的头发上洗下来这件事很讨厌。”我真高兴。我决定要重新喜欢惠利夫人了。

**图 2.17　正如 8 岁达西的日记所示，她最初对老师向学校护士随口说的话的解释和老师的本意完全不同，但所幸，老师几天后纠正了她的误解**

因此，教师定期监控学生的学业和非学业问题都十分重要。问问题、鼓励谈话、仔细倾听学生的观点和解释，以上这些策略都能帮助教师掌控学生为其自身建构的所谓“事实”。

### 2. 确认并消除学生的误解

教师在课堂上呈现新信息时，往往期望该信息能替代学生已有的错误概念。然而，即使很多教学内容都与学生对世界的现有看法相矛盾，无论处于何种年龄段，他们仍会固执己见。[①] 在某些情况下，也许是因为学生在学习时采取的是机械学习方式，所以他们永远也无法在所学内容和已相信内容之间建立联系。而在另一些情况下，学生的确尝试理解课堂内容，但拜精细加工所赐，他们往往会根据该主题相关的已“知”内容来解释新信息，并拒绝或否认那些不相容的内容。（可参照我们之前对证实偏向展开的相关讨论。）

而当学生对世界有不科学或无益的观念时，教师必须积极有力地帮助学生转变思想。也就是说，教师必须推动**概念转变**（**conceptual change**）。课堂策略专栏“推动概念转变”将呈现并说明几个可能有用的技巧。

## 课堂策略

### 推动概念转变

- **探究可能导致学生产生误解的因素**

  一名三年级教师问道：“重力为何物？”一个学生答道：“它是把你向下拉的东西。”教师指着地球仪上的澳大利亚问道：“你说的向下是什么意思呢？是不是如果我们去澳大利亚旅游，重力会把我们拉离地球，掉到太空里去？”

- **提供可明确反驳学生错误概念的信息和经验**

  在一堂讲空气的课上，一名一年级教师正在论述“空气中不包含其他物质”这一常见错误观念。她首先让学生预测当她把杯子倒扣在一大碗水里时会发生什么，学生对“空”杯子是否会装满水这一问题又有着不同看法。接着，教师在杯子里塞了一张皱皱的纸巾，再把杯子翻过来，径直扣入水中，但纸巾仍是干的。这一现象引发了学生关于空气占据空间方式这一问题的热烈讨论。

- **提出一些可挑战学生误解的问题**

  一名高中物理教师在刚开始讲惯性单元时，就有学生提到：他们坚持认为当棒球被抛向空中时，仍有一个力会继续作用于它并将它往上推。该名教师就此问道：“那空气中有何种力可在球离开投手之手后仍将它往上推呢？”学生们提供了几种可能答案，但最终却承认并没有一种令人满意的解释。

- **给学生们展示其他解释比其原有概念更可信有用，即该解释更讲得通**

  上文中的那名物理教师指出：即使下方并无力的推动，棒球仍会继续向上运动。他就此引出了惯性的概念：球只需要一个使其开始朝某特定方向运动的力。该力一旦施加，其他的力（重力和空气阻力）就只能改变运动的速度和方向了。

- **为学生提供其误解回答的正确反馈**

  课堂上，一些四年级学生刚刚分小组完成了一个实验——他们观察了蚯蚓因环境变化产生的反应。接着，教师将整个班召集起来，并问道：“如果一条蚯蚓变干了该怎么办？”一个学生回答道：“它们喜欢水，它们喜欢在水里到处扑腾……如果它们在毒日头下，就会死的，因为它们会被晒干……它们的细胞会变硬。”教师肯定了该学生提出的蚯蚓偏爱潮湿环境这一点，但同时也温和地完善了其解释：“完全正确，很好。但我并不觉得蚯蚓喜欢在水里扑腾，因为它们多待在潮湿处。”

- **在学生现存理解中建立事实核心**

  在一堂讲雨的课上，一名六年级的教师和某学生进行了以下对话：

  教师：什么是雨？

  学生：雨是云蒸发时，从里面落下的水。

---

① Chambliss, 1994; Chinn & Brewer, 1993; Hynd, 1998b; M.C. Linn & Eylon, 2011; Strike &Posner, 1992; Vosniadou, 2008.

教师：那么“云蒸发”是什么意思？

学生：意思就是水上升到空中形成云，云在空中变重，又转化为水，这种水也就是雨。

教师：那水还留在空中吗？

学生：是的，但下雨时它就落下地了，因为它变得太重了。

教师：为什么它会变重呢？

学生：因为空中没有太多水了。

教师：那为什么会下雨呢？

学生：因为水变得太重了，然后就落下了。

教师：那为什么不会全部落下呢？

学生：嗯，因为它每次只落一点，就像你把盐罐翻过来那样，它不会一次全落下来，因为有些小孔，所以每次只会出来一点。

教师：天空中的小孔又是什么呢？

学生：嗯，就是云彩上的小孔，可以让雨漏下来的。

教师首先认识到，学生的解释中是有几个准确理解的：（1）云中有水；（2）蒸发和水循环有关；（3）雨是水过重而无法继续悬在空中造成的。他可以将以上知识作为下一步教学的起点。比方说，教师可以继续澄清含有水循环及蒸发的过程（即云的形成）以及云实际上是水而非像盐罐那样的水容器。

- **指出误解时要保护学生的自尊**

一名四年级教师是以以下问题开始一堂植物课的：“植物从哪里获取所需养料呢？”一些学生认为植物从泥土、水或肥料中获取养料。教师对此回复道：“你们要知道，很多孩子和你们有一样的答案。但事实上，植物使用阳光、水和土壤里的物质，再自己制造养料。”紧接着教师就讲解了光合作用。

- **让学生积极讨论不同解释的利弊**

在学生表达了某国新移民皆“懒惰”的刻板印象后，一名中学社会研究课教师特地邀请了几名新移民来到课堂，并描述他们为适应新环境所做出的努力。第二天，他要求学生们回忆那几位发言人的话，并说道：“你们中有的人认为移民皆懒惰。那你们觉得昨天见到的那些人也很懒惰吗？那为什么有的人懒惰而有的人不是呢？”在接下来的讨论中，学生们开始认识到：大多数移民其实是努力工作、积极适应新社会和文化，并争取在新环境中获得成功的。

- **要求学生把修正后的理解应用到新情境和问题中**

当部分学生表达了“河流总是从北向南流”的观点后，一名中学地理教师提醒他们，水其实是从海拔高的地方向海拔低的地方流动的，而不是由低向高。接着，他又抽出一张非洲地图。“让我们来看看尼罗河，”他指着埃及地中海海岸说，“尼罗河的一端在这儿，”然后指着乌干达境内的一点说，“而另一端在这儿，尼罗河到底是向哪个方向流动呢？”

来源：C. Chan, Burtis, & Bereiter, 1997; Chinn & Samarapungavan, 2009; D. B. Clark, 2006; diSessa, 2006; Hattie & Timperley, 2007; M. C. Lin & Eylon, 2011; Mason, Gava, & Boldrin, 2008; P. K Murphy & Mason, 2006; Pine & Messer, 2000; Pintrich, Marx, & Boyle, 1993; Putnam, 1992; Slusher & Anderson, 1996; C. L. Smith, 2007; Stepans, 1991, p.94（盐罐对话）; Vosniadou, 2008; Zohar & Aharon-Kraversky, 2005.

### 3. 注重意义学习评估而非机械学习评估

随着学生逐渐成长，他们会面临越来越多的被教师用于决定期末成绩的作业、考试和其他正式评估。但遗憾的是，许多教师的课堂评估行为往往是鼓励学生以机械学习而非意义学习方式进行科目学习（如图 2.18 所示）。而当学生发现其作业与考试皆是回忆不相关内容，而非整合理解和应用知识时，他们往往会认为机械学习可以让他们得到更高的分数，而意义学习则相反。因此许多人会选择机械学习。[①] 最终，教师必须用一切可行的方式——包括课堂评估——告诉学生：理解课堂内容要比记住它们更为重要。在第 10 章中，我们将继续学习更多评估意义学习的策略。

① Crooks, 1988; Newstead, 2004.

1. 恐龙最酷的是曾有上百万只，但现在已知的仅为几__千__只。

2.“化石”一词来自拉丁语，意思是__挖__ __出__。

3. 通过化石，我们可以了解到有关恐龙的四件事是（ ）？

（1）饮食 （3）哺育幼崽的方法

（2）样貌 （4）大小 / 体重

4. 化石化过程中的两个步骤分别是：______；______。

死去；然后被数层沉积物覆盖住

5. 形成化石的一大过程是__渗矿化__，意思即矿物质代替了恐龙骨骼。

6. 恐龙曾存在的证据是在被发现的__化石__中找到的。

7. 科学家可以通过观察恐龙化石被埋的__地点__、__深度__，以及埋在化石__附近__的东西，来了解恐龙。

8. 恐龙在地球上大约生活了__1 亿 6 000 万__年。

9. 恐龙大约在__6 500 万__年前灭绝。

10. 恐龙灭绝的原因之一可能是__一颗陨石__。

**图 2.18 学生在7年级科学课堂上观看恐龙视频时，完成了以上及其他填空题。尽管以上问题可能会帮助学生更集中地观看视频，但其鼓励机械学习而非意义学习**

### 4. 留意某些认知异常困难的学生

> **想一想**
>
> 什么样的评估任务可以促进基础知识与能力的自动化？

一些学生可能会在学业或社会情境下表现出持续性的问题，即有**学习障碍**（**learning disabilities**）的学生在一个或多个具体认知过程中会存在明显缺陷。比如，他们可能在记忆言语讲解、辨识书面文字（阅读障碍，*dyslexia*），或思考及记忆数字相关信息（计算障碍，*dyscalculia*）时存在困难。有**注意力缺陷多动障碍**（**attention-deficit hyperactivity disorder, ADHD**）的学生，或是表现出注意力上的明显缺陷，或是在抑制不当想法和行为上存在问题，抑或是两者兼有。且大多数专家认为学习障碍和 ADHD 之间存在生物基础性关系，有时是遗传性的，有时是大脑发育早期不利环境条件造成的（暴露在有毒环境下）。①

部分被正式确诊为学习障碍或 ADHD 的学生会求助于专家对其进行学业辅导，但仍有大部分患病学生在正常课堂上进行大多数或全部的学习。以下皆为有效教授该类孩子的策略②：

- 发现并充分利用学生每日最佳学习时间。
- 最小化分心事物。
- 清晰呈现学生学习所需信息，同时明确指出如何将不同概念组织与联系起来。
- 使用多种方式呈现信息（如利用图片或简单图示补充解释言语表达）。
- 积极面对学生弱势（如阅读或数学）。

---

① Barkley, 2010; Nigg, 2010; Rosen, Wang, Fiondella, & LoTurco, 2009; Shaywitz, Mody, & Shaywitz, 2006.

② Barkley, 2006; Brigham & Scruggs, 1995; Eilam, 2001; E. S. Ellis & Friend, 1991; J. M. Fletcher, Lyon, Fuchs, & Barnes, 2007; N. Gregg, 2001; Meltzer, 2007; Pellegrini & Bohn, 2005; Wilder & Williams, 2001.

- 针对具体内容教授具体记忆方法。
- 帮助学生有效管理和使用时间。
- 教授普遍的学习和记忆策略。
- 提供可指导学生信息活动的结构（如发一份填空提纲帮助学生记笔记；在读教科书时，先提出需要回答的问题；把大的主题划分为小且易于掌握的小步骤）。
- 学习单元时间要短，提供多次休息以便学生释放压抑的能量。
- 定期监控学生对课堂内容的记忆和理解。

你会发现以上策略中有一些看起来应该极为熟悉，因为你在本章内容中已见过。我们将在第 3 章探讨元认知和自我管理时继续回顾剩下的几个策略。总的来说，对于有特殊教育需求的学生，最有效的策略就是一些对任何学习者皆极为有效的策略。

## 总结

让我们回顾一下本章开头呈现的主要理念，以总结本章内容。

- **大脑在人的一生中是不断进化且自主学习的**。以基本单位来看，学习涉及大脑各个不同区域神经元和星形胶质细胞之间连接状态的改变。大脑不同区域分管不同任务，但又互相协助。尽管大脑研究为部分疾病提供了认知发展与神经基础，但大部分教师仍以其他领域尤其是心理学及教育学知识为基础帮助学生学习。
- **人类的大多数学习都是主动建构而非被动吸收知识的过程**。学习不仅仅是从环境中“摄取”信息的过程，还是通过非正式经验和正式教导去创造意义和进行诠释的过程。在学习者尝试理解世界时，他们会整合一些（但不是全部）所见，并结合已有知识与信念去创造一个对世界的不断扩展且明显具有特异性的理解。
- **人类记忆是一个在一定程度上受学习者控制的复杂且多方位的信息加工系统**。某种过于简化却非常有用的人类记忆模型由三部分组成。第一部分为感觉登入，最多可保持输入感觉信息两或三秒。得到学习者关注的信息会进入工作记忆，信息在这里可以保持更久。在这段时间中学习者可以主动思考、操作和解释该信息。然而，工作记忆一次只能保存少量信息，且没有得到主动思考的信息往往会很快消失（通常不到半分钟），除非学习者对其进行充分加工，并将其存储至长时记忆中。

  长时记忆的容量似乎可以满足人类的任何需求。事实上，学习者在那里存储的信息越多，越容易存储新事实和观点。有效存储通常包含意义学习，即把信息与已有知识和信念相联系。通过建立这样的联系，学习者可以更好地理解经验，更容易地提取已学知识，同时创建一个不断增加的有组织、可整合的知识体系，以帮助储存新经验。随着孩子的成长，他们逐渐可以管理自己的学习，大多数人会更频繁地运用有效学习策略记忆课堂内容。然而，有时所有年龄段的学习者皆会歪曲新信息，如建构出错误且存在潜在不良影响的理解。
- **人类的记忆易出错，即学习者并不能记得其所学的全部内容，且有时还会记错**。学习者更可能长时间地记住一些起初就已有效存储的新信息，比如，在他们对某信息进行了精细加工、组织或形成视觉表象后，即学习已达到自动化水平时。但某种程度上，提取时也依赖于背景：若学习者的环境可为其在长时记忆里寻找正确“位置”提供线索提取，则他更可能记住这些内容。提取通常包含着重建：学习者只能部分回忆起所学或所经历的东西，然后在回忆中基于已有知识和信念去填补空白。这种填补的准确性并不可确定。

- **有效力的教师会以有助于学生长时存储并提取记忆的方法使其由心而发地加工新信息**。教师必须不断强调理解课堂内容的重要性，即要理解需推断内容并了解其联系方式等，而非仅仅以一种机械的、“不假思索”的方式记忆。这样的强调须不仅反映在教师言语上，也要反映在教学活动、作业和考评行为中。比如，教师不仅要在课堂讲课时呈现重要概念并要求学生记笔记，还要提出可激发学生思考的问题，要求学生评价、整合或应用所学知识。教师还可以要求学生提出至少三种不同方式去解决如“15+45”或“29+68”这样的问题，而不是仅仅要求学生记住两位数字的相加步骤。教师在评估学生的历史知识时，可要求学生解释某历史事件发生的原因，以及这些事件是如何改变后续历史进程的，而不是要求他们仅仅背诵名字、地点和时间。与此同时，教师也必须警惕学生对某个主题的误解并要努力推动概念转变。

## ▼资格考试备考练习

### 视觉单元

康托丝小姐正在为她的五年级学生讲授人类视觉这个单元。她向学生展示了一张人类眼睛不同部位的示意图，包括晶状体、角膜、瞳孔、视网膜和视觉神经。然后，她解释道，人之所以能看见物体，是因为来自太阳或者其他光源体的光从这些物体上反射出来，并进入人的眼睛。为了阐释这个想法，她向学生展示了图片 A。

“你们都理解了我们的眼睛是怎样工作的了吗？”她问道。她的学生点头表示他们都知道了。

第二天，康托丝小姐向学生展示了图片 B。

她要求学生在图片上画出一条或者多条带箭头的线，来显示光是如何能够让他们看到这棵树的。超过一半的学生画出的箭头或多或少与图片 C 中的箭头相似。

### 1. 问答题

显然，康托丝小姐的大部分学生并没有掌握她认为自己已经教授过的人类视觉产生的过程。

A. 解释为什么那么多学生将康托丝小姐教给他们的内容理解反了。你的回答要基于同龄人的学习与认知的原则及理论。

B. 举出两种不同的方法来改进这节课，以帮助学生更准确地理解人类的视觉产生过程。你的策略要基于同龄人的学习与认知的原则及理论。

### 2. 选择题

很多小学生理解人类视觉产生过程的方式与康托丝小姐的五年级学生是一样的，即这个过程起源于眼睛，然后向外指向眼睛看到的物体。当学生修正他们的想法以与被普遍接受的科学解释更为一致时，他们会以为是（　　　）。

A. 正在获得一个新的脚本　　B. 正在获得程序性的知识

C. 正在经历认知改变　　D. 正在修正他们的世界观

# 第 3 章 复杂的认知过程

**主要理念**

第一节　有效力的学习者会定期对学习进行规划、监控、反思并且努力改进其学习方式。

第二节　虽然学习者在校内获取的知识在社会中不总具有可借鉴性，但是他们在此期间所掌握的普遍原则、学习策略和态度却能被应用到更广泛的情境中。

第三节　如果学习者具有足够的知识背景并能灵活地思考手头的任务，他们会成为更有效的问题解决者和更具创造力的思考者。

第四节　批判性思维既要求对知识本质的精准理解，又要求有对新信息和概念进行审视评估的普遍意愿。

第五节　有效力的教师会适龄地培养学生的自我管理能力，提高元认知水平。

第六节　有效力的教师会为学生创造适宜的环境，使他们对课上知识进行迁移、批判性思考或提出创造性的解决方案。

**本章概要**

**个案研究：代课教师**

一名八年级的数学教师在学年中间休产假，代课教师冈特女士来为她代课。冈特女士知道根据马萨诸塞州的标准，她的学生们应该掌握大量数学概念和算法，包括幂和无理数、绘制线性方程和使用毕达哥拉斯定理（勾股定理）。然而很多学生还没掌握更加基础的概念和运算，例如百分比、负数、长除法。有几个学生甚至没学过最基本的数字知识。

不久以后，冈特女士发现很多学生的观念和态度也阻碍了他们学习的进步。比如，一些学生认为教师的工作就是呈现材料，通过这样的方式他们才能马上“明白”，并会永远记住。因此他们既不努力学习、理解材料，也不会在她做解释时记笔记。大多数的学生只想尽快得到正确答案。他们靠计算器协助运算，当冈特女士坚持让他们用纸和笔而不是计算器解决问题时，就会受到他们的抱怨。学生们几乎从不检查他们的回答是否合乎逻辑。比如，他们需要回答这样一个问题：

> 路易斯一分钟可以打 35 个字。他需要打一份有 4 200 个字的英文作文。路易斯需要花多长时间来打他这篇文章？

一名学生交上来的答案竟然是 147 000 分钟。换句话说，就是要一天 24 小时连轴转不停打 100 多天，而学生却对这个不符合逻辑的答案不假思索。（实际上路易斯只需要花两个小时来打这篇文章。）

在四月中旬时，冈特女士开始加快教学进度以便在即将开始的全州数学竞赛前讲完她代的八年级的数学课。她的理由是：“如果学生们还没有接触过一些要求学习的概念和算法，他们就没法考好。这时候学生可能不会掌握得那么熟练，但是我至少应该给学生们呈现他们需要知道的内容。也许他们中的几个人在一些考试题目中用得上。”①

为什么八年级水平的学生在数学课掌握上存在困难？你能找出至少三种可能会阻碍学生学习的因素吗？

其中一个阻碍学生学习进度的因素是，他们缺少学习八年级课程所必需的预备知识和技能。比如，如果学生们没学过基本的数字知识，更不用说能熟练地加工这些内容了，那么即使是简单的字词问题也可能会超出他们的工作记忆容量。但除此之外，学生们对于学习和问题解决的信念也会对学习产生影响。在他们的观念里，只要教师尽职尽责，自己就能学得又好又快。但是他们没有意识到，获取课堂学习内容是一个主动的具有建设性的过程，这个过程在很大程度上取决于他们自身的努力。在此过程中，特定的策略（比如记笔记）将有助于他们的学习。此外，他们把解决数学问题看成是一个可以快速完成且无须动脑筋的活动，他们只需要把数字输入计算器写下答案，而不需要一步步进行逻辑运算或是自查。

---

① 我要感谢一位匿名的朋友，他与我分享了这个案例。

学习技巧与问题解决是复杂认知过程的例子。在这样的过程中，学习者可以超越他们正在学习的特定的知识，或许可以将之应用到新的情境中，解决一个问题或者创造出一个产品，或者批判性地对之进行评估。掌握基础知识与技巧是重要的，但是如果学习者不能处理好他们所学到的东西，那么他们就会收获很少。在这一章中，我们将会看到多种复杂的认知过程，包括自我管理和元认知、迁移、问题解决与创造力以及批判性思维。

# 第一节 自我管理和元认知

**主要理念：有效力的学习者会定期对学习进行规划、监控、反思并且努力改进其学习方式。**

## 一、高效的自我学习管理

真正高效的学习需要学习者积极主动，并且有意识地参与到涉及思考与学习的活动中去。高效的学习者能决定、管理、监测并评估自己的学习和行为。换句话说，他们在某种程度上参与了自我学习管理、自我行为管理，或者用更宏观一点的说法，他们参与了**自我管理**（**self-regulation**）[①]。为了简单了解你的自我管理水平，请用下面的练习作为自测。

### 自己看一看

**关于自我管理的反思**

1. 在下面的每个情况中，选择最准确描写作为一名大学生你的态度、想法和行为的选项。测试结果仅自己可见，请坦诚回答！关于我的期末成绩，我非常努力地想去：

   a. 获得全 A（全优）。

   b. 获得全 A 和全 B（全优和全良）。

   c. 保持我的整体成绩在我的大学的平均水平或比及格线高一点点。

2. 当我在阅读或学习一本教材的时候：

   a. 当我的注意力涣散时，我常常可以发现，我会立刻尝试让我的注意力回到功课上来。

   b. 我有时可以发现我注意力涣散了，但不是总能发现。

   c. 我常常沉浸在白日梦里，浪费了很多时间。

3. 无论何时我完成一段时间的学习时：

   a. 我都写下我在功课上花了多少时间。

   b. 我把在功课上花的时间记在心里。

   c. 我并不多考虑我花了多少时间。

4. 当我交作业时：

   a. 我通常清楚地知道我会得多少分。

---

① 关于这个话题有一些有价值的参考文献，包括：Bandura,1986, 1989; Zimmerman & Moylan, 2009; Zimmerman & Schunk, 2004.

b. 我往往会对我得到的分数感到吃惊。

c. 我并不太清楚我的作业质量。

5. 当我在作业上做得极其好时：

a. 我对我的表现感觉不错，可能会以某种方式奖励一下自己。

b. 我对我的表现感觉不错，但是在那之后不会做任何特别的事。

c. 我感觉和知道分数之前没什么两样。

---

第 1 题无论你选择了哪个选项，你都可能意识到了自己正为之努力的特定的奋斗目标。第 2 题的回答可以反映出你在学习时对自己的思维有多大的监督力和掌控度。第 3 题和第 4 题的答案则能显示你对自己进行评估的频率和准确程度。第 5 题表明你是否倾向于为了期望行为对自我进行激励。

将自我管理的不同方面以时间为依据划分为任务（比如阅读任务或学习任务）前、任务中和任务后（就像图 3.1 中展示的）是十分有帮助的。接下来的这些普遍理念进一步阐述了同自我管理相关的能力。

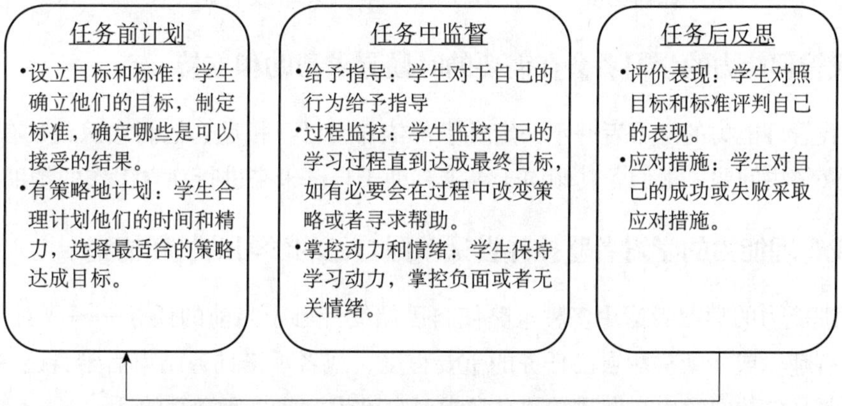


**图 3.1　有效力的自我管理学习者在开始学习任务之前做计划、任务中对自己进行监督，任务后对学习进行反思**

### 1. 有自我管理能力的学习者会为其表现设立目标，并相应地规划他们的行为

有能力进行自我管理的学习者在阅读或者学习时知道自己想要达成的目标——也许是为了获取一个具体的事实，对某一话题拥有清晰的概念性理解，或仅仅是为了在即将到来的考试中取得优异的成绩。但是他们的短期目标经常是和长期目标相联系的。比如他们希望未来能得到大学奖学金，其画作展示在知名的画展上，或者成为一名兽医。有了这样的短期和长期的目标，他们在做决定时就会有意识地为学习任务分配时间和精力，并且选择有助于实现其目标的策略。[①]

很大程度上来讲，学习者的目标反映了其对于自我表现制定的整体标准，这些标准因人而异。举例来说，一个学生可能认为课堂表现极为重要并且为了得 A（优）而努力奋斗；而另外一个学生却认为

---

① Bandura, 2008;Gaskins, Satlow, & Pressley, 2007;R. B. Miller & Brickman, 2004; Muis, 2007; Winne & Hadwin, 1998; Zimmerman & Schunk, 2004.

中等表现就可以令人满意，C（及格）也是个不错的成绩。[①]学习者会效仿旁人制定目标和标准。[②]比如在本书其中一个作者所在的高中，很多学生都梦想去最好的大学，这种崇高的志愿具有很强的感染力。而在另一个高中，毕业之后找到工作，甚至是顺利毕业，可能就是同班同学们最常效仿的志愿。

**2. 有自我管理能力的学习者在任务中掌握并监控自己的学习过程和进步**

有自我管理能力的学习者通常是有目的地参与那些能促进其学习的过程。[③]他们努力将注意力集中在当前的课程上，摒弃脑海中一切可能的干扰。他们还可能采取**自我指导**（**self-instructions**）的方式确定自己的努力程度和方向。

有一个案例是，一个曾经比较容易冲动的孩子通过一个连线任务（任务要求孩子从众多相似的图片中找到两张完全一样的图片）学会了同自己对话：

> 我需要慢慢来，做对它。仔细看这张图片，再认真看看其他的。这张图片有什么不同吗？是的，这里多了一片叶子。很好，现在我能排除掉这一张……很好，我很慢很细致。[④]

自我管理另一个重要的方面就是自我监控：有自我管理能力的学习者从始至终监控自己取得的进步，直至达到既定目标，如有必要，他们还会改变学习策略或者调整学习目标。[⑤]

**3. 有自我管理能力的学习者会在需要的时候寻求帮助和支持**

真正有自我管理能力的学习者并不一定凡事都依靠自己。相反，他们意识到在有些情况下自己需要他人帮助来解决问题。他们尤其倾向于寻求有助于自己未来进行独立工作的帮助。[⑥]

**4. 有自我管理能力的学习者监控并尝试掌握自己的学习动机和情绪**

有自我管理能力的学习者运用多种策略使自己始终专心于当前的任务——或对任务进行美化，从而使其更加有趣，或不断提醒自己任务的重要程度，或者承诺任务结束后给自己一些回报。[⑦]比如说，一个叫贾马尔的中学生在做数学题时常常对自己说一些自我激励的话：

> 我会说，比如“你行的”。我会思考用不同的方式解决问题，或用一些其他的办法。我会说“你可以的，贾马尔，你能做出来”或类似这样的话。我不知道这具体有什么作用，但是这对于我来说就像是一些心理安慰。[⑧]

有自我管理能力的学习者还会努力监控自己的一切可能影响自己表现的情绪（如焦虑、愤怒等）（更多有关情绪管理的指导，请参考第5章）。[⑨]

---

① Corkwer & Donnellan, 2012; Pajares, 2009.

② Bandura, 1986; Fitzsimmons & Finkel, 2010.

③ Harnishfeger, 1995; Winne, 1995; Zimsmerman & Moylan, 2009.

④ Meichenbaum & Goodman, 1971, p, 121.

⑤ D. L. Butler & Winne, 1995; Greene & Azevedo, 2009; Schneider, 2010.

⑥ R. Butler, 1998b; J. Lee & Shufe, 2010; A. M. Ryan, Pintrich, & Midgley, 2001; Zusho & Barueft, 2011.

⑦ Pajares, 2009; Usher, 2009; Wolters, 2003.

⑧ Usher, 2009, p. 295.

⑨ Bronson, 2000; Buckley & Saarni, 2009; K. L. Fletcher & Cassady, 2010; Winne, 1995. 7

### 5. 有自我管理能力的学习者会评估自己通过努力最终收获的结果

无论是在家还是在学校，儿童和青少年的行为和成就经常都是由他人来评判的，比如他们的家长、老师、同学或者其他人。但是随着儿童和青少年自我管理能力的提高，他们也参与到了自我评估中，依据他们给自己设定的目标和标准评判自己的表现。对自己进行相对客观且准确的评价的能力，对他们今后长期的学习发展有着至关重要的意义。①

### 6. 有自我管理能力的学习者会根据自己的表现主动采取应对措施

当你成功完成了一项艰巨的任务，比如说在一个具有挑战性的课程中拿了 A（优秀），或者是在篮球比赛中投进了三分球，你会有什么样的感觉？如果你的努力并未得到应有的回报，比如在考试中只得了 D（不及格）或者无意中伤害了朋友的感情，你又会有什么样的感受？

当你完成了一项艰巨的任务，可能会对自己感到骄傲并且在心理上给自己肯定。相反，当你没能成功地完成期望的事情，你或许会对自己的表现很失望，可能还会感到愧疚、后悔和羞耻。但随着儿童和青少年自我管理能力的不断增强，他们达到目标的时候便会自我奖励，包括参与自己喜欢的活动或者仅仅是觉得骄傲，告诉自己“我做得很好”。而当他们没能达到自己的既定目标时，他们会惩罚自己，至少是让自己感到遗憾、愧疚或羞耻。②这样的自我激励和自我惩罚就是**自我反馈措施（self-imposed contingencies）**。图 3.2 关于梅琳达骑马的诗歌就清晰地展示了自我惩罚（“现在我很愧疚，我让马儿如此吃力”）和自我激励（“太棒了！”“现在我感到内心温暖，十分自豪”）这两种形式。

“坐直身体，
　　肩膀向后，
　　　　右肩下垂。”
现在我很愧疚，我让马儿如此吃力。
“脚后跟往下，
　　肘部在身体两侧
　　　　右肩下垂，向后。”
现在我认为自己没有天赋，好像我正在伤害这匹马。
“左后腿加大策力！
　　用力勒住马！”
现在我在想：“这个真是太复杂了！”
“干得好！
　　你准备好了就可以走了，松缰绳。
　　　　你感觉到了吗？”
“是的！”
“很好！太棒了！
　　你与马配合完美，姿势正确。”
现在我感到内心温暖，十分自豪。时间转眼就过去，我发现为什么我这么爱骑马！

**图 3.2　在这首关于骑马的诗中，16 岁的梅琳达展示了自我反馈措施的两种不同形式：自我惩罚和自我激励**

① Andrade, 2010; Dunning et al., 2004; Gaskins et al., 2007; Pajares, 2009; Schraw & Moshman, 1995.

② Harter,1999; R. B. Miller & Brickman, 2004; K. R. Harris, Santangelo, & Graham, 2010; Zimmerman & Moylan, 2009.

当开始进行下一个任务时，学生的自我评估和自我反馈措施会影响到他们之后的目标、标准、计划和动机（就像图 3.1 底部的剪头所标记的循环过程，从“任务后反思”回到“任务前计划”）。[①] 比如，假设梅琳达拥有积极的自我评估并且坚信她在马背上花费的时间使她完成了目标，那她下次很可能会设立相似的目标，运用类似的策略达成目标。但是如果她对自己的表现不满意或是自己没达到目标，下次她可能就会重新调整目标和标准，并且运用不同的策略。

**7. 大部分的学习者在从儿童变为青少年的时间跨度里，自我管理能力都会增强，这一结果部分是由于大脑关键区的逐步成熟**

现在让我们回忆一下第 2 章中介绍的记忆的三元模型（见图 2.5）。自我管理的“总部”位于执行中枢——是监督执行功能（比如集中注意、监控信息流经记忆系统、选择并控制自发行为、阻止会产生反作用的行为思想）的工作记忆子部分。学习者的执行中枢位于人脑前部区域，这一区域从儿童、青少年到成年早期逐渐发展成熟。[②] 所以，学习者的自我管理技能只会随着年龄增大逐步发展完善。[③]

表 3.1 典型显示了小学到中学阶段自我管理能力逐步提高的过程。表中可以看出自我管理的一些典型元素（如给自己设立目标、对行为的自我评估）在小学年龄段学生身上体现得尤为明显。而其他方面的自我管理（如有意识地集中注意力、能够在家完成短时任务）则在小学高年级学生身上有所体现。还有一些自我管理（如计划、自我动机）则在初中或者高中阶段出现。而自我管理的其中一个方面——在需要时寻求帮助——却一直在减少，尤其是当学生一直面临学业困难却又不想让别人知道的时候。此外他们还感觉自己的老师很冷漠，不给予帮助。[④]

## 发展趋势

**表 3.1**　　**不同年级的学生自我管理特点**

| 年级 | 该年龄段的典型特点 | 案例 | 建议策略 |
| --- | --- | --- | --- |
| <br>幼儿园 ~2 年级 | • 对成人行为标准的部分内化；<br>• 自己为学习和成绩树立目标的能力出现；<br>• 会用自我指导规约自己的行为；<br>• 产生部分对于行为有效性和适宜性的自我评估，做错事会感到内疚；<br>• 在冲动、情绪和注意力的自我控制上存在个体差异，在这些方面的自我控制频率会影响到同伴关系和课堂表现。 | 幼儿园一个班里的大多数孩子在老师读故事时，都能安静地坐着听。不过也有个别孩子常常会坐立不安地动来动去，时不时去招惹或打扰其他同学。 | • 讨论班级行为规范存在的意义；<br>• 向学生展示一些行为如何帮助他们实现目标，而其他一些行为是如何干扰目标实现的；<br>• 安排组织课堂使学生能够自己开展一些活动（如：建立阅读中心，孩子们可以在那里听有声故事书）；<br>• 当学生表现出冲动行为和情绪控制不良时，为其行为提供指导和持续的反馈。 |

① Zimmerman & Cleary, 2009.

② 两个最为重要的区域是前额皮质和前扣带皮层。具体可参考 Munakara, Snyder, & Chhatham, 2012; Posner & Rothbart, 2007; Velanova, Wheeler, & Luna, 2008。

③ Demetriou, Christou, Spanoudis, & Platsidou, 2002; Fischer & Daley, 2007; Luciana, Conklin, Hooper, & Yarger, 2005; Rothbart, 2011; Steinberg, 2009.

④ Maechand & Skinner, 2007.

续前表

| 年级 | 该年龄段的典型特点 | 案例 | 建议策略 |
| --- | --- | --- | --- |
| <br>3~5 年级 | • 对表现和进步的自我评估能力提高；<br>• 对不满意的表现和违反道德行为会感到内疚和羞耻；<br>• 开始运用自我学习管理策略（如：尝试有意识地集中注意力、在家独立完成短时作业）；<br>• 合理分配学习时间的能力增强；<br>• 一些学生依旧受困于自控能力差。 | 每周四晚上，8 岁的罗根都要为第二天课上老师布置的单词拼写周测做准备。有时他会让父亲或哥哥考他一些比较难的词。 | • 让学生为学习树立具体、明确的目标；<br>• 鼓励学生评估他们自己的表现，提供可用来评估功课的标准<br>• 让学生进行简单的自我学习管理任务（如：小组学习活动、短时家庭作业），为学生的努力程度和方向提供一些指导性框架；<br>• 鼓励学生在需要的时候将同伴视为一种可利用的学习资源；<br>• 如果学生一直不能做到自我控制或自我控制较弱，可以为其提供行为指导并时刻让其了解该行为的后果。 |
| <br>6~8 年级 | • 对未来行为的计划能力增强，部分原因是抽象思维能力的增强；<br>• 对某些自我学习管理策略的掌握增强，尤其是那些和外显行为有关的策略（如：为作业和截止日期设置日程表）；<br>• 自我动机调节策略（如：减少分神，设法让枯燥的任务变得更有趣且令人愉快，提醒自己任务的重要性）；<br>• 在困惑时，求助行为减少，尤其是在教师表现得冷漠、不能提供帮助的时候。 | 由于害怕在数学课上显得“蠢笨”，13 岁的凯瑟琳在不明白新概念或解题步骤的时候很少提问。 | • 布置需要独立学习的家庭作业和其他任务；<br>• 为学习任务和作业的记录提供明确的策略（如：提供每月日程表，以便学生记录最后提交截止日期）；<br>• 对于如何有效地学习这个问题提供明确指导（如：教学生运用自我反馈措施，比如在没有读完老师要求的教材章节之前不许打游戏）；<br>• 经常给学生评估自己学习的机会，让学生比较自我评估和教师评估的异同。 |
| <br>9~12 年级 | • 树立更长远的目标；<br>• 对学习和成就进行更准确的自我评估的能力增强；<br>• 自我学习管理水平参差不齐，尤其是在课后作业和休闲娱乐活动相冲突的情况下（很多成绩不好的高中生自我学习管理策略同样少之又少）；<br>• 一小部分年龄较大的青少年，依旧没有自我控制能力，可能会对课堂表现和同伴关系产生负面影响。 | 在从一所很小的中学进入一所很大的综合高中后，有些学生可能每天挑灯夜读。但是也有很多学生会轻易地被诱惑与朋友一起参加更有趣的活动，比如在当地的快餐店消磨时光、玩手机发短信等等。这导致他们的成绩快速下滑。 | • 把课堂布置的学习任务和学生长期的个人目标和职业理想联系起来；<br>• 布置复杂的独立学习任务，为那些还不能进行自我学习管理的学生提供必要的框架和指导；<br>• 让成绩优异的学生分享他们在做作业时不受其他诱惑干扰，保持专心致志状态的经验。 |

来源：Blair, 2002; Bronson, 2000; Damon, 1988; Dunning et al,m 2994; Eccles, Wigfield, & Schiefele, 1998; Fries, Dietz, & Schmid, 2008; Hampson, 2008; M. Hofer, 2010; M. H. Jones, Estell, & Alexander, 2008; Kochanska, Gross, Lin, & Nichols, 2002; Liew, McTigue, Barrois, & Hughes, 2008; Marchand & Skinner, 2007; J.S. Matthews, Ponitz, & Morrison, 2009; Meichenbaum & Goodman, 1971; Meltzer et al., 2007; S. D. Miller, Heafner, Massey, & Strahan, 2003; Paris, 2001; Posner & Rothbart, 2007; Schneider, 2010; Valiente, Lemery-Calfant, Swanson, & Reiser, 2008; Wolters & Rosenthal, 2000.

当儿童和青少年学会自我管理，他们会为自己设立更加崇高的学业目标，高效地学习，并在班里取得优异的成绩。[①] 自我管理对于青少年和成人来讲更是特别重要，在这两个阶段，很多的学习活动（如阅读、做作业、上网查找信息）都需要个人独立完成，所以需要大量的自我指导。[②] 不幸的是，并非所有青少年都能具备较高水平的自我管理能力。或许部分原因可以归结于传统的指导性练习几乎不涉及此能力的培养。[③]举例来说，假设有一个叫安娜的学生，从一个小小的K-8学校（教学覆盖从幼儿园到初中）毕业，来到一所大城市的高中。安娜简直是被9年级的课程要求压得喘不过气来。她第一学期的期末竟然得了几个D和一个F。安娜这样解释她的分数差距：

> 地理课：老师说我的成绩不是很好是因为我少交了一次作业。我本来还需要交一份报告，但是我也忘记写了。
>
> 英语课：我得了C……因为我们本来需要写日记，但是我一直不记得这个事儿。……因为我没有自己的储物柜，好吧，其实我是有储物柜的，但是和我共用一个柜子的人允许她的表妹也用我们的柜子，结果我丢了两本书。
>
> 生物课：我生物课没及格是因为我把文件夹给丢了，我所有东西都在里面。所以我都得重做一遍。但当我上交新的文件夹时，老师说我交得太迟了……[④]

从某种程度上讲，自我学习管理或许是从参与适龄的独立学习任务上发展起来的。[⑤] 但自我学习管理也建立在社会性的学习管理上。[⑥] 开始阶段，一个成年人（如老师或家长）会帮助孩子进行学习，为他设立学习目标，帮他集中注意力，提出一些有效的学习策略，监管整个学习进度等等。接下来会进入**合作学习管理（co-regulated learning）**的阶段，成人与儿童各自承担学习过程中的一些方面。[⑦] 成人最初为孩子的学习提供大量的元认知支持，但随着孩子自我管理能力的提高，成人的支持逐渐减少。一些指导性的软件可以提供类似的支持，给孩子提供学习策略，帮助监控理解，以及提供其他所需的帮助。[⑧] 或者说能力相同的几个学习者共同管理一个学习任务，可能是以小组合作的形式。[⑨] 在这种情况下，不同学习者会承担不同的责任，互相监督彼此的进度。

## 二、元认知的作用

至此为止，你或许能从本书点滴的叙述中认识到，有效的自我管理需要学习者拥有多种多样的心智能力以及运用这些能力的心境。在这一部分，我们会更加具体详细地阐述某些心智能力。首先，让我们认识一下“元认知”，即“对于思维的思考”。元认知包括学习者对于自身认知过程的思

---

① D. L. Butler & Winne, 1995; Corno et al., 2002; Duckworth & Seligman, 2005; Valiente, Lemery-Chalfant, & Swanson, 2010; Zimmerman & Kitsantas, 2005.

② Azevedo, 2005b; Meltzer et al., 2007; Winne, 1995; Winters, Greene, & Costich, 2008.

③ Meltzer, 2007; Pairs & Ayres, 1994; Zimmerman & Risemberg, 1997.

④ Roderick & Camburn, 1999, p. 305.

⑤ Corno & Mandinach, 2004; Paris, 2001; Vye et al., 1998; Zinnerman, 2004.

⑥ Stright, Neitzel, Sears, & Hoke-Sinex, 2001; Vygotsky, 1962; Zimmerman, 1998.

⑦ McCaslin & Good, 1996; McCaslin & Hickey, 2001; C. Quintana, Zhang, & Krajcik, 2005; Zimmerman, 2004.

⑧ Azevedo, 2005a.

⑨ DiDonato, 2011; Hickey, 2011; Volet, Vaura, & Salonen, 2009.

考和认识，以及他们对于能促进自己学习和记忆的活动的参与。举个例子，现在的你毫无疑问能认识到自己在有限的时间内只能记住有限的信息，你一个小时不可能汲取一整本教科书的内容。你还发现，如果能把学习材料放在某个组织体系下就可以更快速地获取信息或者再现信息。又或许你发现自己已经将本书第 1 章给出的建议内化于心：你定期检查自己是否记得且理解了所阅读的材料。

学习者越了解思考与学习的关系，即他们的元认知知识越丰富，学业成就便会越高。这部分是由于他们能利用这些知识进行自我管理。[①]因为策略对于元认知和自我管理都具有十分重要的意义，所以接下来的两个理念都是有关有效学习策略的。第三个理念是关于儿童和青少年的元认知水平如何随着时间不断提高的。第四个理念是关于在学习过程中信念的重要性的。

### 1. 一些有效的学习策略明显体现在学习者的行为里

一些学习策略是**外显策略**（**overt strategies**）——学习者在掌握新的话题和技能时，这些策略明显地体现在他们所做出的努力中。就比如高效的学习者会给学习留出特定的时间，找一个安静的环境工作。当他们必须学习并记住大批量的信息时，例如重大考试的备考期间，他们会以天或星期为单位划分学习时间。

另一个易于观察到的学习策略是记笔记。总的来讲，笔记记得越多，学到的和记住的东西就越多。当然，笔记的质量同样重要：优秀的笔记能够反映一节课或者一个阅读任务的主要思想。[②]理想的情况下，学生还需要清楚他们所记录的文字信息到底意味着什么，也可以用其他方式进行精细加工，而不是依葫芦画瓢一个词一个词地抄写。[③]图 3.3 展示的是两个七年级学生在上希腊神话这一单元课程时关于弥达斯国王的笔记。

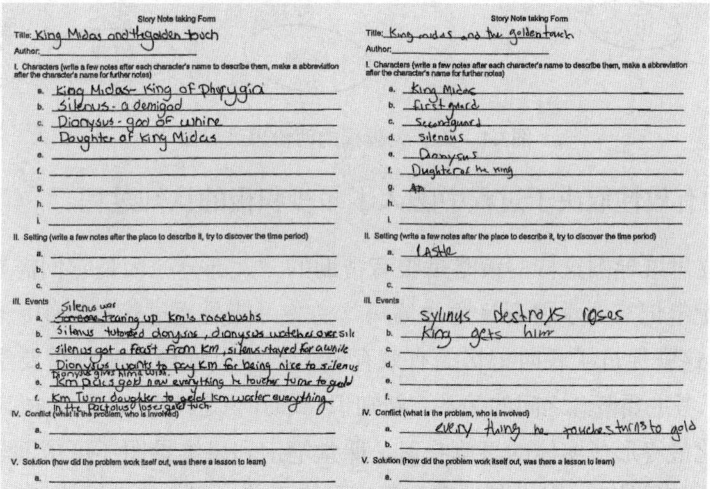
Story Note taking Form

Title: King Midas and the golden touch

Author:

I. Characters (write a few notes after each character's name to describe them, make a abbreviation after the character's name for further notes)

a. King Midas- King of Phyrygia
b. Silenus - a demigod
c. Dionysus - god of whine
d. Doughter of King Midas
e.
f.
g.
h.
i.

II. Setting (write a few notes after the place to describe it, try to discover the time period)

a.
b.
c.

III. Events

a. Silenus was tearing up km's rosebushs
b. Silenus tutored dionysus, dionysus watches over silenus
c. silenus got a feast from KM, silenus stayed for a while
d. Dionysus wants to pay KM for being nice to silenus. Dionysus gives him a wish.
e. KM picks gold now everything he touches turns to gold
f. KM Turns daughter to gold KM water everything in the Pactolus loses gold tuch.

IV. Conflict (what is the problem, who is involved)

a.
b.

V. Solution (how did the problem work itself out, was there a lesson to learn)

a.
b.

Story Note taking Form

Title: King midas and the golden touch

Author:

I. Characters (write a few notes after each character's name to describe them, make a abbreviation after the character's name for further notes)

a. King Midas
b. first guard
c. Second guard
d. silenous
e. Dionysus
f. Dughter of the king
g.
h.
i.

II. Setting (write a few notes after the place to describe it, try to discover the time period)

a. castle
b.
c.

III. Events

a. sylinus destroys roses
b. King gets him
c.
d.
e.
f.

IV. Conflict (what is the problem, who is involved)

a. every thing he touches turns to gold
b.

V. Solution (how did the problem work itself out, was there a lesson to learn)

a.
b.

**图 3.3　好的课堂笔记数量和质量兼顾，就像左边的笔记那样，而右边的则不然。两份笔记都是在七年级的希腊神话课上记录的**

还有一个有效的外显策略是以一种清晰具体的方式来组织信息。[④]组织材料的方式之一就是列

① B. K. Hofer & Printrich, 2002; J. Lee & Shute, 2010; Meltzer, 2007.

② A. L. Brown, Campione, & Day, 1981; Kiewra, 1985; J. Lee & Shute, 2010; Peverly, Brobst, Graham, & Shaw, 2003.

③ Mueller & Oppenheimer, 2014.

④ M. A. McDaniel & Einstein, 1989;Hattie, 2009; Mintzes, Wandersee, & Novak, 1997; Nesbit & Adesope, 2006.

出大纲，这种方法对于成绩较差的学生很有帮助。[①] 第二种方式是设计**思维导图**（**concept map**），这种图表能划分概念单元并表明单元之间的相互关系。[②] 图3.4展示了在上完有关大猩猩的课后两种可能出现的思维导图。概念本身在圆圈内，它们之间的相互关系由连线和上面的词或者短语标识。很多软件（比如 Kidspiration 和 MindMapper Jr.）都可以又快又好地设计、编辑思维导图。当然，思维导图也不一定需要高科技的辅助。哪怕是不识字的学龄前儿童也可以用目标物图片和线来制作简单的思维导图。[③]

运用适合自己的信息组织方式不仅能帮助学生更高效地学习，还有助于教师评估学生的学习情况。如图 3.4 中的左侧的思维导图涉及的只是关于大猩猩的碎片化的信息。不仅如此，制作这幅图的学生还有两个错误的观念需要纠正。第一，通常认为大猩猩喜欢在树上荡来荡去，但与之相反的是，年幼猩猩的这一行为是为了躲避危险。第二，大猩猩并非凶猛暴躁的动物。它们在家庭生活中大多平静温和，只有在自己的领地受到人类、非本族群大猩猩和其他潜在的入侵者的威胁时，它们才会变得凶猛暴躁（它们会拍打胸脯以示警告）。

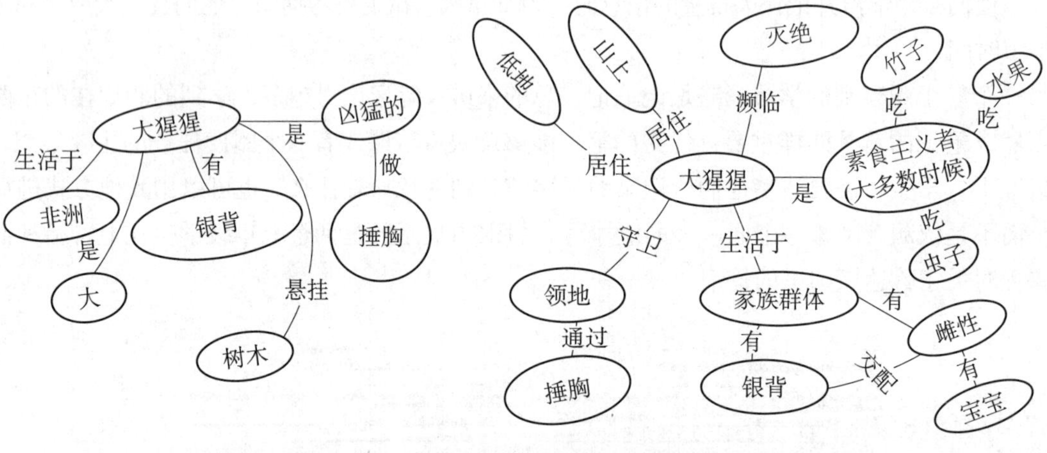


**图3.4　关于大猩猩的两份思维导图**

## 2. 学习策略的有效性取决于过程中融入了多少积极的认知过程

像记笔记、建立思维导图这样的策略是很有帮助的，大部分原因是它们需要第 2 章中提到的一些认知过程。比如记笔记需要学习者*注意并编码信息*（可能是通过信息组织、创造视觉表象和 / 或复述的方式呈现），这就促进了长时记忆的有效存储。制作思维导图时则需要学习者进行理解性学习，因为他们需要思考主要概念之间的关系、新知识与旧知识之间的关系。他们还需要进行*组织信息*的工作，将其可视化最终形成实体的*思维导图*。课堂笔记和思维导图还可帮助学习者运用**内隐策略**（**covert strategies**）去编码信息，这些策略我们看不见摸不着，但却能帮助我们有效地学习。[④]

高效的学习者经常采用那些并不十分显而易见的学习策略。他们可能会尝试提炼阅读材料的主要思想[⑤]，或者尝试找出新材料和旧知识之间的逻辑联系，抑或是问问自己新学的知识是不是和已有

---

① L.Baker, 1989; M. A. McDaniel & Einstein, 1989; Wade, 1992.

② Hattie, 2009; Haugwitz, Sumfleth, & Sandmann, 2010; Nesbit & Adesope, 2006; Novak, 1998.

③ Stephanie Wehry, personal communication, April 8, 2011.

④ Di Vesta & Gray, 1972; Kardash & Amlund, 1991; Katayama & Robinson, 2000; Kiewra, 1989; Rawson & Kintsch, 2005; Veenman, 2011.

⑤ Afflerbach & Cho, 2010; Eason, Goldberg, Young, Geist, & Cutting, 2012; Dole, Duffy, Roehler, & Pearson, 1991.

的认知相背离。[①]

一个非常有效的内隐策略是**理解监控 (comprehension monitoring)**，这是一个对回忆和理解进行定期自查的过程。高效的学习者在他们学习中和学习后的某些时候都会不断地监控他们的理解。[②]此外，优秀的学习者在遇到不理解的情况时会主动采取措施去改变这种情况，也许是依靠阅读教科书的某一章节或是在课堂上提问。相反，成绩不好的同学则极少自查并在不理解的时候采取适当的措施，换句话说，他们不能进行有效的自我管理。这在行为上是有所反映的：第一次阅读没有完全理解的段落他们也几乎不会再读第二次。[③]

有时，理解监控是以*自我解释*的形式进行的，在这个过程中学习者会不时地停下来，给自己解释所学的内容。[④]另一个类似的方法是自我提问，在这个过程中学习者会定期停下来向自己提问。理想情况下，自我提问不仅包括简单的、事实性的问题，也包括鼓励回答者进行精细加工的问题。(可以这样问："如果________，那么会发生什么？""________和________有什么不同?")[⑤]还有一个策略是对一组信息进行*归纳*，这个过程在心里进行或者写下来都可以。[⑥]

### 3. 元认知知识和技能会随着年龄增长而逐步增加

随着儿童年龄的增长，他们对自己的想法和学习过程的意识不断增强，同时对于自己在一定时间内可以学习和记住多少内容的判断也变得更加实际(见表 3.2)。自我意识增加伴随而来的是更有效的学习策略。

然而，真正有效的策略是很不容易形成的，特别是当年幼的学习者得不到老师、家长或其他成年人的学习指导时。[⑦]比如，除非得到了特别的提示，否则很多低年龄的青少年很少或根本不会记笔记来帮助记忆课堂内容。即使是记了笔记，他们通常也只是做做表面文章，只关注教科书上出现的定义和公式或是只抄写老师写在黑板上的知识点，而真正重要的思想却被抛之脑后。[⑧]

此外，很多儿童和青少年很少或根本不对自己进行理解监控。[⑨]不监控自己的学习和理解，他们根本不知道自己到底掌握了什么，因此他们可能会认为自己已经掌握了这些内容，而实际上则不然。这种**认知错觉(illusion of knowing)**会出现在不同水平的学习者身上，哪怕大学生也无法规避。[⑩]

理解监控不仅是一个重要的学习策略，在其他学习策略的发展中它也至关重要。[⑪]只有当学习者认识到他们之前的策略收效甚微时，他们才会学习和使用新的、更有效的策略。相反，如果他们错误地认为自己成功地掌握了学习内容，他们也就没理由放弃这种无效的策略(比如机械学习)而去采取更先进的策略。

**想一想**

你在看教材时，信息什么时候出现在工作记忆中，什么时候出现在长时记忆中？如果已经有了答案，请你阐述为什么学生需要在阅读中和阅读后的某些时候进行理解监控。

---

① Ausubel, Novak, & Hanesian, 1978; P. K. Murphy & Mason, 2006; Sinatra & Pintrich, 2003.

② Hacker, Dunlosky, & Graesser, 2009b.

③ L. Baker & Brown, 1984; Haller, Child, & Walberg, 1998; N. J. Stone, 2000; Veenman, 2011.

④ Fonseca &Chi, 2011; McNamara & Magliano, 2009; Renkl, 2011; Siegler & Lin, 2010.

⑤ De La Paz, 2005; A. King, 1992; Dunning, Heath, & Suls, 2004; Wong, 1985.

⑥ A. King, 1992; R. E. Mayer, 2010b; Shanahan, 2004; Wade-Stein & Kintsch, 2004.

⑦ J. E. Barnett, 2001; Rawson & Kintsch, 2005; Schommer, 1994a; Schneider, 2010; Veenman, 2011.

⑧ Dee-Lucas & Larkin, 1991; Dole et al., 1991; R. E. Reynolds & Shirey, 1988.

⑨ Dole et al., 1991; McKeown & Beck, 2009; Nokes & Dole, 2004.

⑩ L. Baker, 1989; D. L. Butler & Winne, 1995; Dunlosky & Lipko, 2007; Hacker & Bol, 2004; N. J. Stone, 2000.

⑪ Kuhn, Garcia-Mila, Zohar, & Andersen, 1995; Lodico, Ghatala, Levin, Pressley, & Bell, 1983; Loranger, 1994.

## 发展趋势

**表 3.2** **不同年级学生的元认知特点**

| 年级 | 该年龄段的典型特点 | 案例 | 建议策略 |
| --- | --- | --- | --- |
|  幼儿园~2年级 | • 对自己和他人的想法有所觉察，但形式简单；对自己思维过程的本质认识能力有限。<br>• 对学习和记忆能力过分高估。<br>• 认为学习是一个相对被动的活动。<br>• 认为任何事情的事实就在某处，等着被人发现。 | 一个成年人告诉6岁的布伦特，她会给他读12个词；然后让他预测自己会记住几个词。布伦特预测说："大概八九个吧……也许都能记住。"然而他实际上只记住了6个。之后，当成年人问他如何努力尝试记住这些词时，他只是说："我就使劲想"，"（把它们）保存，保存在我的脑袋里"。 | • 经常同他们谈论思维过程。（如："我想知道你是否……""你是如何记得……？"）<br>• 给学生提供用记忆做"实验"的机会。（如：向学生"我要去旅行，我需要带什么"，让每名学生重复前面的人提到过的东西并且再加上另一个东西。）<br>• 教授简单的学习策略。（如：怎样拼写单词，以及对于运动技能的重复练习。） |
|  3~5 年级 | • 对自己思维过程本质的认知能力较上一阶段有所提高。<br>• 对记忆容量有些许高估。<br>• 开始意识到学习是一个主动的、建设性的过程，并且理解人们可能错误地解读他们所观察到的。<br>• 仍然认为绝对真理"就在某个地方"。 | 在读了几个关于古人类是如何从亚洲迁移到北美的解释后，一个五、六年混合的合作学习小组在他们学习的总结中列出了以下几点："我们学得越多，对于哪个是事实，哪个是虚构的就越困惑……我们用我们找到的信息建立了［我们］自己的理论并尝试把它弄明白。" | • 提供可以让学生监控他们学习过程的简单技巧（如：自我测试）。<br>• 通过亲自动手的活动和试验检验科学现象；让学生预测将会发生什么，让他们对所观察事物的多方面看法进行辩论。 |
|  6~8 年级 | • 几乎没有学习策略，如果有也是相对无效的。（如：没有实在意义的笔记、不能够进行或进行无效的理解监控。）<br>• 认为某方面的"知识"主要包含了大量零散事实。<br>• 对于知识具有主观性的认识增强，同时更加理解即使对立的观点也会有各自的可取之处。（如："人们有权形成自己独特的观点。"）<br>• 对于不同领域的本质差异有了更强的区分能力。（如：认识到数学答案有对错，而社会性研究则允许出现不同的观点。） | 冈特女士八年级数学课上的学生们很少用记笔记的方式去帮助自己记忆新概念和步骤，大多数人更关心获得答案是否正确而非运算是否符合常识（见本章开头的个案研究）。 | • 在不同学科背景下，教授和示范有效的策略。<br>• 协助学生进行学习。（如：为笔记提供一个可借鉴的结构，让学生边学边回答问题。）<br>• 在同一话题下涉及多方观点。（如：让学生思考克里斯托弗·哥伦布到底是一个不断探索新知的勇敢科学家，还是一个追求个人财富的创业者。）<br>• 明确要求学生反思他们对不同学科本质的认识。（如："一个数学问题有时是不是也可以有两个不同的正确答案？"） |

续前表

| 年级 | 该年龄段的典型特点 | 案例 | 建议策略 |
|---|---|---|---|
| <br>9~12 年级 | • 针对不同情况选择有效的学习策略的能力提高（并不完善）；一些学生在这个阶段认定机械学习的策略。<br>• 对内隐学习策略的掌握增强（如：有意进行精细加工、理解监控）。<br>• 关于知识应包括理解不同概念间相互关系的认识增强。<br>• 更加清楚地认识到掌握一个方面的知识或技能需要时间和练习（并非一蹴而就，就好像自己拥有这种天资）。<br>• 开始理解在评价对立的观点时应基于证据和逻辑（只在很少的高中生身上有所体现）。 | 当有朋友叫 16 岁的希拉里描述一下她是如何帮助自己记忆课程内容时，她说："当我为考试复习时，我尝试将所学的和自己熟悉的东西联系起来。……如果我要考西班牙语单词，我就会尽量找出发音和这些西语单词相似的英语单词。有的时候我找不到任何规律，我就硬记，一遍一遍地背，直到记住为止。" | • 继续向学生教授并示范有效的学习策略，让学生向同伴描述自己的策略。<br>• 增加课堂作业及课堂评估，以强调对于知识的理解、整合、应用，而不是仅仅让他们回忆零散的知识点。<br>• 为学生展示所学领域的研究话题，在学生接触这些动态实体的过程中给出新的发现和理论。<br>• 让学生以客观的标准权衡正反两方提出的不同观点和证据（比如辩者有没有提供真凭实据，阐述过程是否具有逻辑）。 |

来源：Andre & Windschitl, 2003; Astington & Pelletier, 1996; J. E. Barnett, 2001; Bendixen & Feucht, 2010; Buehl & Alexander, 2006; Chandler, Hallett, & Sokol, 2002; Elder, 2002; Flavell, Friedrichs, & Hoyt, 1970; Flavell, Miller, & Miller, 2002; Hatano & Inagaki, 2003; Hewitt, Brett, Scardamalia, Frecker, & Webb, 1995, p. 7（迁移的例子）; P. M. King & Kitchener, 2002; Ku, Chan, Wu, & Chen, 2008; Kuhn, 2009; Kuhn, Garcia-Mila, Zohar, & Andersen, 1995; Kuhn & Park, 2005; Kuhn & Weinstock, 2002; Lovett & Flavell, 1990; McCrudden & Schraw, 2007; Meltzer, Pollica, & Barzillai, 2007; Muis, Bendixen, & Haerle, 2006; P.A. Ornstein, Grammer, & Coffman, 2010; Schneider, 2010; Schommer, 1994a, 1997; Short, Schatschneider, & Friebert, 1993; J. W. Thomas, 1993; vanSledright & Limón, 2006; Wellman, 1985, 1990; J. P. Williams, Stafford, Lauer, Hall, & Pollini, 2009.

### 4. 学习者对于知识和学习本质的认识会影响他们学习时采取的方法

本书作者之一曾和她正在上 11 年级的儿子杰夫谈话，谈话内容是关于当地一所大学将加拿大社会文化研究加入课程大纲这件事。杰夫对此事的看法所反映出的是他对"历史"过分简单化理解的观点：

**杰夫**：加拿大人没有我们（美国人）那么多的历史。

**杰夫的母亲**：他们当然有。

**杰夫**：不，他们没有。他们没有这么多战争。

**杰夫的母亲**：历史远不止是战争。

**杰夫**：你说得对。但是其他的事真的很没劲。

而杰夫一进入大学，就发现历史不仅仅是战争和其他"真的很没劲"的事。事实上，他主修了历史，现在是一名中学教师，教授的也正是历史课。但是遗憾的是，他直到大学才懂得了历史的本质。

下面的练习可以帮你了解自己对于知识本质的认识。

## 自己看一看

### 关于知识的认知

请用 1~5 为下列的说法评分。最左侧的 1 分表示你十分同意这个说法，最右侧的 5 分表示你完全不同意这个说法。

| | | | | | | |
|---|---|---|---|---|---|---|
| A. 知识可以被快速且简单地获取 | 1 | 2 | 3 | 4 | 5 | 获取知识是一个循序渐进的过程，需要时间和努力 |
| B. 知识都是已知且一成不变的 | 1 | 2 | 3 | 4 | 5 | 知识是动态且不断演变的 |
| C. 知识是简单、分散的 | 1 | 2 | 3 | 4 | 5 | 知识是复杂并且相互关联的 |
| D. 对于学习者来说知识是身外之物，是需要从权威人物身上获取的 | 1 | 2 | 3 | 4 | 5 | 学习者接触博学的人和丰富的资源对知识进行构建 |
| E. 从权威专家或来源获取的知识无须质疑 | 1 | 2 | 3 | 4 | 5 | 知识必须要有十分可信的证据支持 |

在这个练习中你的选择就透露了自己对于知识和学习的认识。学习者对于知识和学习的共同认识被称为**认知信念**（**epistemic beliefs**）。学生的认知信念十分重要，因为那可能会影响他们的学习、研究和动机。[①] 例如，当学习者相信自己不费吹灰之力便可以学好的时候（就像本章开头案例中冈特女士的学生那样），他们就会误以为自己已经掌握了全部的知识，而实则不然。此外，他们往往在失败面前轻易地放弃，对于他们正在学习的内容表达出灰心或厌恶情绪。相反，当学习者相信学习是一个需要付出时间和努力的渐进过程时，他们就更可能在学习的时候运用多种学习策略并坚持下去，直到他们真的掌握了学习内容。[②]

还有的学生认为当自己阅读一本教材时，他们不过是机械地获取书本上零散的信息罢了。与这一观点类似的还有冈特女士的学生，他们认为数学不过就是通过一系列运算得出一个最终答案，无须考虑答案是否合理。[③] 而高效的学习者则能够意识到学习时需要主动对材料进行阐释，组织并获取新知识，从而构建自己独特的意义。后者在阅读和学习中倾向于进行理解性学习，而且，当新知识和已有认知相背离时他们更容易进行概念转变。[④]

如表 3.2 所展示的，从儿童到青少年的成长之路上，认知信念会慢慢地成型、完善。[⑤] 对于上小学的孩子，他们具有代表性的特点就是：相信知识的绝对性。他们认为任何一个话题的背后都存在一个绝对的真相。上到高中之后，他们中间有且仅有部分学生开始认识到知识是一个主观存在的实体，而对于同一话题的不同看法在某些条件下都有一定的道理。其他一些变化则发生在更高的年级。比如相较于 9 年级学生，12 年级学生更认同以下说法，即知识不是零散的事实，而是有着复杂相互关系的整体；学习不能一蹴而就，而要循序渐进。纵观整个青少年时期，学生的认知信念愈发专门针对某个特定的内容范畴。[⑥] 比如他们可能会相信在数学领域，答案要么对要么错，非黑即白（如开篇冈特老师的学生那样），但是就社会学科来讲，他们却认识到相互矛盾的观点也可能同时成立。

---

① Bendixen, & Feucht, 2010; B. K. Hofer & Bendixen, 2012; B. K. Hofer & Pintrich, 1997; Muis, 2007.

② D. L. Butler & Winne, 1995; Kardash & Howell, 2000; Muis, 2007; Schommer, 1990, 1994b.

③ 这些关于数学的认知十分常见，参考 Muis, 2004.

④ Mason, 2010; Muis, 2007; Schommer-Aikins, 2002; Sinatra & Pintrich, 2003.

⑤ Kuhn & Park, 2005; Muis et al., 2006; Schommer, Galvert, Gariglietti, & Bajaj, 1997.

⑥ Buehl & Alexander, 2006; Muis et al., 2006.

到这里你可能发现了，在之前“关于知识的认知”练习题中，越高的分数也就意味着越高效的学习产出。而拥有正确认识的那些学习者则会以更饱满的热情坚持完成自己的任务并且在过程中运用更高效的策略。

# 第二节 迁移

**主要理念：虽然学习者在校内获取的知识在社会中不总具有可借鉴性，但是他们在此期间所掌握的普遍原则、学习策略和态度却能被应用到更广泛的情境中。**

学生如何学习和评价校内课程不仅预示了他们能理解并记住多少学习内容，还预示了今后他们是否有能力应用所学知识来解决问题。我们这里所谈论的就是**迁移**（**transfer**），它指的是一个人前期的某种学习对于其后期学习和表现的影响。下面是几个“迁移”的例子：

- 埃琳娜的英语和西班牙语说得都十分流利。当她高中开始学习法语时，她很快就意识到法语和西班牙语有很多相似之处。“我知道了，”她想，“因为我了解西班牙语，所以我能更好地掌握法语。
- 在历史课上，斯特拉发现如果自己多记笔记，就能更好地完成课堂小测验。于是她决定在科学课上也多记笔记，而且这一策略再一次得到了验证。
- 泰德今年五年级，他们班已经学了好几个礼拜的小数。课堂上老师提了一个问题：“4.4 和 4.14 谁更大？”泰德回忆起自己学习整数的时候，三位数是大于两位数的。于是他错误地认定 4.14 更大，因为它有三位数；而 4.4 只有两位，所以较小。

大多数情况下，之前的学习有助于后期的学习和表现。这种积极的影响叫做**正迁移**（**positive transfer**），就如同埃琳娜学习法语受益于之前学习西班牙语，斯特拉在科学课上有所进步也得益于她在历史课上记笔记的经验。然而，有些情况下前期学的知识（如整数三位大于两位）反而会有碍于之后的学习。这种消极的影响被称为**负迁移**（**negative transfer**），泰德的例子体现的就是知识的负迁移。他把在整数学习中获得的经验运用于小数的学习，导致了错误的判断。

**想一想**

你能想到近期你运用了正迁移的一个情境吗？
你能想到近期你运用了负迁移的一个情境吗？

虽然运用正迁移解决日常生活中的事务和难题应该是各年龄段学生的主要追求目标，但遗憾的是，在真实的社会情境中，学习者常常不能从长时记忆中提取到有用的信息，所以不能学以致用。[①] 本小节给出的以下几个原理会涉及很多的研究发现，意在解释什么条件下易于发生迁移。

## 一、理解性学习和概念理解会增加迁移发生的概率

当学习者不死记硬背而是进行理解性学习的时候，他们就更有可能采用新的知识和技能。[②] 理

① Levstik, 2011; R. E. Mayer & Wittrock, 1996; D. N. Perkins & Salomon, 2012; Renkl, Mandl, & Gruber, 1996.

② Bereiter, 1995; Brooks & Dansereau, 1987; R. E. Mayer & Wittrock, 1996; Pugh & Bergin, 2006.

想情况下，学习者对于一个话题还需要具备概念性的理解，这样，很多的概念和步骤就会组成一个具有逻辑性和内在联系的紧密整体（可以回忆第 2 章中我们对“概念”的讨论）。当知识和技能在长时记忆中得到了恰如其分的勾连时，学习者在面对类似情境时才更容易提取相关的知识技能。

总的来说，第 2 章提到的*少即是多*（*less-is-more*）原则在这里得到了应用：学习者更容易将知识和技能迁移到新情境（包括现实生活中的情境）的前提是他们对一些方面进行了深入的学习并且成绩斐然，而不是涉猎广泛但都浮于表面。① 当学习者学到了很多概念，同时有很多机会将技能运用于多种情境时，深度的引导在此时就十分必要了。这种情况下，学习者能把他们所学到的新知识和多种情境相联系，提高了今后成功提取相关知识技能的概率，以备不时之需。②

然而在开篇的案例中，冈特老师很明显违背了“少即是多”这一原则。她认为，如果自己的授课想要满足整个 8 年级数学课的课程要求，她必须带着学生快速地过一遍，哪怕这意味着能真正掌握题目和运算过程的人寥寥无几。因为全国的数学考试近在咫尺，冈特老师可能觉得自己没有选择的余地，但她的这种做法却可能导致学生今后不能进行自主迁移，*学以致用*。

## 二、当旧情境和新情境具有较高的相似度时，正、负迁移都更容易发生

当旧情境和新情境在某些方面有所重合的时候，迁移更有可能发生。很大程度上是因为新的情境可能会让学习者想起以前的相关经历，从而为记忆的提取提供线索。③ 想想埃琳娜，那个能说一口流利的西班牙语的学生，现在正在学习法语。当她第一次接触法语数字（un, deux, trios）的时候，那些数字应该立刻就激发了埃琳娜在学习西班牙语数字（uno, dos, tres 的发音与法语类似）时候的记忆。

**特殊迁移（specific transfer）**：当前期的学习任务与后期的学习任务在内容和深层结构等方面存在重合时，就可能发生特殊迁移。请考虑下面几个例子：

1. 一名电动工程师设计的汽车能在 5 秒钟内加速到 15 英里 / 时。请问这辆汽车的加速度是多少？
2. 一个汽车销售告诉顾客，一款特型轿车能在 8 秒内加速到 40 英里 / 时。请问这辆轿车的加速度是多少？
3. 一个动物学家在报告中提到，猎豹每秒可以加速 6 千米 / 时。那么想要加速到 60 千米 / 时需要多长时间？

我们假设乔伊的老师刚刚讲了如何解决第一题，教了公式 $v=a\times t$（速度 = 加速度 × 时间），然后把第二题留作课后作业。乔伊能否成功地做出来呢？或许是可以的。因为第一题和第二题的题目设置（都是关于车的）和大致框架（都涉及速度、加速度和时间三者间的关系）具有很多相似之处。因为内容和结构的类似，特殊迁移更易于发生。

但如果老师把第三题也留作课后作业，乔伊还能做对吗？这一题同样涉及特殊迁移，因为它和前两题的整体结构相同（都需要用 $v=a\times t$ 这个公式）。当然，第三题和前两道题也有一些不同之处，

① Haskell, 2001; M. C. Linn, 2008; R. A. Schmidt & Bjork, 1992.

② Cox, 1997; M. C. Linn, 2008; D. N. Perkins & Salomon, 2012; R. A. Schmidt & Bjork, 1992.

③ Bassok, 2003; Day & Goldstone, 2012; Haskell, 2001.

比如题目设置把车换成了猎豹，计量单位从英里每小时变成了千米每小时，所求变量也从加速度变成了时间。基于这些变化，对乔伊来讲第三题的难度可能要大于第一、二题。但他应该有解决这个问题的能力，因为虽然题目在设置和其他方面有了一定的调整，但其基本框架并未改变。

如果乔伊能认识到这三个问题都依赖于同一个基本公式，即 $v=a\times t$，那么问题自然会迎刃而解。总的来说，普遍的原理、规则和理论解释要比具体的知识点和信息（如知道 2+3=5）具有更广泛的应用。[①]举个例子，计算中需要用到除法，而在正数的除法运算中，只有当除数大于 1 的时候，所得结果才会比被除数小。学生只有牢记这一原则才能举一反三。另外，如果能透析历史上发生的和当下的重大事件，或许就能更好地理解当政府官员执政有失公允的时候，会发生民众起义。毋庸置疑，了解掌握某些具体的知识必不可少，但仅仅知道这些事实在未来的情境中可能不会提供实质性的帮助。

## 三、知识和技能也能被迁移至很多不同的情境中

到目前为止，我们已经认识到：当前期的学习任务与后期的学习任务在内容和深层结构等方面存在重合时，就可能发生特殊迁移。但事实上，哪怕前、后期的学习任务在内容和深层结构等方面都没有相似之处，迁移同样可能发生——这种情况就被称作**一般迁移**（**general transfer**）。还记得斯特拉吗，就是那个发现多做笔记有助于历史小测验的女孩。现在她决定自己还要在观看 YouTube 上一个视频的时候记笔记，视频里吉他演奏的正是斯特拉最喜欢的歌曲。她觉得记笔记能让自己记住如何弹奏这首歌的和弦部分。在这个案例中，历史测验和吉他弹奏二者在内容（一个是历史，一个是音乐）和结构上（一个是正式的课堂，一个是随心的拍摄）并没有太多重合之处，但迁移还是发生了，这就是一般迁移的一个代表案例。

尤其是随着年龄的增大，一些学习者有了将广泛的基本原理应用于并不熟悉的领域中的能力。例如，在一个研究中，5 年级学生和大学生被要求设计一个增加白头海雕种群数量（白头海雕在他们的州属于濒危动物）的计划。[②]两个年龄组的所有学生在之前都没有学习过白头海雕保护的相关策略，并且两组的设计都有明显不足。但是在设计保护计划的过程中，大学生考虑得要比 5 年级学生更加复杂、周全。5 年级学生主要关注白头海雕自身的问题（比如它们体型多大、吃什么），而大学生则着眼于整体（比如怎样的生态环境更适合白头海雕生存、白头海雕的天敌、白头海雕的幼崽等）。[③]这说明大学生利用了多年来科学学习中获得的一个重要原则：当栖息环境能为生物提供必要的支持且不存在威胁时，生物更容易生存繁衍。

然而确定问题的内容和结构间存在多大程度的重合并不会是一个十分精准的过程。有时，要确定到底是特殊迁移占主要部分还是一般迁移占主要部分是一个十分困难的事情，尤其是当内容和结构的重合模棱两可时。但是思考特殊迁移和一般迁移的不同对于教学还是有一定意义的。总体上说，相比于一般迁移，特殊迁移对于学生来说更加简单。[④]

① S. M. Barnett & Ceci, 2002; Bransford & Schwartz, 1999; Haskell, 2001; M. Perry, 1991.

② Bransford & Schwartz, 1999.

③ Bransford & Schwartz, 1999, p. 67.

④ S. M. Barnett & Ceci, 2002; Bassok, 2003.

## 四、学习策略、普遍认知和态度也能迁移至新情境

很多学习策略，如记笔记，都有广泛的应用。当学习者在某一领域获得了有效的策略，他们常常会把同样的策略应用于其他的领域中。[①] 除此之外，学习者在学习和思考的过程中获得的普遍认知和态度（比如，他们自信有能力学好学校的课程，他们认识到学习需要刻苦努力，在看带着争议的问题时他们有意愿倾听各方观点）也会对其今后多领域的学习成就有深远的影响。这清楚地反映了一般迁移的作用原理。[②]

## 五、环境条件的支持会促进迁移

**像这样的机械学习几乎没有任何益处，因为不管是过程中获取的信息还是所涉及的"脑部活动"都不大可能迁移到未来的情境中。而且，这种任务给学生传递了一个消极信息：学校作业不过是浪费时间罢了。**

让我们再次回到第 2 章中讨论的*情境学习*和*情境认知*概念。我们在当时的讨论中提到，学习者经常会在学习中表现出一种现象，这种现象被称为*情境学习*或*情境认知*，也就是他们只会把特定的行为和思考同特定的情境相联系，不能举一反三。因此，情境学习和情境认知有时会阻碍正迁移和一般迁移。

在非正式、日常的学习活动中，学习者常常能够意识到自己需要应用所学来解决当下遇到的新任务或新问题，乐观的结果就是他们果然应用所学解决了问题。然而在学校这一正式场景中，教师却总是给学生灌输一些令人摸不着头脑的目的，比如："这一点你在大学是必须要掌握的"，或者"我教你的这些迟早能派上用场"。事实上，教师需要做的是给予迁移一片沃土，即**文化迁移**（**culture of transfer**），真正地促进迁移的发生。也就是说，他们需要为学生创造一个学习情境，并且在这个情境中应用所学解决问题是合情合理的。[③] 在这样的课堂中，教师会经常启发学生在聆听、阅读和学习时问问自己*怎样能学以致用*？同时，教师还会经常布置一些任务、出一些难题，让学生必须将所学应用于实际生活的场景中。

# 第三节 问题解决与创造力

**主要理念：如果学习者具有足够的知识背景并能灵活地思考手头的任务，他们会成为更有效的问题解决者和更具创造力的思考者。**

问题解决和创造都涉及将之前学到的知识技能应用（或者说是迁移）到一个新的情境当中。这个世界总会给我们出各种各样的难题，这些难题内容不同，涉及领域不同，所需要的创造力也不尽

① J. M. Alexander, Johnson, Scott, & Meyer, 2008; Bransford et al., 2006; Brooks & Dansereau, 1987; D. N. Perkins, 1995.

② Bransford & Schwartz, 1999; Dai & Sternberg, 2004; De Corte, 2003; Pugh, Bergin, & Rocks, 2003.

③ Engle, 2006; Engle, Lam, Meyer, & Nix, 2012; Gresalfi & Lester, 2009; Haskell, 2001; M. C. Linn, 2008; Pea, 1987.

相同。就像以下练习所展示的：

## 自己看一看

### 4 个问题

请花几分钟尝试解决下列问题：

1. 你买了两个苹果，每个 25 美分，一个梨，40 美分。你付了 1 美元，应该找你多少钱？
2. 你有一个矩形，宽 8 米，高 6 米，如下图所示。对角线长多少米？
3. 你能否对图中所示小推车进行一些改装，让它更好玩？
4. 砖头可能有哪些用处呢？请尽可能想出一些不同的、不寻常的用法。[1]

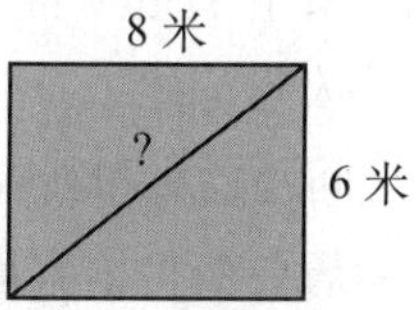

以上所有练习都涉及**问题解决**（**problem solving**），因为它们需要你利用现有知识技能去处理未知的问题或情况。当然如果你以前曾处理过这些问题，那对你来说这些可能就是小菜一碟。所有的问题都由三部分组成，即已知、运算和目标。[2] *已知*就是关于问题，已经给出的信息；*运算*就是要达成或者趋近目标的过程中所需要的行动；而**目标**就是解决方案最终能够实现的效果。不同的问题在详细程度和结构上有着很大的差别。在这个详细程度和结构有着巨大差异的集合的其中一端，有一种问题被称为**界定清晰的问题**（**well-defined problem**）。这一问题类型目标明确，所有需要的信息都已给出而且只存在唯一的解决方案。付款后计算找零（练习中的第一题）以及计算长方形对角线长度（第二题）都属于界定清晰的问题。

在这个集合的另一端还有一种问题，被称为**界定含混的问题**（**ill-defined problem**）。这一问题类型目标不明确，解决问题所需要的信息缺失，而且可能存在多种解决方案。比如改进小推车的设计（第三题）就是一个界定含混的问题，因为把小推车变得更加有趣有很多种改进方式，当然改进的效果可能有好有坏。而砖头问题（第四题）的界定则更加含混：这个问题的目标就是找出砖头的用途。显然，答案不止一个。因此，相比于界定清晰的问题，界定含混的问题更难解决。

问题解决需要学生根据问题涉及的范围和自己现有的知识技能，发挥多种创造力。虽然心理学家对于**创造力**（**creativity**）的本质有不同的见解，但是通常来说都关系到能否通过全新的、原创的行为产生一个贴合本民族文化且有价值的产品。[3] 为了顺利解决问题，人们会特别把两条或更多信息集合起来，形成一个"整体"。这种把信息整合成一个具体想法或产品的做法被称为**聚合思维**（**convergent thinking**）。相反**发散思维**（**divergent thinking**）则是指从一个点出发，产生很多不同想法的过程。（见图 3.5）在发散思维涉及的活动中，学生从一个点出发，向不同的方向探索，至少有一个方向能给予他们一个全新的、原创的且贴合本民族文化的想法。

在了解过聚合思维和发散思维的差异之后，让我们回到之前练习中的四个问题。为了回答问

① 问题 3、4 模仿 Torrance, 1970。

② Glass, Holyoak, & Santa, 1979; Wickelgren, 1974.

③ 例如可以参考：Beghetto & Kaufman, 2010.

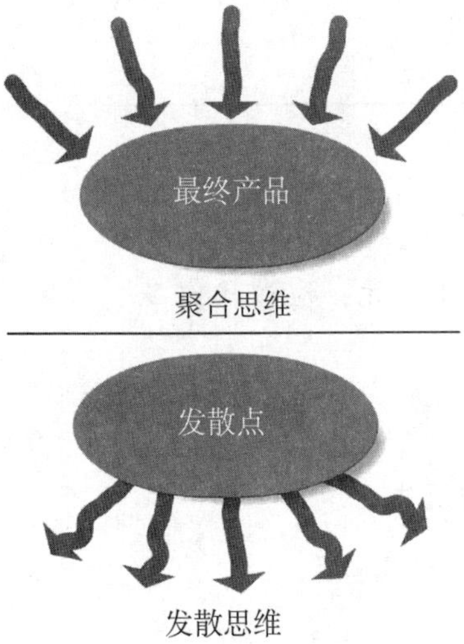


图 3.5 聚合思维与发散思维对比

题一，得出 10 美分这个答案，你需要组织起 4 个具体的事实（即 25×2=50，50+40=90，1 美元 =100 美分，100−90=10）。为了回答问题二，得出对角线长 10 米这个答案，你必须使用勾股定理（也就是直角三角形中，斜边的平方等于其他两条边的平方之和）并进行 4 次运算（$6^2=36$，$8^2=64$，36+64=100，$\sqrt{100}=10$）。问题一和问题二都需要运用聚合思维。相反，问题三和问题四则需要你用不同的方式思考同一个问题。你需要考虑小推车的不同部分可以进行怎样的优化，一块砖又可以应用于哪些不同的场景，你的一些回答可能十分新颖独特。比如，也许你会想到一块砖可以用来做台灯的基座，或者是在小推车的扶手上拴一个竹马让它看起来像一匹马或是童车。这表明解决问题三和问题四需要运用发散思维。

整体来说，你需要把问题解决和创造看作相互交叉的过程：解决问题需要创造性的思维，而想要变得富有创造性又需要不断地解决问题。比如在手推车的问题中，虽然最后你只需要给出一个方案，但在作出最终抉择前，你需要发散思维想出很多办法，只有这样你才能知道哪一种是最有趣的改造。

这一小节涉及的理念既适用于问题解决，又适用于创造性思维。

## 一、学习者对知识理解的深度会影响他们的问题解决能力和创造力

成功的问题解决者和具有创造力的思考者通常对于问题中所涉及的领域都有大量的知识储备和概念性理解。① 尤其是在创造性活动中，这种知识甚至包括联想。②

当学习者关于一个话题的知识和概念性理解十分有限时，他们就会倾向于根据问题的表观特征选择问题解决策略。③ 比如，在本书的作者之一还在上小学的时候，她一个老师告诉他们，当题目中出现还剩多少这种字眼时，就需要用减法。把“剩多少”这一类问题归于减法在某些题中可能成立，而有些题则不然。请思考下面两个问题：

- 蒂姆有 7 个苹果，给了莎拉 3 个。他还剩下多少个苹果？
- 蒂姆在水果摊买了 2 美元的苹果。当他离开时，身上还剩 1.5 美元。蒂姆在买苹果之前有多少钱？

显而易见，第二道题需要用到加法，而不是减法。

## 二、聚合思维和发散思维都会受限于工作记忆容量

你也许可以回忆起第 2 章有一个练习，是关于心算一道长除题有多困难。你要知道的是，工作

① M. Carr, 2010; Hecht & Vagi, 2010; Lubart & Mouchiroud, 2003; Mayer, 2013; Mayer & Wittrock, 2006; Simonton, 2000; Sweller, 2009a.

② Runco & Chand, 1995.

③ Chi, Feltovich, & Glaser, 1981; Schoenfeld & Hermann, 1982; Walkington, Sherman, & Petrosino, 2012.

记忆的容量是有限的：它只能存储一些信息片段，而且在一个时间段内只能容纳这么多认知加工。如果一个问题或任务要求学习者一次处理大量的信息，或以一种复杂的方式去处理信息，或者是产生多种多样的想法，工作记忆容量的限制可能不足以使学习者得到一个准确或有创造性的成果。①

学习者至少有两种方式去突破工作记忆的限制。一个明显的方法就是对所需的信息进行外部记录，例如，可以把它写在纸上，或记在电子设备上。另一个方法则是把所学的技能自动化，换句话说就是熟练地掌握一个技能直到它能够被快速且轻易地提取。② 不过在技能自动化的情况下，也可能会过犹不及，我们之后马上会谈到这一点。

## 三、学习者描绘一个问题或情况的方式会影响他们的策略和最终结果

任何特定的问题或情况都可能会以多种方式呈现在工作记忆中。看看你是否能解决以下练习中的问题。

### 自己看一看

**鸡猪同栏问题**

老麦克唐纳养了一院子的猪和鸡。现在院子里一共有 21 颗脑袋和 60 条腿（不算麦克唐纳自己的脑袋和腿）。院子里分别有多少只猪和鸡呢？继续阅读前请独立解决这个问题。你能算出来吗？

如果遇到了阻碍，请你这样考虑这个问题：

想象所有猪只用它们的两条后腿保持直立的姿势，两条前腿举过头顶。这样，所有的动物（鸡和猪）就都用两条腿站着了。想一想有多少条腿站在地上，又有多少条是一定要悬在空中的。这样思考，你能确定老麦克唐纳到底有多少只猪和多少只鸡吗？

因为有 21 颗脑袋，所以动物的总数是 21。因为猪把前腿都抬起来了，只有两条腿站在地上可知站在地上的腿的数量应该是脑袋数量的两倍。因此，有 42（21×2）条腿站在地上。

如果有 42 条腿站在地上，就肯定有 18（60−42）条猪腿悬在空中。因为每只猪只有 2 条前腿，因此就能确定院子里有 9（18÷2）只猪和 12（21−9）只鸡。

如果你数学不错，你还可以轻松地用代数列方程式解这道题，设 $x$ 代表猪的数量，$y$ 代表鸡的数量，然后列方程组 $x+y=21$ 和 $4x+2y=60$ 解题。代数为解决有关未知数量的问题提供了很多有用的帮助。不过就我们经验来看，大多数的大学生极少在数学课外用代数解决问题（体现了我之前在第 2 章中提到的情境认知）。所有年级的学生在理解文字题目上都有困难，因为他们不知道如何把问题翻译成他们在学校学过的步骤或运算。③

① Hambrick& Engle, 2003; K. Lee, Ng, & Ng, 2009; Sweller, 2009a.

② N. Frederiksen, 1984a; R. E. Mayer & Wittrock, 2006; Sweller, 1994.

③ K. Lee et al., 2009; R. E. Mayer & Wittrock, 2006; L. B. Resnick, 1989; Walkington et al., 2012.

有时候，学习者用一种看似合乎逻辑的方式去解读一个问题或情况，但仍然不能获得可行的方案。下面的问题就是一个典型例子，你可以尝试做一做。

### 自己看一看

**蜡烛问题**

如何能让一根蜡烛直立于挂在墙上的一块公告板前？蜡烛不能直接接触公告板，因为火苗会燎着板子。所以，你需要把蜡烛放在离板子大约一厘米的地方。任务中可以使用以下全部或部分材料：一根蜡烛（大小近似生日蛋糕上的蜡烛），一根金属毛衣针，火柴，一盒图钉，一把 12 英寸（约 30 厘米）的塑料尺子。[①]

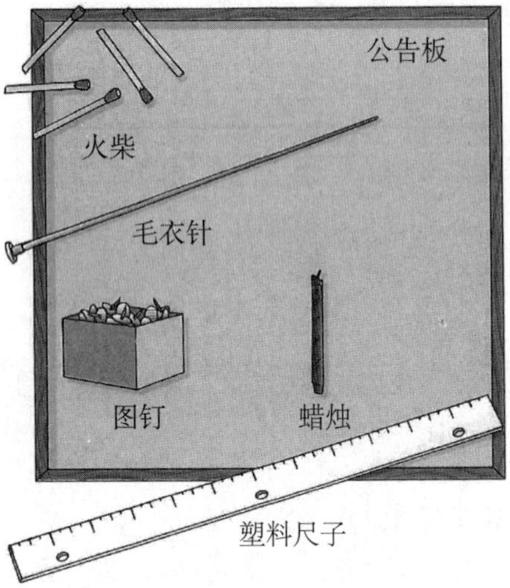


结果证明，尺子和毛衣针在解决这个问题上并没有用。用毛衣针刺穿蜡烛很可能会弄坏蜡烛，而且你不太可能幸运地让尺子在几个图钉上保持平衡。（这只是我们得出的经验，因为我们自己的学生已经尝试了这两种方法，但都没成功。）其实最简单的方法是用几个图钉把装图钉的盒子钉在公告板上，然后再用一个图钉或融化的蜡烛油把蜡烛固定在盒子的上面。然而，很多人没有考虑这个可能性，因为他们把这个盒子仅仅当成了一个装图钉的容器，因而忽略了它作为烛台的潜在用处。当人们以一种排除了潜在解决办法的方式去解读一个问题或情境时，他们就成了**心理定式（mental set）**的受害者。

当学习者只专注于练习解决一种特定类型的问题（如，数学方面做减法题或物理方面应用公式 $E=mc^2$）时，心理定式就会出现。[②]总体而言，不断地重复练习会导致学习者以一种特定的方式去编码问题和情境而不进行真正的思考，也就是说，这导致了编码的自动化。尽管相关知识技能的自动化对于问题解决和创造性思维往往是有利的（它可以帮助释放工作记忆容量），但编码的自动化有时也可能会导致错误或是不合时宜的方案和产品的出现，这部分是由于它会促使学习者从长时记忆中提取方法应对当下无法解决的问题。[③]

## 四、问题解决和创造性思维常常需要启发法，这种方法有助于但不确保最终结果的成功

一套**程序性规则（algorithm）**能够成功地解决一些问题。所谓程序性规则也就是一系列能保证得到正确结果的操作步骤。比如，你可能有过这样的经历：按照操作说明书，你把一个个零件成功组装成了一个完整的书架。又比如在本章的开篇案例中，如果冈特老师的学生采用标准的纸笔长

① 此问题基于 Duncker 在 1945 年的作品中提出的一个类似问题。

② E. J. Langer, 2000; Luchins, 1942.

③ Lubart & Mouchiroud, 2003; Rohrer & Pashler, 2010; D. L. Schwartz, Chase, & Bransford, 2012.

除法（paper-and-pencil long devision）的步骤，就能正确地判断出罗杰需要 120 分钟（2 小时）打论文。

然而这个世界里的很多问题并没有现成的规则。所以我们需要创造性思维，从本质上来讲，就是依赖独创的、非规则的方法解决问题。此外，规则很少存在于数学和科学之外的其他领域。如何让手推车更加有趣，如何解决中东地区的种族和宗教冲突，如何治理全球气候变化，对于这些涉及经济、政治科学、心理学以及物理学、气象学、气候科学的问题，我们并没有规则可循。

当没有规则的时候，学习者就需要使用**启发法**（**heuristic**）来代替。启发法是一种可能会也可能不会产生期望结果的普遍方法。一些启发法专门针对某些特定的内容领域，而另一些则可以用于不同的背景中，如下面的几个[①]：

- 确定子目标。把一个庞大、复杂的任务分成两个及以上更容易解决的具体子任务。
- 使用纸笔或者电子设备来展示当前遇到的情况。画一张图表，列出问题的组成成分，或摘记下可能的解决方法或途径。
- 触类旁通。寻找一个和当前问题相似的情境，先从类似的问题中获得可能的解决方法。
- 头脑风暴。想出大量可能的途径或解决方法，甚至可以包括那些看似有点古怪和荒唐的点子，开始不对任何一个点子做出评价。在列出一个长长的单子后，再去评估每个想法的相关性和有效性。
- “孵化”解决法。把问题搁置几个小时或几天，驱散心理定式，从而让大脑能够扫描并获取长时记忆中可能有效的方式方法。

## 五、进行有效的问题解决和创造性思维需要自我管理和元认知能力

自我管理和元认知对高效学习有着十分重要的意义，对问题解决和创造性思维也有着不可忽视的作用。例如，高效的问题解决者和具有创造性的思考者会做如下事情[②]：

- 确定一个或多个为之努力奋斗的目标。
- 把一个复杂的问题或任务分解成两个及以上更简单的部分。
- 安排一个系统、有序的方法去对这几部分逐个击破。
- 持续监控和评估他们朝目标努力的进程。
- 找出并消灭阻止他们前进的障碍。
- 如果当前的策略没有帮助，就立刻采取新的策略。
- 在评估最终结果时，采用高标准。

**想一想**

你能想到在你的生活当中什么时候用启发法解决过问题吗？

这些元认知的过程使学习者能灵活地运用创造性的问题解决策略，并把这些策略应用到更复杂的情境中，让学习者知晓特定的策略在哪里适用哪里不适用。

① Baer & Garrett, 2010; J. E. Davidson & Sternberg, 2003; De Corte, Op't Eynde, Depaepe, & Verschaffel, 2010; Zhong, Dijksterhuis, & Galinsky, 2008.

② M. Carr, 2010; Csikszentmihalyi, 1996; J. E. Davidson & Sternberg, 1998; De Corte et al., 2010; Dominowski, 1998; Glover, Ronning, & Reynolds, 1989; Minsky, 2006; Runco & Chand, 1995.

在本章开篇的案例中，冈特老师的很多学生从来不考虑他们解决问题是否符合逻辑，比如他们就没有意识到打一篇 4200 字的论文不需要花 100 天。尤为重要的是，他们几乎从不对问题解决作自我评估。真正优秀的学习者不仅评估自己的工作，还评价他人的想法和工作。换一种说法，他们有批判性思维，而这正是我们下一个要讨论的话题。

## 第四节　批判性思维

**主要理念：批判性思维既要求对知识本质的精准理解，又要求有对新信息和概念进行审视评估的普遍意愿。**

**批判性思维（critical thinking）**涉及评估信息和推理的准确性、可信度以及价值。根据情境的不同，批判性思维有众多呈现形式。[①] 以下练习提供了其中 4 种可能性：

---

**自己看一看**

**感冒，汽车，概率，愉悦**

1. 秋天到了，天气越来越冷。你看到了下面这个广告：

“还在为整个冬天流鼻涕而烦恼吗？还在为感冒时的无精打采而担心吗？快来购买‘感冒灵’吧，按照说明服用，还你一个‘无感’之冬。”[②]

这时候你是否应该去买一盒“感冒灵”呢？

2. 你有一辆破旧不堪的车，你花了好几千美元才使这辆车能重新启动。现在你有两个选择：一是在现在的状态下把车以 1 500 美元的价格卖掉；二是再投资 2 000 美元对车进行改造，最后以 3 000 美元的价格卖出。你应该怎么做呢？[③]

3. 你一直在掷一个有六个面的骰子。你知道这个骰子 6 个面一样沉，但是在刚刚过去的 30 次投掷中，你没有一次掷到数字 4。那么接下来这一次，你掷到数字 4 的概率有多大？

4. 在美国教育研究协会的年会上，埃德蒙德·艾莫展示了一项研究成果：在教学过程中感到愉悦的教师更容易教出行为端正的学生。[④] 那么，如果你是一名教师，这个结论是不是预示着每天早上走进教室前你都应该努力让自己感到十分愉悦呢？

---

在上述这些情境中，你都需要评估信息，做出判断。在第一题中，我们希望你不要被“感冒灵”诱惑，因为广告中没有提供任何证据证明这种药能缓解感冒症状。广告中只有一个十分简单的提示——按照说明服用，而且这个提示与理想的药效毫无关系。这是诱导性广告中一个常用的伎俩。

对于第二题来说，把这辆车现在就卖掉更加合算。如果花 2 000 美元再次进行改造，以 3 000 美元卖出，你就会少挣 500 美元。很多人错误地认为投资一定会收到回报，但事实上是过去的投资

① Beyer, 1985; Heyman, 2008; J. Moon, 2008.

② R. J. Harris, 1997, p. 605.

③ 模仿自 Halpern, 1998。

④ Emmer, 1994.

与当下的情况没有关联。[①]

第三题中，掷 6 个面重量相同的骰子得到数字 4 的概率是且永远是 1/6。之前投掷的结果都不会影响这个概率，因为每一投都是一个独立事件。但当掷 30 次都没投到数字 4 之后，很多人就会认为 4 不可能再不来了，从而高估了 4 在下一次投掷中出现的概率。

现在让我们看一下第四题，你是否需要每次进教室前都让自己感到愉悦呢？人们在解读研究结果时最常犯的错误之一就是把两件事的相关性理解为一件事必然会导致另一件事的发生。然而就像我们在第 1 章中指出的，相关性并不一定就是因果关系。或许教师是否开心会直接影响学生的课堂表现，但对于这种相关性，可能还存在其他的解释。比如，或许是学生良好的表现使得教师十分开心（而不是相反），又或许是因为积极乐观的教师用了更有效的教学技巧，使学生能专心致志地学习。[②]

练习中的 4 个情境展现了批判性思维几种可能的表现形式。[③]

- **言语推理**：理解和评估口语和书面语中的说服技巧（如，演绎和归纳的逻辑）。你在决定是否购买“感冒灵”的时候采取的就是言语推理。
- **辩论分析**：辨别某个理由是不是能够支持结论。在考虑是否再花 2 000 美元改造汽车的时候分析各方利弊，采取的就是辩论分析。
- **概率推理**：确定不同事件的可能性和不确定性。你在思考骰子上掷出 4 的概率的时候采取的就是概率推理。
- **假设检验**：依据研究方法及其与结论间的潜在联系，判断研究数据和结果的价值。当假设检验涉及批判性思维时，就需要考虑如下问题：

  （1）在测定结果时，是否使用了合适的方法？

  （2）是否排除了其他可能的解释或结论？

  （3）在一种情况下获得的结果可以被合理地推广到其他情况中吗？

  你在评估艾莫博士关于教师心情影响学生课堂表现的相关发现时采取的就是假设检验。

当然，领域不同，涉及的具体认知过程也会大相径庭。在写作中，批判性思维可能出现在接下来的过程中：阅读一篇说服性文章的初稿，寻找逻辑推理上的错误或没有对观点进行足够论证的地方。在科学中，批判性思维可能需要我们修改现有的理论或者认知去解释新的数据或结果，就是说它可能涉及概念转变。在历史学中，批判性思维可能需要我们通过查阅历史文献进行推断，试着判断一个历史事件是否真的发生了，还是仅仅有可能发生。在其他更多的领域，包括教育心理学领域，批判性思维都需要我们评估某种说法所基于的研究是否具有价值，这也就是我们在本书中加入脚注的原因。

你可能觉得，批判性思维的能力是从儿童期到青少年期逐渐产生的。[④]但常见的现象是，所有年级的学习者，甚至是很多受过良好教育的成年人，都仅仅会评价信息（来源于教科书、新闻报道、互联网和其他渠道）的表面价值。换句话说，他们在考虑信息的准确性、可靠性和价值的时

---

① Halpern, 1998.

② Emmer, 1994.

③ Halpern, 1997, 1998, 2008; E. M. Nussbaum, 2008.

④ Amsterlaw, 2006; P. M. King & Kitchener, 2002; Kuhn & Franklin, 2006; Pillow, 2002.

候，几乎不运用批判性思维。[①]

以下两个理念可以帮助我们理解为什么批判性思维是例外而非常态。

## 一、批判性思维要求精准的认知信念

如果学习者相信，即使是专家对于某一领域的认识也要随着新证据不断涌现而演变，他们就会更倾向于以辨析的、批判的眼光去看待新的信息。但如果他们相信“知识”是一个绝对的、不变的永恒存在，他们就比较不可能运用批判性思维。[②] 换句话说，学习者的认知信念会成为批判性思维过程中的一部分。

## 二、批判性思维是一种先天倾向，同样是一个认知过程

对于**先天倾向**（**disposition**），我们的解读是学习者以一种特定的方式去思考并处理学习和解决问题的总体倾向，可能是以一种考虑周全、全面分析、评价性的方式，也可能是以一种不假思索的、不加疑问的方式。一些学习者显然对于所学和所阅读的主题有一种批判性思考的普遍倾向。[③] 这些人具有更高级的推理能力，也更可能在有正当理由的前提下进行概念转变。[④]

研究者还没能很好地理解为什么一些学习者比另一些更倾向于批判性的思考。学习者所成长的文化和社会大环境确实是其中一个影响因素，正如在文化因素专栏“文化和社会对复杂认知过程的影响”中所示。教师的课堂行为对于批判性思维的影响则更大。比如，他们是否鼓励学生对课堂内容进行探索、冒险和批判性的思考。[⑤] 下面展示课堂互动中，教师似乎不鼓励学生的一切分析性和批判性的思考：

> **教师**：把这个记在纸上……你只需要记住这个套路。三个长度单位分别是米、厘米和毫米。这么说吧……来，先把这三个长度单位写下来。虽然我们使用了不同的长度单位，但是我们要表示的长度是一样的。如果我给你们这个小数，比方说 0.234 米（好，把它写下来）。要想把 0.234 米转换成厘米，唯一需要的就是移动小数点。我们怎么移呢？对，我们把它往右移两位。（詹森，请坐起来好吗？）如果我把它往右移两位，0.234 米会变成什么呢？丹尼尔，可以转化成多少厘米？阿什利，你觉得呢？
>
> **阿什利**：23.4 厘米。
>
> **教师**：对，23.4 厘米。很简单吧。为了得到毫米，我们还需要把小数点往右移，但这次，孩子们，我们只需要移一位。那么如果我把小数点再向右移一位，我们得到了多少毫米呢？[⑥]

---

① Kuhn, 2009; G. Marcus, 2008; M. J. Metzger, Flanagin, & Zwarun, 2003; Sinatra, Kienhues, & Hofer, 2014.

② Braten, Britt, Strϕmsϕ, & Rouet, 2011; Bromme, Kienhues, & Porsch, 2010; Kuhn, 2001a; Schommer- Aikis, 2002.

③ Halpern, 2008; D. N. Perkins, Tishman, Ritchhart, Donis, & Andrade, 2000; R. F. West, Toplak, & Stanovich, 2008.

④ Southerland & Sinatra, 2003; Stanovich, 1999.

⑤ Flum & Kaplan, 2006; Kuhn, 2001b, 2006; J. Moon, 2008.

⑥ 对话选自 J. C. Turner, Meyer, et al., 1998, p. 741。

毫无疑问，这名教师的意图是好的：她想让学生们理解如何进行长度单位间的转换。但是注意她使用的态度："把这个记在纸上……你只需要记住这个套路。"

批判性思维和其他复杂的认知过程在高等教育和实际生活中都会明显地促进学习者取得长期的成功。现在我们一起来看看教师怎样做可以鼓励学生进行批判性思维。

## 文化因素

### 文化和社会对复杂认知过程的影响

学习者在家里或是在社会和文化大环境中的经历，对复杂认知过程的发展有十分重要的意义。研究者发现了文化差异在以下几方面的体现。

- **认知信念**

  来自不同文化群体的人对于学习的意义有着不同的看法。西方主流文化的观点是，学习主要是为了心智的提升：人们学习是为了理解这个世界并获得新的技巧和能力。但是对于很多中国人来说，学习还拥有道德和社会维度上的意义：它能让个体变得更加高尚、受人尊敬，可以对社会的公共福利做出更大的贡献。除此之外，传统的东亚观点认为，想要真正地掌握学习内容只能依靠勤奋刻苦、专心致志和坚持不懈。而这一观点与本章开头个案研究中美国学生的认识形成了鲜明的对比。[a]

- **学习策略**

  同学习需要勤奋刻苦和持之以恒的信念一致，很多东亚的家长和教师同样鼓励孩子大量使用复述和机械学习，并以此作为学习策略。[b]对于那些推崇口耳相传历史和教义（如：《古兰经》《圣经》）的文化来说，复述和记忆也是常见的策略。[c]很多接受西方主流文化的学校则不然，它们着重于传授那些能培养学生进行理解性学习的课程和策略。即便如此，西方的学校依旧坚持学生需要通过记忆学习某些东西，比如乘法口诀和词语拼写。[d]

- **自我学习管理**

  与强调勤奋和持之以恒相呼应，东亚的家长和教师在孩子们解决新的问题时，往往会鼓励他们一定要自律，做事一定要坚持到底。这样，他们就培养了孩子的自我管理能力。[e]但如果孩子们身边缺乏榜样的力量引领他们养成高效的学习习惯和自我管理技能，他们便不大可能主动进行自我管理。对于一些（并不是全部）在低收入社区就读的儿童和青少年来说情况确实如此。尽管这些学生可能希望自己顺利毕业，进大学，最终获得职业上的成功，但是他们可能并不知道为达成目标，自己应该做些什么。[f]以下对一名就读于费城内城区中学生的访谈就是一个很好的例证：

  **成年人：**你正行驶在通往目标的道路上吗？

  **学生：**没有。我还有很多需要学的。

  **成年人：**你是如何知道的？

  **学生：**因为我的成绩。[大多是 C（中）]

  **成年人：**为什么你认为上高中会使你离目标更进一步？

  **学生：**我不想留级。我还想上大学。

  **成年人：**怎么做才能取得更好的成绩呢？

  **学生：**只是需要更多的功课。我在学年结束的时候才可以休息。[g]

  这名学生想接受大学教育，但是他认为自己只需要更多地学习和做更多的功课就可以达成目标。不可否认，动机和努力是重要的，但是计划、时间管理、定期的自我监控自我评估、适当地寻求帮助也很重要，而这些似乎都是这个学生并没有意识到的。有些学习者可能需要大量的指导和帮助来掌握学习和自我管理的策略，而这些策略对于他们的大学生活以及之后的生活将大有裨益。

- **批判性思维**

  批判性思维是另一个复杂的认知过程，在某种程度上似乎依赖于学生的文化背景。一些文化极其推崇对年长者或特定宗教领袖的尊敬。如此，他们就会培养这样的认知信念，即"真理"是现成固有的实体，且最好从权威那里获得。[h]此外，一个强调维护集体和谐的文化可能不会鼓励孩子持有不同的见解，但这正是批判性思维所必需的。[i]也许正因如此，批判性思维在一些群体（如一些传统的亚洲和美洲印第安人社区）里会更少见。[j]而在某些情况下，教师必须要平衡好两方面：一方面要教给学生如何批判地评估说服性的论据和科学证据；另一方面也要向其展示如何显示尊重，促成集体或文化里的和谐相处。

[a] Dahlin & Watkins, 2000; H. Grant & Dweck, 2001; J. Li, 2005; J. Li & Fischer, 2004.
[b] Dahlin & Watkins, 2000; D. Y. F. Ho, 1994; Purdie & Hattie, 1996.
[c] MacDonald, Uesiliana, & Hayne, 2000; Rogoff et al., 2007; Q. Wang & Ross, 2007.
[d] Q. Wang & Ross, 2007.
[e] Morelli & Rothbaum, 2007.
[f] Belfiore & Hornyak, 1998; B. L. Wilson & Corbett, 2001.
[g] Dialogue from *Listening to Urban Kids*: School Reform and the Teachers They Want by Bruce L. Wilson and Dick Corbett, p. 23. Copyright © 2001 by the State University of New York Press. State University of New York. Reprinted with permission. All rights reserved.
[h] Losh, 2003; Qian & Pan, 2002; Tyler et al., 2008.
[i] Heyman, 2008; Kağitçibaşi 2007. Kuhn & Park, 2005.
[j] Kuhn, Daniels, & Krishnan, 2003; Kuhn & Park, 2005; Tyler et al., 2008.

# 第五节　提升自我管理技能和元认知水平

**主要理念：有效力的教师会适龄地培养学生的自我管理能力，提高元认知水平。**

我们已经了解到，学生的自我管理技能和元认知意识，从小学到中学阶段会经历巨大的飞跃。但在各个年级水平，依旧有很多学生不清楚有效的学习策略是什么——比如他们会认为学习就是记住一些事实性的知识点，也不能让自己一直专注于产出性的学习活动。[①] 基于这几点考量和大量的研究，我们在此提出几个建议。

## 课堂策略

### 培养自我管理能力

- **让学生观察记录自己的行为**

　　一名有注意力缺陷多动障碍的学生经常会把椅子往后翘，只让两条椅子腿沾地，这样很容易把他自己栽过去。考虑到学生的安全，老师让他把这样的行为全部记录在一张纸上。当学生开始意识到这是个坏习惯的时候，立刻就停止了。

- **教学生如何进行自我指导，提示自己下一步的行动**

　　为了帮助学生记住正在学习的新舞步，他们的老师指导他们在练习步伐时这样说："一，二，快步，快步""左腿，右腿，转身，转身"。

- **提供指引，好让学生能评估自己的表现**

　　一名科学老师给学生们一个指标清单来评估他们写的实验报告。在判作业时，她不仅考虑学生们在报告里写了什么，也会考虑学生对于自己报告的评估是否准确。

- **用录像技术来加强学生自我监控和自我评估的能力**

　　5年级的查尔斯是一个很聪明的孩子，但是他的课堂表现（争强好斗、暴躁易怒、不做作业）却使家长和老师十分头痛。什么招数对他来讲都是对牛弹琴——传统的行为主义技巧（比如夸奖、适度体罚）、谈话、自我监控记录都毫无作用。但是当他的特教老师把他在数学课上的一举一动录下来并放给他看时，他对自己的表现十分震惊："我看起来真的是那样的吗？""我真的那么说了吗？""快关上吧！"看过视频后，查尔斯显示了希望自己也能和其他同学一样"正常"的强烈愿望：他变得恭敬有礼，对老师的表扬和其他正向的刺激表示感激。

- **教导学生对自己的恰当行为进行强化**

　　一名老师鼓励学生先完成家庭作业，再去做他们喜欢的活动（例如，打篮球、看电视或和朋友短信聊天），从而帮助他们养成更规律的学习习惯。

- **给适龄学生机会，让他们参与那些基本无须老师协助的学习任务**

　　一名中学社会学科教师给学生们发了一些有关中东地区实事的杂志文章，确保每名学生

① J. E. Barnett, 2001; M. C. Linn & Eylon, 2011; Pintrich & De Groot, 1990; Schommer, 1994a.

拿到的文章适合他们的阅读水平。老师要求学生们用一个星期的时间读他们的文章，然后准备一段摘要与班级里其他成员分享。他同时对学生的摘要应该包括哪些信息提供了纲要。

来源：Andrade, 2010; Bear, Torgerson, & Dubois-Gerchak, 2010, p.83（查尔斯的例子）; Mace, Belfiore, & Hutchinson, 2001; Hatzigeorgiadis, Zourbanos, Galanis, &Theodorakis, 2011, Mc. Millan, 2010; Reid, Trout, & Schartz, 2005; Vintere, Hemmes, Brown, & Poulson, 2004, p. 309（自我指导跳舞的例子）； Zimmerman, 2004.

## 一、引导并支持自我学习管理和自我行为管理

如果学生想在未来成为一个高效能的成功人士，他们必须在儿童到青少年这一段时间内学会自我管理。有一些学生主要依靠自己就能获取这一技能，但还有许多学生需要别人的引导和支持。比如一个曾经历过学业失败的学生在得到清晰的自我管理策略指导后，便养成了更好的学习习惯。[①]

与之前介绍过的合作管理这一概念相呼应，老师最好在开始的时候给予学生大量的支持，之后随着学生越来越自我导向，老师再逐渐对学生实施一定的控制，这样或许能更好地培养学生的自我管理能力。本章中表 3.1 最右侧的文字框内就针对不同年级水平给出了一些培养自我管理能力的建议。课堂策略专栏“培养自我管理能力”中也列出了一些更具体的思考。

在学生可能获得的自我管理策略之中，最重要的也许是那些能帮助他们监控和评估自己的学习和行为的策略。为了鼓励学生进行自我监控和自我评估，老师可以做以下事情[②]：

- 让学生为学习设立具体目标，然后对与目标相关的成就进行自我评估。
- 提供具体标准，让学生进行自我评价；之后让他们对比自我评价和教师评价（如图 3.6）。

**活动任务：当导游**

分数标准：1 分是表现较差，2 分是中等水平，3 分是表现较好，4 分是表现出色，5 分是完美。

| 学生 | 老师 | |
|---|---|---|
| 4 | 4 | 1. 这项任务需要很大的工作量，我们为此已经好好准备了一个月。 |
| 5 | 4 | 2. 我们合理分配课堂时间。 |
| 4 | 5 | 3. 工作合理分配，我较好地完成了自己的工作。 |
| 4 | 5 | 4. 我对小组和完成质量有很强的责任心。 |
| 5 | 4 | 5. 我的报告有深入的分析，而不仅仅是提供显而易见、众人皆知的信息。 |
| 5 | 5 | 6. 项目表明我们的立场，读者（或观众）能明白各个细节是如何被组织在一起以支持我们的结论的。 |
| 5 | 5 | 7. 我们的项目清晰明了，吸引人眼球，装配齐全。我对结果感到骄傲自豪。 |
| 4 | 5 | 8. 我们的工作有组织有计划；我们经常备份所以绝不会有材料丢失，导致重新操作。 |
| 5 | 4 | 9. 我们在任务中倾注了大量原创思想和创造性成果。 |
| 4 | 4 | 10. 任务展示了我们对于基本语言技能的掌握—比如报告，计划，口头传达和写作。 |
| 45 | 45 | 总分 |

总体评价：组平均 46

**图 3.6 在和 3 个人进行了小组活动之后，罗歇尔和老师以同样的标准评价自己和小组的整体表现。两组评分对照，罗歇尔就能很明显地看出自我评估的准确性**

① Cosden, Morrison, Albanese, & Macias, 2001; Eilam, 2001; Graham & Harris, 1996; Meltzer, 2007; N. E. Perry, 1998.

② Belfiore & Hornyak, 1998; Brunstein & Glaser, 2011; Dunning et al., 2004; Eilam, 2001; McCaslin & Good, 1996; McMillan, 2010; Meltzer, 2007; Paris & Paris, 2001; N. E. Perry, 1998.

- 检查他们对于阅读材料是否具有长时记忆：建议学生在一段时间的学习之后问自己一些具体的问题，评估自己的理解是否足够透彻。
- 让学生坚持记录自己的表现，在写作任务、日记和作品集中不断反省自己的学习情况。

从长远来看，要想获得成功，学生必须积极主动地监控他们的行为和学业情况。然而儿童和青少年在这方面的意识却不够，他们甚至不知道自己的哪些行为是正当的，哪些不是。为了帮学生们了解哪些事该做，哪些事不该做，老师必须要求他们用具体的方式观察记录自己的行为。比如，加文上课总插话，那么老师就应该让他在每次不合时宜地插话时，都在纸上做个记号，从而帮助他意识到自己的问题。如果利兹完成任务时不能保持专注，老师可以给她一个电子仪（每隔一段时间就发出哔哔哔的声音），让她记录每次在听到“哔”声的时候，自己正在干什么。这种只针对个人的记录能帮助学生保持专注度完成好当前的工作，慢慢地他们的破坏性行为就会消失。①

甚至对于还在上幼儿园和一年级的学生，老师也应当鼓励他们对自己的表现和进步进行反思，可以问他们一些问题，比如：“刚刚做了什么事情，令我们十分骄傲自豪？”“我们怎么做能和之前有所不同？”②通过经常性的自我监控、自我评估任务，学生最终将建立健全一套适合自己的评价体系并主动应用于日常的学习生活中，这标志着一个学习者真正开始进行自我管理。

## 二、鼓励学生进行元认知的自我反思

元认知是促成高效学习的重中之重：学生必须时常思考自己的思维过程。为了鼓励学生进行元认知反思，教师可以这样做：

- 让学生解释解决一个问题时，他们做了什么以及为什么要这样做。③
- 在解决问题时，让学生进行自问自答。比如可以问问自己：“我是不是离目标越来越近？”“为什么这个策略最合适？”④
- 让学生坚持写学习日志，日志中他们可以进一步解释一节课涉及的重要概念，对于新概念给出自己的例子，记录下能帮他们克服理解障碍的策略。⑤
- 召开经验分享会，让班里的同学解释他们运用的学习技巧，以及他们是如何记住某个课堂知识的。⑥

之前本章表 3.2 中已经给出了其他一些建议。

① K. D. Allen, 1998; Belfiore & Hornyak, 1998; K. R. Harris, 1986; Reid, Trout, & Schartz, 2005; Webber, Scheuermann, McCall, & Coleman, 1993.

② N. E. Perry, VandeKamp, Mercer, & Nordby, 2002, p. 10.

③ Siegler & Lin, 2010; Dominowski, 1998; Johanning, D' Agostino, Steele, & Shumow, 1999.

④ M. Carr, 2010; A. King, 1999, p. 101; Kramarski & Mevarech, 2003, p. 286.

⑤ Glogger, Schwonke, Holzäpfel, Nückles, & Renkl, 2012.

⑥ Meltzer et al., 2007.

## 三、明确地向学生传授有效的学习策略

我们之前已经在本书中介绍了很多学习策略，尤其是在第 1 章的结尾部分“有效学习及研究的策略”以及第 2 章中“鼓励有效长时记忆存储”部分。清晰明确的阅读学习策略训练（如果能渗透到每天的学业指导中，效果会更好）绝对会提高学生的学业成就，尤其当学生在学习上有困难的情况下。[①] 理想情况下，学生需要学习不同学习策略并接触能通用所有策略的情境。比如搞明白新的概念（概念性学习）对于学习某一学科的整体原则至关重要，而记忆术对于那些难记的概念和目录则更适合。除此之外，材料的组织技巧——运用大纲、思维导图、二维对比表等等——对于不同情况的适用程度也不尽相同。[②] 学生需要在一定的时间段内，有机会把每个策略应用于不同的学习任务，有效的策略指导需要的不是一锤子买卖，而是多次的探索尝试。

在传授学习策略时，教师一定要囊括内隐策略——精细加工、理解监控等等——和外显策略。其中一种有效传授内隐策略的方式就是给学生示范如何外化对于课堂话题的思考。[③] 比如，在一节关于拿破仑的高中历史课上，老师可以说：“嗯……在我看来，拿破仑的军事策略与亚述人的策略有异曲同工之妙。让我们简单回忆一下亚述人是如何做的。”当把教材中的某一章留为作业时，老师可以这样说：“我阅读书中的某一章时总会先看题目和副标题，然后我就会思考这一章主要会解决什么问题，并在阅读时寻找答案。今天的作业是阅读教材的其中一章，下面我来向大家展示一下我个人将如何完成这个作业……”

然而，如果学生不是自己发现某一策略对学习真的很有帮助，他们是不会轻易改变自己的学习策略的。[④] 例如，本书作者之一恰好在自己的班里做了一些小实验：他给了学生一些没有什么逻辑可循的材料，但是只给大约一半学生教授了记忆这些材料的方法。在模拟测验之后，老师把学生“分数”写在了黑板上，用记忆术和没用记忆术的分成两栏。几次实验下来，使用记忆术的学生得分都明显高于其他同学，学生们一下子就认识到了老师所教策略的有效性。

学生应用新策略的早期阶段，需要大量的支持帮助。为了帮助学生确定一节课的重点，老师可能需要为课程设立一系列学习目标，把重要概念和原理抄写在黑板上，或者以提问的方式让学生关注中心思想[⑤]；为了让学生能精细加工所阅读的材料，老师可以用问题对学生进行引导（比如“请你解释一下为什么……”或“对于……你能举一个新的例子吗”）[⑥]；在学生记笔记的前期阶段，老师可以在课上给他们提供一个不完整的笔记框架，来帮他们获取重点信息。图 3.7 所展现的就是生物课上一个关于肌肉的笔记框架。之前图 3.3 中两份关于希腊神话的笔记也是一个很好的例子。

一些学业指导软件也能在发展和使用元认知技巧方面为学生提供一些指引。例如，偶尔让学生把新旧知识联系在一起，或者自查对于近期学习的某些概念的理解。[⑦] 其中一个例子就是应用“贝

---

① Eason et al., 2012; Hattie, Biggs, & Purdie, 1996; Meltzer & Krishnan, 2007; Nokes & Dole, 2004; Veenman, 2011.

② R. K. Atkinson et al., 1999; D. H. Robinson & Kiewra, 1995.

③ Brophy, Alleman, & Knighton, 2009; A. L. Brown & Palincsar, 1987; Pressley, El-Dinary, Marks, Brown, & Stein, 1992.

④ Paris & Paris, 2001; Pressley & Hilden, 2006; Veenman, 2011.

⑤ Bulgren, Marquis, Lenz, Deshler, & Schumaker, 2011; Ku et al., 2008; McCrudden & Schraw, 2007; R. E. Reynolds & Shirey, 1988; Veenman, 2011.

⑥ 问题选自 A. King, 1992 第 309 页。

⑦ Azevedo & Witherspoon, 2009; Koedinger, Aleven, Roll, & Baker, 2009.

蒂大脑”这个软件让学生进行模拟教学。在这个基于电脑的学习环境中，学生阅读多篇关于热力学或者气候变化的文献，之后根据在阅读文献中发现的因果关系设计一个概念图。学生被告知一个名叫贝蒂的学生将通过他们设计的概念图对话题进行学习，而作为贝蒂的“老师”，学生要定期通过提问或小测验来评估她的理解程度。如果贝蒂表现不理想，学生必须想办法帮助她理解，所以在这个过程中，学生自己也会对话题有更多的了解。图 3.8 就展示了气候变化一单元中的互动。学生（也就是贝蒂的老师）设计的概念图上存在一些不恰当的因果关系链，导致贝蒂在评估中表现不佳。这时，虚拟导师“戴维斯先生”及时出现，给予相关指导，告诉学生如何在一小段文字中定位因果关系。从截屏中看出，学生刚刚正确认识到了“海平面降低”和“吸收光能”间正确的因果关系，戴维斯先生正向学生建议下一步行动。[①]

**A. 肌肉数量**

人体大约有__________块肌肉。

**B. 肌肉如何工作**

1. 肌肉工作的两种形式：
   a. __________，或者叫收缩。
   b. __________，或者叫拉伸。

**C. 肌肉类型**

1. __________肌肉通过__________和骨头相连接。
   a. 这些肌肉是__________（自发 / 非自发的）。
   b. 这些肌肉存在的意义是：__________。
2. __________肌，连接着身体的某些__________。
   a. 这些肌肉是__________（自发 / 非自发的）。
   b. 这些肌肉存在的意义是：__________。
3. __________肌肉是独一无二的。
   a. 这种肌肉是__________（自发 / 非自发的）。
   b. 这种肌肉存在的意义是：__________。

**图 3.7 不完整的笔记框架为记笔记提供指引的例子（笔记框架）**

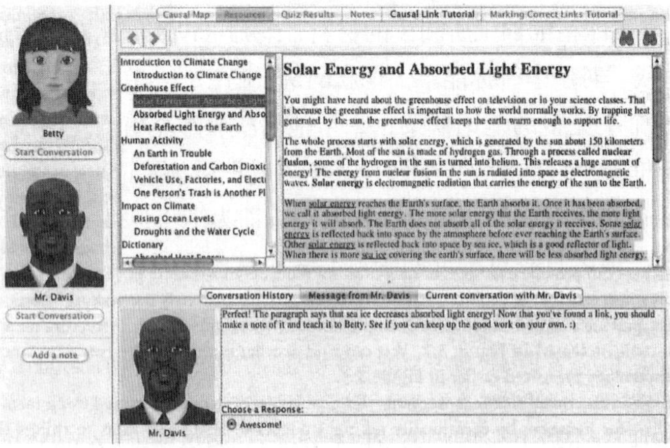


**图 3.8 在“贝蒂大脑”（Betty’s Brain）（学生模拟教师进行教学）这个截屏中，一个学生对影响气候变化的概念间的因果关系理解不够透彻，虚拟导师“戴维斯先生”出手帮助并给予反馈**

① 获取更多有关“贝蒂大脑”的信息，请参考 Leelawong & Biswas, 2008; Segedy, Kinnebrew, & Biswas, 2013。

### 四、知识的掌握是一个动态的不断前进的过程——对事物的“了解”永远不会停止

关于某个学科的认知信念，以及关于知识和学习的普遍认知信念，对学生的学习方式都有重大影响：他们学了什么，是否愿意学以致用，又是否能经常进行批判性的评估。仅仅是学习策略上的指导不足以改变这些认知。[①]

改变学生认知信念的一个可能方法是和他们具体谈论知识和学习的本质。例如把学习描述为一个积极主动、不断前进的过程，这个过程旨在寻找概念间的内在联系，构建愈加复杂的理解形式。[②]但或许更加有效的方法是给学生创造适宜的课堂情境，让他们自己发现知识一定是一个动态的而非静态的实体，让他们意识到有时只有努力与坚持才能带来学习的成功。比如，教师可以让学生解决那些没有明确对与错的复杂问题或困难[③]；教授收集数据和验证矛盾假设的策略[④]；让学生比较关于一个特定现象或事件的几种不同解释，并考虑每个支撑论据的可信度、强度[⑤]；还可以通过向学生展示一些令人不解的现象来说明有时他们当下的认识，甚至是一些专家的认识，都没法科学合理地解释人类世界的很多现象。[⑥]

## 第六节　创造有利于促进复杂认知过程的课堂环境

**主要理念：有效力的教师会为学生创造适宜的环境，使他们对课上知识进行迁移、批判性思考或提出创造性的解决方案。**

在本章开篇案例中，即将到来的能力考试给冈特老师带来了很大的压力，导致她匆忙地带着学生过了一遍 8 年级数学课的内容。不幸的是，这种有重大利害关系的考试会导致很多老师忽视学生的感受与接受能力而一味地强调知识点、概念和运算过程（我们在第 10 章还会着重讨论这一类型的考试）。[⑦]如果老师在课上一味灌输孤立的事实，并且用一些评估手段来检测学生是否掌握了相关知识，学生很自然地就会认为学校学习不过是不加思考地获取信息并在之后反刍之前的内容。但相反，如果老师关注那些需要应用信息的课堂活动——将信息应用到新的情境、解决新的问题、批判性地对信息进行评价——思考技巧便能更好地服务于学生的实际生活。以下实践指导有利于同时促进学生的各种复杂认知过程。

---

① Schraw & Moshman, 1995.

② Gaskins & Pressley, 2007; Muis et al., 2006; Schommer, 1994b.

③ Feucht, 2010; P. M. King & Kitchener, 2002; Schommer- Aikins, Bird, & Bakken, 2010; Yang & Tsai, 2010.

④ Andre & Windschitl, 2003; P. M. King & Kitchener, 2002; C. L. Smith, Maclin, Houghton, & Hennessey, 2000.

⑤ Andre & Windschitl, 2003; Chinn, 2006; P. M. King & Kitchener, 2002; Rule & Bendixen, 2010; vanSledright & Linmón, 2006.

⑥ Rule & Bendixen, 2010; Vosniadou, 1991; Yang & Tsai, 2010.

⑦ Baer & Garrett, 2010; Hursh, 2007; Jacob, 2003; Jones, Jones, & Hargrove, 2003; R. M. Ryan & Brown, 2005.

## 一、创造鼓励和重视知识迁移、创造性解决问题、批判性思维的课堂环境

如果学生要把课堂上学到的内容应用到新的情境和问题中，并且创造性地和批判性地思考课堂的学习内容，他们必须把课堂所学内容视作他们实际使用的东西，视作在某种意义上对他们重要的东西。而且，学生必须相信他们能表达相反的意见、偶尔产生天马行空的想法或者犯了一些错也不会感到尴尬或是受到责备。我们这里谈论的是整体的心理氛围——**课堂气氛**（**classroom climate**）——学习活动发生的场所。以下是一些更具体的建议①：

- 设计一些活动，学生知道在这种活动中自己的成果不需要被评估打分。
- 鼓励不寻常的想法，甚至是那些公然挑战传统认识的想法。
- 坚持所有学生都应该尝试理解并尊重多方观点。
- 不断传达给学生这样一个理念：犯错和失败在一个艰巨的任务中不可避免。
- 在上交最终成果前，给学生提供一些机会让他们先得到一些具有建设性意义的反馈。

## 二、针对具体问题和内容教授复杂的思维技能

教师们有时会遇到针对教授学习技能、问题解决、创造力或批判性思维而设计的成套课程体系。但整体原则是，教师不能把复杂认知过程作为一些单独的实体，相反，应该把它们置于日复一日的学业背景中去教授。比如，他们可以在科学课上教授批判性思维和问题解决技能，或者在写作指导课上教授创造性思维能力。②为了帮助学生们成为真正高效的学习者，教师应该在每个学科中都教授学习策略。③例如，在课上介绍新信息的时候，教师可以这样做：（1）对学生如何组织笔记给出建议；（2）针对难记的内容和程序给出一些记忆法；（3）让不同的学生总结同一节课的要点。当布置家庭阅读书目时，教师可以这样做：（4）建议学生们在开始阅读前回忆他们关于这个话题已知的内容；（5）给学生们提供一些可以在阅读时自问自答的问题；（6）让学生们创作有内在联系的关键概念图。

## 三、对课题的教授要追求深入，不要浅尝辄止

要想把课堂内容应用到真实世界的情境和问题中，灵活、创造性地使用这些内容，并且批判性地思考这些内容，学生们就不能只在一个场合下学习这些内容。他们必须精通这些内容。最终，学生们应对内容有一个全面彻底的概念理解，这将有助于他们更好地理解所处的世界，更好地应对成年的社会。*少即是多*是个通用原则：对于老师来说，深入地教授几个课题总比蜻蜓点水地介绍很多

① Beghetto & Kaufman, 2010; Engle, 2006; Lubart & Mouchiroud, 2003; D. N. Perkins & Ritchhart, 2004; Rule & Bendixen, 2010.

② Abrami et al., 2008; Beal, Arroyo, & Cohen, 2009; Bonney & Sternberg, 2011; Desoete, Roeyers, & De Clercq, 2003.

③ Hattie et al., 1996; Meltzer et al., 2007; Paris & Paris, 2001; Veenman, 2011.

内容有效。[①]

## 四、多给予学生不同的实践机会，把课堂所学应用于新的情境和真实问题

学生们将所学应用于处理各种各样的新任务和新问题的实践越多，他们把校内的知识应用于未来情境（包括在校外的背景下）的可能性就越大。[②] 比如，老师可以告诉学生人类的消化过程如何支持人类的营养摄入，维持人的肌体健康；物理概念怎么应用到汽车引擎制造和楼房建造；经济学原理又是怎样影响全球气候变化的。

一个受到广泛推荐的方法就是采用**真实活动**（**authentic activities**），也就是（或类似于）学生们在现实世界背景中可能遇到的活动。比如，当学生们写的故事和作文拥有真实的读者（可能是同学或者网上学伴）时，他们的写作技巧能得到较好的提高，这比完成传统的练习册作业要有效得多。[③] 若学生能亲自设计并完成地图的制图工作，他们就能更加全面地理解如何看懂并使用一张地图，同样这比回答练习册的问题要有用得多（可参考图 3.9）。[④] 同时，他们还很可能会检查自己给出的方案是否能够解决问题——尤其是当他们把方案用于真实生活中的任务时，要保证他们的解决方案符合逻辑。[⑤]

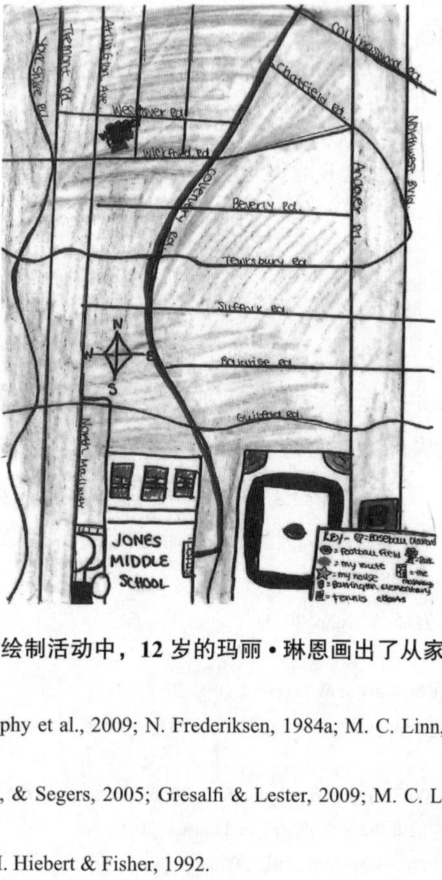


**图 3.9　在真实的地图绘制活动中，12 岁的玛丽 • 琳恩画出了从家到学校范围内的地图**

---

① Amabile & Hennessey, 1992; Brophy et al., 2009; N. Frederiksen, 1984a; M. C. Linn, 2008; D. N. Perkins, 1990; Prawat, 1989; Rittle-Johnson, Siegler, & Alibali, 2001.

② Gijbels, Dochy, Van den Bossche, & Segers, 2005; Gresalfi & Lester, 2009; M. C. Linn, 2008; J. R. Stone, Alfeld, & Pearson, 2008; J. F. Wagner, 2010.

③ Benton, 1997; Graham, 2006; E. H. Hiebert & Fisher, 1992.

④ Gregg & Leinhardt, 1994.

⑤ Cognition and Technology Group at Vanderbilt, 1993; J. R. Stone et al., 2008.

真实活动会给予人很大的激励。[①] 以下例子是一个高中生对自己九年级时参加的月球追踪活动的回忆：

> 印象中那是我们有史以来第一次没学教科书上的内容……我们真的像是科学家或什么人那样。我们记录数据，测量一个月每天月亮升起的时间和角度。我妈差点疯了，因为有时我的家人可能还在吃饭，而我看了一眼手表就立刻跑了出去！我家旁边有一条小河，我必须得去测量，看看月球是如何影响它的潮起潮落的……我觉得我那个月跑去河边的次数比我这辈子其他时间加起来的都多。下一步需要进行运算并用图表来展示我们得到的结果。之后的测验就是分析我们的结果，得出潮汐与月球间的关系。……我感觉我真的做成了一件事，而且这件事有实在的意义。[②]

通过赋予课堂活动真实的背景，老师帮助学生认识到他们需要进行课业学习的真正原因。真实活动对于那些处于学业失败边缘的学生则更有价值。[③]

真实活动，从大体上看，能用于所有学科的课程中。比如老师可以让学生做以下事：

- 撰写社论；
- 参加辩论；
- 设计班级网页；
- 用外语交谈；
- 做视频；
- 在音乐会上演奏；
- 计划个人预算；
- 设计电路。

有些真实活动是以**问题导向（problem-based）**或**项目导向（project-based）**学习的形式出现的，在这个过程中学生们在解决与真实世界中遇到的问题相似的一些复杂问题或任务，掌握了新的知识和技能。[④] 有时，真实活动还涉及**服务式学习（service learning）**，也就是那些能直接或间接提高外部社会生活质量的项目。为了能真正地促进学生进行有效学习，而不造成挫折和失败，大部分真实活动都需要老师对学生给予大量的支持。[⑤] 而且这些活动需要尽可能简单，不要给学生造成不能处理的认知负荷。[⑥]

> **想一想**
>
> 你可以运用什么真实活动类的课堂活动来促进学生对课程知识进行迁移？

但是，如果学校全天的学习都充斥着复杂的真实任务也未必是个好主意，原因有二：一方面，学生们有时在一个相对孤立的活动中练习基本技能时，会更快地将技能自动化。例如，学习演奏小提琴时，学生们在进入管弦乐队前需要先掌握指法；学习踢足球时，在能出场比赛前他们需要练习带球和过人。[⑦] 另一方面，一些真实活动可能太贵、太花费时间了，所以不能保证在课上经常使用。[⑧] 在这些情况下，课外活动就可以给孩子参与更多真实任务提供

① M. Barnett, 2005; Marks, 2000; Wirkala & Kuhn, 2011.

② Wasley, Hampel, & Clark, 1997, pp. 117-118.

③ L. W. Anderson & Pellicer, 1998; Christenson & Thurlow, 2004; Tate, 1995.

④ Hmelo-Silver , 2004, 2006; Hung, Jonassen, & Liu, 2008; Mergendoller, Markham, Ravitz, & Larmer, 2006; Polman, 2004; Wirkala & Kuhn, 2011.

⑤ Hmelo-Silver, Duncan, & Chinn, 2007; Krajcik & Blumenfeld, 2006; Mergendoller et al., 2006; Spiro & DeSchryver, 2009.

⑥ Kester, Paas, & van Merriënboer, 2010; Plass, Kalyuga, & Leutner, 2010.

⑦ J. R. Anderson, Reder, & Simon, 1996; Bransford et al., 2006.

⑧ M. M. Griffin & Griffin, 1994.

机会。[①] 通过一切可能的手段，支持那些有利于记忆长期保持和有利于课堂知识迁移的学习过程，包括知识的组织、精细加工、理解监控等等，这是教学的重中之重。[②]

## 五、用科技手段模拟实际生活中的任务和问题

在看起来较为真实的情境中，有一些模拟可以促进复杂的认知过程——有时这种模拟可能以学生们玩的单机或双机电子游戏的形式呈现。如下所示：

- 《文明》：学习者（玩家）"穿越"回几千年前，在几个世纪的时间跨度里，建立一个日益复杂的人类社会。为了不断繁衍生息，学习者需要对很多事情做出决断，比如食物、自然资源、政府、新科技以及与其他社会、文化群体间的沟通交流。
- 《股神》：学习者（玩家）在股票市场"投资"多只股票，有时日进斗金，有时血本无归，在虚拟的股市中经历起起伏伏。
- 《极端事件》：模拟灾难中，学习者（玩家）要采取应急措施，通过集体决策，解决问题，让社区重回正轨。

模拟既令人激动又具有挑战性——也因此能让学生长时间保持专注——能显著提升学生的批判性思维能力和问题解决技巧。[③] 模拟一个独特的优势是，通过合理的设计，它能使学生的认知负荷处于合理的范围，并且能适当地规范、引导学生的努力方向。[④]

## 六、提出的问题和任务需要学生灵活运用课堂所学内容

当老师的提问和给出的任务需要学生把之前学到的知识以一种新的、不寻常的方式进行运用，也就是运用发散思维时，学生就更容易产生创造性的思考。[⑤] 在历史领域，有两个例子：

- 12 世纪，当时居住于东南亚的高棉人建造了吴哥窟——一个由石头做成的高 200 英尺[⑥] 的巨大庙宇。但是问题来了，石头那么重，当时又没有水泥，人们是如何建造这个寺庙的呢？[⑦]
- 19 世纪 60 年代，美国人用驿马快信的方式在国内快速传递信息。那么，在那个年代，人们还能用什么办法远距离通信呢？[⑧]

---

① Schnittka, Brandt, Jones, & Evans, 2012.

② J. R. Anderson et al., 1996.

③ Barab, Gresalfi, & Ingram-Goble, 2010; Black, Khan, & Huang,2014; de Jong, 2011; Kuhn & Pease, 2008; Squire, 2011; Zohar & Aharon-Kraversky, 2005.

④ de Jong, 2011; Kuhn & Pease, 2010; Sarama & Clements, 2009.

⑤ Bransford et al., 2009; D. N. Perkins, 1990; Sternberg. 2010.

⑥ 1 英尺约为 30.48 厘米。——译者注

⑦ 此问题承蒙 Jeff Ormrod 帮助提供。

⑧ Feldhusen & Treffinger, 1980.

鼓励学生通过多种方式对各种情境和问题进行编码是有益的，这样他们就不会被困在自己的思维定式之中而排除了可能有效的方法和方案。比如，老师可以让同学进行小组合作，在纸上以不同的方式展示同一个问题——用公式、文字表格或图表。[①] 或者，在教授学生一个专家可能会使用哪些概念和步骤来解决问题之前[②]，老师让学生自己先探索可能的解决方式。当然，老师也需要将不同的由学生在单一实践环节中处理的问题混合在一起，这种混合的问题需要学生仔细地思考哪一个程序对应解决哪一个问题，这样他们就不会陷入某一种思维定式，不假思索地一次又一次套用相同的步骤。[③]

## 七、鼓励学生对纸媒和网媒呈现的信息和观点进行批判性评估

想成为毕生的有效学习者，学生必须认识到并不是所有信息来源都可靠——有些通过不同媒体发布的信息是具有误导性的，甚至是彻头彻尾错误的。在这个信息技术不断发展的时代，以批判性的立场审视新的信息从未像现在这般重要。就比如，虽然维基百科上的词条大都较为准确，但有时一些不准确的信息也会被非专家编辑进词条。除此之外，实际上任何人都能在网上任何地方（比如博客）发布自己的认识见解——而且总把自己的见解说成无可争论的“事实”——读者很容易就被忽悠了。不同年级水平的很多学生，甚至很多大学生，都幼稚地认为他们在网上看到的一切信息几乎都是事实。[④]

批判性思维包含多种技巧，所以鼓励批判性思维的策略也是多种多样。以下是一些建议：

- 鼓励理性的怀疑，比如，可以鼓励学生质疑或者挑战他们曾经读到或听说的观点，并告诉学生人们对某个事物的理解认识会随着时间不断变化这样一个认知信念。[⑤]
- 示范如何进行批判性思维，比如，在分析一个有说服力的论点或一个科学报告时，给学生讲出自己的思考过程。[⑥]
- 给学生的批判性思维提供很多练习机会，比如在说服性文章的论点中挑出论证瑕疵，评估科学结论的质量和实用性，用证据和逻辑支持特定的观点。[⑦]
- 通过下列问题鼓励批判性思维：

  （1）谁写的？作者或作者们有无偏见或倾向性？

  （2）作者用了哪些说服技巧？这些技巧是正当的，还是刻意用来误导读者的？

  （3）提出的主张和论点基于什么假设？

  （4）信息是否和其他文件中的信息相矛盾？

---

① Brenner et al., 1997; J. C. Turner, Meyer, et al., 1998.

② Niu & Zhou, 2010; D. L. Schwartz et al., 2012.

③ Dunlosky, 2013; E. J. Langer, 2000; Mayfield & Chase, 2002.

④ Manning, Lawless, Goldman, & Braasch, 2011; M. J. Metzger et al., 2003; Wiley et al., 2009.

⑤ Afflerbach & Cho, 2010; Kardash & Scholes, 1996; Kuhn, 2001a.

⑥ J. Moon, 2008; Onosko & Newmann, 1994.

⑦ Halpern, 1998; Kuhn & Crowell, 2011; Monte-Sano, 2008; Yang & Tsai, 2010.

（5）哪些推理能支持结论，哪些不能？

（6）我怎样做能改进这个研究的设计？[①]

- 让学生从不同角度对有争议的话题展开辩论，有时故意让他们选择那些自己不认可的角度。[②]
- 把批判性思维技巧渗入真实活动的背景中，这样有助于学生在之后的成年人生活和工作中对这些技巧进行有效的提取。[③]

课堂策略专栏“培养批判性思维”中展示了一些例子，老师可以在语言艺术、社会学科和科学学科的教学中借鉴参考。

## 课堂策略

### 培养批判性思维

- **教授批判性思维的组成部分**

  在一个有关说服和论证的单元中，一名初中语言艺术教师告诉学生一个站得住脚的论证要达到三个标准：（a）论据准确且具有一致性；（b）论据与结论相关，且为结论提供了充分的支持；（c）很少或没有忽略可能导致矛盾结论的信息。之后教师让学生们试着把这些标准应用到不同的说服性文章和议论文的学习中。

- **培养鼓励批判性思维的认知信念**

  一名高中历史教师没有把历史课当成一个“背知识点”的课程，相反，他把这门学科描述为一个理解和阐述历史事件的尝试，这些理解与阐述来自那些卓有见地，却又不可避免地带有个人偏见的专家学者。有几次他让学生读两三个不同历史学家对相同历史事件的描述，让他们寻找每个历史学家个人偏见的证据。

- **把批判性思维植入真实活动的背景中**

  在一个有关统计学和科学推理的课程单元中，八年级的科学课学习了与概率、相关性和实验控制有关的概念。之后，作为模拟“立法听证会”的一部分，学生们进行小组讨论，提出论点，说明他们支持或反对一项有关维他命和其他膳食补充剂销售和使用的立法草案。为了找到支持他们的论据，学生们在阅读和分析杂志文章、政府报告（关于营养补充剂潜在的利害关系）时，运用了他们学过的有关统计学和实验的知识。

- **教学生如何评估网页上信息的准确性**

  在一个由教师自主设计的名叫“探险家百科”的教育网站上，小学生可以练习区分关于早期著名探险家的可靠信息和存疑信息。比如，在一个学生搜索关于克里斯托弗·哥伦布的信息时，他们访问了一个虚假“网站”，那上面显示哥伦布生于 1951 年，却卒于 1906 年——这个时间线明显不符合逻辑。除此之外，网站上还断言西班牙国王和王后与哥伦布用免费电话联系。

来源：Derry, Levin, Osana, & Jones,1998（统计的例子基于此项研究）；Halpern, 1997（合理论证的标准）；Paxton, 1999（历史课例子中的个人偏见）。

---

① 问题基于 De La Paz & Felton, 2010, p. 182; Halpern, 1998, p. 454; S. A. Stahl & Shanahan, 2004, pp. 110-111.

② E. M. Nussbaum, 2008; E. M. Nussbaum & Edwards, 2011; Reiter, 1994.

③ Derry et al., 1998; Halpern, 1998; Muis & Duffy, 2013; Sandoval, Sodian, Koerber, & Wong, 2014.

## 八、通过小组讨论和小组活动支持复杂认知过程

小组讨论和小组活动能帮学生更好地理解一个话题并促进复杂认知过程，尤其是当他们得到了一些框架性指导和帮助时。[①]当学生们相互交流时，他们必须——从元认知角度他们更加意识到——要把自己的所思所想语言化。他们还能聆听他人的（或许也是更好的）学习策略、问题解决技巧、批判性分析。通过一起学习，他们可以完成更具挑战性的任务，这要比单打独斗好得多。

一个有效的方法是教学生们互问互答那些与当前学习相关且可以激发思考的问题，比如：为什么某某某是真的？[②]在下面的对话中，五年级的凯蒂和贾内尔正在一起学习有关蓄潮池的材料。凯蒂的任务是问贾内尔一些可以鼓励精细加工的问题：

> **凯蒂：**上层潮带和下层潮带有什么不一样？
>
> **贾内尔：**它们中间栖息着不同的动物。在上层潮带和浪溅带的动物可以出水，它们需要应对雨水、泥沙、风和太阳，它们不需要太多水；而下层潮带的动物需要大量的水。
>
> **凯蒂：**动物身体可以更柔软，因为它们不用在礁石间乱撞。
>
> **贾内尔：**还和捕食者有关。在浪溅带，因为有像我们人类一样的捕食者，还有很多能置动物于死地的东西，它们很难存活。但是下层潮带就没这么多捕食者。
>
> **凯蒂：**等一下！那浪溅带为什么还有动物生存？[③]

注意两个女孩是如何不断把动物的特点与在不同潮带的生存联系起来的。最终凯蒂问了浪溅带为什么还有动物生存，这个问题是批判性思维显而易见的反映。

## 九、把复杂的认知过程融入评估活动

为了评估学生对于知识点和具体步骤的掌握程度而布置作业、设计试卷，这是一件相当容易的事情。但更重要的是，教师需要去评估学生是不是能把所学应用于实践。[④]为了更好地解释，请看图 3.10。它展示的是一个评估任务，任务要求学生把所学的地理原理知识应用于新的情境。将课堂所学应用于评估任务和问题解决，老师向学生明确地传递了这样一个信息，即课程内容可以且应该被灵活地和创造性地应用于不同情境。

---

① Jadallah et al., 2011; E. M. Nussbaum, 2008; A. M. O' Donnell, Hmelo-Silver, & Erkens, 2006; Vaughn et al., 2011; Wentzel & Watkins, 2011.

② Kahl & Woloshyn, 1994; A. King, 1994, 1999; Rosenshine, Meister, & Chapman, 1996; E. Wood et al., 1999.

③ A. King, 1999, p. 97.

④ 更多例子见 M. C. Linn & Eylon, 2011; Shepard, Hammerness, Darling-Hammond, & Rust, 2005.

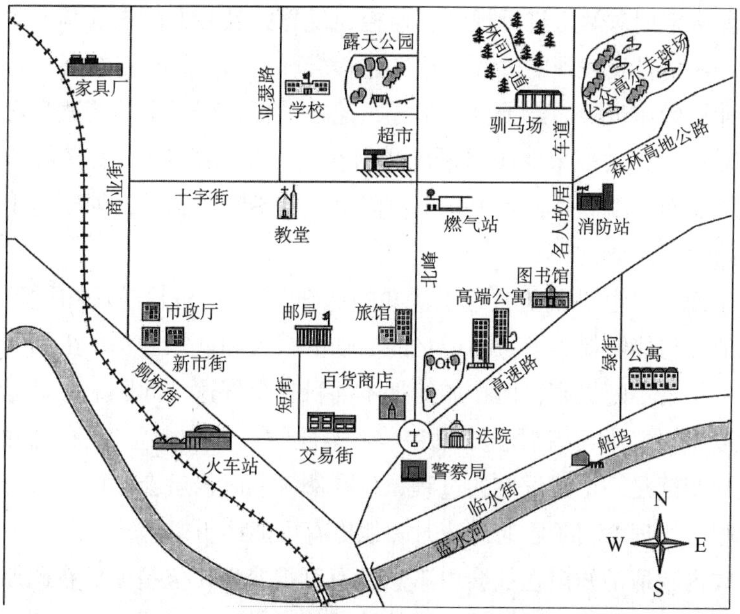


**图 3.10　评估活动的一个例子，要求学生把所学的地理原理知识应用于新的情境**

这是一座名叫“河谷”的小城市的地图。应用有关地理原理知识回答下列各问题，并逐一陈述理由。

1. 你最有可能在城市的哪里找到一个炼钢厂？
2. 你最有可能在哪里找到高收入、独户家庭的住宅？
3. 城市中的哪个区域看起来正在进行城市升级？
4. 你觉得城市哪个地方交通最为拥挤？

（答案）

1. 在城市南部的中心区域，因为那里看上去是中心商业区。
2. 城市的东南部，很明显那里有豪华的公寓楼群。
3. 在驯马场和高尔夫球场附近，因为骑马和打高尔夫都是广泛流行却十分昂贵的娱乐消遣方式。
4. 在河流与铁路轨道中间，因为水陆交通都很方便。

## 总结

在复杂认知过程中，学习者需要做的远不止是学习新的信息，也许还需要更好地理解，在新情境中运用，去解决问题，去创造产品，或者批判性地对信息进行评估。本章开篇给出的几个主要理念可以帮我们总结一下研究者和经验丰富的教育者对于这些过程的认识。

- **有效力的学习者会定期对学习进行规划、监控、反思并且努力改进其学习方式**。自我管理是一个指导、监控、评估自我表现的过程，这一过程会影响学生的学习情况。自我管理包括：为表现设立目标，计划操作步骤，给予自我指导，监控过程，积极主动调适学习动机和情绪，评估表现以及主动对成功或失败采取应对措施（内在或外在的措施）。大多数学习者自我管理能力会随着年龄的增加而不断提高，其中一个原因是大脑不断成熟，另外则是由于孩子和成人所进行的共同管理的学习活动。

  元认知（字面意义上讲就是“对于认知的认知”）包括对自身认知过程的知识和信念，还伴随着有意识地参与能够促进学习和记忆的活动的行为和认知过程。虽然元认知意识和有效的学习策略会随着年龄不断提高，但在如何把不同科目学好这个问题上，甚至许多高中生也十分幼稚。某种程度上讲，学习者对于知识和学习本质的认知信念会影响他们的策略选择。例如，如果学生意识到阅读是一个建设性的过程，他在阅读的时候就会倾向于进行意义学习，在遇到和自己现阶段相信的理念相矛盾的说法时，他更有可能经历概念转变。

- **虽然学习者在校内获取的知识在社会中不总具有可借鉴性，但是他们在此期间所掌握的普遍原则、学习策略和态度却能被应用到更广泛的情境中**。当学习者将一个情境中学到的东西应用于一个新的情境时，就发生了迁移。对于特定知识的迁移最常见于两种较为相似（需要特定的知识和技能）的情境（比如知道如何用法语数数有助于掌握用西班牙语数数）。相反，一些通用的学习策略、信念和态度（比如知道如何能记好笔记，认识到熟练掌握课程内容需要刻苦努力和坚持不懈）却经常可以从某一领域的学习迁移至完全不同的领域。在学习者对课内所学能进行有意义的概念理解，且环境鼓励迁移的条件下，学习者就更易于将校内知识应用到外部的任务和问题中。

- **如果学习者具有足够的知识背景并能灵活地思考手头的任务，他们会成为更有效的问题解决者和更具创造力的思考者**。问题解决（提出并解决一个未知的问题或麻烦的情况）和创造力（制造原创且适应文化的东西的能力）需要不同程度的聚合思维及发散思维。学习者在以下条件下通常能够有效地解决问题并发挥自己的创造力：学习者拥有大量相关知识，将基本技能的应用自动化但不将描述挑战性问题和情境自动化，拥有多种解决问题的启发方法以供使用，能元认知地反思和监控自己的进步。

- **批判性思维既要求对知识本质的精准理解，又要求有对新信息和概念进行审视评估的普遍意愿**。批判性思维包括对准确性、可信度、信息价值和推理的评估。它有多种表现形式，如分析说服性论点，辨别哪些论据能支持特定的结论哪些不能，判断通过不同研究方法收集的数据的价值。当学习者有了精准的认知信念（比如他们认识到对同一话题的认识是随时间不断变化的），而且习惯对所获取的新信息进行评估，他们就更倾向于对自己的所见所闻进行批判性思考。

- **有效力的教师会适龄地培养学生的自我管理能力，提高元认知水平**。给予清晰的指引并且帮助学生对行为和认知过程进行自我管理有助于各年级水平学习者进步。比如，老师可以让学生为学习树立具体的目标或提供具体的标准让学生对自己的成就进行评估。老师可以通过下列方式促进学生元认知的发展：（1）鼓励学生反思自己的学习技巧和问题解决策略；（2）传授具体的学习记忆策略；（3）设计课堂活动，让学生认识到知识的动态本质以及想要真正掌握学习内容需要不懈地坚持努力。

- **有效力的教师会为学生创造适宜的环境，使他们对课上知识进行迁移、批判性思考或提出创造性的解决方案**。学生更容易进行复杂的认知过程的前提是，这些过程与正在进行的不同领域课程相互融合，并且在过程中他们需要足够的心理安全感去迈出第一步，甚至被允许犯错误。要让应用新知识、新技能常态化，能使学生相互批判借鉴他人想法的小组讨论也要常态化。最终，迁移、创造性解决问题、批判性思维和其他复杂认知过程在课堂上应该既在意料之中，又在情理之内。不仅课程教学中是这样，评估活动中也应如此。

## ▼资格考试备考练习

### 对查理的采访

17 岁的查理在高中一直都是 A 的成绩，现在即将完成 11 年级学业的他 GPA（平均分）4 分。查理对于科学和信息技术十分感兴趣，事实上，除了完成校内具有挑战性的学习任务外，他甚至还在当地的一所社区大学报了几个电脑课程。查理的母亲表示："他把很多时间花在自己的项目上（写论文、报告），但他不经常阅读或是学习课本。"

一天下午，一个成年人对查理进行了采访：

**成人**：你认为自己在校成绩为什么这么好？

**查理**：我按时完成作业，考试也不错。我其实不怎么学习——我只是保证专注于作业，并且确保我正在做的作业是有意义的……我的做法依情况而定。对于数学和化学，我就只是做作业，并且在午饭时间和朋友一起复习复习。我就是这么学习的。

**成人**：你说"确保我正在做的作业是有意义的"是什么意思？

**查理**：就是说如果我思考一个问题，我知道需要一步步怎么做，就像数学和化学那样。

**成人**：我们举个例子，老师让你在 3 天内读一本教材的其中一个章节，你认为在阅读过程中你会做什么？

**查理**：那要取决于教材和课程。也许我就是略读一遍。我在读之前会思考老师只是想让我们看一遍，还是想让我们发现什么问题。比如在电脑程序课上我们有一本教材，当我阅读其中一个章节时，我就只看例子和编程，其他的就不看了。

**成人**：我从没听你提过尝试去背一些东西。

**查理**：我们确实有需要背的，但只要我写一遍——可能是一个公式什么的——再用它解决一些问题，我就记住了。

**成人**：你有没有用过词汇卡片这种东西？

**查理**：这个对我来说没什么用。

**成人**：你是怎么确定自己真的学会了——我是说实实在在地掌握了某个知识并且确保自己能长时间地记住它呢？

**查理**：就是当我解决相关问题时觉得不再像原来那么困难……而且每次都能得到正确答案的时候。

**成人**：你的老师也许期待你在课外也做很多事情，对吧？你怎么保证自己全部完成呢？

**查理**：列一个时间清单很管用的。

**成人**：你用这个清单做什么呢？

**查理**：有了这个时间清单我就知道有些事情需要马上完成，有些则可以推迟到头天晚上再干，那天我晚上有一整块空闲时间去做。或者我必须回家就做我的化学作业，又或者我可以等到最后一分钟。这取决于我是不是要和朋友出去玩。

**1. 选择题**

查理表示："我其实不怎么学习——我只是保证专注于作业，并且确保我正在做的作业是有意义的。"以下哪个选项能最准确地描述这个陈述的本质？

A. 算法　　B. 元认知

C. 批判性思维　　D. 发散性思维

**2. 选择题**

以下哪一个陈述显示的是理解监控？

A. "那要取决于教材和课程。也许我就是略读一遍。"

B. "比如在电脑程序课上我们有一本教材，当我阅读其中一个章节时，我就只看例子和编程，其他的就不看了。"

C. "当我解决相关问题时觉得不再像原来那么困难……而且每次都能得到正确答案的时候。"

D. "有了这个时间清单我就知道有些事情需要马上完成，有些则可以推迟到头天晚上再干，那天我晚上有一整块空闲时间去做。"

**3. 问答题**

你认为查理的学习策略涉及机械学习还是意义学习呢？请用采访中的片段来支持你的答案。

# 第 4 章

# 在背景中学习

**主要理念**

第一节　学习者的行为和认知过程受到直接环境中的特定刺激和结果的影响。

第二节　学习者和那些与自己能力相当或更强的个体共同建构知识。

第三节　学习者成长过程中的文化、社会、技术和学业背景会影响他们的行为和认知过程，学习者在学校或其他地方所学内容也会对其产生影响。

第四节　不仅各种环境背景会影响学习者及其发展，学习者也会影响他们生活和成长的环境。

第五节　有效力的教师会创造一个鼓励和支持有成效的行为和思维方式的课堂环境。

第六节　有效力的教师会根据学生生活的更广阔的文化和社会经济背景来调整教学。

**本章概要**

**个案研究：为什么杰克没有来上学**

杰克是一个印第安人，住在美国西南部纳瓦霍族地区，正在上七年级。他喜欢上学，学习也很用功，与同学们相处得不错，但是他整个星期都没有来上学。事实上，他也不在家，他的家人（家里没有电话）不清楚他在哪儿。杰克的英语老师向了解杰克多年的教育者唐纳·戴勒描述了这件事的情况：

> 这个七年级的孩子离开家5天了，他的父母根本不在乎……这个星期几乎有三分之一的纳瓦霍族学生缺课。他们的父母并不支持他们接受教育。他们不来上课，我又如何能教他们呢？

几天以后，杰克的妹妹解释了他们的父母最终开始寻找杰克的原因：

> 他和同学去看电影《第一滴血II》后就再也没回家了。如果他遇到麻烦，我们会知道的。但是现在需要他明天去放羊。

那是春天，是那家人要种庄稼和剪羊毛的时间，所有家庭成员都需要来帮忙。杰克的行踪很快就被发现了。这家人在唐纳的房子旁边停下来说了这件事：

> 杰克的父亲说："我们找到他了。"他的母亲转向他，调侃地说："现在上学看来是太轻松了！"杰克在家待了几天，帮助浇灌玉米地，然后才决定回到学校。[①]

- 杰克逃学不上课，他的英语老师得出的结论是"他的父母根本不在乎"他的教育，你的解释与他的英语老师一样吗？如果是的话，你自己的文化背景是如何影响你得出结论的呢？
- 像大多数父母一样，杰克的父母也极为关注他的学习成绩和总体的心理幸福感。在这种情况下，他们的行为还可以怎么解释呢？

你极有可能会得出结论，认为杰克及其父母都不重视正式教育。如果这样的话，你的结论有可能是基于你的文化中两个被人们广泛持有的观念：（1）学校应该具有超越家庭和任何其他地方的优先权；（2）负责任的父母应该坚持让孩子去上学。实际上，大多数纳瓦霍族孩子和成年人完全认可接受良好的教育非常重要。为了真正了解杰克家里发生了什么，我们需要知道有关纳瓦霍族的几件事。首先，纳瓦霍人非常推崇个人自主：即使是孩子也应该有自主决定权。[②] 根据这个观念，好的教养并不意味着要求孩子们做某些事情或有特定的表现，因此，杰克的父母没有坚持让他看完电影后就回家。相反，父母提出建议和指导，可能以温和的调侃的形式（"现在上学看来是太轻松了！"），逐步引导孩子做出更有成效的选择。但是除个体自主性以外，纳瓦霍族也很看重合作和相互依靠，相信社区成员应该为了共同利益而同心协力，所以，在耕种季节杰克最优先考虑的事情是帮助家庭。既尊重个人决定又合作式地相互依靠，这在许多印第安人社区中是存在的。[③]

---

① 这三段摘录选自 Deyhle & LeCompte, 1999, pp.127-128。

② Deyhle & LeCompte, 1999.

③ Chisholm, 1996; M. L. Manning & Baruth, 2009; Rogoff, 2003; Tyler et al., 2008.

学习总是在特定背景之下发生，不仅在直接环境，也在如图 4.1 所示的家庭、社会群体、社区以及社会背景之下。这样的背景就是本章的主题。在本章开始部分，我们会首先了解学习者的直接环境的影响，也就是说，在任何给定的时间所遇到的对象和事件。之后，我们会拓展视野，探讨学习者所生活的更广阔的背景，例如，家庭、社会群体和社区以及社会所赋予他们的技术和学术的遗产。在本章开头部分，我们将大量使用**行为主义理论**（**behaviorism**）和**社会认知理论**（**social cognitive theory**），但随后，在讨论中会更多地采用当代**情境理论**（**contextual theories**）。如果需要对这些观点进行简要复习，可以参看第 2 章的表 2.1。

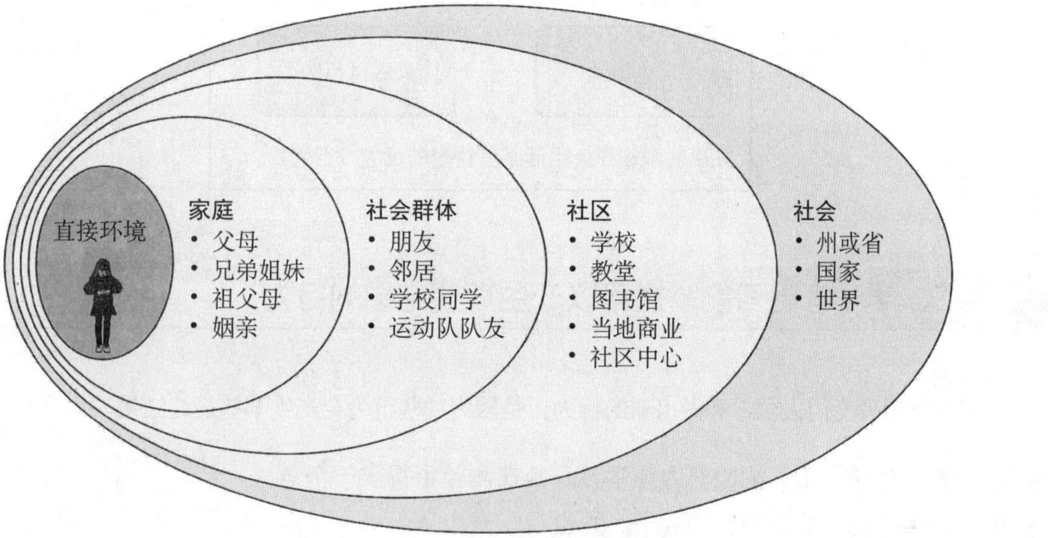


**图 4.1 影响学生学习和发展的背景举例**

# 第一节 以直接刺激为背景

**主要理念：学习者的行为和认知过程受到直接环境中的特定刺激和结果的影响。**

在某种程度上，学习者的行为（也叫做**反应**，**responses**）受到直接遇到的对象和事件的影响（叫做**刺激**，**stimuli**，复数形式是 stimulus）。比如，在开头的个案研究中，杰克被怂恿和朋友去看一场电影，然后帮助家人完成一些农活。针对已经了解的关于学习者的直接环境刺激如何影响学习者的行为——有时是长期的影响，研究者总结了以下几个普遍原则。

## 一、某些刺激往往引发某些特定反应

在我们生活中，某些刺激会自然而然地使我们做出特定反应。朋友邀请我们去观看动作冒险电影，可能是很难拒绝的。一篇存在严重偏见的报纸社论可能会使我们非常气愤，并且导致我们要写信给编辑。不同的乐曲会唤起不同情绪和行为状态，或许会使我们感到兴奋或紧张，或许会使我们手舞足蹈或步入舞池，又或许会帮助我们放松和“保持冷静”。先于并激发一个特定反应的刺激被称为**先决刺激 (antecedent stimulus)**。

在校园环境中，不同的环境条件会产生特定行为，有时是向好的方向转化，有时是向坏的方向转化。例如，如果玩耍场地相对更小，可供玩耍的玩具（球、木偶）鼓励合作和群组活动时，学龄前儿童更可能和同伴进行互动。① 在年龄更大一点的孩子中，被要求进行的游戏类型会影响他们的人际行为：合作性的游戏促进合作行为，而竞争性的游戏会产生攻击行为。② 课业任务的特性影响学生在课堂上的状态表现。比如，当学生有信心能成功完成老师布置的任务时，在班上可能表现得更恰当。③

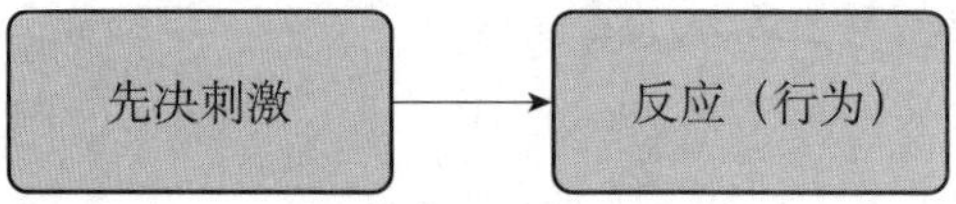


先决刺激往往会引起某些特定的反应（行为）。

## 二、学习者更可能掌握可以产生期望结果的行为

通常，学习者专门去学习和做出新的行为，是因为这些行为会产生某些最终结果。以下是一些例子：

- 劳拉为准备法语单词测验努力地学习。她在测验中得了一个 A。
- 琳达抄袭了劳拉法语测验的卷子。她也得了一个 A。
- 朱利安在投篮前改变了持球方式。他现在比以前投篮更准了。
- 詹姆斯朝旁边的女孩扔曲别针，发现这是一个能让她注意他的办法。

正如你所看到的，学习者为了获得他们想要的东西，可能掌握了有成效的行为（如，学习、尝试一种新的投篮方法），也可能掌握了无成效的行为（如，在测验中作弊，朝同学扔曲别针）。

当谈论期望结果对于学习者行为的影响时，我们是在说**操作条件反射**（**operant conditioning**），这是一种很多行为主义者都描述过的学习形式，而以斯金纳的描述最为著名。④ 操作条件反射的核心原则非常简单：

> 如果一个反应之后会有一个强化刺激（强化物），那么这个反应就更可能会再次发生。

当行为会不断产生期望的后续结果时，这些行为发生的频率往往会更高；当行为不能产生结果时，通常这种行为会减少甚至完全消失。

教师们通常会谈论当学生在学业成就和课堂行为上表现好时给予奖励。但是你可能已经注意到，在关于条件反射的描述中我们没有用奖励这个词，其中有一个非常重要的原因。奖励这个词使我们想到的是那些大家都认为让人高兴的、想要的东西，可能是赞扬、钱、奖杯或特权。但是有些

---

① W. H. Brown, Fox, & Brady, 1987; Frost, Shin, & Jacobs, 1998; S. S. Martin, Brady, & Williams, 1991.

② Bay-Hinitz, Peterson, & Quilitch, 1994.

③ Mac Iver, Reuman, & Main, 1995; Moore & Edwards, 2003; Mueller, Nkosi, & Hine, 2011; S. L. Robinson & Griesemer, 2006.

④ 例如，参见 B.F.Skinner, 1953,1954,1968。有些行为主义者使用的是工具条件反射 (*instrumental conditioning*)。

个体增加某些行为的理由，在其他人看来并不那么有吸引力。一个**强化物**（**reinforcer**）是任何增加某一特定行为发生频率的结果，不管其他人是否也想要那个结果。在某一特定反应后施予强化物的行为被叫作**强化**（**reinforcement**）。

一个反应（行为）可能会导致某个特定结果。如果某个结果使今后的反应增加，那它就被叫作强化物。

强化物在形式上千差万别，不同强化物的效果对于不同学习者也不相同。有些是**初级强化物**（**primary reinforcers**），它们提供的是基本的生理或心理需求。食物、水、热源和氧气都是初级强化物。某种程度上，身体上的爱抚和拥抱似乎也隐含着生理需求，对于一个对违禁药品成瘾的青少年来说，下一次的“毒品注射”也是一种初级强化物。①

相反，**二级强化物**（**secondary reinforcers**）不会满足任何生理需求，赞扬、钱、好成绩和奖杯就是这样的例子。刺激物通过与其他强化物相联系，久而久之成了强化物。例如，如果赞扬是偶尔和母亲特殊的买糖奖励相联系，父亲的拥抱通常伴随着给钱，那么赞扬和钱最终会得到强化，并成为强化物。

**想一想**

你能想出其他二级强化物的例子吗？

目前为止所提到的例子都是**正强化**（**positive reinforcement**）的例子。无论何时，当一个特定刺激呈现于某个行为之后，且结果是增加了这个行为时，就发生了正强化。不要被正这个词误导，在这里它和所呈现刺激的愉悦性或一般吸引力毫无关系。即使是在所呈现的刺激是其他人可能觉得不那么愉快或不那么有吸引力时，正强化也会发生。正只是表明在情境中加入了一些东西。尽管很多学生会表现出可以赢得教师赞扬的行为，但是其他学生可能也会表现出其他行为以获得教师任何形式的注意，即使是一声训斥。② 大多数学生会为了得到 A 而努力学习，但是有一些可能真的更想要 C 甚至是 F。（作为一名学校心理学家，本书的一位作者曾经遇到过一名高中生用 F 来报复他过于专横和过度控制他的父母。）任何刺激——赞扬、训斥、A 或者 F，因人而异都可能成为正强化物。以下是一些正强化物表现形式的例子：

**教师和同伴的关注通常是正强化物，也就是说，会增加其随后的行为，即使所传递的信息本意是为了阻止该行为。**

- 实体强化物（*concrete reinforcer*）是一个真实的对象，是一些可触及的东西（如贴画、橡皮或玩具）。
- 社会强化物（*social reinforcer*）是一个人向其他人做出的姿势或手势（如微笑、关注、赞扬或“谢谢”），通常是为了传达积极关注。
- 活动强化物（*activity reinforcer*）是一个能参与到所喜欢活动中的机会。如果在完成某个任务后能让他们做某些喜欢的

① Harlow & Zimmerman, 1959; Lejuez, Schaal, & O'Donnell, 1998; Vollmer & Hackenberg, 2001.

② Dolezal & Kurtz, 2010; Mueller et al., 2011.

事，学习者通常会去完成这个任务，即使他们可能本身并不喜欢做这个任务。①

- 有时回答正确或任务完成得出色这样简单的信息，即**正反馈**，也足以成为强化物。当以明确的语言告诉学习者他们做得很好，以及可以做什么来改进今后的表现时，正反馈最为有效（见图 4.2）。②

**科幻小说图书项目**
姓名：马特
书名：海底两万里
作者：儒勒·凡尔纳
作业类型：连载漫画
演讲：对这本书的概括和描述都很好。

成绩：A

图书项目：马特，你的绘画很棒！连环画里的解说文字还应该对故事讲述得多一些，你没有说清楚这些地方是如何相互联系的以及为什么会相互联系。

成绩：$A^{-}$

**图 4.2　一名中学教师在马特的图书项目的评语中清楚地说明了可以做什么来改进项目，但没有指明他在哪些方面已经做得很好。让马特了解哪些地方使他的总结和项目描述得“非常好”将有助于他在今后重复这么做**

之前列出来的强化物都是**外部强化物**（**extrinsic reinforcers**），这些强化物是外部环境提供的（通常是由他人提供的）。不过有一些正强化物是**内部强化物**（**intrinsic reinforcers**），是由学习者自己或所执行任务的内在特性提供的。学习者参与一些活动仅仅是因为喜欢这些活动，或想要体验胜任感和胜利感。手不离卷地从头到尾读完一整本书，在没人要求的情况下做额外功课，或与邻近摇滚乐队熬夜练习到清晨，在这些情况中，人们在没有任何外部强化物时所做的某些行为，很可能是为了这些行为所产生的内部强化物而努力。

如表 4.1 所示，儿童在成长过程中对于不同种类强化物的偏好往往也会变化。该表还呈现了另一个发展趋势：随着儿童的成长，他们变得能够更好地处理**延迟满足**（**delay of gratification**）。即，经过长期努力，为了在将来某个时候能获得更大的强化物，而放弃小的当前强化物。③学前儿童或幼儿园孩子更倾向于选择小的现在就能得到的强化物，而非一个更大更有吸引力的要等一天才能得到的强化物。而一个 8 岁孩子可能愿意为了一个更有吸引力的东西而等一两天。延迟满足在青少年后期达到顶峰，有些青少年的延迟满足时间可以达到几个星期甚至更长。④

## 三、学习者也可能会获得有助于他们避开或逃离令人不快的环境的行为

有时候，学习者的行为并不是为了得到某种东西，而是为了摆脱某种东西。在这样的情

① Premack, 1959, 1963.
② Hattie & Gan, 2011; Narciss, 2008; Shute, 2008.
③ Atance, 2008; L. Green et al., 1994; Steinberg, Graham, et al., 2009.
④ Achterberg, Peper, van Duijvenvoorde, Mandl, & Crone, 2016.

况下，就是负强化在起作用，而非正强化。正强化涉及的是刺激的呈现，而**负强化**（**negative reinforcement**）是通过刺激（通常是一个令人不快的刺激，至少在学习者看来是这样）的移除而引起一个行为的增加。这里负这个词不是数值的评价。它仅仅是指去除（而非增加）一个刺激。要记住这一点，思考一下数学中使用的正和负：正的符号用来表示增加，而负的符号是用来表示减少。下面是几个负强化的例子，都会因为移除刺激而导致某种行为的增加：

- 英国文学课，鲁本必须读完《双城记》。他不喜欢有个安排悬在头顶，不想老惦记这个作业，因此提前一周就读完了。当他读完时，烦人的担忧感就消失了。如果他提前完成更多作业，这种行为的频率就会增加，因为这种行为的效应是消除了他的担忧感。
- 朗达也在同一个文学课上。每次在家里坐下来阅读《双城记》时，她都发现这部小说令人困惑、难以理解。她很快就停止了这个学习，而去找其他“需要”做的事——发短信、和邻居打篮球等。换句话说，她一旦停止学习，不愉快的感觉就会消失，至少是暂时消失了。如果她继续避免做较难的作业，这种行为的频率就会增加，因为这个反应暂时消除了不愉快的感觉。

在这个文学课上，某些学生大声地起劲儿地抱怨不得不读“某个死家伙”写的这本书，而不是读比如《饥饿游戏》，或其他在同伴中受欢迎的小说。他们的老师对学生的这种抵制出现了情绪性反应，终于爆发了：“停下，停下，**停下！**”学生们马上安静下来。通过这种行为，这位老师终止了一个喧闹烦人的情境。如果老师叫喊而学生安静下来的话，叫喊行为的频率就会增加，因为这可以消除喧闹烦人的情境。

注意刚才的例子里，负强化有时候是促进期望的行为发生（如提早完成作业，让吵闹的学生们安静下来），而在另外一些时候则是促进不期望的行为发生（如拖延）。还要注意，学生们并不是唯一在课堂上对强化做出反应的人：课堂太吵的时候，教师也被迫喊叫。教师的情绪爆发从长远看来并非有成效的，尤其是当他没有主动去弄清楚为什么某些学生很难看懂狄更斯的小说的时候。

## 发展趋势

**表 4.1**　　**不同年级学生的有效强化物**

| 年级 | 该年龄段的典型特点 | 案例 | 建议策略 |
|---|---|---|---|
| <br>幼儿园 ~2 年级 | • 与较大的延迟的强化物相比，更喜欢小的当前的强化物<br>• 有效强化物的例子：<br>（1）实体强化物（如，贴纸、蜡笔、小玩意儿）；<br>（2）教师的赞许（如，微笑、表扬）；<br>（3）优先权（如，优先去吃午饭）；<br>（4）“长大”的责任感（如把缺课同学名单送到办公室）。 | 当一名幼儿园教师要求孩子们在晨歇之前的小点心和晨歇之后更大的点心之间选择时，大多数孩子大嚷着要那个小的现在就能得到的点心。 | • 对适宜行为立即给予表扬。<br>• 描述学生当前的行为可能在之后产生的良好结果。<br>• 做得好的任务用五颜六色的贴纸标明；选择符合学生兴趣的贴纸（如，使用学生喜欢的卡通人物）。<br>• 根据学生表现好坏决定休息、午餐或解散的排名（如，第二桌是最安静的，可以先排队）。<br>• 在所有学生中提供轮流执行班级职责的机会（如，喂金鱼、浇花）；这样的职责视行为表现而定。 |

续前表

| 年级 | 该年龄段的典型特点 | 案例 | 建议策略 |
|---|---|---|---|
| <br>3~5 年级 | • 延迟满足能力增强了（如，为了之后获得更大的强化物可以推迟小的强化物）。<br>• 有效强化物的例子：<br>（1）实体强化物（如，点心、铅笔、小玩具）；<br>（2）教师的赞许和正反馈<br>（3）"好公民"证书；<br>（4）自由时间（如，画画或玩游戏）。 | 因为 9 岁的李梅在一个很难的写作业任务中帮助了同学，老师表扬了她，李梅为此感到十分得意。 | • 只是偶尔使用实体强化物，可以在课堂活动中加入一些小物品。<br>• 为"每周好公民"颁发奖状，明确指出获得者在哪些方面做得特别好；确保每名学生在学年中至少获得一次。<br>• 为出勤记录表现好的学生安排一次当地游乐场的游玩（对于面临学业失败的学生特别有用）。 |
| <br>6~8 年级 | • 和同伴社交的愿望增强了。<br>• 有效强化物的例子：<br>（1）和朋友在一起的自由时间；<br>（2）同伴的接纳和赞许；<br>（3）教师的赞许和支持（在进入中学之后尤为重要）；<br>（4）对学业表现给予具体正反馈（最好是私下给予）。 | 六年级科学课上，学生们在努力地执行老师布置的一项实验任务，他们知道如果能在下课前完成，就能和朋友聊会儿天。 | • 视完成所布置任务的情况，把和同伴在一起的自由时间分成小的阶段（如，5 分钟）。<br>• 花时间和学生一对一地在一起，尤其是那些看起来社交孤立的学生。<br>• 对于做得好的方面给予明确反馈（如，指出他们在写作中使用了丰富的语言，或表扬他们对同学的亲社会行为）。 |
| <br>9~12 年级 | • 为了获得所希望的长期结果而推延当前的快乐的能力增强。<br>• 关心获得好成绩（特别是那些申请了好大学的学生）。<br>• 有效强化物的例子：<br>（1）和朋友互动的机会；<br>（2）关于学业表现具体的正反馈；<br>（3）对于群体表现的公众认可（如，报纸上关于社团公共服务工作的文章）；<br>（4）职务（如，作为教职员工参议会的学生代表）。 | 当有朋友叫 16 岁的迪昂周四晚上去看电影时，他推辞了。"我必须准备明天的历史测验，"他告诉他们，"如果我能保持好成绩，就更有机会获得一所好大学的奖学金。" | • 肯定学生对于取得好成绩的关心，但是要让他们把注意力更多放在学习学校课业知识本身的价值上（见第 5 章中关于成就目标的讨论）。<br>• 采取预防措施确保作弊和抄袭不会得到强化。<br>• 在当地报纸媒体上宣传课外小组和运动队的成绩。<br>• 为自主的决定和责任提供机会，特别是当学生显示出有能力做出明智决定的时候。 |

来源：E.M. Anderman & Mueller, 2010; L.H. Anderman, Patrick, Hruda, & Linnenbrink, 2002; Atance, 2008; Cizek, 2003; Fowler & Baer, 1981; L. Green, Fry, & Myerson, 1994; Hine & Fraser, 2002; Krumboltz & Krumboltz, 1972; M.G. Sanders, 1996; Shute, 2008; Steinberg, Graham, et al., 2009; M.-T. Wang & Holcombe, 2010.

当学生们面临特别困难的学业任务时，负强化常常会起作用。[①] 下面的内容透露了一个有学习障碍的学生学会了做什么：

> 到了阅读时间，我会做天底下任何事去逃避它，因为阅读对我来说是最可怕的噩梦。我会说必须去卫生间，或觉得不舒服，必须立即去找护士。老师并不知道我会在校园里四处溜达。她会以为我去了卫生间，或相信我的什么蹩脚借口。我真正想做的就是逃避阅读。[②]

## 四、学习者往往会避开可能导致不愉快结果的行为

这些年来，曾听很多人在表达想要通过施加不愉快的结果去减少某人的不当行为时，错误地使用了负强化这个词。事实上，他们是在说执行惩罚，而非负强化。负强化增加的是反应的频率，而**惩罚（punishment）**的结果是减少接下来的反应。

一个反应（行为）可能会导致某个特定结果。如果某个结果使今后的反应减少，那它就被叫作惩罚。

所有的惩罚后果都可划分为两类的其中之一。**呈现惩罚（presentation punishment）**指的是呈现一个新刺激，假定是学习者认为不愉快的和不想要的东西。教师的训斥和怒视，如果导致了其后发生的行为的减少，那它就是呈现惩罚的例子。**移除惩罚（removal punishment）**指的是移除一个现有刺激或事物的状态，假定是学习者想要的和不想失去的东西。丧失优先权、罚款与处罚（包括金钱或之前所得分数的损失）和“搁浅”（失去某些愉快的户外活动机会），所有这些都是移除惩罚的例子。

为了系统地确定一个结果是强化还是惩罚，要遵从以下三个步骤：（1）确认可能会产生影响的反应（行为）；（2）确定这个反应是增加还是减少；（3）确定某些行为是出现或增加了，还是移除或减少了。表 4.2 对这些观点进行了梳理，并给每一种类型的强化和惩罚提供了例子。

某些形式的惩罚，尤其是那些本质上温和的、不会引起身体或心理伤害的惩罚，在减少不当行为上相当有效，间接地有助于儿童和青少年获得更有益的行为。[③] 但是如果没有适当的预防措施，在课堂上使用惩罚，甚至是像前面举例中那位英语文学老师对学生喊叫这样的看起来很“细微”的行为，也可能起反作用。[④] 在第 9 章关于课堂管理策略的探讨中，我们将会看到有效的惩罚和指导的应用。

---

① Dolezal & Kurtz, 2010; McComas, Thompson, & Johnson, 2003; Van Camp et al., 2000.

② Zambo & Brem, 2004, p.5.

③ Conyers et al., 2004; R. V. Hall et al., 1971; Landrum & Kauffman, 2006; Walters & Grusec, 1977.

④ 例如，参见 J. Ellis, Fitzsimmons, & Small-McGinley, 2010。

表 4.2 强化和惩罚的区别

| | 结果 | 作用 | 案例 |
|---|---|---|---|
| 强化（反应增加） | 正强化（刺激呈现） | 当一个新刺激（假定是学习者想要的）呈现时，某一反应增加。 | • 一名学生由于用手写草写体写作业受到表扬。她写其他作业时也开始用这种字体。（受到表扬后，用手写草写体写作业行为增加。）<br>• 一名学生欺负一个女孩，从她那儿要到了午饭钱。这名学生开始更多地欺负同学。（弄到钱之后，欺凌行为增加。） |
| | 负强化（刺激移除） | 当一个之前存在的刺激（假定是学习者不想要的）被移除时，某一反应增加。 | • 一名学生在提交作业前的几天完成了研究论文，他这几天就不必再担心这个作业了。他开始在任何可能的时间提前写作业。（担心被移除之后，提前完成工作的行为增加。）<br>• 一名学生在关于最近一起校园破坏公物事件中对于自己的行为撒了谎，从而逃避了校长的大发雷霆。只要她认为自己处于不舒服的境地，她就开始对学校老师们撒谎。（减少或避免惩罚之后，说谎行为增加。） |
| 惩罚（反应减少） | 呈现惩罚（刺激呈现） | 当一个新刺激（假定是学习者不想要的）呈现时，某一反应减少。 | • 一名学生因为嘲弄其他学生而受到训斥。在那之后她嘲弄其他人的次数减少了。（被责骂之后，嘲弄同学的行为减少。）<br>• 一名学生因为在课上问了一个“傻”问题而受到同学的嘲笑。他此后不再在课上提问题了。（被嘲笑之后，在课堂上的提问行为减少。） |
| | 移除惩罚（刺激移除） | 当之前存在的一个刺激（假定是学习者想要的）被移除时，某一反应减少。 | • 一名学生由于表现出不良的体育道德而被禁止参加垒球队三次比赛。在之后的比赛中，她很少表现出不良的体育道德。（被移除踢球时间之后，不良体育道德行为减少。）<br>• 一名学生在测验中答题时，用了一种有创造性但不太常见的方式，结果丢了分。在之后的测验中，她不再冒险了。（被扣分之后，创造性的回答行为减少。） |

## 五、很多行为是学习者通过观察其他人掌握的

有时学习者靠自己掌握新的行为，也许是通过试验不同的反应去了解哪些导致了强化，哪些导致了惩罚。但是他们并不总是以这样试误的方式学习。学习者也会仅仅通过观察和模仿其他人的行为去掌握很多新的行为。事实上，人类的大脑似乎特别配备了模仿装置。大脑中的某些神经元，被恰当地称作**镜像神经元**（**mirror neurons**），它们在以下两种情形下会变得活跃起来：（1）当学习者观察其他人正在进行某项特定行为时；（2）当学习者自己做出同样的行为时。看起来，大脑预先设置了回

路，在观察和行动之间建立连接，因此增强了学习者从社会和文化环境中获取新技能的能力。[1]

当某个人示范某个行为，另一个人进行模仿时，就出现了**塑造**（**modeling**）。在日常言语和社会认知理论中对该术语的使用并不相同，与此相一致，我们有时候使用*塑造*来描述榜样做什么（如，展示某个行为），有时候则用它来描述观察者所做的事（如，模仿该行为）。为了尽量减少这种困惑，我们在指观察者所做的事情时，通常使用动词*模仿*而不是*榜样*。

一般来说，**榜样**（**model**）可以有三种形式。[2]一种当然是*生活中的榜样*（*live model*），即一个真实的人物示范某个行为。但人们也可以向*象征性的榜样*（*symbolic model*）学习，如向书籍、电影、电视节目、视频游戏和其他不同媒体所描绘的人物学习。比如，通过学习重要历史人物的行为和阅读那些面对逆境取得了重大成功的人物故事，儿童和青少年能学到宝贵的经验。最后，人们还可以向*言语指导*（*verbal instructions*）学习，言语指导是对如何成功地做出某种行为的描述，没有另一个人在场，既不是生活中的，也不是象征性的。

**想一想**

学习了表 4.2 之后，你是否可以用自己的话解释负强化和惩罚有何不同？

学习者所掌握的身体技能，部分是通过观看他人的动作获得的，比如，复杂的舞步和体操技巧。[3]他们也能通过观察他人的做法，获得很多学习技能，比如，写作、艺术、解决数学问题。[4]当榜样不仅示范如何*完成*某个任务，同时还示范如何去*思考*这个任务时，对于这种技能的模仿效率会更高。[5]举个例子，考虑一下教师会如何示范这个有关长除法问题的思考过程：

> 首先我必须决定哪个数被 4 除。我看着 276，从左往右直到我找到一个等于或大于 4 的数。2 比 4 大吗？不。27 大于 4 吗？是的。因此我首先要用 4 去除 27。现在我需要用一个数去和 4 相乘，得到一个等于或略小于 27 的数。5 怎么样？$5 \times 4 = 20$。不行，太小了。让我们试试 6。$6 \times 4 = 24$。可能行。让我们试试 7。$7 \times 4 = 28$。不行，太大了。所以 6 是正确的。[6]

$4\overline{)276}$

通过观察和模仿别人，学习者也可以掌握很多人际交往的行为。比如，他们看见榜样展现出**亲社会行为**（**prosocial behaviors**），比如表示同情、和别人分享东西，总的来说，把别人的需要和幸福置于自己之前，他们也会展现出亲社会行为。相反，当他们在生活中或在媒体上目睹攻击和暴力，他们更可能具有攻击性和暴力性。[7]要是一个榜样出现言行不一的情况会怎样呢？当孩子们看到榜样说一套做一套时，他们更可能模仿榜样做了什么，而非他们说了什么。[8]要想真的有效，榜样必须身体力行。

在什么情况下学习者最可能模仿别人的行为？下面的练习会帮助你找到答案。

---

① Arbib, 2005; Decety & Cacioppo, 2010; Gallese, Gernsbacher, Heyes, Hickok, & Iacoboni, 2011; Nielsen & Tomaselli, 2010.

② Bandura, 1977, 1986.

③ Boyer, Miltenberger, Batsche, & Fogel, 2009; Magill, 1993; Vintere, Hemmes, Brown, & Poulson, 2004.

④ Braaksma, Rijlaarsdam, & van den Bergh, 2002; Geiger, LeBlanc, Dillon, & Bates, 2010; K.R. Harris, Santangelo, & Graham, 2010; Schunk & Hanson, 1985; Schunk & Swartz, 1993.

⑤ R. J. Sawyer, Graham, & Harris, 1992; Schunk, 1981, 1998; Schunk & Swartz, 1993; Zimmerman & Kitsantas, 1999.

⑥ Schunk, 1998, p. 146.

⑦ C. A. Anderson et al., 2003; Carnagey, Anderson, & Bartholow, 2007; N. E. Goldstein, Arnold, Rosenberg, Stowe, & Ortiz, 2001; Guerra, Huesmann, & Spindler, 2003; Hearold, 1986; Rushton, 1980.

⑧ Bryan, 1975.

### 自己看一看

**五个人**

写下五个让你佩服并且你想在某些方面模仿他们行为的人的名字。然后，在每个名字旁边，写下一两条你佩服这个人的原因。

你选择的五个人很可能有下列一个或多个特征[①]：

- **有能力**。学习者往往尝试模仿那些做得出色的人，而不是那些表现糟糕的人。
- **有威望和影响力**。学习者常常模仿那些有名的或有势力的人，或是在国家或国际层面上出名（如，知名运动员、有名的摇滚明星），或是在本人圈子里有势力（如，首席啦啦队队长、高中曲棍球队队长、帮会头目）。
- **做出"性别适宜"的行为**。学习者更倾向于接纳他们认为与自己性别相适宜的行为（不同的学习者对于性别适宜的界定有特异性）。
- **做出与个人自身情况有关的行为**。学习者更可能模仿他们认为在自己的生活和环境中会对他们有帮助的行为。

最后一个特征，与个人自身情况有关的行为，引出了下一个普遍原则。

## 六、学习者通过观察发生在别人身上的事去学习哪些是可接受和有效的行为

在三年级的时候，本书的作者之一参加了一个社区万圣节服装比赛，她把自己装扮成了"快乐的牙齿"，那是当时几个牙膏广告中出现的形象。她没赢得比赛，一个"女巫"获得了一等奖。因此，第二年她参加了同一个比赛，并把自己装扮成了一个女巫，她认为她稳操胜券能拿到第一。她打扮成女巫的行为增加了，并不是因为她受到了这个行为的强化，而是因为她看到其他人受到了这个行为的强化。

学习者有时替代性地体验到了强化和惩罚，也就是说，他们观察到了他人行为的结果。那些观察到他人由于某个行为受到了强化的学习者，往往自己也会更多地表现出那个行为，这个现象被称为**替代性强化（vicarious reinforcement）**。例如，通过注意同学经历的后果，学生们可能会了解努力学习能产生好成绩，当选班委可以带来地位和声望，或者整洁的重要性。

相反，当学习者看到他人由于某种行为受到了惩罚，他们自己更倾向于不去做同样的事，这个现象被称为**替代性惩罚（vicarious punishment）**。例如，当一个教练因为某个球员缺乏体育道德的行为而将他替换下场时，其他球员就不太可能去模仿那样的行为。遗憾的是，替代性惩罚虽然会阻止不良行为，但也会抑制好的行为。例如，当教师因为学生问了一个"傻问题"而贬低他时，其他学生可能也不愿意提问题了。

## 七、通过看到在自己和他人身上发生的事，学习者形成对于不同行为的可能结果的预期

到目前为止，我们主要关注的是学习者做什么。但他们自己和其他人行为的结果也会影响学习

① Bandura, 1986; Grace, David, & Ryan, 2008; C.L. Martin & Ruble, 2004; Powers, Sowers, & Stevens, 1995; Sasso & Rude, 1987.

者想什么。尤其是在学习者看到不同反应所产生结果的类型时，他们会认识到某些反应能产生预期的结果，而另一些反应则不能产生预期的结果。这些预期，反过来会影响学习者在将来情境中做什么或不做什么。[①] 为了理解在你自己的生活中这个原则可能会怎样发挥作用，试试下面的练习。

## 自己看一看

### X 博士

想一下你正在上的和最近已上过的课，不是那种在线的课，而是指导老师和学生定期共处一室的课。下列关于你的指导老师的问题你能回答几个？由于没有更好的称谓，就把你的指导老师叫作“X 博士”。

1. X 博士习惯用右手还是左手？
2. X 博士穿着华丽还是相对保守？
3. X 博士上课时穿什么鞋？
4. X 博士戴着结婚戒指吗？
5. X 博士每天上课时带笔记本电脑吗？

---

如果你定期去上课了，那么很可能你至少能答上来两个问题，甚至有可能你知道所有五个问题的答案。但是我猜你很可能从来没和其他人说起过这些，因为你没理由认为展现你在这些方面的知识你会得到强化。当学习者确实期望由于这些知识而得到强化时，强化就会突然表现出来。例如，本书的作者之一在上教育心理学课时，经常会在学期中花一分多钟的时间把她的脚藏在讲台后，然后问学生她的鞋是什么样的。学生一开始看着她，像是她长了两个脑袋，但是在几秒尴尬的沉默后，至少有六七个学生（通常是坐在前一两排的人）开始描述她的鞋、从水波纹鞋底、磨损的皮革到浅褐色的针脚都有描述。

学生在课堂上学会很多东西。孩子们学习事实和数字，学习吸引老师注意力的方法，甚至可能学习像哪个同学在课桌里存放了甜点和老师上课穿什么样的鞋这样的小细节。在他们学习的所有东西中，孩子们最可能去展现那些他们认为会给他们带来强化的事情。

当人们选择做出会给他们带来强化的行为时，他们是在为**诱因**（**incentive**）而努力。诱因从来不具保证性，比如，备考时，学生从来无法确定在考试中能否得 A，或在参加万圣节服装比赛时能否获胜。只要学习者认为通过努力就能真的得到这个结果，它往往就会影响学习者的行为。例如，在一个有 30 个孩子的课堂上，一个考试最高分会获得奖励的竞争，往往激励的只是少数几个平时学习好的学生（更多关于这个问题的内容见第 5 章）。

当学习者的预期没有被满足时会发生什么？比方说，当一个预期的强化永远没有出现时会发生什么？当本书的一位作者当年作为四年级小学生打扮成女巫参加万圣节服装比赛时，她又输了。（一等奖发给了一个头上戴着金属漏勺，宣称自己是地球人造卫星的女孩，当时的苏联发射了第一颗人造卫星。）那是她最后一次参加万圣节比赛。她曾期待强化，但因为没有得到而感觉上当了。当学习者认为某个反应会被强化，然而这个反应却没有得到强化时，就不太可能在今后表现出这个反应了。换句话说，期待的强化未发生是一种惩罚的形式。[②]

---

① Bandura, 1986, 2008.

② Bandura, 1986.

正如强化的未发生是一种惩罚的形式，惩罚的未发生也是一种强化的形式。[①]或许你可以想一下，某次你破坏了规则，并预期会受到惩罚时，却逃脱了。或许你可以想起来看到过某个人违反了规定却没被抓到。当被禁止的行为做过之后却什么坏事都没发生时，人们可能确实感觉这个行为受到了强化。

**想一想**

你能想起一个发生在你自己身上的，由于没有获得预期强化，感觉是一种惩罚的经历吗？

记住以上这几点，我们再回到本章开头的个案研究。杰克和朋友去看电影之后，消失了五天，没有告诉家人他在哪儿。在某些家庭里，这样的行为是完全不能被接受的，孩子很可能会因此受到惩罚。但是在杰克的家庭以及当地的文化背景中，这种行为在可接受的范围内。在这种情况下，不惩罚并不会强化杰克的行为，因为他并没有预期会因此受到任何惩罚。

## 八、获取知识和技能经常与特定的活动和环境联系在一起

我们现在回到第2章中所介绍的**情境学习**（**situated learning**）或**情境认知**（**situated cognition**）的概念。当学习者是在某个特定活动中或在某个特定环境中获得新的信息、行为以及思考方式时，那么只有在再次遇到同样的情境时，他们才可能会使用所学的东西。因此，在当代情境理论中，有些学到的知识和技能适合放在某些情境中。[②]

幸亏有了情境学习和认知，学生们一旦进入另一堂课，可能就会丢弃在某堂课上已经学到的知识和技能。例如，在一个研究中[③]，高中生被要求计算出在某个特定重量下信封上应该贴多少邮资，给他们提供了一个邮资费率表，以便他们确定正确的钱数。在社会研究课上，学生们接受这个任务时，大多数人使用了邮资费率表去找答案。而在数学课上接受这个任务时，大多数学生忽略了邮资费率表，而是尝试着用某种方法去计算邮资，有时甚至计算到了小数点后几位。因此，社会研究课上的学生们更可能正确地解决问题，可能是因为这些学生习惯于在社会研究课上从表格和图表中寻找信息。相反，很多数学课上的学生依赖和数学课相关的策略（使用公式和进行运算），因此忽视了效率更高和更准确的方法。

## 九、学习者把认知负荷分散到其他事或其他人身上时，通常可以更有效地进行思考和表现

通过第2章可知，工作记忆中会产生积极的认知过程，而工作记忆本身一次只能处理少量信息。在复杂的多层面任务中，把一部分认知负荷转移到其他方面是有帮助的，这种观点有时候被称作**分布式认知**（**distributed cognition**）。[④]“分布”认知负荷的一个办法就是采用一个或多个物理对

① Bandura, 1986.

② J. S. Brown, Collins, & Duguid, 1989; Greeno, Collins, & Resnick, 1996; Lave & Wenger, 1991; Light & Butterworth, 1993; Robbins & Aydede, 2009.

③ Säljö & Wyndhamn, 1992.

④ 例如，参见 Pea, 1993; Salomon, 1993; E.R. Smith & Conrey, 2009. 相关的概念是分布式智力（distributed intelligence）（参见第6章）。

象，也就是工具——我们的文化发明出来的使我们每天的生活更轻松更有效的东西。例如，当我们处理一个有挑战性的问题时，许多人会把其中某些部分写在纸上，或是采用计算器或电脑进行多个步骤的计算。有可能你从来没有把纸看作是“工具”，但实际上，它就是工具。纸可以帮助我们记录或记住想法和活动，对个人或对社会而言都是如此，而这是大脑无法自己完成的。为了更好地利用纸以及更多高科技的工具，人们必须依靠文化中发展起来的各类符号系统，如书写系统、表格、地图。我们稍后将在“以文化为背景”的章节中来研究这些认知工具。

另一种分散认知负荷的方式是与其他个体分享。当学习者把一个有挑战性的任务或问题分散给很多人时，就可以吸收利用多种观点、知识基础及才能，可以依赖他人的帮助来共同应对颇具挑战性的活动。社会交往，是另一个重要的学习背景，正如我们马上将会看到的那样。

## 第二节　以社会交往为背景

**主要理念：学习者和那些与自己能力相当或更强的个体共同建构知识。**

在前文中，我们讨论了其他人能够为学习者做的或已经为学习者做的事，包括提供结果、榜样行为等。然而，当代情境理论，尤其是**社会建构主义（social constructivism）**和**社会文化理论（sociocultural theory）**提醒我们注意，许多有效的学习背景包括两个或两个以上个体之间的持续互动。以下三个原则反映的就是这样的社会互动。

### 一、学习者有时会和更有经验的个体共同建构新的理解

成人和其他更有经验的个体通常会帮助儿童和青少年理解这个世界，方法是就儿童和青少年正在经历的或最近经历过的现象或事件展开共同讨论，共同建构意义。[①] 这样的互动，有时被叫作**中介性学习经验（mediated learning experience）**，它鼓励年轻学习者以特殊方式去思考现象或事件：贴标签，识别背后的概念和原理，进行推论和做出结论，等等。

举个例子，思考下面的对话——在这个对话中，5 岁的男孩和母亲正在谈论自然历史博物馆展出的史前动物：

> **男孩**：酷。哇，看。看那些大牙。妈妈，看它的大牙。
> **妈妈**：它看起来像一只剑齿虎。你觉得它吃肉还是吃植物？
> **男孩**：妈妈，看它的大牙，看它嘴里那些牙，可真大啊。
> **妈妈**：它看起来像一只剑齿虎，是吧？你觉得它吃植物还是吃肉？
> **男孩**：哎呦，哎呦，哎呦，哎呦！（针对利齿的感叹。）
> **妈妈**：你觉得它吃植物还是吃肉？
> **男孩**：肉。
> **妈妈**：为什么？
> **男孩**：因为它有尖牙。（发出咆哮的声音。）[②]

---

① Costa, 2008; Feuerstein, Feuerstein, & Falik, 2010; John-Steiner & Mahn,1996; P.K. Murphy, Wilkinson, & Soter, 2011.

② Ash, 2002, p. 378.

即便没有母亲的帮助，男孩仍然可能会通过参观博物馆了解剑齿虎的一些特征。不过妈妈的帮助使儿子对于经历的理解比只靠他自己要理解得更好，比如，通过使用剑齿虎的标签帮助他把牙齿的特征和觅食偏好联系起来。注意妈妈在向儿子提问时对于将牙齿和食物联系起来是多么执着。她不断提出关于肉和植物的问题，直到男孩最终做出正确推断，即剑齿虎肯定是肉食动物。

当孩子们与家长、老师或其他成年人谈论过去和现在的经历时，孩子们对于这些经历的记忆会因此变得更好。[①] 此外，通过这样的讨论，儿童可以逐渐把周围的人们谈论和解释世界的方式融入自己的思维方式中。[②]

## 二、学习者也会和那些跟自己能力水平相当或更高的同伴共同建构知识和理解

成年人通常比孩子的同伴的知识更丰富，他们往往是更有技巧的老师。因此，在孩子试着掌握复杂的新主题和技能时，成年人通常是首选搭档。[③] 但是，同伴在他们的学习中也起着重要作用。例如，回顾第 2 章图 2.4（三张黑白色的脸）。你一开始在看右边那张图上的男人时遇到问题了吗？如果遇到了问题，也许你可以找朋友或同学，让他们帮助你确认男人的头顶部分、眼睛和一只耳朵的位置，还有其他细节。再想想当你和同学合作理解难懂的课堂内容时的情形。很可能你的小组通过分享不同的解释共同建构的对于内容的理解，要好于你们中任何一个人仅靠自己建构的理解。

除了和更有经验的个体共同建构意义，学习者还常常彼此交谈来帮助他们更好地理解他们的经历，比如，在学习小组或课堂讨论中，对某些主题进行探究、讨论、解释和辩论。当学习者以这样的方式一起学习时，本质上他们是在进行**分布式认知**：他们把学习任务分散到很多头脑中，便能利用多个知识基础和思想。[④]“三个臭皮匠，顶个诸葛亮”这个谚语还是有几分道理的。

作为分布式认知的例子，让我们来看看隆巴德夫人正在学习分数的四年级课堂。这些学生已经学会了分数加减法，但还没有学习怎样用一个数除以分数。他们分成小组学习下面这个问题，需要用 20 除以 3/4：[⑤]

> 妈妈做苹果小馅饼，每个小馅饼要用 3/4 个苹果。她有 20 个苹果。她能做多少个苹果小馅饼？[⑥]

一组学生认为，妈妈可以用每个苹果的 3/4 来做 20 个馅饼，每个苹果剩下的 1/4 可以留着做其

---

① Haden, Ornstein, Eckerman, & Didow, 2001; Hemphill & Snow, 1996; K. Nelson, 1993; Tessler & Nelson, 1994.

② Liben & Myers, 2007; Markus & Hamedani, 2007; K. Nelson, 1996; Vygotsky, 1962, 1978.

③ Gauvain, 2001; Radziszewska & Rogoff, 1988.

④ Fonseca & Chi, 2011; Hewitt & Scardamalia, 1998; Palincsar & Herrenkohl, 1999; Salomon, 1993; Wiley & Bailey, 2006.

⑤ 万一你关于如何除以一个分数的记忆模糊了，你可以通过倒置这个分数然后用乘法来解决这个 $20 \div \frac{3}{4}$ 的问题：$20 \times \frac{4}{3} = \frac{80}{3} = 26\frac{2}{3}$。在隆巴德夫人提出的问题中，妈妈做了 26 个苹果馅饼，剩下的苹果还够做 2/3 个馅饼。如果妈妈还有做一整张水果馅饼需要的 3/4 个苹果的 2/3，那么她剩下的是半个苹果（$\frac{2}{3} \times \frac{3}{4} = \frac{1}{2}$）。

⑥ J. Hiebert et al., 1997, p.118.

他馅饼。

**利兹**：因此你们剩下了 20 个 1/4。

**珍妮特**：对，……20 个 1/4 等于 5 个苹果，……因此 5 个苹果除以——

**利兹**：6，7，8。

**珍妮特**：但是 3/4 等于 3。

**克里**：但是她不能只做 3 个苹果馅饼啊！

**珍妮特**：不，你已经有 20 个了。

**利兹**：但是你已经有 20 个 1/4，如果你已经有 20 个 1/4，你可能就是对的。

**珍妮特**：我来告诉你。

**利兹**：不用，我已经都画在这儿了。

**克里**：你有多少个 1/4？ 20 个？

**利兹**：是的，1/4 是 5 个苹果，用这 5 个苹果她能做 5 个馅饼，这就有 25 个馅饼，然后她会有，等等，1，2，3，4，5——5 个 1/4，她会有 1，2，3，4，5——5 个 1/4……[①]

这组学生最终得出了正确答案：妈妈可以做 26 个馅饼，然后会剩下半个苹果。

当学习者彼此分享想法和观点时，他们能以许多方式去增进对于主题的理解：

- 他们必须很好地组织和阐明自己的观点，以便向他人解释和证明自己的道理。
- 他们往往会对学过的东西进行精细加工，例如，通过进行推理，形成假设，并构想新问题。
- 他们会获得他人的观点，可能对于某个主题有更准确的理解。
- 他们可以彼此模仿思考和学习学业主题的有效方法。
- 他们可能会发现自己思考的缺点和矛盾之处，这有助于他们找到理解中的不足。
- 他们会发现不同文化和种族背景下的人们可能以不同的却同样有效的方式解释主题。
- 在对有争议的材料进行辩论的过程中，他们可能会获得关于知识和学习本质的更深刻完善的观点。例如，他们可能会开始认识到学习“知识”包含了学习一套整合的关于某一主题的观点，这样的知识很可能随着时间的推移而逐渐发展（更多内容见第 3 章关于认知信念的讨论）。[②]

我们所处的 21 世纪的世界越来越复杂，记住这一点很重要。关于各种主题的研究和知识以令人难以置信的速度在膨胀。这样的合作式学习理解越来越成为常规，而不再是成年人世界的特例。

不过，这样与同伴共同形成理解的过程并不是任何时候都会发生。对于意义的社会建构可能会在几天或几周甚至更长时间里逐渐展开。例如，对电脑有共同兴趣爱好的青少年，为了互相帮助获得复杂的电脑编程技能，会经常在一起展开交流。[③] 事实上，如果我们从更大范围看人类对于自身经验的解释，这些不同的学科，如数学、科学、历史和心理学的发展则反映了延续了几十年或几百年的对于知识和理解的共同建构。

---

① J. Hiebert et al., 1997, p.121.

② Andriessen, 2006 ; Bendixen & Rule, 2004; Chinn, 2006; Hatano & Inagaki, 2003; K. Hogan, Nastasi, & Pressley, 2000; D. W. Johnson & Johnson, 2009b ; A. King, 1999; Kuhn, 2015; Kuhn & Crowell, 2011; E. M. Nussbaum, 2008; Reznitskaya & Gregory, 2013 ; Schwarz, Neuman, & Biezuner, 2000; Sinatra & Pintrich, 2003; N. M. Webb & Palincsar, 1996 ; Wentzel & Watkins, 2011.

③ Barron, 2006.

## 三、有时候其他人可以在学习者处理有挑战性的新任务时为其提供所需要的支持

这个世界存在着许多复杂的、有挑战性的任务，年轻的学习者们无法独自完成，尤其是在刚开始时。但是，学习者在他人给予指导和帮助时通常能够应付这些任务，即，其他人为学习者**搭脚手架**（**scaffolding**）。[①]搭脚手架是一种支持性的机制，帮助学习者成功地完成有挑战性的任务。例如，家长或老师提供有帮助的提示，如何有效地执行一个新的程序或把一个多层面任务分成多个较小的、更容易完成的任务。学习者在小组活动中相互合作，通常会互相提供支持，把活动的各方面进行拆分，在个体能力和专长领域的基础上互相提建议和指导。我们将在第 6 章认知发展的讨论中更深入地探讨脚手架的概念。

**有时候脚手架也可以是一种或多种物理线索。在这张图片中，脚手架是画在路面上的圆圈，这个圆圈用于帮助这个 6 岁的练习者带球上篮和投篮。圆圈表面是他应该起跳投篮的点。**

# 第三节　以文化、社会、技术和学业内容为背景

**主要理念：学习者成长过程中的文化、社会、技术和学业背景会影响他们的行为和认知过程，学习者在学校或其他地方所学内容也会对其产生影响。**

几乎所有长期存在的社会群体都会发展形成某种**文化**，包括行为和信念，从年长的人传递给新成员，世代相传。通过文化，人类社会群体可以确保每个新一代都能获取和受益于前人所积累的智慧。通过传递这种集体的知识基础，文化群体长期生存和繁盛发展的可能性就会增加。

文化是任何学习环境的一个无所不在的部分，它渗透到人们的社会交往中，还有人们接触到的书籍、玩具、电视节目和其他人造物品、媒介中。但是，文化既是一种头脑中内在的东西，又是一

① 这个概念的经典参考资料是 D. Wood, Bruner, & Ross, 1976。

种外部世界的客观存在，文化提供了一个准则，人们可以用来决定什么是正常的什么是反常的，什么是正确的什么是不正确的，什么是合理的什么是不合理的，什么是好的什么是坏的（见图4.3）。[①] 学习者的文化背景影响其学习的观念和价值观，影响其掌握的技能和发现他们要为之努力的重要的、长期的目标。例如，在本章开头的个案研究中，杰克在家很多天没有去上学，以便帮家里进行春种。这就是合作性的每个人都要出一份力的态度，对生计要依赖于庄稼有个好收成的家庭来说是很重要的。

（日本）神道教（Shinto）的神们被称为 Kami。这些神灵被认为是基于火、风和水这些基本的力量创立的。它们大多数会对农业产生影响，而农业则是最早人类得以生存的方式。他们依靠种植的东西生活。因此神们必须有助于他们的庄稼生长，否则他们就活不成。人们崇拜会帮助他们活命的东西似乎很自然，崇拜那些影响其成长的力量在早期历史中很常见。这些基本的力量甚至影响着现代人的生存。我们仍然需要农业来生存，而自然的力量确实决定着庄稼是否能生长。

神道教从不创设很强的教义，比如其他很多宗教都相信的死后有来生。不过神道教创立了一些道德标准，如奉献、真诚和纯净……

所有的神道教徒都有一套非常好并且简单的规则或习俗。他们想要变得体面、对别人有感情、支持政府、保护家人的安全和健康。我认为对于所有人来说这些都是好原则，不管他们是不是信教……

**图 4.3　为完成西班牙语课的作业，14 岁的伯尼创作了一只由粗麻布和纱线制作的鹰，其灵感来自墨西哥设计。但是文化群体的精髓并没有体现在它的艺术、音乐、服饰、节日庆祝仪式和其他可观察到的风俗习惯上。相反，它包括决定其成员行为与对世界的解释的假设、信念和价值观，就如 13 岁的梅琳达写的日本神道教的这篇文章节选所描述的那样**

文化不是静态的实体。随着时间的推移，文化会不断变化，会吸收新的观念、惯例和思维方式，尤其是在和其他文化交往时。[②] 此外，在同一种文化中，人们的观念和行为也相当不同，身处其中的成员可能会采纳一些文化价值观和社会惯例而拒绝其他的一些。[③]

有时候文化这个词用来指一个大的地理区域中的人们所共享的行为方式和信念。举例说，西方主流文化包含着北美和西欧社会很多人都坚持的行为方式、信念和价值观。在其他事情上，这个文化的成员通常崇尚自立、民主决策和学业成就。[④] 其他文化则更具地方性和独立性。例如，一种文化可能就只是针对南太平洋上的某个小岛而言的。还有其他一些文化，比如亚文化可能隶属于同时又区别于一个更广泛和占支配地位的文化。

尽管北美和西欧的国家有着共同的主流文化，不过它们内部也存在着很多不同的文化群体。例如，美国是一个主要由大量移民和移民后裔构成的国家；16 世纪以前只有土著美洲印第安人住在美国的土地上。拥有某个国家或地区传统的人们往往会形成一个**种族群体**（**ethnic group**），即拥有共同文化和下列特征的群体 [⑤]：

---

① M. Cole, 2006; Goodnow, 2010; Kağitçibaşi, 2007.

② Kitayama, Duffy, & Uchida, 2007; Rogoff, 2003.

③ A. B. Cohen, 2009; Goodnow, 2010; Matute-Bianchi, 2008.

④ Hollins, 1996; Tamis-Lemonda & McFadden, 2010.

⑤ NCSS Task Force on Ethnic Studies Curriculum Guidelines, 1992.

- 它的根源或者在其当前居住国之前，或者在其当前居住国之外。例如，它可能由具有相同种族、民族或宗教背景的人组成。
- 它的成员有共同的相互依存感：一种认为彼此生活相互联系的感觉。

然而我们无法完全依据体貌特征（如人种）确定人们的民族或出生地。比如，尽管我的女儿蒂娜出生在哥伦比亚，她的生物学祖先是西班牙和土著美洲印第安人，然而抚养她的却是一双欧裔美国父母。民族上，蒂娜很可能更倾向于属于欧裔美国人。总的来说，我们可以通过了解学生对于不同文化和民族活动曾经和继续参与的程度，去最好地判断他们的文化背景和民族归属。[①] 此外，有些个体会主动加入两个或以上的文化或民族，或是由于他们的家长来自完全不同的种族或民族，或是由于他们从一个社区或国家搬到另一个社区或国家时，他们接触到了新的观念和行为方式。[②]

## 一、以文化为背景

如下列一般原则所揭示的，学习者参与的文化对他们的学习和发展有许多影响。

### 1. 任何文化群体都会鼓励和塑造某些行为，而积极阻止其他行为

一个文化群体的大多数成员都会努力去帮助成长中的孩子们继承群体所珍视并保有的行为和信念。在生命的最初阶段，孩子们学会了有些事他们能做或应该做，而另一些事他们绝对不应该做。他们掌握了一个文化“镜头”，用来审视社会情境和任务。这种对行为和信念进行塑造，使孩子们适应所在的文化群体的过程，就叫作**社会化**（**socialization**）。

有时成人的社会化努力很明显。比如，一个成人告诉乔尼“打别的孩子可不好”，然后因为他的攻击行为把他关禁闭，这个社会化信息十分清楚。在其他时候社会化则更加微妙。例如，成人通过鼓励和塑造某些行为（“让我们把一些衣服和玩具送给无家可归者收容所吧”），以及阻止其他一些行为（“离那个街区远点，那儿到处都是毒贩子”）来传达文化价值观和信念。在本章开头的个案研究中，杰克的母亲采用的是微妙的调侃的方式来表达上学的重要性：“现在上学看来是太轻松了！”

孩子们通常从父母和其他家庭成员那里学习最初的关于文化标准和期待的经验，这些成人会教给他们个人卫生习惯、餐桌礼仪、基本的社交技巧（如说“请”和“谢谢”）等等。而一旦孩子们开始上学，教师们也就成了同样重要的对社会化起作用的人。[③] 比如，很多一年级的教师要求学生们在成年人说话时要安静地坐着，而不要插话；中学教师让学生们参与合作性的学习活动；高中教师期望学生们按时交家庭作业。在做这些事时，教师们传达了重要的文化观念：孩子们应该顺从和对成年人表示尊重；与同伴合作可以促进学习，提高生产力；守时是在生活中获得成功的基本要素。

一定程度上，社会包含不同的文化和种族群体，以及拥有不同的社会化行为和世界观的家庭。本书第 3 章到第 10 章，在“文化因素”专栏中你可以体验到这种多样性。但在阅读过程中，请记

---

① Gutiérrez & Rogoff, 2003.

② A. M. Lopez, 2003; Mohan, 2009; Root, 1999.

③ Helton & Oakland, 1977; Hess & Holloway, 1984; Wentzel & Looney, 2007.

着之前说过的一个要点：即使在同一个文化群体中，个体的行为和信念之间也存在着相当大的差异。[①]

### 2. 每种文化都会传递许多可以增强学习者思维能力的认知工具

我们在孩子们的很多日常活动中看到了明显的文化影响。例如他们读的书、讲的笑话、在假装游戏里扮演的角色、进行的课外活动等等。然而文化也渗透到了孩子们的思维过程中，比如通过提供不同的**认知工具**（**cognitive tools**）——概念、符号、问题解决策略等，帮助孩子们解释和处理他们面临的情形和问题。这样的认知工具使得许多复杂情况的“原始数据”更容易处理，因此可以帮助孩子们有效地应对所面临的任务和问题。[②]

语言是最为普遍和基本的文化创造之一，提供了许多认知工具，塑造了成长中的儿童的思维过程。例如，学前儿童学会把人分为“女孩”“男孩”，开始把某些行为与性别联系在一起。随着时间的推移，儿童掌握了诸如“雪”“讨厌的”“生日晚会”“欺凌”等单词和概念，帮助他们理解感官体验和社会经历，并以适当的方式做出反应。

有些认知工具本质上几乎完全是精神上的或象征性的。例如，大多数文化中的成员采用系统的计数（1，2，3……）、某些计量单位（如英寸、千克）来帮助组织和理解周围环境中接触到的各种数量，也就是东西的量。其他认知工具，从本质上来说，必须既有物质的成分，也有象征性的成分。例如，学生们可能会用日历来记录即将到来的校园活动、作业和截止日期。科学课的学生们可能会画一个线图，来看某个地区的年平均降水量在过去几十年中是显著增加还是减少了。但是，很重要的一点是，请记住所有工具都是文化上的创造物（*cultural creations*），是学习者所在的特定社会和文化背景的一部分，因此，并非为所有学习者所熟知。

### 3. 每种文化都在灌输某种世界观，影响每个人对事情的解释

记住，我们对文化的定义包括信念，也包括行为。当人们的信念关系到具体的物质的、生物的、社会的或心理的现象时，就被称作理论（见第 2 章）。相反，**世界观**（**worldview**）是一整套关于现实的看法和假设——“事物是怎样的，应该怎样”，它会影响学习者对各种现象的解释和理解。

## 文化因素

### 举例说明各种文化和种族群体如何使孩子们产生不同的社会化

各种文化和种族群体在价值观、优先考虑的事和社交行为上存在着巨大的文化差异。以下几个例子我们经常见到。当你阅读这些例子时，必须小心不要形成对任何族群的刻板印象。我们不管怎么强调都不为过：任何文化和种族群体的人们在总体的优先考虑的事、习惯和行为方面都可能完全不同于另一个文化和种族群体。

---

① Markus 和 Hamedani (2007) 指出，使用如“东亚”这样的标签要比说“分享遍布于东亚文化背景下的观念和习俗的人”更容易（p. 11）。然而，如果我们不小心，这样简单的标签会导致我们错误地过分泛化来自任何地理位置或文化背景下的人。

② Pea, 1993; Salomon, 1993; E. R. Smith & Conrey, 2009.

- **个人努力与合作努力**

在西方主流文化的传统课堂上，学习通常是单独的、个人的努力：当学生们个人表现出高水平时，他们会受到表扬，得到彩色贴纸和好成绩。有时教师会在学生的个人成绩中加入竞争成分。比如，他们可能会在“曲线图”上给考试评分，或把“最好的”试卷贴在布告栏里。然而很多土著美洲印第安人、墨西哥裔美国人、非裔美国人、东南亚裔美国人和太平洋岛国的文化群体相对于个体成功更重视群体成就。来自这样文化中的学生往往更习惯于合作性的工作，为团体的利益而努力，而非为他们自己[a]。祖鲁语中 *ubuntu* 这个词[b]，反映的是人们主要通过与他人的关系来获得“人性”，并且有责任为共同利益而努力，它就是合作精神的缩影。

- **目光接触**

对于我们中的很多人，看着某人的眼睛是一种表示正在尝试进行交流或正在专心地听对方说话的方式。但是在很多土著美洲印第安人、非裔美国人、墨西哥裔美国人以及波多黎各人社区中，孩子盯着成人的眼睛是不礼貌的。在这些社区中，孩子们被教导在成人面前要向下看。[c]

- **个人空间**

在一些文化中，比如在非裔美国人和西班牙裔人的社区中，人们在说话时站得很近，他们可能会常常彼此触碰。[d]相反，欧裔美国人和日裔美国人往往倾向于彼此保持一定的距离，他们要保持一些**个人空间**（**personal space**），尤其是在彼此不太熟识时。[e]

- **公开的表现与个人的表现**

在很多课堂上，学习是一件公开的事情：通常期望学生个人在所有同学面前回答问题或展现技能，鼓励他们不明白的时候提问题。这样的做法被很多教师视作理所当然的惯例，但它却可能会使某些种族的学生感到困扰甚至格格不入。[f]例如，很多土著美洲印第安孩子习惯首先私下里练习技能，只有当他们达到不错的熟练水平后才会在群体面前表演。[g]一些土著美洲印第安和夏威夷社区的孩子在回答成年人的提问时，相比和成年人一对一的互动，作为一个小组与成年人交流，他们会感觉更自在些。[h]

- **家庭关系和期望**

在一些群体中，比如，在很多土著美洲印第安人、西班牙裔美国人、阿拉伯裔美国人和亚洲裔美国人的社区里，还有在一些农村的欧裔美国人社区里，家庭纽带和关系相当重要，大家庭的成员通常住得不远。

在这些文化中长大的孩子往往更可能感受到对家庭幸福的责任感和对其他家庭成员强烈的忠诚感，会做出很大的努力去取悦比自己更年长的人。在家庭需要帮助时，这些文化中的孩子不去上学是再正常不过的事儿，正如本章开头的个案研究中的杰克那样。[i]

在大多数文化中，学业成绩都是被高度重视的，父母鼓励孩子在学校里好好表现。[j]但是，有些文化群体更为重视的是其他成就。比如，幼儿为上学做准备时，许多西班牙裔家庭特别强调向孩子灌输恰当的社交行为，如尊重成年人，与同伴合作。[k]在一些非裔美国人和土著美洲印第安人家庭中，即便是准妈妈尚未完成高中学业，早孕仍然会带来喜悦。[l]

- **时间观念**

很多人通过时钟来管理生活：准时赴约、准时参加社交活动以及准时就餐是很重要的。然而强调准时并非所有文化的特点。例如，很多土著美洲印第安人社区，也包括一些西班牙裔人社区，并不遵守严格的日程安排和时间表。[m]这些社区的儿童可能常常会上学迟到，很难理解在一定时间范围内需要完成学习任务，这就并不奇怪了。

[a] X.Chen & Wang, 2010; Mejía-Arauz, Rogoff, Dexter, & Najafi, 2007; Paradise & Robles, 2016; Tyler et al., 2008; Varnum, Grossmann, Kitayama, & Nisbett, 2010.
[b] 2005 年在南非出差时，这个词在日常对话中被使用之频繁令我惊讶。
[c] Jiang, 2010; McCarthy, Lee, Itakura, & Muir, 2006; Tyler et al., 2008.
[d] Slonim, 1991; Trawick-Smith, 2003; Ward, Bochner, & Furnham, 2001.
[e] Irujo, 1988; Trawick-Smith, 2003.
[f] Eriks-Brophy & Crago, 1994; Garcia, 1994; Lomawaima, 1995; Tyler et al., 2008.
[g] Castagno & Brayboy, 2008; Suina & Smolkin, 1994.
[h] K. H. Au, 1980; L. S. Miller, 1995.
[i] Banks & Banks, 1995; Deyhle & LeCompte, 1999; Fuligni, 1998; Kağitçibaşi, 2007; Mclntyre, 2010; Tyler et al., 2008.
[j] Monzó, 2010; Pearce, 2006; Spera, 2005.
[k] Greenfield et al., 2006 ; Tyler et al., 2008.
[l] Deyhle & Margonis, 1995; Stack & Burton, 1993.
[m] Tyler et al., 2008; Ward et al., 2001.

下面这个练习可以帮助你对自己的世界观所包含的信念和假设进行反思。[①]

## 自己看一看

### 考虑这张大图片

以下六个话题，请选择与你个人信念和假设最为匹配的选项。

1. 生命和宇宙的形成是

A．通过大自然的随意运动。

B．神灵的计划和意图的一部分。

2. 自然中的物质（岩石、树，等等）

A．有一定的意识。

B．不能进行有意识的思考。

3. 人们最有可能用来增强心理幸福感的方式

A．有赖于科学原则和逻辑推理过程。

B．从权威人物那里寻求指导。

4. 人类世界是

A．公平公正的，好的行为最终必将带来回报，错误的行为终将受到惩罚。

B．不一定是公平公正的。

5. 人类

A．是任凭自然支配的力量。

B．应该努力奋斗来征服自然力量。

C．必须学会与自然和谐相处。

6. 人们在生命中的成功和失败是由于

A．自己的行为。　　B．神灵的干预。

C．命运。　　D．随机事件。

你过去是否曾经简单地思考过这些问题？你很有可能根本没有思考过。世界观通常是日常思考的必需部分，而学习者一般习以为常，并没有意识到它的存在。在很多情况下，世界观所包含的信念和假设是通过文化来传递的，不同的文化以外显的方式通过话语或以内隐的方式通过行动传递不同的信念和假设。[②] 因此，世界观并非总是有意识地获取的，这样，它反映的通常是内隐学习而不是外显学习。尽管如此，它也会影响学习者对当下事件和课堂学业的解释。比如，如果学生认为世界和世人受到无所不能的仁慈的强大力量的引导和保护，他们就不可能相信全球气候变化会给人类社会带来巨大威胁。[③] 如果学生所处的文化强调要接纳并与大自然本身和谐相处，他们可能很难理解探讨人类如何操纵自然和获得对自然的控制的科学课程。[④]

① M. Cole & Hatano, 2007; E. M. Evans, 2008; Furnham, 2003; Keil & Newman, 2008; Kelemen, 2004; Koltko-Rivera, 2004; Medin, 2005.

② Astuti, Solomon, & Carey, 2004; Berti, Toneatti, & Rosati, 2010; M. Cole & Hatano, 2007; Kitayama, 2002; Losh, 2003.

③ Feinberg & Willer, 2011.

④ Atran, Medin, & Ross, 2005; Medin, 2005.

### 4. 每种文化都有某些做事的方式并世代相传

任何文化群体都不仅会传递解释世界的方式，也会传递做事的方式。换句话说，不同的文化可以培养各种不同种类的程序化知识（*procedural knowledge*）。有些程序化知识是具体任务或具体主题的，直接地明确地表达出来。例如："这就是如何书写手写体的字母A。""我来告诉你如何做长除法。"但是**实践社群**（communities of practice）也可以传递大量程序化知识。所谓实践社群，是指有着共同利益和目标，经常交往，为追求他们的利益和目标而共同努力的群体。[①] 实践社群一般坚持某些行动和交往的标准，这些标准通常是不成文的理解，而不是明确表述的规则。例如，在西方主流文化的成年人中，各种职业的人们，如医学、法律、教育、科研领域的人，会定期进行交流，以特定方式相互支持。大多数情况下，实践社群的新成员主要通过积极参与群体活动而学会做事的可接受方式。学习者开始通常只在群体的边缘参与，做些杂事，或跟着更有经验的成员帮忙或当学徒。换言之，初学者一般通过真实的**边缘性参与**（**legitimate peripheral participation**）逐渐了解群体活动的方式。[②] 这种参与是真实的，即他们通过真正的、真实的方式对群体做出贡献；他们的参与也是边缘性的，只涉及外围的边缘的一些小任务。

实践社群并非局限于成年人的职业群体。例如，志愿者组织（如美国红十字会）以及有组织的青年群体（如女孩侦察兵和男孩侦察兵）实际上也是实践社群。学校也是实践社群。在学校里为完成特定目标，人们要遵守规定的做事方式，如遵守日程安排、完成作业、遵守截止日期。

### 5. 家庭和学校文化之间的不一致会妨碍学生在学校里的学习和表现

对于大多数孩子来说，在学校里的行为预期会不同于在家里。比如，在家里孩子们可能习惯于想说的时候就说，但在学校里，有时候沉默是金。或者在家里时，孩子们可以选择想做什么和何时去做，但是在学校时通常包含了一系列的任务，所有学生必须在特定时间完成。某种程度上，学校所期待的行为和在家里被允许或期待的行为有所不同，因此开始上学时，孩子会感觉到有些混乱，或感受到**文化冲击**（**culture shock**）。

文化冲击对某些孩子而言要比其他孩子更强烈。北美和西欧的大多数学校主要基于西方的主流文化开展教学，因此有这个文化背景的孩子往往能够快速适应学校环境。但是来自其他文化背景的学生，尤其是那些对于可接受的行为有完全不同观点的学生，起初可能会觉得学校是一个令人困惑和不安的地方。例如，新近从世界其他地方移民来的人可能不知道对新国家里的其他人应有什么样的预期，或其他人对他们的行为有怎样的预期。在一个性别角色泾渭分明、男性和女性的社会行为迥然相异的文化下成长起来的孩子，在适应一所对不同性别有相同期待的学校方面可能会存在困难。[③] 任何此类家里和学校文化之间存在的**文化失配**（**cultural mismatch**）都会妨碍学生对学校环境的适应，最终也会影响他们的学业成就。[④]

通常来自不同文化背景的孩子们都很希望可以适应学校，然而他们发现家和学校的不一致问题

① Barab & Dodge, 2008; Lave, 1991; Nolen, 2011; R. K. Sawyer & Greeno, 2009; Wenger, 1998.

② Lave & Wenger, 1991.

③ Kirschenbaum, 1989; Sirin & Ryce, 2010; Vasquez, 1988.

④ Phalet, Andriessen, & Lens, 2004; S. J. Schwartz, Unger, Zamboanga, & Szapocznik, 2010; Tyler et al., 2008; Ward et al., 2001.

很难解决。比如，来自虔诚的穆斯林家庭的孩子常常遇到在学校里找不到祷告需要的时间和场所的问题，他们可能会在持续一个月的斋月斋戒期间没什么精神进行学校活动。不顾及别人感受的同学可能会问那些戴着头巾的穆斯林女孩："你的头发有什么问题吗？"[①]

当教师误解了来自少数文化群体学生的行为时，与文化失配相关的问题会更严重。下面的练习提供了一个例子。

## 自己看一看

### 争吵

想象一下，你是一名新教师，开学第一天正走向学校教学楼。你看到七八个男孩聚集在教学楼门口。其中两个男孩正激烈地争吵，其他人在高兴地看热闹，听他们吵架。以下是你听到的其中几句侮辱性的话语：

"你妈妈很胖，她的驾照上写着'照片在另一面续排'！"
"什么？好吧，你妈妈太胖了，她得在汽车道上熨裤子！"
"那有什么呀！你妈妈很胖，连她的麦片粥碗都需要一位救生员！"
"嗨，年轻人，你妈妈胖极了，她周边都是些小胖女人！"

他们的争吵还在升级。对这两个男孩的妈妈的侮辱性的话越来越离谱了。你该如何干预呢？

---

你刚才读的这个故事与对骂游戏（*playing the dozens*）有关，这是一种在一些非裔美国社区的男青年中很常见的友好的互相辱骂形式。[②]一些男孩加入这样的交流是为了取得在同伴中的地位，那些能骂出最怪异话的就是胜者，而其他人那么做仅仅是为了娱乐。不了解非裔美国人文化的人可能会误认为这是很严重很令人担忧的。

学生们获得了与学校文化相关的经验时，会越来越多地意识到教师和同伴期待什么样的行为和思维方式。很多学生最终适应了从家庭到学校时文化优势观念的转换，回到家后再转换回去。[③]一个墨西哥裔美国学生的回忆提供了这样的例子：

> 在家与父母和祖父母在一起时，唯一被接受的语言是西班牙语，事实上这也是他们唯一能听懂的语言。每件事都非常地墨西哥化，但同时，他们想让我说好英语……但在学校里我觉得跟家里很不一样，因为所有人都是美国人，包括我在内。然后我下午回到家再做回墨西哥人。[④]

**想一想**

你是否能想起来学校环境与你成长的文化在哪些方面是失配的？

不过并不是所有学生都能如此轻易地做出调整。一些人会主动抵制现有的学校文化，可能是因为他们把它看作是与自己的文化背景和身份不一致的甚至是相

① Igoa, 1995; McBrien, 2005, p. 86; Sirin & Ryce, 2010.

② Adger, Wolfram, & Christian, 2007; R.E. Reynolds, Taylor, Steffensen, Shirey, & Anderson, 1982; Smitherman, 1998. 你可能也会见到 joaning（取笑游戏）、signifying（骂娘游戏）或 snapping（骂人游戏）这些词。

③ Y. Hong, Morris, Chiu, & Benet-Martínez, 2000; LaFromboise, Coleman, & Gerton, 1993; Phalet et al., 2004; Phelan, Davidson, & Cao, 1994.

④ Padilla, 1994, p. 30.

抵触的。[①]让我们面对现实：传统的教学活动所鼓励的行为并不总是与学生长期的最佳利益相一致。比如，很多文化鼓励学生在分数上互相竞争，而非培养合作的课堂氛围，这可能会形成不健康的、高人一等的风气，从而对课堂之内和之外友善的同伴关系造成干扰。

## 二、以社会为背景

**社会**（**society**），这个概念与文化相关，但又有所不同。它是非常巨大的、长期存在的社会群体，在社交上以及经济上有组织、有共同的制度和活动。例如，实际上任何国家都是一个社会，由政府来管理某些活动，有一套法律明确哪些行为是被许可的哪些是不被接受的，有一套货币制度让货物和服务可以进行交换，等等。

社会以各种方式影响其成员的学习，包括通过所提供的资源、所支持的活动、所传递的信息。例如，一个社会的基础设施，如道路、发电站、电话和电缆线路，让人和货物可以远距离移动，让居住者可以定期进行合作。各种媒体（报纸、电视、互联网等）传递出与这个社会所期待的行为和群体刻板印象有关的信息、思想、观点和信息。当然，学校也会提供正式的架构，让学生和成年人一样获得促进其个人和职业成功的知识和技能。

以下三个原则反映的是社会方面与学习者的课堂表现、长期的社交和职业成功相关的特征。

### 1. 任何大的社会都有多个层级，会直接或间接地影响孩子的学习和发展

任何社会，最重要的特征，就是有许多有组织的结构，嵌套在其他较大的结构之中（见图 4.4）。[②]对于许多孩子来说，最基础层级的是*家庭*，家庭以不同的方式为学习提供潜在的支持，比如，提供良好的营养和医疗上的照顾，让孩子们参与饶有兴趣的教育活动，设定某些行为期望，提供社交和情感支持。围绕着家庭的是另外一个层级，即*社会群体*。在社会群体中，学习者学会如何与同伴进行交往、参与有趣的娱乐活动（如，做游戏、玩玩具），并获得社会和情感支持。另一层级是*社区*，它可以提供教育经历（如学校教育、学龄前和上学后的项目、图书馆和博物馆项目、当地的商业实习）、娱乐机会（如娱乐场地、运动俱乐部）以及社会和情感支持（如愿意提供帮助的邻居、教堂资源）。在更大范围的层级上，是孩子们所居住的*社会*（如州、省、国家），它通过管理学校政策的立法、回流到当地学校的税金、能提供新教学策略的相关信息、培训的机构和专业团队等等对孩子们产生影响。关于人们应该如何思考和行动的总体*文化*信念渗透在所有层级中。

在影响孩子们发展的同时，社会的各个层级环境之间会相互产生影响，也与孩子们自身气质相互作用。在这个过程中，他们也会相互*改变*。例如，一个气质上极度好动的儿童在刚入学的时候可能会使学校（社区层级的环境）对他采取严格的纪律行动，但是当事家长（家庭层级的环境）可能会寻求教师的帮助，提出其他可供选择的办法，有效地把儿童的行为引导到有益于学习的活动上。政府机构（社会层级的环境）可能会提供帮助，与家长和教师一起更好地促进孩子的认知发展。总

---

① Cross, Strauss, & Fhagen-Smith, 1999; Kumar, Gheen, & Kaplan, 2002; Ogbu, 2008a; S. J. Schwartz, Unger, Zamboanga, & Szapocznik, 2010.

② 这一段中很多论述都是基于尤里·布朗芬布伦纳（Urie Bronfenbrenner）的生态系统理论和生物生态模型。比如：Bronfenbrenner, 1989, 2005；Bronfenbrenner & Morris, 1998; C. D. Lee, 2010.

的来说，社会是动态的系统，包含不断变化的相互影响的变量。[①]

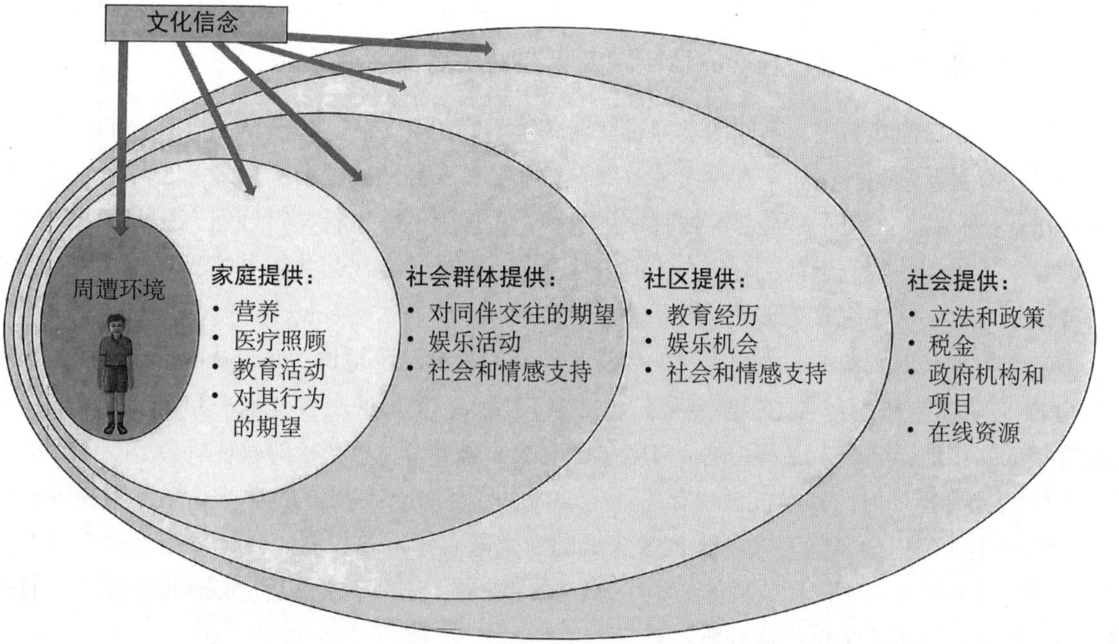


**图 4.4 学生的学习和发展受到多个层级环境的影响**

在美国，《残疾人教育法》（**Individuals with Disabilities Education Act，IDEA**）为国家政策如何间接影响学习提供了一个例子。[②] 这一法案为有残疾的孩子接受旨在促进他们身体和认知发展的适当的干预和服务提供了保障。它还要求，一旦这些孩子到了学龄期，要在最大可能的情况下，让他们进入周围的社区学校，和没有残疾的同伴一起接受教育，这一规定被称为融合教育（*inclusion*）。早期干预无疑可以有效地促进有各种特殊教育需求的孩子的发展。[③] 此外，很多有轻度残疾的孩子如果能留在普通的课堂教学中，而不是被隔离到"特殊"课堂教学或学校中去，则会达到更高的水平，1975 年法案颁布以前经常会发生残疾孩子被送到特殊学校这样的事。当教学材料和教学实践调整适应学生的特殊教育需求和学业水平时，这种把有轻度残疾的孩子安插在普通班级中的做法是最成功的。[④]

## 2. 社会不同成员各有不同的专长，他们相互取长补短

前面对分布式认知的讨论中，我们注意到，有时候人们相互配合以应对有挑战性的任务，每个人都可能贡献自己独特的观点和智慧。我们可以把分布式这个概念运用到更大的范围中。尤其是，社会就是以**分布式知识**为特征的：不同的人拥有不同的专业知识领域，因此社会成员必须相互依靠，把个人成功和群体的总体成功最大化。为了获得个人和职业上长远的成功，儿童和青少年必须获得知识和技能，能够让他们：（1）寻求偶尔在应对困难任务时所需要的专业知识；（2）区分真正

① C. D. Lee, 2010 ; Thelen & Smith, 1998.

② 这一法案最近一次是在 2004 年再度得到批准，更名为《残疾人教育促进法》（the Individuals with Disabilities Education Improvement Act）。不过，大多数人提到它时仍然用原来的名字。

③ J. M. Fletcher, Lyon, Fuchs, & Barnes, 2007; Kağitçibaşi, 2007; Pelphrey & Carter, 2007.

④ P. Hunt & Goetz, 1997; Scruggs & Mastropieri, 1994; Slavin, 1987; Soodak & McCarthy, 2006; Stainback & Stainback, 1992.

的专家和那些自称专家的人。[①] 在互联网上，要弄清楚真正的专家更为困难，因为在没有任何核实验证的情况下任何人都可以自称为专家。

### 3. 大多数情况下，某些社会成员比别人更容易获得社会资源

事实上，在任何社会里，不同的学习者都会获得不同的资源。这种差异性机会对年轻人的学习和长期成功有重要影响。比如，有些人（但不是全部）有安静的学习场所，父母能辅导他们做较难的家庭作业。有些人（但不是全部）拥有家用电脑，可以上网、进行文字处理，获得有助于提高学习和课堂学习表现的其他工具。有些人（但不是全部）住的地方离公共图书馆、博物馆和动物园很近，或住的地方去这些地方交通很方便。

影响学习者获取资源的一个很重要的因素是他们的**社会经济地位**（**socioeconomic status**，常常缩写为 SES）。这个概念包含了很多变量，包括家庭收入、父母的受教育水平和父母的职业，这些都会直接或间接地影响许多因素，包括家庭居住地的邻居类型、可获得的教育机会。

学生的社会经济地位和学校表现有关：高 SES 的学生往往有更好的学习成绩，低 SES 的学生往往面临着更大的退学风险。来自低 SES 家庭的学生随着年级的提高，会越来越落后于 SES 高的同伴。研究者发现来自不同种族群体的学生存在成绩差异，这似乎更多地应该怪罪于学生们社会经济地位的差异，而不是文化差异本身。[②]

来自低 SES 家庭的儿童和青少年是一个弱势群体。有些人住在内城区，有些人住在农村，有些人住在富裕城郊局促的公寓或家里。不论他们住在哪里，这些学习者都可能面临着以下一个或多个挑战：

- **营养不良和健康护理不足。**儿童早期营养不良会造成注意力和记忆力差、学习能力受损。营养不良对学业成绩的影响既可能是直接的，如阻碍早期大脑的发育；又可能是间接的，如使学生在课堂上感到疲倦和注意力不集中。而缺乏健康护理意味着一些情况会干扰学生的上学出勤和表现，如哮喘和听力问题都得不到解决。[③]
- **住房拥挤和经常搬家。**很多低 SES 的家庭住在人口密集的地区，可能和其他家庭成员一起住在只有一两个房间的地方。在一些维护差的老旧公寓楼里，孩子们暴露在含铅的劣质涂料粉尘中，这种铅可能会导致大脑的损害。另外，如果孩子们频繁地从一个租住公寓搬到另一个，他们肯定也会常常换学校。在这个过程中他们会失去现有的社会支持网络，同时错过有关重要学习技能的课程。[④]
- **不卫生的社会环境。**一般情况下，低 SES 的邻里和社区有更多的街头帮派和有组织的犯罪，更高的犯罪率和破坏公物的问题，更普遍的酒精成瘾和药物滥用，以及更多数量的反社会同伴。此外，那里为休闲时间提供的有效渠道——图书馆、娱乐中心、运动社团等会更少，正面的成

---

① Bromme, Kienhues, & Porsch, 2010.

② Byrnes, 2003; Farkas, 2008; N. E. Hill, Bush, & Roosa, 2003; J. –S. Lee & Bowen, 2006; McLoyd, 1998; Murdock, 2000; Rumberger, 2011; Sirin, 2005.

③ Ashiabi & O' Neal, 2008; Berliner, 2005; Benton, 2008; Noble, Tottenham, & Casey, 2005; Sigman & Whaley, 1998; R. A. Thompson & Nelson, 2001.

④ Croninger & Valli, 2009; Dilworth & Moore, 2006; Gruman, Harachi, Abbott, Catalano, & Fleming, 2008; Hattie, 2009; Hernandez, Denton, & Macartney, 2008; Hubbs-Tait, Nation, Krebs, & Bellinger, 2005; Mantzicopoulos & Knutson, 2000; P. M. Miller, 2011.

人角色榜样也更少。这些因素似乎是导致生活于贫困中的学生学业成绩不佳的部分原因。[①]

- **学校质量差。**遗憾的是，最需要良好教育的孩子进入好学校可能性却很低。低 SES 街区和社区的学校往往比高 SES 街区的学校获得的资金更少，结果是低 SES 地区的学校难以为继，设施落后，教师的流动率高。此外，和富裕区域学校的教师相比，这些学校中的一些教师对学生的期望更低，给学生的课程挑战性更小，布置的家庭作业更少，提供给学生形成高级思维能力的机会更少。[②]

仅面临一两个这些挑战的学生常常在学校里表现非常好，而那些面临多数或全部这些挑战的学生在学业上存在着失败的高风险。[③] 尤其是当生活持续贫穷而非仅仅是暂时贫困时，孩子们可能会对他们的生活环境感到有相当多的情绪压力[④]，正如你会在第 5 章中发现的，当学生们的焦虑水平很高时，他们的学习和表现水平更低。当然，并不是所有的低 SES 的学生都处于慢性压力的情况下，那些家庭能一直提供支持、引导和管教的学生通常有良好的心理健康状况。[⑤]

## 三、以技术和媒介为背景

严格地讲，技术包括任何为了某个实践目的而产生的对科学知识的人为应用，如铅笔、灯泡或平板电脑。媒介（*media*，medium 的复数形式）这个术语指的是人们可以用来跨越空间和时间进行交流的各种方式。一些常见的媒介有收音机、电视、书籍和音乐。我们在这里要集中关注的是数字技术（*digital technologies*）和数字媒体（*digital media*），它们可以让我们进行电子存储、操控和信息交换。（数字这个单词指的是信息以 0 和 1 的形式存储，统称为二进制数。）电脑硬件和软件、手机、摄像机、视频游戏系统以及互联网都是这样的例子。

随着数字技术越来越容易获得和负担，它在现代社会中应用越来越普遍。此外，它让学习者能够超越周围物理环境和社会环境以电子的方式进行"旅游"，以下两个原则正好反映了这一点。

### 1. 移动设备让学习者可以连接到更多的人和更多的资源

很多学生都能熟练使用移动设备（如手提电话、智能手机和平板电脑）来打电话、发短信、拍摄和发送照片、玩游戏、在 Facebook 和 Twitter 等社交网络上发表观点和照片。对大多数青少年来说，使用手机和其他技术手段的动机是发起和保持社会交往，尤其是与同伴交往。[⑥]

但是，在学校里，这些移动设备可以让学习者与比某个具体范围的人知识更为渊博的人建立联系。当使用这种方式时，移动设备让学习者可以接触前面所提到的分布式知识，包括事实和数据。

---

① Aikens & Barbarin, 2008; Duncan & Magnuson, 2005; Nettles, Caughy, & O' Campo, 2008; Tamis-Lemonda & McFadden, 2010; Yoshikawa, Aber, & Beardslee, 2012.

② G. W. Evans, 2004; McLoyd, 1998; Pianta & Hamre, 2009; Raudenbush, 2009.

③ Becker & Luthar, 2002; Gerard & Buehler, 2004; Grissmer, Williamson, Kirby, & Berends, 1998.

④ Brooks-Gunn, Linver, & Fauth, 2005; G. W. Evans & Kim, 2007; Gershoff, Aber, Raver, & Lennon, 2007; Yoshikawa et al., 2012.

⑤ N. E. Hill et al., 2003; M. O. Wright & Masten, 2006.

⑥ Ito et al., 2009; Valkenburg & Peter, 2009; Warschauer, 2011.

通过 Google 和 Bing 这样的互联网搜索引擎，学习者通常可以获得他们所需要的几乎所有学科领域的信息，当然有时候也会获得错误信息。移动设备让学习者可以把课堂外的知识带到课堂上。例如，在有关健康饮食这一课，学生们可以把自己每天吃的食物拍照，记录一日三餐所吃的东西，并画一个营养价值柱状图。[①]

### 2. 有些媒介创设“虚拟”情境，模仿真实世界中的环境和事件

数字技术让人们在模拟环境中成为积极的参与者。例如，在视频游戏 PlayStation, Wii, 和 Xbox 中，学生们“跑”或者“跳”过各种物理障碍，寻找硬币和其他奖励品，在充满异国情调的地方与坏孩子“打架”或“杀掉”他们，或是在数字“球场”或“场地”里“打”网球或“踢”足球。有些模拟情境叫作*虚拟世界*，因为参与者可以把自己当成阿凡达，可以获得自己身体所处的地理位置之外的地方的真实经历。教师使用虚拟世界让学生参与模拟真实世界的活动，否则这些很难从所处的地理位置获得。就如你将在第 8 章中看到的那样，教育技术创造了大量的在线虚拟世界，可以帮助学生发展科学、数学和社会研究方面的技能。当这些软件程序需要学习者相互交流的时候，它们也可以增强学生的谈判、协作和领导力方面的技能。

## 四、以学业内容为背景

在人类文明早期，文化和社会大都集中在教孩子们与基本生存相关的知识和技能（打猎、种庄稼、做饭等等），木工、金属加工、医药方面的专家通常通过一带一的学徒制把知识传递给下一代。但是，随着文化群体发展出书写体系，以及对物理、生物和社交世界形成了越来越复杂的理解，他们开始建立正式学校，以便把文化创造成果有效地传递给后代。为了使飞速扩展的知识基础便于讲授操作，学校采用的一个方法就是把它分成各种学科，如阅读、数学、科学、社会研究、音乐和艺术。

因为不同学科集中关注不同的现象，也就是不同种类的任务和问题，因而需要不同的思维技能。例如，有效阅读需要自动检索成千上万个单词的含义，而数学问题的解决需要准确地思考数量以及灵活地处理代表这些数量的符号。此外，各种学科领域或多或少地依赖于大脑不同的区域。[②]

其实，不同内容范围是学生学习的附加情境，对不同学科内容来说有效教授学科内容的方法会截然不同。以下是你应该记住的关于具体内容情境的两个主要原则。

### 1. 每个学科都会提供许多增强思维和问题解决能力的认知工具

实际上，每个学科都会提供许多具体学科的概念、符号以及思维方式，帮助学习者更有效地理解和处理日常生活中出现的各种情况和问题。我们先来看看数学，下面的练习反映了这一点。

---

① Sharples & Pea, 2014.

② Dehaene, 2007; Katzir & Paré-Blagoev,2006; Norton, Kovelman, & Pettito, 2007; Plumert & Spencer, 2007; Posner & Rothbart, 2007.

## 自己看一看

### 建造一所树屋

想象你正在建造一所树屋，地板宽 4 英尺，一面墙高 2 英尺，对面的墙高 5 英尺。你需要为倾斜的屋顶买从高墙到低墙的厚木板。这个屋顶的木板必须多长才能从一面墙铺到另一面墙？

解决这个问题的一个方法是测量图中墙面和地板的尺寸（已知的尺寸），然后看看这个图是不是使用特殊的比例尺制作的。如果是这样的话，那么你可以使用相同的比例尺估计需要的屋顶木板的长度。另一种方法包含了几何学和代数学。如果你学习过几何学，那么你很可能学过毕达哥拉斯定理（Pythagorean theorem，即勾股定理）：在任何直角三角形中，斜边（最长的边）的平方等于另外两边的平方和。把树屋的上部分（从点线往上）看成是一个三角形，我们可以通过这种方式算出屋顶木板的长度（$x$）：

$$(\text{斜边})^2=(\text{垂直边})^2+(\text{水平边})^2$$

$$x^2=4^2+(5-2)^2$$

$$x^2=16+9$$

$$x^2=25$$

$$x=5$$

不管使用哪种方法，你都用了几个认知工具来解决问题，也许是度量、英寸、英尺和比例尺的概念，也许是毕达哥拉斯定理，或者变量（$x$）的概念以及代数算法。

其他学科同样提供了认知工具，帮助人们更有效地思考他们生活中的不同方面。比如，当学习者可以解释乐谱，理解什么是**和弦**（*chords*）和**三度音**（*thirds*），并用这些概念思考特定的音乐作品时，他们往往可以成为更好的音乐家。当学习者可以理解和应用如**力**、**重力**和**化学反应**这样的概念时，便能更轻易地理解科学现象。如果他们使用比喻或拟声法，便可以写出更为引人注目的文章和诗歌。当他们能够看懂地图和绘制地图常见的惯例，比如用线条来表示道路，用点来表示城镇，用数学比例来表示相对距离，他们就可以更轻松地找到办法去往更远的地方。

**想一想**

想想你主修的学科。它提供了什么认知工具帮助你解决新的任务和问题？

### 2. 不同学业内容需要不同的认知过程，因而需要不同的学习方法

当学生的时候，你可能发现有些学科内容比较容易理解。也许你觉得数学比较难。（如果是这样的话，你是否有过看了一眼前面的那个树屋数学题目，就想跳过不学了的念头？）也有可能，你擅长数学，但觉得拼写、历史或艺术很难，是不是这样？

不同学科内容需要不同的心理过程。当然，数学需要量的推理，在更高水平上也需要对很难与具体现实建立联系的抽象符号进行心理运算。而阅读和写作不仅需要掌握特定的字母与声音以及单词与声音的对应关系，也要使用多个理解其含义的方法（用于阅读）和口头交流技巧（用于写作）。科学需要进行系统的观察和数据收集（通过对变量的分离和控制）、对结果的客观分析以及区分有效和

无效结论的能力。在社会研究中，学习者必须从生活在与自己完全不同社会和时代的人的观点来看待人类事件和问题。艺术需要密切关注物理世界，并以具有视觉吸引力的方式把它表现出来。因此，某个学科的"最佳"教学方法通常完全不同于其他学科，对你来说也就不足为奇了。

# 第四节 学习者如何改变环境

**主要理念：不仅各种环境背景会影响学习者及其发展，学习者也会影响他们生活和成长的环境。**

在前面的几节里我们看到了人们所处的环境以不同方式对他们的学习和行为产生影响。不过反过来也是如此：学习者有时无意地有时故意地对其所处的环境产生影响，就像以下两个原则描述的那样。

## 一、学习者既可通过其行为改变当前环境，也可通过诸如信念、心理过程、感情和人格特质之类内在变量改变当前环境

某种程度上，学习者的某些行为会改变环境。例如，参与课堂活动时，不良行为的学生可能会被要求离开活动，坐在旁边观看。个人的、内在的变量，如信念、心理过程、感情、人格特质、知识等等，也会影响到学习者的环境。比如，由于注意力和工作记忆的容量有限，学习者往往只会关注（内在变量）环境中的某些方面（见第 2 章），他们更可能选择他们预期做得好而非做得差的活动。事实上，刚才所描述的这三个方面——内在变量、环境和行为，彼此会相互作用。内在变量、环境和行为的相互依赖被称为**互为因果**（**reciprocal causation**）。[①] 图 4.5 对这个概念进行解释说明，表 4.3"通用范例"这一列中呈现了几个关于这三种变量相互作用的例子。

**想一想**

你能用自己的话解释互为因果吗？你能从自己的经验中举个例子吗？

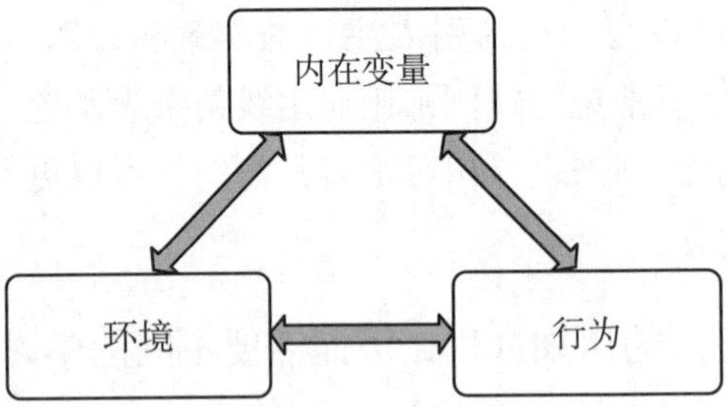


**图 4.5　内在变量、环境和行为相互影响**

举例说明内在变量、环境和行为如何不断地相互交织，我们来想象场景 1 中一个叫罗莉的学生的案例。

① Bandura, 1989, 2006, 2008; T. Williams & Williams, 2010.

## 场景 1

罗莉在布罗德里克先生的七年级社会研究课上常常迟到，而且对课堂活动内容总是准备不充分。在课上，她更多的时间花在和朋友的互动（如小声说话、传纸条）上，而非参与课堂活动。罗莉在大多数考试和作业中的表现并不令人满意，如果她最终交了作业的话）。

十月中旬的一天，布罗德里克先生把罗莉叫到一边，表示他很担心她在学习上不够努力。他认为罗莉如果能在课上花更多精力，她会做得更好。他还向她提供了每周两次的课后辅导，帮助她理解课堂内容。罗莉并不乐观，她说自己“不够聪明，没法学习这些东西”。

在她和布罗德里克先生谈完后一个星期左右，罗莉全力以赴，投入了更大的努力，然而她从来没有真的在课后留下来接受额外辅导。不久以后，她老毛病又犯了。布罗德里克先生最终认为罗莉无可救药，而把更多的时间和努力投入到去帮助那些更愿意学习的学生身上。

罗莉对学业成就的期望很低（内在变量），这一点可以部分解释她为什么花很多时间做与学习任务无关的事（行为）。她把注意力（另一个内在变量）放在了同学而不是老师身上，这会影响她体验到的特定的刺激物（她所在的环境）。罗莉不良的学习习惯，以及由此导致的在作业和考试中的糟糕表现（她的行为），反过来又会影响她对未来学业成就的期待（内在变量），以及布罗德里克老师对待她的方式（她所在的环境）。布罗德里克老师最终得出结论，认为罗莉已无可救药，开始忽视罗莉（改变了她所在的环境），造成了她今后的失败（她的行为），甚至使她自信心更低（内在变量）。在表 4.3 的场景 1 中，你可以看到这些交互作用。很显然，罗莉表现出一些迹象，可能会存在长期学业失败的风险。

**表 4.3　　环境、行为和内在变量相互作用（互为因果）**

| | | 通用范例 | 罗莉案例中的例子：场景 1 | 罗莉案例中的例子：场景 2 |
|---|---|---|---|---|
| 环境的影响 | 对行为 | 强化和惩罚影响今后的行为。 | 教师决定把更多时间花在其他学生身上，会导致罗莉学习上持续的失败。 | 新的教学方法促成了罗莉学业表现上的进步。 |
| | 对个人内在变量 | 他人的反馈影响学习者对自己未来表现的预期（积极或消极的）。 | 教师没有足够的时间和努力去处理罗莉对于学习任务缺乏自信的固念。 | 新的教学方法引起了罗莉的兴趣和注意。 |
| 行为的影响 | 对环境 | 特定行为影响获得的强化和惩罚。 | 罗莉不好的学习表现起初使她的老师单独找她，最后又不管她了。 | 罗莉在学习方法和学业表现上的进步会形成经常性的强化。 |
| | 对个人内在变量 | 当前的成功和失败影响对今后表现的预期。 | 罗莉当前不良课堂表现导致她对未来表现预期较低。 | 罗莉在学习方法和学业表现上的进步鼓起了她对于今后课堂表现的自信心。 |
| 个人内在变量的影响 | 对环境 | 对今后不同方面表现的预期影响学习者对特定活动的选择，因此也会影响学习者获得的学习机会。 | 罗莉在学习活动中对同学的关注使她的同伴成为比老师更具影响力的刺激。 | 罗莉对课堂活动更多的关注提高了老师教学的效果。 |
| | 对行为 | 注意、学习方法和其他认知过程影响学习者的课堂表现。 | 罗莉对同学而非教学的关注导致了学业失败。 | 罗莉自信心的提高和动机的增强会让她进一步形成更适宜和更有效的学习习惯。 |

但是现在想象一下，布罗德里克先生在读了几篇关于如何帮助面临风险的学生的研究文章之后，对于打破像罗莉这样的学生身上的互为因果的恶性循环更加乐观了。在学年中，他对教学进行了几次改变：

- 他一再清晰地表明他期望所有学生在他的课堂上都能取得成功。
- 他把学生的个人经验和兴趣纳入社会研究的学习中。
- 他制定学生每个星期要完成的详细、具体的任务，为学生应该如何完成每项任务提供指导和框架。
- 在咨询了学校阅读方面的专家和学校心理学家后，他帮助学生们发展更有效的阅读和学习方法。
- 他每周五进行小测验，这样学生们就可以知道他们每周的进步。

通过场景 2，我们来看看接下来发生了什么：

**场景 2**

通过把学生的个人经验和兴趣纳入到日常课程中，布罗德里克先生引起了罗莉的兴趣和关注。她开始意识到社会研究和自己的生活有关，因此对于课堂活动的参与更多了。布罗德里克先生布置了更具结构性的作业，增加如何学习的指导，以及频繁地进行测验，罗莉发现她自己在一个曾经只会失败的科目上获得了成功。布罗德里克先生很为她的表现感到欣慰，经常通过面部表情、言语反馈和在她需要的时候随时为她提供帮助，来让罗莉感觉到他对她取得的进步感到欣慰。

在学年结束时，罗莉能更有效地学习课程内容，也能按时完成作业。她迫切盼望下一年的社会研究课，有信心延续她的良好表现。

再一次，我们看到了环境、行为和个人内在变量之间的相互作用。布罗德里克先生新的教学方法（环境）吸引了罗莉的注意力（个人内在变量），使她培养了更好的学习习惯，提升了学业表现（行为）。罗莉课堂表现的进步反过来影响了布罗德里克先生对待她的方式（环境）和她自己的自信（个人内在变量）。提升的自信心、对课堂活动更多的关注以及对于成功更高的动机（都是个人内在变量）影响着她从布罗德里克先生的教学（环境）中获益的能力，因此也会影响她课堂上的成功（行为）。（表 4.3 中场景 2 这一列呈现了三者之间相互作用的新例子。）

**想一想**

再次看看第 1 章中“作为一名教师的发展”这个部分中的黑体字概念。布罗德里克先生的做法很好地诠释了哪个概念？

## 二、学习者主动寻找与他们现有特点和行为相适应的环境

随着年龄的增长，孩子们的选择更多了，因此可以控制他们的环境。有了这些选择和控制，他们往往会寻找感觉舒适的情境：能够匹配他们现有的能力、兴趣、需求且允许他们参与喜欢的活动的情境（在第 5 章将继续讨论）。这种寻找与现有特点和行为有良好匹配度的环境条件的倾向，是一种被称为**环境选择（niche-picking）**的现象，它会增加学习者之间现有的差异。[①]

例如，随着孩子年级的提升，对于花时间和谁在一起，他们更多地选择与同伴在一起，跟那些

① O. S. P. Davis, Haworth, & Plomin, 2009; Flynn, 2003; Halpern & LaMay, 2000; Scarr & McCartney, 1983.

与自己有共同兴趣和活动的同伴交往。当他们进入初中时，他们可以选择某些他们要上的课，到高中阶段时选择更多，因此他们开始把精力集中在那些他们觉得有吸引力的科目内容上，并且可能会避开他们觉得很难的科目。当他们能熟练使用公共交通系统和学会开车时，他们会更多地进入家庭和当前社区以外的环境。这些环境，如图书馆、健身房、音乐工作室，会帮助他们掌握有用的新知识和技能。其他环境，如反社会同伴的聚集地或很容易获得违禁药物的通宵跳舞派对，对于他们的认知和社会化发展是有害的。

尽管儿童和青少年某种程度上可以影响和控制他们自己的环境，但老师还是控制着年轻人日常生活环境的一大部分：学校。我们现在开始探讨使学校成为培养年轻人学习、学业成就和社会成功的环境的一些策略。

# 第五节　为学习提供支持性的环境

**主要理念：有效力的教师会创造一个鼓励和支持有成效的行为和思维方式的课堂环境。**

不同“层级”的环境——从学习者当下环境中遇到的具体刺激到学习者生活的总体文化和社会，都与课堂教学存在着千丝万缕的联系。这部分所提出的策略可以分为两大类：鼓励有成效的行为、为有效的认知过程提供物质的、社会的和技术的支持。

## 一、鼓励有成效的行为

正如以下建议所揭示的，在鼓励有成效的行为时，先行刺激（*antecedent stimulus*）、强化和模仿等概念会十分有帮助。

### 1. 创造条件激发期望的反应

在这章前面的部分，我们注意到特定的刺激条件：合作性的游戏、与学生能力水平相当的课堂作业往往会激发有成效的行为。此外，学生感觉到被老师和同学接纳、欣赏的整体课堂气氛往往同样会激发几乎每个人最好的表现（关于这一点更多的论述见第 5 章和第 9 章）。

有时老师会提供一些关于期望和不期望行为的明确的提醒，这是一种被称为**提示**（**cueing**）的策略。在一些例子中，提示涉及的是非言语的信号，如摇铃或打开顶灯的开关来提醒孩子们小声说话，不要大声喧哗。有些时候提示涉及的是以直接的或间接的言语提醒告诉孩子们应该做什么，例如“说话时记着用室内说话的音量”以及“我看到有些画具还有没有放好”。这些叙述在第 2 章提取线索的例子中提到过，尽管在这里是提醒学生们做出合适的课堂行为而非提示学科内容。

### 2. 确保有成效的行为得到了强化，无成效的行为没有被强化

教师应该确保期望的行为——经常阅读、完成一篇很好的在科学节上张贴的研究论文、和同学合作学习等等，都以某种方式得到了适当的强化。这种观点可以很好地概括成一个短语“抓住孩子们表现良好的瞬间”。如果学生对参与课堂任务和活动的动机不足，则可以采用适合学生的发展水平和个人兴趣的强化物，如奖励贴、特别的待遇、参与喜欢的活动的自由时间等等，都能让学生们集中于他们

的学习任务，从而掌握重要的信息和技能。在特定的条件下，正反馈是非常有力的强化物（有时候甚至可以使用负反馈）。课堂策略专栏“使用反馈提升学习和表现”为最大化反馈效能提供了几条建议。

有时教师可以让学生们选择他们的强化物，甚至在不同的场合选择不同的强化物。①一个有用的策略是**代币法**（**token economy**），即表现出期望的行为的学生会获得代币（比如，筹码或特殊标记过的彩色纸片），他们之后可以用来“购买”不同的后备强化物：也许是一些小奖励，也许是在阅读中心的自由时间，也许是午餐队列中的最好位置。不过总的来说，教师应该少使用小玩具和小玩意儿这样的实体强化物，这些东西会分散学生在功课上的注意力。

不管强化采取怎样的形式，一些类型的强化物都应该在期望的行为之后呈现，否则这些期望的行为会减少并最终消失，这个现象被称为**消退**（**extinction**）。最初，为了增加所期望的反应，强化应该是连续的，即在这个反应出现时强化也出现。一旦学生能经常做出这个反应，强化便可以是间断的，也就是说，有些场合给强化有些不给，而反应不会因此消退。

## 课堂策略

### 使用反馈提升学习和表现

- **明确指出学生哪儿做得好，理想的情况是，在他们正在做的时候指出来**

  当因学生适宜的课堂行为而表扬学生时，一名二年级的老师非常清楚地说明了她赞扬的是他们的哪些表现。例如，她说：“我喜欢你们安静学习的样子。”“你们应该瞧瞧瑞奇有多安静。谢谢你，瑞奇，你没有打搅其他同学。”

- **对学生们如何改进他们的表现给予具体的指导**

  一名高中体育教育老师告诉学生们：“你们100米短跑的时间可以更短些，不过现在学期刚开始，如果你们努力提高耐力，我相信你们会有进步的。而且，我认为如果在冲出起跑线时压低重心，起跑可能会更快。”

- **传递给学生可以进步的乐观精神**

  当一名学生在中学地理课上做一个关于墨西哥的口头报告时，她对于家人最近在巴亚尔塔港（Puerto Vallarta）旅行的啰唆描述让同学们觉得很无聊。很多学生开始通过肢体语言和偶尔跨走道说悄悄话来传达他们的不悦。快下课时，这名学生由于报告不被接受感到十分沮丧。她的老师支持她，温和地说：“你的报告中包括了很多有趣的事，朱莉，很多图片和手工艺品非常有助于我们了解墨西哥文化。不过你知道青年人就是这样，有时候注意力很短暂。我下学期还会布置口头报告。在你下次报告前，我们坐下来计划一下，同学会想：‘哇，这可真有意思！’”

- **别用过多的反馈压垮学生，仅告诉他们那些当时能适度处理并且能记住的反馈**

  一名幼儿园老师看着某个学生在练习写几个英语字母，他帮助学生了解握笔的方法，使她能更好地控制铅笔。他并没有提起她把B和D方向写反了，他会留着这个信息，直到她熟练掌握铅笔的握法。

- **当学生已经知道自己做得好或不好的地方在哪儿时，反馈要最小化**

  一名高中学生在数学课上成绩不佳主要是因为不够努力。当他开始全力以赴地学习，按时做作业后，他的测验分数突飞猛进。老师递给他努力学习后的第一次测验试卷（他得了96分）时，她什么也没说，但微笑着对他竖起了大拇指。

- **教给学生恰当地去请求老师反馈的策略**

  一名四年级教师班上有三名智障学生。她知道这些学生可能比其他同学需要更多的反馈。她教给他们在需要帮助时的三个步骤：（1）举手或轻轻地走到她的桌子边；（2）耐心等待直到她有时间和他们说话；（3）表达他们的需要。（如：“我该怎么做？”“我下面该做什么？”）

来源：Boyanton, 2010; D. L. Butler & Winne, 1995; M. A. Craft, Alberg, & Heward, 1998, p.402(四年级的例子)；Feltz, Chase, Moritz, & Sullivan, 1999; Hattie & Gan, 2011; Hattie & Timperley, 2007; K. A. Meyer, 1999; Shute, 2008; Stokes, Luiselli, Reed, & Fleming, 2010; Tunstall & Gipps, 1996; Wise & O' Neill, 2009.

① Berg et al., 2007; Bowman, Piazza, Fisher, Hagopian, & Kogan, 1997; Fisher & Mazur, 1997; Ulke-Kurcuoglu & Kircaali-Iftar, 2010.

同时，老师必须要特别小心，不要在不经意间强化一些对学习者的成功有长期干扰的行为。例如，如果老师因为卡罗尔说她忘记了作业而总是允许她晚交作业，或者如果老师常常让科林为所欲为地在操场上欺负同学，那老师就是在强化（因此增加了）卡罗尔的找借口和科林的攻击性行为。

### 3. 明确反应 – 强化的伴随产生

不管教师什么时候在课堂上使用强化策略，他们都应该清晰地描述反应和强化物之间的因果关系，或曰**伴随产生**（**contingency**）。例如，如果告诉幼儿园的学生"最安静的组可以第一个排队吃午饭"，他们更可能做出适宜的反应；如果九年级学生知道完成家庭作业就可以去当地的墨西哥五月节（cinco de mayo festival）进行实地考察游玩，他们就更可能完成作业。

> **想一想**
>
> 你会采取哪种形式的强化引导学生坚持一项困难的任务，连续的还是间断的？

明确表达行为期待和反应 – 强化伴随产生的一种具体方式是**随因协议**（**contingency contract**）。为了形成这样的协议，教师与学生当面讨论问题行为（如在本应该独立完成课堂自修作业的时间和朋友聊天，或以不尊重人的方式跟同学说话）。然后教师和学生确定并在学生要做出的期望行为（如在特定时间内完成课堂自修作业，以友好、尊重人的方式和同学说话）上达成一致。双方也要在学生出现这些行为时能获得的一个或更多的强化物（如一定长度的自由时间，或获得某些优先权获奖励的点数）上达成一致。教师和学生一起写下描述了学生要遵守的行为和这些行为带来的强化物的协议并签上名字。随因协议是改善不同学业和社会行为的非常有效的方法。[①]

### 4. 作为对惩罚的替代，强化与无成效行为不相容的有成效行为

有些情况下很显然需要对学生进行惩罚，正如第 9 章中你将会看到的那样。但有些时候，教师可以仅仅通过强化一个不同的行为，就能减少一个无成效的行为出现的频率。理想的情况是，这两个行为是**不相容行为**（**incompatible behaviors**），是不能够同时出现的。比如，试试下面的练习。

---

**自己看一看**

**站着睡觉**

你是否曾经尝试过站着睡觉？马可以做到，不过我们人类大多数做不到。事实上，有很多成对的活动是不可能同时执行的。用一分钟时间想出你在做下面这些活动时，无法同时做的一些事：

| 当你： | 你无法同时： |
| --- | --- |
| 坐下 | ________ |
| 吃饼干 | ________ |
| 散步 | ________ |

---

显然，在这个练习中有很多可能的答案。例如，你可能会说坐着和站着不相容，吃饼干和唱歌（或者至少和唱得动听）不相容，散步和打盹不相容。每种情况下，这两类活动要完全同时进行是根本不可能的。

为了在课堂上使用不相容行为的概念，打个比方，教师可能会对一个多动的学生坐下来的行为

① K. L. Lane, Menzies, Bruhn, & Crnobori, 2011; D. L. Miller & Kelley, 1994.

进行强化，因为坐着和离开座位以及在教室里闲晃的行为是不相容的。类似地，教师可能会通过强化与任务有关的反应消除与任务无关的反应，或通过强化社会赞许行为消除言语攻击行为。现在考虑一下一所学校该如何处理长期乱丢垃圾的问题。

沃尔特是一名初中生，总是把垃圾（香蕉皮、瓜子皮等）扔在餐厅地上、学校走廊里和操场上。当学校教职员工成立了一个反乱丢垃圾委员会时，他们让沃尔特加入委员会，而且委员会最终选举他为主席。在沃尔特的领导下，委员会发起了一场大型反乱丢垃圾运动，运动结束时学校里张贴了海报，确立了餐厅纠察员。因为运动的成功，沃尔特得到了相当多的认可。奇怪的是（也许并不奇怪），学校员工再也没发现沃尔特在学校里乱丢垃圾。[①]

### 5. 为期望的行为树立榜样

正如我们所看到的，教师不仅通过说也通过做的事对学生进行教育。因此，教师为恰当的行为树立榜样，不为不恰当的行为树立榜样，是很重要的。他们树立对于课业充满热情和激情的榜样，还是树立仅仅去忍受非得学会胡乱应付那些无聊主题的榜样？他们树立对所有学生一视同仁的榜样，还是树立对少数几个学生格外偏心的榜样？他们是否年复一年用同样的教材，却论述革新和创造力是美德？行胜于言。

四个条件有助于学生有效地学习榜样[②]：

- **注意力**。注意力对于获取信息并将之纳入工作记忆十分重要（见第 2 章）。为了更有效地学习，学生们必须去注意榜样并且要特别注意榜样行为的重要方面。
- **记忆力**。为了学习榜样，学习者必须记住榜样做了什么，尤其是要存储在长时记忆里。如果学生们用一种以上的方法对信息进行编码，就像既有视觉表象又有复述，就更可能记住这种信息（还是见第 2 章）。比如，教师在示范一项特殊技能时可能会描述他们正在做的事。他们也可能在很难记住的、复杂的行为上贴上描述性标签。[③] 例如，教游泳时，帮助学生们记住基础仰泳中胳膊位置顺序的一种容易的方法是，教他们贴上小鸡、飞机和士兵的标签（见图 4.6）。

“小鸡”　　“飞机”　　“士兵”

**图 4.6　当复杂行为有言语标签时，学生往往更容易记住它，比如基础仰泳中胳膊的运动顺序**

① Krumboltz & Krumboltz, 1972.

② Bandura, 1986.

③ Gerst, 1971; T. L. Rosenthal, Alford, & Rasp, 1972; Vintere et al., 2004.

- **运动再现**。除了注意力和记忆力，学习者还必须能够以身体再现观察到的行为。缺乏这种能力时，运动再现显然就无法发生。例如，幼儿园的孩子看见高中生投垒球，但他自己没有肌肉协调性来模仿这一动作。让学生看见期望行为榜样后马上去模仿往往很有用。当他们这么做时，教师可以就他们在哪些表现上需要改进给予反馈。然而教师必须要记得一点，即我们之前在文化因素专栏中提到过的：某些种族的学生一开始时可能更愿意单独练习新技能，只有掌握到某种程度时，才愿意展示。
- **动机**。最后，必须激励学习者展现榜样行为。下一个原则有助于增强学生模仿有成效的行为的动机。

### 6. 提供不同的角色榜样

除了为期望的行为树立榜样，教师还应该让学生接触他们认为称职的和有威信的其他榜样。例如，教师们可以邀请受尊重的专业人士（如警官、护士、记者）来展示特定专业领域的技能。也可以让学生阅读和或观看书本、视频和其他媒体上的正面角色榜样。

另外，学生们可以从观察榜样努力获得的最终成果中获益。学美术的学生可以通过学习像文森特·梵·高（Vincent van Gogh）和乔治·修拉（Georges Seurat）这样的大师的作品获得有用的技巧，学音乐的学生可以通过聆听不同风格音乐家的娴熟演奏学习新技巧。在七年级语言艺术课上，学生们在喜欢的书里发现了用比喻等修辞手法写作的例子（见图 4.7），这样的范例可以作为他们写作的示范。

回顾本章前面列举的有效榜样的特点之一是：该行为与个体本身情况密切相关。如果榜样和学生在某些方面有明显不同，学生就不太可能认为榜样的行为和自己的情况有关。比如，来自低 SES 社区或少数族裔的学生并不一定认为中等收入欧裔美国人的行为对他们有用。同样，残疾学生可能会认为他们无法学习一个健全老师演示的内容。因此，教师在他们呈现给学生的榜样中应该包含低 SES 背景和少数族裔的个体和残疾个体，这是很重要的。这样的榜样能够给学生提供乐观的理由，让他们相信自己也能取得极高的成就。[①]

> "夜晚的黑暗降临，如同蛇爬过脚踝。"
>
> ——卡罗琳·库尼（Caroline Cooney），《通缉令》（*Wanted*）
>
> "轻浮的海浪调戏着呆板的鹅卵石滩。"
>
> ——莉莲·杰克逊·布劳恩（Lilian Jackson Braun），《看星星的猫》（*The Cat Who Saw Stars*）
>
> "水沸腾着白色的泡沫，像奶昔一样。"
>
> ——洛林·迈克丹尼尔（Lurlene McDaniel），《无论好坏，都将永远》（*For Better, For Worse, Forever*）
>
> "我试着把雪球吞入我的喉咙。"
>
> ——劳丽·哈尔斯·安德森（Laurie Halse Anderson），《我不再沉默》（*Speak*）

**图 4.7　芭芭拉·迪七年级语言艺术课的学生从阅读的书本中选择出这些有效的比喻等修辞手法写作范例**

① Evans-Winters & Ivie, 2009; Kincheloe, 2009; Powers et al., 1995.

### 7. 随时间逐步塑造复杂行为

当必须有巨大变化时，期望学生一夜之间改变是不合理的。在这种情况下，一个被称作塑造（**shaping**）的过程往往是有效的。教师应采取以下步骤来塑造所期望的行为：

（1）强化在某些方面与期望行为类似的任何反应。

（2）强化与期望行为更近似的反应（不再强化以前所强化过的反应）。

（3）强化与期望行为比上一步更近似的反应。

（4）继续强化与期望行为越来越近似的反应。

（5）只强化期望行为。

每个序列中的反应一旦发生就进行强化，直到学生能习惯性地做出这些反应。直到这时，教师才开始强化一个与期望行为更加接近的行为。例如，想象一名叫米兰达的学生，她似乎无法安静地坐着完成任何事情。老师可能希望最后她能安静地坐 20 分钟。不过，老师首先可能不得不为她能在椅子上只待 2 分钟就强化她。随着米兰达的进步，老师能逐步增加需要强化的坐着的时间。

**想一想**

你会怎样使用塑造法教 8 岁的孩子挥棒球棒？你会怎样使用塑造法教一个有攻击性的高中生亲社会行为？

教师通常用塑造来帮助学生获得复杂的身体技能和心理活动技能。比如，小学低年级阶段，老师逐步塑造学生的书写技能，如字母写得越来越小，更成型（见图 4.8）。在初中时，体育老师和教练会教授和期待更加熟练的运动技能。①

几乎用一样的方法，教师能够（常常能够）逐步塑造学生们独立完成学习任务的能力。开始时，他们会给一年级学生只需 5 ~ 10 分钟便能完成的结构性任务。随着学生小学年级的升高，老师会期望他们可以独立学习更长时间，并开始给他们布置一些家庭小作业。当学生进入高中时，他们已经扩大了学习范围，并在课后自己完成很长时间的作业。在大学里，学生作业要求很大的独立性和自我指导。

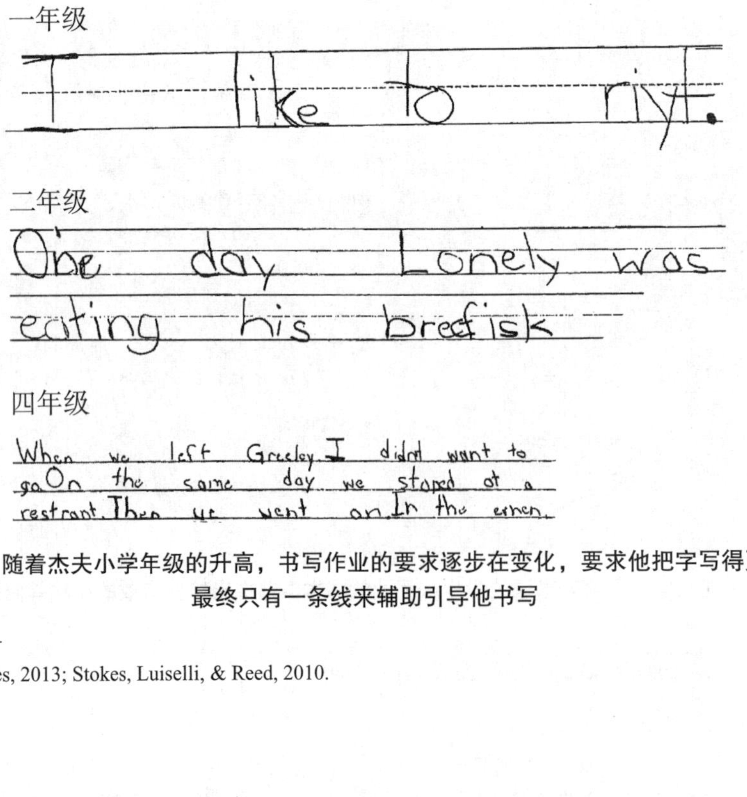


**图 4.8　随着杰夫小学年级的升高，书写作业的要求逐步在变化，要求他把字写得更小，最终只有一条线来辅助引导他书写**

① Harrison & Pyles, 2013; Stokes, Luiselli, & Reed, 2010.

### 8. 让学生在不同背景下学习新行为和新技能，最好包括校园以外的真实世界环境

如本章前文所述，学习和认知有时是位于特定背景之下的。比如，学生可能只会在数学课上想起勾股定理，而在家里搭建树屋勾股定理能派上用场时却忘了使用它。他们可能只有在语言艺术课上写文章时才会使用学过的论述写作技巧，而不会把它用于评价政治竞选的宣传册和报纸的社论。如果教师想让学生在校内和校外的很多情境下都使用所学知识，就应该给学生不同刺激材料和包括校外的很多不同背景下使用课业内容的实践机会。举例来说，教师可以布置作业，让学生采访家庭成员和邻居有关文化信念或政治关切的内容，也可以在真实的电脑模拟环境中呈现复杂问题。社区服务项目和在当地企业的兼职实习，都可以为学生提供合法参与社会各种实践活动的外部机会。

## 二、为有效的认知过程提供物质的、社会的和技术的支持

如下面这个建议所反映的，过去和当前的环境性的背景，不仅影响学生的行为，也会影响他们的思维过程。

### 1. 提供有助于学生更有效学习和思考的物质的和认知的工具

考虑到工具的时候，你往往想到的是物质的对象：剪刀、尺子、指南针等等。但要记得很多人类的工具，比如概念、数学公式和具体的学习策略，在本质上完全是认知性的。还有其他一些工具，如字典、计算器和流程图，既是物质的又是认知的，它们是概念、公式、思维过程和其他人类认知形式的有形表现。所有这些工具都能很大程度地提高学生理解学校课业、解决问题、与他人交流的能力，并促进学生广义上的茁壮成长。

现代技术提供了许多认知工具，可帮助学生应对有挑战性的任务，同时把认知负荷保持在合理限度之内。例如，学生可以使用概念映射（*concept-mapping*）软件来记录和组织一套复杂的新观念，可以用电脑的电子制表软件和制图软件来探讨和检验在代数方程式中 $x$ 值改变带来的效应。最后，技术还可以给学生提供进行试验和扩展观念的电子"操场"。[①]

技术革新尤其是**辅助技术（assistive technology）**，对身体和认知上有残疾的学生很有帮助。举例来说，把打印材料翻译成口头语言的软件程序对有视觉损伤（如盲人）、阅读障碍或智力残疾的学生来说就是无价之宝。对由于脊柱损伤或脑性麻痹而肌肉控制能力不足的学生来说，特别改装的操纵杆和声音识别系统可以补充或替代电脑键盘。这些工具可以为某些学生提供脚手架，让他们与非残疾学生一起成功参与正规的学校课程。

有时候老师和学生可以一起为更好地理解课堂学习内容创造有效的工具。例如，在小学阶段，老师和学生可以共同绘制一个轴图表，描绘历史上不同时期的交通运输形式（见图 4.9）。[②]在中学，老师和学生可以一起创造两维图表来帮助对比正在学习的不同州或国家的气候、地理和经济资源。

---

① J. A. Langer, 2011; Spiro & DeSchryver, 2009.

② Brophy, Alleman, & Knighton, 2009.

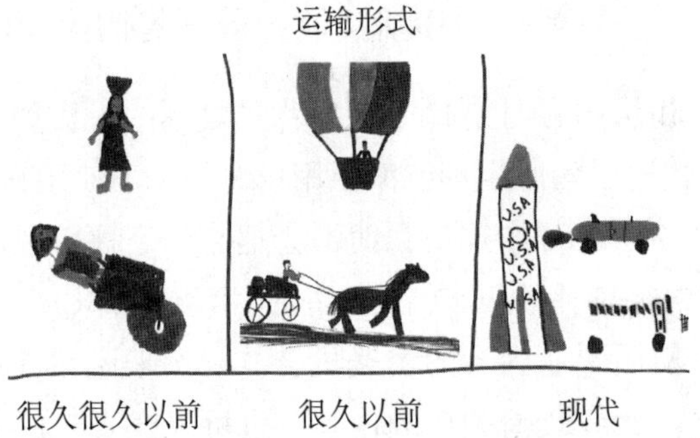


**图 4.9　这个合作绘制的时间轴图，老师提供了总体框架，两名学生创作了描绘人类历史不同时期运输形式的图画**

### 2. 教给学生们有效使用各种技术和媒体所需要的读写技能

读写技能有两种不同的含义。狭义上来讲，指的是阅读和写作能力。这里，我们使用的是广义的概念：使用某个特定内容范围或实践社群的各种概念和符号系统来理解和交流意义的一般能力。我们集中关注有效使用电脑技术和互联网所需要的最基本的读写技能的两种形式：技术读写能力和信息读写能力。

**技术读写能力**（**technological literacy**）包括个体有效使用数字技术和媒体所需要的知识和技能，包括使用智能手机、手提电脑和平板电脑（如 iPad 和 Kindle 电子书阅读器）以及数字相机等的能力。举例来说，包括以下一些：

- 常用功能的使用，如“开机”“剪切”“粘贴”“保存”。
- 特定设备的操作系统的使用，如用智能手机拍照，在电脑虚拟桌面上创建一个新的文件夹。
- 特定电脑应用的使用，如电子邮件、文字处理、图表设计、照片编辑和多媒体展示的软件程序。

同时，社会共同知识具有日益分散的特点，需要**信息读写能力**（**information literacy**）：个体有效地找到、评估、组织和使用特定主题的信息所需要的知识和技能。举例来说，包括以下一些：

- 使用互联网搜索引擎找到相关网页，例如，如何明确有效的关键词，如何在搜索产生的诸多链接中进行选择。
- 对各种网页进行批判性评估来决定其内容是否有效。
- 将来自多个资源的信息合成一个整合的有组织的整体。

或许，通过使用智能手机、玩视频游戏或家用电脑的经验，许多学生带有这方面的一定技能。但是另外一些学生可能没有基础，甚至如何把一个设备开机、关机他们可能都不了解。

然而，即使是看上去精通技术的学生也可能缺乏利用技术有效学习所需要的全部认知技能。从互联网页上进行学习，可能会尤其困难，主要有几个原因。首先，互联网搜索可能会产生成千上万个网页，要决定哪些与他们的问题和需求相关往往是很困难的。其次，学生还不具备足够的知识和技能，无法辨别哪些是提供客观信息的网页，哪些是有偏见的社会和政治宣传的信息。再次，学生还不知道如何对从各种网站上找到的分散独立的信息点进行组织和合成。最后，对互联网搜索可能产生的冗长啰唆和偶尔会令人很有挫败感的信息，学生们还不具备自我动机的“坚持不懈”。[①]

刚才所列举的有些技能可能涉及批判性思维和自我管理能力，我们在第 3 章讨论过这两点。下面是提高学生技术读写能力和信息读写能力的一般性建议。

- 使用数据库或搜索引擎来限制学生能够搜索到的网页。
- 给学生提供在阅读网页内容时需要尝试回答的具体问题。
- 让学生对从多个网页学到的内容写出摘要，可以与同学们进行合作。[②]

教授技术读写能力和信息读写能力有一个广泛被采用的更综合性的方法，被称作“大 6 法”。这个方法要教授以下技能[③]：

（1）对任务进行定义。
- 定义所要解决的问题，明确所要回答的问题。
- 明确要解决的问题和要回答的问题所需要的信息。

（2）寻找信息的策略。
- 对所有可能的资源进行头脑风暴。
- 对资源进行评估，选择最佳选项。

（3）定位和获取。
- 找到所选择的资源。
- 从这些资源里找到所需要的信息。

（4）信息利用。
- 了解和熟悉（阅读、听、触碰）已有信息。
- 提取相关信息。

（5）信息合成。
- 从所选择的资源中组织信息。
- 创设一个产品或表现，呈现结果。

（6）信息评估。
- 对产品和表现进行判断（有效性方面）。
- 对信息提取的过程进行判断（效能方面）。

从各种媒体中有效地找到和使用信息的学习者，一般都会应用所有这些技能，有时候按顺序采用这些步骤，有时候则可以灵活地改变前后顺序。

许多学校的电脑程序都有一个*远程桌面*，可以帮助教师指导和监控学生对互联网的使用。通过电脑的这个功能，教师还可以将自己的电脑屏幕分享给学生，示范如何使用搜索引擎，寻找各种网页，等等。也可以让教师远程观看每个学生的电脑屏幕。如果某个学生偏离学习任务，教师可以锁定学生的屏幕并发送适当的反馈。

---

① Afflerbach & Cho, 2010; K. Hartley & Bendixen, 2001; Leu, O' Byrne, Zawilinski, McVerry, & Everett-Cacopardo, 2009; F. H. Manning, Lawless, Goldman, & Braasch, 2011.

② Gil, Bråten, Vidal-Abarca, & Strømsø, 2010; F. H. Manning et al., 2011; Wiley et al., 2009.

③ M. B. Eisenberg & Berkowitz, 2011; Jansen, 2007, 2009.

### 3. 鼓励学生对话与合作

我们已经确定让学习者彼此谈论课堂内容有很多好处。事实上，学生在与他人谈论时，似乎确实能更好地理解新想法和新经验。相应的，很多理论学家建议课堂对话应该成为课堂教学的常规内容。例如，在一节关于纳撒尼尔·霍桑的《红字》的课上，高中英语老师苏·索瑟姆想让学生们形成对于亚瑟·丁梅斯代尔这个人物的理解。她朗读了小说中关于丁梅斯代尔的一段描写，然后说：

> 草草记下这段描写的一些重要特点。哪些措辞对你理解丁梅斯代尔性格十分重要，给你留下了深刻印象？你怎么看他？如果要你来描绘他，你认为他有什么特点？……随便写些什么，或者如果愿意，你可以画张画。

索瑟姆女士在教室里四处巡视学生们在做什么，直到他们都写完。然后她发起了下面的讨论：

> **索瑟姆女士：**如果你在导演《红字》这部电影，那么在你心中这个男人是什么样的？
>
> **迈克：**我心中没有这个人，只有角色。大约五英尺高，留着干净整洁的短发，穿着得体。他看起来真的很紧张、缺乏经验。面有愧色。一直紧张，抖得厉害。
>
> **索瑟姆女士：**他面有愧色。他的嘴唇一直发抖，一直颤动。
>
> **迈克：**他非常迷茫。
>
> **马特：**出了很多汗。一直这样。（他表演了一下丁梅斯代尔怎样擦拭额头的汗水。）他擦汗……用手绢……
>
> **索瑟姆女士：**事实上，我们并没有看到他擦额头，但是我们看到他在做什么？什么动作？你还记得吗？如果你看书上这部分，会看到他正用手扰在心上，就像正在遭受什么痛苦。
>
> **学生：**线框眼镜……我不知道为什么。他像……
>
> **迈克：**他像个书呆子……短裤……
>
> **索瑟姆女士：**但是同时……我不知道大家是否在同一间教室上课……他说"是的，她确实值得"。值得你为她而死，你知道吗？她是有罪，但是他也有，不是吗？如果她值得，那么我们为什么就不能认为他也值得她为他而死呢？

听到这样不同的观点，学生可以获得对于丁梅斯代尔更加复杂、多面的理解，其中可能包括了言语的概念（如非常迷茫、书呆子），也包括了视觉形象。（你会在第 7 章再次看到这段对话，但是在那里你会从不同的角度来看它。）

在刚才呈现的课上，老师主动参与，促进了学生的讨论。不过没有老师的帮助，学生也能共同形成理解，正如我们早先在关于苹果馅饼的数学问题的小组讨论中看到的那样。有或没有老师的帮助，课堂对话都能帮助学生掌握课堂学习内容，也许可以帮助他们获得对文学作品的更高深的解读，或者可以帮助他们获得对于被分割成小的部分的一个更大概念的意义的理解。[①] 课堂对话对老师也有很重要的益处：通过密切监督学生的评价和问题，老师可以发现和设法解决任何可能干扰学生进一步获得知识和技能的误解。

---

① E. H. Hiebert & Raphael, 1996; J. Hiebert et al., 1997; Lampert, Rittenhouse, & Crumbaugh, 1996; P. K. Murphy, Wilkinson, Soter, Hennessey, & Alexander, 2009; Schank & Abelson, 1995; C. L. Smith, 2007; Walshaw & Anthony, 2008.

### 4. 使用电脑技术来支持班级内和班级之间的交流

电脑技术当然可以增强某个班级的学生的交流与合作。举例来说，Blackboard 和 Moodle 这类课程管理系统可以提供电子讨论板和聊天室，让班级所有成员可以在学校和其他地方定期交流。另一个很好的资源是谷歌教育程序，学校可以为每个学生创设独立的电子邮箱账号，给学校和教室日历上发布已排定的活动和到期日期，还可以对教师和学生撰写的文档进行更新。

多亏有了互联网，学生个体和整个班级都可以跟其他地方甚至是其他国家的同学和班级进行交流与合作。这方面的一个工具为 skype，通过它两个不同地方的人可以在任何一台装有内置摄像头和麦克风的台式电脑、笔记本电脑、智能手机上看到对方的影像，听到对方的声音。

### 5. 创建学习者社群

想象一下某个班级正在学习的主题是《正在变化的人口》。把学生分成若干个小组，学习五个子主题中的某一个：灭绝、濒危、人工、辅助以及城市化。每个小组开展与子主题相关的研究并准备教学材料。然后，班级对这些小组进行重新组合，新的小组要包括先前每个小组至少 1 名代表。在新的小组中，学生教其他人自己之前所学的内容。[①]

刚才描述的场景解释了教师鼓励学生对话从而促进对意义的共同建构的一种方法。该场景是**学习者社群（community of learners）**的范例，在这样的课堂上，教师和学生合作建立知识体系并不断努力在学习上互相帮助。[②] 典型的学习者社群可能还具有其他一些特点：

- 所有学生都是课堂活动的积极参与者。
- 主要目标是掌握关于某一具体主题的知识体系，其中学生可以贡献自己的努力并借助彼此的努力。
- 学生努力学习某一主题时，会利用很多资源：教科书、学校图书馆、互联网和彼此。
- 两名以上学生的讨论和协作很常见，并在学习中发挥重要作用。
- 能预见学生在兴趣和进步速度上会有差异，要尊重这种差异。
- 学生和教师在帮助彼此学习的努力上是同等的，没有人在教导别人上有专属责任。
- 每个人都是他人潜在的资源；不同个体可能会成为不同情境下的资源，取决于当时的主题和任务。在一些时候，个别学生会关注特定的主题并变成这方面的小专家。课堂之外的人偶尔也可以和他们分享其专业知识。
- 教师为课堂活动提供一些指导和方向，但是学生也要提供指导和方向。
- 供学生和别人分享所学内容的机制要随时准备就绪，学生要定期评论彼此的学习。
- 尽可能多地强调学习的进步，有时要多过强调结果。

可以使用电脑网络创立学习者社群。[③] 在诸如谷歌文档和网上办公软件之类的电子环境中，学

---

① A. L. Brown & Campione, 1994. 让学生分成若干个小组学习各个主题，然后在第二轮的分组中把自己学到的内容教给几个同伴，这个方法叫作拼图式的学习技巧（*jigsaw technique*）。

② Bielaczyc & Collins, 2006; A. L. Brown & Campione, 1994; Campione, Shapiro, & Brown, 1995; A. Collins, 2006; Engle, 2006; Rogoff, Matusov, & White, 1996.

③ Bereiter & Scardamalia, 2006; Scardamalia & Bereiter, 2006; G. Stahl, Koschmann, & Suthers, 2006; J. Zhang, Scardamalia, Reeve, & Messina, 2009.

生可以创设大量文档，可以是简短笔记、长篇报告、问题解决、图表或短篇小说，可以把作品作为电脑文件发送，他们的同学可以阅读、回应，并可能去修改或继续补充内容。学生也可以在一个基于电脑的聊天室里进行互动，可以提出问题或议题，由同学来回答。举例来说，学生共同努力解决一个难题——热量为什么会融化某些固体却燃烧另外一些固体，或者对人类最先是如何移民到北美和南美，后来又如何遍布整个北美和南美的各种理论进行批判。①

教师和学生可以共同创设班级维基百科，在这个网站上班级成员可以添加、编辑或重新编排先前由其他成员提供的材料。受欢迎的维基百科自创网站有 pbworks.com，wikisineducation.wikifoundry.com 以及 wikispaces.com。

按学习者社群组织的课堂往往能极大地激励学生，可以促进更长时期的相当复杂的思维过程。②除了动机和认知的好处，学习者社群还可以培养有益的同伴关系，并形成班级的社群意识——一种教师和学生共享目标，对彼此的努力相互尊重和支持，并相信每个人对班级学习都有重要贡献的感觉（更多有关社群意识的内容见第 9 章）。

学习者社群在一个包括来自不同文化和社会经济背景学生的班级中尤为有用。③这样一个社群重视所有学生的贡献，利用每个个体的背景、文化观点和独特能力来促进班级整体表现。它也能为学生提供一个跨越种族、性别、社会经济地位和身体残疾的界限去形成友谊的环境。

不过，我们除了注意一般的小组讨论之外，也应该注意学习者社群可能存在的两个弱点。④某些学生在互动中可能会占主导地位，而新移民学生可能由于英语熟练程度较低而很少参与，甚至根本没有参与。此外，学生学到的知识不可避免地会受个人知识的限制，也会受到同伴分享的知识限制。学生偶尔可能会把偏见、错误观念和无效策略传递给同学。显然，当教师引导班级讨论或把班级组织成学习者社群时，必须密切注意学生的交流，确保学生对于所学主题最终得到准确理解。

## 第六节　考虑学生更广阔的文化和社会经济生活背景

**主要理念：有效力的教师会根据学生生活的更广阔的文化和社会经济背景来调整教学。**

除了受课堂内发生的事情的影响之外，学生的学习和学业成绩也会受课堂外发生的事情的影响，如学生的文化群体、社区等等。这部分我们的建议是要把这些情况加以考虑。

### 一、尽可能了解学生们的文化背景，避免因你自己的文化视角而一叶障目

在本章开头的个案研究中，杰克的英语老师抱怨“他的父母根本不在乎”，北美印第安纳瓦霍

① Hewitt, Brett, Scardamalia, Frecker, & Webb, 1995; Hewitt & Scardamalia, 1998.

② A. L. Brown & Campione, 1994; Engle, 2006; Engle & Conant, 2002; Rogoff, 1994; Scardamalia & Bereiter, 2006; Turkanis, 2001.

③ Kincheloe, 2009; Ladson-Billings, 1995b; Rothstein-Fisch & Trumbull, 2008.

④ A. L. Brown & Campione, 1994; Hynd, 1998b; E. R. Smith & Conrey, 2009; Walshaw & Anthony, 2008; T. White & Pea, 2011.

族学生的家长总的来说“就是不支持孩子的教育”[①]。当他人基于信念、价值观和社会习俗表现出的行为与我们自己的非常不一样时，我们很容易把他们看成是“奇怪的”“动机不明的”“疏忽怠慢的”。我们从自己的文化中学习的假设和信念，比如，好的父母应该控制孩子的行为这样的假设，在我们的生活中非常普遍，以至我们往往把它们看成是常识，甚至是事实，而其实它们本来应该只是信念。这些信念变成了一个文化透视镜，我们通过它去看事情，通过它得出结论：其他群体的行为与我们自己的相比有点不合理，是劣等的。这往往是不公正的。[②]

当教师不仅通过阅读有关不同文化的书籍、期刊和互联网，而且通过参与当地社区活动和定期与社区成员交谈等理解了学生和家长的行为所基于的基本假设和信念时，他便能最有效地与各种文化背景的学生合作。[③] 此外，有效力的好教师会敏锐地意识到自己的文化信念仅仅是信念。他们会努力不把对与自己文化差异非常大的文化的评判传递给学生，会尝试理解其他文化群体的人为什么会那么想和那么做。[④]

## 二、记住，个体作为某文化或族群的成员身份并不是一种非此即彼的状况，而是一个参与多或少的现象

正如本章之前说过的，个体在参与不同文化和族群活动的程度上有相当大的差异。他们参与的程度不可避免地会影响到他与特定文化有关的具体行为和信念。比如，有些墨西哥裔美国学生住在狭小拥挤的社区，在那里人们说西班牙语，传统的墨西哥习俗和信念渗透在日常生活中；但是其他一些学生住在文化混杂的社区，墨西哥的传统往往不复存在。同样，一些学生最近刚从其他国家移民过来，仍然坚持家乡的风俗和价值观；而另外一些学生十分希望接纳他们新学校和社区的风俗和习惯。[⑤]

## 三、将多元文化观点和传统吸纳进课程中

真正的**多元文化教育**（**multicultural education**）并不局限于烹饪民族食物、庆祝五月节，或在黑人历史月期间研究非裔美国人中的名人。相反，它会将整合了很多文化群体的观念和经验的内容贯穿于教程，给所有学生为自己的文化传承感到骄傲的理由。当来自不同背景的学生感受到学校课程和他们自己的文化相关时，会更有动力在学校里好好表现，并真的有好的表现。[⑥]

教师可以将不同文化的内容纳入多方面的学校课程。下面是一些例子[⑦]：

---

① Deyhle & LeCompte, 1999, p.127.

② Gollnick & Chinn, 2009; van den Bergh, Denessen, Hornstra, Voeten, & Holland, 2010.

③ Castagno & Brayboy, 2008; Moje & Hinchman, 2004; H. L. Smith, 1998.

④ Banks et al., 2005; Brophy et al., 2009; Rogoff, 2003.

⑤ Bornstein & Cote, 2010; S. M. Quintana et al., 2006.

⑥ Banks & Banks, 1995; Brayboy & Searle, 2007; Moje & Hinchman, 2004; Paradise & Robles, 2016; Tatum, 1997; Tyler et al., 2008.

⑦ J. M. Hughes, Bigler, & Levy, 2007; J. Kim, 2011; Lipka, Yanez, Andrew-Ihrke, & Adam, 2009; McIntyre, 2010; NCSS Task Force on Ethnic Studies Curriculum Guidelines, 1992; K. Schultz, Buck, & Niesz, 2000.

- 在语言艺术课上，研究来自不同民族的作家和诗人的作品［如研究嘻哈（hip-pop）歌曲］。
- 在数学课和科学课上，把学生的经验和他们在社区的耕种、狩猎、烹饪、建筑实践联系起来。
- 在历史课上，从不同视角去看待战争和其他重大事件（如美洲印第安人对于西进移民中开拓者的看法，西班牙人对于西美战争的看法，日本人对于第二次世界大战的看法）。
- 在历史和现代的事件中，考虑歧视和压迫这样的问题。

多元文化教育既包括学习共同性，也包括学习差异性。例如，在小学，学生可能会了解到，很多文化群体有正式庆祝儿童到成人的转变的仪式，比如犹太教男孩和女孩的 bar mitzvahs 和 bot mitzvahs，或是某些拉丁美洲文化女孩的 quinceañeras，或是 20 岁的日本青年人的 Seijin no hi。在初中，学生可能会探索所有文化的青少年都会面临的问题：获得年长者的尊重、与同伴形成互相信任的关系和在社会中寻找一个有意义的位置。多元文化教育一个很重要的目标应该是，传达一种本质上人们是彼此相像而非彼此不同的观念。①

应该鼓励学生对多元文化课程做出贡献，如从家里带来照片和最喜欢的食物，分享自己不同的经验和观点，不用害怕同学的嘲笑和指责。② 最后，应该帮助他们发现不同文化群体有很多可以彼此学习的东西。例如，学生可能会惊讶地发现，西方国家的很多民主政府所基于的几个核心惯例，如派遣代表到中央来代表不同的群体，一次只允许一位理事会成员发言，以及保持政府和军队分立等，均来自 18 世纪的美洲印第安人（易洛魁族人同盟）的治理惯例。③

然而，培养对不同观念的理解并不意味着必然将所有的文化惯例都描述为是可接受的，而仅意味着教师和学生应该试着在群体信念和假设的背景下去理解其他文化群体的行为。教师一定不能赞成公然侵犯一些人基本人权的文化。

## 四、对行为和信念的文化差异要敏感，适当的时候要根据学生喜欢的学习和行为方式调整自己的教学手段

如果学生要在学校和西方主流文化里取得成功，教师必须温和并耐心地鼓励某些特定的行为——准时、独立学习等等，这会使他们更有可能成功。然而很多行为上的文化差异仅仅是*差异*，对于学生短期和长期的学习成绩并没有不良影响。与不同文化背景的学生合作时，有效力的教师会采取**文化响应教学法**（**culturally responsive teaching**）：教师所采用的方法要建立在学生已有知识和技能基础上，并且要适应学生已经习惯的行为和学习方式。例如，如果学生的文化强调和他人合作的重要性，教师就应该多使用合作小组的办法。④ 如果学生的家庭是几种活动同时进行的精力旺盛型家庭——非裔美国人和西班牙裔美国人家庭经常如此，教师就可以创造一种与之相似的同时开展几个高精力消耗性的活动的班级环境。⑤ 即使是看着（或不看着）学生的眼睛这样的简单举动，也会产生明显不同，正如一位老师在下面的趣事中提到的：

① Brophy et al., 2009; Ulichny, 1996.
② Gollnick & Chinn, 2009; Jiang, 2010.
③ Rogoff, 2003; Weatherford, 1988.
④ Castagno & Brayboy, 2008; Ladson-Billings, 1995a.
⑤ Tyler et al., 2008.

> 一位老师描述到，有一个美洲印第安人学生从来不说一个字，甚至当她和他打招呼时，他也并不回答。有一天，当他进来时，老师按当地部族习俗，看着别处说："你好，吉姆。"他热情地回答说："您好，雅各布小姐，请问您有事吗？"她发现如果她看着书或看着墙，他就会和她说话，但是当她看着他的时候，他似乎很害怕。①

文化响应教学意味着也要考虑学生的世界观。例如，当和美洲印第安人学生讨论生态学和全球气候变化这样的主题时，科学课老师可以以美洲印第安人普遍认为的人们应该试着和自然和谐共处而非去控制它为讨论基础。② 当和那些宗教信仰包括了神创造人类这样的信念的学生讨论进化的时候，目标可以是帮助学生理解（而非接纳）科学家的解释和推理思路。③ 有些文化把某些历史战争看成一些好孩子战胜了一些坏孩子，而有些恰好相反，这些文化的孩子可能不接受争斗双方都有合理的需求和关注这种更为平衡的观点。④ 在这种情况下，更容易达到的目标是帮助学生理解（而不是接纳）学者的解释和推理线。⑤

## 五、对新移民来的学生可能经历的文化冲击要敏感

近年来，在美国和其他一些国家，移民已经成为一个高度政治化的话题。不管教师对此持什么样的政治观点，他们都必须意识到，所有学生在努力获得知识和技能时，都需要教师的指导和支持，这是他们在成年世界获得成功所必需的。对那些新移民来的学生，这样的指导和支持可能不仅包括额外的学业帮助，也包括在所处的这个新文化中典型的做法和习俗的指导，如"应该如何做"这件事。⑥ 有些学生可能因他们的宗教信仰而需要一些特殊安排。例如，教师可以不动声色地给虔诚的穆斯林学生留出下午祈祷的私人空间，让在他们斋月期间禁食时免于体育锻炼。⑦

## 六、努力打破对于特定文化和族群的刻板印象

尽管教师和学生应该对来自不同背景的人们的真正差异敏感，但结果也可能事与愿违，可能对特定群体持有一种**刻板印象（stereotype）**——一种僵化的、过分简单化的、必然是错误的印象。有时学生是从朋友和家人带有偏见的评价和做法上学到的。⑧ 在另一些情况下，两个群体直接的冲突和充满敌意的历史可能会导致人们得出结论，认为另一个群体的人有令人讨厌的特质。⑨有时候，刻板印象出现在教学材料和课堂教学中，比如，当一个美国孩子穿上纸袋做的"皮"坎肩、脸上涂

---

① Gilliland, 1988, p. 26.

② Atran et al., 2005.

③ E. M. Evans, 2008; Southerland & Sinatra, 2003.

④ Levstik, 2011; Porat, 2004.

⑤ Feinberg & Willer, 2011; Southerland & Sinatra, 2003.

⑥ Vang, 2010; Ward et al., 2001.

⑦ Sirin & Ryce, 2010.

⑧ Branch, 1999; Nesdale, Maass, Durkin, & Griffiths, 2005; Theobald & Herley, 2009.

⑨ Pitner, Astor, Benbenishty, Haj-Yahia, & Zeira, 2003.

着油彩、头上戴着羽毛，用角色扮演度过第一个感恩节的时候，就发生了这种情况。[①] 在很多例子中，学生仅仅是对于与自己文化差异很大的文化群体知之甚少或一无所知。

至少，贬损性的刻板印象会导致不同文化群体成员之间的误解。当得不到纠正时，学生的刻板印象会导致对其他人公然的歧视和恶意的行为——民族玩笑、种族嘲讽、社交排斥等等，这会影响受害者的身体和心理健康。[②] 教师应该努力，有时要非常努力地去纠正学生错误的和贬低性的文化和民族的刻板印象，他们必须有力地处理任何在课堂和其他地方看到的偏见和歧视的行为。课堂策略专栏“处理学生的刻板印象和偏见”提出了几条具体策略。

多元文化的理解也来自与不同文化、民族和种族群体的人们进行经常性的和有成效的互动。当不同群体的学生经常互动时，尤其是当他们平等地在一起，为共同的目标而努力，把自己看成是同一“小组”的成员时，他们会更倾向于接纳彼此之间的差异，更妙的是，他们会重视和尊重这种差异。[③] 在第 7 章关于同伴关系的讨论中，我针对增进来自不同背景学生之间的有成效的互动和友谊提出了几个策略。通过理解一个班级内的多元文化差异，学生朝着理解更大范围的世界多元文化的本质迈出了重要一步。

## 七、弄清楚哪些学生缺失对成功学习很重要的资源和经验，如有可能的话提供给他们

一些来自非常贫困的家庭的学生缺乏基本的必需品——营养餐、适当的健康保健、暖和的衣服、学习用品等等，而这些对于在学校里的成功是很重要的。很多政府项目和社区机构可以帮助提供这些必需品。学区为低收入家庭的孩子提供免费和降价餐项目。很多社区有低价卫生诊所。慈善组织常常捐赠从每年衣服捐献活动中收集的暖和的冬衣。事实上，大多数社区都可为经济拮据的儿童和青少年提供各种资源。

除了向低收入学生和家庭提供社区资源，教师也应该确认学生有哪些可能没有体验过的经历。去动物园、水族馆、自然历史博物馆、农场、山区或海洋的实地考察应该在此之列。当然，教师还应该确定并教授那些不论出于何种原因学生没有学到的基本技能。当教师这样做的时候，他们很可能会看到学生课堂表现的明显改善。[④]

然而，教师也必须记住成长于贫困家庭的学生，在某些方面比经济优越的同伴有更多的知识和技能（见第 2 章）。这样的知识和技能往往会为教授课堂学习内容提供基础。此外，愿意谈论他们遇到过的挑战的学生会让同学对于社会中现存的严重不平等更敏感。总的来说，研究为我们乐观地相信那些低收入背景的学生也能取得高成绩提供了理由，如果教师坚持去帮助他们提高成绩，并能提供支持他们努力学习的强有力的学习活动，那么这些学生也能获得好成绩。[⑤]

---

① Bigler & Liben, 2007; Brayboy & Searle, 2007.

② Allison, 1998; G. H. Brody et al., 2006; Killen, 2007; J. H. Pfeifer, Brown, & Juvonen, 2007; Sirin & Ryce, 2010.

③ Dovidio & Gaertner, 1999; Oskamp, 2000; J. H. Pfeifer et al., 2007.

④ S. A. Griffin, Case, & Capodilupo, 1995; Jordan, Glutting, Dyson, Hassinger-Das, & Irwin, 2012; G. Phillips, McNaughton, & MacDonald, 2004; Siegler, 2009; Warschauer, 2011.

⑤ Becker & Luthar, 2002; Goldenberg, 2001; Long, Conger, & Iatarole, 2012; G. Phillips et al., 2004.

## 课堂策略

### 处理学生的刻板印象和偏见

- **使用的教材要把所有文化和种族群体看作是主流社会理所应当、合情合理的一部分，而非处于另一个世界中的猎奇对象**

一名历史课教师审阅了一本历史教科书，已确认所有的种族群体成员都以一种非刻板印象的方式得到了描述。他把一些强调不同种族群体都对历史发挥了重要作用的内容作为教科书的补充读物。

- **布置学生阅读那些描写来自不同文化背景的同伴的文学作品**

作为英格兰研究课题的一部分，几名小学教师向学生朗读了一系列英国儿童与来自其他国家难民的亲密友谊的故事。在这个实验干预之后，和那些没有听过这些故事的控制组学生相比，这些学生对难民儿童表达了更积极的态度。

- **就学校和当地社区存在的偏见和种族主义开展班级讨论**

一所郊区社区的中学创设了大量的多种族的分组讨论，学生定期聚集在一起分享他们对学校各种族之间关系的看法。虽然欧裔美国人血统的学生起初对与少数种族群体同伴谈论这样的话题感到不舒服，但是破冰之后，带来了更大的跨文化的理解和交流。

- **向学生展示来自不同种族背景的成功的角色榜样**

教师从少数种族群体邀请了几个成功的专业人士跟班级谈论他们的职业。某些学生对这些职业尤其感兴趣时，她安排这些学生与这些专业人士在他们的工作场所共同度过一段时间。

- **让学生给某个工作背景的专业人士画一幅画，并用这幅画来讨论学生对某个行业可能存在的刻板印象**

教师让学生画一位科学家的画像，并列出科学家的某些特征。右边是一个五年级学生画的画。学生们把自己画的画放在教室里的大桌子上。当学生看画时，教师让他们指出这些画的共同模式。基于学生的回答，教师进一步提问："你认为为什么很多同学把科学家画成男的？""科学家都是男的吗？"通过提问，这位教师促使学生正视他们的刻板印象。她希望通过提高学生对自己的刻板印象的意识，他们更可能质疑和改变自己不正确的认知。

**当老师要求画一位科学家的画像并列举科学家的某些特征时，一个五年级女孩画了这幅画。**

- **让学生找出电视节目片段、商业广告和电影预告片中可能存在的偏见**

高中社会学研究课的老师把学生分成四人一组，让他们从他事先筛选的优酷电视节目片段、商业广告和电影预告片中找出对某些文化群体的偏见。例如，让学生从《摩登家庭》《居家男人》电视片段中找出对拉丁美洲妇女的偏见。这个老师也要求学生找出这些有偏见的群体所没有提到的观点。

- **安排小组合作性项目，来自不同背景的学生必须联合他们独特的才能去实现共同目标**

一名四年级教师有一个小的合作组设计，在学校范围内开展调查，搜集学生关于不同主题的意见（如对学校募捐的看法、对餐厅菜单列项的偏好等）。知道小组成员会利用不同的友谊网络去寻找参加调查的志愿者，教师最初创立了文化背景多样的小组。此外，他确保了小组中每个成员在调查设计或结果画图制表中都能有独特的作用：或许是文字处理软件方面的知识，或许是艺术方面的才能，或许是数学方面的专长。

- **强调某些个体会同时隶属于两个或更多的文化群体，而同一文化群体内的成员个体在行为、信念和价值观上往往会有很大差异**

关于世界宗教的地理课单元，一名中学教师经常会指出，同一个宗教的信徒都往往有非常不同的习俗。“例如，”他说，“一些穆斯林女性的穿着和这个国家其他的女性一样；一些戴着头巾，穿着合体的现代服装；还有一些穿着罩袍，除了手和鞋，身体上所有其他地方都被遮盖住了。通常妇女戴头巾或穿罩袍来显示她们的端庄。事实上，犹太教的一些妇女也把戴头巾当作端庄的标志，但是其他很多人则不戴。”

来源：Adger et al., 2007; Barbarin, Mercado, & Jigjidsuren, 2010; Bondy & Pennington, 2016（学生找出视频中偏见的例子）; Boutte & McCormick, 1992; L. Cameron, Rutland, Brown, & Douch, 2006(难民故事的例子); Dovidio & Gaertner, 1999; Gutiérrez & Rogoff, 2003; Mohan, 2009; Oskamp, 2000; J. H. Pfeifer et al., 2007; Schultz, Buck, & Niesz, 2000(讨论组的例子); Tatum, 1997.

## 总结

本章我们关注了很多塑造人类学习和发展的背景。本章开头的主要理念概括了这章的主要内容，因此我们现在回顾一下这些理念。

- **学习者的行为和认知过程受到直接环境中的特定刺激和结果的影响**。人类学习发生在以不同水平运行的各种背景之下。学习者最近和当下的学习背景包括即刻呈现的刺激：既有引发特定行为的刺激，也有作为学习者行为结果的刺激。一些有特殊影响的刺激是在学习者生活中作为用不同方式执行和思考日常任务榜样的那些人。

  学习者获得的许多知识和技能与特定的活动和环境联系在一起。从某种程度上来说，学习的这种定位特点是，学习者从心理上把学习的新事物与某些已经存在于长时记忆中的事物联系起来，而并不是其他不相关的事物（参见第 2 章）。此外，某些活动和环境，但并非所有活动和环境，在学习者处理有挑战性的任务时，可以为学习者提供把认知负荷保持在可控水平所需的工具和社会支持。
- **学习者和那些与自己能力相当或更强的个体共同建构知识**。学习者不仅通过环境事件和他人为他们做的事及对他们做的事去学习知识和技能，也会通过其他人和他们一起做的事去学习。学习者往往和其他人合作建构知识，有时是和成年人及其他更有经验的个体一起建构，有时是和与他们自己能力相当的同伴一起建构。社会互动有很多好处。比如，它会引导学习者了解他们的文化对于日常经验和问题的解释和回应，它鼓励学习者对之前的知识进行精细加工，发现现有信念可能造成的理解隔阂。此外，其他人通常可以给学习者提供成功应对新挑战时所需要的支持和引导，也称作*搭脚手架*。
- **学习者成长过程中的文化、社会、技术和学业背景会影响他们的行为和认知过程，学习者在学校或其他地方所学内容也会对其产生影响**。文化是一个很广泛的人类现象，定义了恰当的和不恰当的行为和信念，使知识和技能从一代到下一代的传承成为可能。任何文化都会贡献数不清的物质的和认知的工具去帮助学习者在自然和人类社会中生存和发展。然而家庭和学校文化的不一致会极大地阻碍学生在学校里获得成功，教师必须尽可能地把这两种背景结合起来。

  学习者生活的社会是另一个会对学习造成直接和间接影响的背景，比如，通过政府政策赋权某些教学活动，通过社区组织和机构提供学习机会和支持性服务。不过，并不是每个人都能平等地获得社会提供的资源。比如，很多在低 SES 家庭和社区中的学生住房标准不达标、健康保健差、学校质量低，这些因素会以这样或那样的方式给学生的长期学业和社会成功造成不良影响。

21 世纪社会的一个特别值得注意的方面，就是数字技术和媒体越来越方便。这些高科技资源让思想可以定期进行交流和交叉受益。不幸的是，它们让学习者在很容易获取社会分散的知识和技能的同时，也容易获取大量错误信息和宣传。有些技术（如许多视频游戏系统）可以创设虚拟的“环境”让学习者沉浸其中很长时间。

要记住的最后一个背景是，现代社会为了划分人类不断积累的物理、生物、社会领域的知识而创建了各种学科。虽然这些学科有一定程度的相互重叠，但是每个学科均提供了独特的认知工具，需要有不同的教学方法。

- **不仅各种环境背景会影响学习者及其发展，学习者也会影响他们生活和成长的环境**。学习者的特点和行为影响着他们的人生经历、其他人对待他们的方式以及他们获得的资源。特别是随着年龄的增长，独立性增强，学习者可能会主动寻找与现有特点和行为会很好地匹配的环境。这样的环境选择常常会增大学习者之间的现有差异。
- **有效力的教师会创造一个鼓励和支持有成效的行为和思维方式的课堂环境**。教师可以做很多事为学生创立一个支持性的学习背景。比如，他们可以确保有成效的行为引发了期望的结果（强化），而没有成效的行为不会被强化。他们可以提供角色榜样来说明处理学习和社会化问题的有效方式。他们可以教授概念、心理策略、问题解决的步骤和其他有助于学生对于每天的情况和问题进行有效思考和做出有效反应的方式。他们可以引导学生开展能够使学生相互学习的对话和合作活动。
- **有效力的教师会根据学生生活的更广阔的文化和社会经济背景来调整教学**。当教师能理解和考虑到学生那些与特定文化相关的行为和信念，也能考虑到低收入家庭学生独特的长处和需求时，他们便可以更好地促进学生的学习和发展。此外，通过提供真正的多元文化教育——把很多文化和种族群体的观念和经验整合到课程中的教育，并努力去打破对于特定群体错误的刻板印象，教师可以更好地让学生参与到多元文化的世界中。

## ▼资格考试备考练习

### 亚当

13 岁的亚当似乎到哪儿都会惹麻烦。在六年级课上，他表现粗鲁并公然挑衅。上学时，他上课迟到，无精打采地坐在座位上，把脚放在桌子上，朝同学和老师喊下流的话，倔强地拒绝参加课堂活动。毫不奇怪，他的成绩很差，整个上学期间都是这样。

在老师警惕的视线之外，亚当的行为甚至更糟。他在走廊里冲撞学生，在餐厅里偷拿更小年纪孩子的午餐，并在操场上频频挑起身体冲突。

由于显而易见的原因，学校里没人特别喜欢亚当。同学们说他横行霸道，家长说他是个坏透了的“坏蛋”。即使是那个尝试找出每个学生最大优点的老师，也看不到亚当身上有什么可取之处，开始把他看成是无可救药的了。

亚当似乎并不在乎他引发的这些敌对感。他已经在数着日子，等着被依照规定开除出学校了。

### 1. 问答题

亚当是教育者常常提到的那种处境不利的学生：他非常有可能在获得学习技能上面临失败，而这些技能是他在成人世界里获得成功所需要的最低限度的技能。

A. 很有可能是家庭和社区的因素造成了亚当的不当行为。然而学校的因素也可能是造成这些行为的不可忽视的原因。利用和操作条件反射有关的学习概念和原则，找出两个可能造成亚当在学校里的表现的学校方面的原因。

B. 再次利用操作条件反射的概念和原则，描述两个你可能会使用去帮助亚当形成更恰当和更有成效行为的不同策略。

### 2. 选择题

社会认知理论家提出，学习环境是互为因果中的最终结果。下面的选择哪一个最好地反映了这个概念？

A. 亚当的公开挑衅行为可能是逃避作业的方式，他认为无法成功完成这些作业。

B. 亚当的行为使老师和他疏远，老师随后的做法降低了亚当的学习机会和课堂表现。

C. 亚当的一个同学确定攻击是恰当的课堂行为，并照此行事。

D. 很多家长向校长抱怨亚当给孩子的教育质量造成了不利影响。

# 第 5 章

# 动机和情感

## 主要理念

第一节　教师在激励学生方面起着重要作用，他们为学生设计有效力的学习环境并支持学生的信念。

第二节　当学习者的基本心理需求得到满足时，他们会更有动力出色地学习和表现。

第三节　学习者对自己以及课堂内容的想法和信念都能够影响他们的课堂学习动机。

第四节　学习者的情感（他们的感觉、情绪和心情）会影响他们的动机和认知过程，反之亦然。

第五节　有效力的教师会创造条件为学生提供需求支持、认知支持和情感支持。

## 本章概要

**个案研究：通过代数考试**

14岁的迈克尔没有通过八年级代数课的考试，所以他的父母请来大学生瓦莱丽·塔克为他进行辅导。最初，迈克尔告诉塔克小姐他没有希望通过代数考试了，因为他没有数学才能，而且他的老师教得也不好。他认为自己没有办法提高能力，也无法改变老师的教学策略，所以不可避免地会一直失败下去。

在塔克小姐和迈克尔一起补习代数的几周中，她鼓励他要多想想自己怎样做才能学好代数，少琢磨老师怎样做才能帮助他。她指出前几年他数学学得很好，所以如果用心一定能够学好代数。她还教给他很多理解和应用代数原理的方法。当迈克尔最终认识到他自己的努力会对学业成功起作用时，他取得了巨大的进步：

> 也许我可以更努力一些……老师仍然不够好，但或许我可以通过自己的努力来弥补。①

当迈克尔看到自己在代数作业和小测验中逐步取得进步时，他越来越清楚地认识到特定的方法与他的努力同样重要。

> 我认识到在头脑中记住一些信息之前，需要先理解这些信息……现在我做数学题时会一步步地进行，留意每一个步骤。我现在认识到即使我不喜欢老师或是认为他不是好老师，听课也是我的任务。现在我听课比较好并且经常提问题。②

当迈克尔的代数成绩在随后几周持续提高时，他最终能够掌握代数的事实使他获得了更大的自信，他认识到学业成功最终是由自己来决定的：

> 老师尽到了他的职责，但是对我来说没有用，除非我也尽好自己的本分。……现在我努力去理解知识、提问题、想清楚他是如何得到答案的……过去我只是听课并不做笔记。以前我总是告诉自己能记住，但是好像总是忘记。现在我做笔记，而且除了周五我每天回家都学习，即使没有家庭作业。现在我不是为了作业而学习。我希望自己能够掌握知识而不仅仅是记住。③

- 迈克尔把最初的失败归因于哪些因素？把后来的成功归因于哪些因素？想法的转变是如何对他的学习策略产生影响的呢？
- 你可以从这个个案研究中得出哪些有关动机的结论呢？学习者的认知过程会对他们的动机有何影响？教师的行为会对学生的动机有何影响？

迈克尔最初认为他代数不及格是因为两件他无法控制的事情：他自己的能力差和教师的教学水平差。因此，他在课堂上不专心听讲，也不做笔记。然而，在塔克小姐的指导下，迈克尔对代数有了较好的理解，并且学会怎样使用代数知识解决数学问题。他还发现更加努力和较好的方法（比如，做笔

---

① Tucker & Anderman, 1999, p. 5.

② Tucker & Anderman, 1999, p. 5.

③ Tucker & Anderman, 1999, p. 6.

记、有不懂的地方及时提问）确实影响着他的学业成绩。很快，迈克尔自己——既不是他的老师，也不是先天注定的能力不足——控制住了局面。结果就是他的自信心迅速增强，努力学习掌握了代数。

在上一章对学习和发展的讨论中，我们主要关注的问题是儿童和青少年能够做什么和学什么。本章我们开始讨论动机，将关注一个完全不同的问题：儿童和青少年有多大可能去做他们有能力做的事情，去学习他们有能力学的东西？即使学习者拥有做某件事的必要能力和既往经验，他们是否愿意去做，以及是否会按照意愿真的去做也都会受到他们动机的影响。

接下来，我们将确认影响动机的各种因素，以及学习者在完成一项任务时的感觉、情绪以及心境，心理学家统称为**情感**（**affect**）。然后我们会把这两个主题的内容转化为有效的教学策略。

## 第一节　动机的本质

**主要理念：教师在激励学生方面起着重要作用，他们为学生设计有效力的学习环境并支持学生的信念。**

**动机**（**motivation**）是一种可以激发、指向和维持行为的内部状态。它是使个体的行为指向特定目标的内部动力。如图 5.1 所示，动机受到个体的*内部因素*（比如他们的需求、认知和情感）和*外部因素*（比如教师的指导策略）的影响。这些内部和外部因素共同激发人们的行为朝向某个目标、持续坚持，直至达到期望的目标。①

人类似乎天生就是有目的性的：他们为自己设定目标，然后实施他们认为有助于目标实现的行动方案。对学龄的儿童和青少年来说，有些目标（比如，“我想把我的恐龙书读完”）是短期的、转瞬即逝的。还有些目标（比如，“我想成为古生物学家”）则是长期的、相对持久的。因此，动机影响学习者的选择，比如，报名参加物理课还是视觉艺术课，花一个晚上的时间和朋友玩电子游戏还是完成一项有挑战性的家庭作业。

动机影响学习者所选择的活动，以及他们在这些活动中的参与度。虽然教师看不到学生的动机，但是他们能够通过观察学生**学业参与**（**academic engagement**）情况——他们在一项学业活动中的行为、认知以及情感投入——看到动机的影响：②

- **行为投入**。*在与学习者的需求和目标直接相关的活动中，动机可以增强学习者在这些活动中的努力和坚持程度。*③动机决定学习者在完成一项任务时是满腔热情、全心全意，还是毫无兴趣、无精打采。而且，积极的学习者在参与任务时更有可能坚持到底，即使在这个过程中有时也会遇到干扰或是感到沮丧。通常来说，动机可以增加学习者的*任务时间*——一个影响学习者学习和成绩的重要因素。④
- **认知投入**。*动机会影响学习者所关注的内容以及他们如何积极地处理信息。*⑤积极的学习者做

① M. E. Ford & Smith, 2007; Gollwitzer & Bargh, 2005; Rovee-Collier, 1999.

② Christenson, Reschly, & Wylie, 2012; Fredricks, Blumenfeld, & Paris, 2004.

③ Csikszentmihalyi & Nakamura, 1989; Maehr, 1984; Pintrich, Marx, & Boyle, 1993.

④ Larson, 2000; E. Skinner, Furrer, Marchand, & Kindermann, 2008; Wigfield, 1994.

⑤ Blumenfeld, Kempler, & Krajcik, 2006; Hidi & Renninger, 2006; Sins, van Joolingen, Savelsbergh, & van Hout-Wolters, 2008; Voss & Schauble, 1992.

事可能会更专注。就像我们在第 2 章中提到的那样，专注是信息进入工作记忆的关键。积极的学习者也会努力理解和加工材料——为了有意义地学习——而不只是用肤浅的、机械学习的方式“敷衍”地学习。我们在本章开头的个案研究中看到了这个原则。随着迈克尔的信心和动机的提高，他在课堂上开始变得专心、做笔记、及时提问题。

- **情感投入。**动机会影响学习者对活动的感觉和总的情感。[①] 积极参与活动的学习者通常对活动感觉良好，比如对学习和享受活动感到很兴奋。那些不太积极的学习者对活动的感觉总是不太愉快，感觉无聊、难过、沮丧或是焦虑。我们在本章稍后会提到，那些在活动中有情感投入的学习者也会在活动中有更多的行为和认知投入。

由于动机对学习者行为、认知和情感投入的影响，动机经常会带来学业结果的改善，比如在学习和成绩方面（见图 5.1）。例如，那些在课堂活动中学习和超越他人的动机最强的学习者往往是最有成就的人。[②] 相反，那些学习动机不强的学习者在高中毕业前辍学的风险较高。[③]

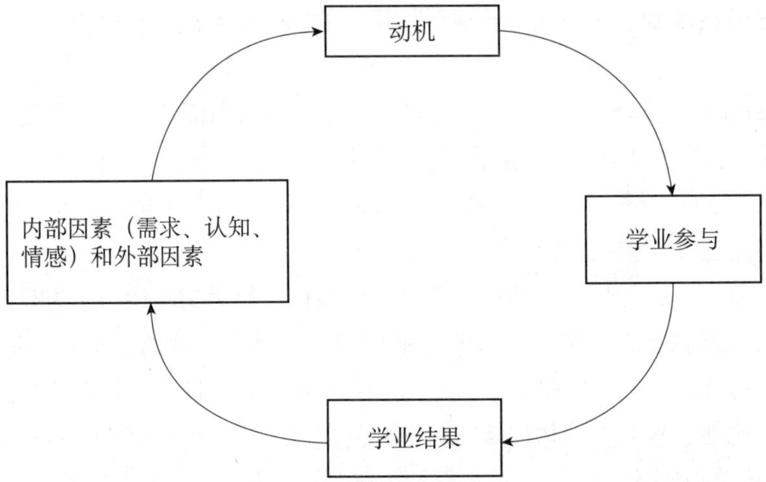


**图 5.1　学业动机的循环性**

来源：Osborne & Jones, 2011; Reeve, 2009a; E. A. Skinner & Pitzer, 2012.

就像你从图 5.1 中所看到的那样，学生的学业结果能够影响他们的内部因素和外部因素；反过来，内部因素和外部因素也会影响他们的动机。例如，在本章开头的个案研究中，迈克尔的数学成绩不好（学业结果）使他缺乏能力感（内部因素），缺乏能力感使他学习动力下降、学业参与减少（比如，他不做笔记），而这些又使他糟糕的成绩继续下去。幸运的是，塔克小姐（外部因素）通过努力改变他的能力感并且教他新的学习策略，打破了这个循环。迈克尔逐渐乐观起来的信念和有效的策略带来了成绩的提高，这些又反过来使他学习动力提高，学业参与增多（比如，及时提问和做笔记），这样他的学习和成绩得到了进一步的提高。

为了解释人类动机的性质，心理学家发展了不同的理论。因为没有一个单独的理论能够囊括学习者的全部动机，而不同的理论提供了动机这块“拼图”的不同组成部分。表 5.1 描述了两个早期的动机观点，以及几个将引导本章大部分讨论的当代观点。如果仔细看表中的内容，你会发现当代

① Pekrun, 2006; Renninger & Hidi, 2011.

② Gottfried, 1990; Hidi & Harackiewicz, 2000; L. H. Meyer, Weir, McClure, & Walkey, 2008.

③ Brayboy & Searle, 2007; Hardré & Reeve, 2003; Vallerand, Fortier, & Guay, 1997.

理论间有着某种程度的重合。例如，能力的概念（自我决定理论）、自我价值的概念（自我价值理论）、期望的概念（期望价值理论）、自我效能感的概念（社会认知理论），都反映了两个思想：（1）人们喜欢相信自己有能力从事某项活动；（2）他们对这项活动的自信（或是缺少自信）会影响他们的行为。在本章中，我们的目标是综合当前的动机理论，而不是澄清差异，同时，会较多地用到一些术语（比如，自我价值、自我效能感）。

## 理论观点

表 5.1 动机研究的理论方法

| 理论观点 | 一般描述 | 著名代表人物 | 此观点在书中的位置 |
|---|---|---|---|
| | | **早期观点** | |
| **行为主义理论**（Behaviorism） | 根据行为主义的理论观点，动机通常是驱力的结果，是由于需求没有得到满足而产生的内部状态。行为的结果（强化、惩罚）只有在能够增强或是减弱学习者的驱力状态时才是有效的。近些年，一些行为主义者在行为主义观点中增加了目的这一成分：他们认为学习者为了达到特定的结果，其行为都是有目的的。 | 克拉克·赫尔（Clark Hull）<br>斯金纳（B. F. Skinner）<br>多萝西·勒曼（Dorothea Lerman）<br>杰克·迈克尔（Jack Michael） | 在第 4 章中我们分析过强化和惩罚的影响。本章会在对外部动机的讨论中主要引用行为主义的观点。在第 9 章对功能分析和积极行为支持的讨论中，行为主义理论中的目的要素会有帮助。 |
| **人本主义**（Humanism） | 在历史上，人本主义反对行为主义者将人的行为描述为外部环境因素的结果。按照人本主义者的观点，人本身具有心理成长的巨大潜能，并且他们会不断努力去实现潜能。当处于充满爱心和支持的环境中时，人类会努力认识自己、提高自己的能力、行为方式利人利己。不幸的是，早期人本主义思想更多地立足于哲学而不是研究结果，所以一些当代动机理论者中途退出了人本主义阵营。然而，一个当代理论观点——积极心理学（见本表最后一行），在一定程度上来源于人本主义者的观点。 | 卡尔·罗杰斯（Carl Rogers）<br>亚伯拉罕·马斯洛（Abraham Maslow） | 因为人本主义者很少做研究证实他们的思想，所以本书并没有对他们进行特别的关注。但是，人本主义者关注内部成长动机，这显然影响着我们要重点考虑的当代认知观点。 |
| | | **当代观点** | |
| **自我决定理论**（Self-determination theory） | 自我决定理论者认为人类有三种基本需求：对环境控制的需求（能力需求）、掌控自己生活的需求（自主需求）、与他人有亲密情感关系的需求（关系需求）。当学习者的这三种需求得到满足时，他们在学校会更有学习动力。 | 爱德华·德西（Edward Deci）<br>理查德·瑞恩（Richard Ryan）<br>约翰马歇尔·里夫（Johnmarshall Reeve） | 在本章开头部分，自我决定理论指导了大部分关于人类基本需求的讨论，并且在本章最后部分呈现了与这些需求相关的建议。对内部动机的讨论也基于自我决定理论。 |

续前表

| 理论观点 | 一般描述 | 著名代表人物 | 此观点在书中的位置 |
| --- | --- | --- | --- |
| 自我价值理论（Self-worth theory） | 自我价值理论者认为，保护一个人的能力感，也就是说，保护一个人的自我价值感，是人类要优先注意的事情。当然，保持并尽可能地提高自我价值感的一个方法就是在日常活动中取得成功。但是奇怪的是，当学习者担心自己在某项活动中会失败时，他们有时却做着更有可能带来失败的事情（比如，拖延到最后一分钟）。尽管这类自我设障降低了成功的可能性，但是却使人们为自己的失败找到了借口来说服自己和他人，因此使人们的自我价值感得以保持。 | 马汀·柯文顿（Martin Covington） | 自我价值理论在本章对人类基本需求的讨论中显而易见。同时，当我们在本章中间谈到自我设障时，我们会说明各种不良行为，这些不良行为可能会使学生在面对看起来不可克服的挑战时努力保持他们的自我价值感。 |
| 期望价值理论（Expectancy-value theory） | 期望价值理论者指出完成某项任务的动机是两个变量的函数。首先，学习者必须相信自己能成功。换句话说，他们一定要对他们的任务成绩有较高预期，或是期望。其次，学习者一定要相信完成这项任务会有直接或间接的益处。换句话说，他们必须认为任务本身更有价值，或者任务可能带来的结果更有价值。 | 杰奎琳·伊克尔斯（Jacquelynne Eccles）<br>艾伦·维格费尔德（Allan Wigfield | 在期望价值理论发现中，与学习者的期望产生的影响有关的研究发现会纳入对自我效能感的讨论中。与学习者的价值观产生的影响有关的研究发现会出现在本章中间部分。 |
| 社会认知理论（Social cognitive theory） | 社会认知理论者强调自我效能感——个体认为自己能成功地完成某种行为或是达到某个目标的程度——在动机中的重要性。社会认知理论者同时指出，人类的行为主要是目标导向的，因此为目标理论提供了基础（下面会单独进行描述）。 | 阿尔伯特·班杜拉（Albert Bandura）<br>戴尔·申克（Dale Schunk）<br>巴里·齐莫曼（Barry Zimmerman）<br>佛兰克·帕贾瑞斯（Frank Pajares） | 在本章的认知因素部分我们会讨论与社会认知理论相关的概念。 |
| 目标理论（Goal theory） | 目标理论关注的是指导学习者行为的那类结果（目标）。学习者在不同领域都有目标，包括学业成就、社会关系、职业、经济收入以及身体和心理健康，但是并不局限于这些领域。近些年，一些目标理论者关注学生在学业情境中的学习目标，他们称之为成就目标。 | 卡罗尔·德韦克（Carol Dweck）<br>卡罗尔·埃姆斯（Carol Ames）<br>保罗·宾特里奇（Paul Pintrich）<br>埃德温·洛克（Edwin Locke）<br>加里·莱瑟姆（Gary Latham）<br>马丁·福特（Martin Ford） | 在本章的开始部分，人类动机的目标导向性质非常明显。之后我们会看到不同目标的影响，格外关注掌握目标（反映了获得新知识和新技能的需求）以及表现目标（反映了在他人眼中看起来有能力的需求）。 |

续前表

| 理论观点 | 一般描述 | 著名代表人物 | 此观点在书中的位置 |
|---|---|---|---|
| **归因理论**（Attribution theory） | 归因理论者关注学习者对不同行为结果的原因的信念——例如，他们的学业为什么会成功或失败。这些被称为归因的信念，影响着学习者对未来的成功以及对可能带来这种成功的行动的乐观态度。例如，如果学习者认为他们最终的成功取决于他们自己做的事情，也就是说，如果他们将学业成功归因于内部的、可控的因素，他们就更可能努力完成课堂任务。 | 伯纳德·韦纳（Bernard Weiner）<br>卡罗尔·德韦克（Carol Dweck）<br>桑德拉·格雷厄姆（Sandra Graham） | 在本章中间我们会关注归因的性质和影响。我们会发现，久而久之有些学习者会形成大致的归因风格，或者是比较现实的乐观风格（掌握取向），或者是极端的悲观主义风格（习得性无助）。 |
| **兴趣理论**（Interest theories） | 兴趣理论者对影响短期情境兴趣及长期个人兴趣的因素，以及受短期情境兴趣及长期个人兴趣影响的因素进行了研究。吸引学习者注意并且引发学习者积极情绪的环境因素能使学生产生短期兴趣。但是要培养一个人的长期兴趣还需要其他因素，比如，知识、价值以及持续的积极情感。 | 安·雷宁格（Ann Renninger）<br>苏珊娜·希迪（Suzanne Hidi）<br>玛丽·安利（Mary Ainley）<br>安德烈亚斯·克拉普（Andreas Krapp）<br>乌尔里奇·谢菲尔（Ulrich Schiefele） | 在本章的认知因素部分我们会主要讨论兴趣，探讨情境兴趣和个人兴趣。 |
| **积极心理学**（Positive psychology） | 积极心理学包括早期人本主义观点，认为人具有的一些独特的品质会推动他们参与那些值得做的活动。但是和其他当代动机理论一样，它的观点以研究结果为基础，而不是哲学推测。作为动机中的独特观点，积极心理学出现于 20 世纪 90 年代末期，按照它当前的模式，与其说它是成熟的、整合良好的理论，不如说它是各种想法的集合。 | 马丁·塞利格曼（Martin Seligman）<br>米哈里·齐克森米哈伊（Mihaly Csikszentmihalyi）<br>克里斯托弗·彼得森（Christopher Peterson） | 在对心流（内部动机的强烈表现）、乐观（纳入自我效能感和归因的部分）以及情绪的自我管理的讨论中可以非常清楚地看到积极心理学的影响。 |

此外，在不同的理论观点中存在着一些相同的原则，完成下面的练习后就可以清晰地看到这些原则。

## 自己看一看

### 反思你对动机的信念

判断下面每个描述是正确还是错误。

（　　）1. 有些学生动力很小或是没有动力。

（　　）2. 如果学生对某些课堂话题没有学习动力，那么老师也没有办法激励他们。

（　　）3. 学生能够轻松快速地"打开"或"关闭"他们的动机。

在动机研究中研究者发现了以下三个一般性原则，现在让我们来对照一下自己的答案。

- 所有的儿童和青少年都有动力。一个常见的错误观点是：有些学生有动力，有些学生没有动力。事实上，所有的学生都有基本的需求和愿望，也就是说，他们都有动力。但是，有些学生可能会以无助于学业成绩的方式去努力满足这些需求。举例来说，他们可能对玩体育或视频游戏、给朋友发信息或是使用社交媒介更感兴趣。激励学生积极有效地参加课堂学习活动的一个关键策略是充分利用他们现有的动机。
- 教室环境对学生的学习和成就动机有显著的影响。另一个常见的错误观点是：动机是学生自身"随身携带"的东西。事实上，很多动机是**情境动机**，也就是说，它产生于学习者所处环境的情况。[①] 你会发现，教师能够在课堂环境中做很多事情来提高学生学习和掌握课堂知识的动机。[②]
- 在学校里取得好成绩的动机建立在各种认知和社会文化因素的基础上，这些认知和社会文化因素会随着时间而变化。还有第三个常见的错误观点是：学生能够随意地"打开"或"关闭"他们的动机，就像开、关电灯一样。虽然教师能够创造引发学生兴趣，让他们立刻参与学习活动的情境，但是学生在学校的成就动机或非成就动机也仍然是许多不容易快速改变的因素带来的结果。内部因素，比如学生的思想、信念以及目标，往往需要时间来改变。在本章开篇的个案中，迈克尔掌握数学知识的信心增强了，但是只有在他逐渐发现付出努力和有效的策略有助于学业时，他才能够在课堂上成功。

有些外部因素也可能只是变化缓慢，也许是因为它们是学生生活环境中不可分割的部分。举例来说，父母可能相信数学天生对男孩子比对女孩子容易，这样就会传达出儿子比女儿更可能在数学相关的职业上取得成功的信息。[③] 这种关于数学能力的性别刻板印象——在很大程度上并没有事实根据——能够影响学生学习数学的动机和坚持努力去理解那些具有挑战性的数学概念的动机。[④]

**想一想**

情境动机与第 4 章中的情境学习和情境认知有什么相似之处？

接下来，我们将阐述影响学生动机的各种内部因素（比如需求、认知及情感）——这些因素稍后将被转化为在教学环境中促进动机和积极情感的策略。我们将从阐述人类最基本的几个心理需求开始。

## 第二节　人类的基本需求

**主要理念：当学习者的基本心理需求得到满足时，他们会更有动力出色地学习和表现。**

心理学家推测，人们有各种不同的需求。有一些需求，比如氧气、食物、水和温暖，与生理满足有关，并且当温饱问题受到威胁时，这些需求无疑是要优先考虑的事情。[⑤] 其他需求与心理满足联系更密切，即在日常活动中感到舒适和满足。在下面的原则中，我们会探讨那些对学习者的动机

① Nolen, Horn, & Ward, 2015.
② Boaler, 2002; Paris & Turner, 1994; Rueda & Moll, 1994; J. C. Turner & Patrick, 2008.
③ Eccles, Jacobs, & Harold, 1990; Gunderson, Ramirez, Levine, & Beilock, 2012.
④ Jacobs, 1991.
⑤ Maslow, 1973, 1987.

和心理满足有重要影响的基本心理需求。[①]

## 一、学习者具有基本的唤醒需求

20 世纪五六十年代的几个经典研究表明人类具有基本的刺激需求，也就是说**唤醒需求**（**need for arousal**）。[②] 以下面的练习为例。

### 自己看一看

**无所事事**

在接下来的 5 分钟时间里，你是一个无所事事的学生。保持不动，把书放在一边，什么都不做。自己计时，保证在这项“任务”上消耗 5 分钟。让我们来看看会发生什么。

---

在这 5 分钟时间中，你做出了什么反应？你是否有些坐立不安，可能会摆动疲劳的身体或是搔刚刚感觉到的痒痒？你是否以某种方式与某物或某人交流，可能会敲桌子或是与房间里的另一个人说话？你是否离开了座位——明确要求你*不要*做的事情？我希望，这个练习让你知道，当你有事情做——即使是非常琐碎的事情，而不是无所事事时，你的感觉会更好些。这也提醒你注意前面提到的动机的三个一般性原则之一：所有的学习者都有动力。

有些理论者认为人们不仅有基本的唤醒需求，而且会努力争取让他们感觉最好的*最佳唤醒水平*。[③] 刺激太多或是刺激太少都会使人不愉快。例如，你可能很喜欢看电视真人秀节目或是听音乐，但是你大概不会同时听直播、看电视、听 iPod 播放机。不同的人最佳唤醒水平不同，并且可能更喜欢不同种类的刺激。例如，有些儿童和青少年是*感觉寻求者*，他们会因为激动人心或是有些危险的经历而成长。[④] 还有儿童和青少年更喜欢大量的认知刺激——渴望解决有挑战性的拼图、阅读让人感兴趣的新想法、与同伴探讨有争议的问题——这些反映了一种*认知需求*，在第 6 章中将进一步讨论。[⑤]

唤醒需求可以解释学生在课堂上所做的一些事情。例如，它可以解释为什么有些学生在课堂上如果比其他同学提前完成作业，就会很高兴地拿出喜欢的书来读。它也可以解释为什么学生有时会在沉闷的课上有不专心的行为，比如传纸条或是恶作剧。很显然，当课堂活动能够充分唤醒学生，他们不需要寻求其他刺激时，学生最可能*专心*于任务。

## 二、学习者想要相信自己是有能力的，并且具有自我价值感

我们中一个作者的两岁的孩子说：“我要做一些很棒的舞蹈动作，然后你就可能为我鼓掌。”她

---

① 第二、三、四和第五个原则大致上是基于 Deci 和 Ryan 的自我决定理论。例如：Deci & Moller, 2005; Deci & Ryan, 1985, 1992, 2012; Reeve, Deci, & Ryan, 2004; R. M. Ryan & Deci, 2000.

② 例如，Berlyne,1960; Heron, 1957; 也可参考 E. M. Anderman, Noar, Zimmerman, & Donohew, 2004, 其中有更多对这种需求的当代讨论。

③ E. M. Anderman et al., 2004; Berlyne, 1960; Labouvie-Vief & González, 2004.

④ Cleveland, Gibbons, Gerrard, Pomery, & Brody, 2005; V. F. Reyna & Farley, 2006.

⑤ Cacioppo, Petty, Feinstein, & Jarvis, 1996; Raine, Reynolds, & Venables, 2002.

为什么说这句话呢？或者考虑一个中学生告诉他的父母，他不需要他们帮他做作业，因为他自己可以。这两个孩子有什么共同之处？这两个表达反映了基本的**能力需求**（**need for competence**）——相信自己能够有效地应对环境的需求。[①] 两岁的孩子想要她的爸爸为她鼓掌，认可她是有能力的舞者。那位中学生想向自己和他人证明他有能力独立完成作业。各个年龄段的人都需要能力感。事实上，有些证据表明，保护这种能力感——有时也被称为**自我价值感**（**self-worth**），是人们最优先考虑的事情之一。[②]

他人的评价和认可在能力感和自我价值感的发展中起着关键作用。[③] 通常在新的有挑战性的活动中取得成功——就像在开篇个案中迈克尔最终掌握数学那样——是保持或提高自我价值感的另一个重要途径。但是，学习者不可能一直成功，尤其是必须承担非常困难的任务时。面对这种任务，另一个保持自我价值感的方法就是*避免失败*，因为失败会带来能力低下的印象。[④] 避免失败在很多方面都有所表现。学习者可能会拒绝参与某项任务、将任务的重要性最小化，或是把对成绩的期望值降到最低。[⑤] 他们也可能会紧紧地坚持住当前的信念，而不管大量相反的证据。[⑥] 因此，保护自我价值感的需求可能是学习者不愿意转变观念的一个原因。

## 三、学习者想要在某种程度上掌控自己的人生

人类具有基本的**自主需求**（**need for autonomy**），因为他们想掌控自己所做的事情以及自己的生活道路。[⑦] 例如，当我们想“我想做这件事情”或是“这是*我的*选择”时，我们有着高自主感。相反，当我们想“我*不得不*做”或是“我*应该*做”时，我们就是在告诉自己某人或某事为我们做了决定。下面的练习表现了第二种情况。

### 自己看一看

**在各种条条框框的要求下画画**

想象老师给你一套水彩笔、一支画笔、两张纸（一张较小的纸粘在一张较大的纸上面），还有一些纸巾。要求你画自己的房子，然后给你下面的指示：

> 你必须保持画面干净。只能在这张小纸上画，所以不要把颜料洒到大纸上。在使用新的颜色前，你必须清洗画笔，然后用纸巾擦净，这样颜色就不会混在一起。总之，不要把画弄脏。[⑧]

---

① Boggiano & Pittman, 1992; Elliot & Dweck, 2005b; Reeve et al., 2004; White, 1959.

② Covington, 1992; Hattie, 2008; Rhodewalt & Vohs, 2005; Sedikides & Gregg, 2008.

③ Harter, 1999; Rudolph, Caldwell, & Conley, 2005; Weiner, 2005.

④ Covington & Müeller, 2001; Elliot & Dweck, 2005a; Urdan & Midgley, 2001.

⑤ Covington, 1992; Martin, Marsh, & Debus, 2001; Rhodewalt & Vohs, 2005.

⑥ Sherman & Cohen, 2002; Sinatra & Mason, 2008.

⑦ d'Ailly, 2003; deCharms, 1972; Deci & Moller, 2005; Kağitçibaşi, 2007; Deci & Ryan, 2012.

⑧ Koestner, Ryan, Bernieri, & Holt, 1984, p. 239.

你认为你的任务有多大乐趣？在读完这些要求之后，你还有多么渴望开始画画呢？

这些规定非常严格：它们清楚地表明画画这件事由老师负责，作为画家，对于如何完成这幅画并没有什么选择。你没有多少权利，也就是说，你并没有多少自由去支配自己的行为。[①] 如果给你更多的权利，很可能你会更想画画，你的画也会更有创造性。[②]

即使学前儿童和幼儿园小朋友也都更愿意自己选择课堂活动，在他们对“游戏”和“工作”的理解中常常可以看到自主意识和控制感。[③] 举例来说，当询问佩利女士幼儿园里的小朋友在班里绘画桌上的活动是“工作”还是“游戏”时，两个小朋友做了如下回应：

> **克拉丽斯：**如果你真是在画画，那就是工作，但如果你把颜料弄得四处飞溅或是把颜料倒到蛋箱中的话，那就是玩儿。
>
> **夏洛特：**通常都是在工作，因为那就是老师告诉你如何做事的地方。[④]

## 四、学习者想和他人建立连接

在某种程度上，我们都是社会的产物：我们与他人一起生活、工作和娱乐。看起来几乎所有年龄的人都有一种基本需求，需要感受到与他人的社会连接以及获得他人的爱与尊重。换句话说，他们具有**关系需求**（**need for relatedness**）。[⑤]

温暖友爱的人际关系通常是学生优先考虑的事项。[⑥] 当学生相信他们的老师和同伴喜欢、尊重他们时，当他们感到自己真的“属于”这个班集体时，他们更可能拥有学习动力并成功，更可能留在学校而不是辍学。[⑦]

关系需求在学校的各种行为中都有所表现。有些学生和青少年非常重视与朋友的交往，常常以不完成家庭作业为代价。[⑧] 他们也会关注建立良好的公众形象，也就是说，看起来聪明、有亲和力、活跃或是冷静。通过给他人留下良好的印象，不仅可以满足他们的关系需求，同时也提高了能力需求和自我价值感。[⑨] 另一个满足关系需求的途径是为改善他人的状况尽力，例如帮助同伴完成课堂作业。[⑩]

关系需求在青少年早期好像非常重要。[⑪] 早期的青少年常常非常在意同学对自己的看法，他们更愿意与联系紧密的小团体一起出去玩儿，并且特别容易受同伴的影响（例如图 5.2；在第 7 章中对这些有更多描述）。

---

① B. D. Jones, 2009, 2015.

② Amabile & Hennessey, 1992; Deci, 1992; Koestner et al., 1984; Peterson, 2006; Reeve, 2006.

③ E. J. Langer, 1997; Paley, 1984; Schmidt, Hanley, & Layer, 2009.

④ Paley, 1984, p. 31.

⑤ Connell & Wellborn, 1991; Kağitçibaşi, 2007; Martin & Dowson, 2009; Deci & Ryan, 2012.

⑥ Dowson & McInerney, 2001; Juvonen, 2006.

⑦ Furrer & Skinner, 2003; Goodenow, 1993; Hughes, Luo, Kwok, & Loyd, 2008; Hymel, Comfort, Schonert- Reichl, & McDougall, 1996; A. M. Ryan &Patrick, 2001.

⑧ Dowson & McInerney, 2001; Doyle, 1986; Wigfield, Eccles, Mac Iver, Reuman, & Midgley, 1991.

⑨ Harter, 1999; Juvonen, 2000; Rudolph et al., 2005.

⑩ Dowson & McInerney, 2001; M. E. Ford & Smith, 2007.

⑪ Brown, Eicher, & Petrie, 1986; Juvonen, 2000; A. M. Ryan & Patrick, 2001.

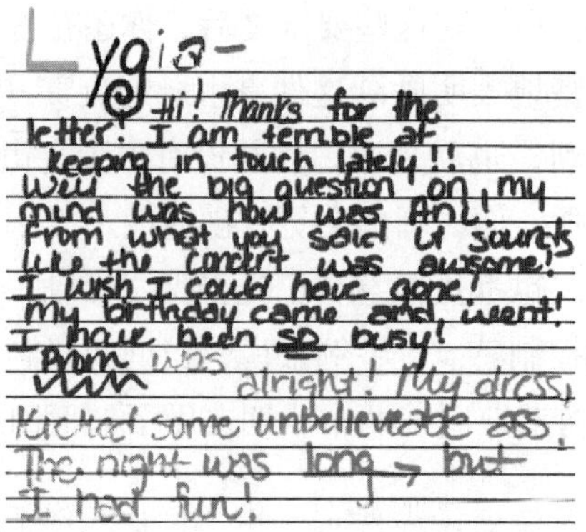
Lygia-
Hi! Thanks for the
letter. I am terrible at
keeping in touch lately!!
Well the big question on my
mind was how was AnL!
From what you said it sounds
like the concert was awesome!
I wish I could have gone!
My birthday came and went!
I have been so busy!
Prom was
alright! My dress
kicked some unbelievable ass!
The night was long, but
I had fun!

**图 5.2　与同伴交流——在这个案例中是通过在课堂上传纸条交流——对有些学生来说是高度优先的**

## 五、当学习者的基本心理需求得到满足时，他们在学校活动中会体验到更多的乐趣和兴趣

当学校活动能够满足学习者某个或是某几个前面所提到的基本心理需求（比如能力需求、自主需求）时，他们就更可能在这些活动中体验到乐趣并且表现出兴趣，也就是说，他们会表现出**内在动机**（**intrinsic motivation**）。[①] 对由内部驱动的学习者来说，参与活动本身就是回报。学习者参与一项活动也可能是因为活动能够带来期望的回报或是结果，这种情况下，他们表现的是**外在动机**（**extrinsic motivation**）。受到外部因素激励的学习者可能希望完成某项活动能够带来高分、金钱，或是赞赏。重要的是，他们完成活动的动力不是活动本身，而是把参与活动作为达到目的的手段。

学习者可能会对某项特定的活动主要表现出内在动机或是外在动机。但是在有些情况下，学习者会同时受到内部因素和外部因素的驱动。[②] 比如，喜爱写作课的高中生表现出内在动机。不过，她可能还因为知道好成绩会帮助她在她最喜欢的大学获得奖学金而受到激励，因此，她也会表现出外部动机。

受内在动机驱动的学习者渴望学习课堂知识，愿意解决指定的任务，更可能采用有效方法加工信息（比如进行意义学习）并且出色地完成任务。[③] 有些具有高内部动机的学习者在活动中非常专注和投入，以至废寝忘食完全忽略了其他任务——这个现象被称作**心流**（**flow**）。[④] 相反，受外部动机驱动的学习者可能会受到引诱或刺激，可能只浅显地对信息进行加工，并且常常只对容易的以及要求最低的任务感兴趣。[⑤] 但是，当学生不愿意参与某项活动时，使用外在动机是有效的，就像在第 4 章中讨论的那样。而且，学生的内在动机会随着在校时间的延长而有所减弱——特别是在漫长的活动和任务中——外部激励因素可以使他们在这个过渡期继续工作。随着时间的流逝，最初不愉快或无趣的活动可能变得更加令人不快或无趣，正如我们将在本章后

① Cacioppo et al., 1996; Deci & Ryan, 2012; Reeve, 2006; R. M. Ryan & Deci, 2000.

② Cameron, 2001; Covington, 2000; Hayenga & Corpus, 2010; Lepper et al., 2005.

③ Hayenga & Corpus, 2010; Lepper, Corpus, & Iyengar, 2005.

④ Csikszentmihalyi, 1990; Csikszentmihalyi, Abuhamdeh, & Nakamura, 2005.

⑤ Larson, 2000; Reeve, 2006; Schiefele, 1991; Tobias, 1994; Voss & Schauble, 1992.

面对价值的讨论中所发现的。

在小学低年级，大多数学生非常热切和兴奋地在学校学习新知识。但是在 3~9 年级的某些时候，他们学习和掌握学校课程的内部动机会下降。[①] 这种下降可能是由于几个因素的影响。随着学习者年龄的增长，他们更频繁地想起高分（外部动机）对晋升、毕业以及申请大学的重要性，也有些人开始意识到他们不必在和同伴相比时成为"获胜者"。[②] 而且，在认知上他们能够更多地考虑长期目标并为之奋斗，并且开始重视与这些目标有关的课程，而不是那些与内部兴趣有关的课程。[③] 同时他们可能对在学校经常遇到的那些过于结构化的、重复的、无聊的活动也越来越没有耐心。[④]

**想一想**

外部动机和内部动机与第 4 章所描述的外在强化物和内在强化物的概念相似。这些动机概念与外在和内在强化物有什么主要的不同之处？

# 第三节　动机中的认知因素

**主要理念：学习者对自己以及课堂内容的想法和信念都能够影响他们的课堂学习动机。**

各种心理过程——包括学习者的思想、信念和目标——都是影响动机的内部因素。相反，学习者的动机也会影响他们的认知过程——也许通过提高他们在活动中的注意力和认知投入，以及加强意义学习和复杂的认知加工。下面的原则描述了影响学习者动机的大量认知因素，这些影响有时是短期的，有时是长期的。

## 一、学习者发现有些主题本身很有意思

当我们说人们对某个主题或是活动感**兴趣**（**interest**）时，意思是说他们发现那个主题或活动很有意思、非常吸引人。对所做的事或所学的内容感兴趣的学习者会体验到认知唤醒，并且他们会感到愉悦和兴奋。[⑤] 因此，兴趣既有认知成分，又有情感成分。

在下面的练习中用一分钟时间来想想自己的兴趣。

**自己看一看**

**医生的办公室**

你刚刚到达医生的办公室来进行常规检查。接待人员告诉你大夫要拖延一会儿，可能要等一个小时才能轮到你。当你坐在候诊室时，你看到旁边桌上有六本杂志：《居家设计》（*Better Homes and Gardens*）、《国家地理》（*National Geographic*）、《时代》周刊（*Time*）、《人民》（*People*）、《大众机械》（*Popular Mechanics*）和《体育画报》（*Sports Illustrated*）。

① Corpus, McClintic-Gilbert, & Hayenga, 2009; Covington & Müeller, 2001; Leppe et al., 2005; Grouzet, & Pelletier, 2005.

② Covington & Müeller, 2001; Harter, 1992; Wigfield, Byrnes, & Eccles, 2006.

③ Lepper et al., 2005.

④ Battistich, Solomon, Kim, Watson, & Schaps, 1995; Larson, 2000.

⑤ Ainley & Ainley, 2011; Hofer, 2010; Renninger, 2009; Renninger, Nieswandt, & Hidi, 2015.

1. 按照你对这些杂志感兴趣的程度将它们进行排名：

| | 完全没兴趣 | 有些兴趣 | 很有兴趣 |
| --- | --- | --- | --- |
| 《居家设计》 | ________ | ________ | ________ |
| 《国家地理》 | ________ | ________ | ________ |
| 《时代》周刊 | ________ | ________ | ________ |
| 《人民》 | ________ | ________ | ________ |
| 《大众机械》 | ________ | ________ | ________ |
| 《体育画报》 | ________ | ________ | ________ |

2. 尽管你认为有些杂志可能会比其他杂志更有意思，但你仍然决定用 10 分钟时间来看每本杂志。推测一下你认为自己会记得每本杂志中的多少内容：

| | 几乎都不记得 | 记住适量 | 记住很多 |
| --- | --- | --- | --- |
| 《居家设计》 | ________ | ________ | ________ |
| 《国家地理》 | ________ | ________ | ________ |
| 《时代》周刊 | ________ | ________ | ________ |
| 《人民》 | ________ | ________ | ________ |
| 《大众机械》 | ________ | ________ | ________ |
| 《体育画报》 | ________ | ________ | ________ |

---

现在比较你的两组排名。结果很可能是，你最感兴趣的杂志也是你学到东西和记住东西最多的杂志。

对某个主题感兴趣的学习者会更加关注这个主题，并且会进行更多相关的认知活动。[①] 他们也更可能采用更有针对性和精细加工的方式来学习这个主题，例如，将其与先前知识相联系、使不同思想互相联系、推理、形成视觉表象、举例以及确定应用前景。[②] 有兴趣的学习者除非在情感上依恋于当前信念，否则当他们遇到与当前看法相矛盾的信息时，他们更有可能发生概念转变。[③] 可以想见，对所学内容非常感兴趣的学习者会表现出较高的学业成就，他们更有可能长久地记住所学内容。[④]

心理学家区分出两种兴趣类型。**情境兴趣（situational interest）**是由当前环境中的某些因素引发。新奇、独特、意料之外，或是特别生动的因素以及某些涉及非常举动或是强烈情感的事情，经常可以引发情境兴趣。[⑤]那些与人文（比如疾病、暴力、节日）、自然（比如恐龙、天气、海洋）以及时事（比如电视节目、流行音乐、药物滥用、犯罪团伙）有关的主题也会引起学习者的兴趣。[⑥] 当小说作品（长篇故事、短篇故事、电影等等）中含有读者能够感同身受的主题或人物时，就会更

① Hidi & Renninger, 2006; E. Skinner et al., 2008.

② Hidi & Renninger, 2006; Pintrich & Schrauben, 1992; Schraw & Lehman, 2001; Tobias, 1994.

③ Andre & Windschitl, 2003; Linnenbrink & Pintrich, 2003; Mason, Gava, & Boldrin, 2008.

④ Garner, Brown, Sanders, & Menke, 1992; Hidi & Harackiewicz, 2000; Mason et al., 2008; Renninger, Hidi, & Krapp, 1992.

⑤ Hidi & Renninger, 2006; Mitchell, 1993; Renninger et al., 1992; Schank, 1979.

⑥ Zahorik, 1994.

有意思、更吸引人。[①] 当非小说类文学作品容易理解，并且其中各种想法之间的关系清晰时，也会更有意思。[②]

学习者往往对那些他们钻研的主题和参与的活动有着个人偏好。因为这种**个人兴趣**（**individual interests**）随着时间的推移保持相对稳定，所以我们会看到学习者做选择时的一贯模式（见图 5.3）。有些个人兴趣可能来自学习者以前在各种活动和主题中的经验。兴趣和知识经常互相影响，对某个主题的个人兴趣会激发对相关内容的更多学习，从而使学习者获得了更多知识。反过来，知识的增多又会引起更大的兴趣。[③]

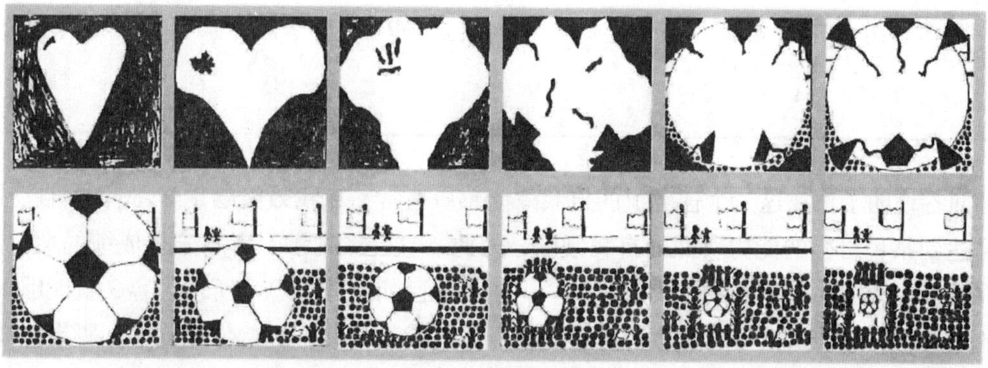

**图 5.3　有些儿童和青少年的个人兴趣会渗透在他们所做的很多事情中。在这里我们可以看到马特在高中阶段热衷于足球的实例。他创作了这幅插图——一颗在人群中逐渐变成一个得分球的心——在他的语言艺术作品集里随附了一篇关于足球的文章。从第 9 章对他一年级日志的摘选中你会看到，在很多年前，马特就对足球有着明显的兴趣**

甚至在小学低年级，有些学生就有了兴趣爱好——可能是爬行动物、芭蕾舞或是外太空——这些会坚持很长时间，还会形成做选择时的一贯模式。[④] 基本上，学习者会对那些他们能够做得好并且适合他们的性别和社会经济地位的活动产生兴趣。[⑤] 个人兴趣最终会比情境兴趣更有益，因为个人兴趣能够使学习者长期投入某项活动，并且进行有效的认知加工，得到提升。但是，情境兴趣也很重要，因为它能够抓住学习者的注意力和情绪，还能够种下一粒种子，个人兴趣可以从中萌发。[⑥]

## 二、为了主动参与活动，学习者需要非常好的成功机会

在前面对自我价值的讨论中，我们发现人们一般具有对自己所处环境的能力感的需求。但是人们也认识到他们有长处和短处。换句话说，他们认为自己在不同的活动和领域中的能力是不同的。下面的练习说明了这点。

① Hidi & Harackiewicz, 2000; Schank, 1979; Wade, 1992.

② Schraw & Lehman, 2001; Wade, 1992.

③ P. A. Alexander, 1997; Hidi & McLaren, 1990; Tobias, 1994.

④ J. M. Alexander, Johnson, Leibham, & Kelley, 2008; Nolen, 2007; Y.-M. Tsai, Kunter, Lüdtke, Trautwein, & Ryan, 2008.

⑤ J. M. Alexander et al., 2008; Hidi, Renninger, & Krapp, 2004; Nolen, 2007; Wigfield, 1994.

⑥ Ainley & Ainely, 2015; A. A. Alexander, Kulikowich, & Schulze, 1994; Durik & Harackiewicz, 2007; Hidi & Renninger, 2006; Reed, Schallert, Beth, & Woodruff, 2004.

## 自己看一看

### 自我评价

用一些时间来回答下面的问题：

1. 你认为通过阅读这本书并且仔细思考书中的内容，你能够理解和应用教育心理学吗？还是你认为无论读多少书、学习多少内容，理解材料都会有困难呢？

2. 你认为如果给你演示如何做并且给你时间练习的话，你能学会打排球中的上手发球吗？还是你认为自己的动作太不协调，如何培训和练习都没有用？

3. 你认为你可以安然无恙地光脚走在热煤上吗？还是你认为自己的脚底会被烧成碎片？

---

你的回答说明了你在这三个任务上的自我效能感。通常，**自我效能感**是学习者对自己执行某种行为或是达到某种目标的能力所做的自我判断，因此，它会影响学习者对未来成绩的期望。例如，我希望你对学习教育心理学有高自我效能感——相信自己如果仔细思考所读内容，就能够理解和应用书中的理念。对学会上手发球你也许有或是没有高自我效能感。我猜你对自己光脚走热煤的能力的自我效能感会比较低。

学习者更可能选择并坚持做那些他们有高自我效能感的任务和活动。[①] 高自我效能感也可以使他们进行有效的认知和元认知加工（注意、精细加工、有效管理学习时间，等等），从而帮助他们学习并且较出色地达到目标（见图 5.4）。[②]

在很大程度上，对某个任务或活动的自我效能感来自过去经验。当学习者以前成功地完成过某项任务或是相似的任务时，他们就会非常自信能够成功完成那项任务，也就是说，他们有较高的自我效能感。[③] 在开篇的个案中，迈克尔在代数课上总是得 F，因此最初他对通过这门课的期望值很低。但是当他看到自己通过努力和采用新方法成绩得到提高时，他的自我效能感增强了，开始表现出对掌握代数知识的内部动机。他开始认真听讲和做笔记，并且“除了周五我每天回家都学习，即使没有家庭作业”[④]。

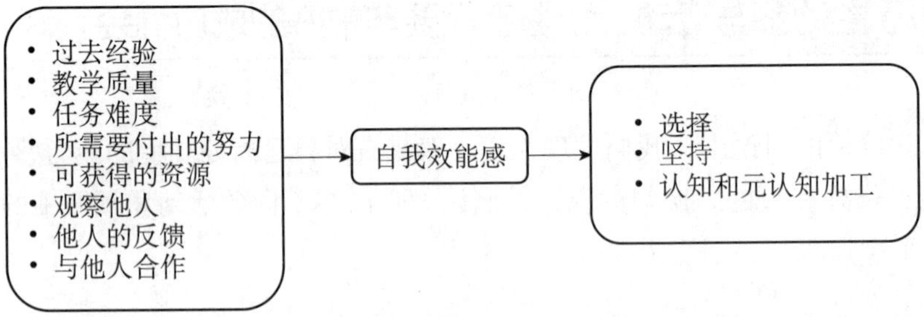


**图 5.4　自我效能感会受很多因素的影响，反过来，它也能够影响其他因素**

---

① Bandura, 1997, 2000, 2006; Schunk & Pajares, 2005; Schunk & Usher, 2012; Wigfield & Eccles, 2002.

② Bembenutty & Karabenick, 2004; Bong & Skaalvik, 2003; R.Klassen, 2002; Pajares, 2005; Shores & Shannon, 2007.

③ Usher & Pajares, 2008, 2009; Valentine, Cooper, Bettencourt, & Dubois, 2002; T. Williams & Williams, 2010.

④ Tucker & Anderman, 1999, p. 6.

回想迈克尔一开始对数学多么悲观，这种悲观不仅基于他对数学能力的自我评价，而且基于教师的教学水平差。当学习者对未来成功的可能性形成期望时，他们考虑的不仅仅是自己过去的成功，也会考虑其他因素（见图 5.4）。教学质量、对任务难度的感知、所需要付出的努力、可获得的资源和支持，这些都会影响他们的预期。① 在理想的情况下，学习者会确定个人能够依靠的优势、能够应用的可靠的策略、能够帮助他们克服任何困难的环境支持系统——所有这些的结合会使他们对成功的可能性充满乐观和希望。②

社会因素也在自我效能感的发展中起着作用。看到他人在活动中成功——尤其是看到与自己很相像的同伴成功——会提高学习者对活动的自我效能感。③ 鼓励的语言（比如，“我打赌，只要你邀请茱迪，她就会和你一起玩的”）和如何提高的建议（比如，“我知道你能写出更好的文章，这里是一些具体的建议”）也能够提高自我效能感，至少能够短期提高。④ 另外，当学习者在一个团队中工作，而不是独自一人时，他们常常对成功完成任务有着较高的自我效能感。这种**集体自我效能感**（**collective self-efficacy**）不仅取决于学习者对自己和团队其他成员能力的感知，也取决于对团队成员如何一起有效工作和彼此角色、责任协调的感知。⑤

学习者一旦在某个领域形成了高自我效能感，偶尔的失败便不会使他们太消沉。事实上，当这些学习者在通向成功的道路上遇到小挫折时，他们会认识到再接再厉和坚持不懈是达到成功的关键因素。换句话说，他们形成了**有心理弹性的自我效能感**（**resilient self-efficacy**）。⑥ 此处的关键词是偶尔失败。如果学生在活动中一直失败，他们就会对未来的成功失去自信。例如，学习不好的学生在课堂活动中遭遇一个又一个失败，通常他们在掌握学校知识方面自我效能感会较低。⑦

大多数 4~6 岁儿童对自己完成各种活动的能力非常自信。实际上，他们可能高估了自己的做事能力。⑧ 然而，当他们通过小学的学习，他们就可以更好地回想过去的成功和失败，从而可以越来越清楚地意识到他们的成绩并不会一直优于同伴。⑨ 由于这些变化，他们或许会对某个学业领域的成功变得不太自信，尽管这样更现实。⑩

## 三、当学习者认为自己成功的可能性很小时，他们的做法可能会使成功更加不可能

即使坚持不懈，学习者也不可能在指定任务上一直成功。在某个领域的反复失败可能不仅会降低在这个领域中的自我效能感，还会降低其一般能力感和自我价值感。当学习者无法回避那些他们

① Dweck & Elliott, 1983; Wigfield & Eccles, 1992, 2000, 2002; Zimmerman, Bandura, & Martinez-Pons, 1992.

② Peterson, 2006; Snyder, 1994, 2002.

③ Dijkstra, Kuyper, van der Werf, Buunk, & van der Zee, 2008; Schunk, 1983; Schunk & Pajares, 2005; Usher, 2009; Usher & Pajares, 2009.

④ Usher, 2009; Usher & Pajares, 2008; Zeldin & Pajares, 2000.

⑤ Bandura, 1997, 2000.

⑥ Bandura, 1994, 2008; Dweck, 2000.

⑦ R.M.Klassen & Lynch, 2007; Lackaye & Margalit, 2006.

⑧ R.Butler, 2008; Eccles, Wigfield, & Schiefele, 1998; Lockhart, Chang, & Story, 2002.

⑨ Butler, 2008; Davis-Kean et al., 2008; Dijkstra et al., 2008.

⑩ Bandura, 1986; Schunk & Zimmerman, 2006; Wigfield et al., 2006.

认为自己做不好的任务时，他们有权选择其他策略。有时他们会找一些借口来使糟糕的成绩看起来有充分理由。[①] 他们也可能会**自我设障**（**self-handicapping**），也就是说，做一些破坏成功的事情。自我设障有很多种表现形式，包括以下几种[②]：

- **减少努力**：为达到成功而付出的努力明显不充分。
- **行为不良**：不专心听讲。
- **设定达不到的高目标**：设定的目标即使最有能力的个体也很难成功。
- **承担过多**：承担太多责任，几乎没有人能够全部完成。
- **拖延**：将任务拖延到几乎不可能成功时。
- **作弊**：将他人的工作当成自己的上交。
- **使用酒精或是药物**：服药必然会降低成绩。

希望成功的学习者却做一些破坏成功的事情，这看起来可能有些荒谬。但是如果他们认为自己无论怎样做都不可能成功的话，尤其是如果失败会表明智力和能力低下的话，他们就会提高合理失败的可能性，从而保护自己的自我价值感。[③] 在下面的谈话中，一个名叫克里斯廷的学生解释了为什么她有时不努力：

> **访谈者**：如果你没有做好会怎么办？
>
> **克里斯廷**：那就找个借口……如果你认为自己没有投入很多，就会比较容易克服。
>
> **访谈者**：比较容易克服什么？
>
> **克里斯廷**：克服那种因为不擅长所以会失败的感觉。“我失败是因为我没有做足够的功课”，这样说要比说“我失败是因为我不擅长”容易。[④]

奇怪的是，当一些外界不可控的条件似乎将成功的可能性降到最小时，有些学习者却更可能尽力做到最好，不太可能表现出自我设障行为。在这些情况下，失败并不表明低能力，因此并不会威胁到他们的自我价值感。[⑤]

## 四、学习者更可能在那些对他们有价值的活动中投入时间

另一个影响动机的认知因素是**价值**（**value**）：学习者必须相信参与一项任务有直接或间接的益处。他们对不同任务价值的评价会影响他们在自由时间从事的事情和活动、在初中和高中选择的课程，以及他们做的一些其他选择。[⑥]

---

① Covington, 1992; Urdan & Midgley, 2001.

② Anderman, Griesinger, & Westerfield, 1998; Covington, 1992; D.Y.Ford, 1996; Hattie, 2008; E.E.Jones & Berglas, 1978; Riggs, 1992; Urdan, Ryan, Anderman, & Gheen, 2002.

③ Covington, 1992; Rhodewalt & Vohs, 2005; Sedikides & Gregg, 2008.

④ Martin, Marsh, Williamson, & Debus, 2003, p. 621.

⑤ Covington, 1992.

⑥ Durik, Vida, & Eccles, 2006; Jacobs, Davis-Kean, Bleeker, Eccles, & Malanchuk, 2005; Mac Iver, Stipek, & Daniels, 1991; Wigfield & Eccles, 2002.

学习者总是重视那些有吸引力的、令人愉快的活动，换句话说，就是重视那些有趣的活动。[①] 那些被看作是重要的活动也更容易受到重视。例如，一个把自己看作音乐家和未来高中乐队老师的九年级男孩很可能会高度重视与音乐有关的活动的成功。还有些活动被看作是达到理想目标的手段，因而有较高价值，也就是说，它们具有实用性（见图 5.5）。例如，虽然我们作者之一的女儿认为数学不好理解、总是让人受挫，但她还是努力学习了四年高中数学，仅仅因为有些大学需要大量的数学背景。换句话说，数学课有助于她实现上大学的目标。

我______点去公共汽车站。

**图 5.5 知道如何认钟表和报时对于在特定时间乘坐公共汽车的学生来说具有实用价值**

另一方面，学习者总是不重视那些不值得付出更多时间和努力的活动，即代价太大的活动。例如，你可能会成为鲜为人知的某个方面问题的专家（比如，加里曼丹岛的食肉植物、噩梦的本质），但是你现在可能有更重要的事情需要投入时间和精力。还有些活动可能要付出巨大的情感代价，因为这些活动与很多不好的情感有关。例如，如果学习者在努力学习科学时经常受挫，那么最终他们可能会尽可能地避开科学。任何有可能威胁到学习者能力感或是自我价值感的事情都是有可能被避开的。

在小学低年级的时候，儿童经常参加他们认为有趣和愉快的活动，而不考虑他们对成功的期望。[②] 但是当他们长大后，他们会越来越重视那些他们有较高成功期望的活动，以及他们认为对实现长期目标有帮助的活动，并且他们开始贬低那些他们预期做不好的活动。[③]

学习者的社会和文化环境也会影响他们对事情的评价。随着儿童逐渐长大，他们往往考虑身边其他人优先考虑的一些事情，采纳其他人优先采纳的一些价值标准。价值观在儿童期和青少年期逐渐发展，大致按照图 5.6 所描述的顺序发展。[④] 尽管学习者参与活动的原因各种各样，但是有时候，他们最初参与某种活动可能主要是因为活动所产生的外部结果，换句话说，就是他们受到外部因素的驱动。例如，学生做作业可能是为了获得表扬或是避免成绩差而受到惩罚。如果学生把“压力”内化为行动，并且开始看到活动本身的重要性，那么外部调节就能够逐渐发展为如图 5.6 所示的**投**

① Eccles 和 Wigfield 提出有四种可能的理由可以解释为什么评价有高有低：兴趣、重要性、实用性和代价。见 Eccles, 2005, 2009; Wigfield & Eccles, 1992, 2000。

② Wigfield, 1994.

③ Jacobs, Lanza, Osgood, Eccles, & Wigfield, 2002; Osborne & Jones, 2011; Wigfield, 1994.

④ Deci & Moller, 2005; Deci & Ryan, 1995, 2012; R.M.Ryan & Deci, 2000.

射、认同和整合。

1．**外部调节**：最初激发学习者表现出某些行为，主要基于行为所产生的外部结果，也就是说，学习者受到外部因素驱动。

2．**投射**：学习者开始以能够得到他人认可的方式行事，在一定程度上是为了保护和提高自我意识。当他们违反了某些行为标准时，他们会感到内疚，但是他们并不完全理解这些标准背后的理由。

3．**认同**：学习者会将一些行为和活动视为对他们个人而言重要或有价值的行为和活动。

4．**整合**：学习者将某些行为和活动融入到他们的整体动机和价值体系中，从本质上讲，这些行为成为他们自我认同和整体自我意识的核心部分。

**图 5.6　学习者价值观内化的发展顺序**

学习者对学术成就的价值内化得越多，他们在学校课程中的认知投入就越多，他们的总体学习成绩就可能越好。[①] 对活动价值的评估也会促进自主学习——一般的工作规范是让学习者自发地参与活动，尽管不会总是有趣或是得到即刻满足，但是对达到长期目标非常重要。[②] 如果赞同那些价值的成人（家长、教师等）为学习者提供温暖、支持、有组织的环境，给予学习者充分的决策自主权，那么这种价值标准的内化最有可能发生。但是所有这些情况往往不会出现在学校课程的学习中。因此，对一些学校课程（比如，数学、英语、音乐、体育），学生感觉到的价值在求学期间显著下降。[③]

## 五、学习者通常会形成与学业成就有关的目标，这些目标的具体性质会影响学习者的认知过程及行为

就像前面所提到的，人类的很多行为直接指向特定的目标。对学龄儿童和青少年，有些目标往

① Assor, Vansteenkiste, & Kaplan, 2009; B. D. Jones, Ruff, & Osborne, 2015; La Guardia, 2009; Lens, Simons, & Dewitte, 2002; Osborne & Jones, 2011; R.M.Ryan & Deci, 2000.

② Harter, 1992; McCombs, 1996; R.M.Ryan, Connell, & Grolnick, 1992; Stipek, 2002.

③ Deci & Moller, 2005; Eccles et al., 1998; Jacobs et al., 2002; La Guardia, 2009; Watt, 2004; Wigfield et al., 1991.

往与在校的学习和成绩有关。让我们来看看三个不同的男生在维索洛夫斯基先生的体育课篮球小组的第一天，他们可能会想些什么：

**提姆**：这是我向所有人展示我是个多么优秀的篮球运动员的机会。如果我在篮框附近，特拉维斯和托尼会不断地把球传给我，然后我会得很多分。我一定能给维索洛夫斯基先生和我的朋友留下深刻印象。

**特拉维斯**：我希望我不要把事情搞砸。如果我投篮但是没中，我会像个真正的失败者。也许我应该就待在三分线外，不断给提姆和托尼传球。

**托尼**：我真的很想成为一个比较优秀的篮球运动员。我想不出为什么我不能投进更多的球。我要请维索洛夫斯基先生告诉我怎样提高技术。也许我的朋友也可以给我一些建议。

这三个男生都想打好篮球。也就是说，他们都有*成就目标*。但是他们想打好篮球的理由不同。提姆主要关心的是在他的老师和同学面前表现出色，因此希望最大限度地展示他在场上的球技。特拉维斯也是关心他给别人留下的印象，但是他只是希望确保表现不太坏。与提姆和特拉维斯不同，托尼没有考虑自己在他人面前的表现，他主要对提高球技感兴趣，并不期望立即成功。对托尼来说，犯错误是学习新技能所不可避免的一部分，并不会带来尴尬和耻辱。

托尼的做法反映的是**掌握目标**（**mastery goal**），即获取更多知识或是掌握新技能的需求（也就是说，要发展能力）。[①] 提姆和特拉维斯各自都有**表现目标**（**performance goal**），即在他人眼中看起来有能力的需求（也就是说，要表现能力）。更具体地说，提姆拥有**表现—趋近目标**（**performance-approach goal**）：他希望表现出色，并且得到他人积极的评价。相反，特拉维斯具有**表现—回避目标**（**performance-avoidance goal**）：他希望避免失败和得到不好的评价。成就目标经常含有社会比较因素，因为学习者关心的是他们的成绩和同伴相比如何。[②]

掌握目标、表现—趋近目标以及表现—回避目标不一定互相排斥。学习者可能会同时有两种，甚至是三种全都有。[③] 回到刚才打篮球的例子，我们可以设想出第四个男生特雷伊，他想提高球技、在同学面前表现出色并且不会给人留下动作不协调的印象。

在大多数情况下，拥有掌握目标是理想状态。如表 5.2 所示，掌握目标的学习者往往会参与有助于他们学习的活动。他们上课专注，采用促进有效的长时记忆的方式进行信息加工，并且从错误中吸取教训。此外，掌握目标的学习者对学习、努力及失败有着健康的心态。他们认识到学习是一个努力并且不断坚持的过程，即使面临暂时的挫折。因此，这些学习者是最有可能坚持完成任务的人，也是从课堂经历中受益最多的人。[④]

---

① 有些理论者区分了掌握—趋近和掌握—回避目标。此处我们主要关注掌握—趋近目标。掌握—回避目标，即希望在新的学习任务中避免可能会出现的失败，似乎与表现—回避目标有着相似的作用（比如，Elliot, 2005; Elliot & McGregor, 2001; Witkow & Fuligni, 2007）。

② Elliot, 2005; Midgley et al., 1998; Régner, Escribe, & Dupeyrat, 2007.

③ Covington & Müeller, 2001; Hidi & Harackiewicz, 2000; Liem, 2016; Meece & Holt, 1993; Schwinger & Wild, 2012.

④ Kumar et al., 2002; Shim, Ryan, & Anderson, 2008; Sins et al., 2008; Wentzel & Wigfield, 1998.

表 5.2　　掌握目标的学习者与表现目标的学习者的典型差异

| 掌握目标的学习者 | 表现目标的学习者<br>（尤其是表现—回避目标的学习者） |
|---|---|
| 更可能主动参与课堂活动，学习课堂内容受内部因素驱动。 | 更可能受到外部因素驱动（比如，受对外部强化和惩罚的预期驱动），更可能作弊来获得好成绩。 |
| 相信通过练习和努力，能力会随着时间的推移而提高；坚持面对困难。 | 相信能力是稳定的特征（人或者有天资，或者没有）；认为有能力的人应该不必努力；当面对困难时很快就放弃。 |
| 表现出更多的自主学习行为。 | 表现出较少的自主性。 |
| 使用促进真正的理解和复杂的认知过程的学习策略（例如，精细加工、理解监控、迁移）。 | 使用只促进机械学习的学习策略（例如，重复、模仿、逐字记忆）；拖延作业。 |
| 选择能使学习机会最大化的任务；寻求挑战。 | 选择能使表现能力最大化的任务；回避使他们看起来能力不足的任务和行为（例如，寻求帮助）。 |
| 当面对与当前信念矛盾但是有说服力的证据时，更可能经历概念转变。 | 不太可能经历概念转变，在一定程度上是因为他们不太可能注意到新信息和现有信念之间的差异。 |
| 对容易的任务会感到无聊或失望。 | 对成功完成容易的任务感到骄傲和放松。 |
| 寻求能够准确描述他们的能力或是帮助他们提高的反馈。 | 寻求奉承他们的反馈。 |
| 当与同伴合作能促进学习时，愿意与他人合作。 | 在与同伴合作能够使他们看起来有能力或是能提高社会地位时，才会与同伴合作。 |
| 根据取得的进展来评价自己的成绩。 | 根据与他人比较的情况来评价自己的成绩。 |
| 认为失败是需要他们付出更多努力的标志。 | 认为失败是能力低的标志，并且会预示未来的失败。 |
| 将失误看成学习过程中正常有用的部分；在失误中提高成绩。 | 将失误看成失败和能力不足的标志；通过自我设障使失误和失败表面上合理化。 |
| 只要他们努力并且有进步，他们就会对成绩满意。 | 只有成功时他们才会对成绩满意；当他们失败时，常常会感到惭愧和沮丧。 |
| 将教师看成帮助他们学习的资源和指导者。 | 将教师看成裁判、给予奖励或惩罚的人。 |
| 在测验和做课堂作业时，保持相对冷静。 | 对测验和其他评估经常很焦虑。 |
| 更可能热衷于学校活动，并且积极参与。 | 更可能疏离于学校环境。 |

来源：C. Ames & Archer, 1988; R. Ames, 1983; E. M. Anderman, Griesinger, & Westerfield, 1998; E. M. Anderman & Maehr, 1994; Corpus et al., 2009; Dweck, 1986; Dweck, Mangels, & Good, 2004; L. S. Fuchs et al., 1997; Gabriele, 2007; Graham & Weiner, 1996; Hardré, Crowson, DeBacker, & White, 2007; Jagacinski & Nicholls, 1984, 1987; Kaplan & Midgley, 1999; Lau & Nie, 2008; Liem, Lau, & Nie, 2008; Linnenbrink & Pintrich, 2002, 2003; Locke & Latham, 2006; McCombs, 1988; McGregor & Elliot, 2002; Middleton & Midgley, 1997; Murphy & Alexander, 2000; Newman & Schwager, 1995; Nolen, 1996; Pekrun, Elliot, & Maier, 2006; Pugh & Bergin, 2006; Rawsthorne & Elliot, 1999; A. M. Ryan, Pintrich, & Midgley, 2001; Schiefele, 1991, 1992; Schunk, Meece, & Pintrich, 2014; Sideridis, 2005; Sinatra & Mason, 2008; Sins et al., 2008; Skaalvik, 1997; Southerland & Sinatra, 2003; Stipek, 2002; Urdan & Midgley, 2001; Urdan, Midgley, & Anderman, 1998.

相反，表现目标的学习者，尤其是那些有表现—回避目标的学习者，会远离挑战性任务，而挑战性任务非常有助于他们掌握新技能。此外，这些学习者往往采用机械学习、比较“缺乏思考”的方式进行信息加工。表现—趋近目标是一个混合体。它有时有非常积极的影响，可以激励学习者出色地完成任务，特别是在青少年时期以及和掌握目标相结合的时候。[①]但是表现—趋近目标本身可能没有掌握目标益处多。为了完成这些目标，学习者只需要付出最少的努力，使用相对肤浅的策略，并且可能在课堂评估中作弊。[②]当学习者相当年轻（比如，小学生）并且在课堂任务上自我效能感较低时，表现—趋近目标的不良影响似乎极大。[③]

大多数幼童最初关注掌握目标。[④]但是一旦进入学校，他们的周围一般都是能够比较成绩的同伴，因此他们开始将成功看作是和同学一样优秀或是更优秀的标志。此外，他们很难对学习中复杂认知技能（阅读、写作、数学等等）的进展做出评价，因此必须依赖他人（比如教师）对他们的能力和进展做出判断。由于这些原因，当学生进入小学和初中时，表现目标会变得越来越普遍。[⑤]大多数受学业驱动的高中生主要关注取得好成绩，与长期并且有挑战性的任务相比，他们更喜欢短期并且轻松的任务。表现目标在团体活动中也很普遍，在那些活动中，与发展新技能和得到长久提高相比，获胜和获得公众认可经常会得到更多关注。[⑥]

## 六、学习者必须协调他们的成就目标和其他许多目标

一般而言，儿童和青少年会有非常广泛的目标。[⑦]他们不但想在学校表现优秀，还想过得心情愉快、平安健康、能够挣钱并且最终从事一项有意义的职业。他们的有些目标往往是能够帮助他们实现关系需求的**社交目标**（**social goals**）。例如，他们可能想得到成人的认可、受到同伴的喜爱和尊重、归属于某个支持性的社会团体、为人民的幸福做贡献。[⑧]当一个六年级的学生发现她不能和最好的朋友一起学习接下来的七年级数学课时，她大呼："我的生活完蛋了！"可以看出社交目标对有些学生来说是非常重要的。

**职业抱负常常出现在学习者的目标中。这是 7 岁的阿斯顿解释他为什么想成为一名外科医生。注意，他的职业目标中也有社交目标的成分："如果别人生病了，我能够帮助他们"。**

在学习者的目标中，有些目标是驱动他们大多数行为的**核心目标**（**core goals**）。[⑨]例如，那些达到较高学业成绩的学习者通常会优先考虑课堂学习，而那些学业成绩较低的学习者通常更关注社会关系。[⑩]有些学生似乎表现出

① Hidi & Harackiewicz, 2000; Linnenbrink, 2005; McNeil & Alibali, 2000; Rawsthorne & Elliot, 1999; Urdan, 1997.

② E.M.Anderman, Griesinger, & Westerfield, 1998; Brophy, 1987; L.H.Meyer et al., 2008; Midgley, Kaplan, & Middleton, 2001.

③ Hidi & Harackiewicz, 2000; Kaplan, 1998; Kaplan & Midgley, 1997; Midgley et al., 2001.

④ Bong, 2009; Dweck & Elliott, 1983.

⑤ Bong, 2009; Dweck & Elliott, 1983; Elliot, 2005; Elliot & McGregor, 2000; Harter, 1992; Régner et al., 2007.

⑥ Roberts, Treasure, & Kavussanu, 1997.

⑦ M.E.Ford & Smith, 2007; Schutz, 1994.

⑧ H.A.Davis, 2003; Dowson & McInerney, 2001; M.E.Ford & Smith, 2007; Patrick, Anderman, & Ryan, 2002; Wentzel, Filisetti, & Looney, 2007.

⑨ Boekaerts, de Koning, & Vedder, 2006; Schutz, 1994.

⑩ Wentzel & Wigfield, 1998; Wigfield, Eccles, & Pintrich, 1996.

对长期目标的高度坚持和热情，这种稳定的性格被称为毅力（*grit*）①。研究人员仍在试图弄明白为什么有些学生表现出比其他学生更强的毅力。

学习者可以使用一些策略来协调自己的很多目标。②有时候他们发现有些活动可以同时实现两个或更多个目标。例如，通过组成一个备考的学习小组，学习者能够同时实现成就目标和社交目标。有时候他们会改变想法，重新认识实现特定目标的意义。例如，一个有抱负的高中生最初希望自己在三门有挑战性的课程中全部得A，但是最后他认为其中两门得B更现实。还有些时候学习者会为了实现一个目标而放弃另一个目标。例如，他们可能发现学校各种各样的要求迫使他们关注表现目标（比如，取得好成绩），而不是像他们希望的那样透彻地学习知识。初中生布赖恩表达了自己努力实现表现目标而放弃了掌握目标的遗憾：

> 我坐在这里说："嘿！我只用5分钟就完成了作业，而且仍然得了A+。"我觉得我能做得更好，我不尽力做也仍然会得A，真是太容易了！……我想这也许最终会降低我的水平，我对我的水平根本不再抱有期望了……尽管我一直知道我内心还是有期望的，只是我不会表达太多。③

因为很多学习者对关系有着强烈的需求，所以他们的社交目标经常会影响他们的课堂行为以及对各种成就目标的权衡。如果学习者想得到教师的注意和认可，他们往往会努力取得高分，并且用各种方法达到表现目标。④如果他们寻求友好的同学关系或是关心他人的身心健康，他们就会迫切地参与合作学习和与同伴互助这样的活动。⑤与他人建立亲密关系的需求也会使他们向同伴求助，但是如果他们想给同伴留下能力强的印象——一种表现目标，他们可能就不会求助了。⑥如果他们想得到低成就同伴的认可，他们可能不需要在学习上付出努力，甚至可能会完全回避课堂任务。⑦

## 七、学习者会在内心确定他们成功和失败有哪些可能的原因

就像在前面几章中所看到的，学习者会主动地去理解他们的经验。这种做法有时候包括找出在特定情境中成功或失败的原因。为了深入了解你自己所做的各种解释，请尝试做下面的练习。

### 自己看一看

**卡伯里和塞薇尔**

1. 约西亚 S. 卡伯里（Josiah S. Carberry）教授刚刚在高级心理陶瓷学课上发下了第一套考题的评分和分级结果。你发现你得到了班里少有的高分：A⁻。为什么大部分同学都考得不好，你却考得这么好呢？写下几个可能的原因来解释为什么你会在卡伯里的课上得到

① Duckworth, Peterson, Matthews, & Kelly, 2007.

② Covington, 2000; Dodge, Asher, & Parkhurst, 1989; Phelan, Yu, & Davidson, 1994; Urdan & Maehr, 1995.

③ Thomas & Oldfather, 1997, p. 119.

④ Hinkley, Mc Inerney, & Marsh, 2001; Urdan & Mestas, 2006.

⑤ L.H.Anderman & Anderman, 1999; Dowson & McInerney, 2001.

⑥ A.M.Ryan, Hicks, & Midgley, 1997.

⑦ Brown, 1990; M.E.Ford & Nichols, 1991; Schultheiss & Brunstein, 2005.

高分。

2. 一小时后，你得到芭芭拉 · F. 塞薇尔（Barbara F. Seville）教授社会计量学课的第一次考试结果，你得知自己竟然没有及格！为什么你会考得这么差？写下几个可能的原因来解释在塞薇尔的测验上为什么得 F。

---

你刚刚写下的这些理由被称作“归因”。**归因（attributions）**是学习者对影响他们生活事件的行为以及其他因素的看法。学习者会对一些日常生活事件做出归因——为什么测验和作业做得好或是不好、为什么自己受同伴欢迎或是不受欢迎、为什么自己运动技能娴熟或是笨手笨脚，等等。你写下来的在卡伯里和塞薇尔所教授的两门课中所取得的成绩的归因与图 5.7 中所呈现的那些归因相似吗？显而易见，这些例子只是你可能会做出的归因的一部分。注意，在图 5.7 中归因方式被分为三个维度[①]：

- **控制点（“因素源”）：内部的与外部的。**学习者有时将事件的结果归因于个人内部因素。认为好成绩是由于自己勤奋努力，差成绩是由于能力不足，这两者都是内部归因的实例。还有些时候学习者将事件的结果归因于外部因素。认为获得奖学金是由于“运气好”，而同学的愤怒是因为人家自己心情不好（而不是因为自己的行为招惹所致），这两者都是外部归因的实例。
- **稳定性：稳定的与不稳定的。**学习者有时认为事件的结果是由于稳定因素——在不久的将来可能不会有太大改变。例如，如果你认为自己科学课学得好是因为天赋，或者交不到朋友是因为自己长得不好看，那么在这两个例子里你就是把事件归因于稳定的、比较长期的因素。但是有时学习者会认为事件的结果是由于不稳定因素——会不时发生变化的因素。认为网球比赛获胜是运气好，认为测验成绩不好是因为考试时自己太疲惫了，这两者都是归因于不稳定因素的实例。
- **可控性：可控的与不可控的。**有时学习者会将事件的结果归因于可控因素——他们能够影响或改变的因素。例如，如果你认为同学邀你参加他的生日聚会是因为你经常对他微笑、和他说愉快的事情，如果你认为测验不及格只是因为你恰好没有复习到所考内容，那么就是将这些事件的结果归因于可控因素。还有些时候学习者将事件的结果归因于不可控因素——他们无法影响的因素。如果你认为选你在校园剧中扮演领导只是因为你看起来很“适合”那个角色，或是篮球比赛失利是因为你身体不舒服，那么就是将这些事件的结果归因于不可控因素。

**想一想**

在第 3 章我们发现没有认真进行理解监控的学习者可能会出现认知错觉，即认为自己已经学会了实际上并没有学会的东西。当这些学习者考试失败时，他们可能会把失败归因于什么因素呢？

重要的是要记住，归因是由学习者在头脑中建构的，所以可能会反映事件的真实情况，也可能不会。例如，学习者可能会把成绩差归咎于“棘手的”考试或是“不公平的”教师，而真正的原因是学生自己不够努力或是学习方法无效。通常，学习者倾向于将成功归因于内部因素（比如，能力强、学习努力），将失败归因于外部因素（比如，运气、他人的行为），这样做能使他们保持自我价值感。[②] 然而当学习者总是失败时，特别是当他们看到同伴在相同的任务上取得成功时，他们往往

① Weiner, 1986, 2000, 2010.

② Hattie, 2008; Paris & Byrnes, 1989; Rhodewalt & Vohs, 2005; Whitley & Frieze, 1985.

会将失败归因于稳定的、看似不可控的内部因素：他们自己的能力低。[①]这样的归因是适得其反的，因为它无法激励学习者使用成功的策略。相反，他们会自我设障，从而会带来更容易失败的行为。

## 八、学习者对过去成功和失败的归因会影响他们未来的成绩

让我们回到前面的练习中虚构的两场考试“卡伯里和塞薇尔”——心理陶瓷学（你得 $A^-$）和社会计量学（你得 F）。设想大约三周后你要参加这两门课的第二次考试。你会分别花多少时间为每门课的考试做准备呢?

你为即将到来的考试做准备的时间在一定程度上取决于你对上一次考试成绩的归因。我们先来看看在卡伯里教授的考试中你得的 $A^-$。如果你认为成绩好是因为你学习努力（见图 5.7 中 1a 和 5a），那么你将会用大量的时间来准备第二次考试，因为努力是可控的。如果你认为成绩好是因为你聪明或者你是心理陶瓷学天生的奇才（见图 5.7 中 2a），那么你可能不会做太多准备，尤其是如果你把学业能力看作是天生的、不可控的天赋。如果你认为 $A^-$ 表明了卡伯里教授因为你友好的性格而喜欢你（见图 5.7 中 3a），你可能会认为课后花时间和他聊天比花时间复习考试更重要。如果你认为成功是因为考试简单（见图 5.7 中 4a），那么你可能根本不做准备。

| | 内控 | | 外控 | |
|---|---|---|---|---|
| | 可控 | 不可控 | 可控 | 不可控 |
| 稳定 | 1a. 我上学态度认真，总是把学习放在首位。<br>1b. 我真的不在乎大学——永远都不在乎。 | 2a. 我真的很聪明！<br>2b. 我在社会计量学方面没有什么天赋。 | 3a. 卡伯里教授对我评分很宽容，因为我在课堂上很友善。<br>3b. 塞薇尔教授不喜欢我，因为我总是在课堂上和她争论。 | 4a. 卡伯里教授因考试简单而闻名于校园。<br>4b. 塞薇尔教授真是糟糕的老师，她都不知道怎么教。 |
| 不稳定 | 5a. 我为考试做了充分的准备。<br>5b. 因为忙于写博客，我有两个星期没去上课了。 | 6a. 我当时心情很好，所以能够专心做题。<br>6b. 我患了一个星期的流感，当我参加考试时仍然很累。 | 7a. 大学学习中心的导师恰好帮助我复习了所考的内容。<br>7b. 我没能说服我的朋友和我一起复习考试。 | 8a. 我很幸运，卡伯里教授恰好考了我会的题目。<br>8b. 我旁边同学的咳嗽声一直分散我的注意力。 |

**图 5.7 在卡伯里教授的课程考试中成绩优秀的可能归因（“a”回答）和在塞薇尔教授的课程考试中成绩糟糕的可能归因（“b”回答）**

我们再来看看在塞薇尔教授的考试中你得的 F。同样，你对上次成绩的解释方式会影响你如何准备第二次考试——如果你实际上真做了准备。如果你认为自己努力不够或是恰好没有复习到考的内容（见图 5.7 中 5b），那么你这次可能会用更多时间来准备，因为努力和策略是可控的。如果你认为成绩不好是因为当时的情况——也许你感觉不舒服（见图 5.7 中 6b）或是在考试过程中受到了干扰无法专心考试（见图 5.7 中 8b），那么你可能会采用和上次相同的方式准备考试，因为这些不

① Covington, 1987; Hong, Chiu, & Dweck, 1995; Schunk, 1990; Weiner, 1984.

幸事件是不可控、不稳定的。如果你认为失败是因为在社会计量学上没有天赋（见图 5.7 中 2b）或是塞薇尔是位糟糕的老师（见图 5.7 中 4b），那么你甚至会比上次准备得更少。毕竟，当你无论如何都无法控制成绩时，做准备有什么用呢？

就像你所看到的这样，你未来在这些课程中的努力和表现取决于你所做的归因。一个特别重要的归因是你认为你的先天智力是可控的还是不可控的。就像我们在第 6 章中将会发现的那样，心理学家关于环境（可控的、能够通过指导和练习得到提高）和遗传（稳定的、不可控的）对智力的影响程度意见并不一致。即使是儿童和青少年在这个问题上也有不同意见。[①] 那些持**智力增长观**（**incremental view of intellgence**）的人认为智力通过努力和练习是能够得到提高的。相反，那些持**智力实体观**（**entity view of intellgence**）的人认为智力是一种固有的、相对持久的独特能力。[②] 一个叫莎拉的学生在她对自己数学学习困难的解释中清楚地表现出实体观：

> 我爸爸数学非常好，我哥哥、我和我妈妈数学非常不好，我们都遗传了妈妈“不擅长数学的基因”，我英语非常好，但是数学不好。[③]

持智力增长观并且具有某些学业能力的学生在课堂学习中的目标更可能是掌握目标，他们学习努力，成绩不断提高。相反，持智力实体观的学生（比如莎拉）往往持表现目标，他们对不容易掌握的问题很快就会失去兴趣，面对失败时会自我设障，成绩不断下降。[④]

影响学习者未来表现的很多直接或间接因素都会受到学习者归因方式的影响：

- **对成功和失败的情绪反应**。当学习者成功时，他们自然会很开心；失败时，他们自然会很难过。但是归因还会带来其他情绪。只有当学习者将这些结果归因于内部原因（例如，他们自己所做的事情）时，他们才会对成功感到自豪，对失败感到内疚和耻辱。相反，如果学习者将不如意的结果归咎于他人，那么他们往往会很生气——这种情绪不可能带来有效的后续行为。[⑤]
- **对未来成功和失败的期望**。如果学习者将他们的成功和失败归因于稳定因素（比如，有天赋或是缺少天赋），那么他们就会期望未来的成绩和现在的成绩相似。相反，如果他们将成功和失败归因于不稳定因素（比如，努力或是运气），那么他们对未来成功的期望就不会受当前成功率的影响，几次失败也不会对他们的自我效能感有太大损害。最乐观的学习者——那些对未来成功有非常高期望的学习者——将他们的成功归因于类似天赋和持久的工作道德这样内部的、稳定的因素，将失败归因于类似缺少努力或是不恰当的学习方法这样的不稳定因素。[⑥]
- **努力和坚持**。认为失败是因为缺少努力（内部的、可控的因素）的学习者往往在面对困难时会更加努力和坚持。相反，认为失败是因为缺少天赋（内部的、不可控的因素）的学习者会更容

---

① Dweck, 2000; Dweck et al., 2004; Dweck & Leggett, 1988; B. D. Jones, Byrd, & Lusk, 2009.

② 这些关于智力可变性的内隐理论有时被称为思维定式。Dweck, 2006; Yeager & Dweck, 2012.

③ K. E. Ryan, Ryan, Arbuthnot, & Samuels, 2007, p. 5.

④ Blackwell, Trzesniewski, & Dweck, 2007; Dweck & Leggett, 1988; Dweck & Molden, 2005; B.D.Jones, Wilkins, Long, & Wang, 2012.

⑤ Hareli & Weiner, 2002; Pekrun, 2006.

⑥ Dweck, 2000; Eccles, 2009; Pomerantz & Saxon, 2001; Schunk, 1990; Weiner, 2005.

易放弃，有时甚至不能完成以前成功完成过的任务。①

- **学习策略**。那些期望在课堂成功并且认为学业成功是自己努力的结果的学习者更可能使用有效的学习策略，特别是向他们传授了这些策略的情况下。这些学习者也更可能成为自主学习者，当有需要时他们会主动寻求帮助。相反，那些预期失败并且认为学业成绩在很大程度上超出了自己控制的学习者经常会排斥有效的学习策略，而更支持机械学习方法。②

鉴于所有这些影响，当你得知那些把课堂成功归因于内部的、可控因素的学习者（而不是他们不能控制的外部因素）更可能表现出色并从高中顺利毕业时，你就不应该感到惊讶了。③

在开篇的个案中，迈克尔最初将代数不及格归因于两个不可控的、稳定的因素：数学能力差和教师的教学水平差。这两个因素可能会使他感到既耻辱（因为他的能力差）又生气（因为教师的教学水平差）。因为他感知到的失败原因既稳定又不受他控制，所以他觉得无论做什么未来都不会成功，因此没理由付出太多努力（例如，他不做笔记）。但是，当迈克尔掌握了新的学习策略、对代数概念和程序有了更好的理解时，他在课堂上体验到了成功。这使他将成功归因于两个他能够控制的不稳定的、内部的因素——努力和更好的学习策略。

> 我现在认识到即使我不喜欢老师或是认为他不是好老师，听课也是我的任务。……老师尽到了他的职责，但是对我来说没有用，除非我也尽好自己的本分。……现在我努力去理解知识、提问题、想清楚他是如何得到答案的。④

## 九、学生的归因受教师归因和对学生表现的期望的影响

教师会对学生个人的长处、短处，以及学业成功的可能性做出评价。许多时候，教师对学生的判断相当准确。他们知道哪些学生的阅读技能需要提高、哪些学生的注意力不够集中、哪些学生不擅长团队合作，等等，因而他们能够采取相应的指导和帮助措施。⑤然而即使最优秀的教师有时候也会判断失误，比如，可能会低估有少数族裔背景或是社会经济条件不好的学生的能力。⑥此外，有些教师具有智力的实体观，因此他们认为学生的能力水平是相对稳固不变的。⑦他们对这些“稳定”能力的归因会影响他们对学生成绩的期望，这种期望进而又会使他们区别对待不同的学生。当教师对学生的期望较高时，他们会安排有挑战性的任务，与学生频繁交流，坚持不懈地帮助学生理解任务，并且给予大量的积极反馈。相反，当教师对某些学生的期望较低时，他们会安排容易的任务，很少提供课堂发言的机会，并且很少对学生的回答给予反馈。⑧

---

① Blackwell, Trzesniewski, & Dweck, 2007; Dweck, 1978, 2000; Feather, 1982; Weiner, 1984.

② R.Ames, 1983; Dweck, Mangels, & Good, 2004; Mangels, 2004; D.J.Palmer & Goetz, 1988; Pressley, Borkowski, & Schneider, 1987; Zimmerman, 1998.

③ L.E.Davis, Ajzen, Saunders, & Williams, 2002; Dweck et al., 2004; Pintrich, 2003.

④ Tucker & Anderman, 1999, pp.5-6.

⑤ Dweck & Molden, 2005; Goldenberg, 1992—1993.

⑥ Banks & Banks, 1995; McLoyd, 1998.

⑦ Oakes & Guiton, 1995; C.Reyna, 2000.

⑧ Babad, 1993; Brophy, 2006; T.L.Good & Brophy, 1994; Graham, 1990; Rosenthal, 1994.

教师对学生能力的认识也会影响他们对学生的成功和失败的归因。[①] 思考下面教师对学生成功做出的解释：

- “你成功了！你太聪明了！”
- “太棒了！你的努力真是值得的，不是吗？”
- “你做得非常好。很明显你真懂得如何学习。”
- “真棒！你今天真是太幸运了！”

接着再来看看教师对这个学生的失败做出的解释：

- “嗯，这可能正好是你不擅长的事情。也许我们应该尝试一下不同的活动。”
- “为什么你不多加练习后再试一次呢？”
- “让我们来看看是否可以找到更适合你的学习方法。”
- “也许你今天正好不走运。”

所有这些评论大概都是想让这个学生感觉好些。但是可以看到这些评论表现出不同的归因方式——有时归因于不可控的能力（聪明或是不“擅长”做某事），有时归因于可控的易变行为（努力学习、缺少练习、有效或无效的学习方法），还有些时候归因于外部的、不可控的理由（运气好、不走运）。

教师对学生成绩的归因不仅可以通过他们的言语来表达，还可以通过他们的情绪来表达。[②] 例如，让我们回到开篇的个案中，八年级的迈克尔最初代数课的成绩很差。想象如果你是他的老师，你认为他缺乏数学能力，没有数学“天赋”。当你看见他总是在作业和考试中得 D 或 F 时，你有理由推断糟糕的成绩是他自己无法控制的，因此你表现出遗憾和同情。但是现在反过来，想象你认为迈克尔有较高的数学能力，他一定有能力在你的课上做好。当你看见他在作业和考试中成绩不好时，你自然会认为他不够努力。在你的眼中，迈克尔完全能够控制他努力的程度，因此当他做得不好时，你可能会表露出愤怒或是不满。有些教师甚至会因为其成绩不好而惩罚他。[③]

大多数儿童和青少年能够清楚地意识到教师对不同学生的不同行为，并且能够根据这些行为推断出自己和他人的能力情况。[④] 当他们想不明白为什么自己表现得好或不好时，他们可能会迫切地寻求信息以帮助他们解释自己的表现。[⑤] 如果教师不断地向他们传达缺乏能力的信息，他们可能就会从教师的视角去看待自己，并且他们的行为可能会反映出他们的自我感知。[⑥] 因此，在有些情况下，教师的期望和归因可能会成为**自我实现预言**（**self-fulfilling prophecies**）：教师对学生的期望会真的在学生身上实现。[⑦] 当学生在学校教育期间经历重要的过渡时（比如，当他们进入一年级或是开始升入初中时），自我实现预言出现得最频繁，并且在女生和少数族裔学生中更普遍。[⑧]

---

① Weiner, 2000, 2005.

② C.Reyna & Weiner, 2001; Weiner, 2005.

③ C.Reyna & Weiner, 2001; Weiner, 2005.

④ R.Butler, 1994; T.L.Good & Nichols, 2001; Weinstein, 2002.

⑤ Weiner, 2000.

⑥ Marachi, Friedel, & Midgley, 2001; Murdock, 1999.

⑦ 自我实现预言的经典研究，见：Rosenthal & Jacobson, 1968.

⑧ Graham, 1990; Hinnant, O’ Brien, & Ghazarian, 2009; Jussim, Eccles, & Madon, 1996; Kuklinski & Weinstein, 2001; Raudenbush, 1984.

## 十、随着年龄增长，学习者会逐渐将成功和失败归因于能力而不是努力

随着儿童的成长，他们逐渐能够区分造成自己成功和失败的各种可能的原因：努力、能力、运气、任务难度，等等。[①] 在小学低年级，儿童认为努力和能力是正相关的：越努力的人能力越强。因此，他们往往将成功归因于努力学习，他们总是乐观地认为只要自己努力，未来成功的可能就会很大。在 9 岁左右的某个时候，他们开始认识到努力和能力经常互相弥补，缺少能力的人可能需要付出更多的努力。大约在相同的时候，有些人开始将自己的成功和失败归因于先天的能力，例如，归因于他们称为“智力”的因素，他们感到这种能力相当稳定、不受他们的控制。如果他们在学校的任务中经常成功，那么他们对那种任务会有较高的自我效能感。相反，如果他们总是失败，他们的自我效能感就会直线下降。[②]

## 十一、随着时间的推移，学习者会形成一般归因风格

看看下面有着相同能力的两个女孩：

- 简是个热情的、精力充沛的学生。她在学校活动中非常努力，在成功中体验到巨大的乐趣。她喜欢挑战，特别是老师每天布置的额外加分的脑筋急转弯问题。她不能解答出所有问题，但是她能够从容地面对失败，对第二天的题目充满渴望。
- 朱莉是个焦虑的、容易烦躁的学生，她对自己成功完成学业任务的能力非常不自信。事实上，她经常低估自己的能力，即使当她成功时，她也会怀疑自己不会再一次成功。她更喜欢反复练习已经掌握的技能，而不愿意尝试新任务和挑战新问题。对于那些简非常喜欢的脑筋急转弯问题，朱莉也会短暂地尝试，但是如果不容易得出答案她就会很快放弃。

随着时间的推移，有些学习者，比如简，会发展出一种“我能行”的态度，被称为**掌握定向**（mastery orientation）——一种通过各种努力能够成功掌握新任务的乐观态度。还有些学习者，比如朱莉，会发展出一种“我不行”的态度，被称为**习得性无助**（learned helplessness）——对未来成功机会的无助感。你可能会把这两者的不同看作是乐观主义者和悲观主义者的差异，而这种不同真正反映的是在一个连续体上的不同，而不是二选其一的二分式不同。[③]

即使掌握定向的学习者和习得性无助的学习者最初具有相同的能力，但是那些掌握定向的学习者却更可能表现出可以带来长期成就的行为方式。他们会设定远大目标、寻求挑战性的情境、面对困难时坚持不懈。而习得性无助的学习者的行为方式则非常不同。因为他们会低估自己的能力，所以总是设定能够轻松实现的目标、回避那些可以极大地拓展学习和实现认知成长的挑战、采用对未来成功毫无益处的消极方式应对失败（比如，迅速放弃）。[④]

有些儿童到了五六岁时会开始表现出比较稳定的倾向：坚持完成任务并且自信地表示他们能

---

① Dweck & Elliott, 1983; Eccles et al., 1998; Nicholls, 1990.

② Dweck, 1986; Eccles [Parsons] et al., 1983; Nicholls, 1990; Schunk, 1990.

③ Peterson, 1990, 2006; Scheier & Carver, 1992; Seligman, 1991.

④ Dweck, 2000; Graham, 1989; Peterson, 1990, 2006; Seligman, 1991.

够做到，或者很快放弃任务并且表示他们没有能力做到。[1] 然而，按照常规，8 岁以下的儿童很少出现习得性无助的极端形式，也许是因为他们仍然相信成功在很大程度上是由于自己的努力。[2] 在青少年早期，一般性无助感会变得更加普遍。有些中学生认为他们无法控制发生在自己身上的事情（比如，他们往往具有智力的实体观），而且对避免失败的那些方法感到不知所措。[3] 在开篇的个案中，迈克尔最初对学习代数成功的悲观态度表明了某种程度的习得性无助，至少对数学如此。

表 5.3 总结了动机中归因和其他认知因素的发展趋势，描述了小学生、初中生和高中生动机的典型特点。

## 发展趋势

**表 5.3　　不同年级学生的动机**

| 年级 | 该年龄段的典型特点 | 案例 | 建议策略 |
|---|---|---|---|
| <br>幼儿园 ~2 年级 | • 倾向于将教师选定的活动定义为“作业”，将自己选定的活动定义为“玩”。<br>• 有些人可以迅速改变兴趣，而有些人的兴趣则更稳定。<br>• 参加有趣的、令人愉悦的活动，而不顾成功的期望。<br>• 倾向于将成功归因于努力和练习，因此对能够完成的事情很乐观。 | 6 岁的亚历克斯喜欢了解有关蜥蜴的知识。他经常在业余时间画蜥蜴，当他去学校图书馆时，也总是找与蜥蜴和爬行动物有关的书。有一天，他的老师允许他将他的宠物鬣蜥带到班上，向大家讲解他是如何让它保持健康的。 | • 通过亲自动手、像游戏一样做活动来使学生对课堂内容感兴趣。<br>• 通过有趣味的书和主题（比如，动物、超人、王子和公主）吸引学生进行阅读、写作或是练习其他基本技能。<br>• 向学生展示他们长久以来取得的进步，指出他们的努力和练习如何促进了他们的成长。 |
| <br>3~5 年级 | • 出现相当稳定的个人兴趣。<br>• 越来越倾向于将同伴的成绩作为评价自己成绩的标准，因此对总体学业成就的自我效能感逐渐下降。<br>• 越来越关注表现目标。<br>• 越来越认为天生的能力是影响学习和成就的重要而不可控因素。 | 在体育教育的体操单元上，9 岁的玛尔塔看着同伴做前滚翻、后滚翻、倒立和侧翻跳。她愿意做前滚翻和后滚翻，但是当倒立腿抬不起来时，她很快放弃了，她说：“我做不了倒立和侧翻跳——不能像杰茜和莎伦达那样。” | • 允许学生在独立阅读和写作任务中追求个人兴趣。<br>• 向学生传授跟进自己成长的方法。<br>• 表现出你对课堂话题的强烈爱好和热情；交流一些值得学习的话题。<br>• 确定每个学生的长处；提供充足的支持，使学生能够在薄弱的领域取得进步。 |

① Burhans & Dweck, 1995; Ziegert, Kistner, Castro, & Robertson, 2001.

② Eccles et al., 1998; Lockhart, Chang, & Story, 2002; Paris & Cunningham, 1996.

③ Dweck, 2000; Paris & Cunningham, 1996; Peterson, Maier, & Seligman, 1993.

续前表

| 年级 | 该年龄段的典型特点 | 案例 | 建议策略 |
|---|---|---|---|
| <br>6~8 年级 | • 对“适合自己性别”的活动越来越感兴趣，对“不适合自己性别”的活动兴趣减弱。<br>• 掌握学业知识的能力感和内部动机显著降低。<br>• 越来越重视与长期目标和高成功期望相关的活动。<br>• 对某些领域（比如，英语、数学、音乐和运动）的感知价值下降。<br>• 越来越关注社交目标（比如，与同伴交往、留下好印象）。 | 13 岁的雷吉娜一直喜欢数学。但是现在她在 8 年级高级数学班，她开始担心同伴认为她是“数学怪人”。她每天晚上勤奋地做数学作业，在作业和测验上都得到高分，但是她很少在课堂上举手提问或是回答问题。当她的朋友询问她对这个班的看法时，她会翻着眼睛说她在这个班只是因为“爸爸想让我上”。 | • 通过呈现一些令人费解的现象，并且以学生的个人兴趣为基础，来促使学生对课堂内容感兴趣。<br>• 让学生关注自己的进步；最大限度地减少他们将自己的成绩与同学相比的机会。<br>• 将课堂内容与学生的长期目标相联系（比如，通过真实活动）。在研究和学习时提供社会交往的机会（比如，通过角色扮演活动、课堂辩论、合作学习项目）。 |
| <br>9~12 年级 | • 某些兴趣、价值和行为逐渐被整合进学生的自我感觉中（也就是，一个人对自身存在的认识；见第 7 章）。<br>• 掌握学业知识的内部动机持续下降。<br>• 对大多数学生而言，表现目标（比如，取得好成绩）比掌握目标更普遍。<br>• 在实现表现目标的过程中，作弊的现象越来越多。<br>• 越来越关注毕业后的目标（比如，大学、职业）；对有些学生来说，实现这些目标的自主学习策略不足。 | 16 岁的兰德尔想成为儿科肿瘤学家——“儿童的癌症医生”。他说：“这样我就能够帮助那些患白血病的儿童，像我的妹妹那样的儿童。”他知道要进入有威望的大学需要好成绩，并且进入有威望的大学又能够有助于他进入医学院。然而在生物考试前一晚当他的朋友叫他去打篮球时，他却难以拒绝；并且打完篮球回到家后，他并没有学习，而是玩了一小时电子游戏。 | • 通过课外项目和课外活动为学生提供满足兴趣和实现价值的机会（比如，社区服务工作）。<br>• 使学生通过适当的努力和有效的方法取得好成绩（最大限度地减少分等级的竞争练习，比如评分曲线）。<br>• 阻止作弊（比如，布置个性化作业、在课堂考核时进行行为监控），作弊要承担适当的后果。<br>• 教授自主学习策略帮助学生实现他们的长期目标（见第 3 章）。 |

来源：J.M.Alexander et al., 2008; Blumenfeld et al., 2006; Bong, 2009; Brophy, 2008; Cizek, 2003; Corpus et al., 2009; Covington, 1992; Dijkstra et al., 2008; Dotterer, McHale, & Crouter, 2009; Eccles et al., 1998; Hidi et al., 2004; Jacobs et al., 2005; Jacobs et al., 2002; Lepper et al., 2005; Nolen, 2007; Otis et al., 2005; Paley, 1984; Patrick et al., 2002; Renninger, 2009; Schunk & Zimmerman, 2006; Shute, 2008; Watt, 2004; Wigfield, 1994; Wigfield et al., 2006; Wigfield et al., 1991; Wigfield & Wagner, 2005; Wilson & Corbett, 2001; Youniss & Yates, 1999.

## 十二、文化会影响动机中的认知因素

事实上动机中的所有认知因素都会受到学习者的环境影响。其中有一些认知，例如，价值、目标和归因，似乎特别容易受文化的影响。在文化因素专栏“动机中的文化差异和种族差异”中描述了非常多的文化影响，文化不仅对学习者如何优先处理各种活动、形成自己的目标、解释结果有影响，还对学习者满足基本心理需求的具体方式有影响。

## 文化因素

### 动机中的文化差异和种族差异

几乎所有的儿童和青少年都具有本章所确定的那些基本需求。但是，他们满足这些需求的方法、他们为自己设定的具体目标，以及他们对成功和失败的归因方式都有着相当大的不同。这在某种程度上取决于他们所处的文化和社会所示范和鼓励的行为与价值观。下面是研究者发现存在文化和种族差异的几个领域。

- **获得自我价值感**

  在西方主流文化中，获得自我价值感通常包括擅长某些事情以及认为自己擅长这些事情。在这种背景下，学习者可能会通过自我设障来使不良成绩合理化。但是并不是所有的文化都强调积极自我评价的重要性。例如，在东亚文化中有些人非常重视个体符合社会行为标准的情况。在这种文化中，关注点更可能是改正现有的缺点，即关注自我提高，而不是表现优点。[a]

- **获得自主意识**

  全世界的儿童和青少年都需要一定程度的自主权，但是自主的程度和形式在不同的群体之间有着相当大的差异。[b] 例如，有些美国土著成年人（比如，那些生活在美国西南部的纳瓦霍族人）在儿童很小的时候就给儿童非常多的自主权和决策权，而西方主流文化的成年人相对而言就很少这样做。[c]（回想第 4 章的开篇个案“为什么杰克没有来上学”）。相反，有些亚裔和非裔美国家长比其他美国成年人给孩子的自主权要少，在某些情况下，这是在有潜在危险的环境中确保儿童安全的一种方法。[d]

  在自主权的一个重要方面也可以观察到文化差异：做选择的机会。特别是，尽管全世界的青年人都发现做选择的机会有着较高的激励作用，但是那些来自亚洲文化的青年人通常更愿意让他们信任的人（比如，父母、老师、受尊敬的同伴）为他们做选择。[e] 也许亚洲儿童将信任的他人看作是能够做出明智选择的人，由他们做出的选择最终会带来较出色的学习成绩和能力。

- **处理关系需求**

  与其他群体相比，亚洲儿童往往在与同伴的社交方面花费较少时间，而更重视得到教师的关注和认可。[f] 此外，亚洲学生更可能与那些促进他们学业成就的人交朋友，有些来自其他种族的学生（特别是男生）没有达到出色的成就，可能会感受到很大的同伴压力，这可能是因为高成就符合西方主流文化（更多相关内容见第 7 章）。

  另外，来自不同文化和种族的儿童和青少年（比如，来自美国本土、西班牙和亚洲，以及来自欧美乡村）对家庭特别忠诚，他们会为各自的社会而努力，而不是只为自己。比如“想想你的家庭将会多么骄傲！”以及“如果你可以上大学接受良好的教育，你就能够真正地为社会服务！”这样励志的话语对这些学习者可能特别有效。[g]

  关系需求有时会与自主需求相冲突。特别是满足关系需求是要做他人希望做的事情，而满足自主需求是要做自己想做的事情时。有些东亚地区的人解决这个明显的冲突是通过主动调整个人的行为和目标来满足社会需要，从而保持整体和谐。[h]

- **价值观和目标**

  大多数文化和种族都非常重视接受良好的教育。[i] 但是研究者发现在有关学校学习的很多具体价值观方面存在着文化差异。例如，有些亚洲文化（比如，中国、日本和俄罗斯）强调为了学习而学习：知识带来个人成长、更好地认识世界，以及更可能为社会做贡献。对这些文化来说，努力学习和坚持不懈也是非常重要的，即使学习内容并不令人愉快。[j] 当课堂内容没有吸引力时，来自欧美的学生不太可能勤奋学习，但是对那些能够引起他们好奇心的内容和需要创造力、独立思考以及批判性分析的任务，他们总是能发现其中的价值。[k]

来自不同文化背景的学习者对学业成功也有着不同的定义，因此，他们会设定不同的成就目标。例如，一般来说，亚裔美国学生比其他种族的学生更加追求高分，部分是为了赢得家长的认可，另一部分是为了给家族带来荣誉。[l] 虽然如此，亚裔美国学生和非裔美国学生，往往比欧美裔学生更关注掌握目标（比如，真正理解所学内容）。[m] 在团体成就价值高于个体成就价值的文化（比如，亚洲人、土著美国人、墨西哥裔美国人以及太平洋岛民文化）中成长的学生，其掌握目标往往不是关注自己能提高多少，而是自己和同伴能提高多少，或者在有些情况下关注自己的行为在多大程度上有益于社会或是社会团体。[n]

- **归因**

学习者的文化和种族背景也会影响他们的归因。例如，来自亚洲传统文化家庭的学生比来自西方主流文化家庭的学生更可能将课堂成功和失败归因于不稳定因素——在学业成就方面归因于努力、在适当或不适当行为方面归因于临时的情境因素。[o] 同时，有些研究也发现非裔美国学生对自己达到学业成功的能力往往更容易形成习得性无助。[p] 在某种程度上，种族歧视促成了他们的习得性无助：学生可能会认为是因为他们皮肤的颜色，所以无论他们做什么，成功的机会都很小。[q]

[a] Heine, 2007; J.Li, 2005; Sedikides & Gregg, 2008.

[b] d' Ailly, 2003; Deyhle & LeCompte, 1999; Fiske & Fiske, 2007; Rogoff, 2003.

[c] Deyhle & LeCompte, 1999.

[d] McLoyd, 1998; Qin, Pomerantz, & Wang, 2009; Tamis-Lemonda & McFadden, 2010.

[e] Bao & Lam, 2008; Hufton, Elliott, & Illushin, 2002; Lyengar & Lepper, 1999; Vansteenkiste, Zhou, Lens, & Soenens, 2005.

[f] Dien, 1998; Steinberg, 1996.

[g] C.-Y.Chiu & Hong, 2005; Fiske & Fiske, 2007; Kağitçibaşi, 2007; Suina & Smolkin, 1994; Timm & Borman, 1997.

[h] Heine, 2007; Lyengar & Lepper, 1999; Kağitçibaşi, 2007; J.Li & Fischer, 2004.

[i] P.J.Cook & Ludwig, 2008; Fuligni & Hardway, 2004; Phalet, Andriessen, & Lens, 2004; Spera, 2005.

[j] C.-Y.Chiu & Hong, 2005; Hufton et al., 2002; J.Li, 2006; Morelli & Rothbaum, 2007.

[k] Hess & Azuma, 1991; Kuhn & Park, 2005; Nisbett, 2009.

[l] Nisbett, 2009; Steinberg, 1996.

[m] Freeman, Gutman, & Midgley, 2002; Qian & Pan, 2002; Sh im & Ryan, 2006.

[n] C.-Y.Chiu & Hong, 2005; Kağitçibaşi, 2007; J.Li, 2005, 2006.

[o] H.Grant & Dweck, 2001; Hess, Chih-Mei, & McDevitt, 1987; J.Li & Fischer, 2004; Weiner, 2004.

[p] Graham, 1989; Holliday, 1985.

[q] S.Sue & Chin, 1983; van Laar, 2000.

# 第四节　情感及其对动机和学习的影响

**主要理念：学习者的情感（他们的感觉、情绪和心情）会影响他们的动机和认知过程，反之亦然。**

在开篇的个案中，迈克尔最初可能感到沮丧，非常不喜欢代数。然而，学习有效方法提高成绩之后，他除了周五以外，每天都主动学习。在此我们可以猜测，迈克尔对他的成绩引以为傲，甚至可能很享受做代数作业的过程。情绪、心境以及情感的其他形式渗透在学习者生活的许多方面——情感与学习者的动机和学习联系密切，这并不令人意外，就像在下面的原则中展示的那样。

## 一、情感和动机是相互联系的

毫无疑问，人们对某些事件的自发情感反应，例如，快速而恐惧地避开带着枪或刀的人，会提高他们的生存机会。[①] 但是情感也会在人类动机中的目标导向方面发挥重要作用。一般来说，人们会采取他们认为感到快乐和舒服的行为方式，而不会采取感到悲伤、困惑或是愤怒的行为方式。在某种程度上，这些情绪取决于他们的基本需求是否得到满足，以及他们的目标是否得以实现。[②]

有些情绪，比如自豪、愧疚和羞耻，被统称为**自我意识情绪**（**self-conscious emotions**）。这些与人们的自我评价联系紧密，因此会影响他们的自我价值感。[③] 当人们的行为和结果与文化对适当行为的标准相一致时，他们往往会感到自豪。相反，当他们看到自己没有达到那些标准时，例如，当他们不小心对他人造成伤害时，他们往往会感到愧疚和羞耻。

情感和动机在其他方面也会相互联系。学习者在参与他们认为有意思的任务时，会体验到相当多的积极情感（比如，愉快、享受、兴奋）。[④] 积极情感和高自我效能感也会一起出现。而且，学习者对事件结果的反应取决于他们如何解释这些结果，特别是他们是否能够掌控自己、他人、环境因素或是影响事件发生的其他因素（回忆前面对归因的讨论）。[⑤]

## 二、情感与学习和认知联系紧密

情感通常是学习和认知的组成部分。[⑥] 例如，当学习如何完成一项任务时，学习者同时也会了解到自己是否喜欢做这件事。[⑦] 当学习者在所做的工作中享受到乐趣时，他们能够更有创造性地思考、更有效地解决问题，而且学业成功经常会给他们带来兴奋、愉悦和自豪感。[⑧] 相反，当学习者必须挣扎着去掌握新知识时（就像开篇个案中的迈克尔一样），他们会感到沮丧和焦虑，而且他们会不喜欢这个科目。[⑨]

此外，具体的事实和思想有时能够引起情感反应，在下面的练习中你会发现这一点。

### 自己看一看

#### 飞行

在读下面的每个描述时，看看自己是会产生积极情感（比如，快乐、激动）、消极情感（比如，悲伤、愤怒），还是没有任何感觉。在适当的选项下打勾。

| | 积极情感 | 消极情感 | 没有感觉 |
|---|---|---|---|
| 1. 丹佛在 1995 年开放了新的丹佛国际机场（Denver International Airport，DIA）。 | ______ | ______ | ______ |

---

① Damasio, 1994; Öhman & Mineka, 2003.

② Ackerman, Izard, Kobak, Brown, & Smith, 2007; E.M.Anderman & Wolters, 2006; Mellers & McGraw, 2001; J.L.Tsai, 2007.

③ Hidi & Renninger, 2006; Pekrun, 2006; Pekrun, Goetz, Titz, & Perry, 2002; Schiefele, 1998.

④ Lewis & Sullivan, 2005; Pekrun, 2006.

⑤ Hareli & Weiner, 2002; Harter, 1999; J.E.Turner, Husman, & Schallert, 2002.

⑥ 大脑中的杏仁核在建立情感—认知联系时尤为重要，因为它使学习者能够将特定的情感与特定的刺激或记忆联系起来。Adolphs & Damasio, 2001; Kuhbandner, Spitzer, & Pekrun, 2011; Phelps & Sharot, 2008; Posner & Rothbart, 2007.

⑦ Zajonc, 1980.

⑧ E.M.Anderman & Wolters, 2006; Fredrickson, 2009; McLeod & Adams, 1989; Pekrun, 2006; Snow, Corno, & Jackson, 1996.

⑨ Carver & Scheier, 1990; Goetz, Frenzel, Hall, & Pekrun, 2008; Stodolsky, Salk, & Glaessner, 1991.

| | | | |
|---|---|---|---|
| 2. 在最近的商业飞机坠毁事件中，有90名乘客和8名机组人员遇难。 | ______ | ______ | ______ |
| 3. 有十几个人在空难中幸存，其中一名3个月的婴儿在飞机后面被找到。 | ______ | ______ | ______ |
| 4. 在飞机上准备食物的地方被称作厨房。 | ______ | ______ | ______ |
| 5. 几条主要航线都提供了129美元的飞往墨西哥海滨度假胜地的往返机票。 | ______ | ______ | ______ |
| 6. 这些129美元的机票只适用于早上五点半起飞的航班。 | ______ | ______ | ______ |
| 7. 在北美和欧洲之间的有些航班现在提供两顿饭。 | ______ | ______ | ______ |

你可能会对第一条（DIA的开放）和第四条（厨房的说明）没有什么情绪反应。相反，当你读第三条（婴儿幸存）和第五条（到墨西哥的低价票）时，你可能会感到很高兴，读第二条（遇难人多）和第六条（那些墨西哥航班令人讨厌的出发时间）时，你可能会感到不高兴。你对第七条（提供两餐）的反应可能是积极、消极或是中性的，这取决于你以前吃飞机餐的经历。

当学习者思考、学习或是回忆某事时，他们的思维和记忆可能会受情绪掌控，这种现象被称作**热认知**（**hot cognition**）。例如，当学习者了解到能够有效治疗脊髓损伤、癌症或是精神疾病的科学进展时，他们可能会感到很激动；当他们了解到世界某些地方的艰苦生活条件时，他们可能会感到很难过；当他们了解到美国内战前对黑人奴隶的暴行或是欧洲二战期间对犹太人和其他少数族裔成员的迫害时，他们可能会感到愤怒。

当信息受到情绪掌控时，学习者更容易去关注它，会在一段时间内一直进行思考，并且不断地进行精细加工。① 如果信息与学习者当前了解或相信的内容相冲突，就会给他们带来心理不适，也就是皮亚杰（Piaget）所说的不平衡、有些当代理论家称作**认知失调**（cognitive dissonance）的东西。这种失调会使学习者采用某种方式去努力解决冲突，可能通过概念转变或是通过找出新信息中的错误（回忆第2章中对证实偏向的讨论）。② 以后，学习者回忆带有很强感情色彩的信息会比回忆相对没有感情色彩的信息更轻松。③ 学习者对课堂内容的情感反应似乎会成为他们长时记忆关系网络的组成部分。④

## 三、积极情感能够引发有效的学习策略

学习者思考和理解新信息的有效程度在一定程度上取决于他们学习时的心情。通常，像愉悦和

① G.H.Bower, 1994; Heuer & Reisberg, 1992; Schacter, 1999; Zeelenberg, Wagenmakers, & Rotteveel, 2006.

② Harmon-Jones, 2001; Marcus, 2008; Sinatra & Mason, 2008.

③ Barkley, 1996; McGaugh, 2015; Phelps & Sharot, 2008; Reisberg & Heuer, 1992. 有时，人们很难提取会唤起高焦虑的记忆。这种现象被称作压抑，有时会出现在个人创伤事件中，但是不可能成为影响提取学业内容的一个因素（可参考G.S.Goodman et al., 2003; McNally & Geraerts, 2009）。

④ G.H.Bower & Forgas, 2001.

激动这样的积极情感会使学习者主动关注手边的内容，努力理解它，用创造性和开放的心态对它进行思考，使用自主学习策略使自己坚持不懈地完成任务。相反，如果学习者感到悲伤或沮丧或者他们觉得内容很无聊，他们很可能会用肤浅的、僵化的方式对新信息进行加工（比如，背诵）。[1]

## 四、情感也能够引发特定行为

学习者的情绪经常能够引起他们的某些行为方式。例如，对自己所做的某件事情感到愧疚或是羞耻能够使儿童和青少年改正他们的错误（更多相关内容见第 7 章）。重要的目标没有成功实现所带来的失败感会使他们抨击他人或是从课堂活动中退出。[2] 即将发生的事件所带来的焦虑感对行为有特别大的影响，下一个原则会表明这一点。

## 五、有些焦虑是有益的，但是大多数焦虑通常是起阻碍作用的

设想你报名参加了卡伯里教授的高级心理陶瓷学课。今天轮到你对心理陶瓷碎片这个问题做半小时的演讲。你已经读过有关这个问题的几本书和大量的文章，无疑比教室中的其他人对这个问题了解更多。而且你还精心地准备了一套备忘卡片在演讲过程中引导自己。当你坐在教室中等着轮到自己讲时，你应该感到镇定和自信，但此时你有些紧张：你的心怦怦直跳，手心中满是汗水，胃也有些痉挛。当卡伯里教授把你叫到教室前面，你开始讲时，你记不起自己想说什么，而且因为手抖得厉害，你几乎无法看清准备的备忘卡片。

你好像并不想在心理学课上讲话时紧张，而且你也想不出一个理由能够解释你为什么会紧张。毕竟，你是所讲问题的专家，你今天也没有不如意的事情，而且如果你犯错了，你的同学也不可能嘲笑你或是在社交媒体上取笑你。那么昨晚站在镜子前练习的那个自信的学生到底怎么了呢？你是**焦虑**（**anxiety**）的受害者：因为你不确定事情的结果是什么，所以你对事情有一种不可控的不安感和忧虑感。这种感觉伴随着各种不同的心理症状，包括心跳快、出汗增多，以及肌肉紧张（比如，胃“痉挛”或是“恶心呕吐”）。

就像学习者有最佳唤醒水平一样，他们也有最佳焦虑水平。少量的焦虑通常可以提高成绩。在这种情况下，它被称作**促进型焦虑**（**facilitating anxiety**）。少量的焦虑可以激发学习者的行动，例如，他们去上课、完成作业、准备考试（见图5.8）。[3] 大量的焦虑通常会干扰取得有效成绩。[4]

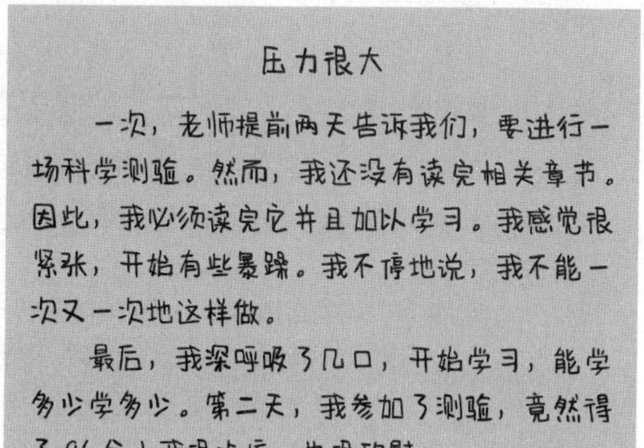
压力很大

一次，老师提前两天告诉我们，要进行一场科学测验。然而，我还没有读完相关章节。因此，我必须读完它并且加以学习。我感觉很紧张，开始有些暴躁。我不停地说，我不能一次又一次地这样做。

最后，我深呼吸了几口，开始学习，能学多少学多少。第二天，我参加了测验，竟然得了 96 分！我很吃惊，也很欣慰。

**图 5.8　14 岁的洛蕾塔的这篇作文说明了焦虑如何提高学习成绩**

---

① Ahmed, Werf, Kuyper, & Minnaert, 2013; G.H.Bower, 1994; Fredrickson, 2009; Linnenbrink & Pintrich, 2004; Pekrun, 2006; Pekrun et al., 2002; Snow et al., 1996.

② Berkowitz, 1989; E.Skinner et al., 2008; Wisner Fries & Pollak, 2007.

③ Preckel, Holling, & Vock, 2006; Shipman & Shipman, 1985.

④ Young & Young, 2015.

当它带来反作用时，它被称作**妨碍型焦虑**（**debilitating anxiety**）。

那么在什么时候焦虑会停止促进作用，开始妨碍成绩呢？高水平的焦虑一般会促进非常简单的任务——那些学习者几乎不需要思考就能做到的事情（比如，跑步）的完成。但是比较难的任务——那些需要大量思考和动脑筋的事情，在少量或是适度焦虑水平下可以取得最好的成绩。[①]在困难情境中，大量的焦虑会干扰某些对于成功学习和取得成就非常重要的过程[②]：

- 关注需要学习的内容。
- 有效地加工信息（比如，组织信息或对其进行精细加工）。
- 提取和使用以前学习过的知识和技能。

**想一想**

你以前认为任何程度的焦虑都是有害的吗？如果是，那么你现在对焦虑影响的看法改变了吗？

当任务对工作记忆或长时记忆有很高要求时，例如，当问题涉及问题解决或创造力时，焦虑很可能会干扰这些过程。在这种情况下，学习者会过分担心结果不好，以致不能集中精力于需要完成的任务。[③]

一般来说，当学习者在面对*威胁*（*threat*）时，也就是他们认为成功的机会很小或是没有成功希望时，他们更有可能体验到妨碍型焦虑。当学习者面对*挑战*（*challenge*）时，也就是他们认为付出适当的努力就能够成功时，他们更有可能体验到促进型焦虑。[④]

儿童和青少年往往会在下面这些情境中有一定程度的焦虑，不是促进型就是妨碍型[⑤]：

- *人身安全受到威胁的情况*。例如，暴力行为在学校或是附近地区很普遍。
- *自我价值受到威胁的情况*。例如，听到有人对他们的种族或性别进行直言不讳的评论。
- *外表*。例如，觉得自己太胖或是太瘦，进入青春期比同伴早或是晚。
- *新情境*。例如，在学年中途转学。
- *他人的判断或评价*。例如，老师给的分数低、不被同伴喜欢或是被排斥。
- *令人沮丧的学科*。例如，以前在某个或是某几个学科中遇到过困难（对有些有学习障碍的学习者是这样的）。
- *过分的课堂要求*。例如，被期望在短时间内学习大量知识。
- *课堂考试*。例如，面对影响升级或是毕业的重要考试。
- *未来*。例如，不知道高中毕业后如何谋生。

随着学习者的成长，他们的特别关注点会有些改变。表 5.4 描述了在儿童和青少年期，焦虑和其他情感的发展趋势。

---

① Kirkland, 1971; Landers, 2007; Zeidner & Matthews, 2005.

② Cassady, 2004; Eysenck, 1992; Zeidner & Matthews, 2005.

③ Ashcraft, 2002; Beilock, 2008; Matthews, Zeidner, & Roberts, 2006; J.C.Turner, Thorpe, & Meyer, 1998.

④ Combs, Richards, & Richards, 1976; Deci & Ryan, 1992; Zeidner & Matthews, 2005.

⑤ Ashcraft, 2002; Cassady, 2004; Chabrán, 2003; Covington, 1992; DuBois, Burk-Braxton, Swenson, Tevendale, & Hardesty, 2002; Harter, 1992; Hembree, 1988;.King & Ollendick, 1989; Phelan et al., 1994; Sarason, 1980; Stipek, 2002; Stodolsky et al., 1991; Wigfield & Meece, 1988; K.M.Williams, 2001a; Zeidner & Matthews, 2005.

## 发展趋势

**表 5.4　不同年级学生的焦虑和其他情感**

| 年级 | 该年龄段的典型特点 | 案例 | 建议策略 |
|---|---|---|---|
| 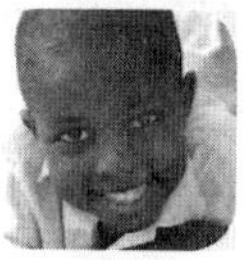<br>幼儿园 ~2 年级 | • 在上学的最初阶段，可能会体验到文化冲击和强烈的焦虑感，特别是在学生没有或是有很少的学前经历的情况下。<br>• 父母第一次离开教室时，可能会有分离焦虑（特别是在幼儿园的最初几天）。<br>• 如果教师和成人很热情并且给予充分支持，焦虑感会降低。<br>• 对外显情绪行为的控制很有限（比如，苦恼时很容易哭，受挫时会有冲动性行为）。 | 虽然杰夫从两岁时就上托儿所了，但是他对去幼儿园还是很紧张。去“大孩子的学校”的第一天，他不愿意和妈妈说再见。当妈妈最后告诉他她要离开时，他放声大哭——这种反应会被他的一些同学奚落好几年。 | • 向家长询问在家的一些习惯做法，在适当的时候将这些做法融入课堂活动中。<br>• 如果可能的话，给学生提供机会在开学前和你接触几天或是几周。<br>• 热情、关爱并支持所有的学生（但是注意学校对拥抱以及其他形式的身体接触的规定）。<br>• 温和而坚定地应对不当行为（见第 9 章）。 |
| <br>3~5 年级 | • 对外显情绪行为的控制力越来越强。<br>• 有些学生出现数学焦虑，特别是在数学任务中，他们得到较少或是没有得到帮助时。<br>• 关系亲密的朋友（特别是女孩）之间往往会详细谈论消极情绪事件，并且会一直持续到青少年期。<br>• 焦虑和压力可能会来自其他种族主义者和性别主义者的行为（比如，种族污辱、对性特征的刻薄评论），并且会一直持续到青少年期。 | 对 9 岁的蒂娜来说，基本的整数运算（加法、乘法，等等）都很容易理解。但是她理解不了正在学习的小数——如何找到公分母、如何用一个小数来除另一个小数，等等。当她努力解决小数问题但结果都不正确时，她越来越沮丧。她对数学的厌恶很快使她在校内外都尽可能地回避数学。 | • 监控学生的行为从而发现严重焦虑或抑郁的细微迹象。如果学生看起来焦虑或是心烦意乱，可以私下和他们谈话，必要时可以向学校咨询员进行咨询。<br>• 在学习更复杂的内容之前要确保学生掌握了基本概念和方法（这点在数学教学中尤其重要，高等数学知识和技能都以很多基础概念和技能为基础）。<br>• 坚持对所有学生的个性、感情和家庭背景的尊重，不容忍种族种主义者和性别主义者的行为。 |
| <br>6~8 年级 | • 积极、乐观的情绪普遍减少；极端的情绪波动，在一定程度上是因为青春期荷尔蒙变化。<br>• 在向初中或高中过渡时出现焦虑和抑郁增强。<br>• 在学校的乐趣减少（特别是男生）。<br>• 对自己出现在他人面前的样子越来越焦虑（假想观众；见第 7 章）。 | 在 7 年级最初，12 岁的珍妮从一所小而关系紧密的小学升到一所大的初中。在新学校她每节课只认识几个人，而且老师讲课索然无味、非常严肃。珍妮努力结交新朋友，当她在咖啡厅独自一人时总是感到很尴尬。不久以后，她总是说肚子疼，这样她就可以待在家里。 | • 期望是情绪波动，但是仍要监控学生的行为，及时发现长期抑郁的迹象。<br>• 亲自和每个学生联系；表达出对学生通过努力能够成功的信任，并且提供支持促进成功。<br>• 设计一些活动来引起学生对某些内容的兴趣，将知识与学生的个人生活和目标联系起来。<br>• 为学生提供与同学建立友谊的机会（比如，团体合作项目）。 |

续前表

| 年级 | 该年龄段的典型特点 | 案例 | 建议策略 |
|---|---|---|---|
| <br>9~12 年级 | • 在有意学习时仍然依赖复述策略，尤其是后进生。<br>• 学习新材料时，逐步增多使用精细加工和组织策略，尤其是优等生。 | 在高中世界史课上，凯特努力地识记一些名字、年代和地点，但她的同学嘉妮卡喜欢了解历史人物的性格和动机，如亚历山大大帝（Alexander the great）、拿破仑·波拿巴（Napoleon Bonaparte）和阿道夫·希特勒（Adolf Hitler）。 | • 提一些可以激发学生兴趣或思考的问题，并帮助他们将讨论主题与实际生活相联系。<br>• 让学生在能力各异的合作小组中学习，优等生可为后进生树立有效学习策略榜样。 |

来源：Arnett, 1999; Ashcraft, 2002; Benes, 2007; Benner & Graham, 2009; Chabrán, 2003; DuBois et al., 2002; Eccles & Midgley, 1989; Elkind, 1981; Gentry, Gable, & Rizza, 2002; Hill & Sarason, 1966; Hine & Fraser, 2002; Kerns & Lieberman, 1993; Kuhl & Kraska, 1989; Lapsley, 1993; Larson & Brown, 2007; Larson, Moneta, Richards, & Wilson,2002; D.K.Meyer & Turner, 2006; Midgley, Middleton, Gheen, & Kumar, 2002; Roderick & Camburn, 1999; Rose, 2002; Rudolph, Lambert, Clark, & Kurlakowsky, 2001; Snow et al., 1996; Spear, 2000; Wiles & Bondi, 2001.

## 六、不同的文化促成不同的情绪反应

人类的有些情绪，特别是喜悦、悲伤、恐惧、愤怒、厌恶和惊奇，即使在幼小的婴儿脸上也可以看到，所以这些情绪几乎毫无疑问是我们基因遗传的组成部分。[①] 然而，不同的文化群体对于什么样的情绪和情绪反应是适当的有着不同的看法，这使得不同文化中儿童的社会化方式存在差异。在文化因素专栏“情感中的文化和种族差异”中描述了研究者观察到的文化多样性。现在我们先来关注一下我们各自的社会和文化中一个非常重要的方面——学校——是如何对儿童和青少年的动机和情感产生积极影响的。

## 文化因素

### 情感中的文化和种族差异

研究者在情感的几个方面都看到了稳定的文化差异：情感表达、对适宜情感的看法、认知失调发生的程度以及焦虑源。

● **情感表达**

通常，不同的文化群体在行为和面部表情中表露情感的程度存在着差异。例如，美国人和墨西哥人总是非常善于表达，而来自东亚文化的人往往很矜持，他们不愿意在悲伤或是苦恼时向他人表露。[a] 当然，在任何一个大型社会内部也存在着很大的差异。例如，在一项对美国人的研究中，有爱尔兰血统的人往往比斯堪的纳维亚人更容易在面部表情中表露出他们的情感。[b]

① Collins, 2005.

文化差异最普遍的情感是愤怒。在有人侵犯自己的权利和需求时，西方主流文化鼓励儿童通过言行表达愤怒，以非暴力的方式表达愤怒被认为是完全可以接受的。然而，在有些东南亚文化中，愤怒的任何表达方式都被认为有可能削弱成人的权威或是破坏社会和谐。[c]

- **对恰当情感方式的不同看法**

在有些文化中，包括某些佛教群体、美洲印第安人以及太平洋群岛岛民，甚至不鼓励儿童有愤怒的感觉。[d]例如，在尼泊尔的塔芒族长大的儿童如果受到不公正的阻碍和非难，他或她可能会如此回应："Tilda bomo khaba?"（"为什么要生气？"）毕竟，事情已经发生了，生气也无济于事。[e]

即使看起来"积极的"情绪也不会一直被视为有益的。那些非常重视社会和谐的文化并不鼓励儿童对个人成就感到自豪，因为这种情感关注的是个人而不是集体。[f]此外，对有些文化而言，喜悦和快乐总是会成为物极必反的事情。例如，有些中国人和日本人提倡要力求满足而宁静——比较平静的情绪，而不是提倡喜悦、激动以及其他强烈的情绪。[g]

- **认知失调被认为是一个促进因素**

对有些学习者而言，遇到两种冲突的、看起来对立的观点会引起皮亚杰所说的不平衡以及当代动机理论者所说的认知失调——心理不适的一种形式，会促使学习者以某种方式解决矛盾。然而，并不是所有的文化群体都会被逻辑冲突激怒。几年前我在中国时，被人们频繁地描述一件事情的两面性触动。研究表明，很多东亚人非常宽容，能够接受逻辑矛盾。[h]

- **焦虑源**

来自不同文化的学习者可能会有不同的焦虑源。例如，有些来自亚裔美国家庭的儿童和青少年会经受很大的家庭对学业的压力，以致他们经常体验到妨碍型考试焦虑。[i]新近移民到一个新国家的年轻人总是会对很多事情感到焦虑：如何举止得体、如何解释他人的行为、如何交朋友，而更普遍的是如何理解身处的陌生的新文化（回忆第 3 章对文化不匹配的讨论）。[j]

焦虑可能会植根于**刻板威胁**（**stereotype threat**），这种现象会使来自被刻板化为低成就种族的学生，在课堂评估中比在其他情况下表现得差，因为他们意识到自己的群体一贯成绩不好。[k]当学生意识到不利的刻板印象时，特别是当他们认为正在完成的任务会反映他们在某个重要领域的能力时，他们的心率以及其他与焦虑相关的身体指标都升高了，但是成绩下降了。[l]当学生认为任务成绩是对他们的能力或是整体自我价值的评估时，刻板威胁的消极影响就会更加普遍。[m]此外，当学生具有能力的实体观——认为能力是相对固定永久不变的时，刻板威胁更容易出现。[n]

[a] Camras, Chen, Bakeman, Norris, & Cain, 2006; P.M.Cole & Tan, 2007; H.S.Kim, Sherman, & Taylor, 2008; Morelli & Rothbaum, 2007; Tyler et al., 2008.

[b] Camras et al., 2006; P.M.Cole, Tamang, & Shrestha, 2006; J.L.Tsai & Chentsova-Dutton, 2003.

[c] Mesquita & Leu, 2007; Morelli & Rothbaum, 2007; Zahn-Waxler, Friedman, Cole, Mizuta, & Hiruma, 1996.

[d] P.M.Cole, Bruschi, & Tamang, 2002; P.M.Cole et al., 2006; Solomon, 1984.

[e] P.M.Cole et al., 2002, p. 992.

[f] Eid & Diener, 2001.

[g] P.M.Cole & Tan, 2007; Kagan, 2010; Mesquita & Leu, 2007.

[h] Heine, 2007; Norenzayan, Choi, & Peng, 2007; Peng & Nisbett, 1999.

[i] Pang, 1995.

[j] P.M.Cole & Tan, 2007; Dien, 1998; Igoa, 1995.

[k] K.E.Ryan & Ryan, 2005; J.L.Smith, 2004; Steele, 1997.

[l] Aronson et al., 1999; Aronson & Steele, 2005; McKown & Weinstein, 2003; Osborne, 2007.

[m] P.G.Davies & Spencer, 2005; Huguet & Régner, 2007; McKown & Weinstein, 2003; Walton & Spencer, 2009.

[n] Ben-Zeev et al., 2005; Dweck et al., 2004; C.Good, Aronson, & Inzlicht, 2003.

## 第五节　提升动机和积极情感

**主要理念：有效力的教师会创造条件为学生提供需求支持、认知支持和情感支持。**

在本章前面的图 5.1 中可以看到内部因素、外部因素、动机、学业参与以及学业结果如何在循环中彼此相互影响。图 5.9 是图 5.1 的扩充版本；这张图呈现出循环中每部分所涉及的内容，因此有助于我们总结出动机和情感中的一些关键原则。你应该也会注意到这张图的另一个重要的特点：图左边的内部因素和外部因素不仅影响动机，它们之间也在相互影响。例如，一位让学生参与动手实践、引发思考的科学实验的教师（外部因素）可能会使学生相信科学是有趣的，从而激发学生未来成为科学家的渴望（内部因素）。同时，对某个特定主题或活动表现出明显兴趣的学生（内部因素）可能会使家长或老师为他们提供学习机会（外部因素），从而能够进一步探索感兴趣的领域。（回忆第 4 章中关于学习者如何改变环境的讨论。）

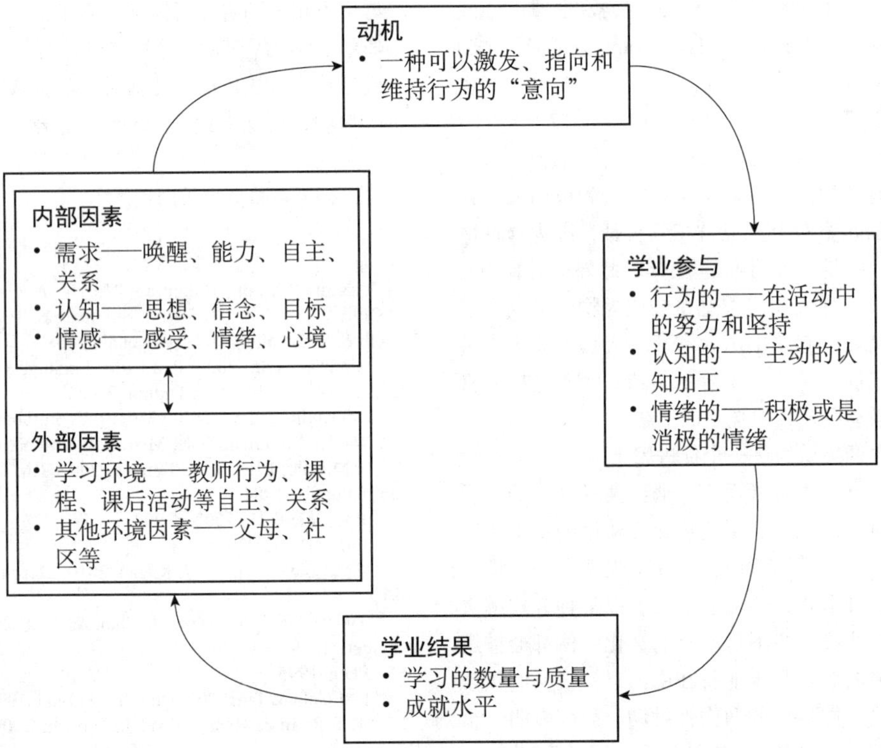


**图 5.9 学生动机的相关因素**

来源：基于 Osborne & Jones, 2011; Reeve, 2009a; E. A. Skinner & Pitzer, 2012。

在本章的最后部分，我们将聚焦于外部因素，特别是教师能够用来促进儿童和青少年发展有效动机和情感的那些策略。我们将一些具体的策略组织成五个更普遍的策略，这五个策略的首字母缩写为 MUSIC：教师应该给学生赋能（eMpower），应该展示学习活动的有效性（Usefulness），应该确保学生相信他们能成功（Succeed），应该激发兴趣（Interest），并且应该表现和促进关爱（Caring）（见图 5.10）。[①] 在了解了缩略词 MUSIC 中每个组成部分的相关策略之后，我们将更直接地确定旨在促进积极情感的策略。

① 激励学生的 MUSIC 首字母缩写及相关方法是动机模型 MUSIC 的一部分：B.D.Jones, 2009, 2015, 2016.

| 缩写词 MUSIC | 当学生相信以下内容时，他们会更有动力： | 激励学生的策略： | 这些策略可以为学生提供以下支持： |
|---|---|---|---|
| M | 他们被赋予权力。 | 给予学生合理的控制和选择权。 | 自主需求。 |
| U | 内容是有用的。 | 展示活动对学生生活和目标的有用性。 | 价值需求。 |
| S | 他们能够成功。 | 帮助学生相信他们能够成功完成课堂任务。 | 能力需求、自我价值、自我效能感、掌握—趋近目标和表现—趋近目标、有效的归因、智力增长观以及掌握定向。<br>能够减少学生的自我设障、习得性无助、智力实体观、表现—回避目标以及妨碍型焦虑。 |
| I | 内容是有意思的。 | 激发学生对课堂主题的兴趣。 | 情境兴趣和个人兴趣；唤醒需求，情感需求，心流的可能，促进型焦虑。 |
| C | 他们有充满关爱的人际关系。 | 在课堂中表现并促进同学之间的关爱。 | 关系需求。 |

**图 5.10 激励学生的策略可以用缩略词 MUSIC 来表示**

来源：基于 B. D. Jones, 2009, 2015。

## 一、给学生赋能的策略

当学生感到被赋予了权力时，也就是说，当他们相信自己能够掌控自己的学习环境时，他们会更有动力。① 下面的四条建议通过支持学生在课堂上的自主感从而增强他们的自主权。

### 1. 让学生来决定某些课堂内容

当学生对学校的事情有自主感时，换句话说，当他们有自我决定感时，他们更有动力参与学业活动和课外活动、使用自我管理策略、有更好的学业表现、将在校掌握的技能应用于校外环境中，并且直到毕业才会离开学校。② 当然，对于学生在学校能做什么和不能做什么，教师自然不能给予全部的自由。但是，教师可以通过做几件事情来提高学生对学校相关任务和活动的自主感。首先，可以让学生单独或是集体就下面这些事情做出决定 ③：

- 使上课顺利进行的规则和方法。
- 研究或写作项目的具体主题。
- 要阅读的具体文献资料。

---

① B.D.Jones, 2009, 2015.

② Chittum & Jones, 2015; Hagger, Chatzisarantis, Barkoukis, Wang, & Baranowski, 2005; Hardré & Reeve, 2003; Jang, Kim, & Reeve, 2012; E.J.Langer, 1997; Reeve, Bolt, & Cai, 1999; Shernoff , Knauth, & Makris, 2000; Soenens, Sierens, Vansteenkiste, Dochy, & Goossens, 2011; Standage, Duda, & Ntoumani, 2003; Wijnia, Loyens, Derous, & Schmidt, 2015.

③ Lane, Falk, & Wehby, 2006; Larson, 2000; Meece, 1994; Parkes, Jones, & Wilkins, 2015; Reed et al., 2004; Stipek, 2002.

- 有些任务的完成期限。
- 完成特定任务的顺序。
- 成功掌握某项技能的方法，或是证明技能已经掌握的方法（见图 5.11）。
- 评估一些任务的标准。
- 他们能够学会家庭作业资料的方法。
- 课外活动（校园俱乐部、社区服务计划，等等）的具体活动和做法。

如果学生能够在一定程度上对这些事情做选择，那么他们就更可能对自己所做的事情感兴趣，会更勤奋和坚持不懈地学习，并且会更为自己的学习自豪。[①] 此外，那些有机会做选择的学生——即使有严重行为问题的学生——更不可能在课堂上出现不良行为。[②]

**选择完成其中一个方案**

科幻图书方案

——以书中主角之一的名义给“艾比”写封信，在信中他（她）寻求解决主要问题的建议。然后再写封回信。

——对书中的主要事件绘制一个时间表。

——创作一本连环漫画书，或是一页连环漫画页，每一个方框内容根据书中的一个主要场景的特点来创作。

——将报纸和杂志中的东西和文字做成一张拼贴画，使读者对书的基调有所了解。

——你书中的故事很可能发生在不寻常或特殊的环境里，所以可以做本旅游手册介绍那个地方。

——想象自己是个科学家，要解释书中的不寻常事件。写一篇详细的科技报告。

——和其他读这本书的同学一起策划一个宣传栏。写一篇内容简介，或是人物和情节描述，或是对特殊章节的讨论。每个小组成员必须有所贡献——例如，新书的封面、书签、海报、大标题、上面列出的某些想法。在彩色的标题下面配上图和文字来宣传这本书吧。

**图 5.11　一位六年级的语言艺术教师为学生提供了几个选择方案，来展示学生对科幻图书的理解，从而增强了学生的自主意识**

在有些情况下，学生的选择几乎是没有任何限制的。例如，在说明文写作的一个学习单元中，学生选择的各种研究题目是同样适用的。在另外一些情况下，教师可能需要对学生的选择做出某种限制。例如，如果教师允许班里的学生自己设置完成作业的期限，那么最好做个规定：在一个合理的时间范围内，教学计划表均匀分配学生和教师的工作量。

### 2. 以非控制性的方式评价学生的成绩

在大多数课堂上，评价学生的成绩都是教师说了算。遗憾的是，这种外部评价会削弱学生的自主感和内部动机，尤其是在以控制性方式进行交流的情况下。在理想的情况下，教师对学生功课的评价不应该是提醒学生应该如何表现的“判断”，而应该是帮助学生提高知识和技能的信息。[③] 例如，

---

① Deci & Ryan, 1992; Patall, Cooper, & Wynn, 2008; Reeve, 2006; Ross, 1988; J.C.Turner, 1995.

② Dunlap et al., 1994; Lane et al., 2006; Powell & Nelson, 1997; Vaughn & Horner, 1997.

③ Deci & Moller, 2005; Reeve et al., 2004; Stipek, 2002.

教师不要说“你没有按照我的要求写一篇具有说服力的文章”（这种说法会被视为控制），而应该说“你的文章有很多优点，但是如果可以增加一些与你的观点相反的论据，并加以反驳，那么文章就会更有说服力了”（这种说法可被视为信息反馈）。

### 3. 在必要的时候使用外部强化，但是这样做时要保持学生的自主感

教师可以通过表扬、贴纸、自由时间、好成绩以及其他外部强化来激励学生。但是使用外部强化可能会产生的问题是它们可能会削弱内部动机，特别是当学生认为这些强化限制了他们的选择、控制了他们的行为或是在某种程度上削弱了他们的自主感时。[①]外部强化也可能会传达这样的信息：课堂任务是令人不愉快的“工作”（否则强化为什么是必不可少的呢？），而不是为了自己的兴趣而去完成的活动。[②]

当外部强化物意外出现时（比如，当学生在当地社区的一个公共服务项目中得到认可时），或者外部强化物是否出现并不取决于具体行为时（比如，当它们只是被用来使活动更有趣时），外部强化物似乎并没有负面影响。[③]当用来鼓励学生不仅要做而且要做好时，它们甚至是有帮助的。[④]如果它们传递出学生做得好（高分）或是有很大进步的信息时，它们就能够提高学生的自我效能感和能力感，并且可以将学生的注意力集中于知识的掌握上。[⑤]

有时候，学生可能会在刚开始的时候发现新主题或是技能没有意思或是令人沮丧，因而需要外部鼓励使其继续下去。[⑥]那么教师应该如何在使用外部强化的同时，还能给予孩子自主权呢？一个方法是以交流的方式赞扬学生，而不表现出控制行为的目的。[⑦]以下面这些表达为例：

- “你对短篇故事中主要人物的描述使她鲜活了起来。”
- “我认为你最终掌握了西班牙语的舌颤音。”
- “这张海报清楚地阐述了你的科研项目的假设、方法、结果和结论。实验组和控制组之间的差异在条形图中很明显，并且很容易解释。”

另一个方法是教学生自我强化，强化自己的成就，这是学生可以完全自己掌控的一种做法。

### 4. 要求学生为学习和成绩设定一些个人目标

通常，学生对自我选择的目标会比对他人为其选择的目标更加坚持，可能是因为自我选择的目标有助于他们保持自主感，也可能是因为他们更倾向于认为自己选择的目标与自己的生活和需求有关，因此是有用和有价值的。[⑧]尽管教师应该鼓励学生形成长期目标（比如，上大学、成为环境学家），但是这些目标有时候太笼统和抽象，很难指导当前行为。[⑨]如果自我选择的目标是具体的（“我

---

① Deci, 1992; Deci, Koestner, & Ryan, 1999, 2001; Lepper & Hodell, 1989; Pulfrey. Darnon, & Butera, 2013; Reeve, 2006.

② Hennessey, 1995; Stipek, 1993.

③ Cameron, 2001; Deci et al., 2001; Reeve, 2006.

④ Cameron, 2001.

⑤ Cameron, 2001; Deci & Moller, 2005; Hynd, 2003; Reeve, 2006.

⑥ Cameron, 2001; Deci et al., 2001; Hidi & Harackiewicz, 2000.

⑦ Deci, 1992; R.M.Ryan, Mims, & Koestner, 1983.

⑧ Reeve, 2009b; Tabachnick, Miller, & Relyea, 2008; Wentzel, 1999; Wigfield & Eccles, 2000.

⑨ Bandura, 1997; Husman & Freeman, 1999.

想学会如何做侧翻跳”）、有挑战性的（“写一篇五行打油诗似乎很难，但我相信我能做到”）、短期的（“我想到月底学会用法语数到一百”），那么这些目标就会特别有激励作用。[①]通过设定一系列短期具体目标——有时称作**近端目标**（**proximal goals**）——并为之努力，学生的进展情况可以得到定期反馈；如果成功达成目标，他们掌握学校知识的自我效能感就会更强，并且成就水平会更高。[②]图 5.12 是一位中学教师用来帮助学生确定和执行短期学习目标的手册。这些带有成绩预期的目标可能对曾经有过学业失败经历的学生尤为重要。[③]当然，学生的目标应该与教师对其成绩的目标要求相一致——这个问题我们会在第 8 章进行探讨。

**图 5.12　一位中学信息技术教师让学生根据手册上的提示来思考自己的优点，并且确定具体的提高目标**

## 二、展示活动有效性的策略

在任何教师的心目中，一个常见的问题可能是“学生是否理解他们为什么要这样做，并感激他们”答案应该总是“是”。学生的价值观和目标与 MUSIC 中的“U”——有用性尤为相关，如下面两个建议所反映的那样。[④]

### 1. 将课堂活动与学生当前的价值观和目标明确地联系起来

在有些情况下，教师可以通过有效利用学生当前的价值观和目标来增强他们学习某些主题和技

① Alderman, 1990; Brophy, 2004; Locke & Latham, 2006.

② Bandura, 1997; Locke & Latham, 2002; Page-Voth & Graham, 1999; Schunk & Pajares, 2005.

③ E.S.Alexander, 2006.

④ Brophy, 2008; Deci & Moller, 2005; Eccles, 2007; Jacobs et al., 2005; Reeve, 2009b.

能的内部动机。例如，教师可以表明一项新技能会如何提高他们帮助家人或是邻里的能力，或者是能够如何提升他们实现职业目标的能力。通常情况下，教师可以让学生知道课堂内容能够如何帮助他们更好地理解周围的世界。[①] 这个方法与我们在第 4 章中对真实活动的讨论是一致的。

### 2. 创造条件促进那些对学生长期学业和职业成功有重要影响的价值观的内化

不论教师多么努力地使课堂内容和任务有趣和吸引人，总会有一些内容和任务对学生缺少吸引力。在这种情况下，如果学生真正理解课堂学习和成绩对他们长期目标的重要性，他们就会更积极、更坚持不懈地努力。学生对学习和学业成功的价值内化得越多，他们对学校知识的认知投入就会越多，他们的整体学业成绩可能就会更好。[②] 价值观也是影响自主学习的一个重要方面，这些价值强调了学习的一般准则：学习者同时参与几项活动，这些活动尽管不会总是有趣或带来即刻满足，但对实现长期目标非常重要。[③]

## 三、促进成功的策略

当学生意识到他们能够在课堂和学校环境中取得成功时，他们就会更有动力。下面是提高学生对成功——MUSIC 中的“S”——的乐观情绪的几个关键策略。

### 1. 保护并提高学生的自我效能感以及整体的能力和自我价值感

仅仅告诉学生他们“优秀”“聪明”或是“随和”是不可能使其低自我价值感增强的。[④] 而且，类似“你很特别”这样模糊的抽象表达对改变幼童的现实状况没有任何意义。[⑤] 一个更有效的方法是提高学生在具体活动和任务中的自我效能感。当学生对自己在某些领域中的能力越来越自信时，他们也会产生更强的能力和普遍的自我价值感。[⑥]

如前面谈到的那样，学习者过去在某项活动中的成功会提高他们在这项活动中的自我效能感。当学习者认识到他们自己是成功的原因时，也就是说，当他们将成功归因于自己的努力和能力时，他们以前的成功最有可能提高他们的自我效能感。[⑦] 教师可以通过吸引学生注意他们自己可能没有注意到的具体的成功——包括重要的进步——来发挥作用。

那么学生如何为一项他们从未尝试过的任务获得自我效能感呢？就像前面所提到的，言语鼓励（“你能做到，我知道你一定可以！”）有时候在短期内非常有帮助，但是一个更有力的方法就是让学生看到和他们非常相似的同伴成功地掌握了眼前这个任务。[⑧]

---

① P.A.Alexander et al., 1994; C.Ames, 1992; Blumenfeld et al., 2006; Brophy, Alleman, & Knighton, 2009; Ferrari & Elik, 2003.

② Brophy, 2008; La Guardia, 2009; Otis et al., 2005; Ratelle, Guay, Vallerand, Larose, & Senécal, 2007; R.M.Ryan & Deci, 2000; Walls & Little, 2005.

③ Harter, 1992; McCombs, 1996; R.M.Ryan et al., 1992.

④ Crocker & Knight, 2005; Katz, 1993; Marsh & Craven, 1997.

⑤ McMillan, Singh, & Simonetta, 1994.

⑥ Bong & Skaalvik, 2003; Harter, 1999; Osborne & Jones, 2011; Swann, Chang-Schneider, & McClarty, 2007.

⑦ Dweck, 2009; Lam, Yim, & Ng, 2008; Schunk, Meece, & Pintrich, 2014.

⑧ Dijkstra et al., 2008; Schunk & Pajares, 2005.

理论上，如果让学习者在适当的情况下评估自己的长处、短处，并设定现实的目标，那么他们应该对自己能完成什么、不能完成什么有准确的判断。[①]但是有点儿自负也是有好处的，因为它有助于学习者参与能够发展新技能、提高能力的具有挑战性的活动。[②]这种情况对区分学习自我效能感（“如果我投入的话，就一定能掌握它”）和表现自我效能感（“我已经知道如何做了”）往往是很有帮助的。[③]学习自我效能感（个体通过努力最终能够做什么）应该是积极的方面，而表现自我效能感则更符合当前的能力水平。

课堂策略专栏“提高自我效能感和自我价值”中举了几个例子，说明教师如何帮助学生对某些主题和技能感到成功，提高自我效能感，以及树立对能力的更普遍的信念。但是教师应该谨记，学业成就不一定是影响学生自我价值感的最重要的因素。对有些儿童和青少年来说，类似外表、同伴认可以及社交成功这样的因素会更有影响。[④]所以教师最好像在学业方面一样帮助学生在非学业方面也取得成功。

## 课堂策略

### 提高自我效能感和自我价值

- **教授需要掌握的基本知识和技能**

  一位高中生物教师在讲解有丝分裂和减数分裂之前，要确保所有的学生都清楚地理解DNA的基本结构，因为这两个内容需要具有DNA结构的知识。

- **根据任务的完成或改进情况来定义成功，而不要根据与他人成绩相比的情况来定义成功**

  一位二年级教师和她的一个学生一起讨论该学生学期末资料夹中的内容，确认了上学年该学生写作得以提高的几种方法。

- **向学生保证他们能够在挑战性的任务中成功，并且指出和他们相似的其他人之前成功过**

  在学年开始，初级乐队中的有些学生表现出对学习乐器的沮丧。老师提醒他们，去年初级乐队的学生也是从零开始，但是最终掌握了乐器。几周后，初级乐队班参加了一场音乐会，音乐会中，学校的高级乐队（去年的初级乐队班）演奏了百老汇的音乐剧《狮子王》。

- **将大型复杂的任务分配为小组活动**

  一位中学教师将学生分成三人组或四人组来写关于早期北美殖民地情况的研究报告。该教师要确保每个小团体中的学生具有图书馆研究、写作、文字处理方面的技能以及完成任务必不可少的技术。她还要保证每个学生都拥有独特的技能，为小组的努力做出贡献。

- **帮助学生看到自己的成长轨迹**

  当一年级学生学习如何在小圆织机上编织时，一个学生流着眼泪来到老师身边，她因为前几行织错了而感到很受挫。教师回应她：“桃乐茜，看，这就是历史，你自己学习编织的历史。你可以这样看待错误并对自己说：‘为什么，我能够看到如何开始的，但是这里我不太清楚是怎么回事，我仔细检查了两遍；之后我学会了——从头到尾都是完美的！’”该学生回到座位上，非常放松，然后完成了作品。她接着做了一个没有瑕疵的作品，并且自豪地拿给老师看。

- **当消极的反馈不可避免时，以交流如何提高能力的方式来呈现**

  一位三年级的教师告诉学生：“从你过去的几次作业中可以看到你做乘除法时有些困难。我想我知道问题出在哪儿，让我来告诉你需要怎么做。”

来源：Bandura, 1997, 2000; Butler, 1998a; Covington, 1992; Deci & Ryan, 1985; Graham & Golen, 1991; Hawkins, 1997, p. 332（编织的例子）；Pintrich & Schunk, 2002; Schunk, 1983; Shute, 2008; Urdan & Turner, 2005.

---

① Försterling & Morgenstern, 2002; Martin, 2008; J.Wang & Lin, 2005.

② Assor & Connell, 1992; Lockhart et al., 2002; Pajares, 2005.

③ Lodewyk & Winne, 2005; Schunk & Pajares, 2004; Zimmerman & Kitsantas, 2005.

④ Eccles et al., 1998; Rudolph, et al., 2005.

### 2. 给学生的挑战要切实可行

挑战能够促进认知发展（见第 6 章），面对并征服挑战的学生可以获得强大的自我效能感，并且从成功中体验到很大的满足感和自豪感。[①] 从图 5.13 中可以看出 8 岁的安东尼对自己第一次读完超过 100 页的图书感到非常自豪。

**一本使我改变的书**

改变我的这本书是肯·杰夫里（Ken Jriffey）写的《本垒板》（*At The Plot*），因为这是继迈克尔·乔丹（Mikol Jorden）的《在球场上》（*On The Caot*）之后我读完的第一本超过 100 页的书。我很喜欢这本书，它是第一个儿童体育记者马特·库瑞思特（Mat Crister）写的书。

**图 5.13　在这篇关于"一本使我改变的书"的文字中，8 岁的安东尼表达了自己第一次读完超过 100 页的书的那种自豪感。同时也可以看到他对体育的个人兴趣：一本书（《本垒板》）涉及棒球，另一本书（《在球场上》）涉及篮球**

挑战还有一个好处：可以提高学生对知识的兴趣。[②] 一旦学生受到内部驱动去学习和掌握某个内容，他们就会自然而然地去追求更进一步的挑战。在面对困难时，他们也会非常坚持——这在某种程度上是因为以前的成功带来了更高的自我效能感——即使频繁出错，他们也一直保持着兴趣。[③] 因而，你可以看到，挑战、自我效能感以及兴趣彼此相互提高，形成了最理想的循环。

学习者在什么情况下最有可能接受新的有冒险性的挑战呢？在以下这些情况下是最有可能的[④]：

- 成功的标准对每个个体来说都是切实可行的。
- 搭脚手架足以使成功成为可能。
- 如果错误需要惩罚，那么惩罚要非常少。
- 比较容易的任务不能和挑战性的任务得到相同的奖赏，或者是挑战性的任务要比容易的任务得到更多奖赏。
- 学习者将成功归因于自己的能力、努力和策略。

但是，教师应该记住，学校生活不必一个挑战接着一个挑战，因为这种情况会令人筋疲力尽，也可能会令人气馁。教师应该在相对轻松的任务（可以在短期内提高学生的自信）和挑战性任务（对长期的自我效能感和自我价值感来说非常重要）之间找到一个平衡点。[⑤]

### 3. 形成并表达乐观的期望和归因

当教师对学生的成绩持有乐观的期望（当然，要在现实的范围内）时，当他们将学生的成功和失败归因于学生或教师可以控制的因素（学生的努力、教师的教学方法，等等）时，学生最有可能认为自己能够成功。课堂策略专栏"对学生的成绩进行有效的期望和归因"中提供了几种能够让

---

① Clifford, 1990; Csikszentmihalyi & Nakamura, 1989; Deci & Ryan, 1992; Shernoff et al., 2000; J.C.Turner, 1995.

② Deci & Ryan, 1992; .Miller & Meece, 1997; Perry, Turner, & Meyer, 2006; J.C.Turner, 1995.

③ Covington, 1992; Csikszentmihalyi et al., 2005; Deci, 1992; Harter, 1992.

④ Brophy & Alleman, 1992; Clifford, 1990; Corno & Rohrkemper, 1985; Deci & Ryan, 1985; Dweck & Elliott, 1983; Stipek, 1993.

⑤ Spaulding, 1992; Stipek, 1993, 1996.

教师和学生同样受益的方法。专栏中的最后一个方法——记住教师一定会产生很大影响——可能是最重要的。教师一定要记住前面提到的有关能力的重要一点：能力能够随着时间发生变化，尤其是当环境条件有利于这些变化的情况下。因此，教师应该对学生的能力持增长观，并且当出现新迹象时，要重新评价和改变他们对学生成绩的期望和归因。

## 课堂策略

### 对学生的成绩进行有效的期望和归因

- **寻找每个学生的优点**

　　一个住在避难所的9岁男孩看起来完全没有学习过标点符号和大写的规则，他的拼写水平更像一年级学生而不是四年级学生。但是，他写的故事总是有着不寻常的情节和创造性的结局。他的教师猜测是频繁转学使他的书面语言知识落后太多，因而找了一个家长志愿者，每周给他辅导几次写作。

- **对学生的不佳成绩和不良课堂行为做出多种可能的解释**

　　几位七年级的教师对一个学生的情况进行讨论，这个学生8岁从厨房台子上掉下来，头部着地，造成了脑外伤。他的美术和音乐教师描述说，他课堂纪律非常差，认为他为了吸引注意故意捣乱。而他的数学和科学教师发现只要合理组织任务和课堂行为，他就很容易专注于任务，并且能够达到中上水平。这两位教师指出，有些有脑外伤的学生确实在抑制不当行为方面有困难，但这并不是他们自己的过错。

- **表现出对学生的能力很有信心**

　　一位高中教师9月份在班里说："明年春天我会让你们写一份15页的研究报告。现在听起来好像有些多，但是在接下来的几个月里，我们会学习做研究和写报告需要的各种技能。到了4月份，15页的报告将不会是什么大不了的问题！"

- **客观地评价学生的进步，愿意接受与对学生能力的最初评价不一致的证据**

　　一位幼儿园教师最初对一个移民工人的女儿有着较低的期望，这个叫露佩塔的女孩以前很少接触图书、玩具和其他教育资源。当摄像机捕捉到露佩塔较强的领导才能以及她的拼图能力时，教师认识到她有相当大的潜能，因此努力帮助她掌握一年级成功学习所需要的数学和读写技能（见第6章开篇的个案研究"隐藏的才能"）。

- **将学生的成功归因于高能力、努力和学习方法这样的可控因素的结合**

　　在篮球课上，一位中学体育教师对学生说："从目前来看，你们所有人都有能力打好篮球比赛。而且似乎许多同学还经常在放学后进行练习。"

- **将学生的失败归因于可控的、容易改变的因素**

　　一个高中生就如何提高学习成绩向他的老师寻求建议。"我知道你能够比现在做得更好，弗兰克，"老师说，"我不知道问题是不是出在你的兼职工作和课外活动方面，你是不是没有足够的时间学习。明天上课前我们坐下来看看你课前预习的情况如何。"

- **当学生非常努力可还是不及格时，将他们的失败归因于缺乏有效的方法，并且帮助他们掌握有效的方法**

　　高级科学课上的一个学生在具有挑战性的每周测验中遇到了困难。这个学生每天晚上都用功学习，还参加了老师每周四的课后补习班，但是却毫无效果。教师通过观察发现，这个学生总是通过死记硬背来学习，而死记硬背是回答需要将科学原理运用于新情境的各种问题的一种无效方法，因而他向学生传授了促进意义学习的方法。

- **记住教师一定会产生很大影响**

　　在一个低收入住宅区中，有一所成绩一直不好的中学，这所学校的教师每月聚会一次，探讨对低收入家庭的学生特别有效的教学方法。有些研究结果使他们很受鼓舞，这些研究表明，当教学考虑到学生的现有技能，并且教师提供合理的指导和支持时，所有社会经济水平的学生都能够出色地实现目标。他们在各自的课上对各种方法进行了实验，然后在小组聚会上分享特别有效的方法。

来源：有些想法基于 Brophy, 2006; Carrasco, 1981（露佩塔的案例）; Curtis, 1992; Dweck, 2000, 2009; Hattie, 2009; Hawley, 2005（脑外伤的案例）; J.A.Langer, 2000; Pressley et al., 1987; Roeser, Marachi, & Gehlbach, 2002; Skaalvik & Skaalvik, 2008; Weinstein, Madison, & Kuklinski, 1995。

### 4. 减少竞争

竞争在西方主流社会中非常普遍，不但在成人活动中（比如，在商业和政治中）普遍，在小学和中学中也同样普遍。学校从不同方面对学生进行比较。当教师在公告栏贴上“最好的作业”时，他们也就间接地表明其他人的作业不如这个好。当教师在曲线上划分等级时，这种等级便反映了学生之间的比较情况——只有那些处于曲线顶端的学生才被认为是成功的。当学生参加大学能力测验时，他们的测验分数反映的不是他们知道什么和能做什么，而是他们的成绩与同伴相比的情况（在第 10 章常模参照分数中有更多相关内容）。参加学校的体育运动也是有竞争的，特别是在高中阶段，因为只有体育技能最好的学生才能加入校队，只有精英中的精英才能获得首发资格。

如果学生认为他们有成功的机会，他们就容易受到竞争的激励，这点通常可以通过获胜来证明。[①] 但是竞争也有一些你应该注意到的负面效应[②]：

- 它会促进表现目标而非掌握目标的实现。
- 它会带来令人不快的、起反作用的行为，比如考试作弊或是阻止同学获得需要的任务资料。
- 对预期会失败的学生来说，竞争会导致自我设障。
- 对已经失败的学生来说，竞争会导致低自我效能感和低自我价值感。
- 因为它会使学生之间的差别非常明显，所以它鼓励归因于能力而不是努力。

因为这些原因，竞争最终会导致大多数学生的成就较低。当判断课堂成功的标准是建立于和他人相比表现有多好，而不是建立于取得多大进步时，大多数学生会得分较低、创造力表现较少并且对学校的态度更消极。[③] 竞争性的课堂环境可能对女生以及少数族裔的学生尤为不利。[④]

### 5. 让学生更关注掌握目标而非表现目标

在某种程度上，在当今的学校和社会整体中，表现目标一般是不可避免的。[⑤] 但是掌握目标才是最终最有可能带来长期有效学习和成绩的。[⑥] 把注意力集中在掌握目标上，特别是当这些目标与学生自己的生活有关系时，可能会特别有利于来自不同种族背景的学生和面临学业失败风险的学生。[⑦]

有时候掌握目标来自内部，特别是当学生对学习内容有较高的兴趣和自我效能感时。[⑧] 但是课堂练习也能鼓励关注掌握目标。[⑨] 例如，教师可以做到以下几点[⑩]：

- 对学生如何提高给予具体建议，帮助学生获得成功。

---

① Deci & Ryan, 1992; Johnson & Johnson, 2009; Linnenbrink, 2005.

② C.Ames, 1984; Deci & Moller, 2005; Hattie, 2008; Martin et al., 2003; Nicholls, 1984; Pekrun, 2006; Stipek, 1996; Thorndike-Christ, 2008.

③ Amabile & Hennessey, 1992; Covington, 1992; Graham & Golen, 1991; Krampen, 1987.

④ Inglehart, Brown, & Vida, 1994; Tyler, et al., 2008.

⑤ Butler, 1989; Elliot & McGregor, 2000.

⑥ 例如，Elliot, Shell, Henry, & Maier, 2005; Gabriele, 2007; Vansteenkiste, Lens, & Deci, 2006.

⑦ S.D.Miller & Meece, 1997; Wlodkowski & Ginsberg, 1995.

⑧ Bandura, 1997; Murphy & Alexander, 2000; Schiefele, 1992.

⑨ Church, Elliot, & Gable, 2001; Midgley, 2002.

⑩ C.Ames, 1992; E.M.Anderman & Maehr, 1994; Bong, 2001; Brophy, 2004, 2008; Danner, 2008; Graham & Weiner, 1996; Meece, 1994; Middleton & Midgley, 2002; J.C.Turner, Meyer, et al., 1998; Urdan et al., 2002.

- 主张学生理解课堂内容，而不是简单记忆。
- 展示学生认为有价值及本身确实有价值的内容。
- 表明知识和技能是如何与学生未来的个人发展和职业目标相联系的。
- 鼓励学生不要把同伴当作自己进步的参考点，而是把他们当作自己获得想法和帮助的来源。

有些动机理论者认为掌握目标激励方法可以用首字母缩写字“TARGETS”加以梳理，这七个字母分别代表七个词：“任务”（Task）、“自主”（Autonomy）、“认可”（Recognition）、“分组”（Grouping）、“评价”（Evaluation）、“时间”（Time）和“社会支持”（Social support）。[①] 表 5.5 呈现了培养掌握目标的多层面方法——“TARGETS”。

**表 5.5　　培养掌握目标的“TARGETS”七项原则**

| 原理 | 教育意义 | 举例 |
|---|---|---|
| 课堂**任务**影响动机 | • 通过学生认为有趣、有吸引力及可能会使之情绪化的任务来提出新主题<br>• 鼓励进行意义学习，而不是机械学习<br>• 将活动与学生的生活和目标联系起来<br>• 给予充分的支持使学生能够成功 | 让学生对他们关心的问题进行科学调查 |
| 学生拥有的**自主**程度会影响动机，特别是内部动机 | • 给学生一些有关学习内容和学习方法的选择<br>• 教授自主学习的方法<br>• 征求学生对课堂练习和课堂规则的意见<br>• 让学生在有些活动中承担领导角色 | 让学生在几种实现教学目标的方法里进行选择，确保每种选择都为成功提供了足够的脚手架作用 |
| 学生得到的**认可**程度和性质会影响动机 | • 不仅承认学业成功，还要承认个人和社交成功<br>• 不但掌握知识要表扬，取得进步也要表扬<br>• 只有在学生没有内部学习动机的情况下，才给予具体提高强化<br>• 让学生知道他们的努力和方法如何对成功产生直接影响 | 对学生成功完成社区服务项目表示赞赏 |
| 课堂**分组**方法会影响动机 | • 为学生提供频繁的交往机会（比如，合作学习活动、同伴辅导）<br>• 策划小组活动，在活动中所有学生都能做出重要贡献<br>• 向学生传授与同伴有效交往的社交技能<br>• 营造相互关心、尊重和支持的氛围 | 让学生以小组为单位，解决有多种解决方法的挑战性问题或是难题 |
| 课堂上的**评价**形式会影响动机 | • 使评价标准清晰，并且提前明确说明<br>• 减少或取消等级竞争（比如，不在曲线图上分等级）<br>• 对学生进展良好的事情要给予明确的反馈<br>• 对学生如何改进要给予具体的建议<br>• 教授学生如何评价自己的功课 | 给学生明确的标准，让他们可以用来评价自己的写作 |
| 教师如何安排**时间**会影响动机 | • 给学生充足的时间去掌握重要的内容和技能<br>• 让学生的兴趣来支配某些活动<br>• 使在校生活丰富化（比如，在久坐的活动中穿插一些充满活力的活动） | 讲解新概念之后，让学生在活动中亲手操作从而理解概念 |

① C. Ames, 1992; L.H.Anderman & Anderman, 2009; Epstein, 1989; Maehr & Anderman, 1993.

续前表

| 原理 | 教育意义 | 举例 |
|---|---|---|
| 学生认为他们在课堂上得到的**社会支持**会影响其动机 | • 在所有班级成员间营造相互关爱、尊重和支持的氛围<br>• 表达对每个学生的好感和尊重，以及想帮助他们成功的愿望<br>• 创造条件让所有学生都感到积极参与课堂活动非常舒适（包括过于胆怯的学生、学业技能有限的学生、有身体缺陷的学生，等等） | 当学生在课堂上不断走神时，弄清楚他们擅长的具体领域，给他们提供机会在课堂上展示自己的专长 |

来源：L.H.Anderman & Anderman, 2009; L.H.Anderman, Andrzejewski, & Allen,2011；L.H.Anderman, Patrick, Hruda, & Linnenbrink, 2002; Epstein, 1989; Maehr & Anderman, 1993; Patrick et al., 1997. 从历史上看，TARGETS 中的“A”一直代表“权威”（authority），但是我们认为“自主”（autonomy）能够更好地抓住这个原则的本质。

## 四、激发兴趣的策略

当学生对课堂活动感兴趣（MUSIC 中的“I”）时，他们就会更有动力。请记住，兴趣可以是暂时的情境兴趣或是长期的个人兴趣，这会反映在接下来的两个建议中。

### 1. 组织能够激发兴趣的课程和活动

保持学生的学习兴趣、使学生参与学习的一个重要策略就是，使课程能够满足学生的基本唤醒需求。教育心理学家确定了很多能够激发学生对课堂内容的情境兴趣的方法（见图 5.14），其中有些方法是通过满足学生对认知或是物理刺激的需求来起作用的。例如，教师可以做到以下几点[①]：

| | |
|---|---|
| **艺术**：让学生将在教学楼附近进行寻宝游戏时找到的物品做成一张马赛克画。<br>**生物**：让学生对用动物做医学研究的伦理意义进行辩论。<br>**创意写作**：让学生为学校的自助餐厅或附近的快餐店写一篇像报纸一样的餐馆评论。<br>**地理**：展示本地找不到的家用物品，然后让学生猜它们来自哪里。<br>**健康教育**：在讲酒精饮料的课上，让学生扮演角色在聚会上尝试啤酒或是清爽酒。<br>**历史**：让学生阅读儿童对历史事件的看法（比如，安妮·弗兰克在二战期间写的日记，兹拉塔·菲丽波维克在波士尼亚战争期间写的日记）。<br>**语言艺术**：畅谈说唱音乐中的歌词，探究语法模式和文学主旨。 | **数学**：让学生玩电脑游戏，提高他们对数字信息的自动化程度。<br>**音乐**：在乐器单元，让学生体验各种简单的乐器。<br>**体育**：在有氧健身操中融入说唱乐、摇摆乐或土风舞步法。<br>**物理**：让每个学生折几个纸飞机，然后看看哪种叠法飞得最远。<br>**阅读**：将一个小故事改编成剧本，每个学生在其中扮演一个角色。<br>**拼写**：偶尔偏离标准词表，教学生如何拼写最受欢迎的电视节目的名字或是同学的姓氏。 |

**图 5.14　举例说明教师如何在各种不同的领域引发学生的情境兴趣**

来源：有些想法来自 Alim, 2007; Brophy, 1986; Lepper & Hodell, 1989; McCourt, 2005; Spaulding, 1992; Stipek, 1993; Wlodkowski, 1978。

① Ainley, 2006; Andre & Windschitl, 2003; Beike & Zentall, 2012; Brophy,et al., 2009; Chinn, 2006; Flum & Kaplan, 2006; Frenzel, Goetz, Ludtke, Pekrun, & Sutton, 2009; Hidi & Renninger, 2006; Patrick, Mantzicopoulos, & Samarapungavan, 2009; Zahorik, 1994.

- 对课堂主题表现出好奇和热情。
- 偶尔将新颖、多变、幻想、神秘融入课程和活动。
- 鼓励学生与历史人物或虚构人物产生共鸣，并想象这些人物的想法和感受是什么。
- 以新颖的人物和不同寻常的结局呈现令人印象深刻的故事。
- 可以通过操控物体、创造新发明、讨论有争议的问题，或向同伴传授一些他们学到的东西，为学生提供主动回答问题的机会。

### 2. 将活动与学生的个人兴趣联系起来

为了在教学设计时能够考虑到学生的个人兴趣，教师首先需要确定学生的兴趣，因为他们的兴趣是不同的。[①] 通过观察，教师能够注意到学生在业余时间做些什么。比如，教师能够注意到学生阅读的图书类型，他们玩的游戏，或者他们有机会选择时会浏览的网站。教师也可以在课前或课后和孩子随意地聊一聊他们的兴趣爱好。如果要更正式一些，教师可以简单地问询或调查学生的兴趣。在开学的时候可以对学生进行调查，调查可以包括这样一些问题："你在业余时间喜欢做些什么？""你有什么兴趣？""你会考虑哪些职业类型？"教师还可以提供作业和活动，供学生选择，以便学生能够选择感兴趣的主题（见图 5.15）。[②]

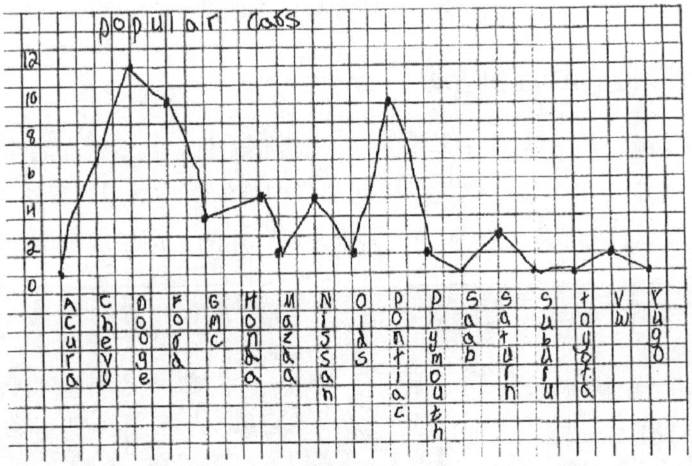


**图 5.15　在学生学习基本技能时，通过允许学生在探究内容方面保有灵活性，教师可以利用学生的个人兴趣。12 岁的康诺通过向同学们调查了解他最感兴趣的内容——汽车，从而练习了基本的研究和画图技能。这是他的调查结果**

## 五、表现和促进关爱的策略

当学生相信他们的老师和同伴关心他们的学业成功和总体幸福感时，他们会更有动力在学校做好。[③] 下面是与 MUSIC 中的"C"相关的策略。

① Kerger, Martin, & Brunner, 2011.

② A. W. Williams, 2013.

③ Raufelder, Sahabandu, Martínez, & Escobar, 2015; Rimm-Kaufman, Baroody, Larsen, Curby, & Abry, 2014.

### 1. 告诉学生你喜欢他们，并且关心他们的幸福

教师表达对学生的喜爱有各种方式。[①] 例如，教师可以表达对学生的户外活动及成就的兴趣，或是在学生需要时，提供额外的帮助，抑或是在他们遇到麻烦时，耐心倾听。教师也可以通过关注学生的学业需求来表现出关心，例如，为每节课做好准备，对学生的成绩抱有很高的期望，并根据学生当前的知识和能力水平调整教学策略。[②] 这些充满关心的信息对低成就学生、来自低收入家庭和不同文化背景的学生来说可能格外重要。[③]

### 2. 经常为学生相互之间的有效交往提供机会

对有些学生来说，学校首先是一个他们能够每天见到朋友的地方——一个能够满足他们关系需要的地方。教师在准备每天的课程和活动时，就应该为学生彼此之间的有效交往提供机会，理想的做法是在帮助学生学习学业知识的同时满足他们的关系需求。[④] 尽管有些教学目标最好由学生独立完成，但是还有一些教学目标在学生合作时能够同样轻松地（甚至会更轻松地）完成。讨论、辩论、角色扮演、合作学习以及在能力相同的两个或多个小组间竞争的团队活动，都可以使学生在满足关系需求的同时，获得（也可能是共建）新知识和新技能。[⑤] 最有效的做法是，所有学生都对活动有独特贡献，因此能够在某种程度上"出风头"并得到同伴的赞赏。

课堂策略专栏"表现和促进关爱"中介绍了几种促进课堂社交关系的方法。

## 课堂策略

**表现和促进关爱**

- **让学生合作完成一些学习任务**

  一位高中历史教师在每月的活动中融入了课堂辩论、小组讨论以及合作学习任务。

- **持续表达你喜欢并且尊重学生的信息**

  一位中学教师告诉他的一个学生，他周末看到了她在当地购物中心的舞蹈表演。"我不知道你那么有天赋，"他说，"你学了多少年舞蹈呢？"

- **在学生作为成功者不被同伴认可的情况下，私下表扬学生**

  一位高中英语教师在读学生写的短篇故事时，发现其中一个学生布蕾姬塔（Brigitta）写了一个特别好的故事。他了解到她不希望差生因此排斥她，所以他在故事的第二页，也就是其他人看不到的地方写了评语。他这样写道："很棒的故事，布蕾姬塔！我认为它足以参加州里的写作比赛。我想在这周的某天课前或课后和你详细说一下这个比赛的事情。"

- **创建一种课堂文化，在这种文化中，尊重每个人的需求和保持身心健康是最重要的**

  当一位二年级的教师无意中听到两个男生在取笑一个口吃的同学时，她分别把他们拉到一旁，告诉他们那个同学非常在意自己的口吃，正在努力改进，并且巧妙地提醒这两个男生他们有优点也有缺点。

---

① Juvonen, 2006; Pianta, Belsky, Vandergrift, Houts, & Morrison, 2008; Reyes, Brackett, Rivers, White, & Salovery, 2012; Roorda, Koomen, Spilt, & Oort, 2011.

② C. Bergin & Bergin, 2009; Reeve, 2006; Wentzel, 1997.

③ Bergin & Bergin, 2009; Meehan, Hughes, & Cavell, 2003; Milner, 2006; Phelan, Davidson, & Cao, 1991.

④ Wentzel & Wigfield, 1998.

⑤ Blumenfeld et al., 2006; Brophy, 1987; Linnenbrink, 2005; Urdan & Maehr, 1995.

## 六、促使学生对学习产生积极情感的策略

学生在有动力掌握课堂知识时可以出色地学习，在情绪状态有利于认知过程和行为时，同样可以出色地学习。下面是促使学生对学习产生积极情感的四点建议。

### 1. 让学生在学习内容中投入情感

学业内容不一定就要枯燥单调，如果学生对所学的内容有着强烈的情感体验——或许对某个科学发现感到非常兴奋，或对过去或现在的社会不公感到非常愤怒，那么他们往往可以记住更多内容。除了呈现可以激发情感反应的内容以外，教师还可以通过表达自己对某个主题的情感来促进热认知。例如，他们可以引入报纸上的文章以及学生感兴趣的其他课外材料，以充满激情或热情洋溢的方式呈现材料，并且分享自己关心的某些问题和疑问。[①] 虽然教师不必让学生觉得课业都是趣事和游戏，但是偶尔也可以在课堂任务和活动中融入一些像游戏一样的内容。[②] 例如，他们可以用简单的纵横填字游戏来引入新的单词拼写，或使用电视游戏节目的方式来回顾阶级历史（使用电视游戏节目的方式还满足了学生的关系需求）。

### 2. 促进情绪管理

就像本章第二个“文化因素”专栏（“情感中的文化和种族差异”）中所显示的那样，不同的文化群体鼓励情绪表达或是情绪克制的程度是不同的。虽然如此，当儿童和青少年进行**情绪管理**（**emotion regulation**）时，也就是说，当他们在社会所接受的范围内控制自己对事件的情绪反应（比如，兴奋、悲伤、愤怒）时，他们都可以在学校表现得更好。[③]

当然，教师应该建议有严重情绪困扰的学生向学校辅导员和受过专业训练的专门人员求助。但是有些简单的方法能够帮助学生应对每日生活中的沮丧和挫折[④]：

- 帮助学生找出能够最大限度地减少某些事件可能造成的损害的方法。
- 鼓励学生在不幸事件中发现潜在的益处。例如，将不幸事件看作“警示”或是“在坏消息中寻找好消息”。
- 教给学生避免类似不幸事件再次发生的方法。

通过这些应对方法，学生可能会了解到虽然无法控制发生在自己身上的每件事情，但是能够控制如何看待发生的事情，这至少使他们保持了一定程度的自主感。[⑤]

### 3. 使焦虑保持在中等以下水平

就像本章前面所提到的那样，当学习者有少许焦虑——足以激发行为——但不过多时，他们

① Brophy, 2004; Brophy et al., 2009; Pekrun, 2006.

② Brophy, 2004.

③ Labouvie-Vief & González, 2004; Wisner Fries & Pollak, 2007.

④ J.E.Bower, Moskowitz, & Epel, 2009; Hall, Goetz, Haynes, Stupnisky, & Chipperfield, 2006; Pekrun, 2006; Peterson, 2006; Richards, 2004.

⑤ 这个现象被称作次级控制。Rothbaum, Weisz, & Snyder, 1982.

的工作最有成效。教师能够通过教授社交技能以及策划促进同伴交往的活动来解决学生的社交困扰（比如，为不被同伴接受和尊重而担忧）。教师能够通过教授学生在成人世界中很重要的技能以及帮助他们申请大学来解决他们对未知未来的担忧。但是也许最重要的是，教师一定要采取措施以保证学生不会对课堂任务和学习内容过分焦虑。

因为焦虑（和所有情绪一样）在很大程度上超出了学生的直接控制，所以只和他们说“放松”或是“冷静”是不可能有效的。关键是要避免而不是“治疗”妨碍型焦虑。下面是几种使学生保持适度焦虑水平的方法①：

- 表达清晰、具体、现实的成就期望。
- 教学与学生的认知水平和能力相匹配（比如，使用具体实物来教还没有能力进行抽象思维的学生学数学）。
- 为学习挑战性知识和技能提供辅助资源（比如，附加练习、个体辅导、记笔记的大纲），直到其掌握目标为止。
- 教授提高学习和成绩的方法（比如，有效的学习技巧）。
- 单纯地评价学生的成绩，不和其他同学的表现进行比较，并且鼓励学生用相似的方法做自我评价。
- 对具体的行为提供反馈，而不是对课堂的整体表现做评价。
- 允许学生改正错误，以使任何一个单独的错误都不会是“致命的”。

### 4. 当学生升至初中或高中时，要格外努力减少他们的焦虑、处理好他们的关系需求

小学课堂总是非常活泼、充满希望，教师和学生彼此非常了解。但是在从小学升到初中时，他们会面临学校教育性质的几点变化②：

- 学校规模更大、学生更多。
- 学生同时有几个教师，每个教师有很多学生。因此，师生的关系往往比小学时更表面化、私人接触更少，而且教师对每个学生理解和掌握课堂知识的程度了解得较少。
- 全班的整体教学较多，考虑每个学生学业需求的个体化教学较少。
- 班级凝聚力较小。学生对自己同学的了解可能非常少，而且可能不愿意向同伴求助。
- 学生很少有机会选择学习内容和要完成的任务。同时，他们在学习上更加独立、责任更大。例如，他们可能要在两个或三个星期的时间内完成相对来说不太有条理的任务，在努力奋斗的同时，他们一定会主动寻求帮助。
- 教师非常强调展示（而不是获得）能力。因此对学生来说错误的代价更大。（这个变化反映了从掌握目标向表现目标的转变。）
- 评分标准更加严格，所以学生可能会比在小学时得分要低。分数经常以比较和竞争的方式呈现，只有优秀的学生能得 A 或 B。
- 重要的考试（比如，影响升级的考试）会越来越普遍。

---

① Brophy, 1986; Hattie & Timperley, 2007; Pekrun, 2006; Shute, 2008; Stipek, 1993; Zeidner, 1998.

② H.A.Davis, 2003; Dijkstra et al., 2008; Eccles & Midgley, 1989; Hine & Fraser, 2002; Midgley et al., 2002; Rolland, 2012; Wentzel & Wigfield, 1998; Wigfield et al., 2006.

此外，以前建立的友谊也随着升入新的（可能是不同的）学校而中断。① 当然，学生可能还会经历随着青春期而出现的令人不安的心理变化。这些变化的“多重打击”常会造成低自信、低自我价值感、较少的内部动机以及大量的焦虑。学生对社会关系的关注度上升、对学业成绩的关注度下降，有些学生甚至在情感上脱离了学校环境——这种脱离最终会导致辍学。②

如果学生在青少年早期（比如，到八年级）时待在小学，而不是进入中学的环境，那么他们就更能保持积极的态度和动机。③ 然而当他们进入九年级时，他们几乎不可避免地要过渡到中学，在那里，他们会经历其他学校的同伴早几个年级就体验到的一些变化。④ 低收入、市中心校区的学生尤其面临着从小学到中学的艰难过渡。⑤

那些平稳过渡到中学的学生更有可能学业成功，因此，也更有可能顺利读到高中毕业。⑥ 课堂策略专栏“轻松过渡到中学”中为初中和高中教师提供了几种方法。

到目前为止，我们只是简单地谈及了那些能够影响学生成功过渡到中学的同伴关系。在下一章转向个性和社会性发展时，我们将更仔细地审视这种关系。我们也将澄清对年轻人努力建立有效的同伴关系有促进或阻碍作用的因素。

## 课堂策略

### 轻松过渡到中学

- **提供一种途径，让每个学生都能够感受到自己是一个联系紧密的小团体的一部分**

  在学校的第一个星期中，一位九年级的数学教师将学生组成三个或四个学生的基础小组，他们在整个学年中可以彼此提供支持和帮助。在每次课前或课后，教师会给小组成员五分钟时间供他们互相帮助以解决每日课堂和家庭作业中的疑问。

- **解决学生学业需求的同时也解决他们的个人和社会需求**

  在学年开始，一位中学社会研究教师所任课的班里都在进行着各种合作学习活动，教师制定了与每个学生见面的时间表。在这些会面中，他会寻找自己和学生共同的兴趣，然后鼓励学生无论什么时候有学业或是个人问题需要帮助时就来找他。整个学期他不断地与各个学生接触（经常在午餐时间或是课前课后），从而了解他们的进展情况。

- **向学生传授成为独立而成功的学习者所需要的技能**

  当发现很少有学生知道该如何有效地做课堂笔记之后，一位高中科学教师发给学生一份每日“笔记概要”来指导学生做笔记。概要大概包括类似“本课主题”“定义”“重要观点”以及“举例”这样的标题。经过一整个学年，学生记课堂笔记的水平有了提高，这时教师开始逐渐减少所提供的结构支持。

- **基于掌握目标进行评分（而不是与同伴比较），为提高提供适当机会**

  一位初中语言艺术教师要求学生提交两篇他布置的散文和短篇小说的手稿；他还给学生提供了提交额外手稿的选择。他按照几个标准对作文进行了判断，包括思想内涵、组织和凝聚力、词汇用法、语法以及拼写。他解释说明了每个标准，对学生提交的每份草稿都给出了充分的反馈。

---

① Pellegrini & Long, 2004; Wentzel, 1999.

② Cohen & Garcia, 2008; Eccles & Midgley, 1989; Gentry, Gable, & Rizza, 2002; Lam et al., 2016; Urdan & Maehr, 1995.

③ Midgley et al., 2002; Rudolph et al., 2001.

④ Benner & Graham, 2009; Hine & Fraser, 2002; Midgley et al., 2002; Otis et al., 2005; Tomback, Williams, & Wentzel, 2005.

⑤ Ogbu, 2003; Roderick, & Camburn, 1999.

⑥ Otis et al., 2005; Roderick & Camburn, 1999; Wigfield et al., 1996.

## 总结

动机、情感和学习三者总是紧密相关，在彼此的发展中都发挥着至关重要的作用。从本章开篇提到的主要理念中，我们可以看到动机、情感和学习之间相互作用的整体情况。

- **教师在激励学生方面起着重要作用，他们为学生设计有效力的学习环境并支持学生的信念**。动机是激发、指导和维持行为的一种心理倾向。学生动机的具体性质能够影响他们在课堂活动中的行为、认知和情感投入。动机受内部因素的影响，比如，学生的基本心理需求、认知过程以及情感。而且，动机和这些内部因素都会受到外部因素的影响，比如，教师的教学策略、正在进行的课堂活动以及校外环境。

  通常，动机是一个较大循环的组成部分，这个循环不仅包括这些内部因素和外部因素，还包括学业参与和学业结果，它们在循环中彼此直接或间接地相互影响。教师干预循环中的任何一点都有可能提高学生在课堂中的学习动机和成就动机。例如，教师可以通过以下方式培养低成就学生的高动机：（1）教他们新的学习策略，使他们能够成功完成课堂任务（从而提高学业成就）；（2）帮助他们把成功看作个人努力和使用有效方法的结果，从而改变他们的归因（内部因素）。
- **当学习者的基本心理需求得到满足时，他们会更有动力出色地学习和表现**。所有人似乎都有某些相同的基本需求。除了食物、水、氧气和生命所必需的其他物质等基本生理需求以外，人们似乎还有心理需求。比如，需要某种程度的生理刺激和认知刺激（唤醒需求）；需要相信自己能够有效应对环境（能力需求）；需要相信自己是优秀的、有能力的个体（自我价值需求）；需要在某种程度上掌控生活事件（自主需求）；需要感受与他人的社交联系并且获得他人的爱和尊重（关系需求）。当学生的一个或是多个基本心理需求得到满足时，他们更有可能享受学校活动，表现出对学校活动的兴趣，也就是受到内在激励。但是，当学习者获取重要知识和技能的内在动机不足或没有时，外部强化可以帮助他们走上学业成功之路。
- **学习者对自己以及课堂内容的想法和信念都能够影响他们的课堂学习动机**。动机取决于一些认知因素，包括兴趣、自我效能感、价值观、目标和归因，这些一般会随着时间的推移而出现并逐步发展。其中最重要的是自我效能感：只有当学习者相信自己能够成功完成某种任务和活动时，他们才有动力去完成这些任务和活动。除此之外，学习者在课堂上的动机还取决于任务与他们的兴趣、价值观和目标的匹配程度。学习者也一定会以有效的方式对事件做出解释，例如，将成功和失败归因于可控因素（比如，努力、有效的学习方法）。
- **学习者的情感（他们的感觉、情绪和心情）会影响他们的动机和认知过程，反之亦然**。动机、学习与情感紧密结合，其中情感包括学习者在学习情境中的情绪以及教学资料引发的情感。通常，激发强烈情感（激动、愤怒，等等）的主题往往比中性的主题更容易让人记住。然而，情感太强烈可能也不是一件好事。例如，引发大量焦虑的情境经常会妨碍有效的信息加工和记忆。
- **有效力的教师会创造条件为学生提供需求支持、认知支持和情感支持**。一些教学方法被概括为有效激励学生的 MUSIC 五大原则：教师应该给学生赋能（eMpower）、展示学习活动的有效性（Usefulness）、确保学生相信自己能成功（Succeed）、激发他们的兴趣（Interest），并且表现和促进关爱（Caring）。教师可以在学习环境的某些方面赋予学生控制权，以非控制的方式给予学生反馈，最大限度地减少使用外部强化，并允许他们为自己的学习选择一些短期目标。对于学生来说，理解学校活动的有效性——更通俗地说，就是了解学业成功的价值——对于他们自己的个人目标也很重要。

适龄教师在特定领域的指导和支持可以提高学生在这些领域的成功率，从而提高学生在这些领域的自我效能感和更普遍的能力和自我价值感。通过让学生关注掌握目标，也就是说，关注真正地掌握某个内容而不只是考试获得高分，教师能够提高学生进行意义学习而非机械学习的概率。此外，通过将学生的成功和失败归因于可控因素（比如，适当的努力和使用好方法），教师能够促进学生对未来的学习活动保持一种乐观的、我能行的态度。

非常有趣、有吸引力的活动能够满足学生的唤醒需求，保证他们在课堂活动中的认知投入和情感投入。而且，教师可以以学生更持久的个人兴趣为基础。在教学设计中融入学生的兴趣也是教师表现他们关爱学生的一种方式。其他表现关爱的方式包括拟制和实施设计良好的教学方案，以及真正关心学生的学业和个人幸福。比如，小组和全班活动（合作学习项目、班级辩论，等等）使学生能够相互交流，建立起令人满意的同学关系。

除了通过 MUSIC 五大原则激励学生以外，激发积极情感、减少负面影响也是非常重要的。在理想的情况下，教师应该促进热认知，也就是说，他们应该帮助学生对课堂内容既有认知投入也有情感投入。此外，教师可以将教学与学生当前的能力水平匹配、清楚地表达对学生成绩的期望以及给学生一定的犯错余地，从而帮助学生控制焦虑。有些学生在不安的情况下控制强烈的情绪反应时以及在经常会引发焦虑的升初中和高中的过渡时，都有可能会需要教师的帮助。

## ▼资格考试备考练习

### 赞美学生的书法

嘉丝姬尔女士的二年级学生正在学习如何用草书写字母表中的字母。嘉丝姬尔女士每天介绍一个新的草书字母，并且演示如何正确书写。同时她也告诉他们书写这个字母的一些常见错误，例如，告诉大家她将要写“perfect”中的“f”，然后把这个字母写得非常短并且两笔交叉在错误的位置，学生发现了她的错误非常高兴。在每节课讲解每个字母的形状之后，嘉丝姬尔女士会要求学生进行练习，首先用胳膊在空中大大地写出字母，然后在横格纸上写许多遍。

同时，嘉丝姬尔女士还决定比较对学生成绩的两种称赞的效果。她在每个学生的桌子上放置了一张小的彩色贴纸以区分两个小组。当第 1 组的学生字母写得非常好时，她给他们一个笑脸的标志，并且边说“太棒了！”或“非常好！”，边给他们一个微笑或是在他们的后背上拍一下。当第 2 组的学生字母写得好时，她也给他们一个笑脸的标志，并且说“你的确很努力”“你能写漂亮的草书了”或是“你真是有天分”。当任何一个组的学生没有达到草书书写标准时，她都会及时给予他们需要的纠错反馈。

因此，嘉丝姬尔女士对两组唯一的不同之处就是当他们做得好时她说什么，给他们相当模糊的反馈（第 1 组）还是认可他们很努力或是能力强（第 2 组）。尽管差异很小，但嘉丝姬尔女士发现第 2 组的学生说他们很喜欢写草书，并且他们在拼写考试或其他书写任务中更频繁地使用草书。同时，奇怪的是，当第 1 组的学生得到看起来很积极的反馈时，他们却似乎总是很失望。例如，有一次一个草书写得非常漂亮但是不幸被分到第 1 组的女生问教师："我有天分吗？"虽然这个女生的草书一直得"+"，但是在嘉丝姬尔女士做这个实验的三周中，她从来没有自愿写过草书。[①]

### 1. 问答题

嘉丝姬尔女士赞美所有学生的成绩，但是有些赞美方式看起来比其他方式更有效。

从两个来源收集证据来支持这种说法：得到较长而具体的反馈的学生（第 2 组）比得到简短而一般的反馈的学生（第 1 组）更喜欢写草书。

解释为什么给第 2 组的赞美会比给第 1 组的赞美更有激励作用。用当代动机原理和理论进行解释。

### 2. 选择题

教师的下列哪种行为是归因的例子？

A. 有意将字母"f"写错，让学生觉得有趣。

B. 评论"你的确很努力"。

C. 给写得好的学生奖励一个笑脸标志。

D. 拍拍写得好的学生的后背。

① 嘉丝姬做的这项研究可详见 Gaskill, 2001.

# 第 6 章

# 认知发展

## 主要理念

第一节　由于生物因素和环境因素以及两者持续的相互影响，儿童在发展道路上既表现出一些相似的模式，也表现出很大的差异性。

第二节　认知发展不仅取决于大脑的成熟，而且取决于自然、社会和文化经验的刺激，以及儿童组织和努力理解这些经验的先天倾向。

第三节　儿童不断地建构现有的知识和技能来发展更复杂的思维和推理能力。

第四节　尽管任何年龄组的儿童在智力、认知风格和先天倾向上都有些差异，但是恰当的支持性环境能够显著地增强这些能力和特征。

第五节　有效力的教师在课程计划和教学实践中会掌控学生发展的差异性和多样性，最终目标是促进所有学生的认知和智力发展。

## 本章概要

**个案研究：隐藏的才能**

6 岁的露佩塔在墨西哥和祖母一起度过了大部分的幼年生活，但是最近她去美国和在那里做民工的父母生活在一起了，现在是帕迪利娅女士幼儿班中一名安静、乖巧的学生。因为露佩塔看上去缺乏学业能力，所以帕迪利娅女士很少叫她回答问题，并且正在考虑让她再读一年幼儿班。然而一位研究者的摄影机捕捉到了这位老师没有注意到的露佩塔的另一面。有一次，露佩塔很快地完成了西班牙语作业，然后开始玩拼图游戏。一位同学过来了，他和露佩塔开始玩一箱子玩具。这时助教问这个男孩是否完成了西班牙语的作业，暗示他应该回到座位上去完成作业，但是这个男孩并没有理解这个暗示。露佩塔轻轻地劝说这个男孩回去完成作业，然后她继续拼图。两个拼图遇到困难的同学请露佩塔帮忙，她耐心地向他们说明如何合作完成拼图。

当帕迪利娅女士看到这段录像时，感到很吃惊。她欣然承认“我从需要复读的名单上划掉了她……她和其他三个人。他们符合我的期望，我所期望的正是这些。”帕迪利娅女士和她的助手们开始培养露佩塔的学业能力，并且经常让她在团体活动中担任领导角色。在学年结束时，露佩塔的成就测验分数表明她具有杰出的语言和数学能力。后来她成功地升到了一年级。①

- 为什么帕迪利娅女士最初会低估露佩塔的学业潜能？
- 在这个个案研究中，有哪些线索表明露佩塔事实上非常聪明？

几乎可以肯定，帕迪利娅女士这几年来一定教授过缺乏基础知识和技能（颜色和形状的命名、数数、字母等）的学生，幼儿班的课程对其中一些学生来说无疑非常困难。所以根据帕迪利娅女士的经验，那些能够回答问题和参与课堂讨论的学生常常会大声地说出来或是举起手，但是露佩塔却安静拘谨。带着这样的看法，可能很容易得出露佩塔需要在幼儿班再待一年的结论。然而露佩塔完成作业的速度以及她在自由时间的行为表现——她拼图的能力、对助教潜在信息的正确解释以及指导同伴的技巧——都表明她学习很快，而且有很多社交技巧。

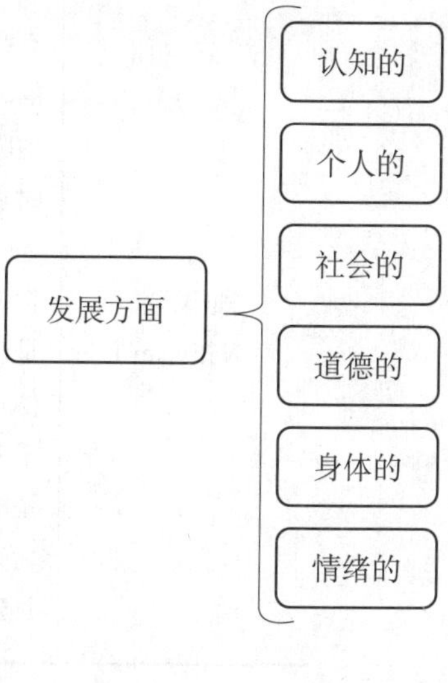


从幼儿园到高中及更高阶段，个体在很多方面都在发生变化。在整个生命过程中，有序而持续的变化被称为**发展**（**development**）。我们曾在第 2 章中提到，由经验带来的长期变化被称为学习。但是，基因遗传——学生天生的特点和特质——也会带来学生的发展，这些遗传因素与学生的经验相互作用，以动态的、复杂的方式共同影响学生的发展。② 尽管本章主要关注**认知发展**（**cognitive development**）——思维、推理和语言的发展变化，但是也会探讨发展的其他方面，包括个人发展（人格变化）、社会发展（与他人

① Carrasco,1981.

② Lerner, Liben, & Mueller, 2015; Zelazo, 2013.

关系的变化）、道德发展（是非标准的变化）、身体发展（身体的变化），以及情绪发展（如何理解、表达和管理情绪的变化）。在前面的章节中我们看到了一些发展变化，特别是学习策略的变化（第2章）和自我管理的变化（第3章）。在本章中，我们会更详细地探讨儿童和青少年的发展，在后面的章节中我们还会继续考察发展趋势的问题。

表6.1描述了在接下来的讨论中将涉及的六个理论观点。要记住的是：在大多数情况下，这些不同的观点并不互相排斥。例如，一些发展理论家在他们的认知发展研究中吸收了认知发展和信息加工两种理论观点（注意在表6.1中提到理论家罗比·凯斯和库特·费舍的两个地方）。另外要记住的是：表中所呈现的观点并不是心理学家在研究儿童发展时所应用的全部观点。行为主义、社会认知理论以及其他一些观点虽然不是最权威的理论，但是它们同样对发展心理学有着重要贡献。

## 理论观点

**表6.1　儿童和青少年发展研究的一般理论观点**

| 理论观点 | 一般描述 | 著名代表人物 | 此观点在书中的位置 |
|---|---|---|---|
| **认知发展理论**（Cognitive-Developmental Theory） | 认知发展理论者提出，可以通过可预测的阶段发展顺序来描述发展的一个或几个方面。每一个阶段都是前面阶段的延伸，然后又与前面阶段有着质的不同。大多数认知发展理论也体现出个人建构主义（individual constructivism）倾向，因为他们认为儿童积极主动地理解世界、建构日益增长的复杂的认知和能力，用来解释和应对经验。 | 让·皮亚杰（Jean Piaget）<br>杰洛姆·布鲁纳（Jerome Bruner）<br>罗比·凯斯（Robbie Case）<br>库特·费舍（Kurt Fischer）<br>劳伦斯·柯尔伯格（Lawrence Kohlberg） | 皮亚杰的思想经常出现在本章关于发展过程和趋势的讨论中（例如，同化、顺应和平衡化的讨论，以及表6.2和表6.3中的一些内容）。我们会在第7章道德发展的讨论中谈到柯尔伯格的认知发展理论。 |
| **先天论**（Nativism） | 有些行为是建构在生物学基础上的。其中一些行为（例如，本能地吸吮放在嘴边的乳头）在出生时就很明显；另一些行为（例如，行走）会逐步出现，并且常常按照一定的发展顺序出现，这是由于基因指令推动着大脑和身体日益成熟。先天论者认为，除了基因预置的行为，某些知识、技能和倾向——或者至少是可以为这些打下基础的东西——也都是建构在生物学基础上的。 | 雷妮·拜拉吉仁（Renee Baillargeon）<br>伊丽莎白·史培基（Elizabeth Spelke）<br>诺姆·乔姆斯基（Noam Chomsky） | 先天论的影响在本章关于遗传、成熟、敏感期、脑发育和智力的讨论中最明显。这种影响在本章和第7章关于先天倾向的讨论中也会体现出来。 |

续前表

| 理论观点 | 一般描述 | 著名代表人物 | 此观点在书中的位置 |
| --- | --- | --- | --- |
| **社会文化理论**（Sociocultural Theory） | 社会文化理论者强调社会交往和儿童的文化传承在引导发展过程中的作用。父母、教师和同伴非常重要，因为他们会把文化中有意义的思考和应对客观对象和事件的方式传递给儿童。当儿童在社会交往的背景中练习某种行为和认知方法时，他们会逐渐采纳和适应这些行为和方法，并将这些行为和方法内化为自己的。 | 列夫·维果茨基（Lev Vygotsky）<br>芭芭拉·罗格福（Barbara Rogoff）<br>让·莱夫（Jean Lave）<br>玛丽·高芬（Mary Gauvain） | 在第 4 章中我们曾使用过社会文化理论。在本章中，每当我们讨论社会交往对认知发展的影响（例如，关于内化、最近发展区、文化差异以及智力分布的讨论）时，都会出现维果茨基的理论以及其他社会文化观点。另外，本章中许多促进认知发展的建议是以社会文化理论为基础的（比如，对游戏活动、脚手架以及学徒的讨论）。社会文化理论还有助于我们理解第 7 章中同伴调解的有效性。 |
| **信息加工理论**（Information Processing Theory） | 采用信息加工观点的发展心理学家关注记忆力和特定的认知过程如何随着年龄增长发生变化。例如，一些研究者考察扩大的工作记忆容量如何使更复杂的思维成为可能。另外一些研究者关注日益复杂的元认知知识和信念如何激发更高级有效的学习策略。还有一些研究者探查与儿童和同伴的社会交往有关的认知过程。 | 罗伯特·西格勒（Robert Siegler）<br>德亚娜·库恩（Deanna Kuhn）<br>约翰·弗拉维尔（John Flavell）<br>罗比·凯斯（Robbie Case）<br>和库特·费舍（Kurt Fischer）<br>尼克·克里克（Nicki Crick）<br>肯尼思·道奇（Kenneth Dodge） | 在第 2 章中最先出现这个观点。信息加工理论为本章对工作记忆和知识基础的发展趋势的讨论提供了基础，也为智力和相关能力的认知过程的讨论提供了基础。在第 7 章讨论社会信息加工时又一次使用了这个观点。 |
| **生态系统理论**（Ecological Systems Theory） | 生态系统理论者指出，为了全面理解和解释儿童的发展，我们必须考虑儿童生长的各种生活环境——不仅有儿童每天接触的直接环境（例如，家和学校），而且要有这些直接环境所处的更广阔的环境（例如，社区及其资源、联邦政府及其法律和政策）。这些不同层次的环境以各种方式相互作用、彼此影响（例如，社区雇佣机会会影响一个家庭为儿童提供营养食物和有趣活动的能力）。 | 尤里·布朗芬布伦纳（Urie Bronfenbrenner） | 生态系统理论为第 4 章中关于环境“层级”的讨论提供了基础。它也强调了考虑儿童成长的文化背景的重要性，就像第 3 章到第 10 章的文化因素专栏中所表明的那样。 |

续前表

| 理论观点 | 一般描述 | 著名代表人物 | 此观点在书中的位置 |
|---|---|---|---|
| 心理动力理论（Psychodynamic Theory） | 总的说来，心理动力理论者关注人格发展，有时也关注变态人格的发展。他们提出儿童的早期经验会严重影响其以后的发展，即使那些经验隐藏于儿童的无意识中，他们并不能回想起来和自我反省。一些理论者也提出儿童在各自的发展过程中经历了性质不同的阶段。心理动力理论的一个关键概念是“自我认同”（identity），即个体自我建构的关于现实我和理想我的定义。 | 西格蒙德·弗洛伊德（Sigmund Freud）<br>埃里克·埃里克森（Erik Erikson） | 自我认同形成是第7章自我意识讨论中的一个重要话题。在那个讨论中，我们会引用詹姆斯·马西亚（Jame Marcia）（一位以埃里克森理论为基础的心理学家）的研究来明确青少年寻求自我认同可能会采用的各种途径。 |

让·皮亚杰和列夫·维果茨基这两位早期发展理论家的思想在认知发展研究中非常有影响力，因此在本章中起着重要作用。皮亚杰是瑞士人，他设计了一些巧妙的任务来探查儿童和青少年的思维和推理。[①] 他注意到年幼的学习者经常自我建构对身体和社会现象的理解，并且这些理解会随着时间的流逝发生质变。因此，皮亚杰是一位认知发展理论者。维果茨基是俄国人，他提出了儿童发展受社会和文化环境影响的机制，并且他的著作为社会文化理论奠定了基础。[②] 在第4章中介绍过一些维果茨基的思想，特别是间接学习、认知方法以及文化的重要性。但是，由于维果茨基首要关注儿童的认知发展，所以我们会在本章前面部分继续关注他的思想。

在本章中，我们首先聚焦于描述大部分儿童和青少年发展的一般过程和趋势，之后我们会着眼于在任何一个儿童群体中可能都会看到的认知能力的多样性——这种多样性有时候指的是智力。

# 第一节 发展的一般原则

**主要理念：由于生物因素和环境因素以及两者持续的相互影响，儿童在发展道路上既表现出一些相似的模式，也表现出很大的差异性。**

事实上，发展的任何方面都可以由以下几个一般原则来描绘。

## 一、发展的顺序在某种程度上是可预见的

研究者注意到，发展存在一些**普遍性**（**universals**）——尽管儿童的生活环境有着相当大的差

① 例如：Piaget,1928,1952b,1959,1970,1980; Inhelder & Piaget,1958.

② 例如：Vygotsky,1962,1978,1987,1997.

异，但是随着年龄增长他们发生的变化却有着相似的模式。这些普遍性中有一些是用达到**发展的里程碑**（**developmental milestones**）——新的、更复杂的行为——作为指标的，这些行为有着一定的发展顺序。例如，儿童通常只有在学会坐起和爬行之后才学习走路。他们只有在认识到其他人确实会对他们有想法之后，才会关心别人对他们的想法是什么。

## 二、儿童的发展速度不同

一些关于儿童和青少年发展的描述性研究会告诉我们达到各种发展的里程碑的平均年龄。例如，一般儿童在一岁半时能够握住一支笔乱画，在五到七岁时开始通过背诵来记忆信息，在十岁（女孩）或十一岁半（男孩）时开始进入青春期。①但是不是所有的儿童都在平均年龄达到发展的里程碑——有些人达到早些，有些人达到晚些——从而导致在任何年龄和年级水平上都存在相当大的差异。因此，对任何学习者我们都不能只基于年龄就轻率地得出他能做什么或不能做什么的结论。

## 三、发展常常伴随着暴发期和高原期

发展不一定以一个恒定的速度进行。通常，生长较快的时期（*暴发期*）会出现在两个生长较慢时期（*高原期*）之间。例如，蹒跚学步的孩子可能好几个月都是用有限的词汇说话，并且说的“句子”只有一个词，然而在两岁左右的某一时期他们的词汇量迅速增加，而且他们说的句子在几周内变得越来越长。几年后，在看似身高停滞多年后，许多儿童经历了青少年期的快速成长，在一年左右的时间内就长了几英寸。有时，孩子们甚至会暂时*退后一步*，很显然是因为他们正在对某项身体或认知技能进行调整，为即将实现迅猛发展做准备。②

## 四、发展包括量变和质变

在某些情况下，发展仅仅意味着获得*更多*的东西，比如，更多的知识以及更多的朋友。然而在某些方面，儿童在不同年龄时的思考和行为的方式却有着质的差异。例如，在小学低年级，小学生主要依靠背诵来学习并且试图记住课堂上的内容，像组织和精细加工这样的复杂策略要到初中或高中才会出现（见第 2 章）。在高中阶段，有些学生的认知信念可能会逐渐从*知识的离散事实观*转变为*知识的整体理解观*（见第 3 章）。

有些理论者（特别是认知发展观点的理论者）认为生长快慢的模式和质变反映了儿童发展中完全不同的时期。在**阶段理论**（**stage theory**）中，发展的特点是按照固定的顺序通过每一阶段，前面的阶段为后面的更高级的阶段提供基础。例如，我们马上就会发现，皮亚杰把逻辑推理技能的发展划分为四个不同的阶段，而另一位著名的认知发展理论者柯尔伯格提出道德发展也有着类似阶段的

① T.M.McDevitt & Ormrod, 2016; McLane & McNamee, 1990.

② Gershkoff-Stowe & Thelen, 2004; Morra, Gobbo, Marini, & Sheese, 2008.

特点（见第 7 章）。

近年来，一些发展心理学家开始认为，发展的很多方面都可以较好地表现出一般趋势，而不是离散的阶段。尽管这样，但发展的变化确实经常按一种固定的顺序发生，有些变化会先发生，并且可能会成为后面那些变化发生的前提条件。

## 五、遗传和环境的相互作用及其对发展的影响

事实上，发展的所有方面都直接或间接地受到儿童基因组成的影响。[①] 如果你上过生物课，你应该可以回忆起，我们所有的遗传信息都存储在基因中，基因由脱氧核糖核酸（DNA）组成。我们身体的每个细胞都有 DNA，DNA 推动着我们的发展，使我们每个人都成为独特的个体。例如，儿童出生后不久就开始表现出遗传倾向或是**气质**（temperaments），气质使儿童以某种方式应对身体和社会环境——也许冷静或是易怒、开朗或是害羞、愉悦或是忧惧（有关气质的更多内容可参见第 7 章）。在整个儿童期和青少年期，基因通过**成熟**（**maturation**）的过程一直影响着儿童的成长，所谓成熟是指在基因的驱动下逐渐获取更高级的身体和神经功能。即使像走、跑和跳这些看起来很简单的运动技能的出现，也主要是大脑的基因控制发展和肌肉的力量与控制的基因控制发展的结果。[②]

然而，只有当基因与环境中的条件相互作用时，基因才会发挥作用。[③] 因此，环境因素也为儿童的发展作出了相当大的贡献。例如，基因需要一定的“供给”和外部影响——以氧气、养料以及环境刺激的形式——来完成它们的工作。这样，就像我们在第 4 章所了解的那样，营养不良会阻碍大脑发展。同样，基本运动技能只有在大脑和肌肉成熟达到一定程度时才会出现，而练习和实践（环境影响）会影响儿童跑的速度和跳的距离。尽管儿童的行为在一定程度上是遗传的先天气质的结果，但是他们的生活环境以及更广阔的文化背景对他们行为社会化的方式——强化、惩罚、榜样等等——是非常有影响力的。

有大量的文献说明了遗传和环境的影响，但是心理学家对它们各自对发展的贡献大小有着不同意见，一个有名的问题是*本性和教养*（*nature versus nurture*）的关系问题。事实上，遗传（本性）和环境（教养）通常*相互作用*（*interact*），因此我们也许永远也分离不出它们各自对发展的独特影响。[④] 在某些情况下，遗传和环境之间的相互作用表现为**敏感期**（**sensitive period**）的形式，即在发展中存在一个基因决定的时间点，在这段时间儿童对环境状况非常敏感。例如，当儿童的大脑快速成长时，营养的优劣对童年早期认知发展的影响要大于对童年中期或是青少年期的影响。[⑤] 语言发展的某些方面也存在着敏感期。特别是，如果在生命最初的五到十年里，儿童处于一个良好的语言环境中，他们就能比较容易地掌握一种语言的语法知识并且学会如何精准地发音。[⑥] 然而，没有证据表明阅读、写作或是数学这样的传统学科存在敏感期。[⑦]

---

① Moore, 2013; Zelazo, 2013.

② Kovas, Malykh, & Petrill, 2014.

③ Lickliter, 2013.

④ Belsky, Bakermans-Kranenburg, & van IJzendoorn, 2007; S.W.Cole, 2009; W. Johnson, 2010; Spencer et al., 2009.

⑤ Sigman & Whaley, 1998.

⑥ Bialystok, 1994; Bortfeld & Whitehurst, 2001; M.S.C.Thomas & Johnson, 2008.

⑦ Bruer, 1999; Geary, 1998, 2008; Wolf, Gottwald, Galante, Norton, & Miller, 2009.

## 六、儿童自己的行为也会影响他们的发展

不仅遗传和环境之间相互影响，儿童每天的行为同样也和环境因素相互影响。而且他们的某些行为还是遗传特质的结果。可见，在行为、遗传和环境之间存在一种三方交互作用，如图 6.1 所示。[①] 这种交互作用你应该会比较熟悉，因为同样的关系已出现在第 4 章的图 4.5 中。内在变量、环境和行为之间的关系体现在第 4 章提到的两个原则中：

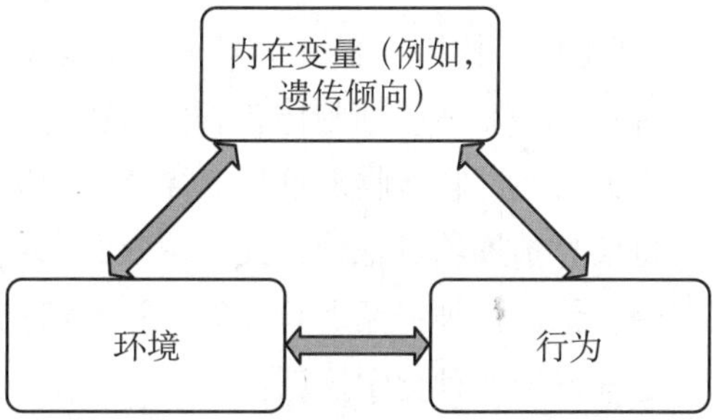


**图 6.1　内在变量（例如，遗传倾向）、环境和行为相互影响**

- **学习者既可通过其行为改变当前环境，也可通过诸如信念、心理过程、感情和人格特质之类内在变量基因、特质和心理过程改变当前环境。** 例如，在开篇的个案中，露佩塔表现得安静、拘谨，可能反映了冷静和害羞的先天倾向。因为她很容易被忽略，所以帕迪利娅女士在课堂上很少花时间去注意她。如果不是研究者的摄像机捕捉到了露佩塔的某些优点，她就很可能要在幼儿园再待一年。
- **学习者主动寻求与他们现有特点和行为相适应的环境。** 在开篇的个案中，露佩塔自己选择在业余时间进行拼图。这样她就主动选择了可以培养自己兴趣和才能的活动（也就是内在变量会影响她的环境）。

**想一想**

你会主动寻找哪种课外活动呢？你认为这种活动在一定程度上增强你原有的能力了吗？

# 第二节　发展过程

**主要理念：认知发展不仅取决于大脑的成熟，而且取决于自然、社会和文化经验的刺激，以及儿童组织和努力理解这些经验的先天倾向。**

遗传、环境和儿童自己的行为都推动着儿童朝着日益复杂和熟练的思维和行为方式发展。下列原则展现了他们的发展路径。

## 一、大脑在儿童期、青少年期和成年期持续发展

人类的大脑在出生时就具备了所有的重要组成部分，但它还不是一个成品。基因驱动的成熟过程在生命最初的二十到三十年给大脑带来了重要变化。前额叶皮层——大脑中负责计划、决策和其他一些高级推理过程的部分——成熟得特别慢，直到二十几岁的初期才能呈现出真正像成人一样的形态。[②]（见第 2 章中的图 2.2）

---

① O.S.P.Davis, Haworth, & Plomin, 2009; Mareschal et al., 2007; Plomin & Spinath, 2004; Scarr & McCartney, 1983.

② Otero & Barker, 2014.

就像我们在第 2 章所了解的那样，两类脑细胞——神经元和星形胶质细胞——似乎在学习和发展中起着重要的作用，大脑中的某些部分在人整个一生中都在持续形成新的细胞（特别是新的星形胶质细胞）。[①]为了全面地理解大脑的发展变化，我们需要对神经元以及神经元的三个主要组成部分（细胞体、树突和轴突）多一些了解（见图 6.2）。就像所有生物的细胞一样，人类的每个神经元都有一个*细胞体*，细胞体包含细胞核，负责细胞的整体健康。另外，一个神经元有许多树枝状结构，称为*树突*，它接收来自其他神经元的信息。一个神经元还有一个*轴突*，即一个长长的臂状结构，它将信息传递给其他神经元。图 6.2 展示了六个神经元以及它们之间一些相互接触的地方，或说是*突触*。记住，神经元之间实际上并不相互接触；相反，连接它们的突触由微小的空间组成，通过这些空间发送各种化学信息。

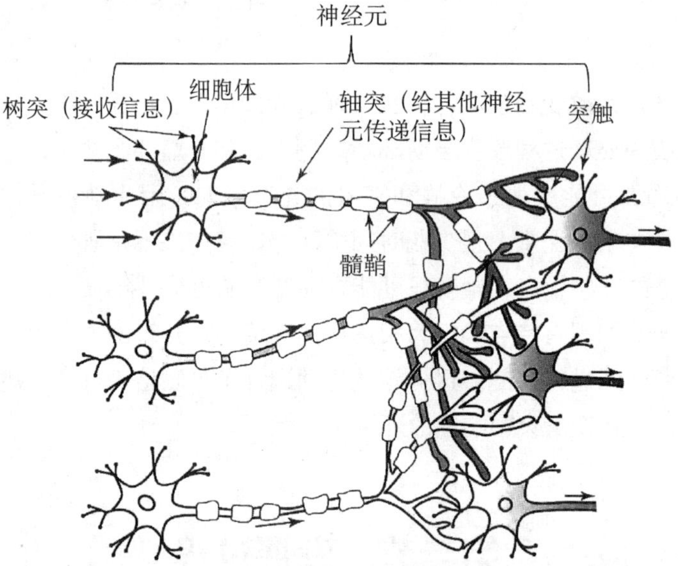


**图 6.2　神经元包括细胞体、树突和轴突。信息（图中箭头所示）由树突接收，并由轴突通过突触传递给其他神经元**

神经元在儿童出生很早之前就开始形成突触，但是在出生后不久突触形成的速度会显著地加快。大多数早期的**突触形成（synaptogenesis）**主要是基因程式驱动出现的，而不是学习经验驱动的。由于突触形成，小学生比成年人有更多的突触。当儿童在日常生活中遇到各种各样的刺激和经历时，一些突触因为有用被反复使用而变得更稳固；另一些突触大部分都不相关或是没有用，这些突触会随着**突触修剪（synaptic pruning）**的过程逐渐消失。在大脑的某些部分，密集的突触修剪发生得相当早（例如，在幼儿园或者小学早期）；而在大脑的其他部分，突触修剪开始得比较晚，并且一直持续到青少年期。[②]

为什么成长的大脑要形成大量的突触？难道只是为了之后将其中的大部分修剪掉吗？就突触来说，并不是越多越好。[③]专家推测，人类形成比需要更多的突触，才更有可能适应各种各样的条件和环境。当儿童在环境中遇到某些规则时，有些突触事实上是一种妨碍，因为它们与典型的环境事

① Deng, Aimone, & Gage, 2010.

② Bruer, 1999; Huttenlocher & Dabholkar, 1997; M.H.Johnson & de Haan, 2001; Steinberg, 2009.

③ Bruer & Greenough, 2001;Bryck & Fisher, 2012; Byrnes, 2001; Spear, 2007.

件和行为模式不一致。因而，突触修剪可能是使大脑更有效的天然的方式。

另外一种随着时间的推移会提高大脑效率的发展过程是**髓鞘化**（**myelination**）：很多神经元逐渐被白色、胶质状的髓鞘覆盖起来。对髓鞘的具体讨论不是本书的范围，但是我们应该注意髓鞘的形成意味着神经元能够比以往更快速地传递信息。少数神经元（尤其是那些与基本生存技能有关的神经元）在个体出生前就被髓鞘化了，但是大多数神经元直到出生后才被髓鞘化，不同区域的髓鞘化按照一定的顺序出现。[①]

在大脑皮层中，特别是前额叶皮层，突触修剪一直持续到童年中期和青少年期，突触形成的第二次波动出现在青春期，髓鞘化会一直持续到成年早期。[②] 大脑的某些部分，尤其是那些大量参与思维和学习的部分，它们的大小和内部联系会持续增长到青少年晚期或是成年早期。[③] 另外，青春期的开始是以激素水平的显著变化为标志的，激素水平会影响大脑结构的持续成熟，也可能会影响突触中所用化学物质的产生和有效性。[④] 这些变化结合在一起可能会影响并且可能会限制青少年在很多领域的运转，包括注意力、计划和冲动控制。[⑤] 在第 7 章中讨论青少年的冒险行为时，我们还会谈到这个问题。

有一个广泛传播的关于大脑的神话：大脑在生命的最初几年可以达到完全“成熟”状态，最好在它的主人上幼儿园之前，使用尽可能多的刺激——阅读指导、小提琴课、美术课等——轰炸大脑从而促进它的发展。但是就像我们所看到的，事实并非如此。事实上，早期的大脑可能还不能从各种经验中受益，尤其是那些相当复杂和多面的经验。[⑥] 从生理学的观点来说，大脑为了适应新环境而自我调整的能力——大脑的**可塑性**（**plasticity**）——会贯穿人的一生。[⑦] 不可否认，生命最初的那几年对发展很重要，但是之后也同样重要。对大多数主题和技能来说，并不存在学习的单一的“最佳”或是“唯一”时间。[⑧]

## 二、儿童天生就具有组织自己经验的倾向

人类，即使是年幼的婴儿，也似乎先天就倾向于对外部信息进行分类。[⑨] 根据皮亚杰的理论，儿童的所学和所做被组织为**图式**（**schemes**）——儿童在对环境做出反应的过程中重复使用的相似的动作和想法的集合（不要与第 2 章中描述的图式——围绕特定概念或现象组织起来的知识结构——混淆[⑩]）。皮亚杰认为，图式最初主要是以对客体的感知和行为反应为基础的。例如，婴儿可能有一种把东西放嘴里的图式，他会在各种各样的物体上使用这种图式，包括他的大拇指、饼干和玩具。然而，随着时间的推移，心理图式——有些是重要的类别或概念——也出现了。例如，7 岁

① Byrnes, 2001; M.Diamond & Hopson, 1998.

② Blakemore & Choudhury, 2006; Giedd et al., 2012; M.H.Johnson & de Haan, 2001; Lenroot & Giedd, 2007; Paus et al., 1999.

③ Giedd et al., 1999; Pribram, 1997; Sowell & Jernigan, 1998; Sowell, Thompson, Holmes, Jernigan, & Toga, 1999; E.F.Walker, 2002.

④ Steinberg, 2009; E.F.Walker, 2002.

⑤ Blakemore & Choudhury, 2006; Kuhn & Franklin, 2006; Steinberg, 2009; Shen et al., 2010; Spear, 2007.

⑥ C.A.Nelson, Thomas, & de Haan, 2006.

⑦ Chein & Schneider, 2012; Kolb, Gibb, & Robinson, 2003; C.A.Nelson et al., 2006.

⑧ Bruer, 1999; Byrnes & Fox, 1998; Geary, 1998, 2008.

⑨ Gelman, 2003; Mandler, 2007; Quinn, 2007.

⑩ 皮亚杰区分了 schemes 和 schemas（例如：Piaget, 1970），但是两者都与现代理论者所说的 schemas 不同。

的孩子可能有一种识别蛇的图式，这种图式包括又长又瘦的身体、没有腿和滑溜溜。13 岁的孩子可能对什么是时尚有一种图式，使她可以将同伴分为“非常棒”或是“太失败”。

## 三、儿童天生倾向于了解和适应环境

大自然赋予儿童一种天生的对外部世界的好奇心。因此，他们会主动地寻找信息来帮助自己理解外部世界。例如，幼儿一直试验他们遇到的新的客体，对新的客体进行操作并且观察自己行为的效果。在他们尽力去理解所看到的外部世界的过程中，他们似乎总是有无止境的问题要问。[①] 例如，从本书作者自己的经验来看，往往是这类问题：“整个世界是怎么开始的？”“电话是怎样工作的？”“宝宝是怎么进入妈妈肚子里的？”

皮亚杰提出，儿童好奇心的基础是一种适应环境、在环境中取得成功的愿望。这种适应通过两个互补的过程出现，即同化和顺应。**同化（assimilation）**是用与已有图式一致的方式对客体或是事件做出反应和可能的解释。例如，婴儿可能会把一只新的泰迪熊同化到他的把东西放到嘴里的图式中。7 岁的孩子可能会快速地把后院里的一种新的滑溜溜的生物识别为蛇。13 岁的孩子可能会十分容易地给同学的衣服评价为非常时尚或是“太过时了”。

但是有时儿童很难使现有的图式和新的客体或是事件产生联系。在这些情况下，**顺应（accommodation）**出现了：儿童（1）改变已有的图式来解释新的客体或事件，或是（2）生成一种全新的图式来解释新的客体或事件。例如，婴儿可能会把嘴张得比以往更大来顺应泰迪熊的胖熊掌。7 岁的孩子遇到一种长长的、有四条腿和滑溜溜身体的生物，无法使用关于蛇的图式（蛇没有腿），因此在询问过父母后，孩子获得了一个新的图式——蝾螈。13 岁的孩子可能会根据流行的变化来修改他现有的对时尚的图式。

> **想一想**
>
> 在你阅读这部分内容之前，你有通过早期学习促进大脑发展的想法吗？如果有，你现在对这个问题的看法改变了吗？

同化和顺应在儿童扩展知识和理解世界时共同起作用。儿童会在现有的知识背景中解释每个新的事件（同化），但是同时也会因为新的事件而改变已有知识（顺应）。没有同化的顺应很少发生。只有当年幼的学习者能够把新经验与他们目前的知识和想法联系起来时，他们才能够从新经验中获益（顺应）。

## 四、发展建立在以前获得的知识和技能基础上

我们刚刚了解到儿童只有能够将那些新刺激同化到已有的知识和理解中时，他们才能顺应新刺激和事件。我们在第 2 章机械学习与意义学习的讨论中遇到过同样的思想——尽管使用了不同的术语：当儿童能够将新的信息和经验与他们已知的内容联系起来时，他们才能更有效地学习。这个思想也强调了本章前面提到过的阶段理论：后面的阶段建立在前面阶段完成的基础上。

一般来说，儿童的发展很少是断续的。相反，他们发展的几乎所有方面都与一个连续的过程有关：提炼、建立、偶尔重新组合以前的能力和成就。在开篇的个案中，帕迪利娅女士担心露佩塔缺乏基本的学业技能。尽管她误认为露佩塔用一学年不能获得这些技能，但是她在另一个方面的判断是非常准确的：露佩塔要在一年级和更高年级取得成功，这些技能将是必不可少的。

---

① Frazier, Gelman, & Wellman, 2009; Kemler Nelson, Egan, & Holt, 2004.

## 五、观察自然环境——理想的情况是频繁地与自然环境互动——可以促进发展

皮亚杰认为主动在自然环境中体验对认知发展来说是必要的。通过探索和操作客体，例如，在沙滩和海边嬉戏、做各种球类运动、做科学实验等，儿童可以了解侵蚀的影响、发现有关力和重力的原理等等。当儿童无法在自然环境中体验时，他们必须至少能够观察自然环境中的各种因果关系。[①] 或者，孩子们可以通过在计算机模拟环境中观察或实验各种东西来学习，就像我们在第 4 章对虚拟世界的讨论中提到的那样。[②]

## 六、语言发展促进认知发展

当然，认知发展对语言发展来说是必要的：儿童只能谈论那些他们能想到的事情。但是语言对儿童的认知发展同样重要。[③] 根据皮亚杰的观点，语言提供了一套工具（表征），人类通过它能够在头脑中表征外部事件和内部图式。我们经常使用我们的语言提供的特定的词汇来思考。例如，当想到家庭宠物时，我们的脑海中往往就会出现像狗和猫这样的词汇。

在维果茨基的认知发展理论中，思维和语言对婴幼儿来说是两种独立的功能。在婴幼儿早期，思维独立于语言发生，当语言出现后，语言最初主要是作为一种交流的工具而不是作为一种思维机制存在。但是在两岁左右，思维和语言互相联系起来了：儿童开始在说话时表达自己的想法，并且他们开始用语言来思考。快速增加的词汇量使他们能够表征和思考各种各样的客体和事件。

当思维和语言最初融合在一起时，儿童经常和自己说话—— 一种被称为**自言自语**（**self-talk**）的现象。维果茨基认为自言自语在认知发展中起着重要作用。通过和自己说话，在困难的任务和复杂的操作中使用以前成年人指导他们的方式，儿童可以学会指导和指挥自己的行为。随着时间的推移和经验的增加，自言自语最后会发展为**内部言语**（**inner speech**），儿童能够在心里和自己“说话”而不是大声地说出来。他们会一直在任务和活动中口头指挥自己，但是其他人不再能够听到他们说出来。[④]

当然，自言自语并非幼儿所独有的。根据你自己的经验，你一定会发现，即使成年人在面对新的挑战时有时也会自言自语（比如，“好的，首先我需要这样做，然后我才能够……”）。

**想一想**

自言自语和内部言语使你想到自我管理的哪个方面？

## 七、与他人互动会促进发展

语言也以一种非常不同的方式促进认知发展：它使儿童可以与成年人以及同伴交流思想。皮亚

① Bebko, Burke, Craven, & Sarlo, 1992; Brainerd, 2003.

② de Jong, 2011; Sarama & Clements, 2009.

③ 关于语言在学习和认知发展中的作用的现代讨论，可见 Ganea, Shutts, Spelke, & DeLoache, 2007; K.Nelson & Fivush, 2004; Pinker, 2007; Q.Wang & Ross, 2007。

④ Berk, 1994; Winsler & Naglieri, 2003.

杰和维果茨基都认为社会交往对认知发展是至关重要的。在皮亚杰的观点中，与他人交流思想有助于儿童认识到不同的个体对同一事情的看法是不同的，而且他们自己的观点不一定完全正确或是有逻辑。例如，9 岁的儿童只有在他人指出她所说内容中的逻辑矛盾后，才可能认识到这种逻辑矛盾。此外，通过与同伴或是成年人讨论社会和政治问题，对于世界"应该"如何反映真实世界带来的约束这个问题，高中生可能会改变一些最初的抽象而理想主义的想法。

对维果茨基来说，社会交往甚至更加重要，因为社会交往为认知发展提供了真实的基础。第 4 章中介绍的两个概念是维果茨基理论中的重要思想。一个是间接学习经验：当成人与儿童互动时，成年人经常会分享他们对客体、事件以及人类经验的理解和解释。另一个是认知工具：成年人不仅帮助儿童解释经验，他们也分享概念、程序、策略以及其他能使儿童更有效应对复杂任务和问题的认知方法。就特定文化传递独特的解释、信念、概念、思想、程序、策略等来说，不同文化中的儿童将会获得有些不同的知识、技能和思维方式。

维果茨基进一步提出，社会交往为复杂认知过程的发展播下了种子。一般来说，儿童最初在与他人的交往中使用复杂认知，然后逐渐地能够在自己思考时独立地使用复杂认知。维果茨基将这种现象称为**内化**（**internalization**）。这个例子正好描述了从自言自语到内部言语的进展：随着时间的推移，儿童逐渐将成人的指示内化，这样他们最终就能给自己下指令。然而要记住的是：儿童未必能够准确地内化他们在一定的社会背景下所看到和听到的内容。更准确地说，内化常常会将看到和听到的思想和过程转化为个人所独有的。①

不是所有的心理过程都会在儿童与成年人交往时发展，有些过程是在儿童与同伴交往时得到发展的。例如，儿童经常与他人争论各种各样的事情——如何最好地完成一项活动、做什么游戏、谁对谁做了什么，等等。童年期的争论能够帮助儿童认识到观察相同情境的方式总会有很多。最终，儿童将"争论"过程内化，逐渐获得了独立地从不同的角度考虑事情的能力。②

## 八、正规教育可以促进发展

日常谈话是成年人传递在某种文化下解释事情的方式的一种普遍方法。但是根据社会文化理论者、当代认知发展理论者以及信息加工理论者的观点，正规教育是重要的，也许更加重要。（回想一下，当帕迪利娅女士和她的助教开始努力帮助露佩塔掌握基本的学业技能时，露佩塔取得了多大的进步。）通过正规的、预先规划的课程，教师会系统地传授不同学科中用到的思想、概念和程序。这样不需要从头开始做（不论在字面上还是实际意义上），每一代人就能够受益于前辈的发现、知识以及问题解决策略。③

## 九、现有知识与外部事件的矛盾可以促进发展

前面我们提到，儿童具有天生的弄清外部世界的倾向。根据皮亚杰的理论，当儿童能够用他们已有的认知和信念解决新问题时，他们会处于一种**平衡**（**equilibrium**）状态。但是随着儿童慢慢长

① 因此，维果茨基的理论虽然本质上主要是社会文化理论，但是也有建构主义因素在里面。

② Vygotsky, 1978.

③ Case & Okamoto, 1996; M.Cole, 2006; Karpov & Haywood, 1998; Raudenbush, 2009; Vygotsky, 1962.

大，他们的视野拓展了，他们有时候会遇到一些现有认知和技能解决不了的问题。这种情况引发了**不平衡**（**disequilibrium**），即一种心理上的“不舒适”，它刺激他们重新检验自己现有的知识。通过替代、重组或是更好地整合某些图式（换句话说，通过顺应），儿童能够更好地理解和解决先前令其困惑的问题。从平衡到不平衡再回到平衡的变动被称为**平衡化**（**equilibration**）。皮亚杰认为，平衡化和儿童要达到平衡的内部需求会促进思维和知识向更复杂程度发展。

为了更好地理解思维如何随着年龄变化、发现在什么情况下儿童会根据新经验改变自己的想法，皮亚杰开发了各种能够展现儿童推理发展以及在某些情况下能够引起不平衡的任务。下面的练习是这类任务的一个例子，尝试一下吧。

## 自己看一看

### 木头珠子

右面是 12 颗木头珠子——一些是黑色的，一些是白色的。木头珠子多，还是黑色珠子多呢？

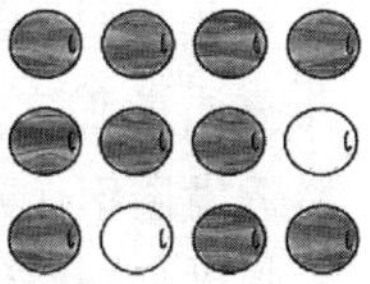

你可能认为这是一个很可笑的简单问题。但是事实上幼儿经常会答错，他们会回答黑色珠子比木头珠子多。注意看下面一个成年人与 6 岁的布赖恩的对话[①]，内容与上面呈现的珠子的例子相似。

**成年人**：是木头珠子多，还是黑色珠子多呢？

**布赖恩**：是黑色珠子多，因为只有两颗白色珠子。

**成年人**：白色珠子是木头的吗？

**布赖恩**：是。

**成年人**：黑色珠子也是木头的吗？

**布赖恩**：是。

**成年人**：那么，是黑色珠子多，还是木头珠子多？

**布赖恩**：黑色珠子多。[②]

在进一步的提问中，布赖恩一直坚持黑色珠子多于木头珠子。为了帮助他看到不同的情况，成年人让他画两条项链，一条是黑色珠子做的，一条是木头珠子做的。布赖恩画了一连串的黑圈代表黑色珠子项链，又画了一连串的黑圈和两个白圈代表木头珠子项链。

**成年人**：很好，现在告诉我黑色珠子的项链和木头珠子的项链哪条更长呢？

**布赖恩**：黑色珠子的那条。[③]

注意对话中的成年人是如何一直探查布赖恩的推理以确保他知道所有的珠子都是木头的，其中只有几颗是黑色的。即使这样，布赖恩仍然回答黑色珠子比木头珠子多。皮亚杰认为，像布赖恩这样的幼儿在处理**类包含**（**class inclusion**）任务时总会遇到困难，在这类任务中他们必须考虑一个物体同

① 皮亚杰在他的研究中经常使用儿童名字的缩写。在这个研究中他用的是字母 BRI，但是为了更容易讨论，我给这个孩子起了个名字。

② 对话出自 Piaget，1952a，pp. 163-164。

③ 对话出自 Piaget，1952a，p. 164。

时属于两个类别的问题——在这个例子中，就是考虑一颗珠子既属于黑色珠子也属于木头珠子。

同时注意对话中的成年人是如何让布赖恩画两条项链的：一条是用木头珠子做的，另一条是用黑色珠子做的。成年人希望布赖恩画完比全黑色项链长的黑白相间的项链之后，能够注意到自己画的与自己认为黑色珠子多的说法是矛盾的。这种矛盾可能会使布赖恩体验到不平衡，也许他会重新评价他的结论，然后认识到在逻辑上木头珠子肯定比黑色珠子多。然而在这个例子中，布赖恩显然没有觉察到矛盾，仍然保持着平衡状态，所以也不需要修正自己的思想。

## 十、挑战性的任务会促进发展

儿童与成年人或是其他年长的个体合作，与儿童独自做相比，他们能够做更多困难的事情。[1]儿童不能独立完成，但是在他人的指导和帮助下能够完成的任务的范围，在维果茨基的术语中叫**最近发展区（zone of proximal development，ZPD）**（见图 6.3）。在开篇的个案中，我们可以看到，露佩塔的两个同学只有在露佩塔的帮助下才能完成拼图。

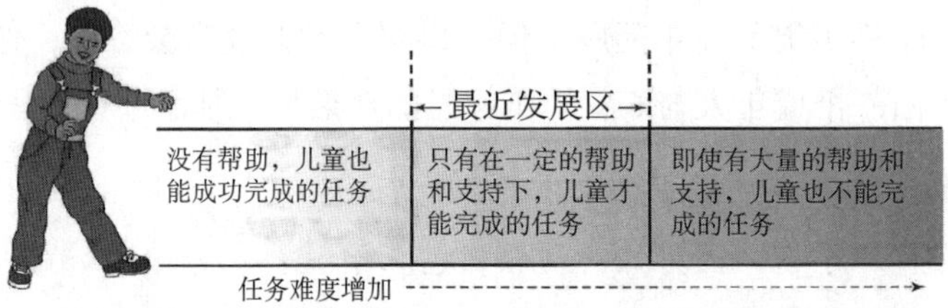


**图 6.3　在儿童最近发展区范围中的任务可以最大限度地促进认知发展**

儿童的最近发展区包括刚刚开始出现和发展的学习和问题解决能力。儿童的最近发展区当然会随着时间而变化：当掌握了某些任务后，其他一些更复杂的任务就会随之出现来取代它们。而且，儿童的最近发展区能够在相当大的“宽度”中变化：在他人的帮助下，有些儿童的能力可能能够得到相当大的延展，而有些儿童却不行，他们可能只能处理那些比他们独立能做的稍微难一点的事。

维果茨基认为，儿童从那些他们已经能够独立完成的事情中得不到太多的发展。相反，他们主要从那些需要支持的挑战性任务中获得发展，也就是说，当他们尝试最近发展区范围内的任务时，他们会得到发展。但是对于个体的认知能力能够做什么和学什么，最近发展区也是有上限的。不可能完成的任务——那些即使在相当多的指导 和帮助下也不能完成的任务——是根本没有益处的。

# 第三节　认知发展趋势

**主要理念：儿童不断地建构现有的知识和技能来发展更复杂的思维和推理能力。**

在前面章节关于学习和认知的讨论中，我们已经确认了三个重要的认知发展趋势：

- 随着年龄和经验的增长，儿童会获得更有效的学习策略（见第 2 章）。

① Fischer & Immordino-Yang, 2002; Vygotsky, 1978.

- 在儿童和青少年阶段，大多数学习者的自我管理能力会越来越强（见第 3 章）。
- 元认知知识和技能随着年龄增长而逐渐增长（见第 3 章）。

现在我们将根据信息加工理论者和认知发展理论者（包括皮亚杰和其他当代研究者）的研究来确定下面的趋势。

## 一、儿童日益增强的工作记忆能力使他们能够处理越来越复杂的认知任务

你应该记得在第 2 章中提到，工作记忆容量有限，学习者一次就只能思考那么多。事实上，5~8 岁的儿童的工作记忆容量似乎只有成年人的一半左右。① 幸运的是，随着儿童的成长，他们的工作记忆能力会增强，他们逐渐能够处理越来越复杂的思维和学习任务。这种增强在某种程度上可能是因为工作记忆物理容量的增加。随着儿童的成长，他们也会获得更多的知识和方法，可以使他们的信息加工更有效率，这样就解放出更多的"空间"。② 打个比方，如果你把工作记忆想成一个"盒子"，随着儿童的成长会发生两件事情：盒子变大了，儿童能够更有效地"打包"（见图 6.4）。

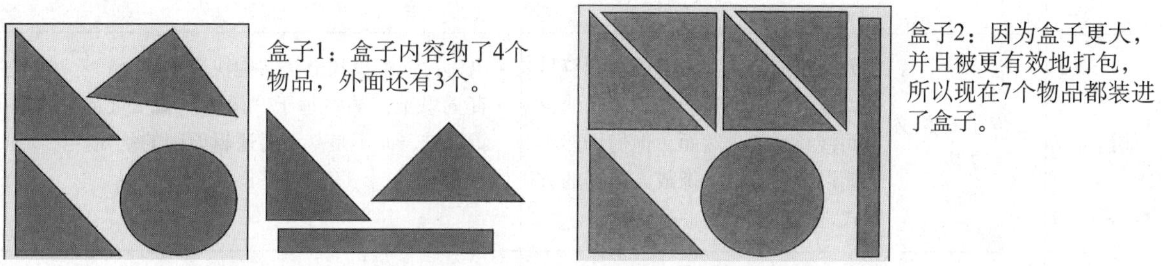


**图 6.4 "盒子"的类比可以帮助你理解为什么工作记忆能力似乎在发展过程中会提高：与盒子 1 相比，盒子 2 更大，打包更有效，所以可以容纳更多的"物品"**

## 二、儿童日益增强的知识基础会提高他们学习新事物的能力

随着年龄增长，儿童能够使用日益有效的学习策略的一个关键原因是，他们的知识面不断扩大，他们能够用这些知识来解释、组织并且精细加工新经验。在儿童比成年人有更多知识的情境中，儿童常常是更有效的学习者。③ 例如，我过去经常和儿子阿莱克斯一起读关于蜥蜴的书，阿莱克斯常常比我记住的东西多，因为虽然他才 6 岁，但他非常了解爬行动物，而我对爬行动物知之甚少。

## 三、儿童的知识、信念和思维过程日益整合

经过知识建构、组织和精细加工这样的过程，儿童逐渐可以将他们对外界的认识和看法凝聚成

① Cowan, Ricker, Clark, Hinrichs, & Glass, 2015; Kharitonova, Winter, & Sheridan, 2015.

② Ben-Yehudah & Fiez, 2007; Cowan et al., 2015; Kail, 2007;Van Leijenhorst, Crone, & Van der Molen, 2007.

③ Chi, 1978; Rabinowitz & Glaser, 1985.

整体（例如，可以回忆第2章关于理论的讨论）。年龄较大的儿童和青少年的知识基础一般会包括一些概念和想法的联系及其相互关系，而幼儿的知识基础总是由一些零散的、孤立的事实组成。①

皮亚杰（见表6.2）认为，不仅儿童的知识而且他们的思维过程都随着时间整合越来越好了。特别是，他们的一些“思考”图式逐渐地结合成相当协调的心理加工系统。这些系统——皮亚杰称之为运算——使儿童可以以越来越有逻辑的方式进行思考，这点在下面的三个发展趋势中会非常明显。②

**表6.2　皮亚杰的认知发展四阶段**

| 阶段 | 提出的年龄范围[a] | 一般描述 | 获取能力的例子 |
|---|---|---|---|
| 感知运动 | 出生至2岁 | 图式主要基于行为和感知。特别是在这个阶段的早期，儿童还不能思考那些不在眼前的事物，因此，他们只关注此刻他们所做的和所看到的。 | • 对客体的试错实验：探索和操作客体以确定它们的属性。<br>• 客体永存性：认识到客体会一直存在，即使被移出视线。<br>• 符号思维：将客体和事件表征为心理实体（符号）。 |
| 前运算 | 2岁至6岁或7岁 | 因为儿童快速发展的语言和符号思维，他们现在能够思考和谈论间接经验了。然而，他们仍然不能以合乎逻辑、像成人一样的方式进行推理。 | • 语言：词汇量和语法结构快速发展。<br>• 直觉思维：某些基于“预感”和“直觉”的逻辑思维，而不是基于对逻辑原则的认知。 |
| 具体运算 | 6岁或7岁至11岁或12岁 | 出现了像成人一样的逻辑，但是局限于真实、具体的生活情境。 | • 类包含：将同时属于两个或更多类别的物体分类的能力。<br>• 守恒：认识到如果没增加或是减少任何东西，那么不管形状和排列如何改变，数量都会保持不变。 |
| 形式运算 | 11岁或12岁至成年期[b] | 在抽象概念和具体情境中都可以应用逻辑推理过程。一些对科学和数学中的高级推理非常重要的能力出现了。 | • 对假设观念的推理：对没有现实基础的情境做逻辑推论的能力。<br>• 比例推理：对分数、百分比、小数和比例的概念理解。<br>• 变量的分离和控制：在保持其他变量恒定的情况下，操控一个变量来检验假设的能力。 |

[a] 表中呈现的年龄范围是平均值。有些儿童较早达到较高阶段，有些儿童较晚。而且，有些儿童在从一个阶段转向下一阶段时，可能会同时表现出两个相邻阶段的特点。

[b] 近来研究发现，当青少年开始表现出与皮亚杰的形式运算阶段相一致的推理过程时，具有多样性。另外，并不是所有的文化都重视或是培养形式运算逻辑，这也许是因为形式运算逻辑在很大程度上与人们的日常生活和任务无关（见本章后面的文化因素专栏）。

---

① J.M.Alexander, Johnson, Albano, Freygang, & Scott, 2006; Bjorklund, 1987; Fischer & Immordino-Yang, 2002; Flavell, Miller, & Miller, 2002.

② 近来，“新皮亚杰主义”关于思维过程如何进行整合的观点，见Kurt Fischer对多重、平行的组成部分的讨论（例如，Fischer & Immordino-Yang, 2006; Fischer, Knight, & Van Parys, 1993）。

## 四、在小学阶段思维越来越合乎逻辑

皮亚杰提出，认知发展要经过四个不同的阶段，表 6.2 中进行了总结。儿童的思维在上学期间表现出了其中三个阶段——前运算、具体运算以及形式运算阶段的特点，因此将与我们当前的讨论相关。然而需要谨记的是，儿童的推理能力的发展看起来比皮亚杰的阶段论所说的更具有连续性。而且，一些当代理论者认为——皮亚杰自己也承认——四阶段理论可以较好地描述儿童和青少年在某个特定年龄如何思考，而不是他们一直如何思考。[①]

在皮亚杰的观点中，**前运算阶段**（**preoperational stage**）的推理有些不合逻辑。例如，前面例子中 6 岁的布赖恩坚持认为在一组 12 颗木头珠子（包括 10 颗黑色的，2 颗白色的）中，黑色珠子比木头珠子多。仔细考虑下面的情况：

> 我们给 6 岁的内森呈现了图 6.5 上面画的三个杯子。我们问他 A 杯和 B 杯是否装有等量的水，他自信地回答是的。接着我们把 B 杯中的水倒入 C 杯，然后问他 A 杯和 C 杯中的水是否一样多，内森回答："不，这杯（指着 A 杯）水多，因为它更高些。"

内森的回答表明他缺乏**守恒**（conservation）认知：他没有认识到两杯水的量一定是相同的，因为水并没有增加或是减少。像内森这样的幼儿经常会把外观的变化和数量的变化弄混淆。

皮亚杰发现 4 岁或 5 岁的儿童有时对类包含和守恒问题可以得出符合逻辑的正确的结论。然而，他认为他们的推理是基于预感和直觉的，而不是基于对潜在逻辑规则的有意识的感知，所以他们仍然不能解释为什么他们的结论是正确的。近来，研究者发现幼儿思维的逻辑性部分取决于情境因素，例如，任务材料是如何呈现的、问题是如何措辞的以及成年人是否对如何思考这个问题提供了指导。[②]

无论如何，大部分儿童在 7 岁都掌握了简单的逻辑思维任务，比如那些有关类包含和简单形式的守恒任务。根据皮亚杰的观点，7 岁的儿童正处于**具体运算阶段**（**concrete operations stage**）。儿童在整个小学阶段一直在提高他们新获得的逻辑思维能力。一些简单形式的守恒出现在 6 岁或 7 岁，比如图 6.5 呈现的液体守恒问题。其他形式的守恒再晚些才会出现。仔细考虑图 6.6 中的问题。成年人用一个天平向儿童展示两个泥球重量相同。一个球被从天平上取走然后压成饼状。这个饼的重量与没有被压的泥球的重量是相同，还是有差异？直到 9 岁左右儿童才能认识到压平的饼与没被压之前的圆球的重量一定相同。[③] 某些重量守恒任务即使对早期的青少年来说也是困难的。例如，尽管大多数 8 年级的学生可能承认一大块泡沫塑料有重量，但他们可能认为从上面撕下的一小块根本不会有重量。[④]

## 五、在初中和中等教育阶段思维越来越抽象

在皮亚杰的理论中，具体运算阶段的儿童只能对具体的事物进行推理，特别是他们能真实看到的事物。一旦他们获得了**形式运算阶段**（**formal operations stage**）的能力——皮亚杰认为也许在

---

① Flavell, 1994; Halford & Andrew, 2006; Klaczynski, 2001; Morra, et al., 2008; Tanner & Inhelder, 1960.

② Halford & Andrews, 2006; Morra et al., 2008; Siegler & Svetina, 2006.

③ Morra et al., 2008; Sroufe, Cooper, DeHart, & Bronfenbrenner, 1992.

④ C.L.Smith, Maclin, Grosslight, & Davis, 1997; Wiser & Smith, 2008.

11 岁或 12 岁左右——他们就能够进行抽象思维，能够思考那些在现实中有较少或是没有基础的概念和想法。例如，在数学方面，他们应该能够较轻松地理解像*负数*、*π* *和无穷*这样的概念；在科学方面，他们应该能够思考有关分子和原子的问题，并且理解温度如何能够降到零度以下。

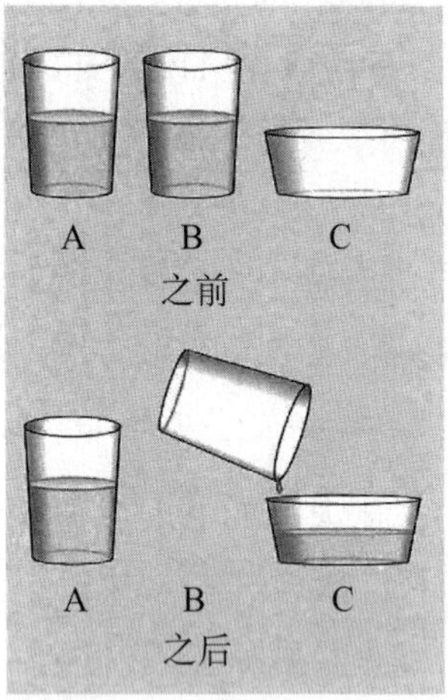


**图 6.5 液体守恒：A 杯和 C 杯中的水一样多吗？**

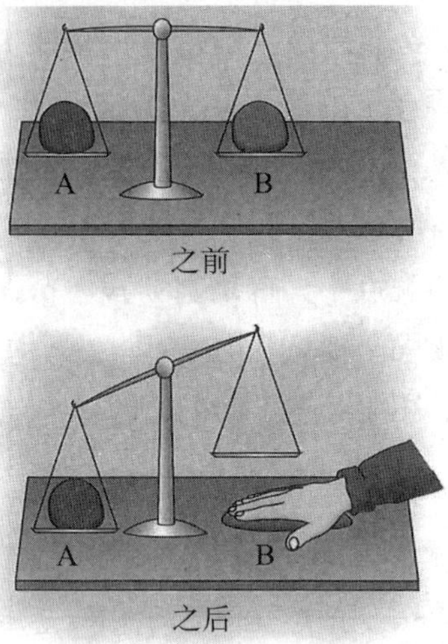


**图 6.6 重量守恒：球 A 和球 B 最初重量相同。当球 B 被压成饼状时，它的重量和球 A 的重量会有什么不同呢？**

在皮亚杰的理论中，形式运算思维也包括*假设推理*，即有逻辑地思考那些或真或假的事情。在某些情况下，这类推理涉及绝对为假的事情。以下面的练习为例，试一试。

## 自己看一看

### 人和篮球

请回答下面两个问题：

1. 如果所有的儿童都是人，
同时，如果所有的人都是生物，
那么，所有的儿童一定都是生物吗？

2. 如果所有的儿童都是篮球，
同时，如果所有的篮球都是软糖，
那么，所有的儿童一定是软糖吗？

第一个问题你可能会回答得相当快：是的，所有的儿童一定都是生物。第二个问题有点儿棘手，它和第一个问题是一样的推理路线，但是由它得出的结论——所有的儿童都是软糖——是与现实相矛盾的。

抽象和假设推理能力看起来比皮亚杰提出的时间出现得更早、发展得更具有连续性。小学阶段的儿童有时会表现出对某些特定主题的抽象和逻辑推理。[①] 然而一旦儿童进入青春期，他们可能就会一直努力应对一些抽象主题。例如，虽然一些儿童在青少年早期能够理解一些抽象的科学和数学概念，但是直到高中阶段他们才能理解抽象的历史和地理概念。[②] 事实上，一些青少年从来没有表现出明显的形式运算思维，特别是在他们的文化和教育并不鼓励形式运算思维的情况下。[③]

① S. R. Beck, Robinson, Carroll, & Apperly, 2006; S.Carey, 1985; McNeil & Uttal, 2009; Metz, 1995.

② Kuhn & Franklin, 2006; Lovell, 1979; Tamburrini, 1982.

③ Flieller, 1999; Lerner, 2002; Rogoff, 2003.

一旦学习者能够进行抽象思维，他们就能够不再局限于信息的字面意思。小学低年级的儿童常常只能获取他们听到内容的表面意思，例如，完全从字面意思来解释“眼大肚子小”（见图 6.7）。他们也不能成功地理解像“先看看情况再跳跃（三思而后行）”或“不要把马车放在马的前面（不要本末倒置）”这类谚语的深层含义。学生用普遍的、抽象的方式来解释谚语的能力会一直不断地提高，即使到了高中阶段也还会发展。①

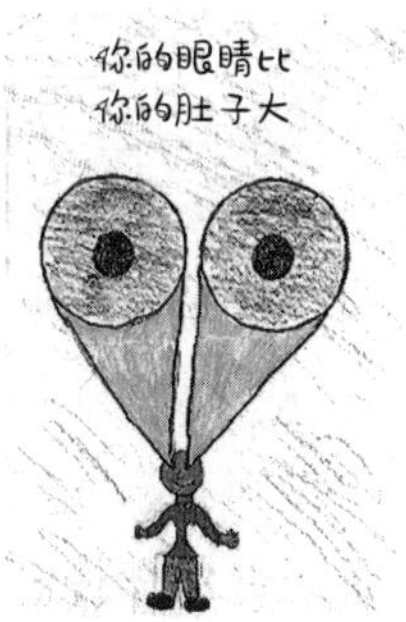


**图 6.7　在这幅画中，8 岁的杰夫完全从字面意思解释了谚语“眼大肚子小”**

抽象和假设推理思维的另一个功能是想象世界与它真实的样子有何不同。在某些情况下，青少年会想象出一个比他们生活的世界好很多的世界，并且他们还会对社会和政治问题表现出相当多的关注和理想主义。一些中学生在当地或是全球问题上投入了大量精力，比如水污染或是动物权利问题。然而，他们为改变而提出的建议在当今世界并不实用。例如，十几岁的青少年可能会坚持认为要战胜种族歧视“爱是唯一”，或是认为一个国家应该取消武器和军队从而推进世界和平。皮亚杰认为青少年的理想主义反映了他们还不能将自己的逻辑抽象和他人的观点以及实际因素分离开。一旦经历过，青春期的少男少女们便会意识到现实中资源的有限和人类的弱点，他们终将不会再过于乐观。

## 六、一些对数学和科学推理很重要的逻辑思维过程在青少年期发展迅速

根据皮亚杰的观点，还有一些能力也随着形式运算阶段的发展而发展着。其中一个是比例推理，也就是能理解并有逻辑地思考像分数、小数、百分数和比率这样的比例。例如，如果你能又快又容易地看出下面的等式成立，那么你就已经在一定程度上掌握了比例推理。

$$\frac{2}{8}=\frac{6}{24}=0.25=25\%$$

科学推理能力也在青少年期得到了提高。其中两种推理——形成和检验假设、分离和控制变量——使学习者能够使用科学的方法，以系统的方式对所观测现象提出几种可能的解释，并加以检验。以钟摆问题为例，仔细思考下面的练习。

### 自己看一看

**钟摆问题**

在没有其他力的作用时，一个悬挂在绳子或是线上的物体——钟摆——会以恒定的速度摆动。（溜溜球和游乐场的秋千是两个常见的例子。）一些钟摆前后摆动得相当慢，另一些摆动得比较快。钟摆的什么特点影响它摆动的快慢呢？至少写下三个可能影响钟摆摆动速度的变量的假设。

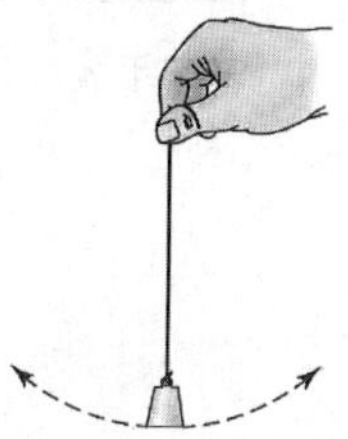

现在收集几个小的、不同重量的物体（例如，一个曲别针、一把钥匙、一颗大螺栓）和一根线。将物体系在线的一头，然后让钟摆摆动起来。做一个或几个实验来检验你提出的每个假设。

你能得出什么结论呢？什么变量会影响钟摆摆动的速度呢？

① Owens, 1996; Winner, 1988.

你提出了什么假设？也许你考虑到了物体的重量、绳子的长度、推动钟摆的力量以及最初放开物体的高度。然后你用系统的方法检验了每个假设吗？能够进行形式运算思维的人会分离和控制变量，每次只检验一个变量，让其他变量保持恒定。（看到这个策略，你应该回想起第 1 章实验研究讨论部分的内容。）例如，如果你要检验重量很重要这个假设，就应该尝试不同重量的物体，同时使绳长、推动每个物体的力量以及放开物体的高度这几个变量保持恒定。同样，如果你假设绳长是关键因素，就应该将相同的物体系上长度不同的绳子，并让钟摆以相同的方式摆动。如果你可以仔细地分离和控制变量，那么就能够得出准确的结论：只有绳长会影响钟摆的摆动速度。

儿童早在小学一年级或是二年级就能够思考简单的比例问题。[①] 到了小学高年级，有些儿童能够分离和控制变量了，特别是如果能够帮助他们理解控制除要检验变量之外其他所有变量这种做法的重要性，他们就能做得更好。[②] 但是大多数情况下，刚刚描述的数学和科学推理能力直到青春期才能真正开始发展，并且这种发展会贯穿于整个青少年期。[③]

表 6.3 呈现的逻辑推理过程的发展是由皮亚杰的早期工作以及更多近代研究发现中总结出来的。在表中同时给出了将这些过程考虑在内的教学策略示例。

## 发展趋势

**表 6.3　　不同年级儿童的逻辑思维能力**

| 年级 | 该年龄段的典型特点 | 案例 | 建议策略 |
|---|---|---|---|
| <br>幼儿园 ~2 年级 | • 出现类包含认知。<br>• 在简单任务中出现守恒认知。<br>• 对逻辑推理任务进行解释并使结论合理化的能力逐渐增强。 | 5 岁的露辛达可以自信而准确地分辨出两摞硬币各有 5 枚，但是当大人把两摞硬币摊开放时，她就认为摊开的比较长的这摞有更多硬币，原因是：看起来更远……更大。 | • 使用实际操作和经验来说明新观念。<br>• 练习用多种方式给物体分类，例如，按形状、大小或颜色分类。<br>• 确认儿童是否认识到了数量守恒。例如，问他们“你刚刚重新排列过的那组物体比之前多了还是少了”。如果他们没有认识到数量守恒，就让他们解释一下他们的推理，同时让他们解释为什么其他人会认为数量没有变化。 |
| <br>3~5 年级 | • 在更有挑战性的任务中出现守恒（例如，重量守恒）认知；守恒认知的全面发展一直持续到青少年期。<br>• 出现对与实物和日常事件相关的简单分数（例如，$\frac{1}{3}$，$\frac{1}{5}$，$\frac{1}{8}$）的理解能力。<br>• 偶尔出现抽象和推理假设思维。 | 向 4 年级的学生呈现一个切成 12 片的比萨，他们很容易就可以确定一半比萨（6 片）和三分之一比萨（4 片）。但是当老师把分数的这种具体描述换成严格的符号表征时，一些学生就开始遇到困难了。他们对分数乘法的演算过程特别迷惑，他们只能简单地记住——而不是懂得其逻辑意义——这种数学运算。 | • 为具体的事例、图片和实践活动增加口头解释。<br>• 讲解简单的分数时，把它与日常物体（例如，比萨片、厨房的量杯）联系起来。<br>• 让学生参与简单的科学调查活动，关注熟悉的物体和现象。 |

① Empson, 1999; Van Dooren, De Bock, Hessels, Janssens, & Verschaffel, 2005.

② Barchfeld, Sodian, Thoermer, & Bullock, 2005; Kuhn & Pease, 2008; Lorch et al., 2010.

③ Barchfeld et al., 2005; Byrnes, 1988; Kuhn, Garcia-Mila, Zohar, & Andersen, 1995; Tourniaire & Pulos, 1985; Van Dooren et al., 2005; Zohar & Aharon-Kraversky, 2005.

续前表

| 年级 | 该年龄段的典型特点 | 案例 | 建议策略 |
| --- | --- | --- | --- |
| <br>6~8 年级 | • 对抽象的、假设的以及与事实相反的情境的逻辑推理能力日益增强。<br>• 具有检验假设、分离和控制变量的能力，尤其是在有成年人提示如何进行的情况下；结论有时会受证实偏向的影响（见第 2 章）。<br>• 理解和处理比例问题的能力日益增强。<br>• 具有解释谚语、修辞以及其他形式的形象语言的能力。 | 7 年级的科学教师让学生做实验来确定三个变量中的哪个或哪几个——重量、绳长、初始坠落的高度——会影响钟摆的摆动速度。一个由 4 名学生组成的小组始终在实验中同时变化重量和绳长，最终他们得出了错误的结论：钟摆的重量是决定性因素。 | • 介绍不同学科中核心的抽象概念和原理，但是要用某种方式让它们具体起来（例如，将重力与日常经验联系起来、呈现原子的图示）。<br>• 让学生推测众所周知的谚语（例如，“三个臭皮匠顶个诸葛亮”“小洞不补大洞吃苦”）的意思。<br>• 布置需要使用简单分数、比率或是小数的作业。<br>• 让学生做简单的实验来回答有关因果关系的问题；鼓励他们一次只变化一个变量。 |
| <br>9~12 年级 | • 与社会科学相比，他们在数学和科学方面的抽象思维能力更强。<br>• 对科学方法日益精通（例如，形成和检验假设、分离和控制变量）；证实偏向的效应仍然很明显。<br>• 更擅长解释。 | 当要求 14 岁的艾丽希娅解释谚语“滚石不生苔”时，她的解释并不局限于字面意思：“可能是当你太快地去做事情时，你不会……有所收获的”。 | • 深入地研究某个主题；采用复杂而抽象的解释说明和理论。<br>• 让学生推测不熟悉的谚语（例如，“种豆得豆，种瓜得瓜”“胆大心细”）的意思。<br>• 让学生在科学实验室和科学展览项目中自己设计一些实验。<br>• 鼓励学生对社会、政治和伦理问题展开讨论；引出对这些问题的多种观点。 |

来源：Barchfeld et al., 2005; M.Donaldson, 1978; Elkind, 1981; Empson, 1999; Flavell, 1963; Fujimura, 2001; Halford & Andrews, 2006; Inhelder & Piaget, 1958; Karplus, Pulos, & Stage, 1983; Kuhn & Franklin, 2006; Lorch et al., 2010; Metz, 1995; Morra et al., Newcombe & Huttenlocher, 1992; Owens, 1996; Piaget, 1928, 1952b,1959; Rosser, 1994; Siegler & Alibali, 2005; Siegler & Lin, 2010; Van Dooren et al., 2005; Wiser & Smith, 2008; Zohar & Aharon-Kraversky, 2005.

## 七、儿童对他们了解的任务和主题能够进行更有逻辑和更抽象的思考

对某种情境或是主题的逻辑思考能力在一定程度上取决于学习者的背景知识和教育经历。例如，如果有成年人帮助 5 岁的儿童对类包含问题进行逻辑思考，那么他们更有可能解决这类问题——例如，一张印有三只猫、六只狗的图片，图片上的动物是否比狗多这样的问题。[①] 如果让小学生面对熟悉的实物，他们就能够较好地理解分数。[②] 如果年幼的青少年练习过很多次对变量进行分离和控制，那么他们逐渐就能够做到分离和控制变量了。[③] 初中生和高中生（还有成年人）经常

① Siegler & Svetina, 2006.

② Empson, 1999; Fujimura, 2001.

③ Kuhn & Pease, 2010; Lorch et al., 2010; Schauble, 1990.

在他们非常了解的主题上运用形式运算推理，而在不熟悉的主题上运用具体运算推理。[①]

图 6.8 说明了知识如何影响科学推理过程，仔细看图中的鱼塘。在一项研究中[②]，向 13 岁的青少年呈现一张类似的图片，并且告诉他们："这四个同学每周都去钓鱼，其中叫赫布的同学钓到的鱼总是最多。其他的同学很想知道是为什么。"如果看这张图片，你会发现有几个变量可能在起作用，包括每个人的位置、鱼饵的种类以及鱼竿的长度。对于是钓鱼爱好者的青少年来说，和先前谈到的钟摆问题相比，他们在这个情境中更能有效地分离和控制变量，然而对非钓鱼爱好者来说，则相反。

**图 6.8　赫布比其他人钓的鱼多，有哪些可能的原因呢？**

来源：Pulos & Linn, 1981.

## 八、只有经过多年的学习和实践才能成为专家

一些学习者最终在某一主题上——比如，蜥蜴、第二次世界大战、汽车机械或是摄影——掌握了大量的信息，他们俨然在这些问题上成了专家。专家不仅比同龄人知道得多，而且他们的知识也与其他人的知识有着质的不同。特别是，他们的知识常常组织严密，知识之间有着内部联系，并且将特定的、具体的细节统一成一些抽象的概括。[③] 这些特性使专家能够更轻松地提取他们需要的内容、发现看上去完全不同的情境之间的相似之处以及更有创造性地解决问题。[④] 在理想的情况下，专业知识是*适应性的*：它将知识和技能与开放的思维和创新结合在一起。[⑤]

特定知识的发展大概有三个不同的阶段，如图 6.9 所示。[⑥] 第一阶段（*适应*），学习者先熟悉新的内容领域，很多人可能会上一节生物、欧洲历史或是经济学的基础入门课程来熟悉。在这个阶

① Girotto & Light, 1993; M.C.Linn, Clement, Pulos, & Sullivan, 1989; Schliemann & Carraher, 1993.

② Pulos & Linn, 1981.

③ J.M.Alexander, Johnson, Leibham, & Kelley, 2008; P. A.Alexander & Judy, 1988; Bédard & Chi, 1992; Horn, 2008; R.W.Proctor & Dutta, 1995.

④ Chi, Glaser, & Rees, 1982; De Corte, Greer, & Verschaffel, 1996; Horn, 2008; Rabinowitz & Glaser, 1985; Voss, Greene, Post, & Penner, 1983.

⑤ Bransford et al., 2009.

⑥ 这里描述的阶段是基于 P.A.Alexander（1997, 1998, 2004）的工作。

段，学习者收集了大量事实，并把它们彼此孤立地存储起来。这种碎片化的学习可能会使他们在系统地学习这门科目之前，一直坚持以前获得的一些错误的观念。

第二阶段（能力），学习者获取了相应科目的大量信息，同时也获取了将这些信息联系到一起的一些一般原则。只有在深入地研究特定主题后——可能通过上一些生物课或是阅读大量的二战方面的书——人的能力才会发展。因为处于能力阶段的学习者会在他们学习的内容间建立无数的相互联系，所以他们可能会纠正以前的一些错误观念。

**图 6.9 特定知识的发展大概有三个不同的阶段**

第三阶段（**专家**）（**expertise**），学习者真正掌握了他们的领域。他们有大量的相关知识，并且可以将大部分知识聚集成一个严密的整体——可能也会包括一些存留下来的错误观念。在这个阶段，他们带头做研究，提出看问题、解决问题的新方法，通常会形成新知识。只有经过对某一领域多年的学习和实践，才能成为专家。[1] 因此，很少有人能达到这个阶段，而且在青少年晚期或是成年期之前我们可能看不到这个阶段。

# 第四节 智力

**主要理念：尽管任何年龄组的儿童在智力、认知风格和先天倾向上都有些差异，但是恰当的支持性环境能够显著地增强这些能力和特征。**

什么样的行为会使你认为这个人是聪明的呢？你认为智力是有助于在不同领域取得成功的一般能力，还是只是有助于在某个领域取得成功？到底什么是智力？

心理学家对这个问题的回答还没有达成一致。但是他们几乎都赞同这样的说法：任何一个年龄段的儿童获得新知识和技能的速度都是不同的。大多数心理学家也赞同智力有几个不同的品质：

- 智力是有适应性的。它改变和调整人的行为从而成功地完成新任务。
- 智力与学习能力有关。与不那么聪明的人相比，聪明的人学东西更快更轻松。
- 智力使人能够应用以前的知识更有效地分析和理解新情境。
- 智力包括不同思维和推理过程之间复杂的相互作用和相互调节。
- 智力是有文化特性的。在一种文化中“聪明的”行为在另一种文化中不一定是聪明的。

考虑到这些品质，我们给**智力**（**intelligence**）一个广义的定义：灵活地应用以前的知识和经验完成新的挑战性任务的能力。

但是不管智力会呈现什么形态，大多数心理学家都认为它与儿童实际上学习到的东西（例如，学业成绩反映的内容）是有些不同的。同时，聪明的思维和聪明的行为取决于先前的学习。年轻的学习者对他们的环境和需要执行的任务了解得越多，他们表现得就会越聪明。因此，智力不一定是学习者“有”或“没有”的稳定特征。相反，智力能够——经常能够——被经验、学习和环境支持改变。

下面的一般原则总结了研究人员对智力的了解。

---

① P.A.Alexander, 1997, 1998, 2004; Ericsson, 2003; Horn, 2008.

## 一、智力不能被精确地测量

奇怪的是，虽然心理学家还不能完全确定什么是智力，但是他们已经用了一个多世纪的时间去试图测量智力。1904 年，法国政府官员要求阿尔弗雷德·比奈（Alfred Binet）开发一种筛选方法来识别出那些不可能受益于普通教育、需要接受特殊教育的学生。为了完成这个任务，比奈设计了一个测验来测量一般知识、词汇、感知、记忆和抽象思维。在这种情况下，他设计出了我们现在称为**智力测验**（**intelligence test**）的最早版本。尝试下面的练习，体验一下什么是智力测验。

### 自己看一看

**模拟智力测验**

回答下面的问题：

1. 忏悔这个词是什么意思？
2. 山羊和甲壳虫有什么相似的地方？
3. 如果你和家人在一个大百货商场走散了，你应该怎么办？
4. 当人们说“滚石不生苔”时，他们是什么意思？
5. 完成下面的类推：与就像与（　　　）。

这些测验题目为现代的一些智力测验所模仿。稍微考虑一下顺利回答这些问题所需要的那些能力。对世界的一般知识会起作用吗？词汇知识重要吗？与抽象思维有关系吗？对这三个问题的回答都是肯定的。尽管智力测验自比奈时期以来有了相当大的发展，但是它仍然测量着与比奈原始测验中相同的那些能力。

最初计算智力测验分数的公式中含有除法，因此被称作**智商分数**或 **IQ 分数**（**IQ scores**）。尽管我们仍然使用 IQ 这个词，但是智力测验分数已经不再基于旧公式了，而是通过将个体的测验成绩与同年龄组其他人的成绩进行比较来确定。得分为 100 分代表平均成绩：得 100 分的儿童在测验中的成绩优于一半的同龄人，同时也低于另一半同龄人。得分低于 100 分表示低于平均成绩，得分高于 100 分表示高于平均成绩。

图 6.10 标示了在量表的不同得分点的人数百分比（比如，有 12.9% 的人分数在 100 和 105 之间）。[①] 注意观察一下曲线在中间有多高、在两端有多低。这告诉我们，较多儿童的分数都接近 100，较少儿童的分数会大大高于或低于 100。例如，如果将图 6.10 中不同部分的百分比相加，我们就会发现大约有三分之二（68%）的儿童的得分在 100 分的上下 15 个点之内（即，在 85 和 115 之间）。相反，只有 2.3% 的儿童的得分低至 70 分，2.3% 的儿童的得分高至 130 分。这种能够预测的对称的得分分布是有意设计的而不是偶然出现的：心理学家专门发明了一种可以生成这种分布的智力测验的计分方法。在附录 B“标准化测验分数的理解和解释”对标准分数的讨论中，你会对智商分数的本质有更多了解。

① 如果你对描述性统计有一些了解，那么将有助于你理解大多数智力测验都是平均分为 100，标准差为 15。

现代智力测验的设计仍然体现着比奈最初的意图：预测学生在学校环境中的表现情况。研究反复表明，智力测验成绩与学业成绩相关。[①] 一般来说，高 IQ 的儿童在标准化成就测验中表现比较好，有较高的学业成绩，并且学历较高。换句话说，IQ 分数经常能够预测学业成绩，尽管并不精确。因此，心理学家和其他专家总是使用智力测验来识别那些有智力障碍以及其他需要个体化教育项目的学生。

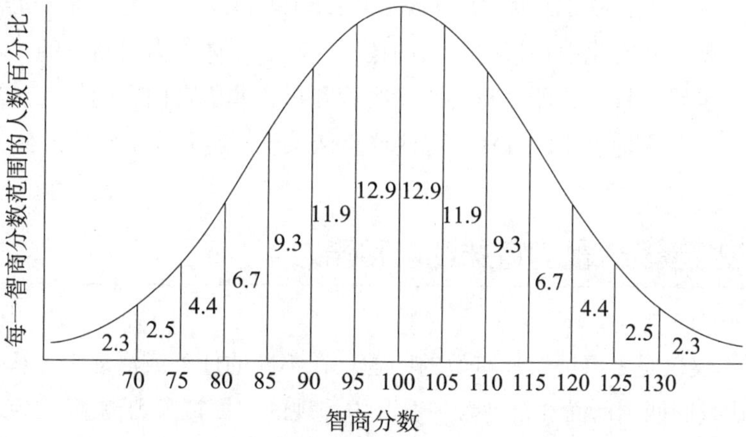


**图 6.10 不同范围的智商得分百分比**

关于智商—成就的关系，记住下面三点很重要。首先，智力不一定会带来成就，智力只是与成就相关而已。即使高智商的学生在学校表现很好，我们也不能确定地说他们的高成就实际上是他们智力的结果。智力可能对学业成就具有重要作用，但是也还有其他的一些影响因素，比如，动机、指导水平、家庭和邻里资源、同伴期望。其次，智商分数与成就之间的关系是不完善的，但有许多例外。由于各种原因，有些高智商的学生在学校的表现并不好，而有些学生的成就水平却比我们单纯根据他们的智商分数所预测的高。最后也是最重要的一点，我们一定要记住，智商分数只反映了一个孩子在某个时间某次测验中的成绩——它并不是刻在石头上的永久性特征，随着时间的推移，会有一些变化。

## 二、智力在一定程度上反映了认知加工的速度、有效性以及控制能力

我们无论何时单独使用 IQ 分数来评估学习者的认知能力，都会在一定程度上同意智力是影响不同任务成绩的单独的、一般能力。历史上，有大量证据支持这个观点。虽然不同的智力测验得出的分数稍有不同——尤其是当这些测验有不同种类的内容的时候，但是在一个测验上得分高的人在其他测验上得分一般也高。[②] 一位早期的心理学家查尔斯·斯皮尔曼（Charles Spearman）将单独的“智力”称为一般因素或是 **g 因素**。[③]

回忆在开篇的个案中露佩塔是如何比她的同学更快地完成作业的。一些当代信息加工理论者相信，潜在的 g 因素可能是个体快速有效地加工信息的一般能力。[④] 其他的理论者认为工作记忆的有

① N.Brody, 1997; Deary, Strand, Smith, & Fernandez, 2007; Gustafsson & Undheim, 1996; Nisbett et al., 2012.

② McGrew, Flanagan, Zeith, & Vanderwood, 1997; Neisser et al., 1996; Spearman, 1927.

③ Spearman, 1904, 1927.

④ N. Brody, 2008; Bornstein et al., 2006; Coyle, Pillow, Snyder, & Kochunov, 2011; Haier, 2003.

效应用——尤其是核心的执行成分（见第 4 章）——和元认知能力也是一般智力的关键因素。[①]

在斯皮尔曼提出 g 因素的几十年后，心理学家雷蒙德·卡特尔（Raymond Cattell）发现了一般智力有两种截然不同的成分的证据。[②] 首先，学习者在**流体智力**（**fluid intelligence**）上不同，也就是快速获取知识和有效适应新环境的能力不同。其次，他们在**晶体智力**（**crystallized intelligence**）上不同，也就是他们从经验、教育和文化中积累的知识和技能不同。流体智力对新奇的、不熟悉的任务更加重要，特别是那些需要快速决策和包含非语言内容的任务。晶体智力对熟悉的任务更加重要，特别是那些严重依赖于语言和先前经验的任务。

**想一想**

你有过 IQ 是永远不变的这种误解吗？如果有过，那么你经历了对 IQ 分数本质的概念转变吗？

## 三、智力也涉及大量的特殊过程和能力

当然，智力并不仅仅是做事情快速有效的问题。在不同的任务或活动中，智力还需要不同的特殊能力。[③] 例如，让我们回到前面“自己看一看”中呈现的“模拟智力测验”。定义像忏悔这样的词（题目 1）需要良好的言语能力和大量的英语词汇知识，而在几何图形中发现相似性（题目 5）则涉及对非言语的直观事物的推理。

近几年，一些理论者在卡特尔区分流体智力和晶体智力的基础上提出智力可能有三层（见图 6.11）。[④] 在卡特尔—霍恩—卡罗尔的认知能力理论（*the Cattell-Horn-Carroll theory of cognitive abilities*）中，上层是一般智力，或是 g 因素。它下面也就是中层是 9 种或 10 种特殊能力——加工速度、一般推理能力、关于世界的一般知识、加工视觉刺激的能力等，在不同程度上包括了流体智力和 / 或晶体智力。在这些能力下面也就是底层是多于 70 种的非常具体的能力，比如阅读速度、机械知识、记忆中联系的数量和丰富性——每个孩子都会在不同程度上拥有这些能力。卡特尔—霍恩—卡罗尔认知能力理论涉及了大量的特殊能力，非常复杂，很难在这里做具体的描述，但是你应该意识到心理学家日益发现这个理论在预测和理解学生在不同领域的成就时非常有帮助。[⑤] 因此，一些现代智力测验中包括对卡特尔—霍恩—卡罗尔理论中提到的认知能力的测量。[⑥]

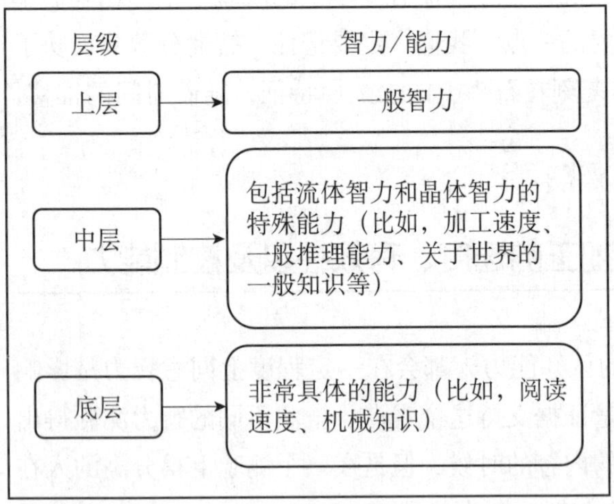


**图 6.11　卡特尔—霍恩—卡罗尔认知能力理论的三个层级**

① Cornoldi, 2010; Meinz & Hambrick, 2010; Nisbett et al., 2012; H.L.Swanson, 2008.

② Cattell, 1963, 1987; Nisbett, 2009.

③ P.L.Ackerman & Lohman, 2006; Carroll, 2003; McGrew et al., 1997; Neisser et al., 1996; Spearman, 1927; Thurstone, 1938.

④ P.L.Ackerman & Lohman, 2006; Carroll, 1993, 2003; D.P.Flanagan & Ortiz, 2001; Horn, 2008.

⑤ J.J.Evans, Floyd, McGrew, & Leforgee, 2001; L.Phelps, McGrew, Knopik, & Ford, 2005; B.E.Proctor, Floyd, & Shaver, 2005.

⑥ Roberts & Lipnevich, 2012.

## 四、学习者在某些领域可能比在其他领域更聪明

和智力的多层次理论形成对比的是**多元智力理论**（**multiple intelligences theory**）——在这种理论中，一个人可以在截然不同的方面有或多或少的才能。例如，心理学家罗伯特·斯腾伯格（Robert Sternberg）在他的三元智力模型中提出，人们在三种相对独立的思维方式上有所不同。分析智力包括理解、分析、比较以及评价经常在学术情境和传统智力测验中看到的那类信息和问题；创造性智力包括想象、发明以及在新情境中整合不同观念（回忆第 3 章对创造力的讨论）；实践智力包括将知识和技能有效地应用于对日常问题和社会情境的管理和应对中。①

另一种多元智力理论是霍华德·加德纳（Howard Gardner）提出的，他认为人们至少有八种不同的、相对独立的能力存在。② 因为这个理论在教育工作者中很受欢迎，所以我们在表 6.4 中总结了加德纳提出的八种智力。（加德纳认为也许存在第九种智力——有关哲学和精神领域，但是他承认还没有充分的证据来说明这点③，所以我们在表中就省略了这点。）加德纳的多元智力理论让我们很乐观，大多数学习者可能都至少会在一个领域有相当大的潜能，也许会在语言、数学、音乐或是体育方面表现得格外有希望。在开篇的个案中，露佩塔表现出了加德纳所说的人际交往智力：她准确地解读了成年人的暗示信息，劝说同学去完成功课，并且熟练地帮助另两个同学完成拼图。

加德纳提出了一些证据来支持多元智力的存在。例如，他描述了一些在某一领域（也许是作曲）非常有才能然而在其他领域好像能力平平的人。他也指出那些受过大脑损伤的人有时会失去某些能力，这些能力主要受限于某种智力（比如，他们失去的可能只是语言能力）。然而，在某种程度上因为现有的所有关于智力中 g 因素的证据，有些心理学家认为加德纳的证据并不能充分地支持存在八种完全不同能力的想法。④ 其他心理学家认为人们可能拥有各种相对独立的能力，但是他们认为与加德纳提出的能力有区别（比如，回忆卡特尔—霍恩—卡罗尔理论中的中层智力）。还有一些人不赞同特定领域的能力——比如音乐或是身体活动——在本质上是真正的“智力”。⑤

**表 6.4　加德纳的多元智力**

| 智力类型 | 相关行为举例 |
|---|---|
| **语言智力（Linguistic intelligence）**：<br>有效运用语言的能力 | • 进行有说服力的辩论<br>• 写诗<br>• 觉察词意中的微妙之处 |
| **逻辑—数学智力（Logical-mathematical intelligence）**：<br>逻辑推理能力，特别是在数学和科学中 | • 快速解决数学问题<br>• 进行数学论证<br>• 对观察现象提出假设并加以验证[a] |
| **空间智力（Spatial intelligence）**：<br>对所见内容细节的把握能力以及在头脑中想象和操作视觉客体的能力 | • 在头脑中显现出心理意象<br>• 为客体画像<br>• 在看上去相似的物体间找到细微的差别 |

① Sternberg, 1998, 2004; Sternberg et al., 2000.

② Gardner, 1983, 1998, 1999.

③ Gardner, 2000a, 2003.

④ N.Brody, 1992; Corno et al., 2002; Kail, 1998; Waterhouse, 2006.

⑤ Bracken, McCallum, & Shaughnessy, 1999; Sattler, 2001.

续前表

| 智力类型 | 相关行为举例 |
|---|---|
| **音乐智力（Musical intelligence）**：<br>创作、理解和欣赏音乐的能力 | • 演奏某种乐器<br>• 创作一首音乐作品<br>• 识别乐曲的基本结构 |
| **身体动觉智力（Bodily-kinesthetic intelligence）**：<br>灵巧地运动肢体的能力 | • 跳舞<br>• 打篮球<br>• 表演哑剧 |
| **人际交往智力（Interpersonal intelligence）**：<br>对他人行为细节的觉察能力 | • 理解他人的情绪<br>• 觉察他人潜在的意图和需求<br>• 利用对他人的了解去影响其思维和行为 |
| **内省智力（Intrapersonal intelligence）**：<br>认识自己的情感、动机和需求 | • 区分类似悲伤和遗憾这种相似的情感<br>• 识别支配自己行为的动机<br>• 有自知之明从而更有效地与他人相处 |
| **自然观察者智力（Naturalist intelligence）**：<br>对自然界的生物进行分类的能力以及识别不同生物与自然客体的差异的能力 | • 识别某种植物或动物种类的成员<br>• 对自然形态分类（例如，岩石、山的类型）<br>• 在耕作、绿化或是动作训练等活动中运用自然知识 |

[a] 这个例子可能会使你回忆起皮亚杰的认知发展理论。皮亚杰描述的一些特定阶段的特点都属于逻辑—数学智力的范围。
来源：Gardner, 1983, 1999.

不管确切的智力结构是什么，有两件事是明确的。第一，智力是一个非常复杂、多面的存在。第二，任何一个学习者都会在某些方面比在其他方面更有才能。

## 五、智力是遗传和环境影响的产物

**仔细观察10岁的卢瑟画的这盆植物，它表明了加德纳称作自然观察者智力的才能。**

通过智力测试，至少表明智力确实有一些大脑基础。例如，和智商普通的同龄儿童相比，高智商儿童的大脑皮层发育时间较长。[①]高水平的智力似乎也与许多大脑区域之间持续有效的相互作用有关。这些差异很可能是遗传和遗传驱动的成熟变化的结果。[②]然而，儿童不会继承一个单独的“IQ基因”来决定他们的智力。相反，他们会继承各种能以不同方式影响他们认知发展和智力的特征。[③]

环境因素同样会影响智力，有时是积极影响，有时是消极影响。在早期发展阶段（包括从怀孕到出生的那几个月）营养不良会造成较低的IQ分数，妈妈在怀孕时期酗酒也会这样。[④]上学始

① Burgaleta, Johnson, Waber, Colom, & Karama, 2014; Yokota et al., 2015.

② Jung & Haier, 2007; Kovas, Malykh, & Petrill, 2014; Rizzi &Posthuma, 2013; Shaw et al., 2006.

③ Kovas, Petrill, & Plomin, 2007; Kovas & Plomin, 2007; Meinz & Hambrick, 2010; Shaw et al., 2006.

④ Benton, 2008; D’Amato, Chitooran, & Whitten, 1992; Neisser et al., 1996; Ricciuti, 1993.

终对 IQ 分数有着积极影响。[1] 将儿童从受忽视的、贫困的家庭环境中转移到更多教养和激励的家庭环境中（比如，通过收养或是寄养方式转移）能够使 IQ 增加 15 分或更多。[2] 此外，研究发现，在世界范围内，人们在智力测验中的成绩都存在一种缓慢但是稳定的增长——这种趋势可能是较好的营养、较小的家庭结构、较好的教育、越来越多的认知刺激（通过电视、阅读资料等）以及人们环境中的其他条件改善的结果。[3]

遗传和环境在智力发展中的作用到底有多大呢？在过去的几十年中，先天与后天的问题一直是引起大量争论的根源。但事实上，就如本章前面所提到的那样，遗传和环境因素相互作用，对认知发展和智力的影响几乎是不可能分开的。例如，你应该记得，基因需要有适当的环境支持来发挥作用。在极度贫困的环境中——缺少足够的营养和刺激，遗传可能对孩子的智力成长没有什么意义，但是在较好的环境中，遗传会有很大的影响。[4]

## 六、智力在不同的年龄水平可能会有不同的形式

一些在天才领域工作的心理学家认为，智力不仅在某些领域中具有一定的独特性，而且其基本性质也会随着年龄和经验的变化而变化。按照他们的观点，特殊能力和才能的发展过程如下[5]：

（1）最初（通常在儿童期），人们在某个领域表现出非凡的*潜力*，可能是阅读、数学或是音乐领域。

（2）有适当的说明、指导和实践机会，人们在某个领域中可获得非凡的*成就*。

（3）如果人们在很长一段时间内在某个领域中钻研，并且完成该领域中特定的任务（通常在成年期），他们可能最终会获得大量的*专业知识和卓越成就*，使他们的成就得到广泛认可。

在这里，我们看到了一个智力的动态观：尽管它的根源可能来自某些天生禀赋，但是从长远来看，智力还需要环境的培育和个人的坚持。[6]

## 七、学习者可能会有特定的认知风格和倾向，使他们以聪明或不太聪明的方式进行思考和表现

大多数的智力测量工具都关注人们能做什么，而很少考虑人们有可能做什么。例如，智力测验没有评价学习者完成特定目标的动力或是愿意主动管理和调节学习的程度。然而这些倾向在决定学业和现实任务的成败方面与智能同样重要，正如你从第 3 章和第 5 章中所学习到的那样。[7]

有着相同智力水平的学生在完成课堂任务和思考课堂主题时经常有着不同的方式。这些个体差异有些是**认知风格（cognitive styles）**——人们倾向于采用的思考任务和处理新信息的独特方式——

---

① Ceci, 2003; Gustafsson, 2008; Nisbett et al., 2012.

② Duyme, Dumaret, & Tomkiewicz, 1999; Nisbett et al., 2012; Scarr & Weinberg, 1976; van IJzendoorn, Juffer, & Klein Poelhuis, 2005.

③ Daley, Whaley, Sigman, Espinosa, & Neumann, 2003; Flynn, 2003, 2007; E.Hunt, 2008; Neisser, 1998b.

④ Ceci, 2003; Nisbett et al., 2012; Turkheimer, Haley, Waldron, D'Onofrio, & Gottesman, 2003.

⑤ Dai, 2010; Subotnik, Olszewski-Kubilus, & Worrell, 2011.

⑥ Dai, 2010; Subotnik et al., 2011.

⑦ Duckworth & Seligman, 2005; Kuhn, 2006; Luciana, Conklin, Hooper, & Yarger, 2005; D.N.Perkins, Tishman, Ritchhart, Donis, & Andrade, 2000.

学习者不需要或很少需要有意控制。另外一些个体差异是**倾向**（**dispositions**）——以特定方式处理和思考学习任务和解决问题任务的一般倾向——学生会有意让自己努力掌握学校的课程。你不必纠结于这两个概念之间的差别，因为它们的意思有相当多的重合之处。两者不仅都与特定的认知趋势有关，而且都与人格特征有关。不过，倾向还含有动机成分——我想要这样做。①

多年来心理学家和教育者考察了各种认知风格（一些人使用的是学习风格这个词）和倾向。他们识别的特质以及开发用来评价这些特质的工具有时会经不起其他研究者的仔细检验。②此外，根据学生自我报告的风格所定制的特定的教学策略，在某些情况下，只不过反映了学生的偏好，并不一定能提高学业成绩。③

**想一想**

你的行为和思维特点是什么呢？

但是，一个值得关注的认知风格的维度是分析思维和综合思维的区别。④在分析（*analytic*）思维中，学习者常常将新刺激或任务分解成几个部分，在某种程度上独立于它们的背景来看待这些部分（这种风格会使你想起斯腾伯格的分析智力）。而整体（*holistic*）思维是将情境感知为综合的、不可分割的整体，与它们的背景联系紧密。一种思维方式并不一定优于另一种，而这两种认知方式可能会适用于不同的情境。研究者发现不同的文化对分析思维和整体思维的关注有所不同，在文化因素专栏“推理能力、智力和认知风格的文化差异”中你可以看到这点。

同时，研究者还发现某些特定的倾向有益于课堂学习⑤：

- **寻求刺激**（stimulation seeking）：渴望与自然和社会环境互动以获得新经验和新信息。
- **认知需求**（need for cognition）：经常寻求和参与有挑战性的认知任务。
- **责任心**（conscientiousness）：始终以仔细、专注、负责的态度完成指定的任务。
- **批判性思维**（critical thinking）：始终根据信息或是论点的准确性、逻辑性和可靠性进行评价，而不是直接信以为真（回忆第3章是如何将批判性思维描述为一种倾向以及一个认知过程的）。
- **开放性**（open-mindedness）：愿意多角度和多渠道地对论据进行判断，愿意暂缓判断而不是贸然下结论。

这些先天倾向常常与学生的学习及成就呈正相关，有些理论者认为这些先天倾向与学生学什么和学多少有因果关系。事实上，在对长期成就的影响方面，先天倾向有时会“碾压”智力。⑥例如，有高认知需求的学习者会从他们阅读的内容中学到更多，并且更可能在合理的论据和逻辑推理的基础上得出结论、在有充分证据时更可能发生概念转变。⑦同时，那些会批判性地评价新论据、愿意接受各种观点有开放性的学习者，会表现出更高级的推理能力、取得更高水平的成就。⑧

研究者目前还没有充分了解各种认知风格和先天倾向的由来。也许与遗传的性情差异（比如，寻求刺激）有关⑨；也许对知识本质的认知信念也会起作用，例如，一方面认为知识是固定不变的，另一

① Kuhn, 2001a; Messick, 1994b; D.N.Perkins & Ritchhart, 2004; Stanovich, 1999; L.-F. Zhang & Sternberg, 2006.

② Cassidy, 2004; Krätzig & Arbuthnott, 2006; Messick, 1994b.

③ Curry, 1990; R.E. Mayer & Massa, 2003; Nieto & Bode, 2008; Pashler, McDaniel, Rohrer, & Bjork, 2009.

④ Norenzayan, Choi, & Peng, 2007; Riding & Cheema, 1991; L.-F. Zhang & Sternberg, 2006.

⑤ Cacioppo, Petty, Feinstein, & Jarvis, 1996; DeBacker & Crowson, 2009; Halpern, 2008; Hampson, 2008; Kardash & Scholes, 1996; P.M.King & Kitchener, 2002; G.Matthews, Zeidner, & Roberts, 2006; Raine, Reynolds, & Venables, 2002; Southerland & Sinatra, 2003; Trautwein, Lüdtke, Schnyder, & Niggli, 2006; R.F.West, Toplak, & Stanovich, 2008.

⑥ Dai & Sternberg, 2004; Kuhn & Franklin, 2006; D.N.Perkins & Ritchhart, 2004.

⑦ Cacioppo et al., 1996; Dai & Wang, 2007; P. K. Murphy & Mason, 2006.

⑧ DeBacker & Crowson, 2009; G.Matthews et al., 2006; Stanovich, 1999.

⑨ Raine et al., 2002; Rothbart, 2007.

方面认为知识是动态的、不断发展变化的。[①] 而且很可能，教师在课堂中的行为以及他们营造的课堂氛围——例如，他们是否鼓励学生探索、冒险以及对课堂主题进行批判性思考——也有着很大影响。[②]

## 文化因素

### 推理能力、智力和认知风格的文化差异

研究者发现至少具体运算思维中的一个主要方面——守恒——以及形式运算思维的几个方面的获得在一定程度上取决于一个文化群体是否培养这些方面的技能。而且，不同文化对什么是“聪明的”人有着不同的看法。

- **守恒**

下面是两个大小相同的泥球。

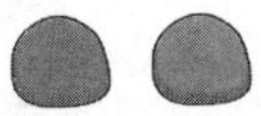

想象你改变其中一个球的形状，可能把它压成饼状或是卷成香肠状。不要问儿童两份泥重量是否相同（这是图 6.6 呈现的重量守恒任务），只简单问这两份泥是否数量相同。一般来说，欧洲和北美的学龄儿童在 7 岁左右会掌握泥类物质的守恒。而那些家里经常做陶器的墨西哥儿童掌握这类任务会更早一些，大约在 6 岁。显然，做陶器需要儿童频繁地判断需要的泥量，而且不管泥的具体形状是什么，这些判断必须相当准确。[a] 然而在其他文化中，特别是在儿童既不上学也不参与需要搞清数量的活动的一些地方，守恒会比在西方主流社会晚好几年才出现。[b]

- **形式运算推理技能**

在某些文化中，形式运算思维技能与人们的日常生活和活动无关。[c] 例如，让我们回到前面提到的“人和篮球”练习中的第二个问题：

> 如果所有的儿童都是篮球，
> 同时，如果所有的篮球都是软糖，
> 那么，所有的儿童一定是软糖吗？

根据形式逻辑的规则——两个前提是正确的，答案是肯定的。在西方主流社会的一些学校中会教授和鼓励这类对假设的并且可能与事实相反的观点的推理，尤其在数学和科学课程中。但是在其他很多国家，包括一些现代亚洲国家，逻辑推理常常植根于人们的日常具体生活。这些国家的成年人可能不会看到假设的并且与事实相反的推理有什么意义，因此在他们的学校或是其他场合都不会去培养这种推理能力。[d]

在某些文化中，形式运算思维的某些方面与人们的世界观是不一致的。[e] 例如，西方主流文化中的大多数人都非常重视科学方法——形成假设、收集证据、验证假设、分离和控制变量等等，其他文化中的人们常常将其他信息来源——可能是权威人物、《圣经》或是一般的民间传说——作为确定什么是“真理”的更值得信任的根据。

- **智力的观点和表现形式**

在北美和西欧，智力主要被看作是会影响儿童学业成就和成年人职业成功的一种能力。但是这种观点并不普遍。一些西班牙的、非洲的、亚洲的和美国本土的文化认为，社会技能和学业技能一样也被包括在智力中，社会技能即保持和谐的人际关系、与他人合作有效地完成挑战性任务，等等。[f] 在远东的佛教和儒家的社会文化中，智力也包括获得坚定的道德价值观以及对社会做出有意义的贡献。[g]

不同的文化群体所认为的反映智力的行为也不同。例如，在一些传统的智力测验中，重视速度：如果儿童回答问题时又快又准，他们的得分就高。然而在一些文化中人们完全不评价速度，甚至对很快就能完成的任务表示怀疑。[h] 再举一个例子，西方主流文化中的一些人认为强大的言语能力是高智力的标志。相反，一些日本人和北部魁北克的因纽特人则认为过多的闲话是不成熟或低智力的表现。[i] 一位在北部魁北克的一所因纽特学校工作的研究者向一位老师询问一个男孩的情况，这个男孩的语言能力看起来总是优于他的同龄人。这位老师回答道：

> 你认为他会不会有学习问题？这种孩子智力不那么高，其中一些孩子很难控制住自己，他们不知道什么时候要停止说话。[j]

---

① P. M. King & Kitchener, 2002; Kuhn, 2001b; Moson, 2003.

② Flum & Kaplan, 2006; Gresalfi, 2009; Kuhn, 2001b, 2006.

当你读到本章后面的内容时，你就会发现智力测验顶多只是个测量儿童智力的并不完善的工具而已，所以教师在解释任何儿童的测验结果时都必须格外谨慎。很显然，当儿童来自不同的文化背景时，更要保证做到这一点。

- **分析思维与整体思维**

  一般来说，西方主流文化倾向于分析思维，而东亚文化则倾向于从整体思考。[k] 当然，逻辑和科学推理需要分析思维，但整体思维可以帮助学习者从看似截然不同的现象中发现联系。例如，有整体思维的中国科学家发现了海洋潮汐的根本原因——月球对大型水体的引力，这个发现比关注范围有限、以地球为中心的欧洲科学家早了好几个世纪。[l]

[a] Price-Williams, Gordon, & Ramirez, 1969.
[b] Fahrmeier, 1978; Morra et al., 2008.
[c] M.Cole, 1990; J.G.Miller, 1997.
[d] Norenzayan et al. 2007.
[e] Kağitçibaşi, 2007; Losh, 2003; Norenzayan et al., 2007.
[f] Greenfield et al., 2006; J.Li & Fischer, 2004; Sternberg, 2004, 2007.
[g] J.Li & Fischer, 2004; Sternberg, 2003.
[h] Sternberg, 2007.
[i] Crago, 1988; Minami & McCabe, 1996; Sternberg, 2003.
[j] Crago, 1988, p. 219.
[k] Norenzayan et al., 2007; Park & Huang, 2010; Varnum, Grossmann, Kitayama, & Nisbett, 2010.
[l] Nisbett, 2009.

## 八、当学习者的努力得到物质或社会的支持时，他们会表现得更聪明

到目前为止，我们的讨论中一直暗含着一种假设，即认为智力行为是人们在很少或是没有周围事物参与或人帮助的情况下做出的行为。但是，让我们回到前面第 4 章中讨论过的概念——分布式认知：当学习者能够将部分认知负荷转移或分配给某物或其他人时，他们就可以更有效地思考和做事。一些心理学家用**分布式智力**（**distributed intelligence**）这个术语来指代这个观点，在许多方面，这两个术语是同义的。[①] 更具体地说，学习者能够以至少三种方式分散一项有挑战性的任务。首先，他们能够应用实物工具，特别是技术（比如，计算器、计算机）来处理和操纵大量的信息。其次，他们能够应用各种符号系统——词汇、表格、图表、数学等式等等——以及其他可获得的认知方法进行心理编码，处理他们遇到的情况。最后，他们能够和他人合作寻求新想法解决问题。当学习者合作完成复杂的、有挑战性的任务时，他们的想法常常比独自思考更有智慧。事实上，学习者有时彼此传授思维策略和方式，这些有助于他们以后遇到事情时能够深思熟虑。[②]

根据分布式智力的观点，智力并不是学习者会随身携带永久不变的特征，也不是能够轻易测量、然后用几个测验分数就加以总结的东西。相反，智力是高度可变、有特定背景性的能力，当有适当的环境支持时，智力是会提高的。

# 第五节　解决学生的发展需求

**主要理念：有效力的教师在课程计划和教学实践中会掌控学生发展的差异性和多样性，最终目标是促进所有学生的认知和智力发展。**

在对认知发展原则和智力的探究中，我们发现不同年龄的学习者有着不同的思维和推理能力，

① Barab & Plucker, 2002; Hutchins, 1995; T.Martin, 2009; Pea, 1993; D.N.Perkins, 1995; B.Rhodes, 2008; Salomon, 1993.
② Applebee, Langer, Nystrand, & Gamoran, 2003; A.-M.Clark et al., 2003; Salomon, 1993; Spörer & Brunstein, 2009.

在某种程度上，相同年龄的学习者身上也存在这种现象。同时我们发现环境因素一定会对学习者的思维和推理能力有积极影响。在本章的最后部分，我们来看以下问题：（1）如何在课堂上掌控发展的差异性和多样性？（2）如何促进所有儿童和青少年的认知发展？

## 一、掌控发展的差异性和多样性

回想一下你在小学低年级时的经历。你学习了哪些主题，你的老师使用了什么教学方法来教授这些主题？再来回想一下你的高中阶段，这个阶段的课程和教学方法与小学阶段的有哪些不同？你一定会想起某些不同之处。例如，在小学低年级时，你可能关注基础知识和技能：学习字母与发音的对应关系、阅读简单的散文、正确使用大写和标点、两位数的加减法，等等。你的老师可能会给你很多的指导和建议、给你布置小而具体的任务让你练习直到最终掌握某些知识和程序。然而，到了高中阶段，你要学习复杂的主题——生物分类系统、历史事件、文学作品和诗歌中的象征手法、代数运算等等，这些主题抽象而复杂，并且你的老师会把掌握这些主题的重任交给你。

这些差异反映了课堂教学必须与发展相称的事实。也就是说，必须考虑特定年龄群体的学习者可能会具有的特点和能力。但是就像我们所发现的，学习者的发展速度不同，因此教学也要考虑到单一年龄群体内部的特点和能力的多样性。下面的建议能够帮助教师在课堂上顾及发展的差异性及学生的多样性。

### 1. 用解题型任务和探索性提问来考察学生的推理

在皮亚杰对儿童和青少年的研究中，他开创了一种被称为**临床法**（**clinical method**）的技术。特别是，他给儿童一个问题，然后通过一系列有针对性的提问考察学生对问题所做的推理。前面提到过的与 6 岁的布赖恩的谈话就是临床法的一个案例。成人问布赖恩一组 12 颗木头珠子（一些黑色的，一些白色的），是木头珠子多，还是黑色珠子多。当布赖恩回答“黑色珠子更多”时，成人继续追问（比如，哪条项链更长，木头珠子那条……还是黑色珠子那条）以确定布赖恩真的认为黑色珠子更多，同时也可能制造新的不平衡。

通过展示皮亚杰的各种包括具体运算思维和形式运算思维技能的任务——包括类包含、守恒、分离和控制变量、比例推理等，以及观察学生在这些任务中的反应，教师能够深入了解学生是如何进行思考和推理的。通常，教师为了评估而使用临床法时，他们不会就回答的正误给出反馈。相反，他们只是简单地提出各种问题来确定儿童如何对情境做解释。有时他们也会让儿童对另一种解释做出反应。[①] 例如，如果儿童说一个高瘦型玻璃杯与一个矮胖型玻璃杯装的水一样多，教师可能会说：

> 有一天一个学生告诉我，高玻璃杯能装更多水，因为其中的水比矮杯中的水高。你认为是这样吗？

然而，只有具有相当多的经验，才能想出可以有效探索儿童推理的一系列问题。新手访谈者在探索学生的排水体积守恒的推理中可能会用到图 6.12 中展示的程序，这种守恒是皮亚杰理论中一种相当高级的守恒形式，大约在青春期时出现。

---

① diSessa, 2007.

**材料**

2 个装有等量水的玻璃杯

2 个大小相同的泥球，球的直径小于水杯

2 条橡皮筋

1 把塑料小刀

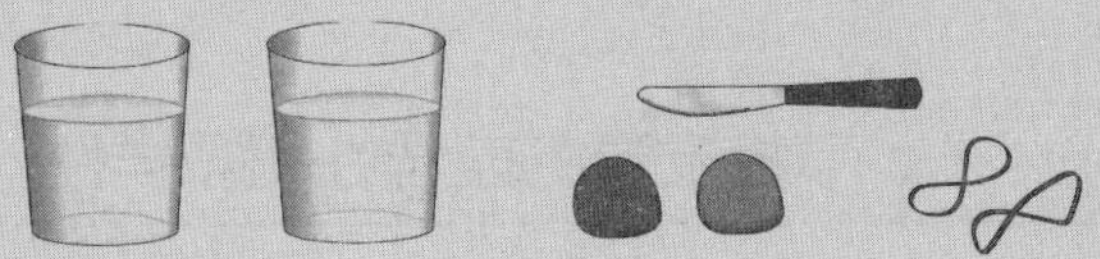

**程序**

1. 让儿童看两杯水。将橡皮筋绕在杯子上水面的位置。问儿童：“两杯水一样多吗？”如果儿童回答不一样多，就说：“那么请你将两杯水调整成一样多。”允许儿童将水从一个杯子倒入另一个杯子，直到他认为两杯水相同为止。如果必要的话，调节杯子上橡皮筋的位置，或是让儿童调节。

2. 让儿童看两个泥球。问他：“这两个泥球大小相同吗？”如果他回答不一样，就说：“那么请你将两个泥球弄成一样大。”允许儿童增减一个或两个泥球的大小，直到他认为两个泥球一样大为止。

3. 确保儿童在观看，将一个泥球放入其中一个水杯。然后说：“当我这样做时，看看水是如何升高的。让我们来把橡皮筋移到现在水面的位置。”适当地移动橡皮筋。

4. 拿起另一个泥球和另一杯水，说：“我将把这个泥球切成几小块。”用塑料小刀将泥球切成四或五块。然后问他：“当我把这些小泥块都放到杯子里，你觉得水会升高多少呢？你认为水面会在哪里，将橡皮筋移动到那儿。”允许儿童调节橡皮筋直到他放到满意的位置。如果儿童将橡皮筋移动到和另一条橡皮筋相同的位置，就进行步骤 5a~7a。如果儿童将橡皮筋移动到高于或是低于另一条橡皮筋的位置，就进行步骤 5b~6b。

| 如果儿童预测水位将升高到相同的位置，那么需要做的是： | 如果儿童预测水位将升高到不相同的位置，那么需要做的是： |
|---|---|
| 5a. 对儿童说：“告诉我为什么你认为水会升到那个位置。”可能出现的回答：<br>●“泥块一样多。”<br>●“我不知道，我只是猜的。”<br>6a. 将所有的泥块放入水中，然后说：“你是对的，你感到惊讶吗？”可能出现的回答：<br>●“不惊讶。即使你把泥切碎，泥的量仍然是相同的。”<br>●“惊讶。因为我真的不知道水会升到那个位置。”<br>7a. 如果儿童感到惊讶，就问他：“为什么你认为水升到了那个位置呢？”根据儿童的回答来确定他现在是否理解不管泥有多少块，等量的泥都会排出等量的水。 | 5b. 对儿童说：“告诉我为什么你认为水会升到那个位置。”可能出现的回答：<br>●“泥的量少了。”<br>●“泥的块数多了。”<br>●“不知道，我只是猜的。”<br>6b. 将所有的泥块放入水中，然后说：“你的判断是错的。看，水升到和另一杯水相同的位置了。为什么你认为水会升到那个位置呢？”可能出现的回答：<br>●“即使你把泥切碎，泥的量仍然和另一个泥球相同。”<br>●“这没有道理，因为较小的泥块在杯中占的空间也会小。”<br>●“我不知道。” |

**解释**

完全达到排水体积守恒认知的儿童应该能够：（1）预测第二杯水会上升到和第一杯水相同的位置；（2）有充分理由预测两个玻璃杯中的水和泥都是相同的。那些快要达到排水体积守恒认知的儿童可能会：（1）做出正确的预测，但是最初不能充分说明原因；（2）最初做出错误的预测。然而，如果他们确认尽管外观有差异，但是两个杯中的泥排出了相同的水量，那么他们就都能解释最后的结果。既不能做出正确的预测也不能解释最后结果的儿童当前还不能对涉及排水体积守恒类的问题进行正确的推理。

**图 6.12　排水体积守恒：举例说明教师如何使用皮亚杰的临床法考察学生的推理**

临床法并不局限于传统的皮亚杰的推理任务，它能够被应用于广阔的学术领域和学科中。为了说明这一点，教师可能会展示各种地图（比如，美国亚利桑那州的公路图、芝加哥的公交路线图、山区的三维地形图），然后让学生说他们看到了什么。小学低年级的儿童（特别是幼儿园和一年级的儿童）更可能以具体的方式来解释一些地图符号。例如，他们可能会认为地图上画成红色的路实际上就是红色的。他们可能也很难理解地图的比例，或许会认为一条线不可能代表一条路，因为"它太窄了，行驶不了两辆车"，或是地形图上被画作凸块的不可能是山，因为"它不够高"。[①]理解地图的比例概念需要比例推理——一种直到青少年期才能完全掌握的能力，因此幼小的儿童会对这个问题感到困惑也就不足为奇了。

### 2. 谨慎解释智力测验结果

正如我们所见，智力测验只是问题和任务的集合，是心理学家为了理解儿童和青少年思维、推理和学习的有效性程度而开发的，并且经过了多年的不断修订。这些测验在一定程度上可以预测学业成绩，但是它们绝对不是能够确定学习者真正智力的神奇工具——如果"真正的"智力这种东西真的存在的话。当教师知道某个学生的 IQ 分数时，他们应该谨记以下几点[②]：

- 不同类别的智力测验可能会产生稍有不同的分数。
- 学生在任何一个测验中的成绩都不可避免地会受到测验时出现的一些临时因素的影响，如健康情况、心情、动机、测验时间、分心事件，等等。这些因素对年幼的儿童非常有影响，这些儿童常常精力充沛、注意时间短、坐不住。（这里我们讨论的是测验的信度，在第 10 章中我们将细谈这个概念。）
- 测验题目普遍关注西方主流文化中——特别是学校情境——很重要的技能，而没有体现出在其他文化中更受重视的那些技能。
- 有些学生可能对某些题目中的任务内容和类型并不熟悉，因此在这些题目中表现不佳。
- 当智力测验用英语施测时，那些英语水平有限的学生显然会处于劣势。
- 有些学生（比如，那些不想被认为符合"白人"文化的非白人学生）并没有要表现最佳的动机，因此得分会低估他们的能力。
- IQ 分数具有有限的"适用期"。它们可以预测短期的学业成就（比如两到三年），而不能预测长期的成就，尤其当 IQ 分数是在学前或是小学低年级测得的时，情况就更是如此。

在有些情况下，使用 IQ 分数能够对学生的当前认知技能有一个大概的了解。但是从刚才所列出的那些局限性中可以看到，教师应该对 IQ 分数的准确性始终保持一个适度的怀疑态度，特别是当学生来自不同的文化背景、英语水平非常有限或者 IQ 分数是在相当年幼时测得的时。

### 3. 寻找具有特殊能力和天资的标志

在前面我们发现，学习者从只有在帮助下才能完成的任务（在学习者最近发展区中的任务）中受益最多。因为不同的学生处于认知发展的不同层次，所以他们常常有着不同的最近发展区，几

---

① Liben & Myers, 2007, p. 202.

② Bartholomew, 2004;Hayslip, 1994; Neisser et al., 1996; Ogbu, 1994; D.N.Perkins, 1995; Sattler, 2001; Stanovich, 2009; Sternberg, 2005, 2007; Zigler & Finn-Stevenson, 1992.

乎任何一个班级中都可能有一个或几个学生的能力水平远远高于他们的同伴。尽管专家对如何定义和识别**天才（giftedness）**并没有达成一致意见，但它很可能就是基因和环境因素共同作用的结果。①

有天赋的学生常常在我们学校最差的学生中。当要求他们和没有天赋的同伴以相同的速度进步时，他们的成绩总是和他们的能力相差甚远。而且，当学校不能提供有挑战性的作业时，这些有特殊才能和天资的学生会感到烦恼和沮丧。而其他习惯于比较容易就得到A的学生，他们很难应对在进入新领域时可能会犯的错误。②

识别天才的传统方法是使用IQ分数，以125分或是130分作为分界点。但是有些学生可能只在一个领域有天分，比如说，在科学或是创意写作方面，一般的智力测验在识别这类学生方面可能并没有特别的帮助。③由于各种各样的原因，那些有少数族裔背景的学生在智力测验上的表现不如在西方主流文化中成长的学生。④某些文化背景中的学生对智力测验中的常规试题几乎没有任何经验，比如自包含的逻辑问题（回忆"儿童—篮球—软糖"问题）或是在几何图形中寻找规律。⑤其他学生可能会试图隐藏他们的天分，从而避免那些不重视学业成绩的同学的嘲笑。⑥

学校工作人员不完全依赖智力测验来识别那些比同伴更需要挑战性课程的学生是非常关键的。下面列出的这些特质是教师应该寻找的⑦：

- 高级的词汇、语言以及阅读技能。
- 广博的世界知识。
- 和同伴相比，更快、更轻松、更独立学习的能力。
- 高级有效的认知加工和学习策略。
- 在思维和问题解决中有灵活性、独创性，并且足智多谋。
- 将概念和观点应用于新的、看起来无关的情境中的能力。
- 对行为的高标准（有时达到不现实的完美主义的程度）。
- 对完成挑战性任务有着强烈的动机，对简单任务有厌烦感。
- 在社会性发展和情绪管理方面高于一般水平（尽管由于与同伴有很大不同，少数非常有天赋的学生可能会在这两方面存在问题）。

研究者和有经验的教师发现了很多对天才学生有效的教学策略。在课堂策略专栏"辅导具有特殊才能和天资的学生"中呈现并举例说明了一些达成共识的建议。

---

① Dai, 2010; Renzulli, 2002; Simonton, 2001; Winner, 2000b.

② Dai, 2010; Mendaglio, 2010; Parker, 1997.

③ D.J.Matthews, 2009; Moran & Gardner, 2006.

④ McLoyd, 1998; Neisser, 1998a; Walton & Spencer, 2009.

⑤ Nisbett, 2009; Rogoff, 2003; Sternberg, 2005.

⑥ Dweck, 2009; Ogbu, 2008a.

⑦ Cornell et al., 1990; Dai, 2010; Mendaglio, 2010; Parker, 1997; Shavinina & Ferrari, 2004; Steiner & Carr, 2003; Subotnik et al., 2011; Winner, 2000a, 2000b.

## 课堂策略

### 辅导具有特殊才能和天资的学生

- **根据学生的具体才能进行个体化指导**

  一位具有非凡阅读能力并对莎士比亚有兴趣的中学生，给他安排的作业是阅读莎士比亚的几个剧本。读完每个剧本后，与班里的实习教师进行讨论，实习教师就读于附近大学的英语专业。

- **具有相似能力和兴趣的学生组成学习小组**

  音乐教师为四分之一有杰出音乐才能的学生进行每周一次的指导。

- **在特定的校园话题的背景中教授复杂的认知技能，而不要脱离常规的学校课程**

  教师让高级科学学习小组对一个主题进行一系列实验。为了促进科学推理和批判性思维运用，教师给出了几个在实验过程中他们应该自问的问题——这些问题能够鼓励他们分离和控制变量、对结论进行批判性的评价，等等。

- **为独立学习提供机会**

  二年级的教师发现一个教育软件，一个有数学天分的 8 岁学生通过这个软件能够学习小数、指数、平方根并且为掌握其他一些概念做好了准备。

- **让学生积极参加有挑战性的、复杂的公共服务项目（比如，服务学习）**

  三个高中生在社区合作参与收集几个历史建筑物和博物馆的资料。他们做了传单——后来被当地历史学会使用，在带领同学步行参观这些建筑时，分享给同学。

- **鼓励学生为自己设定高目标**

  教师鼓励来自较低社会经济背景的学生上大学，并且帮助他们寻求接受高等教育的经济资助。

- **寻找外部资源来帮助学生发展他们的特殊才能**

  具有超常的学习外语的天赋的学生在地方高校学习俄语。

- **要求学生准备一节课的一部分**

  中学教师让一位能力强的学生为即将学习的课堂内容准备一个发言。

来源：Ambrose, Allen, & Huntley, 1994; Dai, 2010; Hattie, 2009; J.A.Kulik & Kulik, 1997; Lubinski & Bleske-Rechek, 2008; Lupart, 1995; Piirto,1999; Terry, 2003, 2008（步行参观的例子）。

### 4. 如果儿童在发展上表现出了明显的延迟，请咨询专家

有些儿童和青少年在发展上格外超前，但也有少数人在发展上表现出异常的延迟。当延迟只出现在认知技能的某个特定方面时，也许是学习者还没有充足的经验去发展它，也或许是出现了学习障碍。而一般有**智力缺陷（intellectual disability）**的学习者——有时也被称为*智力落后*——在学业和社会功能的很多方面都表现出发展延迟。① 更具体地说，他们具有下面两个特征②：

- 智力明显低于一般智力。这些学习者的智力测验分数非常低——常常低于 70 分，成绩处于同年龄组的 2% 以下。此外，他们学习速度慢，在几乎所有学科中的成绩都不好。
- 适应行为中的缺陷。这些学习者的行为方式与年幼儿童相同。他们在*适应行为*上的缺陷包括缺乏实践智力（管理日常生活中一般活动的能力）和社交智力（在社交情境中，行为表现方式符合相应的文化背景的能力）。

这两个特征在儿童期一定非常明显。如果个体从 16 岁开始表现出这些特征，那么可能就是严

① 一些特殊教育工作者在智力缺陷和智力落后两个词中，更喜欢使用前者（例如，Luckasson et al., 2002），美国智力落后协会在 2007 年将名字改为美国智力和发展缺陷协会（the American Association on Intellectual and Development Disabilities）。

② Luckasson et al., 2002.

重的脑损伤的后果，不能被划分为有智力缺陷。

智力缺陷一般是由遗传因素引起的。这一点在唐氏征合征儿童的身上很常见，这种病以明显的面部特点、胳膊和腿比一般人短、肌肉张力差为特点。其他智力缺陷是由生物因素而非遗传因素引起的，比如严重的营养不良、在怀孕期间酗酒或是在难产时长时间缺氧。[①]还有一些情境、环境因素可能也有责任，比如父母的忽视或是极度贫困和缺少刺激的家庭环境。[②]尽管智力缺陷通常是长期的，但是不一定是终生缺陷，特别是当缺陷是由环境因素造成、与遗传因素无关时。[③]

有些智力缺陷常常在儿童上幼儿园或是一年级之前很久就被确定了。但是轻度的智力缺陷有时直到学龄期才被发现。教师如果怀疑学生在认知发展和适应行为上有明显的延迟，则应该向专家进行咨询，这些专家接受过识别智力缺陷儿童的专门培训，并且他们的工作就是面向有特殊教育需求的儿童提供服务。

有些有轻度智力缺陷的学生在一般教育中度过了部分或是全部的校园时光。他们常常缺乏阅读和语言技能的培训、缺少认知世界的常识、对新信息的记忆力很差、很难理解抽象概念、没有（或只有一点儿）元认知技能。[④]当课程设置得当并且给予大量的指导和支持时，他们在学业上能够取得很大的进步。在课堂策略专栏“辅导认知发展有明显延迟的学生”中为有效地辅导这些学生提出了一些建议。

## 课堂策略

### 辅导认知发展有明显延迟的学生

- **用较慢的速度介绍新内容，并提供一些实践机会**

  小学教师给学生每周只增加两个新内容，因为更多就会使学生接受不了。教师每天都让学生练习写新内容，并且复习上周学习过的内容。

- **使用非常明确的语言对任务和预期行为做出恰当解释**

  在每节图画课下课之前，美术教师都会给学生详述需要做的事情：（1）在水池中洗净画笔；（2）将画笔和水彩颜料放到教室后面的架子上；（3）将画晾在窗台上。最初教师需要每一步都提醒学生。但是随着时间的推移和练习的增加，学生最终能够独立完成这个过程。

- **对应该如何学习给予学生明确的指导**

  小学教师告诉学生：“当学习一个新单词的拼写时，如果一边练习写单词一边大声重复字母的拼写，将会非常有帮助。让我们练习今天早上学习的 house 这个词。注意当我写这个单词时，我是怎样重复字母的——H...O...U...S...E。现在你们按照我刚才的做法练习一下。”

- **鼓励独立**

  一位中学教师教学生她是如何使用计算器算出她每天午餐的花费的。这位教师还通过大量支付各种金额的练习，让学生辨认不同的纸币和硬币。

- **教给能够增强学生自力更生能力的技术**

  使用智能手机上的任务管理应用程序（例如，视觉、图片化的日程安排程序），高中生活技能教师可以创建一系列图片，一步一步地帮助学生学习和记忆如何煮熟鸡蛋。

来源：Feuerstein, Feuerstein, & Falik, 2010; K.L.Fletcher & Bray, 1995; Heward, 2009; Patton, Blackbourn, & Fad, 1996; Prout, 2009; Turnbull et al., 2010.

---

① Dorris, 1989; Keogh & MacMillan, 1996.

② Batshaw & Shapiro, 2002; D.A.Chapman, Scott, & Mason, 2002; A.A.Baumeister, 1989.

③ Hallahan, Kauffman, & Pullen, 2009; Landesman & Ramey, 1989; Ormrod & McGuire, 2007.

④ Beirne-Smith, Ittenbach, & Patton, 2002; Butterfield & Ferretti, 1987; Heward, 2009; Kail, 1990; Turnbull, Turnbull & Wehmeyer, 2010.

## 二、促进所有学生的认知发展

维果茨基、皮亚杰和当代发展心理学研究者的发现为促进儿童和青少年的认知发展提出了大量的策略。下面的建议对其中一些策略进行了总结。

### 1. 鼓励游戏活动

维果茨基认为，对游戏重要性的认识不能惑于其表。恰恰相反，游戏能够以新的方式延展儿童的能力。① 例如，幼儿园小朋友杰夫经常和他的朋友斯科特一起玩“餐馆”的游戏。在地下室的角落里，两个男孩建了一个餐馆“厨房”，里面放上玩具水池、炉子、塑料盘子、烹饪用具和“食物”。他们用儿童桌椅开辟了单独的就餐区域，还为顾客准备了菜单。有一次，他们邀请了自己的父母来餐馆“就餐”，让他们点菜，招待他们“吃饭”，最后还给他们账单。很幸运，他们拿着父母付的几便士似乎非常开心。

在他们的餐馆游戏中，两个男孩扮演了一些成人角色（餐馆经理、服务生、厨师），并且实践了各种成人行为。当然，在真实生活中，运营一个餐馆需要具有做饭、阅读、写作、数学或是组织能力，而由几个 5 岁的儿童来做这些，这种游戏情节显然是不可能的。然而，扮演游戏的要素使男孩可以力所能及地完成这些任务。

而且，当儿童做游戏时，他们的行为一定要遵守一定的标准或是符合一定的期望。在学前或是小学低年级，儿童经常参照爸爸、妈妈、老师或是服务员的行为举止。之后在有组织的团体游戏及运动中，儿童必须要遵守一套特定的规则。通过遵守这种行为约束，儿童学会提前计划、三思而后行、进行自我约束——这些是成功加入成人世界的关键技能。②

因此，游戏完全不是浪费时间。相反，它为儿童进入成人世界提供了宝贵的训练，也许正是因为这个原因，它几乎出现在世界上所有的文化中。

### 2. 分享前辈的智慧

回想第 4 章所提到的非常重要的一点，即任何一个社会团体都应确保其文化能将积累的智慧实现代际传递。由于文化的传承，随着时间的推移，任何社会群体都变得更加智慧。

某些文化观点可以通过成人与儿童的日常谈话进行传递，还有其他一些观点会通过正规教育中的各个学科来传递。每个学科都包括大量的概念、程序以及能够帮助学生更好理解、有效应对自然和社交情境的那些认知方法。

关于实用认知方法的教育开始得相当早。例如，在西方主流文化中，有些儿童在学前就开始学习颜色和形状的名称、数数以及字母表。那些没有提前学习的儿童，在幼儿园或是一年级会优先考虑学习这些基本认知方法。③ 例如，图 6.13 引用了一个幼儿园小朋友的“毛毛虫数字书”，在书中

**图 6.13　摘自 5 岁的露易莎画的“毛毛虫数字书”。在书中这页上她用三种方式表示了数字 4：用数字、用毛毛虫身体的体节、用毛毛虫在树叶上咬的洞**

① Vygotsky, 1978; 另见 Pellegrini, 2009。

② Coplan & Arbeau, 2009; A.Diamond, Barnett, Thomas, & Munro, 2007.

③ Siegler, 2009; Slavin, Lake, Chambers, Cheung, & Davis, 2009.

她练习用不同的方式表示数字 4。

### 3. 主要依靠具体的实物和活动，特别是在小学低年级时

就像皮亚杰和其他研究者发现的那样，小学低年级儿童在对抽象的、假设的或是与事实相反的观念进行思考和推理时经常会遇到困难。因此，小学教师将教学内容具体化对学生来说是很重要的。例如，在低年级，教师应该让学生使用具体的操作物（比如，积木、珠子、硬币）来获得数量守恒认知，理解基本的加减法。[①] 在小学中年级，用纸或是计算机所做的展示就能够在一定程度上代替实物了，数学概念仍然用实物来描绘，例如，用图片或是图表。[②]

事实上，任何一个学科都有抽象概念，小学教师应该把这些概念转化成具体的词语，否则，如果可能的话，把这些概念延迟到高年级再讲。例如，在历史中，有个历史时间的概念——可能是指某一年（比如，1492 年）或是很长的时间范围（比如，100 年）——它远远地超出了儿童的直接经验。因此，小学历史教师应该尽可能地减少谈论离现在太久的那些年代。[③] 相反，在小学低年级，教师应该将重点放在民族历史中的重要事件上，例如，向儿童重现早期的感恩节活动或是展示穿越北美草原的大篷车，而不过分注重长期历史事件的顺序。这样可能会使历史知识不连贯，但是却为以后更加抽象整合的历史课建立了特定基础。

### 4. 在中学和高中更频繁地使用抽象概念，但是要把它们与实物和具体事件联系起来

前人传承下来的一些概念、符号以及其他有用的认知方法是相当抽象的。然而正如我们所见，抽象思维在儿童期和青少年期逐步出现。因此，最初应该慢慢介绍抽象概念，尤其是小学高年级和中学阶段，并且这些概念应该尽可能地附带具体活动和具体说明。即使在高中阶段，亲眼看到抽象概念或是原则在起作用也能够帮助学生对其进行更有效的编码和记忆（回忆第 2 章中对视觉表象的讨论）。

在各个年级，教师偶尔都会让学生进行**发现学习**（**discovery learning**）。在发现学习中，学生能够与环境相互作用从而亲自获取新概念和原理。教师也会指导进行**探究学习**（**inquiry learning**），这种学习的目标是帮助学生获得更有效的推理过程，以取代或是补充获得的新观念。例如，为了帮助学生学会在科学调查中分离和控制变量，教师可能会让他们设计和进行相关实验，比方说，找出影响钟摆摆动快慢的因素，或是影响一个球滑下斜坡后移动距离的因素。[④] 这样的活动常常能够促进更高级的推理技能发展，特别是在与适当的教学和指导结合起来的时候。[⑤]

尽管发现学习和探索学习非常有价值，但是教师还是应该谨记三个潜在的弊端。[⑥] 首先，学生并不总是有足够的元认知能力来有效地指导自己的探索、管理自己的发现。其次，学生可能会被他们所观察到的许多方面和子方面压倒，以致他们无法充分思考和整理所有可用的数据。[⑦] 最后，学生可能会“发现”支持当前错误想法的证据，从而忽视那些与错误想法相矛盾的证据，这反映出他们的证实偏向（见第 2 章）。课堂策略专栏“引导有效的发现学习和探究学习活动”中提供了一些有助于减少这些问题的指导原则。也许其中最重要的建议就是在一定程度上对活动进行组织和指导，例如，通过

---

① Ginsburg, Cannon, Eisenband, & Pappas, 2006; T.Martin, 2009; Sherman & Bisanz, 2009.

② Sarama & Clements, 2009.

③ Barton & Levstik, 1996.

④ Lorch et al., 2010.

⑤ Alfieri, Brooks, Aldrich, & Tenenbaum, 2011; Eysink et al., 2009; Lorch et al., 2010; Monte-Sano, 2008.

⑥ de Jong, 2011; Plass, Kalyuga, & Leutner, 2010; B. White, Frederiksen, & Collins, 2009.

⑦ M.C. Linn & Eylon, 2011; Sweller, 2010.

提出学生应该尝试回答的某些问题或是帮助他们确定可能与调查有关的变量。[①]

### 5. 最初先在熟悉的环境和团队合作中加入复杂的推理过程

皮亚杰提出复杂的数学和科学推理——比例推理、形成和检验假设、分离和控制变量等等——直到青少年期才会全部出现。并且即便如此，学生也只是在处理熟悉的主题时，才有可能使用这些推理。例如，科学教师可能最初要求学生对日常普通活动进行分离和控制变量实验，比如，钓鱼、种向日葵或是教宠物新把戏。社会学科教师可能要求学生应用比例推理来计算按一定比例绘制的当地地图上的距离。物理教师可能要求学生对扔垒球的最有效方式提出假设并加以验证。

## 课堂策略

### 引导有效的发现学习和探究学习活动

- **使学生在与自然和社会环境的相互作用中，学习一些重要知识的相关概念或理论**

  在侵蚀这一教学单元，六年级的教师在教室前面的小斜面上放置了一个直径 4 英尺的盘子。盘子的高端装有非常少的沙子。学生进行了一系列实验，把水倒入盘子的高端，然后观察变化的水压和水量如何影响沙子的运动。

- **确保学生具有必要的先验知识，从而有效地理解他们的发现**

  一年级教师问学生对空气有哪些了解（比如，呼吸、风与空气运动有关）。在确定他们知道空气中含有自然物质并且能够影响其他自然物质之后，她和学生一起做了一个实验：将一个装有一张带褶皱纸巾的玻璃杯翻转后浸入一碗水中。教师从水中移走玻璃杯，然后让学生解释为什么纸巾没有湿。

- **用令人费解的结果来引发不平衡，激发好奇心**

  九年级的科学教师在课堂展示了两杯水。其中一杯里有一个鸡蛋浮在水面，另一杯里有一个鸡蛋沉在水底。学生猜测其中一个鸡蛋里有较多空气，因此比较轻。但是，学生认为较重的那个鸡蛋，现在浮在水面上；而他认为较轻的那个鸡蛋，现在沉在水底。学生感到非常惊讶，要求知道是为什么。（通常，水比鸡蛋的密度小，所以鸡蛋放到水里会很快下沉。但是在这个实验中，一个杯子里装的是盐水——混合物比鸡蛋的密度大，所以能够使鸡蛋浮在水面。）

- **组织并指导一节发现课，以便学生能够像你期望的那样有逻辑地进行探索**

  七年级的科学教师让学生推测有哪些变量会影响钟摆的摆动速度。他的学生提出三个可能的变量：钟摆的长度、物体的重量、钟摆最初被放下的角度。学生以小组为单位对每个假设进行检验。当一个小组没能做到分离和控制变量时，教师会要求小组成员仔细看他们的数据：“在实验 1 和实验 2 之间你们做了哪些改变呢？……哪个引起了较高的频率 [ 摆动速度 ]？……看这些数据你们为什么都不能得出一个结论呢？”他不断提问，直到学生认识到他们在实验中同时改变了长度和重量这两个变量。

- **让学生记录他们的发现**

  在高中生物课上学生从当地小河中收集了数据，然后使用手持无线计算机连网设备将他们的发现发送到课堂的中央电脑上。一旦回到教室，学生就能将数据合并在一起并绘成图，再寻找其中的一般模式和趋势。

- **帮助学生将他们的发现与正在学习的课程中的概念和原则联系起来**

  在高中社会课的学生收集了本州不同县的平均收入和选举模式的数据后，教师问他们：“考虑到我们所了解的两大政党成员的财富情况，我们可以如何解释这些数据呢？”

来源：Boxerman, 2009（侵蚀案例）；M.C.Brown et al., 2009; Bruner, 1966; de Jong & van Joolingen, 1998; N.Frederiksen, 1984a; Hardy et al., 2006; Kirschner, Sweller, & Clark, 2006; Klahr, 2009; Leach & Scott, 2008; M.C.Linn & Eylon, 2011; Lorch et al., 2010; Minstrell & Stimpson, 1996; Monte-Sano, 2008; Moreno, 2006; E.L.Palmer, 1965（鸡蛋案例）；Pea & Maldonado, 2006（小河案例）；D.L.Schwartz & Martin, 2004; B.Y.White & Frederiksen, 1998, 2005.

① M.C.Brown, McNeil, & Glenberg, 2009; Hardy, Jonen, Möller, & Stern, 2006; M.C. Linn & Eylon, 2011; B.Y.White & Frederiksen, 1998.

团队合作是培养高级推理过程的重要方式，这一点与维果茨基内化的概念一致。维果茨基推测，有些复杂的认知过程植根于社会交往，因为儿童将最初与他人交往时使用的过程逐步内化，最终能够达到独立使用。我们在**交互式教学**（**reciprocal teaching**）中可以看到这种想法的实例，交互式教学是教授阅读理解策略的方法，可以使学生学会对课本中的段落或是儿童读物进行提问。[①]几个学生和他们的老师组成一个学习小组一起阅读一篇文章，偶尔停下来大声地讨论。最初由教师引导和示范讨论，提出有关问题来推动精细加工、理解监控和其他有效的阅读策略使用。之后将“教师”的角色逐渐转移给不同的学生，然后由学生来主持讨论，彼此之间像教师示范的那样提问。最终，学生几乎能够独立地进行课文的阅读和讨论，而不依赖于他们的老师。他们一起建构课文的意义、核对自己的理解是否正确、澄清可能的误解并且能够越来越灵活地应用他们新获得的策略。

在很多交互式教学的例子中，都是学生轮流阅读正在讨论的课文。然而，有时候是教师读，尤其是在与初学者一起学习的时候。我们来看一个交互式教学的例子：一年级的六个学生和他们的老师正在一起讨论关于雪靴兔的课文。老师刚刚读完描述兔宝宝出生季节和兔妈妈如何照顾兔宝宝的那段文章。在下面的讨论中，叫凯姆的学生担当“教师”的角色。

**凯姆**：兔宝宝是什么时候出生的呢？

**教师**：这是个好问题。叫谁来回答这个问题？

**凯姆**：罗比？米利？

**米利**：夏天。

**教师**：让我们来想一想，如果兔宝宝出生在冬天会怎么样呢？

（几个学生做出了很多回答，包括：“兔宝宝会很冷。”“它们会需要食物。”“它们刚出生还没有毛。”）

**凯姆**：我还有一个问题。兔妈妈怎么保证宝宝的安全呢？

**克里斯**：她把它们藏起来。

**凯姆**：你说得非常对，但是不全面……

**教师**：她藏宝宝的方法非常不寻常，我感到非常惊讶。我以前不知道这种方法。

**蒂威斯**：它们都在不同的地方。

**教师**：你为什么会这么认为呢？

**米利**：可能因为我听过另一个故事，当它们是宝宝时，它们常常会吃了对方或是打架。

**教师**：可能是这样！那么当山猫来了会怎么样呢？

（几个学生认为可能所有的兔宝宝都会死。）

**蒂威斯**：如果我是兔妈妈，我会把我的宝宝都藏起来，我会让它们在一起。

**克里斯**：如果把兔宝宝藏起来，兔妈妈想去看它们的话，她怎么能记得兔宝宝在哪儿呢？

---

① A.L.Brown & Palincsar, 1987; Palincsar & Brown, 1984, 1989; Palincsar & Herrenkohl, 1999.

**教师**：好问题。她一定会再去找它们。为什么？她要给它们带什么呢？

**米利**：她要给它们送食物。她可能会在那个地方放一根小枝条或是别的什么。

**教师**：你认为她放一根小枝条是像我们作标记一样要留下痕迹吗？

（几个学生的意见不一致，他们认为兔妈妈用的是嗅觉。有一个学生想起雪靴兔在冬天并不全是白色的，他认为兔妈妈可以通过颜色分辨出她的宝宝。）

**教师**：所以我们同意兔妈妈在藏起小兔后是通过感觉再找到兔宝宝的。凯姆，你现在能给大家总结一下吗？

**凯姆**：兔宝宝出生在夏天……

**教师**：兔妈妈……

**凯姆**：兔妈妈将宝宝藏在不同的地方。

**教师**：然后她去探望它们……

**凯姆**：给它们带去食物。

**蒂威斯**：她守护它们，保证它们的安全。

**教师**：大家能预测一下还会有什么吗？

**米利**：兔妈妈会教兔宝宝一些东西……比如，怎样跳跃。

**克里斯**：它们已经会跳跃了。

**教师**：好，我们一起来阅读下面的内容。①

在这节课上，教师示范了如何详细提问和联系以前的知识（“如果兔宝宝出生在冬天会怎么样呢？”“你认为她放一根小枝条是像我们作标记一样要留下痕迹吗？”），还对学生应该如何分析雪靴兔这个段落给予了大体上的指导和偶尔的提示（“凯姆，你现在能给大家总结一下吗？”“然后她去探望它们……”）。在对话中还可以注意到学生们如何尽力彼此支持来分析他们读到的内容。例如下面的对话：

**凯姆**：我还有一个问题。兔妈妈怎么保证宝宝的安全呢？

**克里斯**：她把它们藏起来。

**凯姆**：你说得非常对，但是不全面……

交互式教学被成功地应用于教授各种学生——从一年级学生到大学生——有效的阅读和听力理解技能。②在对交互式教学的初期研究中③，6 个阅读能力曾经很差的七年级学生参与了 20 节交互式教学课程，每节课 30 分钟。尽管干预时间相对较短，但是学生的阅读理解技能表现出明显的提高。他们能够越来越有效地分析阅读材料，并且不依赖教师而独立做到。同时，他们还对新的阅读策略进行归纳，应用于其他课程的学习，有时甚至超过了其他同学的成绩。④

---

① Annmarie Palincsar 提供的课程，Annmarie Palincsar 版权所有，经作者同意转载。

② Alfassi, 2004; E.R.Hart & Speece, 1998; Johnson-Glenberg, 2000; K.D.McGee, Knight, & Boudah, 2001; Palincsar & Brown, 1989; Reinking & Leu, 2008; Rosenshine & Meister, 1994; Slater, 2004.

③ Palincsar & Brown, 1984.

④ A.L.Brown & Palincsar, 1987; Palincsar & Brown, 1984.

### 6. 在挑战性任务和作业中，为学生的最初努力搭脚手架

维果茨基和一些发展心理学家提出，成长中的儿童和青少年在那些只要有他人的指导和支持就能完成的挑战性任务中收获最多，即在他们最近发展区内的任务使他们获益最多。他人提供指导和支持一般被称作**搭脚手架**（**scaffolding**），这个概念最先出现在第 4 章。

既然我们可以从发展的角度看到搭脚手架的重要性，那么让我们更仔细地看看它可能需要什么。以下是搭脚手架可能采取的一些形式[①]：

- 帮助学生为完成一项新任务制订计划。
- 采用学生能够轻松模仿的方法示范任务的正确操作。
- 将复杂的任务分成几个较小、较简单的任务。
- 给出完成任务的具体指导（见图 6.14）。
- 通过提问鼓励学生对任务进行有效思考。
- 提供计算器、计算机软件（文字处理程序、电子数据表等）或是其他技术以使任务的某些方面简单化。
- 在完成任务的过程中，提醒学生他们的目标是什么（比如，问题的解决方法应该是什么样的）。
- 对学生的进展情况经常给予反馈。

**作文检查表**

在每次写作文时，使用下面的检查表进行检查，以确保写作步骤正确，并且各部分完整。

**引言**

我的第一句是“钩子”句。
我有清晰的主题句可以回答作业的问题。
我有介绍三个主体段落的列表句。
在结尾我有过渡句。

**主体段落**

每个主体段落谈论一个主要思想或要点。
每个主体段落给出支持这个要点的信息。

**结论**

结论段以不同的方式重新表述列表句。
结论段重新表述主题句。
结论段要把我的作文和我或是世界联接起来。

**图 6.14　九年级学生写五段体作文的检查表**

来源：Jeffrey Ormrod 的检查表。Jeffrey Ormrod 版权所有。经作者许可转载。

根据任一年级水平的不同学生的知识和能力水平，他们可能需要不同类型的脚手架来支持他们取得成功。随着学生越来越擅长执行新任务，在理想的情况下，脚手架会被修改以培养新出现的技能。随着时间的推移，脚手架逐渐被淘汰——这个过程被称为淡出——直到学生能够完全独立地完

① A.Collins, 2006; Hmelo-Silver, 2006; Lajoie & Derry, 1993; Lodewyk & Winne, 2005; Merrill et al., 1996; Rogoff, 1990; Rosenshine & Meister, 1992; D.Wood, Bruner, & Ross, 1976.

成任务。事实上，提供过多的脚手架——多于学习者的需要——可能会成为多余的干扰。[①]

脚手架既可以是教师提供的，也可以是学生提供的。在开篇的个案中，露佩塔为两个努力完成拼图的同学提供了脚手架。而且，当几个学生一起进行一项艰难的任务时，他们也许能够完成一些独自一人不可能做到的事情（回想前面对分布式认知以及分布式智力的讨论）。不同年级学生间的相互辅导也是一种可能，那些既给予也接受指导的学生更可能受益。例如，年长的儿童给年幼儿童辅导类似写作和数学这样的基础科目时，"教师"会逐渐内化他们给"学生"提的那些建议（比如，"确定每句话都有句号"，"现在将 1 进到十位"），因此自己更有可能使用这些建议。[②]

### 7. 让适龄学生参与成人活动

当你还是小孩子时，你会帮助爸爸、妈妈或是哥哥、姐姐在厨房烘焙东西吗？当你长到足够大时，厨师会让你把原料倒出来、称好然后搅拌吗？当你在做这些事情时，厨师也会给你指导或是建议吗？

年长的家庭成员经常会让年幼的孩子做一些家务（做饭、打扫、涂油漆，等等），同时指导他们应该怎样做。同样，在结构化的和支持性的环境中，教师也应该引导学生参与一般的成人活动。例如，学生可能会在学校资金筹集活动中起积极作用，像餐会、多个家庭的旧物拍卖会等等。他们会协助开展校园剧的服装设计和舞台布置工作。他们还会通过电子邮件或是电话会议与科学家或政府官员进行交流。当教师让学生积极地参与到成人活动中时，他们就是以**引导式参与**（**guided participation**）的方式让学生加入成人世界以及第 4 章所描述的那些特定的实践社群。[③]

在有些情况下，成人与儿童和青少年以正式或非正式的**学徒关系**（**apprenticeships**）一起工作，在一对一的关系中，成人教给年轻人新技能、指导他们最初的努力方向，并且当熟练程度提高引起最近发展区发生变化时，给他们安排越来越难的任务。在有些文化中会使用学徒关系作为引导学生逐渐学习特定技能和手艺的方法——可能是演奏乐器、缝纫或是编织。[④]

当学徒关系中的专家不仅指导新手如何完成任务，还指导他或她如何对任务进行思考时，这种情况有时会被称为**认知学徒关系**（**cognitive apprenticeship**）。[⑤] 例如，学生和教师合作完成一项有挑战性的任务或是解决一个难题（可能是生物学野外考察收集数据样本、解决数学难题或是将一段很难的文章从德文翻译成英文）。在讨论任务或问题的各个方面的过程中，教师和学生一起分析问题、开发出最好的方法，并且教师示范有效的思考方法和心理加工过程。

虽然学徒关系在不同的背景下差异很大，但它们还是具有以下一些典型特点[⑥]：

- **示范**：在学生观察和倾听时，教师演示任务，同时边思考边说出执行过程。
- **辅导**：在学生完成任务时，教师经常给予建议、提示和反馈。
- **搭脚手架**：教师给学生提供不同形式的支持，可能是通过简化任务、将任务分成更小并且更易管理的部分或是提供不太复杂的设备。

---

① van Merriëboer & Sweller, 2005.
② Biemiller, Shany, Inglis, & Meichenbaum, 1998; Graesser, D' Mello, & Cade, 2011.
③ Rogoff, 2003.
④ A.Collins, 2006; D.J.Elliott, 1995; Lave & Wenger, 1991; Rogoff, 1990, 1991.
⑤ A. Collins, 2006; J. S. Brown, Collins, & Duguid, 1989; Dennen & Burner, 2008; W. Roth & Bowen, 1995.
⑥ A.Collins, 2006; A.Collins, Brown, & Newman, 1989; Hmelo-Silver, 2006.

- **表达**：学生解释他/她在做什么以及为什么这样做，使教师能够考查学生的知识、推理以及问题解决策略。
- **反思**：教师让学生将他/她的成果与专家或是任务完成的理想模型进行比较。
- **逐渐增加任务的复杂性和多样性**：当学生的熟练程度增强时，教师安排更复杂、更有挑战性并且多样化的任务，这些任务通常都在真实情境中。
- **探索**：教师鼓励学生自己构建问题，从而拓展和巩固掌握的技能。

### 8. 在适当的指导和支持下，所有学生的行为都能够更有智慧

当代有关智力的观点使我们有理由对儿童和青少年能够完成的事情保持乐观，特别是当教师主动地培养和支持他们的认知发展的时候。如果智力像有些心理学家认为的那样复杂，那么任何单一的智力测验分数都不可能全面地反映学生的智力水平。事实上，教师可能会看出某些学生——很可能是所有学生——在某些方面的智力行为。某个学生可能在数学上表现得有前途，另一个学生可能是个非常有天分的作家，第三个学生可能会在艺术或是音乐方面展现出才能。而且，智力行为取决于各种认知过程，而经过长时间的经验积累和练习，认知能力一定能够提高。分布式智力的定义表明当学生具有适宜的工具、符号系统以及一起工作的社交团队时，智力行为就会相对平凡。

教师一定要记住智力在一定程度上取决于文化，来自不同文化背景的学生的智力行为常常表现出不同形式。[①] 在西方主流文化中，儿童的智力可能体现为他们处理复杂问题和抽象观念的能力。在美国黑人社区中成长的学生，其智力行为可能体现于口语中，比如有趣地演讲、有创意地讲故事或是幽默。在美国本土文化中，智力行为可能体现于人际交往技能或是卓越的技术方面。教师一定要谨慎，不要把智力概念局限于学生在传统的学业中取得成功的能力。

教师培养各种认知风格和倾向也是非常重要的，可以使学生慧思慧行。教师通过鼓励和示范对课堂内容有效的思维方式——例如，让学生评价科学论据的特点，并一直表现出对各种不同观点的开放心态——会使学生有一个良好的开端。[②] 在课堂策略专栏“促进有效的认知风格和倾向”中举例说明了教师的做法。

## 课堂策略

**促进有效的认知风格和倾向**

- **表达你对学习新主题的兴趣**

  在诗歌单元里，一位中学英语老师说：“在我们的文化中，我们习惯于押韵并且节奏稳定的诗歌。但在几个世纪以前，日本人发明了一种非常不同的诗歌形式。这种被叫作俳句的形式真的很酷。我给你们举几个我最喜欢的例子，然后作为一个班级，我们将创作一些新的俳句。”

- **示范对不同观点的包容，愿意等到事实确定再做出判断**

  在一个动手操作的实践活动中，二年级的学生用不同大小的颗粒做试验，倾倒、堆放、试图用颗粒掩埋物品，等等。然后，在整个课堂讨论中，他们的老师在征求学生对粒子性质的不同看法和结论的过程中，一直在传达对学生想法的尊重。

---

① Dai, 2010; Haywood & Lidz, 2007; Maker & Schiever, 1989; Nisbett, 2009; H.L.Smith, 1998; Sternberg, 2005.

② Halpern, 1998; Kuhn, 2001b; D.N.Perkins & Ritchhart, 2004.

- **开展学习活动，让学生合作解决有趣的、涉及多方面的问题**

  在全国总统选举前几周，一位高中社会学教师说："我们在电视上看到许多竞选广告都在严厉批评对方的候选人，其中一些广告可能歪曲了事实。在今天的合作小组中，你将看到三个政治广告的文本，每个广告来自不同的候选人的竞选活动。每组至少有两台笔记本电脑或带有 Wi-Fi 的平板电脑。你们的工作是做事实核查——在互联网上搜索可信的网站，这些网站可以证实或证伪候选人所说的自己或对方的业绩。明天，我们将比较不同小组的调查结果。"

- **要求学生评估科学证据的质量，并充分支持他们的努力，使他们得出适当的结论**

  五年级学生两人一组，在计算机程序中进行"实验"，模拟各种因素（降雨量、融雪率、土壤类型等）对当地洪水的影响。为了指导学生的调查，该项目要求他们形成并检验特定的假设，有时还会问他们在一系列的检验中是否控制了其他潜在的影响因素。

来源：策略基于 de Jong, 2011; Gresalfi, 2009; Halpern, 1998; Kuhn, 2001b; D. N. Perkins & Ritchhart, 2004; van Sledright & Limón, 2006。

最后，智力行为既取决于学生自己的思维过程，也取决于学生做事情的支持性环境。教师应该问自己"我怎样才能帮助我的学生智慧地思考呢？我能为他们提供什么认知方法和社会支持系统呢？"，而不是提出"我的学生有多聪明呢？"这样的问题。

## 总结

根据对认知发展和智力的讨论，现在我们可以详细阐述本章开始提到的主要理念。

- **由于生物因素和环境因素以及两者持续的相互影响，儿童在发展道路上既表现出一些相似的模式，也表现出很大的差异性**。儿童和青少年按照某种可预知的发展顺序达到了不同的发展里程碑，但是每个人达到这些里程碑的年龄有着很大差异。发展的过程常常是不稳定的，会在某个点发生重大变化或是质变，而在其他点可能会变化较为缓慢。遗传和环境因素都影响着发展，但是由于它们之间的相互影响以及儿童本身的行为也会影响不同特质的发展，因此遗传和环境的相应贡献常常无法得到确定。
- **认知发展不仅取决于大脑的成熟，而且取决于自然、社会和文化经验的刺激，以及儿童组织和努力理解这些经验的先天倾向**。尽管在生命的最初几年大脑发生了巨大变化，但是直到十几岁以后大脑才达到成熟。大脑的发展变化使思维过程在儿童期、青少年期和成年早期日益复杂。大脑在一生中都保持着一定的可塑性，这使所有年龄的个体都能够在大多数领域学习新知识和新技能。

  年轻的学习者具有学习、组织和适应外部世界的先天倾向，他们会主动地寻求与自然环境以及他人的互动。成年人和其他更有经验的个体可以通过提供间接经验、示范解决问题的步骤以及其他传递文化解读和行为的方式来促进儿童的认知发展。社会交往还有一个好处：儿童将最初在与他人交往中使用的认知过程逐渐内化，最终能够在自己思考时独立地使用这些过程。最后，年轻的学习者从挑战中受益最多，无论是那些质疑现有知识的挑战（那些打破现有平衡的任务），还是那些需要使用新能力的挑战（那些处于学习者最近发展区内的任务）。
- **儿童不断地建构现有的知识和技能来发展更复杂的思维和推理能力**。由于增大的工作记忆容量以及日益扩展、更加整合的知识基础，年轻学习者的逻辑和抽象思维能力在儿童期和青少年期越来越强。在青少年期，某些能力的出现增强了数学和科学思维能力，包括对违反事实的情况的推理、分离和控制变量以及比例推理。高级推理过程在高中阶段持续发展，特别是当这些推理过程受到学习者所处文化环境的鼓励时，但是在任何领域，都只有经过多年的学习和实践才能成为真正的专家。

- **尽管任何年龄组的儿童在智力、认知风格和先天倾向上都有些差异，但是恰当的支持性环境能够显著地增强这些能力和特征**。随着年龄的增长，几乎所有的儿童和青少年都会一直获得新的认知能力或技能，但是每个年龄组学习者的整体能力水平还是会有相当大的差异。很多心理学家将这个个体差异变量称作智力。然而，智力是个能够在某种程度上影响各种不同任务的独立变量，还是多种不同能力的集合体，在这个问题上心理学家还没有达成一致意见。智力测验可以使我们对儿童的一般认知能力在同龄群体中的情况有一个大概了解，但是这些测验并不是非常准确的测量工具，相应的IQ分数可能会随着时间发生一定的变化。而且，智力行为取决于环境因素，既包括过去促进或是阻碍过儿童认知发展的环境因素，也包括目前可能会支持或妨碍儿童认知成就的环境因素。智力行为也取决于认知风格及倾向——分析过程、批判性思维、开放的心智等等，它们使学习者能够深入并有创造性地对新的观点和事件进行思考。
- **有效力的教师在课程计划和教学实践中会掌控学生发展的差异性和多样性，最终目标是促进所有学生的认知和智力发展**。当有其他参考信息时，IQ分数能够帮助教师对学生当前的认知技能有一个大概的了解。那些能够显示学生在不同情境和主题中如何进行思考和推理的问题同样有帮助。通过这些信息以及对学生日常行为的仔细观察，教师可以发现有些学生具有非凡的能力和才能，需要好好培养，而有些学生发展延缓，需要专家的关注和特殊教育的帮助。

教师不但要确认学生当前思维和推理的发展情况，而且必须主动采取措施帮助每个学生提高认知能力和技能。一个重要的策略是开展扮演游戏、有组织的游戏和运动会以及其他游戏活动，在这些活动中学生可以实践成人的行为，并且学会提前计划和遵守特定的行为规则。另一个重要的（事实上是*必不可少的*）策略是传承文化的集体智慧——大量的概念、程序以及前人发现的有助于理解和应对世界的那些认知方法。早期教学应该主要依赖于具体的事物和活动，但是当学生进入青少年期后，教学就应该引入越来越多的抽象观念，并且鼓励运用复杂的推理过程。当学生进行挑战性任务时，教师应该在初期给予组织和指导，即*搭脚手架*，当学生熟练后再逐渐撤去脚手架。当学生的能力水平提高后，他们应该有针对性地参与成人的活动。一般来说，教师应该谨记，如果有适当的指导和支持，几乎所有学生的思维和行为都能够更复杂、更有智慧。

## ▼资格考试备考练习

### 漂浮的石头

一天午饭后，福克斯先生把学生们叫到地毯区域，以便给他们展示一件“奇怪的事情”。当孩子们都专注地坐好后，他把一个大鱼缸放在他们面前，把它装满水。然后，他从夹克口袋里拿出一块比高尔夫球小一点的花岗岩，把它放在碗上。

“当我把这块石头放到水里会发生什么呢？”他问学生，“你们认为它会像小船一样浮起来吗？”

有几个学生大喊：“不会，它会沉下去的！”福克斯先生把石头放到了水里，果然，石头沉下去了。

“你们说对了，”福克斯先生说，“嗯，我口袋里还有一块石头。”他拿出了一块比较大的石头——这次，他拿出了一块充满了微小气孔的浮石（冷却熔岩）。“这是去年夏天我在旅行时，在一座旧火山的底部发现的。你们认为这块石头会像刚才那块一样沉下去吗？”

孩子们宣布它一定会沉下去的。福克斯先生把这块石头扔进了鱼缸，它瞬间潜入水中，然后又浮到水面上。“嗯，刚刚发生了什么？”他好奇地看着班上的学生问道。

有些学生惊讶得喘不过气来。一个叫科拉的女生强调：“你刚才做得不对！”福克斯先生取出浮石，又扔进了水里，结果一样。“不，不，不可能！”科拉叫道。“石头一直会沉下去的——一直会！”她边揉头边摇头，好像有点心烦意乱。[案例基于 Hennessey & Beeth（1993）所描述的相似课程。]

### 1. 问答题

当科拉看到浮石浮起来时，她表现得非常惊讶，甚至有些慌乱。

A. 用皮亚杰认知发展理论中的一个或几个概念来解释为什么科拉看到浮起的浮石反应会那么强烈。

B. 同样使用皮亚杰的理论来解释为什么福克斯先生特意呈现会使学生吃惊的这个现象。

### 2. 选择题

想象向高中生——而不是一年级学生——做同样的演示。如果根据维果茨基的理论，你会采用下面哪个方法来帮助学生理解漂浮的浮石？

A. 在做演示前，让学生在纸上画一个水箱和两块石头。

B. 在将任何一块石头放入水箱之前，先将一些较轻的物体（比如，羽毛、一张纸、一小块海绵）放入水箱。

C. 对正确预测大石头——浮石会浮起来的学生给予表扬，即使他们最初没有正确解释为什么大石头会浮起来。

D. 讲解密度的概念，然后说明物体的平均密度和水密度的相对大小决定着物体的沉浮。

# 第 7 章

# 人格、社会性和道德发展

## 主要理念

第一节　儿童的行为是遗传特征、环境条件和环境背景以及大脑成熟变化的结果，这些因素逐渐塑造了儿童的人格和自我感。

第二节　为了从与同伴的互动中充分获益，儿童必须具备良好的社会技能，并能够以有效的方式解释和应对各种社会情况和问题。

第三节　道德推理和亲社会行为的迹象在生命早期就出现了，但道德的关键组成部分在儿童和青少年时期会持续发展。

第四节　有效力的教师会考虑到学生在气质和人格方面的个体差异，并且会帮助学生获得健康的自我感，以及培养学生持续的社会性和道德发展。

第五节　最需要教师指导和支持的学生是那些面临特殊的个人或社会挑战的学生。

## 本章概要

**个案研究：校园演出**

费尔文中学的八年级学生被分成“受欢迎的”和“不受欢迎的”两组。受欢迎的学生很少与地位低的同伴交往，对地位低的同伴也没有耐心，他们中的一些人经常捉弄一个名叫威廉的没有朋友的小男孩。他们通常是嘲笑威廉，偶尔还会用手戳或者推他。

费尔文中学对于学生对某些同学的无礼行为（尤其是欺凌现象）感到担忧。该校老师建议今年八年级的年度演出要采取不同的形式。103 名八年级学生都将以某种方式参与，或许是加入演员阵容，或许是负责布景、服装设计、灯光或市场营销，而不是像前几年那样只举行选拔赛，只挑选少数几个学生作为演员。

演出选取了一个幽默的两幕情节剧，其中包括一个英俊但无能的男主角、一个足智多谋的女主角、一个卑鄙的恶棍以及其他几个重要角色，还有一个 10 人合唱团，偶尔会为任何好的情节剧欢呼喝彩。经常被欺负的威廉被选来扮演路西法——一个卑鄙的恶棍。

学生和他们的许多老师整个晚冬和早春都在忙着筹备演出。在首演之夜的公开演出中，学生们对演出的雄心壮志以及全班为一件事而努力的事实使全体老师看到了以前从未见过的凝聚力和班级精神。威廉以他对路西法的生动刻画让所有人感到惊讶，在首演之夜他的同学对他赞不绝口：“谁知道威廉这么酷？”“天啊，难以置信！”“他太酷了！”[①]

- 中学生经常把自己分成不同的社会团体，有些团体的社会地位比其他团体的社会地位高。为什么社会团体对青少年如此重要？
- 全班参与的校园演出有什么好处？为什么它能让班级团结起来？

对于许多学生来说，青春期早期是相当焦虑的时期。他们不仅要应对青春期的生理变化，还要中断长期的童年友谊、与老师进行更表面化的互动以及同对学习成绩的更高期望作斗争。学生们的自信心可能会直线下降——至少暂时会这样，并且更依赖同伴的情感和道德支持。身处地位高、受欢迎的“团体”中可能是一种安慰，但学生只有在他们的某些同伴地位变低时才能拥有较高的地位。通过全班参与校园演出，一切都改变了。突然之间，学生们有了一个共同的目标，只有与所有同学合作完成工作才能使每个人都好。

学校不仅仅是儿童和青少年获得思维技能和掌握学业知识的地方，在这里，他们也获得了自己的信念，掌握了与他人相处的策略。换句话说，学校提供了一个重要的社会和文化环境，使年轻人能够获得个人、社会性以及学业方面的发展。

当我们在本章考虑人格、社会性和道德发展时，我们将从儿童和青少年发展的六种理论观点中得出结论，这些观点在第 6 章的表 6.1 中有所提及。我们会发现，随着年龄和经验的增长，年轻的学习者会对自己、他人和整个社会形成越来越复杂的信念。因此，儿童和青少年对个人、社会和道德的理解在很大程度上是自我建构的，就像他们对物质世界的理解一样。

---

① 个案描述：M. Thompson & Grace, 2001.

# 第一节 人格和自我感

**主要理念：儿童的行为是遗传特征、环境条件和环境背景以及大脑成熟变化的结果，这些因素逐渐塑造了儿童的人格和自我感。**

我们每个人都有着使我们与众不同的品质，在接下来的练习中，花一分钟思考一下那些使你与众不同的品质。

**自己看一看**

**描述你自己**

用笔和纸，或者智能手机或电脑上的笔记软件，写下至少10个词或短语来描述你是什么样的人。

---

你是如何描述自己的？例如，你描述自己是友好的？聪明的？有趣的？喜怒无常的？不协调的？开放的？你的答案清单反映了你的**自我感**（**sense of self**），也就是你对自身的感知、信念、判断和感觉。如果你能做到相对客观，你的答案也会反映出你的**人格**（**personality**），也就是你独特的行为方式、思维方式和感觉方式。

儿童和青少年的人格和自我感对他们在学校和其他地方的适应行为有显著影响。例如，在一所普通的中学里，那些性格外向、充满自信的学生可能很快就会聚在一起形成一个"小圈子"，而那些性格腼腆、缺乏自信的学生则可能只和自己交往，或者只与一两个朋友定期交流。有戏剧天赋的学生可能乐于为观众表演（威廉显然就是这样），而那些较为保守和沉默寡言的学生可能更愿意远离聚光灯。以下原则描述了人类人格和自我感的性质、起源和影响。

## 一、遗传和环境的相互作用塑造人格

儿童的**气质**（**temperament**）是个体以某种方式应对环境刺激和事件的一般倾向。儿童似乎从出生起就有着截然不同的气质。例如，一些儿童安静而柔和，而另一些儿童则更加活跃、精力充沛。研究人员已经确定了许多在生命早期出现并且相对持久的气质类型，包括一般活动水平、适应性、持久性、冒险性、害羞、恐惧、易怒和分心。大多数心理学家都同意，这种气质上的差异是由遗传和生理上的原因引起的，而且往往持续到青春期和成年期。[①]

气质上的遗传差异只是某些行为表现的不同倾向，但是环境因素却可以将具有相同倾向的不同儿童导向稍微不同的方向。[②]其中一个环境因素是父母和其他主要养育者在抚养孩子时采用的教养方式。在西方主流文化中，理想的教养方式似乎是**权威型教养方式**（**authoritative parenting**），也就是将对儿童的关爱和尊重以及对行为的合理限制相结合。权威型父母会营造一个充满爱和支持的

---

① Bates & Pettit, 2007；Kagan, 2010；Kagan, Snidman, Kahn, & Towsley, 2007；M. Pfeifer, Goldsmith, Davidson, & Rickman, 2002；Rothbart, 2011；A. Thomas & Chess, 1977.

② Hollenstein & Lougheed, 2013；Keogh, 2003；Rothbart，2011.

家庭环境、表达对行为的高标准、解释为什么某些行为是不被允许的、始终坚持执行家庭规则、让儿童参与决策，并且提供符合年龄特点的自治机会。来自权威型家庭的儿童往往自信、精力充沛、善于社交、富有同情心。他们尊重他人，遵循合理的行为规则，相对独立，自我约束，努力取得学术成就。[①] 在大多数情况下，这些特点与西方主流文化所拥护的价值观是一致的。

然而，权威型教养方式并不总被认为是“最好”的。其他的教养方式可能更适合某些特定的文化和环境。例如，在**专制型教养方式**（**authoritarian parenting**）中，父母希望孩子能全部直接服从，他们既不让步也不给出要求的理由。在一些非裔美国人、亚裔美国人和西班牙裔家庭中，在亲密、支持性的亲子关系中对服从的要求很高。“控制”的潜在意义传达了一种更重要的信息：“我爱你，希望你做得更好，但同样重要的是，你要为家庭和社区的利益而行动。”[②] 权威型教养方式在贫困的经济环境中也很常见。当家庭生活在每个角落都可能有潜在危险的低收入社区中时，父母最好严格限制和指导子女的活动。[③] 在任何情况下，都请记住，家庭教养方式对儿童的人格只产生中等的影响。[④] 尽管一些儿童和青少年的看护者采用了不同的教养方式，但只要看护者不严重忽视或虐待他们，他们就能茁壮成长。[⑤]

**想一想**

“权威的”（authoritative）和“专制的”（authoritarian）这两个词只有最后四个字母不同，但是这两个词所指的教养方式是完全不同的。这两种方式在哪些重要方面有所不同？

儿童所处的文化环境也通过鼓励（即社会化）某些行为来更直接地影响其人格发展。[⑥] 就像第 5 章所提到的那样，不同的文化在鼓励儿童表达或隐藏他们的感情方面有很大的差异。同样，不同的文化对害羞、外向和张扬的鼓励程度也不同，稍后我们将在本章的文化因素专栏中看到这部分内容。

气质和教养在很多方面相互作用，共同塑造着儿童的人格。例如，在气质上充满活力和热爱冒险的儿童比那些喜好安静和较为拘谨的儿童更有可能寻求各种新经验。那些天生活泼外向的儿童通常比害羞的儿童有更多的机会去学习社交技巧以及建立有意义的人际关系。当儿童的气质与文化规范或父母的期望相冲突时，他们更容易激起他人的负面反应，这会导致父母采用一种更有控制欲、更专制的教养方式。[⑦]

## 二、虽然儿童的人格特质相对稳定，但是他们在不同环境中的行为表现往往有所不同

随着儿童的成长，他们的遗传气质和环境因素之间的某些交互作用会形成独特的、相对稳定的

① Barber, Stolz, & Olsen, 2005; Baumrind, 1989，1991；M. R. Gray & Steinberg, 1999；Stright, Gallagher，& Kelley, 2008；J. M. T. Walker & Hoover-Dempsey, 2006；Zhou et al.，2008.

② Bornstein & Lansford, 2010; X. Chen & Wang, 2010; Halgunseth, Ispa, & Rudy, 2006; McLoyd, 1998; Rothbaum & Trommsdorff, 2007.

③ McLoyd, 1998.

④ W.A. Collins, Maccoby, Steinberg, Hetherington, & Bornstein, 2000; Weiss & Schwarz, 1996.

⑤ Belsky & Pluess, 2009; J. R. Harris, 1998; Scarr, 1992.

⑥ 有关此问题有益的理论讨论，请参阅 Mendoza-Denton & Mischel, 2007。

⑦ Bates & Pettit, 2007; N. A.Fox, Henderson, Rubin, Calkins, & Schmidt, 2001; J. R. Harris, 1998; Keogh, 2003; Maccoby, 2007; Rothbart.2011; Scarr,1993.

人格特质。在对儿童和成人的研究中得到了五个一般人格特质，它们彼此之间相对独立，被合称为“大五”特质。[①] 你可以用单词 OCEAN 来记住它们：

- 开放性（openness）：个体对世界的想象和好奇程度，以及对新经验和新思想的接受力。
- 尽责性（conscientiousness）：个体认真、有条理、自律以及对计划和承诺坚持到底的程度。
- 外倾性（extraversion）：个体爱交际和寻求刺激的程度。
- 宜人性（agreeableness）：个体在社交情境中令人愉快、友好并且擅长合作的程度。
- 神经质（neuroticism）：个体的消极情绪倾向（比如，焦虑、愤怒、抑郁）的程度。

这些特质会使儿童在不同情境中的行为具有一定的一致性，但并非完全一致。[②] 当儿童从一种环境转换到另一种非常不同的环境中时，变化性是特别常见的。例如，某个学生与他的亲密朋友在一起时会非常活泼外向，但与他不太熟悉的人在一起时他可能就会害羞和退缩。此外，如果某位学生的老师帮助她认识到学业能力会随着努力和实践而提高（这也是智力的增量观点，见第 5 章），并且指导她如何在“待办事项清单”中安排任务，那么她更有可能尽责地完成作业。[③]

**想一想**

快速回顾一下第 2 章：OCEAN 这个词在这里有什么作用？

## 三、与自我控制相关的行为部分依赖于大脑发育

儿童在很小的时候就表现出不同的行为调节能力。这种差异部分源于气质方面的差异，即所谓的**努力控制**（**effortful control**），这似乎是大脑的基础。尤其是，一些儿童比其他儿童更能有意识地抑制自己做出冲动反应，而其他非主导地位的反应可能更有成效。[④] 随着儿童长大，那些表现出高水平的努力控制的儿童可以更好地提前做计划，将注意力集中在需要的地方，并控制不适当的情绪反应。这些儿童在课堂上表现得更好，学习成绩也比自控能力差的同学好。[⑤]

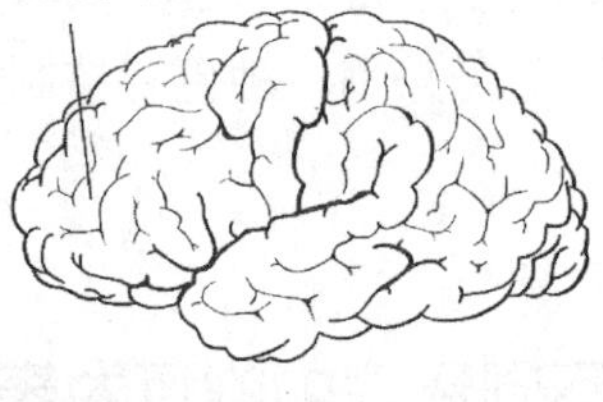


**图 7.1　努力控制的生物学基础主要存在于前额叶皮层，它在整个童年、青春期和成年早期持续发育**

努力控制是执行中枢有效运作的关键因素，也是第 2 章所介绍的工作记忆的主要组成部分。因此，它的生物学基础似乎位于前额叶皮层，即位于前额后面的大脑区域（见图 7.1）。正如第 6 章所指出的，直到青少年时期之后的成年早期，前额叶皮层才完全成熟。但是，早在青春期开始之前，大脑和激素水平就会发生某些变化，这些变化会增强年轻人对愉悦活动和即时奖励的渴望。很不幸，这会导致许多青少年难以提前做计划和控制自己的冲动。[⑥] 此外，他们倾向于根据情感（“这

---

① Caspi, 1998; DeYoung et al, 2010; G. Matthews, Zeidner, & Roberts, 2006; Saarni, Campos, Camras, & Witherington, 2006.

② Hampson, 2008; Mendoza-Denton & Mischel, 2007.

③ Belfiore & Hornyak, 1998; Dweck, 2008.

④ Bates & Pettit, 2007; Rothbart, 2011; Rothbart, Sheese, Posner, 2007.

⑤ Blair& Razza, 2007; Liew, McTigue, Barrois, & Hughes, 2008; Valiente, Lemery-Calfant, Swanson, & Reiser, 2008.

⑥ Figner, Weber, 2011; Shulman et al., 2016; Somerville, Jones, & Casey, 2010; Steinberg, 2009.

将很有趣”）或错误的假设（“这将使我看起来成熟”）做出选择，而不是根据逻辑和合理的判断（“大概率会结果不好”）做选择。① 正如你可能猜到的，青少年冒险行为在社会中最为常见，在这种状况下，享受乐趣通常是最重要的事情，而且他们很容易被同伴的行为或建议左右。②

虽然青少年的行为举止在很多方面看起来都像成年人，但有一点很重要，那就是他们仍然是孩子：他们很难拒绝那些不一定符合他们长远利益的诱人机会。因此，许多中学生在完成家庭作业和其他自主学习活动方面需要组织和激励。如果他们能在更安全、更谨慎的活动中找到同样多的乐趣，他们就更有可能避开潜在的危险活动。

## 四、随着儿童的成长，他们能够建构越来越复杂的自我认知

一些心理学家区分了个体自我感的两个方面。一个方面是*自我概念*，包括对自己的特点、长处和弱点的总体评价（例如，“我是一个成绩优异的学生”“我的鼻子有点弯”）。另一个方面是*自尊*，包括对自身价值和意义的判断和感受（例如，“我为自己的学习成绩感到骄傲”“我讨厌我的鹰钩鼻子！”）。我们在前面已经遇到过相关的概念，尽管名字不同。在第 5 章中，我们提到过人类似乎有一种感觉自己是有能力的和有价值的基本需求。我们还提到过人们意识到他们在某些活动中比其他人更有可能成功，也就是说他们在某些活动中有更高的*自我效能感*。

那么，这四个术语——自我概念、自尊、自我价值和自我效能有何不同呢？一般来说，*自我概念*解决的是“我是谁”的问题。*自尊*和*自我价值*这两个术语解决的是“我是一个多么好的人”的问题。请不要计较这三个术语之间的细微差别，因为它们的意思有重叠之处。因此，它们经常可以被互换使用。③

与其他三个术语相比，*自我效能感*解决的是“我能把某件事做得有多好”的问题。换句话说，它指的是人们对自己能力的信念，这种能力不是一般能力，而是在某个特定领域或某个活动中的能力。然而，在某种程度上，人们对不同任务和活动的具体自我效能感有助于他们形成更一般的自我感。④

在年幼儿童的整体自我评估中，他们往往会区分出两个一般领域：他们在日常工作（包括学业）上的能力情况以及他们在家人和朋友中的受欢迎程度。随着年龄的增长，他们的区分会越来越清晰。例如，他们会意识到自己在不同的学业领域、体育活动、同伴关系和外表吸引力方面或多或少有些能力或是“比较优秀”。这些领域中的每一个都或多或少地影响着学生的自我感。⑤ 对一些人来说，学业成就可能是最重要的因素，而对另一些人来说，外表吸引力或在同龄人中的受欢迎程度可能更为重要。⑥

## 五、随着年龄的增长，自我认知变得更加现实、抽象和稳定

在学前和小学低年级时，儿童往往根据具体的、容易观察到的特征和行为来评价自己。例如，他

① Luna, Paulsen, Padmanabhan, & Geier, 2013; V. F. Reyna, Chapman, Dougherty, & Confrey, 2012; Shulman et al. 2016.

② Alberr, Chein, & Steinberg, 2013; Galván, 2012; Knoll, Magis-Weinberg, Speekenbrink, & Blakemore, 2015.

③ Bracken, 2009; Byrne, 2002; McInerney, Marsh, & Craven, 2008.

④ Bong & Skaalvik, 2003; McInerney et al, 2008; Schunk & Pajares, 2004.

⑤ Arens, Yeung, Craven, & Hasselhorn, 2011; Bracken, 2009; Davis-Kean, Sandler, 2001; Harter, 1999; Yun, Farran, Lipsey, & Bilbrey, 2010.

⑥ Rocker & Knight, 2005; D. Hart, 1988; Harter, 1999.

们可能会谈论自己的年龄、性别和喜欢的活动。[①] 在这个发展阶段，大多数儿童的自我感总体上比较积极。[②] 他们通常认为自己比实际更有能力，而且他们可以很容易地战胜最初的失败。这种乐观主义可能源自他们总是基于自己在“大男孩”和“大女孩”任务中的不断进步来进行自我评价。但是在小学阶段，儿童有更多机会将自己与同伴进行比较，同时他们在认知方面也更有能力进行这样的比较，因而他们的自我评价也变得越来越现实。[③] 儿童逐渐把一些自我观察聚集到自己是哪种人的概括中（例如，“友好的”“擅长运动的”“聪明的”“愚蠢的”），这些概括无论好坏都会带来越来越稳定的自我概念。[④]

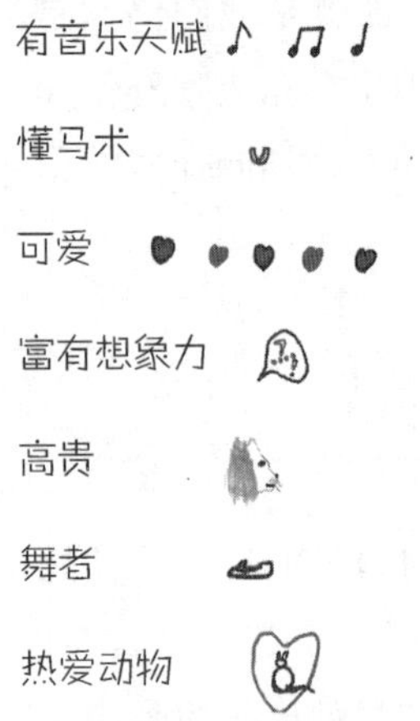


**随着儿童年龄的增长，他们越来越多地用抽象的特征来进行自我描述。这里，12 岁的梅琳达用几个抽象的特征来描述自己：有音乐天赋、懂马术、可爱、富有想象力、高贵和热爱动物。**

当儿童进入青春期并获得更强的抽象思维能力时，他们更有可能根据一般的、相当稳定的特征来评价自己。想想 12 岁的蒂娜在六年级时的自我描述：

> 我很酷。我太棒了。我非常酷。我 12 岁了。我很让男孩着迷。我要上布伦特伍德中学。我很受我的粉丝的欢迎。我演奏中提琴。我最好的朋友是林赛。我有一只叫泰姬的沙鼠。我是被收养的孩子。我很漂亮。

虽然蒂娜列举了自己的几个具体特征（例如，她擅长的乐器和她最好的朋友），但显然她已经形成了一种相当抽象的自我感。蒂娜的关注点在于酷、受欢迎和美丽，而不是智力或学业成绩（或者，我们还可以加上一点——谦逊）。这种特点相当具有代表性：对大多数青少年来说，社会认可和外表远比学业能力重要。[⑤] 尤其是对女孩来说，对自己外表的不满会对自尊产生严重的负面影响，甚至会导致反复抑郁。[⑥]

大一些的青少年越来越能反思自己的特点和能力，并开始努力克服自我感中的不一致，也许他们会想知道：“我到底是谁？”最终（也许在 11 年级左右），他们将自己的不同自我感整合成一个复杂的、多维的自我概念，从而调和表面上的不一致。例如，他们可能意识到，情绪多变意味着他们是“情绪化的”，而他们在不同场合中的行为不一致意味着他们是“灵活的”。[⑦]

当青少年将大量的自我感聚合在一起时，有些人就开始形成一般的**自我认同（identify）**感，它是一种自我构建，包括知道自己是谁、知道对自己重要的事情是什么以及知道想要完成的人生目标是什么。在他们长期寻找自我认同的过程中，他们最初可能会采取暂时的自我认同，比如依附于某些同伴群体，坚持某种着装模式，或者改变自己在 Facebook 上的自我描述。[⑧] 他们在不同的环境中也可能有不同的自我认同，这取决于他们在每个环境中扮演的传统角色。[⑨] 例如，一个学生在学

① D. Hart, 1988; Harter, 1983.
② Harter, 1999; Lockhart, Chang, & Story, 2002; Robins & Trzesniewski, 2005.
③ R. Butler, 2008; J. W. Chapman, Tunmer, & Prochnow, 2000; Davis-Kean et al. 2008.
④ D. A. Cole et al., 2001; Harter, 1999.
⑤ D. Hart 1988; Harter, 1999.
⑥ C G. Campbell, Parker, & Kollat, 2007; Stice, 2003; E. J. Wright, 2007.
⑦ Harter, 1999.
⑧ Alemán & Vartman, 2009; Greenhow, Robelia, & Hughes, 2009; Seaton, Scottham, & Sellers, 2006.
⑨ Eccles, 2009; Faircloth, 2012; Vadeboncoeur, Vellos, & Goessling, 2011.

校可能是“失败者”，但在校外活动中可能是“明星”或“领导者”。

一位发展心理学家描述了青少年寻求身份认同的四种不同的模式[①]：

- 自我认同扩散。青少年还没有认同某种职业道路或是意识形态。他们可能偶尔会做一些与某些角色和信念有关的实验，但是还没有开始认真地探索如何进行自我定义的问题。
- 自我认同早闭。青少年坚定地认同某个职业、某类意识形态或是两者兼有。这种选择在很大程度上是基于他人（特别是父母）的建议，并没有认真地探索其他可能。
- 自我认同延迟。青少年还没有对某个职业或是某类信念有较强的认同感，但是他们积极地探索和思考不同的职业和意识形态。实质上，个体正在经历着自我认同危机。
- 自我认同完成。在经历一段时间的拖延后，青少年开始认同某种政治或宗教信仰或是明确的职业选择，或者两者兼有。

对大多数年轻人来说，理想的情况似乎是在最终形成明确的自我认同之前，先经历一段时期的自我认同延迟（这种探索可能会持续到成年早期）。[②] 自我认同早闭意味着没有先验探索的自我认同选择，它拒绝考虑潜在的更好的选择，而自我认同扩散则使年轻人在生活中没有明确的方向感。

**想一想**

这四个术语中哪一个最能描述你的自我认同发展现状？

## 六、当儿童进入青春期时，他们认识到自己是独特的个体，但他们可能会高估自己的独特性

青少年常常认为自己和别人不一样，这种现象被称为**个人神话（personal fable）**。[③] 他们可能认为自己的感觉是非常独特的，他们周围的人从来没有体验过那种感觉，所以没有人可以知道他们的感觉，至少父母和老师都不能。对一些青少年来说，个人神话包括一种无懈可击和永生不朽的感觉，这使他们相信自己不会受到正常的生命威胁的影响，并加剧他们的冒险倾向。如果警告他们尝试毒品和酒精、无防护措施的性行为或高速驾驶可能带来的可怕后果，他们往往会想：“我身上不会发生这种事。”[④]

在青春期后期，个人神话和冒险行为都有所减少，但并没有完全消失。[⑤] 因此，这些是（而且必须是）青少年的父母和老师所关心的问题。

## 七、自我感影响儿童的行为，反之亦然

儿童和青少年的行为往往反映了他们对自己的信念。例如，如果他们认为自己是好学生，他们更有可能在课堂上集中注意力、听从老师的指导、坚持解决复杂的数学问题，以及参加有挑战性的课程。如果他们认为自己是友好的和受欢迎的，他们更有可能寻求同学的陪伴，也许还会竞选学生

① Marcia, 1980, 1991; also see Berzonsky & Kuk, 2000; Seaton et al., 2006.

② Kroger, 2007; Luyckx et al., 2008; Seaton et al., 2006; Sinai, Kaplan, & Flum, 2012.

③ Elkind, 1981; Lapsley, 1993.

④ DeRidder, 1993; Dodge et al., 2009; Jacobs, Klaczynski, 2002; B. Mills, Reyna, & Estrada, 2008; Nell, 2002.

⑤ FranKenbergor, 2000; Nell, 2002; V. F. Reyna & Farley, 2006.

在这幅自画像中，10岁的莎拉把自己描绘成一个书呆子。她的拼写错误可能反映了她对相似发音的单词 heard 是如何拼写的知识。

会的职位。如果他们认为自己在体育方面有能力，他们就会更热衷于课外体育活动。

如果学习者的自我评价相当准确，那么他们就处于选择适当活动和为现实目标奋斗的有利地位。[①] 稍微夸大的自我评价也可能是有益的，因为它可能会给学习者带来他们需要的自信，去接受新的挑战。[②] 然而，过于膨胀的自我概念可能会让一些学生产生一种毫无根据的优越感，导致他们欺负同学或以其他方式对同学表现得咄咄逼人。[③] 正如你可能猜到的那样，严重地**低估自己**会导致学习者逃避一些可以促进他们的认知、社交和体能成长的挑战。[④]

总的来说，拥有积极自我感的学习者更有可能在学业、社交和体能方面取得成功，这些成功有助于保持或增强这些积极自我感。[⑤] 但是，自我感和行为之间的相互作用也存在于自我感不佳的情况下，这就会形成一个恶性循环：糟糕的自我感觉会导致工作效率下降，从而导致更少的成功，这使糟糕的自我感觉一直存在。[⑥]

## 八、他人的行为影响儿童的自我感

儿童个人的成功和失败并不是影响他们自我感的唯一因素。第二个重要的影响因素是他们的社会背景，更具体地说是他人的行为。这至少会在两个方面影响儿童的自我感。一方面，随着儿童年龄的增长，尤其是进入青春期，他们如何评价自己在一定程度上取决于他们与同伴的比较。[⑦] 那些认为自己比别人更有成就的学生，比那些总觉得自己在走下坡路的学生更容易形成一种积极的自我感。因此，与同伴的比较可能会抑制具有较高学业能力的学生的自我感，因为他们班上的学生大部分都有类似水平的学业能力。[⑧]

此外，学习者的自我感会受到他人对其行为方式的影响，从而间接地传递出关于其优点和缺点的信息。[⑨] 例如，成年人通过对儿童的学业成绩或高或低的期望，以及通过关注孩子们做得好或不好的各种事情来影响儿童的自我感。同时，同伴之间会就社交和运动能力进行交流，可能会寻求某

---

① R. F. Baumeister, Campbell, Krueger, & Vohs, 2003; Harter, 1999.

② Assor Connell, 1992; Lockhart et al., 2002; Pajares, 2009.

③ R. F. Baumeister et al., 2003; Menon et al., 2007; Thomaes, Bushman, Stegge, & Olthof, 2008.

④ Marsh & O' Mara, 2008; Schunk & Pajares, 2004; Steuer & Dresel, 2011; Zimmerman & Moylan, 2009.

⑤ Arens et al., 2011; M.S. Caldwell, Rudolph, Troop-Gordon, & Kim, 2004; Marsh, Gerlach, Trautwein, Lüdtke, & Brettschneider, 2007; Valentine, DuBois, & Cooper, 2004; T. Williams & Williams, 2010.

⑥ M.S. Caldwell et al., 2004; Ma & Kishor, 1997; Marsh & Craven, 2006; Thomaes, Reijntjes, Orobio de Castro, & Bushman, 2009; Valentine, Cooper, Bettencourt, & DuBois, 2002.

⑦ Dijkstra, Kuyper, van der Werf, Buunk, & van der Zee, 2008; Seaton, Marsh, & Craven, 2009; Trautwein Gerlach, Lüdtke,2008.

⑧ Chiu, 2012; Köller, Zeinz, & Trautwein, 2008; Liem, Marsh, Martin, McInerney, &Yeung, 2013.

⑨ Bukowski, Brendgen, & Vitaro, 2007; M. S. Caldwell et al., 2004; Crosnoe, 2011; Dweck, 2000; M. J. Harris & Rosenthal, 1985; Rudolph, Caldwell, & Conley, 2005; Pajares, 2009.

个儿童的友谊或是在他人面前嘲笑某个儿童。在开篇的个案研究中，当威廉开始很难交到朋友、受到所谓的“受欢迎的”学生捉弄时，可以想见他的自尊一定比较低。幸运的是，校园演出使他有机会展示自己的才能，而他的同学也对他刮目相看。突然间，他变得“令人吃惊”“非常酷”。同学的这种评论如果能够持续一段时间，毫无疑问一定能够提高他的自我感。突然间，他变得“令人吃惊”“非常酷”或是“令人笑得前仰后合”，换句话说，他成为一个非常有趣的人。他同学的这种反应如果能够持续一段时间，应该会增强他的社交自信。

在青春期早期，许多学生非常在意别人对他们的看法。他们一开始可能会走极端，认为在任何社会情况下，所有人的注意力都集中在他们身上。这种现象被称为**假想观众**（**imaginary audience**）。[1]因为青少年（尤其是女孩）认为自己是注意的中心，所以他们经常专注于自己的外表，并且非常具有自我批判性。在某种程度上，这种对他人看法的高度关注似乎与大脑某些区域的成熟变化有关，包括那些以关注自我的情绪（如害羞和尴尬）为基础的区域。[2]

表 7.1 总结了儿童和青少年自我感的发展趋势。它也为教师如何提高不同年级水平学生的自我感提供了建议。

**表 7.1　不同年级水平的自我感**

| 年级 | 该年龄段的典型特点 | 案例 | 建议策略 |
|---|---|---|---|
| <br>幼儿园 ~2 年级 | • 自我描述在很大程度上局限于具体的、容易观察到的特征。<br>• 有高估未来获得成功的能力和机会的倾向，特别是在那些没有或有很少经验的领域。 | 当要求 6 岁的杰夫做自我描述时，他说：“我喜欢动物。我喜欢做东西。我在学校表现很好。我很快乐。蓝眼睛、黄头发、白皮肤。”他没有注意到自己的害羞、幽默感以及独立工作和玩耍的能力——这些特征需要相当多地自我反思和抽象思维才能意识到。 | • 鼓励学生通过解决他们认为能够完成的具有挑战性的任务来提高自己的能力。<br>• 在不同的领域提供充足的脚手架使学生的成功成为可能。<br>• 对学生做得好的事情提出表扬，要表扬具体的行为。 |
| <br>3~5 年级 | • 逐渐能够意识到具体的优点和缺点，并且能够区分出来。<br>• 将骄傲和耻辱这样的情绪与不同的自我感联系起来。 | 当凯伦到附近的中学读五年级时，尽管有个体化的阅读和拼写教学，但是他的功课还是迅速退步。他在家里越来越易怒，不久就不再写作业了。一天他的妈妈发现他蜷缩在桌下边哭边说：“我再也不能这样下去了！”她非常紧张，带他去看了很多专家，他们诊断他有严重的阅读障碍。凯伦的父母最终找到一所为学习障碍学生提供大量指导和脚手架的学校。在这里凯伦几乎在每门课程中都有巨大的进步，他的自尊心得到迅速增强。 | • 让学生关注自己长期的进步。<br>• 鼓励学生增强对个人和团体成就的自豪感，但是要注意有些族群的学生可能更喜欢团体成就所给予的认可。<br>• 只有在每个人都有值得骄傲的事情时，才为学生提供看彼此工作的机会。 |

① Elkind, 1981; R. M. Ryan & Kuczkowski, 1994; Somerville, 2013.

② Somerville et al., 2013

续前表

| 年级 | 该年龄段的典型特点 | 案例 | 建议策略 |
| --- | --- | --- | --- |
| <br>6~8 年级 | • 自我概念越来越抽象。<br>• 对有些学生来说，在升入中等学校或是初中之后，自尊水平会有所下降（尤其是女生）。<br>• 极度相信自己的独特性（个人神话）；可能会增加冒险行为。<br>• 高度关注他人对自己的感知和评价（假想观众）。 | 八年级的梅根描述了最近代数课上的一件事情：“我想咳嗽，但是我知道如果我咳嗽的话，每个人都会看我，会认为我笨。所以我屏住呼吸直憋到脸红泪流，最后还是咳了出来，然后每个人都注意到了。太可怕了。” | • 在学生升入中等学校或是初中之后，尤其要对他们成功的能力和可能性表现出支持和乐观的态度。<br>• 为冒险行为提供安全的发泄途径；表明不能容忍在学校操场上的危险行为。<br>• 在学生表现出异常的自我感时要冷静；教他们一些更好地向他人展示自己的方法。 |
| <br>9~12 年级 | • 寻找“真我”和成人认同；试验各种可能的自我认同。<br>• 将各种自我感逐渐整合到一个整体的、复杂的自我感中。<br>• 自尊逐渐增强。<br>• 继续冒险行为（尤其是男生）。 | 16 岁的凯拉经常修改自己在 Facebook 上的个人资料，并定期更改自己个人资料顶部的照片。早期的照片是她穿着篮球队服的照片，后来的照片是她穿着紧身的派对礼服的照片。 | • 给学生提供观察和尝试各种成人角色的机会。<br>• 鼓励学生探索并为他们的文化和民族传统感到自豪，但是不要传达这样的信息：他们自己的传统在某种程度上优于其他人的传统。<br>• 当探讨冒险行为的可能后果时，可以呈现真实事件，但是不要让学生太焦虑不安以致无法有效学习和记住有用的信息（比如，避免恐吓战术）。 |

来源：Bracken, 2009;R.Butler, 2008; Davis-Kean et al., 2008;Dweck, 2000; Elkind, 1981; Figner & Weber, 2011;Greenhow, Robelia, & Hughes, 2009; Harter, 1999; Liem, Marsh, Martin, McInerney, & Yeung, 2013; Lockhart et al., 2002; Marcia, 1980, 1991; T. M. McDevitt & Ormrod, 2007（凯伦的例子）; Nell, 2002; Nuemi, 2008; O’Mara, Marsh, Craven, & Debus, 2006; Orenstein, 1994, p. 47（梅根的例子）; Pajares, 2009;Robins & Trzesniewski, 2005; Seaton et al., 2006; Sinai et al., 2012; Somerville et al., 2013; Spear, 2007; Tatum, 1997; Whitesell, Mitchell, Kaufman, Spicer, & the Voices of Indian Teens Project Team, 2006.

## 九、组员身份也会影响儿童的自我感

一个或多个团体的组员身份也会影响学习者的自我感。①

如果你回想一下自己的学生时代，也许你能回想起因全班共同完成的某件事而感到自豪，或者因通过课外俱乐部完成的社区服务项目而感到高兴。然而，组员身份不一定是自愿持有的。例如，在开篇的个案研究中，一些所谓的“不受欢迎的”学生可能更希望属于“受欢迎的”群体。一般来说，如果儿童是成功的或有声望的团体成员，他们更有可能拥有高自尊。

然而，学校团体并不是儿童生活当中唯一重要的团体。例如，在种族和文化多样化的社区中，不同的肤色、语言、风俗习惯等都是很明显的，所以儿童的特定人种或种族身份可能是他们自我感

① Brewer & Yuki, 2007; B. B. Brown, Herman, Hamm, & Heck, 2008; Eccles, 2009; Harter, 1999; Thorkildsen, Golant, & Cambray-Engstrom, 2008; Wigfield, Byrnes, & Eccles, 2006.

的一个重要方面。我们将在本章后面的文化因素专栏中更仔细地探讨种族认同的重要性。

在这幅 1 岁时的自画像中，蒂娜展示了她对身体特征的认识，这与她的西班牙裔和印第安人的遗传基因相一致。

## 十、性别在大多数儿童的自我感中起着重要作用

当幼儿逐渐意识到男孩、女孩和男人、女人的典型特征和行为时，他们就会开始将自己的知识整合到对“男性和女性如何不同”的自我建构的理解或**性别图式**（**gender schemas**）中。这些性别图式反过来成为他们自我感的一部分，并指导他们的行为表现，例如如何着装、玩什么玩具、追求什么兴趣和进入什么学科领域。[①]例如，一些男孩认为在学校努力学习是一件“女孩”的事情，因此他们想在学业上取得好成绩的动机就受到了影响。[②]

因为性别图式是自我建构的，所以其内容往往因人而异。[③]例如，一些青春期的女孩把流行媒体（电影、时尚杂志等）上对美的不切实际的标准纳入她们的“女性图式”。当她们将自己与这些标准进行比较时，她们几乎总是达不到要求，对自己外表吸引力的自我评价也会下降，并且有些人会因为要达到她们所认为的理想的超瘦体形而产生饮食障碍。[④]同时，一些十几岁的男孩为了达到自我建构的男性行为的“男子汉”标准，在学校表现得像个硬汉，并吹嘘自己的性征服经历（也许是准确的，但更多时候不是）。[⑤]幸运的是，许多青少年的性别图式在高中阶段变得更加灵活，使其在行为选择上有了更大的空间。[⑥]

一些研究人员发现自尊在总体上存在性别差异，尤其是在青少年时期，男孩认为自己比女孩更受欢迎。这种性别差异部分是由于男孩倾向于高估自己的能力，也可能是由于女孩倾向于低估自己的能力。[⑦]大多数青春期男孩和女孩的自我认知与关于男性和女性“擅长”之事的刻板印象一致。即使当他们的真实能力水平相同的时候（他们在学业上的能力水平总是非常相似），通常男孩对自己的数学水平评价更高，而女孩对自己的阅读和社会研究能力评价更高。同样，青春期男孩在评价自身的运动能力和外貌时也比女孩更积极。[⑧]

## 十一、尽管会受他人的影响，但是成长中的儿童很大程度上还是自我定义和自我社会化

年轻人会从父母、教师、同伴和他人那里得到一些关于他们是谁、他们应该想什么、他们应该如何表现的信息，这些信息有时是一致的，有时是不一致的。但是他们很少被动地将他人的意见和

---

① Bem, 1981; Eccles, 2009; Leaper & Friedman, 2007; Ruble, Martin, & Berenbaum, 2006.

② Elmore & Oyserman, 2012.

③ Crouter, Whiteman, McHale, & Osgood, 2007; Liben & Bigler,2002.

④ S. Moore & Rosenthal, 2006; Stice, 2003; Weichold, Silbereisen, & Schmitt-Rodetmund, 2003.

⑤ Ollack 2006; K. M. Williams, 2001 a.

⑥ Eccles, 2009; Elmore & Oyserman, 2012; M. Rhodes & Gelman,2008.

⑦ Hyde, 2007; Lundeberg & Mohan, 2009; Pajares, 2005.

⑧ D. A. Cole et al., 2001; Hattie, 2009; Herbert & Stipek, 2005; Hyde, Lindberg, Linn, Ellis, & Williams, 2008; Koller et al., 2008; Stice, 2003; Wigfield et al., 2006.

思想当成自己的。相反，他们会对得到的信息进行评价，选择一些当作榜样，权衡“随波逐流”的利与弊，并且逐渐形成对自己的优缺点以及适当行为和不适当行为的看法。不久之后，决定其行为方式的压力大部分都来自自身而不是外部。这种现象被称作**自我社会化**（**self-socialization**）。①

年轻人主要依靠他们的发展水平和生活经验来决定应该认真对待哪些人和信息来源。② 父母是大多数小学低年级儿童生活中的主导力量，并且大多数父母会一直对儿童的整个中学时期的核心信念和价值观产生影响。然而，成长中的儿童越来越重视同伴对某种行为方式的看法，比如听什么音乐、如何度过休闲时间，以及欺凌和其他形式的攻击是否可以接受。接下来我们将讨论同伴关系的性质。

# 第二节　同伴关系

**主要理念：为了从与同伴的互动中充分获益，儿童必须具备良好的社会技能，并能够以有效的方式解释和应对各种社会情况和问题。**

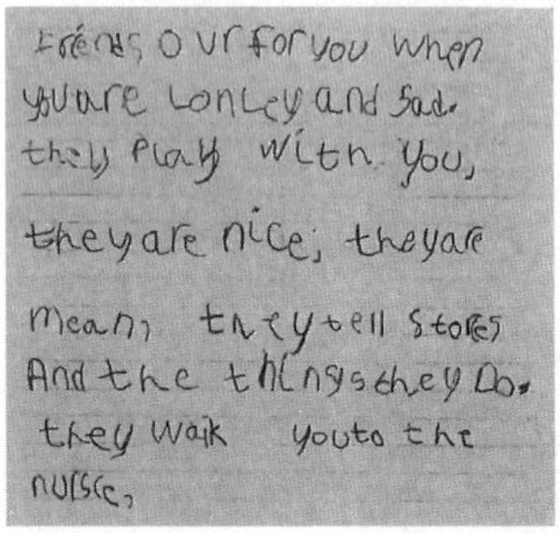


在这篇写作范文中，7岁的安德鲁在很大程度上将朋友看作同伴和娱乐的源泉（他们会出现在“你孤独的时候”，“他们会和你玩”，“他们会讲故事”）。然而，他也认识到朋友有时会成为支持的来源（“他们陪你去托儿所”）。

对有些学生来说，与同伴交往并获得他们的认可比课堂学习和取得成就更重要，某种程度上这样是在融入社会。③ 然而，社会成功和学业成就不是非此即彼的。事实上，那些在学校里与同伴关系融洽的学生更有可能取得高水平的成绩。而且，正如你可能猜到的，这些学生也有更高的自尊和更少的情绪问题。④

在任何课堂中，同伴关系的总体质量都会对学生学习的整体心理氛围或**课堂气氛**（**classroom climate**）产生重大影响。学生是否互相尊重和互相合作帮助彼此学习？是否因为某些同学被认为“愚蠢”或“不够冷静”，他们就不断地怠慢、贬低或骚扰这些同学？教师不能忽视学生的人际关系；相反，他们必须努力培养关系，支持班级每个成员的学业和个人成长。

以下原则概括了研究人员对儿童和青少年时期的同伴关系的研究内容。

## 一、重要作用

### 1. 同伴关系会促进儿童和青少年的个人、社会性和学业的发展，而与成人的关系常常无法做到

同伴关系，尤其是友谊，在儿童和青少年的个人和社会性发展中起着重要的作用。⑤ 一方面，

---

① B. B. Brown, 1990; Crosnoe, 2011; Nuemi, 2008; Prinstein & Dodge, 2008b.

② Bukowski, Velasquez, & Brendgen, 2008; Cauce, Mason, Gonzales, Hiraga, & Liu, 1994; Buhrmester,1992; Galambos, Barker, & Almeida, 2003; Nestemann & Hurrelmann, 1994.

③ Crosnoe, 2011; Dowson & McInerney, 2001; La Fontana & Cillessen, 2010.

④ Bukowski, Motzoi, & Meyer, 2009; Gest, Domirrovich, &Welsh, 2005; A. J. Martin & Dowson, 2009; Wentzel, 2009.

⑤ Bukowski et al., 2009; Granic, Lobel, & Engels, 2014; Ladd, Kochenderfer-Ladd, Visconti, & Ettekal, 2012; Laursen, Bukowski, Aunola, & Nurmi, 2007; Wentzel, Baker, & Russell, 2009.

它们提供了一个学习和练习各种社会技能的场所，包括合作、谈判、情感交流和冲突解决。它们也可以提供学业方面的支持。例如，帮助彼此完成具有挑战性的学习任务。此外，同伴，尤其是好朋友，可以提供陪伴、安全感和情感支持：他们是可以一起吃午饭的小团体，是躲避操场霸凌的避风港，是在遇到困惑或麻烦时可以依靠的肩膀。在开篇的个案研究中，可怜的威廉被其他的学生捉弄，却没有朋友来帮助他。

有些青少年（尤其是女孩）会向朋友透露他们内心深处的想法和感受。[①] 当没有其他人可以理解青少年的观点时，朋友总是可以理解他们的想法，包括他们对外表的关注以及对异性的在意，等等。通过与他人分享自己的想法和感受，青少年可能会发现他们并不像曾经认为的那样独特。因此，之前提到的个人神话可能会慢慢消失。[②]

儿童和青少年从与同伴的交往中获得什么，在某种程度上取决于他们的动机，也就是他们希望从交往中获得什么。那些寻求友谊和持续的情感支持的人倾向于发展他们的社交技能，提高他们的友谊质量。那些对获得社会声望更感兴趣的人（如成为"受欢迎的孩子"之一）往往更关心给社会地位高的同伴留下好印象，而不是建立相互支持的关系。可悲的是，一些年轻人可能因为感到社交尴尬和焦虑，往往尽可能地远离社交场合，以减少被贴上"失败者"或"畸形人"的标签的可能。[③]

### 2. 同伴有助于界定什么是"适当的"行为方式

同伴不仅能提供社会和情感上的支持，还能成为强大的社会化媒介去直接或间接地鼓励某些行为方式。[④] 同伴可以为业余时间的安排提供一些选择，例如可能会组成学习小组、玩电子游戏或者躲在教学楼后面抽烟。他们起着行为榜样的作用，并提出可接受的行为标准，表明什么是行得通的、什么是令人赞赏的、什么是酷的。他们可能通过嘲笑、说闲话或排斥等方式对超出可接受范围的行为加以约束。

这类影响通常被称为同伴压力，但其中有些影响更适合被描述为**同伴传染**（**peer contagion**），因为某些行为会通过各种方式从一个儿童或青少年"传播"给另一个。[⑤] 虽然明显的同伴压力肯定会产生影响，但大量的同伴传染是自我施加压力的结果，也就是自我社会化在起作用。12 岁的玛丽埃尔很好地描述了这一现象，她解释了两所不同小学的学生在五年级转学至同一所中学时发生的事情：

> 当你上初中的时候，另一所学校的学生就来了。你会想："哦，不，如果他们不喜欢我怎么办？"所以你要装酷和有本事。但你似乎永远也做不到那样。他们总是比你先一步。

一个普遍的误解是，同伴的影响总是不好的，但事实上是好坏参半。许多同伴都鼓励学生具备诸如在学校努力学习、与人为善、参加社区服务等令人向往的品质。然而，另一些人却鼓励逃课、欺负某些学生、酗酒或吸毒，或以其他方式参与不良行为。[⑥]

虽然同伴的行为和价值观肯定会对儿童行为表现产生影响，但这种影响可能被高估了。大多数

① Levitt, Guacci-Franco, & Levitt, 1993; A. J. Rose & Smith, 2009.
② Elkind, 1981.
③ A. M. Ryan, Jamison, Shin, & Thompson, 2012; A. M. Ryan & Shim, 2008.
④ Rubin, Cheah, & Menzer, 2010; A. M. Ryan, 2000; M. F. H. Schmidt & Tomasello, 2012; Wentzel & Watkins, 2011.
⑤ Altermatt, 2012; B. B. Brown, Bakken, Ameringer, & Mahon, 2008; Sandstrom, 2011.
⑥ Hamm, Hoffman, & Farmer, 2012; Mayeux, Houser, & Dyches, 2011; Prinstein & Dodge, 2008b; Spinrad & Eisenberg, 2009.

儿童和青少年从他们的家庭中获得了一套强大的价值观和行为标准，他们不一定会在同伴中抛弃这些价值观和标准。[①] 此外，他们会选择在动机、行为方式、学业成绩和休闲活动上与自己相似的朋友，而且他们可能会逐渐疏远那些在社交方面和学业方面与自己截然不同的朋友。[②] 在某些情况下，学生们会过着“双重生活”，这使他们能够在获得学业成功的同时保持被同伴接受。例如，尽管他们上课认真做作业，但是他们可能也会假装对学术活动不感兴趣，用笑话或傻乎乎的行为扰乱课堂，并在获得高分时表现得很惊讶。[③] 此外，他们在公共场合可能会表现得很强硬，而把较温和的一面留给更私人的场合，正如下面这位六年级学生所解释的那样：

> 你得要态度，你必须装成那样，像在拍电影，你得演。等回家以后，你就可以恢复正常了，不用再装刻薄或其他什么。但有朋友在身边时，你就得厉害，像要欺负所有人。[④]

### 3. 男孩和女孩通常有着截然不同的同伴交往方式

大多数儿童和青少年主要与同性别的同伴关系密切。[⑤] 男孩和女孩的游戏小组和友谊在影响他们个人和社会性发展的关键方式上有所不同。男孩往往在较大的小组中展开追逐打闹的游戏和冒险活动。[⑥] 他们喜欢竞争，在实现个人和团体目标的过程中相当自信。[⑦] 尤其当他们长大后，有些人更喜欢在他们和朋友之间保持一些私人的和情感上的距离——这也许是一种显示他们“男子气概”的方式，而且常常试图在社交场合隐藏自己的真实情感。[⑧]

男孩总是喜欢争强好胜，而女孩则更有亲和力和合作性。女孩似乎更能理解他人的心理状态，对他人传达的微妙的非言语信息（如身体语言）也更具敏锐性。[⑨] 她们大部分闲暇时间都只和几个亲密的朋友一起度过，她们会一起分享内心最深处的想法和情感。[⑩] 尽管女孩可能有时会非常固执，但是她们也会在意群体和谐，所以有时候她们会服从他人的意愿。[⑪] 此外，她们比男孩更在意人际冲突的解决，就像 17 岁的保罗所说的那样：

> 你知道，男生们一般不用说什么也不用做什么就和好了。就坐在那儿，然后“好吧，管他呢”，就和好了。而女孩们，你得和她们谈，然后慢慢解决。得为做错的事道歉。是有一整套程序的。

### 4. 社会群体在青少年时期变得越来越重要

大多数儿童在学龄前就已经和一个或多个同伴建立了友谊。随着他们在小学阶段的学习，他们

---

① B. B. Brown, 1990; W. A. Collins et al,, 2000; Galambos et al., 2003; Gniewosz & Noack, 2012.

② Hartl, Laursen, & Cillessen, 2015; Kindermann, McCollam, & Gibson, 1996; Prinstein & Dodge, 2008a; A. M. Ryan, 2001.

③ B. B. Brown, 1993; Grrimes, 2002; Juvonen, 2006.

④ Juvonen & Cadigan, 2002, p. 282.

⑤ Best, 2010; A. J. Rose & Smith, 2009.

⑥ Best, 2010; Maccoby, 2002; Pellegrini, Kato, Blatchford, & Baines, 2002.

⑦ Benenson et al., 2002; Jonkmann, Trautwein, & Lüdtke, 2009; Leaper & Friedman, 2007; Maccoby, 2002.

⑧ Best, 2010; N. Eisenberg, Martin, & Fabes, 1996; Lippa, 2002; K. M. Williams, 2001a.

⑨ Bosacki, 2000; Deaux, 1984.

⑩ Block, 1983; N. Eisenberg et al., 1996; A. J. Rose, 2002.

⑪ Benenson et al., 2002; Leaper & Friedman, 2007; Maccoby, 2002.

中经常聚在一起的一些人形成了更大的社会群体。一旦儿童成为一个群体，他们就更喜欢自己群体中的成员而不是非群体成员。在某些情况下，他们可能会对其他群体的成员产生敌意和敌对情绪。[①] 甚至在小学早期，儿童就意识到社会群体在社会地位上可以有很大的差异，因此他们与一个群体或另一个群体的联系会影响他们的自尊。[②]

当青少年进入青春期后，待在较大的群体会成为他们社交生活中非常显著的特征。研究人员澄清了青少年时期几个不同类型的群体：小集团、大众群体、亚文化群体以及小帮会。**小集团（cliques）**是 4~8 人的相对稳定的朋友群体，这样的群体为大多数自愿的社会互动提供了环境。小集团往往是界限相当严格和排外的（有些人可以"进入"，有些人则"出局"），而不同小集团的成员身份往往会影响其社会地位。[③] 以下是 14 岁的考特尼对她八年级班上一个特别受欢迎的小集团的描述：

> 午餐时有几个餐桌小组。我的小组给他们都起了名字。受欢迎的，我们叫他们沙丁鱼。他们在他们的小圈子里，他们不让任何人进入他们的圈子，他们离得很近。你永远看不到他们中的任何一个人单独行动。就像其中一个是电视，其他的就像是他的小遥控器。

**大众群体（crowds）**比小集团要大得多，它没有小集团那种紧密团结的凝聚力和精心划定的界限。事实上，其成员之间甚至不需要太多联系。然而，他们往往有共同的兴趣、对学业成绩的共同态度，（偶尔）还有共同的种族背景。学生们经常给这些不同的群体贴上标签，不仅包括在开篇的个案研究中提到的"受欢迎的"学生，还可能包括"智囊""运动员""瘾君子""哥特人"或"书呆子"，而且对某些群体的看法比对其他群体的看法更好。[④]

**想一想**

你们高中的学生有哪些明显的群体标签？

有时大众群体会表现为**亚文化群体（subculture）**，这个群体通过遵循一种非常不同的生活方式来抗拒强大的主流文化。[⑤] 有些亚文化是相当温和的，例如，本书的一位作者亲身体会到，有些男孩成了穿着宽松裤子的"滑冰者"，他们把大部分空闲时间都花在玩滑板上，几乎称呼每个人（包括他们的母亲）为"哥们儿"。其他一些亚文化比较令人担忧，比如那些支持种族主义和支持反犹太行为的亚文化（如"光头党"），以及那些遵行撒旦崇拜和宗教仪式的亚文化。如果青少年感到与主流文化（可能是学校的主流文化，也可能是社会的主流文化）格格不入，想以某种方式使自己与主流文化划清界限，他们就更有可能融入这些不良的亚文化群体。[⑥]

**小帮会（gang）**是一个有凝聚力的社会群体，其特征是有入会仪式、独特的色彩和符号、特定的"领地"所有权，以及与一个或多个敌对群体的争斗。通常，小帮会有着严格的行为管理规则，对违反规则的行为进行严厉的惩罚。青少年（有时也包括年龄较小的儿童）由于各种原因加入小帮会。[⑦] 有些人这样做是为了向家人、朋友或邻居表示忠诚；有些人寻求地位和名望，偶尔也寻求帮会成员身份带来的人身保护；有些人学业成绩差，认为小帮会是一个替代场所，在这里他们的成就

---

① Biegler, Brown, & Markell, 2001; Dunham, Baron, & Banaji, 2006; J. R. Harris, 1998; Nesdale, Maass, Durkin, & Griffiths, 2005.

② B. B. Brown et al., 2008; Dunham et al., 2006; Nesdale et al., 2005.

③ Aikins & Litwack, 2011; B. B. Brown, 2011; Goodwin, 2006; Kindermann et al., 1996.

④ Crosnoe, 2011; Juvonen & Galván, 2008; D. Schwartz & Gorman, 2011.

⑤ J. S. Epstein, 1998.

⑥ Crosnoe, 2011; J. R. Harris, 1998.

⑦ Dishion, Piehler, & Myers, 2008; Kodluboy, 2004; Petersen, 2004; Simons, Whitbeck, Conger, & Conger, 1991.

可以得到认可。许多帮会成员的家庭关系很糟糕，或者总是被同伴排斥，因此他们求助于帮会，以寻求在其他地方无法获得的情感支持。

在高中阶段，抽象思维能力的增强使有些青少年更多地把他人看作独特的个体而不是看成某类别中的成员。他们对自己与来自不同背景的个体共有的特征有了新的认识。因此，与某些同伴群体的关系也许会消失，群体之间的敌意会缓和，年轻人在与同伴交往时也会变得更加灵活。①

### 5. 青少年时期的浪漫关系可以为成年期的亲密关系提供宝贵的实践经验

即使在小学，也有许多孩子在谈论交男朋友或女朋友，而性行为是贯穿小学阶段的一个有趣的话题。随着青春期的开始，青春期的生理变化带来了新鲜的、频繁的不安感和性渴望。因此，浪漫关系总是青少年的心事并且总是学校中谈话的主题，这并不令人感到惊奇。②青少年的浪漫关系往往更多地存在于他们心里，而不是现实中。例如，两个学生可能被认为是在"交往"，即使他们从来没有真正约会过。他们的浪漫思想可能还包括迷恋那些遥不可及的人（可能是最喜欢的老师或电影明星）。③

**对有些儿童来说，浪漫的想法很早就出现了。上图只是5岁的伊莎贝尔写的关于一个叫威尔的同学的随笔之一。**

最终，许多青少年开始约会，特别是当他们的朋友也在约会的时候。约会对象的早期选择通常是基于外表的吸引力或社会地位，约会可能只涉及有限的和表面的交往。④随着青少年进入高中阶段，一些人与异性之间会形成更强烈、更亲密、更长久的关系，而这些关系会（但绝不总是会）通向性亲密。⑤在过去的几十年中，第一次性行为的平均年龄稳步下降，这可能部分是因为媒体经常传播这样一种信息，即未婚伴侣之间的性行为是可以接受的。⑥

从发展的角度来看，浪漫关系有明确的好处：它能满足年轻人对陪伴、情感和安全感的需求，并提供一种尝试新的社交技能和人际交往的机会。但是，浪漫关系会严重破坏青少年的情感。青少年的情绪波动比年幼的儿童或成年人更剧烈。并且，就他们中的许多人来说，这种不稳定可能部分是由于正在卷入或没有卷入浪漫关系所带来的兴奋和沮丧。⑦

当学生升入高中（偶尔更早），有些人发现自己会被同性吸引而不是被异性吸引。对于男同性恋者、女同性恋者和双性恋者来说，青春期可能是一个特别令人困惑的时期。一些人试图搞清楚自己的性取向，这可能会遭遇相当多的同伴拒绝和抑郁。然而，还有一些人有着良好的心理健康状况，特别是如果他们的家庭和学校环境能够接受不同的性取向。⑧

青少年经常对他们早期的性经历有复杂的感觉，而他们周围的人（父母、老师、同伴）常常不确定如何应对这个话题。⑨当家长和老师们提出关于性的话题时，他们常常会把它和一些问题

---

① Furman & Collins, 2009; Gavin & Fuhrman, 1989; Kinney, 1993.

② B. B. Brown, Feiring, & Furman, 1999; Furman & Simon, 2008.

③ B. B. Brown, 1999; Eckert, 1989; B. C. Miller & Benson, 1999.

④ B. B. Brown, 2011; Furman, Brown, & Feiring, 1999; Pellegrini, 2002.

⑤ J. Connolly & Goldberg, 1999; Furman & Collins, 2009.

⑥ Brooks-Gunn & Paikoff, 1993; S. Moore & Rosenthal, 2006; Zimmer-Gembeck & Helfand, 2008.

⑦ Davila, 2008; Furman & Collins, 2009; Larson, Clore, & Wood, 1999; B. C. Miller & Benson, 1999.

⑧ Darwich, Hymel, & Waterhouse, 2012; Konishi, Saewyc, & Smith, 2011; J. P. Robinson & Espelage, 2011;Savin-Williams,2008.

⑨ Alapack, 1991; Katchadourian, 1990; Zimmer-Gembeck & Helfand, 2008.

联系在一起，比如不负责任的行为、药物滥用、疾病和意外怀孕。除了在获得性免疫缺陷综合征（AIDS）和其他风险的聊天背景下，一般情况下他们很少提到同性恋和双性恋取向的话题。[①]

### 6. 真正受欢迎的孩子有良好的社交技能

本书一位作者的女儿在上初中时偶尔会说："没人喜欢受欢迎的孩子。"尽管她的话可能看起来矛盾（她的妈妈总是告诉她这是事实），但这与研究结果是一致的。当学生们被要求找出他们最"受欢迎"的同学时，他们会说出那些在学校里社会地位显赫的同学（也许是那些属于某个有威信的社会群体的成员），但在很多情况下，这些同学要么咄咄逼人，要么自命不凡。[②] 14 岁的考特尼描述了她学校里据说很受欢迎的学生，这是一个很好的例子：

> 没人喜欢受欢迎的孩子。我们都觉得她们很讨厌、很卑鄙。她们受欢迎的唯一原因是她们会和坐在公交车后面的男生亲热。她们不接纳其他人。她们有只包括她们自己的小团体。她们不会扩大这个小团体。

与考特尼的描述相反，*真正*受欢迎的学生（**popular students**）（那些被许多同学选为他们喜欢一起做事情的人）可能拥有或不拥有较高的地位，但他们善良、值得信任、善于社交。他们也往往对他人表现出真正的关心。例如，乐于分享、善于合作和理解同伴。[③]

与受欢迎的学生相反，**受排斥的学生**（**rejected students**）是同学们最不喜欢的社交伙伴。缺乏社交技能的学生（例如那些冲动或好斗的学生以及那些不断试图吸引别人注意的学生）通常会遭到同伴的排斥。[④] 那些明显超重的学生，以及那些表面上看起来是同性恋的学生，也经常成为被嘲笑、骚扰和指责的对象。[⑤]在许多学校里，少数族裔的学生经常会受到贬损和其他形式的种族歧视，来自低收入家庭的学生也是如此。[⑥] 特别是当同伴拒绝和同伴排斥持续了很长一段时间后，被拒绝的学生就会成为情感问题、低学业成就和低出勤率方面的高风险人群。[⑦]

第三个群体——**有争议的学生**（**controversial students**），引起了不同的反应，因为一些同学真的喜欢这些学生，而其他人真的不喜欢他们。有争议的学生可能会像被拒绝的学生一样，很有攻击性，但他们也有足够好的社交技能，与某些同伴保持亲密的关系。[⑧] 一些被同学称为"受欢迎的"的学生实际上就属于这一类学生。

研究人员还描述了另一类学生[⑨] **即被忽视的学生**（**neglected students**），是指那些很少被同伴当作是他们最喜欢或最不喜欢一起做事的人。有些被忽视的学生更喜欢独处，有些可能很害羞或者不知道如何开始互动，还有一些满足于只有一两个亲密的朋友。[⑩] 对有些学生来说，"被忽视"的状态

---

① Filax, 2007; M. B. Harris, 1997.

② Cillessen & van den Berg, 2012; W. E. Ellis & Zarbatany, 2007; Hawley, 2014; Rodkin, Espelage, & Hanish, 2015.

③ Asher & McDonald, 2009; Cillessen & Rose, 2005; Mayeux et al., 2011.

④ Asher & McDonald, 2009; Pedersen, Vitaro, Barker, & Borge, 2007; Rubin et al., 2010.

⑤ Swearer, Espelage, Vaillancourt, & Hymel, 2010.

⑥ Banks & Banks, 1995; Graham & Hudley, 2005; McBrien, 2005; Phelan, Yu, & Davidson, 1994.

⑦ Bellmore, 2011;Cillessen & van den Berg, 2012; Ladd et al., 2012.

⑧ Asher & McDonald, 2009; Bukowski et al., 2007; Cillessen, Schwartz, & Mayeux, 2011.

⑨ 研究者一共确认了五个学生群体。第五个群体是普通学生，对他们，有一些同伴喜欢，有一些同伴不喜欢，但是感情强度不如对有争议的学生的感情强度。

⑩ Asher & Renshaw, 1981; Gazelle & Ladd, 2003; Guay, Boivin, & Hodges, 1999; McElhaney, Antonishak, & Allen, 2008.

相对来说是临时的情况。而有些学生长期完全没有朋友，比如那些新移民和残疾学生，这些学生患抑郁症的风险高于平均水平。①

### 7. 近几十年来，数字技术提供了与同伴交流的新方式

由于无线技术（如手机）和互联网的发展，许多年轻人现在非常频繁地（每天，有时几乎每小时）与他们的同伴进行交流。② 例如，可以通过电子邮件和即时通讯（即短信）方便快捷地向同学询问家庭作业、制订社交活动计划、向朋友寻求建议和情感支持。社交网站提供了分享个人信息、维持和增进友谊以及寻找志同道合的同伴的途径。网络聊天室允许对任何话题进行线上小组讨论。对这类技术手段的谨慎使用可以增强学生的自尊、增加与同伴的交流、促进社会问题的解决和保持一般心理健康。③

然而，不幸的是，有些学生把这些技术用在进行大量的社会和心理伤害方面。例如，他们可能会通过“隐藏的应用程序”自愿分享色情照片或其他色情内容，这些应用程序在表面上看起来像是家长、老师和其他不知情的成年人眼中的无害之物（比如计算器）。如同我们马上将要看到的那样，他们可能会通过*网络欺凌*去骚扰或羞辱一个或多个同伴。

儿童和青少年无论是面对面交流，还是通过各种技术手段进行远距离交流，他们与同伴进行有效交流的能力都需要社会认知能力的发展，这是我们接下来要探讨的话题。

## 二、社会认知

为了融入真正有效的人际关系中，儿童和青少年必须增强**社会认知（social cognition）**，也就是他们必须考虑周围的人可能如何思考、如何行动以及如何应对各种情境。总的来说，那些经常思考他人想法和感受的人往往社交能力较强，并且容易交到朋友。④ 一些心理学家认为社会认知是人类独特的能力（他们称之为*情商*），而另一些人则认为它只是人们的一般智力和社会功能的组成部分。⑤

在某种程度上，人类的大脑对于社会认知而言可能是“预先设定好的”，特别是通过前面第4章所描述的**镜像神经元（mirror neurons）**来设定。当一个人在做某件事情时，或者当一个人看着别人做同样的事情时，镜像神经元就会被激活。因此，镜像神经元能够快速识别出另一个人在做什么。一些镜像神经元专门参与与痛苦和厌恶等情绪相关的面部表情，从而能够快速检测他人的这些情绪。然而，有效的社会认知也需要前额叶皮层的参与，而前额叶皮层可能是大脑中最“体贴”的部分，以便对其他人*为什么*以某种方式行动和感受做出合理的推断。⑥

以下原则描述了社会认知如何影响儿童和青少年的人际关系的有效性。

---

① Asher & Paquette, 2003; Gazelle & Ladd, 2003; Igoa, 2007; Laursen et al., 2007; Yuker, 1988.

② N. Carr, 2011; Crosnoe, 2011; Greenhow et al., 2009; Valkenburg & Peter, 2009.

③ Ellison, Steinfield, & Lampe, 2007; Greenhow et al., 2009; Gross, 2009; Gross, Juvonen, & Gable, 2002; Valkenburg & Peter, 2009; Yang & Brown, 2013.

④ Bosacki, 2000; P. L. Harris, 2006; Izard et al., 2001; Cillessen & van den Berg, 2012.

⑤ J. D. Mayer, Salovey, & Caruso, 2008; Waterhouse, 2006; Zeidner, Roberts, & Matthews, 2002.

⑥ Gallese, Gernsbacher, Heyes, Hickok, & Iacoboni, 2011; Liu, Sabbagh, Gehring, & Wellman, 2009; Rizzolatti & Sinigaglia, 2008; Spunt & Lieberman, 2013.

### 1. 随着儿童的成长，他们越来越能意识到别人的想法和感受

社会认知的一个重要组成部分就是**观点采择**（**perspective taking**），即从他人的角度看世界。以下情况提供了一个示例。

**自己看一看**

**被最后选择的**

思考下面的情境：

肯尼和马克是足球队的两位队长。他们需要为球队选择一个人。肯尼向马克使眼色然后看向汤姆，汤姆是备选儿童之一。马克微笑着对肯尼做出回应。肯尼点点头，然后选择汤姆进入他们的球队。汤姆看到了马克和肯尼互相使眼色微笑。汤姆总是最后一个被团队项目选择的人，他想知道肯尼为什么会选择自己到他的球队……

- 马克为什么对肯尼微笑？
- 肯尼为什么点头？
- 肯尼为什么选择汤姆进球队？你是怎么知道这点的？
- 你认为汤姆知道肯尼为什么选择他吗？你是怎么知道这点的？
- 你认为汤姆感觉如何？[①]

为了回答这些问题，你必须从这些儿童的角度去考虑当时的情境。例如，如果你站在汤姆的立场上，你可能会觉得他有着复杂的感受。如果他喜爱足球，那么他可能会为这个机会感到高兴，但是他可能也想知道其他男孩的非语言信号是否暗示出要使他在球场上出丑的企图。当然，汤姆还可能会因为总是最后一个被团队选择而感到尴尬或低落。（因此，通常并不推荐像体育课上这种让某些学生为团队挑选队员的做法。）

你应该还记得第 3 章所讲的，元认知是在个体发展的过程中提高的：随着年龄和经验的增长，儿童对自己的思维过程越来越清楚。事实上，当儿童对自己的想法有更多的了解时，他们也会变得更善于推断别人可能在想什么。总之，儿童形成了**心理理论**（**theory of mind**），它包含了对人类精神和心理状态（思想、信念、感情、动机等等）日益复杂的理解。儿童合理准确的心理理论使他们能够理解和预测他们生活中重要的人的行为，从而有效地与这些人进行互动。[②]

与皮亚杰和其他研究人员对认知发展的了解一致，儿童往往会关注他人具体的、可观察到的特征和行为。然而，他们确实也会多少意识到别人的内心世界。早在四五岁的时候，他们就意识到他们所知道的可能与他人所知道的不同，而且他们也有能力推断他人的精神和情感状态。[③]通常，儿童进入小学后，开始意识到人们的行为并不总是反映他们的思想和感受。例如，一些看起来很快乐的人实际上可能感到悲伤。[④]他们也开始明白人们不仅会观察事件，也会解释事件。因此，其他人

① Bosacki, 2000, p. 711.

② Flavell, 2000; Gopnik & Meltzoff, 1997; Wellman & Gelman, 1998.

③ P. L. Harris, 2006; Schult, 2002; Wellman, Phillips, & Rodriguez, 2000.

④ Flavell, Miller, & Miller, 2002; Gnepp, 1989.

对某个问题的看法可能与他们自己的看法不同。[①] 换句话说，儿童逐渐能够理解思维和学习是主动建构的过程。

在青春期早期，儿童意识到人们可能对事件和其他个体有着复杂的感情。[②] 由于他们的认知能力、记忆能力和社会意识不断发展，他们逐渐有能力进行**递归式思维**（**recursive thinking**）。[③] 也就是说，他们能够想到他人对他们的看法，并且最终能够通过多次迭代反思他人对他们的看法（比如，“你认为我认为你想……”）。这并不是说青少年（或是成人）总是使用这种能力。事实上，只思考自己的观点（而不对他人的观点进行实际评价）是青少年早期存在的普遍现象（回忆前面对假想观众的讨论）。[④]

在高中阶段，青少年可以从他们的许多社会经验中获得丰富的知识。因此，他们越来越善于推断人们的心理、意图和需求。[⑤] 此外，他们更加熟悉影响行为的复杂动机系统，不仅包括思想、感情和当前情况，还包括过去的经历。[⑥] 因此，我们在高中时期所看到的是一个崭露头角的心理学家：一个能够非常敏锐地理解和解释他人动机和行为的人。

### 2. 儿童在社会情境中的认知过程会影响他们对他人的行为

当儿童和青少年考虑他人的思想、感情和做法时，他们需要考虑的事情有很多。这种**社会信息加工**（**social information processing**）涉及理解和应对社会事件的心理过程，它只是第 2 章中所描述的认知过程的社会定向形式。此外，社会信息加工包括注意社会情境中的某些行为，并试图通过阐述来解释和理解它们。例如，当儿童与同伴进行互动时，他们可能会关注某些言语、面部表情和肢体语言，并试图弄清楚同伴轻率的评论或是腼腆的笑容的真正含义。儿童也会在交往过程中考虑一个或是更多他们希望实现的目标，这可能因为他们一方面想保持友谊，另一方面又想给某人一个“教训”。因此，他们既要考虑他们的解释又要考虑他们的目标，他们根据以前的知识和经验重新考虑大量可能的反应，然后选择出他们眼中有效的行动方针。[⑦]

年轻人关注的行为、他们解释这些行为的方式以及他们进行社会互动的特定目标，对他们与他人互动的有效性有相当大的影响。在接下来要讨论的原则中，这一点会很明显。

### 3. 攻击性行为通常是适得其反的认知过程的结果

当我们看到或听到攻击一词时，最有可能想到的是可能会造成身体伤害的**身体攻击**（**physical aggression**）。例如，在开篇的个案研究中，一些“受欢迎的”（即地位高）的学生偶尔会戳戳或推搡可怜的威廉，但更多时候所谓受欢迎的学生也许是通过喊威廉的绰号或取笑威廉做的事来攻击威廉。这种嘲笑构成了**精神攻击**（**psychological aggression**），这是一种想要造成精神极度痛苦或伤害自尊的行为。在某些情况下，精神攻击主要是为了破坏友谊和其他人际关系（也许采用传播恶意的

---

① Flavell, Green, & Flavell, 1995; Flavel, Miller, & Miller, 2002; Wellman, 1990.

② S. K. Donaldson & Westerman, 1986; Flavell & Miller, 1998; Harter & Whitesell, 1989.

③ Flavell et al., 2002; Oppenheimer, 1986; Perner & Wimmer, 1985.

④ Tsethlikai & Greenhoot, 2006; Tsethlikai, Guthrie-Fulbright, & Loera, 2007.

⑤ N. Eisenberg, Carlo, Murphy, & Van Court, 1995; Paget, Kritt, & Bergemann, 1984.

⑥ C. A. Flanagan & Tucker, 1999; Selman, 1980.

⑦ Arsenio & Lemerise, 2004; Cillessen & van den Berg, 2012; Crick & Dodge, 1996; Dodge, 1986; Greenhoot, Tsethlikai, & Wagoner, 2006; E. R. Smith & Semin, 2007.

谣言或把某人从重要的社会群体中排斥在外的形式，这种情形也称为*关系攻击*)。男孩比女孩更容易发生身体攻击，但女孩在心理攻击方面可以很熟练，特别是在初中和高中阶段。[①]

研究者将攻击性儿童和青少年分为不同的两组。[②] 那些采取**主动性攻击**（**proactive aggression**）的儿童会故意采取攻击行动，并将其作为达到预期目标的一种手段。相反，那些采取**反应性攻击**（**reactive aggression**）的人主要是在面对挫折或挑衅时才表现出攻击性。前一种人对特定的人有相当大的攻击性，他们不管是进行身体攻击还是心理攻击都被称为**欺凌者**（**bullies**)。那些被欺凌的受害者经常是不成熟的、焦虑的、被社会孤立的学生，有非传统的性取向的学生和有残疾的学生也是被欺凌的对象。[③]

欺凌不一定只限于面对面的互动。无线技术和互联网为**网络欺凌**（**cyberbullying**）提供了载体。网络欺凌指的是通过电子手段传递恶意信息、传播个人尴尬信息，或以其他方式造成他人严重的心理困扰。例如，一个学生可能会向 YouTube 上传侮辱性的视频片段，在 Facebook 上发布不讨人喜欢的（可能是虚假的）八卦，或者建立一个网站，让同学们“投票”给班上的“最大输家”或“最容易上当的荡妇”。[④] 网络欺凌比面对面的欺凌危害更大，这有可能是因为作恶者往往是匿名的（因此无法面对），也可能是因为高度诽谤性的材料可以像野火一样在一个大的同伴群体中蔓延。[⑤]

有些儿童和青少年天生就比其他同伴有着更多的攻击倾向，还有些儿童和青少年可能是由于神经系统损伤从而表现出更高的攻击性。[⑥] 然而，一些认知和动机因素也在攻击行为中发挥作用：

- **观点采择能力差**：有些高攻击性的儿童缺乏站在他人立场上看问题或是与被欺凌者产生共情的能力。[⑦]
- **曲解社会暗示**：对同伴进行身体攻击或是精神攻击的儿童往往将他人的行为看作是敌意的表现，尤其是在这些行为的意义不明确的情况下。这种**敌意的归因偏差**（**hostile attributional bias**）在有*反应性攻击*倾向的儿童身上特别普遍。[⑧]
- **普遍存在自利目标**：对大多数儿童和青少年来说，建立和维持人际关系是很重要的事情。然而对有攻击性的儿童来说，较多的自利目标（比如保持膨胀的自我形象、复仇、获得权力和尊重）经常占主导地位。[⑨]
- **无效的社会问题解决策略**：具有攻击性的儿童经常不知道如何说服、协商或是妥协，因此总是采取打人、推搡、闯入游戏活动等无效的方法。[⑩]
- **对攻击的适宜性和有效性的信念**：一些有攻击性的儿童认为暴力和其他攻击形式是可以接受的解决冲突和阻止他人错误行为的方式。那些经常表现出*主动性攻击*行为的儿童往往也相信攻击行为会产生积极结果，比如攻击行为会提高他们的社会地位。不足为奇的是，有攻击性的儿童

---

① Card, Stucky, Sawalani, & Little, 2008; Crick, Grotpeter, & Bigbee, 2002; Goodwin, 2006; Pellegrini, 2011; A. J. Rose & Smith, 2009.

② Crick & Dodge, 1996; Poulin & Boivin, 1999; Vitaro, Gendreau, Tremblay, & Oligny, 1998.

③ Hamovitch, 2007; McDougall & Vaillancourt, 2015; J. P. Robinson & Espelage, 2012; M.W. Warson, Andreas, Fischer, & Smith, 2005.

④ Shariff, 2008; Valkenburg & Peter, 2009;Willard, 2007.

⑤ Kowalski & Limber, 2007; Rivers, Chesney, & Coyne, 2011.

⑥ Brendgen et al., 2008; Raine, 2008; van Goozen, Fairchild, & Harold, 2008.

⑦ Coie & Dodge, 1998; Damon & Hart, 1988; R. F. Marcus, 1980.

⑧ E. Chen, Langer, Raphaelson, & Matthews, 2004; Crick et al., 2002; Dodge et al., 2003; Rodkin et al., 2015.

⑨ R. F. Baumeister, Smart, & Boden, 1996; Menon et al., 2007; Pellegrini, Roseth, Van Ryzin, & Solberg, 2011; Rodkin et al., 2015.

⑩ Neel, Jenkins, & Meadows, 1990; D. Schwartz et al., 1998; Troop-Gordon & Asher, 2005.

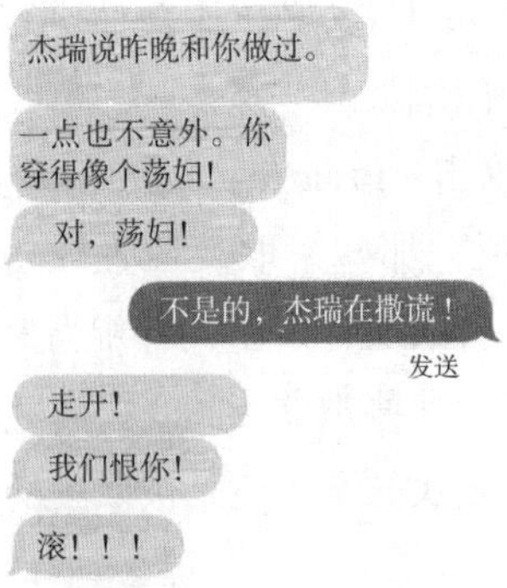


**不幸的是，手机和其他数字技术让欺凌变得太容易了。**

往往相互交往，从而坚定地认为攻击是恰当的行为。[1]

除非成年人积极干预，否则一些具有攻击性的儿童随着年龄的增长会表现出持续的攻击性模式，基本上都会出现长期心理失调和同伴交往困难。[2] 被攻击的受害者当然也会遭受痛苦。经常成为被欺凌目标的儿童会变得焦虑、抑郁，甚至会自杀，而且他们的课堂表现可能会因此而恶化。[3] 如果提醒成年人注意他们的困境，他们可能会害怕被报复，因此他们对情况的改善不抱有什么乐观的态度。[4] 正如一位初中生所说，告诉老师有关欺凌的事件"只会让我陷入更多的麻烦，因为他们欺负我、打我、骂我。他们叫我'臭气弹''臭小子''脏孩子'等等这样的绰号"[5]。

即使是那些只看到同伴相互攻击的儿童也会遭受相当大的心理痛苦，特别是如果他们站在受害者这边却没有进行干预的话。他们也许会对没有帮助受害者感到内疚，或者他们担心自己可能很快也会成为受害者。此外，如果他们看到欺凌和其他攻击性行为没有受到惩罚，一些人可能会认为这样的行为是完全可以接受的。[6]

我们将在本章后面思考解决欺凌和其他形式的慢性攻击的策略。目前，我们应该注意到，年轻人采取积极行动（或不采取行动）的决定反映了他们关于对错的普遍信念，因此这是他们道德和亲社会行为发展的一个指标。

## 第三节　道德和亲社会行为的发展

**主要理念：道德推理和亲社会行为的迹象在生命早期就出现了，但道德的关键组成部分在儿童和青少年时期会持续发展。**

有些人际行为是以利他为目的的，如分享、帮助和安慰他人。这些**亲社会行为**（**prosocial behaviors**）加上像诚实、公正、关注他人的需求和权利这样的特质都属于**道德**（**morality**）领域。总的来说，以道德和亲社会的方式去思考和行动的儿童和青少年能从老师和同伴那里获得更多的支持，因此，从长远来看，他们在学业和社交方面能取得更大的成功。[7]

道德和亲社会行为非常复杂，涉及大脑的多个区域。当然，镜像神经元也参与其中，因为它们在一定程度上是儿童观点采择能力的基础。但是道德和亲社会行为也需要一定的情感和推理能力，而这些能力存在于不同的大脑区域。[8]

以下这些原则描述了童年和青少年时期道德和亲社会行为发展的性质。

---

① R. P. Brown, Osterman, & Barnes, 2009; Crick, Murray-Close, Marks, & Mohajeri-Nelson, 2009; Dishion et al., 2008; Fontaine, Yang, Dodge, Bates, & Pettit, 2008; Mayeux et al., 2011; Paciello, Fida, Tramontano, Lupinetti, & Caprara, 2008; Pellegrini & Bartini, 2000; M. W. Watson et al., 2005.

② Crick et al., 2009; Dodge et al., 2003; Hampson, 2008; Pepler, Jiang, Craig, & Connolly, 2008; Swearer et al., 2010.

③ Hoglund, 2007; Ladd et al., 2012; Mc Dougall & Vaillancourt, 2015; P. K. Smith, 2011; Swearer et al., 2010.

④ Holt & Keyes, 2004; R. S. Newman & Murray, 2005.

⑤ Bergamo & Evans, 2005, p. 17.

⑥ L. M. Jones, Mitchell, & Turner, 2015; M. J. Mayer & Furlong, 2010; E. J. Meyer, 2009; Rivers, Poteat, Noret, & Ashurst, 2009.

⑦ Caprara, Barbaranelli, Pastorelli, Bandura, & Zimbardo, 2000; Ladd et al., 2012; Spinrad & Eisenberg, 2009.

⑧ Decety & Cowell, 2014; Gallese, Gernbacher, Heyes, Hickok, & Iacoboni, 2011; Moll et al., 2007; Young & Saxe, 2009.

## 一、儿童在很小的时候就开始应用内部行为标准

早在 1 岁生日之前，儿童就表明他们重视亲社会行为而不是反社会行为。到了 3 岁时，他们对这一点有了一些理解，即造成身体或心理伤害的行为是不恰当的。[1] 到 4 岁时，大多数儿童都明白不管权威人物告诉他们什么，也不管某些行为可能会或可能不会带来什么后果，给他人造成伤害的行为都是错误的。[2]

## 二、儿童逐渐能够区分道德违规和社会习俗违规

实际上，几乎所有文化都不鼓励那些**违反道德的行为**（**moral transgressions**），因为这些行为会造成破坏或伤害、侵犯人权，或是违背平等、自由、公正的基本原则。这些文化通常也不鼓励另一些行为，如**违反社会习俗的行为**（**conventional transgressions**），虽然这种行为不是不道德的，但它们不符合广泛接受的应有的行为方式（比如，儿童不应该顶撞成年人或是在吃饭时打嗝）。

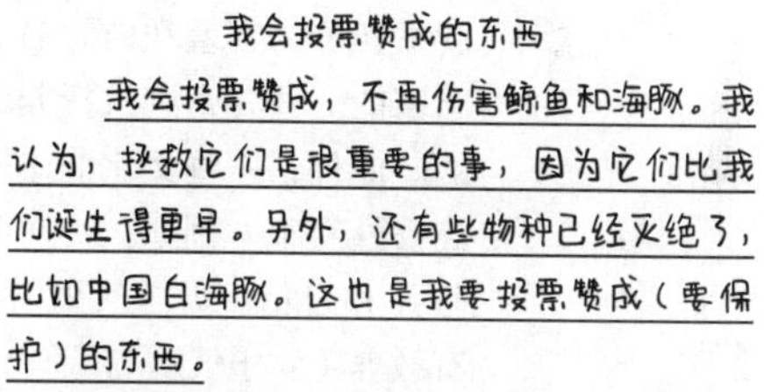


**正如 9 岁的米亚对“我会投票赞成的东西”这一主题的回应所显示的那样，一个强有力的道德准则往往包含着对许多动物物种幸福的关注。**

有些违反道德的行为在不同文化中是共通的，但是违反社会习俗的行为在不同的文化中是不同的。[3] 例如，在西方主流文化中打嗝是令人不悦的，但是在有些文化中打嗝是对厨师的一种赞美。有时，某些习俗具有道德含义，就像你在文化因素专栏“个人、社会性和道德发展中的文化和种族多样性”中所看到的那样。

儿童对社会习俗的意识在婴儿期就开始出现，并在整个学前班、小学和中学阶段得到提高。[4] 但是当儿童进入青少年时期，他们便不再一直赞同成年人关于哪些行为属于违反道德的行为、哪些行为属于社会习俗范围、哪些行为仅仅是个人选择问题。例如，有些青少年会抵制他们认为侵犯了他们的个人自由的规则，例如与着装、发型和上课说话等有关的规则。[5]

## 三、儿童对他人的不幸和悲伤的情绪性反应能力在整个学龄期逐渐提高

对道德发展很重要的两种情绪出现在生命最初的两到三年中。[6] 首先，儿童偶尔会表现出**内疚**（**guilt**），这是当他们知道自己给他人造成伤害或是使他人痛苦或悲伤时产生的一种不舒服的感觉。他们也会感到**羞耻**（**shame**），这是当他们不能达到自己或其他人的道德行为标准时产生的一种尴尬或羞辱的感觉。

---

[1] Hamlin, 2013; Hamlin & Wynn 2011; Helwig, Zelazo, & Wilson, 2001.

[2] Laupa & Turiel, 1995; Smetana, 1981; Tisak, 1993.

[3] Nucci, 2009; Smetana, 2006; Turiel, 2002.

[4] Helwig & Jasiobedzka, 2001; Laupa & Turiel, 1995; Nucci, 2001; Nucci & Nucci, 1982; E. Robbins & Rochat,2011; M.F.H. Schmidt & Tomasello, 2012.

[5] Nucci, 2009; Smetana, 2005.

[6] Kochanska, Gross, Lin, & Nichols, 2002; M. Lewis & Sullivan, 2005.

# 文化因素

## 个人、社会性和道德发展中的文化和种族多样性

研究者发现，在个人、社会性和道德发展的许多方面存在文化和种族差异。然而，值得一提的是，当你读到这里时，请记住：首先，这些特征都只是平均水平的群体差异；其次，如果家族搬到一个非常不同的文化环境中（比如他们从远东搬到北美），那么这些特征可能会在一代又一代人之间发生重大变化。[a]

- **人格**

虽然儿童的人格在一定程度上是气质差异的结果，但文化在塑造他们的人格特征方面也起着重要的作用。例如，一些亚洲儿童从小就被抚养为害羞和内向的，而北美和某些欧洲国家的一些儿童则被抚养为外向、自信和独立的。此外，一些文化群体培养明显不同的男性和女性特征。例如，一些西班牙群体鼓励男孩坚强和自信（男子气概），而敦促女孩端庄和有教养（女子气质）。[b]

- **自我感**

正如本章前面提到的那样，年轻人的成员身份会影响他们的自我感。在一些文化中，儿童会将他们的成员身份和与他人的关系视为作为人类的核心部分。例如，在某些中东和远东国家、新西兰的毛利人社区和西半球的一些美洲原住民社区都存在这种情况。[c]这些文化群体鼓励儿童为对家庭或更大的社区做贡献而感到自豪，而不是为他们自己的成就感到自豪。[d]

此外，有些年轻人具有强烈的**种族认同**（**ethnic identity**）：他们意识到自己的种族群体并为此感到自豪，同时也愿意采纳该群体的一些行为。偶尔，强烈的种族认同会导致他们拒绝西方主流社会的价值观。在有些少数族裔中，学习好的学生可能会被同伴指责为“装”，这个称号的主要意思是“你和我们不是一类”[e]。然而，在大多数情况下，具有强烈和积极的种族认同的学生在学校不管是学业方面还是社交方面都表现得很好。[f]此外，对自己的种族传统感到自豪可以作为一种情感缓冲，以抵御他人带有偏见的侮辱和歧视。[g]下面的例子来自一位非裔美国高中生的陈述：

> 我以身为黑人而自豪。但是，嗯，我知道，你也知道，世界上正在发生种族主义行为和与种族主义相关的事情，但我不会以此作为借口。我觉得我能成功。我只知道我不会被种族主义阻挡。[h]

并非所有少数群体的儿童和青少年都与其文化和族裔群体有紧密的联系。一些年轻人（特别是那些具有多种种族或文化背景的年轻人）的民族认同强度会根据背景和情况的不同有所波动。[i]此外，年长的青少年可能会尝试不同形式的种族认同，也许一开始会采用一种强烈的、僵化的和充满敌意的方式，然而最终会进入一种更加放松、开放和富有成效的认同。[j]

- **社交技能和关系**

不同文化的人际交往行为各不相同。例如，一些文化群体（例如加拿大北部和南太平洋的一些群体）经常使用看似反社会的行为（特别是取笑和嘲笑）来教儿童保持冷静和应对批评。[k]相反，一些美洲原住民、西班牙裔群体，以及某些非裔美国人社区特别强调群体和谐，而一些亚洲群体则强烈反对身体和心理上的攻击。来自这些背景的儿童可能特别擅长谈判和缔造和平。[l]

不论哪种文化背景，大多数儿童和青少年都重视同龄人的陪伴，但他们实际与同伴相处的程度在一定程度上取决于他们的文化群体。例如，平均而言，亚裔美国人与朋友在一起的闲暇时间比其他群体的年轻人少，而且他们更有可能选择重视学业成就的朋友。[m]语言差异也在这里发挥作用：最近从非英语国家移民到英语国家的儿童可能由于沟通能力有限而与同伴的互动相对较少。[n]

- **道德和亲社会行为**

道德和不道德行为的概念也因文化背景的不同而不同。几乎所有文化都支持个人权利和公平（即公正的道德观念）以及对他人的同情（即关爱的道德观念）的重要性。此外，一些文化群体将群体忠诚、对权威人物的

尊重以及对某些个人或物体的敬畏和奉献视为个人道德的基本要素。[o] 不同的文化群体或多或少都强调道德行为的这些潜在因素。[p] 例如，在北美的大部分地区，帮助他人（或不帮助）被认为是一种自愿的选择，但在一些社会（例如在许多亚洲和阿拉伯国家），帮助他人是个体的责任。这种责任感往往伴随着与家庭和社区的紧密联系，可以促进相当多的亲社会行为。[q]

在不同文化群体中，违反道德的行为与违反社会习俗的行为也存在很大不同。[r] 例如，在某些文化中，说谎以避免对不适当行为的惩罚被认为是道德上的错误，但在另一些文化中，这是一种保全面子的合法方式。[s] 在西方主流文化中，个体如何着装在很大程度上是一个关于习俗和个人选择的问题，而在一些宗教色彩浓厚的群体中，某些特定形式的着装（例如头巾）被视为道德义务。

[a] L. Chang et al., 2011.

[b] L. Chang et al., 2011; X. Chen, Chung, & Hsiao, 2009;Goldston et al., 2008; Huntsinger & Jose, 2006;Rothbart, 2011; Rubin et al., 2010; Tamis-Lemonda & McFadden, 2010.

[c] Kagitcibas, 2007; Macfarlane, Webber, Cookson-Cox, & McRae, 2014; M. Ross & Wang,2010; Whitesell,Mitchell, Kaufman, Spicer, & the Voices of Indian Teens Project Team, 2006.

[d] Banks & Banks, 1995; P. M. Cole &Tan, 2007.

[e] Bergin & Cooks, 2008; O' Connor, Mueller, Lewis, Rivas-Drake, & Rosenberg, 2011; Ogbu, 2008a.

[f] AltschuL, Oyserman, & Bybee, 2006; Chavous et al., 2003; Mandara, Gaylord-Harden, Richards, & Ragsdale,2009; Nasir, McLaughlin, & Jones, 2009;Smokowski, Buchanan, & Bacalleo, 2009.

[g] L. Allen & Aber, 2006; P.J. Cook & Ludwig, 2008;Goodnow, 2010; Pahl & Way, 2006.

[h] Way,1998, p.257.

[i] Hitlin, Brown, & Elder, 2006; Y. Hong, Wan, No, & Chiu, 2007; Yip & Fuligni, 2002.

[j] Cross, Strauss, & Fhagen-Smith, 1999; Nasir et al.,2009; Seaton et al., 2006.

[k] Rogoff, 2003.

[l] X. Chen & Wang, 2010; Gardiner & Kosmitzki, 2008; Guthrie, 2001; Halgunseth et al., 2006; Rubin et al., 2010; Xu, Farver, Chang, Yu, & Zhang, 2006.

[m] Rubin et al., 2010; Steinberg, 1996.

[n] Ahn,2005; Igoa, 2007.

[o] Haidt, 2012; J. G. Miller, 2007.

[p] J. G, Miller, 2007; Snarey, 1995; Turiel, 2002.

[q] X. Chen et al., 2009; J. G. Miller, 2007; Greenfield,1994; Rubin et al., 2010; Triandis, 1995.

[r] Nucci, 2001, 2009.

[s] Triandis, 1995.

尽管内疚和羞耻都属于不愉快的情绪，但它们也是儿童正在发展对错观念的好迹象，并且它们可以帮助儿童努力纠正他们的错误行为。①

内疚和羞耻是儿童做了被认为是错误的事情的结果。相反，**共情（empathy）**指的是体验与身处不幸之人相同的情感，它出现在不存在个人过错的情况下。共情能力在学龄前期出现，并在整个童年和青少年时期持续发展（例如，见图 7.2）。② 真正亲社会的儿童（即使自己没有犯错也会帮助别人的孩子）通常都有相当强的观点采择和共情能力。③ 当共情引起**同情（sympathy）**时，共情特别可能激发亲社会行为。因此，儿童不仅猜测他人的感受，还关心个体的幸福。④

## 四、随着年龄的增长，对道德问题的推理变得越来越抽象和灵活

为了探究人们对道德问题的推理，研究者有时会呈现**道德困境（moral dilemmas）**。在道德困

① N. Eisenberg, 1995; Harter, 1999; Narváez & Rest, 1995.

② N. Eisenberg et al., 1995; Spinrad & Eisenberg, 2009.

③ Damon, 1988; Decety & Cowell, 2014; N. Eisenberg, Zhou, & Koller, 2001; Hoffman, 1991.

④ Batson, 1991; Decety & Cowell, 2014（使用了共情关怀这一术语）; N. Eisenberg & Fabes, 1998; Malti, Gummerum,Keller, & Buchman, 2009; Turiel, 1998.

境中，两个人或多人的权利或需求可能不一致，并且解决方法没有明显的对错之分。以下面的练习为例。

希望
目标
梦想
快乐
　被打破
　被毁坏
　被清除
　被消灭
没有进展
没有进化
没有繁荣
没有希望
但是
可能
也许
仍有
例外
如果我们互相帮助
就有希望

**图 7.2　在这首关于大屠杀的诗中，中学生马修对遇难者表现了共情**

## 自己看一看

### 马丁的困境

想象你正在上九年级。你在去上数学课的路上飞快地穿过学校的走廊，这时你看到三个所谓“受欢迎的”男孩把一个叫马丁的小男孩堵在角落里。男孩们先是取笑马丁的厚眼镜和不时髦的衣服，然后开始用“笨蛋”和“烟鬼”等无礼的字眼去嘲笑他。你会做些什么？

a. 你会看向另一边，假装什么都没听到，然后赶紧去上课。如果你停下来帮忙，男孩们可能也会嘲笑你，那只会使情况变得更糟。

b. 你同情地看了马丁一眼，然后去上课，这样你就不会迟到了。之后，你以匿名的方式向校长办公室报告这一事件，因为你知道男孩们的行为违反了学校的反欺凌政策。

c. 你会停下来说：“嘿，你们这些混蛋，别闹了！马丁是个很好的人，不应该被你们贴上侮辱的标签。走吧，马丁，我们走。我们数学课可能会迟到，所以我们得快点。”

---

如果站在道德制高点，你很可能会选择 c 选项。但是，如果你是一个九年级学生，一个可能还在努力适应你的同伴群体的人，你真的会这么做吗？

在其开创性的早期道德发展研究中，劳伦斯·柯尔伯格（Lawrence Kohlberg）向儿童和成人提出了一系列道德困境，并问他们会做什么和为什么要做。根据他得到的数百个回答，柯尔伯格提出，随着儿童的成长，他们会形成越来越复杂的道德观点。柯尔伯格认为道德推理发展是以六个阶段为特征的，这六个阶段可将道德分为三个一般层次：前习俗层次、习俗层次和后习俗层次（见表 7.2）。处于**前习俗道德（preconventional morality）**的儿童还不能在对错方面采纳或是内化社会习俗，在很大程度上还是关注某种行为可能带来的外部后果，这如练习中的选项 a 所描述的那样。

柯尔伯格的第二个道德发展层次——**习俗道德（conventional morality）**的特点是无条件服从权威人物的命令或是一般社会规范，即使有时不服从也没有任何影响。练习中的备选方案 b 就是这样的例子：你向学校当局报告一个违反校规的行为，但你不想上课迟到（因为那样会违反学校的另一个校规），并且你的举动不会破坏与那些“受欢迎的”男孩的可能良好的关系。

---

## 想一想

当你无意中给他人带来不便时、当你伤害他人情感时、当某个朋友突然失去了一个亲密的家庭成员时，你会产生怎样的感觉？你会感到内疚、羞耻和同情吗？

---

**表 7.2** **柯尔伯格道德发展理论中道德推理的三层次和六阶段**

| 层次 | 大概的年龄范围 | 阶段 | 道德推理的本质 |
|---|---|---|---|
| 层次 1：前习俗道德 | 学龄前儿童、大多数小学生、一些初中生、少许高中生 | 阶段 1：避免惩罚和服从 | 个体做决定时只关注对自己最有利的行为，而不考虑他人的需求和感情。他们只服从权威人物建立的规则。如果不可能被发现，他们可能就会不服从。“错误”的行为就是那些会受到惩罚的行为。 |
| | | 阶段 2：互惠 | 个体认识到他人也有需求。如果自己的需求得到满足，他们可能会试着去满足他人的需求（“你抓我的背，我也会抓你的”）。他们仍然是根据行为的结果来界定正确行为和错误行为。 |
| 层次 2：习俗道德 | 少许小学高年级学生、一些初中生、很多高中生（阶段 4 通常不会在高中前出现） | 阶段 3：好孩子 | 个体做决定时关注那些可以取悦他人的行为，特别是可以取悦权威人物（比如，教师、受欢迎的同伴）的行为。他们通过分享、信任和忠诚来保持人际关系，在做决定时他们会考虑他人的观点和意图。 |
| | | 阶段 4：法律和秩序 | 个体将社会看作指导对错的整体。他们知道规则是维持社会平稳发展所必需的。但是，他们认为规则是不可变的；他们不一定能够认识到当社会需求发生变化时，规则也需要改变。 |
| 层次 3：后习俗道德 | 大学之前很少出现（阶段 6 即使在成人中也非常罕见） | 阶段 5：社会契约 | 个体认识到规则是很多人对适当行为达成的共识。他们将规则看作维持一般社会秩序和保障人权的有效机制，而不是必须绝对服从的命令。他们也认识到规则的灵活性，认为不再给社会带来最大利益的规则是能够并且应该改变的。 |
| | | 阶段 6：普遍伦理原则 | 阶段 6 是一个很少有人能达到的假设的理想阶段。处于此阶段的个体会坚持那些超越具体规范和规则的抽象而普遍的原则（比如，所有人都是平等的、尊重人的尊严、坚持正义）。他们顺应强大的内心反应、不愿意服从那些违背自己伦理原则的法律。 |

来源：Colby & Kohlberg, 1984; Colby, Kohlberg, Gibbs, & Lieberman, 1983; Kohlberg, 1976, 1984, 1986; Reimer, Paolitto, & Hersh, 1983; Snarey, 1995.

与习俗道德多少有些僵化的性质相反，处于柯尔伯格道德发展第三个层次——**后习俗道德**（**postconventional morality**）——的人，将规则看作是能够维护一般社会秩序和保障人权的有效而可变的机制；规则不是必须无条件服从的绝对命令。这些人对是非对错有着自己的抽象原则，他们可能会不服从与这些原则相悖的规则。备选方案 c 具有后习俗道德的特征：与准时上课相比，你更关心保护马丁的身体和心理安全。

在柯尔伯格的研究基础上出现了大量关于道德推理的研究基础上。其中有些研究支持柯尔伯格提出的顺序：总体来说，人们似乎是按照柯尔伯格提出的顺序发展的。[①] 正如柯尔伯格所指出的那样，道德发展是从儿童自身和自我构建的信念中浮现的，这种信念是他们经常重新审视和修正的信念。尽管如此，他的理论仍有不足之处。首先，柯尔伯格低估了年幼的儿童，正如我们早先发现的

① Boom, Brugman, & van der Heijden, 2001; Colby & Kohlberg, 1984; Snarey, 1995; Stewart & Pascual-Leone, 1992.

那样，他们早在达到上学年龄之前就掌握了一些判断对错的内在标准。其次，他的阶段包括道德问题（例如，造成伤害）和社会习俗（例如，运用规则来帮助社会平稳运行），但正如我们所见，儿童可以区分这两个领域，而且他们对每个领域的看法可能会随着时间的推移而改变。[①] 再次，柯尔伯格的理论忽略了道德的一个非常重要的方面：同情他人和帮助他人。[②] 最后，柯尔伯格忽略了儿童和青少年在判断某种行为在道德上是对是错时所考虑的动机、社会利益和其他情境因素。[③] 当说谎给他人带来伤害时，他们更容易将说谎看作是不道德的，但是当说谎很明显没有带来负面影响时，也就是说如果只是个“善意的谎言”或是能使他们摆脱他们认为不合理的行为限制时，儿童和青少年则不容易将说谎看作是不道德的。[④]

一些当代发展心理学家认为，道德推理是一种总体趋势而不是不同的阶段。儿童和青少年看起来是在逐渐建构指导他们在不同情境中进行道德推理和决策的各种不同标准。这些标准包括处理个人利益、考虑他人的需求和动机、遵守社会规则和习俗的愿望，以及最终能够欣赏有关人权和社会整体需求的抽象理想。[⑤] 随着年龄的增长，年轻人越来越多地采用更高层次的标准，但有时相当简单的、只满足自己的需求而不顾及他人的标准也会占优势。[⑥]

表 7.3 描述了不同年级水平的道德推理以及道德其他层面可能呈现的形式。在表的最右栏你会看到建议策略，请注意其中一些方法是如何与前面提到的权威型教养方式相一致的。

## 五、对当前道德观点的挑战会促使向更复杂的推理发展

柯尔伯格使用皮亚杰的“不平衡”概念来解释学习者如何向更高层次的道德推理发展。（你可能还记得在第 5 章中提到的，一些当代动机理论家使用了“认知失调”这个术语。）尤其是，儿童和青少年偶尔会遇到一些无法使用他们当前的道德规范去充分应对的困境，他们无法提供有说服力的论点。随着时间的推移，他们越来越意识到自己思维中的弱点，尤其是当他们的判断受到那些在某个阶段比自己推理能力更强的人的挑战时。例如，处于第三阶段的学生同意让受欢迎的啦啦队长抄他的作业，如果此时处于第四阶段的学生认为啦啦队长通过自己做作业可以学到更多，那么处于第三阶段的学生就会开始质疑自己的决定。柯尔伯格认为，通过与这些挑战作斗争，儿童和青少年可能会开始修正自己对道德的看法，并逐渐从一个阶段进入下一个阶段。

尽管大多数当代心理学家不同意柯尔伯格的发展阶段理论，但是他们肯定了不平衡可以激发道德发展的看法。例如，课堂上对有争议的话题和道德问题的讨论似乎增强了反思，并促使道德推理向更高层次过渡。[⑦] 这一发现隐含着非常重要的一点，即儿童的道德推理并不仅仅是成年人教条地传递特定的道德价值观和说教的结果。[⑧] 相反，它产生于儿童自己建构的信念，也就是他们经常重新审视和修正的信念。

---

① Nucci, 2001, 2009.

② Gilligan, 1982, 1987; P. L. Hill & Roberts, 2010; J. G. Miller, 2007.

③ Aikins & Litwack, 2011; Helwig et al., 2001; Killen & Smetana, 2008; Nucci, 2009; Piaget, 1932/1960; Thorkildsen, 1995; Turiel, 1998.

④ S. A. Perkins & Turiel, 2007; Turiel, Smetana, & Killen, 1991.

⑤ Killen & Smetana, 2008; Krebs, 2008; Nucci, 2009; Rest, Narvaez, Bebeau, & Thoma, 1999.

⑥ Rest et al., 1999; Turiel, 1998.

⑦ DeVries & Zan, 1996; Power, Higgins, & Kohlberg, 1989; Schlaefli, Rest, & Thoma, 1985.

⑧ Damon, 1988; Higgins, 1995; N. Park & Peterson, 2009; Turiel, 1998.

## 六、认知、情感和动机都会影响道德和亲社会行为

大多数儿童随着成长会表现出更多道德和亲社会行为，在某种程度上，他们越来越多的道德行为是由于越来越高层次的道德推理。[①]

然而，道德推理和道德行为之间的相关性并不是特别强。如前所述，情感因素（如内疚、羞耻、共情和同情）也会进入其中。例如，当儿童对自身引起的伤害或痛苦感到内疚时，他们可能会努力修复创伤、安抚受伤者并且在其他方面“把事情办好”。[②]当他们理解和同情处于悲惨境况的人们时，即使他们自己没有做错，他们也会表现出相当的关心和同情。

### 发展趋势

**表 7.3　不同年级水平的道德推理和亲社会行为**

| 年级 | 该年龄段的典型特点 | 案例 | 建议策略 |
| --- | --- | --- | --- |
| <br>幼儿园 ~2 年级 | • 意识到造成身体或心理伤害的行为是不道德的。<br>• 能够区分侵犯人权和尊严的行为与违反社会习俗的行为。<br>• 对造成明显伤害或破坏的不当行为感到内疚和羞耻。<br>• 能够对痛苦的人产生共情，还会试图去安慰他们。<br>• 需要公平，将公平看作需要绝对平等地分配想要的物品。 | 当杰克将奥提斯从滑梯的阶梯上推下去时，几个幼儿园的同学吓坏了。一个儿童大喊：“这样做不对！”其他人则冲向奥提斯以确定他有没有受伤。 | • 明确行为标准。<br>• 当学生有不当行为时，向他们说明这样的行为是不允许的，将重点放在他们给他人造成的伤害和痛苦上（比如，使用*归纳推理*，稍后会介绍这种方法）。<br>• 鼓励学生去安慰处在痛苦中的人。<br>• 示范有同情心的反应。解释你所做的以及你为什么这样做。<br>• 记住对这个年龄段的学生来说，有些自私的行为是有代表性的。当出现这些行为时，鼓励观点采择和更具有亲社会性的行为。 |
| <br>3~5 年级 | • 了解社会习俗中的适当行为。<br>• 逐渐认识到公平并不一定意味着平等。有些人可能比其他人更需要某个物品。<br>• 逐渐能够对正在遭受苦难或是贫穷的陌生人产生共情。<br>• 认识到一个人应该努力去满足他人的需求和自己的需求。越来越欣赏相互合作和协商。<br>• 助人的愿望越来越强。 | 8 岁的三年级学生杰夫在教师的建议下成为埃文的“特殊朋友”，埃文是一个有着严重身体和认知障碍的男孩，他每周有两到三天加入这个班级。埃文不能说话，但是每当课上允许谈话时，杰夫都会给他一些东西去感觉和操作，还会和他说话。这两个男孩子午餐时总是坐在一起。杰夫表示：“做一些使埃文开心的事情也会让我很开心。” | • 在班级中强调亲社会行为（比如，给予、分享、关心他人）。<br>• 向学生说明如何在帮助他人的同时满足自己的需求（比如，让学生当较小儿童的“阅读伙伴”时，告诉他们这样做有助于他们自己成为更好的读者）。<br>• 在表扬利他行为时，使用亲社会性的形容词（比如，*善良*、*助人*）。 |

① Blasi, 1980; N. Eisenberg, Zhou, et al., 2001; Paciello et al., 2008.

② N. Eisenberg, 1995; Harter, 1999; Malti et al., 2009.

续前表

| 年级 | 该年龄段的典型特点 | 案例 | 建议策略 |
| --- | --- | --- | --- |
| <br>6~8 年级 | • 越来越意识到有些规则和习俗是专制的，在有些情况下要面对这些规则和习俗带来的阻力。<br>• 对取悦和帮助他人感兴趣，但是有将“助人”需求过分简单化的倾向。<br>• 倾向于相信处于悲惨境况中的人（比如，无家可归的人）对自己的命运要完全负责。 | 寒假过后，13 岁的鲁佩特戴着几个大耳环，头发剪成了长毛寸。校长和她说她的外表不合时宜，坚持让她回家把自己弄得更像样一些。鲁佩特抗议道：“我有权利随意展示自己！” | • 讨论规则如何能够使课堂和其他活动进行得更加顺利。<br>• 让学生参与对学校和社区有益的团体项目。<br>• 在对违反道德的行为制定规则时，要附上对造成伤害的说明（比如，使用归纳推理），尤其是在与缺乏共情和道德推理能力的学生打交道的时候。 |
| <br>9~12 年级 | • 越来越关注履行义务和遵守社会规则，而不是简单地取悦某些权威人物。<br>• 理解规则和习俗有助于社会平稳发展。<br>• 对那些痛苦的人产生真正的共情。<br>• 认为社会有责任帮助那些需要帮助的人。 | 几个高中生建议在学校成立国际特赦组织的分部，这个组织致力于维护所有人的人权。这个团体从不同国家邀请知识渊博的嘉宾讲演，并且筹集一些资金来反对虐待妇女的行为。 | • 探讨社会研究、科学和文学作品中的道德问题。<br>• 鼓励把社区服务当作激发助人情感的一种方式。让学生通过小组讨论和写论文的方式来思考自己的经历。<br>• 让学生阅读描写积极帮助他人的英雄人物的自传以及其他文学作品。 |

来源：N. Eisenberg, 1982; N. Eisenberg & Fabes, 1998; Farver & Branstetter, 1994; C. A. Flanagan & Faison, 2001; Gibbs, 1995; Gummerum, Keller, Takezawa, &Mata, 2008; D. Hart & Fegley,1995;Hastings, Utendale, & Sullivan, 2007;Helwig & Jasiobedzka, 2001:Helwig et al., 2001; Hoffman, 2000; Kohlberg, 1984; Krebs & Van Hesteren, 1994; Kurtines, Berman, Ittel, & Williamson, 1995; Laupa & Turiel, 1995; M. Lewis & Sullivan, 2005; Nucci, 2009;Nucci & Weber, 1995; Rothbart, 2011; Rushton, 1980; Smetana & Braeges, 1990; Spinrad & Eisenberg, 2009; Turiel, 1983, 1998;Wainryb, BrehL, & Matwin, 2005; Yates & Youniss, 1996; Yau & Smetana, 2003; Youniss & Yates, 1999; Zahn-Waxler, Radke-Yarrow, Wagner, & Chapman, 1992.

然而，儿童自己的需求和目标也会发挥作用。例如，虽然儿童可能想要做正确的事情，但他们也可能担心他人是否会认可他们的行为以及他们的行为可能会产生哪些积极或消极的后果。如果回报高（比如，他们得到他人的认可和尊重）、个人付出少（比如，利他行为只需要一点牺牲），那么儿童更容易按照他们的道德标准来行事。[1] 如果受助人在过去帮助过他们，或者将来可能会帮助他们，他们也更有可能表现出亲社会行为。[2] 事实证明，年轻人在帮助别人的时候往往也在帮助自己：一些做出利他行为的孩子不仅增进了他人的福祉，也增强了自己的幸福感。[3]

## 七、道德观成为一些年轻人自我感的重要组成部分

一些青少年把信守的道德观纳入他们的整体认同感中：他们认为自己是关心他人权利和幸福的

① Batson & Thompson, 2001; Cillessen et al., 2011; Hawley, 2014; Narváez & Rest, 1995; Wentzel, Filiserti,& Looney, 2007.

② A. Martin & Olson, 2015.

③ J. G. Miller, Kahle, & Hastings, 2015.

有爱心的个体。[①]他们的利他主义和同情心并不局限于他们的朋友和熟人，而是扩展到整个社会。例如，在一项研究中，研究人员对市中心的西班牙裔和非裔美国青少年进行了深入的采访，这些青少年恪守着助人承诺（通过在世界特殊奥林匹克运动会、社区政治组织、养老院等志愿服务多个小时）。这些青少年未必会表现出比同伴更高级的道德推理（如柯尔伯格所划分的阶段），但是他们更有可能使用道德特质和目标（比如，帮助他人）来描述自己，更有可能提到他们为之努力的某些理想。[②]

正如你所看到的，道德和自我感是相互关联的。事实上，我们在这一章中讨论的各种问题，如人格、自我感、同伴关系、社会认知、道德和亲社会发展，都是相互关联的。例如，道德信念会影响那些学习者认为适当的（社会认知）人际行为。这些人际行为又会影响同伴关系的质量，进而影响学习者的自我概念和自尊。这种连锁反应在其他方面也有效果。例如，学习者的自我感往往会影响他们关于他人对自己的行为的解释（同样是社会认知），从而也会对他们的反应和总体社会效应产生影响（回想有关敌意归因偏差的讨论）。在学习者的社会性和道德行为中我们观察到的普遍模式是我们称作"人格"的一般特征的一部分。

**想一想**

考虑到这些影响道德和亲社会行为的情境因素，在什么情况下，学生最有可能在前面提出的"马丁困境"的困境中选择 c 选项？

# 第四节　促进个人、社会性和道德发展

**主要理念：有效力的教师会考虑到学生在气质和人格方面的个体差异，并且会帮助学生获得健康的自我感，以及培养学生持续的社会性和道德发展。**

我们在个人、社会性和道德发展方面发现的事情对课堂实践有着重要意义。本章这一节把我们的建议分为三个部分，分别介绍个人发展、社会性发展和道德发展。在下一节中，我们将考虑这三个领域中对那些面临特殊的个人或社会挑战的学生特别有益的额外策略。然而，值得注意的是，这三个领域的进展是紧密联系在一起的。因此，促进年轻人在某一领域的发展可能也会促进他们在其他领域的发展。

## 一、促进个人发展

学生们在学校表现出的个人特征（包括他们独特的气质和人格以及他们对自我的信念）往往会对他们的课堂表现产生重大影响。下列培养学生个人发展的策略应该能提高他们在课堂上的学业和社交成功率。

### 1. 适应学生气质的多样性

在某种程度上，学生的典型行为方式反映了他们无法完全控制的气质（如他们的精力水平、注

① Arnold, 2000; Blasi, 1995; Hastings, Utendale, & Sullivan, 2007; McFarland, Brown, & Webb, 2013; Thorkildsen et al., 2008; Youniss & Yates, 1999.

② D. Hart & Fegley, 1995.

意力、社交能力和冲动控制能力）差异。有些气质变量会影响学生如何参与和应对课堂活动，也影响学生的学习和成绩。[①]然而，并不存在一种“最好”的气质能使课堂上的成功最大化。当儿童的先天倾向与典型行为之间存在良好的**拟合度**（**goodness of fit**），而不是不匹配时，他们更有可能在学校取得成功。[②]例如，当教师希望学生积极参与小组讨论和项目时，精力充沛、性格外向的儿童通常表现出色，而比较安静的学生可能会感到焦虑或胆怯；当教师要求独立完成大量的课堂作业时，安静的儿童会做得比较好，而有些精力充沛的儿童可能会被看作捣乱分子。在课堂策略专栏“考虑到气质的多样性”中举例说明了教师如何将这种拟合度的概念转化为有效的课堂实践。

请记住，尽管从定义上说，气质上的差异是由基因决定的，但不同的文化群体可能会鼓励不同的行为方式。正如前面“文化因素”专栏提到的，来自亚洲背景的学生往往比欧洲血统的学生更加害羞和保守，但这只是在平均水平上的结论。当教师在日常教学和课堂管理策略中考虑到这些文化差异时，他们将是最有效力的。

### 2. 帮助学生认识他们是谁以及他们想成为谁

具有健康的自我感的学生相信：（a）他们能够成功地完成某些具有挑战性的任务（这反映出较高的自我效能感）；（b）总的来说，他们是优秀的、有能力的人（这反映出较高的整体自我价值感）。我们在第 5 章中确定了几种增强学生自我效能感和自我价值感的方法，并且在本章前面表 7.1 最右边的一栏中描述了其他一些方法。毫无疑问，最有效的策略是*帮助学生取得成功*，不仅是在学业任务中成功，在社交场合也要同样成功。

然而，对自我感发展同样重要的还有了解自己是什么样的人，包括了解自己的优缺点、喜欢和不喜欢的东西、希望和恐惧等等，以及了解自己最终想成为什么样的人。[③]

并不是所有的学生都能在课堂上取得优异的成绩，也不是所有的学生都能成为运动场上的超级明星。如果学生能发现自己表现出色的活动（也许是唱歌、学生会工作或跳绳比赛），那么他们更有可能具有积极的自我感。[④]当学生在某些领域长期存在困难时，发现他们的失败是由于先前没有确诊的障碍（如阅读障碍或注意力缺陷多动障碍），在某种程度上能够帮助修复受伤的自尊。[⑤]这样的发现有助于学生理解他们为什么不能像自己的同伴那样完成某些任务。这还可以激励他们以及他们的教师使用有效的应对策略。一名学生在下面的反思中表明了他是如何在有阅读障碍的情况下获得健康的自我感的：

> 阅读障碍就是大脑的线路连接不一样，有些事情是被砖墙挡住了，你只能绕过它或者打破它。我在阅读方面有阅读障碍，这意味着我需要更多的帮助。如果你有阅读障碍，你必须找到克服困难、打破砖墙的办法。基本上，要么你只能整天抱怨、生活中不再读书，要么直接打破砖墙、克服困难。[⑥]

---

① Keogh, 2003; Rothbart, 2007; Saudino & Plomin, 2007.

② Keogh, 2003; Rothbart, 2011; A. Thomas & Chess, 1977.

③ Sinai et al., 2012; Thorkildsen et al., 2008.

④ Bracken, 2009;Harter, 1999; Jenlink, 1994.

⑤ MacMaster, Donovan, & MacIntyre, 2002; Zambo, 2003.

⑥ Zambo, 2003, p.10.

请注意，这个学生并没有因为不可避免的失败而放弃，相反，他谈论的是超越苦难或打破那堵墙。这句话应该会让你想起第 5 章中关于归因的讨论：他把自己的困难归结于努力、新的应对策略等可控因素，从而对自己的阅读能力产生一种积极乐观的看法。[①]

## 课堂策略

### 考虑到气质的多样性

- **减少精力充沛学生的休息时间**

  一个三年级学生长期焦躁不安。为了让他释放在学校中积蓄了一天的被压抑的能量，他的教师让他做一些小事（例如擦黑板、削铅笔、清洁美术用品），并教他如何安静地完成杂务，以免打扰同学。

- **为善于社交的学生提供定期与同学互动的机会**

  在关于北美殖民地时期的一个教学单元中，一位五年级的教师布置了一个课题。在这个课题中，学生们必须以某种方式描述一个典型的殖民地村庄（例如，写一篇研究论文、在海报板上画一幅地图或者创建一个微型三维模型）。学生可以选择单独完成课题，也可以选择与一两个同学合作完成，但规定选择合作完成的学生必须比单独完成的学生承担更复杂的课题。

- **对非常害羞的学生要特别热情和关注，并确保他们处在可以与同伴交流并公开表达自己想法的环境中**

  一位九年级的教师让一个新学生在学年的中途加入他的一个班级。这个学生每天上课都是一个人，课前课后都不参加同学之间的对话。有一天，当教师看到她一个人在自助餐厅吃午饭时，他坐到了她旁边，和她谈论她以前的学校和社区。第二天上课时，他布置了一个小组合作学习项目，学生们将在接下来的两周内定期进行。他将每个人分入三到四个学生的合作小组，确保把新来的女孩和两个他知道的会很友好热心的学生放在一起。

- **当学生难以适应新的环境时，让他们提前知晓那些不寻常的活动、了解活动结构，从而使他们安心**

  一位幼儿园教师发现，他班上有两个儿童在一切井然有序且可预测时会表现很好，但每当课程偏离常规，他们便会变得焦虑或不安。为了让这两个儿童对周五去消防站的实地考察做好准备，教师星期一就开始谈论这次实地考察，说明在考察期间全班将会做什么和看什么。他还招募了其中一个有焦虑倾向的儿童的父亲作为那天的家长助理。

- **如果学生看起来无法忍受嘈杂或混乱的环境，就要为他们寻找或创造一个更为宁静和平的环境**

  几个中学生发现学校食堂的喧闹使人不安。他们的数学教师将教室提供给他们作为偶尔可以吃东西的地方。有时候她和他们一起吃饭。其他时候她坐在办公桌前给论文评分，但学生们知道如果他们有问题或是担忧，她会很乐意停下来与他们说话。

- **向行为冲动的学生教授一些自我管理的方法**

  一个高中生经常在她的历史课上大声评论和发表意见。有一天放学后，这个学生的教师把她叫到一边，温和地告诉她在课上缺乏克制会干扰同学们参与讨论。为了使学生察觉到问题的严重性，教师要求她每天记录自己没举手就说话的次数。一周后，两人再次见面，教师提出了一种可以帮助学生积极参与而不是主导讨论的自言自语的方法。

来源：一些策略是基于 M.-L. Chang & Davis, 2009; Keogh, 2003 的建议。

### 3. 创造一个温馨的、支持性的环境，明确行为标准，并解释为什么有些行为是不可接受的

一个注重权威的环境——对孩子既爱护又尊重，对他们的行为有合理的限制——不仅对父母很

① 请参阅 Yeager & Dweck, 2012。

重要，对教育也很重要。[①] 和谐的师生关系可以帮助学生满足他们的关系需求，对学生的优点和成功的积极反馈可以增强他们的自我感。同时，教师必须明确地让学生知道哪些行为是可以接受的、哪些行为是不可接受的。危及他人权利、安全或心理健康的行为，如偷窃、攻击，以及嘲笑特定的个体、性别或种族群体的言论，必须立即予以处理和阻止。

在本章的后续部分，我们将看到关于建立良好的师生关系和处理不当行为的一些有效策略，一些额外的策略将在第 9 章中介绍。就目前而言，我们应该注意到，针对不可接受行为的任何处罚，在伴随**引导**（**induction**）的情况下（也就是解释为什么某个行为是不被允许的），最有可能促进学生个人、社会性和道德的长期发展。[②]

例如，教师可以描述某个行为如何在身体上（“像你拉麦伊的头发那样拉你的头发真的会很痛”）或是情感上（“你那样叫约翰的名字让他很伤心”）对另一个学生造成伤害。或者，教师可以解释某个行为如何给他人带来不便（“因为你弄坏了玛莉的外套，所以她的父母让她做额外的家务来挣钱买件新的”）。还有个方法就是解释其他人的观点、意图或动机（“你刚才嘲笑的科学项目可能没有你的项目有意思，但是我知道卡姆仁花费了好几个小时才完成它，并且非常自豪”）。

引导是以受害者为中心的：它有助于学生关注他人的痛苦，并认识到他们自己才是造成他人痛苦的罪魁祸首。引导在管教儿童中的一贯使用，特别是在伴以对不当行为的轻微惩罚时，似乎可以提高儿童对规则的配合度并且促进其亲社会行为的发展。[③]

### 4. 将青少年的冒险倾向引导至安全的活动中

对于处在初中和高中阶段的青少年，教师必须意识到他们做出危险或高风险行为的倾向。然而，恐吓策略——也许是谈论死于吸毒过量或死于高速车祸的同龄人——通常对青少年的行为影响甚微。对概率的合理解释——比如在一次性行为中怀孕的可能性——也不会对青少年的行为产生多大的效果。当青少年聚在一起进行娱乐活动时，常识和理性似乎都被抛到了脑后。教师、管理人员、家长和其他社区成员必须共同努力，控制青少年的冒险行为。例如，现在一些社区在学校大楼或其他监控场所举办通宵的舞会，以防止学生酒后驾车。另一种策略是为合理的冒险活动提供出口，如提供攀岩墙、滑板公园和小规模的、有监督的荒野旅行。[④]

有时，青少年做出一些冒险的行为是为了表现出像成年人一样的“酷”形象。[⑤] 教师可以在学校里鼓励青少年采取一些更健康的方式来展示个人的魅力和智慧。比如，在摇滚音乐、体育竞赛和社区服务中获得能力和声望。

## 二、鼓励形成有效的社会认知和人际交往技巧

教师在培养学生形成思考社会问题的有效方式和帮助学生有效地与他人互动方面处于有利地位。以下建议是基于对社会认知、社会技能和同伴关系的研究。

① 请参阅 J. M. T. Walker & Hoover-Dempsey, 2006。

② Hoffman, 2000; Rothbart, 2011.

③ G. H. Brody & Shaffer, 1982; Hoffman, 2000; Nucci, 2001; Spinrad & Eisenberg, 2009; Turiel, 2006.

④ Spear, 2007; Steinberg, 2005.

⑤ J. P. Allen & Antonishak, 2008; Blanton & Burkley, 2008; Crosnoe, 2011.

### 1. 培养观点采择和共情能力

实际上，任何一间教室都为培养青少年的观点采择和共情能力提供了机会。其中一个策略就是经常谈论人们的思想、感情和动机，就像引导那样。[①] 当然，教师必须使用与青少年的年龄相适应的语言。例如，幼儿园教师可能使用像*想想*、*想要*和*悲伤*这样的词语，而五年级教师可能使用像*误解*、*沮丧*和*百感交集*这样的词。大多数高中生都具有认知和社会推理能力，能够理解相当抽象和复杂的心理术语，比如*被动攻击*和*有一个内在的道德指南*。

另一个相关的策略是让学生在出现分歧或冲突时站在对方的立场上想事情，也就是换位思考。[②] 例如，利用**同伴调解**（**peer mediation**），让学生们互相帮助解决人际问题。在这种策略中，学生们通过让对立的双方表达他们各自的观点，然后共同努力制定一个合理的解决方案来学习如何调解同学之间的冲突。[③]一项研究调查了几个二年级到五年级班级[④]，这些班级学生接受了帮助同伴解决人际冲突的训练，具体的方法是让对立的双方做以下事情：

（1）定义冲突(问题)。

（2）解释他们自己的观点和需求。

（3）解释对方的观点和需求。

（4）找出至少三种解决冲突的方法。

（5）达成一项满足双方需求的协议。

学生们轮流充当调解人，这样每个人都有解决他人冲突的经验。结果，学生们更能够以满足所有相关方需求的方式解决他们自己的人际冲突，而且与未受训练的对照组相比，他们更少要求成年人的介入。

同伴调解带来的益处佐证了维果茨基的观点，即复杂的认知过程往往植根于社会互动。在同伴调解的过程中，学生为彼此示范有效的解决冲突的技巧，他们可能最终内化这种用来解决别人问题的技巧来解决自己的问题。当来自不同种族背景、社会经济群体和成就水平的学生都充当调解者时，同伴调解是最有效的。它主要适用于小的、短期的人际关系问题，如受伤的感觉或资源有限引发的冲突。然而，即使是最老练的同伴调解员可能也无法应对那些根深蒂固的、情绪化的态度和行为，例如有关性骚扰或对同性恋的恐惧的冲突。[⑤]

在有关学术主题的课程中，也可能出现培养观点采择和共情的机会。例如，在讨论时事时，教师可以让不同的学生去使用互联网或是不同的教室，让他们站在不同的国家视角去探讨重大的世界问题，如气候变化或军备控制。[⑥] 在历史课上，教师可以要求学生想象（或进行角色扮演）人们在特别痛苦和有压力的时候的感受。[⑦] 图 7.3 显示了两个写作样本，它们是在关于美国南北战争前奴隶制的历史课上创作的。左边的评论是 10 岁的查尔曼写的，她所在的五年级班级当时正在看电视连续剧《根》(*Roots*)。这个电视连续剧讲的是一个年轻的非洲人（由昆塔・金特饰演）被

---

① Ruffman, Slade, & Crowe, 2002; Woolfe, Want, & Siegal, 2002.

② Adalbjarnardottir & Selman, 1997; Gehlbach, Brinkworth, & Harris, 2012.

③ Deutsch, 1993; D. W. Johnson & Johnson, 1996, 2006.

④ D. W. Johnson, Johnson, Dudley, Ward, & Magnuson, 1995.

⑤ Casella, 2001a; K. M. Williams, 2001b.

⑥ Gehlbach et al; 2008.

⑦ Brophy, Alleman, & Knighton, 2009; M. Davison, 2011; P. Lee & Ashby, 2001.

捕后被带到美国当奴隶的故事。查尔曼承认，她无法完全理解昆塔·金特的身体疼痛（她自己的疼痛经历仅限于在盐水中被纸割伤）。即便如此，她还是谈到了他的“痛苦”和“恐惧”，以及他的父母在失去长子时的“受伤”，她还被一些殖民者认为非洲女性还不如“婴儿暖身器”的观点激怒了。右边的日记是14岁的克雷格写的，他所在九年级班级的历史老师让学生写日记，记录一个南方种植园主的生活。注意，克雷格试着想象其他人（种植园主）站在其他人的角度（奴隶的角度）。这种两层视角与递归思维类似，但在这种情况下，涉及“我认为你认为别人认为……”还要注意，克雷格让种植园主做了一些最基本的亲社会行为：在炎热的夏天给奴隶们放假，并提供额外的食物和水。现在，已成年的查尔曼和克雷格都积极参与公共服务，这可能不会让你感到惊讶。

《根》（第二部之《在去美国的船上》）我能感觉到昆塔·金特的痛苦。有一次，我被纸划伤了，在海里的时候，它比被黄蜂蜇到还要痛，那只是被纸划伤了！我甚至难以想象昆塔·金特被从他的家人身边带走的痛苦和恐惧，也无法想象他的父母发现他们的第一个儿子在刚刚长大成人时被带去当奴隶的那种伤痛。我也对他们对待女性的方式感到震惊。婴儿暖身器！这会激起人们的愤怒！

我的日记

1700年7月1日

亲爱的日记——今天是个大热天。我无法忍受，甚至都不能工作。奴隶们看起来也很热。我甚至都能感觉到。这种天气影响着我的烟草种植，这个季节热得太早了。烟草长得太慢了。我只能希望下雨。还有今天罗伯特·史密斯邀请我去他家参加为期两天的舞会。还有五天我就要开我的化妆舞会了。两天前我们已经发出了邀请。我和我的妻子贝丝一起想到化妆舞会这个好主意。我们会雇请我们自己的乐队。

1700年7月2日

亲爱的日记——今天又是个大热天。我希望天气能凉快下来。我觉得奴隶们快受不了了。好像有些人已经中暑了。我让他们多喝水。今天稍晚些时候有一阵凉风刮来。然后我就让他们都回去休息了。今天我们还计划了去里士满的旅行……

1700年7月5日

亲爱的日记——今天太阳还没升起来我们就起床了。在早餐吃了热蛋糕、鸡蛋和香肠之后，我们动身回家。快到中午的时候我们才到家。我们回来的路上非常非常地热。有个奴隶晕倒了，担心他们会造反，所以我给他们放了假。我还给了他们额外的食物和水。这使我想到他们也只是人而已。我知道这种想法闻所未闻，但是我真的这样想。

**图7.3　历史作业中关于观点采择的两个示例**

## 2. 与学生讨论受欢迎的真正含义

一些学生（特别是在初中和高中阶段）会为了成为“受欢迎的”群体中的一员而做一些不符合他们自己或他人最大利益的事情。[①]例如，他们可能会嘲笑或欺负他们认为古怪或令人讨厌的同伴，

① Cillessen et al., 2011; Cillessen & van den Berg, 2012.

这种情况我们在开篇的个案研究中已经看到过。

此外，当友谊破坏他们的“酷”形象时，他们可能会突然放弃友谊。在描述一个由 5 个女孩组成的亲密小团体中发生的事情时，14 岁的考特尼这样解释道：

> 我们 5 个人一起出去玩，坐在同一张午餐桌旁。后来杰米和另一群人成了好朋友。她们开派对，成了受欢迎的团体，所以杰米离开了我们。她曾经是麦琪最好的朋友，所以麦琪悲痛欲绝。杰米不跟我们说话，甚至在走廊里也不向我们招手。

课外活动可以培养良好的同伴关系和普遍的“团队精神”，也可以成为学习困难的学生追求成功的源泉。上图中 7 岁的有学习障碍的丹尼表达了他对棒球的热爱。

教师阻止这种行为的一种方法是扮演*神话破坏者*的角色，明确地展开关于什么是真正受欢迎的讨论。例如，教师可能会让学生先想几个他们真正喜欢的同学，然后再想几个他们确实不喜欢的同学。这些心理清单必须只存在于学生自己的大脑里（不应该指名道姓），但教师可以要求学生思考“你的第一份清单上的人有哪些共同特点”“你为什么不喜欢第二份清单上的人”等问题。诸如“善良”“诚实”（对应第一份清单）以及“傲慢”“刻薄”（对应第二份清单）之类的品质可能会被曝光。在某种程度上，学生们可以分享他们对学校里的社会地位、等级制度的看法和经验——同样，不指名道姓，或以其他方式来进行评论——这为同学们提供了另一个培养观点采择和共情的机会。

### 3. 提供大量的社交和合作机会

学校和教室总是会出现复杂的社交环境，因此学生可以在其中学习和实践新的社交技能。例如，学生的游戏活动——无论是学龄前儿童和幼儿园儿童的幻想游戏还是年龄较大的儿童和青少年的规则性的游戏，都可以增强合作、分享、观点采择以及冲突解决的技能。[①] 需要学生互相合作以达到共同目标的任务和活动（就像在开篇的个案研究中学校游戏所做的那样）可以培养学生的领导能力和帮助他人以及得到他人帮助的意愿。[②] 只要定期改变指定的座位安排，学生就能更好地了解某些同学，也许还能发现共同的兴趣或类似的幽默感。[③] 课外活动也为学生提供了与众多同伴进行互动和合作的机会。[④]

### 4. 明确地向那些有社交困难的学生传授社交技能

由于社交孤立，那些受到排斥和忽视的学生几乎没有机会发展他们迫切需要的良好的社交技能。[⑤] 当他们与同伴交往时，他们的行为可能产生适得其反的作用，这使他们更加孤立。思考七年级学生米歇尔的困境：

---

① Coplan & Arbeau, 2009; Creasey, Jarvis, & Berk, 1998; Gottman, 1986; Pellegrini & Bohn, 2005; Rubin, 1982.

② Certo, 2011; Y. Li et al., 2007; Webb & Farivar, 1994.

③ van den Berg, Seters, & Cillessen, 2012.

④ Feldman & Matjasko, 2005; Genova & Walberg, 1984; Mahoney, Cairns, & Farmer, 2003; A. J. Martin & Dowson, 2009.

⑤ Bukowski et al., 2007; Coie & Cillessen, 1993; McElhaney et al., 2008.

米歇尔是一个非常聪明的学生，多年来，她的学习成绩赢得了许多老师的赞扬。尽管米歇尔在学业上取得了成功，但她的朋友却寥寥无几。为了引人注意，她不停地谈论她的学习成绩。她的同学们认为这样夸耀是一种不应该的傲慢，因此总是用攻击的方式来灭她的威风。为了自卫，米歇尔一看到她的同学就开始辱骂他们——可以说是先发制人。

当学生经常冒犯或疏远他人时（就像米歇尔那样），他们的同伴就很少会给他们有建设性的反馈来帮助他们改善以后在这样的场合中的行为，因此应该依靠教师和其他成年人来指导他们。

教师和学校其他职员可以通过明确的口头指示以及示范学生所期望的行为来教学生适当的人际交往方式。当学生有机会练习他们新学到的社交技能（可以通过角色扮演），并得到关于他们表现如何的具体反馈时，这样的指导尤其有效。[①]

教授解决社会问题的技巧也很有帮助。一些学生缺乏解决社会问题的有效方法。例如，他们可能会粗鲁地抢夺同班同学独有的课堂资料，或者未经允许擅自闯入游戏。帮助这类学生的一个有效方法就是教他们学会下面一系列心理步骤[②]：

（1）界定问题。

（2）确定几种可能的解决方法。

（3）预测每种方法可能会出现的后果。

（4）选择最佳方法。

（5）确定实行这种方法所需要的步骤。

（6）实行这种方法。

（7）评价结果。

这些步骤——你可能认为属于*社会认知*——经常有助于那些有人际交往问题的学生发展更有效的社交技能。[③]

## 5. 解释什么是欺凌，为什么不允许欺凌

学生和教师对欺凌行为都有误解。虽然心理攻击——例如骂人、蓄意的社会排斥和网络上的诽谤——也构成欺凌，但一些人始终认为欺凌只包括身体攻击。另一个常见的误解是，被欺凌的受害者在某种程度上是罪有应得，也许是因为他们表现出不成熟的行为，或者需要“坚强起来”，并学会保护自己。因此，很多学生容忍欺凌，并对作恶者表现出支持的态度。[④]

当然，前面提到的一项建议——*培养观点采择和共情能力*——可以在一定程度上阻止欺凌行为。但除此之外，所有学生都必须了解欺凌行为的各种形式，以及欺凌行为对受害者可能产生的真实的有害影响。研究人员和经验丰富的教育工作者发现了一些有帮助的适用于全校范围的教学方法[⑤]：

---

① Bierman & Powers, 2009; S. N. Elliott & Busse, 1991; K. L. Lane, Menzies, Bruhn, &Crnobori, 2011;Themann & Goldstein, 2001; S. Vaughn, 1991; D. E. Watkins & Wentzel, 2008.

② S .N. Elliott & Busse, 1991; Meichenbaum, 1977; Shure & Aberson, 2006; Weissberg, 1985; Yell, Robinson, & Drasgow, 2001.

③ K. R. Harris, 1982; Meichenbaum, 1977; Yell et al., 2001.

④ Salmivalli & Peets, 2009; Swearer et al., 2010.

⑤ Ansary, Elias, Greene, & Green, 2015; Bradshaw, 2015; D. J. Connor & Baglieri, 2009; Frey, Hirschstein, Edstrom, & Snell, 2009; Horne, Orpinas, Newman-Carlson, & Bartolomucci, 2004, PP. 298-299; Juvonen & Galván, 2008; E. J. Meyer, 2009; Parada, Craven, & Marsh, 2008; S. W. Ross & Horner, 2009; Swearer et al., 2010; Willard, 2007; Yeager & Dweck, 2012.

- 解释欺凌行为不一定必须包括身体攻击，还包括引起心理困扰的行为：奚落、威胁、性骚扰、不友善的谣言、社会排斥、羞辱性的网络帖子等等。
- 使用 PIC 帮助学生记住欺凌行为是：
  （1）有意图的行为（Purposeful behavior）（“他有意这样做”）；
  （2）不平衡的（Imbalanced）（“这不公平，他比较强壮”）；
  （3）持续的（Continual）（“我害怕进教室，因为她总是捉弄我”）。
- 明确禁止辱骂，包括对特定性别、种族群体、性取向或是残障的侮辱性标签。
- 解释说明即使是看似轻微的欺凌行为也会对学生的人格和情感健康产生长期的负面影响。
- 表明停止欺凌不仅是学校的期望，也是一种道德要求——学生必须像保护自己一样保护他人的身心健康。
- 也要传播乐观情绪，告诉所有的学生（包括长期欺凌弱小者的人和他们的受害者），他们都有可能变得更好。换句话说，提倡一种渐进式的人格发展观——关于个人发展的渐进式观点，即认为他人的个性特征不一定是稳定的，“内在的”特征将不可避免地在他们的一生中持续存在。
- 招募受尊敬的学生（比如，学生会成员、校体育队成员）留意在楼梯、洗手间及教师可能不在场的其他地方是否出现欺凌行为。
- 教给学生阻止同伴间欺凌事件的有效技能（比如，说“住手，你太不尊重人了”、将受害者护送到安全的地方）。
- 在整个教学楼中明显的地方都贴上学生的日常行为规范。

就像我们将在第 9 章所发现的那样，在校内外互相尊重彼此的安宁和健康是*社群意识*的一个关键要素，对学生取得学业成功来说是非常重要的。

教师们可以在美国政府网站 www.stopbullying.gov 上找到刚刚列出的一些方法，以及其他一些方法。但是，即使采取了这些方法，一些欺凌事件还是有可能发生，如果学生试图站起来反抗欺凌者或向老师报告欺凌事件，他们可能害怕会遭到报复。[①] 因此，重要的是，要有一种匿名举报欺凌事件的机制。

### 6. 对欺凌事件和其他形式的攻击行为保持警惕，并对受害者和欺凌者采取适当的行动

学校的教职工看到一些学生欺负他人时一定要进行干预，同时必须对其他可能发生的欺凌事件保持警惕。[②] 经常被欺负的学生需要老师和同学的社会和情感支持。为了消除脆弱和抑郁的感觉，或是为了学习社会技能和寻求有效策略来尽量减少以后的受害事件，有些人可能还需要向学校辅导员进行一次或多次咨询。[③] 一个成功的学校项目向受欺凌者提供了固定的“午餐伙伴”（大学生志愿者），他们每周会与长期受欺凌的学生一起在食堂就餐两次，间接地向受欺凌者的同伴传递这样的信息：这些学生有许多积极的品质。[④]

攻击他人的肇事者也需要被干预。当然，他们必须为自己的行为承担相应的后果，但也应该帮

① L. M. Jones et al., 2015; R.S. Newman & Murray, 2005; Salmivalli & Peets, 2009.

② 在美国，最高法院 1999 年的一项裁决要求采取行动应对多种形式的欺凌。请参阅 *Davis v. Monroe County Board of Education*, 526 U.S. 629。

③ Espelage & Swearer, 2004; Frey et al., 2009; R .S. Newman, 2008; Yeung & Leadbeater, 2007.

④ Newgent, Cavell, Johnson, & Stegman, 2008.

助他们，使他们的行为有较大改善。具体的方法应该针对他们攻击行为背后的认知过程和动机进行调整。类似鼓励观点采择、帮助学生更有效地解读社交情境以及教授有效的社会问题解决技能之类的方法对减少攻击和其他破坏行为都可能会有帮助。[①] 例如，将学生置于必须帮助他人而非伤害他人的情境中（比如请他们辅导年龄更小的儿童）也是很有益处的。[②]

然而，即使有攻击性的学生在行为上有了显著的改善，同学们也可能会继续回避他们。同学们也许会想“一朝成为恶霸，就永远是恶霸”。[③] 所以当老师和其他成年人努力改善攻击性学生的行为时，也要努力改善学生的名声。例如，教师可以鼓励这些学生积极参加课外小组或参与合作学习活动，在这些活动中他们可以展示新学习的社交技能。教师也应该用语言和行动表明他们喜欢和欣赏每一个学生，包括以前有反社会行为的那些学生。当教师这样做时，他们的态度往往会有很大感染力。[④]

最后，当学校表明善待和尊重学校社区内的所有成员（教师和学生）的重要性时，对攻击性学生进行干预最有可能是有效的。[⑤] 此外，整个学校气氛必须是相对平和的。在一些学校，暴力和攻击是司空见惯的，学生们可能认为采取攻击性行动是确保他们不会成为被他人攻击的受害者的唯一途径。不幸的是，他们可能是正确的：强硬的、看似无懈可击的外表（有时被称为“前卫”）对他们的安宁至关重要。[⑥] 当然，这样的情况几乎总不利于有效学习和学业成功。我们将在第 9 章探讨解决学校中攻击和暴力问题的方法。

### 7. 明确禁止通过手机和互联网进行不恰当的交流和发帖

正如我们所看到的，网络欺凌可能是特别具有破坏性的。威胁性的短信可以在白天或晚上的任何时间发送。社交网站上的侮辱性帖子很快就会被几十个同伴“点赞”，并被成百上千的人“分享”。一些学区现在颁布了禁止学生间网络欺凌的政策。尽管网络欺凌经常发生在校园之外，但在很多情况下，它很容易被记录下来，可能是受害者保存了一条骚扰性的短信，或者是一位关心此事的同学提醒学校的人不要在 Facebook 上发布不尊重他人的帖子。此外，在网络空间里欺负同学的往往是那些在学校里欺负同学的学生，而被网络欺凌的学生往往是那些在面对面的交流中被欺负的学生。[⑦] 无论如何，学校必须以处理现场欺凌的同样方式处理网络欺凌事件，要对受害者进行干预，并让欺凌者承担适当的后果。[⑧]

无线技术和互联网还会以另一种方式威胁到学生的健康：它们为肆无忌惮的个人（通常是成年人）提供了在聊天室或其他地方伪装自己的工具，企图以此来欺骗天真和可能脆弱的年轻人。[⑨] 当然，教师们在有适当机会的时候一定要提醒学生提防这些“捕食者”。当然，教师们也应该记

---

① Cunningham & Cunningham, 2006; Dodge, Godwin, & The Conduct Problems Prevention Research Group, 2013; Frey et al., 2009; Hudley & Graham, 1993.

② J. R. Sullivan & Conoley, 2004.

③ Bierman, Miller, & Stabb, 1987; Caprara, Dodge, Pastorelli, & Zelli, 2007; Juvonen & Weiner, 1993.

④ L. Chang, 2003; L. Chang et al., 2004.

⑤ Espelage & Swearer, 2004; E. J. Meyer, 2009; Parada et al., 2008; S. W. Ross & Horner, 2009.

⑥ K. M. Williams, 2001a.

⑦ E. J. Meyer, 2009; Raskauskas, 2010.

⑧ 在美国，第四巡回上诉法院最近做出的一项裁决支持学校有权惩罚校园外学生间的欺凌行为。请参阅 *Kowalski v. Berkeley County Schools*, 652 F. 3d 565 (2011)。

⑨ Wolak, Finkelhor, Mitchell, & Ybarra, 2008.

住，学生在学校里有互相支持的同学关系时，他们在网络空间里漫游以寻找新朋友的可能性就会比较小。

### 8. 促进不同团体之间的相互理解、交流和互动

即使是和很多同学在同一栋楼里，学生们大部分时间也都是和小群体或是小集团聚集在一起。有一些学生在社交上是孤立的（回想在开篇的个案研究中威廉在学校里崭露头角之前的孤立状态）：移民学生很少与长期居民交往，新来的学生通常会被社交孤立，一些残障学生也会被同学忽视或拒绝。[①]

当学生们在学校吃午饭并在校园里互动时，他们总是按照种族或民族来划分自己。事实上，这种自我隔离的情况在学生升入中学后有所增加。当来自其他种族和少数族裔群体的青少年开始密切关注和反省种族主义和种族认同的问题时，他们常常会发现与其他群体成员进行经验和观点上的比较是很有帮助的。[②] 此外，刻板印象和偏见（无论是真实的还是臆想的）可能会加剧这种自我隔离状况[③]。在某些情况下，学生对与他们有很大区别的文化群体所知甚少或一无所知。

为了促进群体内的互动，必要的第一步是帮助学生了解来自不同背景的同学的习惯、观点和需求。特别是当学生逐渐成长、具备反思自己和他人想法和感受的认知能力时，他们会对社区和学校中存在的偏见和种族主义进行贴心的交谈，并且常常会从中受益。一些来自西方主流文化的学生一开始可能会对与少数族裔的同伴谈论这类话题感到不舒服，但一旦打破了隔阂，就会产生更多的跨文化理解和交流。[④] 同时，如果残障学生及其家长同意分享那些本应该保密的信息，使学生对残障的性质有所了解，他们就更有可能接受有残障的同学。

学校给学生提供机会来建立有益的群体间关系也是同样重要的。教师和学校管理者可以采取各种积极主动的措施来扩大学生的社会交往基础。在课堂策略专栏“鼓励不同的个人和群体之间的有益交往”中呈现了一些可能的方法，还有些旨在减少团体相关敌对行为的其他方法也将在第 9 章中呈现。当不同群体的学生之间经常交流时，尤其是当他们平等地聚在一起、朝着一个共同的目标努力并把自己看作是同一个“团队”的成员时，他们就更容易接受甚至可能尊重彼此的差异。[⑤]

## 课堂策略

### 鼓励不同的个人和群体之间的有益交往

- **创设情境让学生能够发展跨群体的友谊**

  为了帮助学生认识更多的同伴，一位初中科学老师给他们指定了教室里的座位，并每月更换一次座位表。她还考虑到如何将学生配对参加每周的实验室活动。

- **减少或是消除社交障碍**

  三年级的学生学习美国手语的基本单词和短语，这样他们就可以和一个耳聋的同学一起学习和玩耍。

---

① Hymel, 1986; Juvonen & Hiner, 1991; Olneck, 1995; Pérez, 1998; Schofield, 1995; Yuker, 1988.

② B. B. Brown et al., 2008; Schofield, 1995; Tatum, 1997.

③ Black-Gutman & Hickson, 1996; G. L. Cohen & Garcia, 2008; Ogbu, 2008b.

④ Schultz, Buck, & Niesz, 2000; Tatum, 1997.

⑤ Dovidio & Gaertner, 1999; Oskamp, 2000; J. H. Pfeifer, Brown, & Juvonen, 2007; Ramiah & Hewstone, 2013.

- **鼓励和促进参加课外活动，并且采取措施确保在任何活动中都不让某个群体占支配地位**

  在为八年级年度演出的舞台布景委员会招募成员时，委员会的指导教师鼓励"受欢迎的"和"不受欢迎的"学生都参加。后来在分工时他采用的方法是让那些彼此不熟悉的学生进行密切合作。

- **讨论群体间的敌对状态会带来的消极后果**

  一位在市中心低收入校区的高中英语教师通过莎士比亚的《罗米欧与朱丽叶》展开了对社会中两个对立种族之间的持续冲突的讨论。"你认为这种家族的长期争斗愚蠢吗？"在谈及莎士比亚的剧本时，她问她的学生。当得到学生的肯定答复后，她继续问："凯普莱特家族就像拉丁美洲帮，蒙太古家族就像亚洲帮……你认为拉丁美洲帮和亚洲帮互相残杀愚蠢吗？"学生立刻反对，但是当她让他们证明他们的思想合理的时候，他们逐渐开始认识到邻里间长期的敌对状态是无意义的，而最初为什么敌对甚至回想不起来。

- **增加非残障学生对残障学生的了解，前提是残障学生和他们的父母允许分享可能需要保密的信息**

  在一个被广泛报道的案例中，因输血而感染艾滋病的男孩瑞恩·怀特回到附近的学校时遭到了强烈的抵制，因为家长和学生都认为他可能会传染其他人。瑞恩一家搬到另一个学区后，学校工作人员积极向社区宣传艾滋病不会通过日常接触传播的事实。瑞恩在他的新学校里受到了热烈的欢迎。后来，瑞恩描述了他上学第一天的情形："当我走进教室或食堂时，几个孩子立刻叫了起来：'嘿，瑞恩！跟我坐！'"

来源：D. J. Connor & Baglieri, 2009;Dilg, 2010;Feddes, Noack, & Rutland, 2009;Feldman & Matjasko, 2005; Freedom Writers, 1999, p. 33（莎士比亚的例子）; Mahoney, Cairns, & Farmer, 2003; A. J. Martin & Dowson, 2009（瑞恩·怀特的例子）; Schofield, 1995; Schultz et al., 2000; Sleeter & Grant, 1999; Tatum, 1997; van den Berg et al., 2012; R. White & Cunningham, 1991, p.149.

## 三、促进道德推理和亲社会行为

上述的一些建议既能促进道德和亲社会行为的发展，又能促进人格和社会性发展的其他方面的发展。例如，引导的使用——解释为什么某些行为是不被允许的——有助于学生对同学有更多的亲社会倾向。通过鼓励观点采择和共情，教师同时促进了道德推理、利他行为以及社交技能的进步。下面是四点额外的建议。

### 1. 让学生接触大量的道德和亲社会行为的榜样

当儿童和青少年看到他人（包括他们的老师）的道德行为时，他们更有可能表现出道德和亲社会行为。例如，当他们看到成年人或同伴对他人慷慨大方、十分关心时，他们往往也会这样做。[①] 在一些媒体中也可以找到好的榜样，例如精心挑选的适合学生年龄的文学作品、亲社会性质的歌词，甚至是一些电子游戏。[②]

### 2. 让学生参与讨论社会和道德问题

如前所述，学生在处理道德困境时所体验的不平衡（认知失调），往往能促进更高级的道德推理发展。社会和道德困境问题经常出现在学校的课程中。举例如下：

① Hoffman, 2000; Rushton, 1980; Spinrad & Eisenberg, 2009.

② Dubow, Huesmann, & Greenwood, 2007; Greitemeyer, 2011; K. Lee et al., 2014; Nucci, 2001; Tobias, Fletcher, Dai, & Wind, 2011.

- 如果对恐怖主义的军事反击会殃及无辜，那么它可以接受吗？
- 应该将实验室的老鼠用于研究致癌剂效应吗？
- 为了报复杀父仇人，哈姆雷特杀死了克劳迪亚斯，他的做法正当吗？

学生对社会和道德问题总是会有很多看法，他们对这些问题既有认知投入也有情感投入（回想第 5 章对热认知的讨论）。为了促进对这些问题的有效讨论，教师必须营造充满信任的、平和的课堂氛围，使学生能够自由表达而无须害怕遭受责难或是尴尬。教师还应该帮助学生认识道德困境中的各个方面，包括不同个体的需求和观点。当教师鼓励学生探索他们这样做的理由，即澄清和反思他们做判断所基于的道德准则时，讨论是最有成效的。[①]

### 3. 杜绝一切形式的作弊行为

教师必须明确且坚持阻止的另一种行为是各种形式的作弊，包括提交从互联网上下载的研究论文（即剽窃）、抄袭其他学生的测验或家庭作业，以及不公平地提前告知朋友考题。作弊现象随着学生年龄的增长而越发普遍，到了高中，绝大多数学生都有一两次作弊的倾向。[②]

学生作弊的原因多种多样。有些人可能对获得一个好评估（而不是实际学习的科目）更感兴趣；对他们来说，行为目标比知识目标更重要。另一些人可能认为老师或父母对他们的表现期望太高，除非他们作弊，否则成功是遥不可及的。此外，学生可能会认为某些评估（尤其是测试）的结构很差、评分武断，或者在其他方面无法反映他们所学的知识。同伴也常常会用言语或行动表达他们认为作弊是普遍而正当的。[③]

不幸的是，学生们并不总是认为作弊是违反道德标准的。[④]他们也许说，他们是想帮助朋友，或者他们认为做作业是浪费时间，或远远超出了他们的能力范围。作弊不仅会阻碍学生的课堂学习——学生从抄袭别人的作业中获益甚微，而且还是不诚实的，因此也是不道德的。有几种策略可能能够阻止作弊[⑤]：

- 用清楚、具体的术语解释什么是作弊。例如，作弊不仅包括把别人的作业当作自己的，还包括给予某些同学不公平的优势。
- 将欺骗与规范的合作进行对比，在规范的合作中，每个人都能学到一些东西，提交作业被认为是诚实地代表共同努力的结果。
- 独立核实可疑的作弊事件。例如，在互联网上搜索一份你认为可能是学生逐字抄袭的文件。
- 为学生提供足够的指导和支持，使他们能够合理地完成指定的任务，而不需要作弊。

### 4. 让学生积极参与社区服务

如前所述，我们发现当青少年将对道德理想的承诺融入他们的整体自我认同感中时，他们更有

---

① Nucci, 2001, 2006; Reimer et al., 1983.

② Cizek, 2003.

③ E. M. Anderman, Griesinger, & Westerfield, 1998; Cizek, 2003; F. Danner, 2008; E. D. Evans & Craig, 1990; Lenski, Husemann, Trautwein, & Lüdtke, 2010; Murdock & Anderman, 2006; Murdock, Miller, & Kohlhardt, 2004.

④ L. H. Anderman, Freeman, & Mueller, 2007; Honz, Kiewra, & Yang, 2010.

⑤ L. H. Anderman et al., 2007; Bellanca & Stirling, 2011; Honz et al., 2010; Lenski et al., 2010.

可能采取道德和亲社会的行为方式。定期的社区服务——最好在青春期之前开始——有助于这方面的自我认同发展。

通过不间断的社区服务活动（比如捐赠食品和衣物、探访敬老院、参加社区清洁工作），中小学生都能了解到他们有能力且有责任去帮助那些比自己不幸的人，并以其他方式使这个世界成为更适宜居住的地方。在这个过程中，他们也开始认为自己是关心他人、富有同情心和有道德感的公民。[①] 当高中生参与社区服务项目时，他们会意识到学校活动实际上可以改变别人的生活，这种感受使他们更愿意留在学校，而不愿意辍学。[②]

# 第五节 支持那些面临特殊个人或社会挑战的学生

**主要理念：最需要教师指导和支持的学生是那些面临特殊的个人或社会挑战的学生。**

为了充分发掘潜力，所有的学生都需要教师一定的支持，但有些学生需要的支持比其他学生多得多。在这一节中，我们将重点关注那些**处境不利的学生**（**students at risk**）——那些走在通往糟糕的长期发展结果的道路上的学生。传统上，教育工作者使用风险一词主要是针对那些在获得高中文凭之前辍学的学生。然而，在这里，我们将更广泛地使用这个术语来包括有重大社会或情感问题的学生。

针对研究那些面临特殊的个人或社会挑战的学生，我们提供以下几条建议。

## 一、留心学生以前可能面临或目前在家中正面临的特殊挑战

在理想的情况下，家庭能够为学生提供他们在学校和外部世界取得成功所需的指导、鼓励、情感支持和资源。不幸的是，并不是所有的家庭都能为他们的孩子提供适宜的养育环境。一些父母的经济资源如此有限，以至于他们不能负担足够的食物、住房或医疗保健；一些父母被个人危机（如婚姻矛盾、失业或危及生命的疾病）压得喘不过气来，几乎没有时间或精力去照顾他人；还有一些人患有精神疾病或有严重的药物滥用问题。在某些情况下，父母只从自己的父母那里学到了无效的育儿策略。[③] 这样的挑战会增加孩子出现情绪问题（如焦虑或抑郁）、社交技能不佳（如攻击性）和课堂行为不良（如习惯性干扰）等问题的可能性。孩子们以前或目前在家中面临的挑战越多，他们就越脆弱。[④]

以前曾面临并将继续面临极端生活挑战的年轻人，往往是最近从饱受战争蹂躏的国家来的难民。这些学生可能在他们的祖国经历或目睹了极端的暴力行为，他们失去了父母或其他亲密的家庭成员，连续数月无家可归、饥肠辘辘。因此，可以理解的是，他们可能会遭受抑郁、焦虑、愤怒和

---

① J. P. Allen & Antonishak, 2008; Celio, Durlak, & Dymnicki, 2011; Kahne & Sporte, 2008; W. -M. Roth, 2011; Thorkildsen et al., 2008; Youniss & Yates, 1999.

② Eccles, 2007.

③ R. H. Bradley, 2010；Cummings, Schermerhorn, Davies, Goeke-Morey, & Cummings, 2006；Hemmings，2004；Serbin & Karp, 2003；R. A. Thompson & Wyatt, 1999.

④ Brooks-Gunn, Linver, & Fauth, 2005; P. T. Davies & Woitach, 2008；El-Sheikh et al.，2009; G. W. Evans & Kim, 2007；Jaffee, Hanscombe, Haworth, Davis, & Plomin, 2012；Maikovich, Jaffee, Odgers, & Gallop, 2008.

（在某些情况下）创伤后应激障碍的折磨。使这些非常重要的个人问题复杂化的，可能是对他们未来的生计和生活条件的不确定，以及对与他们成长环境非常不同的新文化的规范和期望的不确定。①

显然，教师和学校其他职员必须特别关注学生的个人、情感和学业方面的需求，因为他们的生活环境可能充满了挑战，几乎令人难以理解。除了在学校提供一切可能的支持系统外，教师们当然还可以帮助学生和他们的家庭与政府项目和当地机构建立联系，这些机构提供食物、温暖的衣服、身体和精神医疗保健以及其他基本必需品。

此外，如果不良的教养方式是影响学生学习能力的重要因素，教师可以通过时事通讯、家长教师会议和家长讨论小组（我们将在第 9 章确定与家长沟通的具体机制）为家长提供宝贵的资源，帮助他们促进儿童个性和社会性发展。重要的是，与家长共同交流信息，而不是对父母的教养方式指手画脚。正如本章前面关于权威型和专制型父母教养方式的讨论中所指出的，父母如何对待他们的孩子有时是孩子行为方式的结果，而不是原因。如果孩子们很快就能遵守合理的要求，那么父母就没有理由对孩子过于严格。相反，如果孩子的性格过于活跃或冲动，父母可能不得不对他们的行为施加更多的限制，并对他们的不良行为做出更严厉的惩罚。教师们必须谨慎，不要总是把所有的功劳或责任都归因于家长的教养风格。

与此同时，教师必须警惕可能的虐待儿童的迹象。在某些情况下，父母和其他主要照顾者忽视了孩子：他们没有提供营养丰富的饭菜、足够的衣服和其他必需品。在其他情况下，他们会在身体上、性上或情感上虐待自己的孩子。忽视或虐待的可能迹象包括长期饥饿、寒冷天气缺乏保暖衣物、未满足的医疗需求、频繁或严重的身体伤害（如瘀伤、烧伤、骨折），以及对性问题的特殊认知。②

父母的忽视和虐待可能对儿童的个人和社会性发展产生严重的不利影响。③一般而言，经常被忽视或虐待的儿童自尊心低、社交技能发展差，学习成绩也不好。他们中的一些孩子表现得愤怒、好斗、目中无人；其他的一些孩子可能会抑郁、焦虑、孤僻，偶尔还会有自杀倾向。无论在道义上还是法律上，教师都有义务向有关当局（如校长或儿童保护机构）报告任何涉嫌虐待或忽视儿童的案件。

幸运的是，尽管在家庭中面对重重困难，一些儿童和青少年在学校依旧表现很好。这些学生被称作**有心理弹性的学生（resilient students）**，他们获得了帮助他们战胜不利环境的特质和应对技能。总体来说，有心理弹性的学生拥有随和的性格、讨人喜欢的个性、积极的自我概念以及较高但是现实的目标。他们相信成功来自辛勤工作，例如，他们对自己的能力有一种渐进的认识，他们的糟糕经历不断提醒着他们接受良好教育的重要性。④

有心理弹性的学生的生活中通常会有一个或几个他们信任的、在困难时能够求助的人。这些人可能是其家庭成员、邻居、密友、当地社区的成年志愿者导师或学校工作人员。例如，有心理弹性的学生经常提到那些对他们关心并对他们在学校的成功有帮助的教师。教师最有可能培养学生的心理弹性，主要通过对学生表现出真正的喜爱和尊重、在学生有担忧的事情时愿意倾听、对学生的表现持有较高期望，并且给予学生在课内外成功所需要的鼓励和支持。⑤

---

① A. L. Sullivan & Simonson, 2016.

② Crosson-Tower, 2010; Turnbull, Turnbull, & Wehmeyer, 2010.

③ Bates & Pettit, 2007; Crosson-Tower, 2010; J. Kim & Cicchetti, 2006; R. A. Thompson & Wyatt, 1999.

④ S. Goldstein & Brooks, 2006; Kim-Cohen & Gold, 2009; Martinez-Torteya, Bogat, von Eye, & Levendosky, 2009; Rothbart, 2011; Schoon, 2006; Werner & Smith, 2001; Yeager & Dweck, 2012.

⑤ Bukowski et al., 2009; E. Chen, 2012; DuBois, Portillo, Rhodes, Silverthorn, & Valentine, 2011; Masten & Coatsworth, 1998; D. A. O'Donnell, Schwab-Stone, & Muyeed, 2002.

## 二、为无家可归的学生确定额外的支持策略和服务

**想一想**

你是一个容易养育的孩子还是很难养育的孩子？你童年时期家里的教养方式在多大程度上是由你独特的气质造成的？

无家可归的学生通常在日常生活中面临重大挑战。一些孩子有慢性身体问题、有限的社会支持网络、严重的精神健康问题，以及不适当的行为。有些人可能不愿意来学校，因为他们没有洗澡用品和合适的衣服。有些人可能频繁地从一所学校转到另一所学校，因此在学习能力方面存在很大差距。[①]当学生们要么住在收容所，要么经常从一个临时住处搬到另一个地方时，下面这些策略可以帮助他们在学校取得学业和社交上的成功[②]：

- 让新生和能够提供指导和帮助的同学配对。例如，向他们解释学校的日常规范，把他们和介绍给其他学生。
- 准备一个笔记本、写字板或其他便携式“写字台”，使学生可以在上面做课外作业。
- 找一些成年人或青少年志愿者在校外提供家教服务。
- 与学生家长在他们的收容所或其他临时住所见面，而不是在学校见面。
- 与收容所的工作人员分享家庭作业、学校日历和时事通讯。

然而，当教师使用这些策略时，必须牢记学生和他们的家人往往会对自己无家可归的状况感到尴尬。[③]因此，必须将尊重他们的隐私和自尊放在首要位置。

## 三、也要留意那些看起来被社会排斥的学生

回想一下之前关于被拒绝的学生和被忽视的学生的讨论。这两个群体都徘徊在学校社交生活的边缘。就像开篇个案研究中的威廉一样，他们几乎没有朋友，因此他们从同伴那里得到的社会和情感支持很少，甚至没有。课间休息时没人陪他们聊天、玩耍，他们日复一日独自一人吃午饭，甚至有人告诉他们“你不能坐在这儿！”——作者猜测，我们所有的读者都曾在这样或那样的情境中与这些学生产生一点共鸣。

在很长一段时间内，同龄人的社会排斥——心理学家称之为社会边缘化——会导致学生相当大的心理压力和羞耻感。为了应对这种情绪、努力保持自我价值感，学生可能会在心理上脱离学校生活，而这会危及他们的学业成绩、社会发展和情感健康。一些被边缘化的青少年开始与少数同样被边缘化的同龄人交往，这些同龄人可能会也可能不会鼓励形成对青少年长期发展最有利的态度和行为。[④]

当然，本章前面介绍的一些策略可以帮助边缘化学生融入他们学校的社交活动（例如，再看一遍关于欺凌的课堂策略专栏“鼓励不同的个人和群体之间的有益交往”）。除此之外，教师还应该明确地向这些学生伸出援手，提供情感上的支持，在理想的情况下还要帮助他们找到一两个志同道合

---

① Fantuzzo, LeBoeuf, Chen, Rouse, & Culhane, 2012; Herbers et al., 2012; McLoyd, 1998; P. M. Miller, 2011; Polakow, 2007.

② Pawlas, 1994.

③ Polakow, 2007.

④ Crosnoe, 2011; Loose, Régner, Morin, & Dumas, 2012.

的亲社会性的同伴。[①] 另一个可能有效的策略是帮助他们重新解释一些不愉快的社会经历，以使他们不至于那么沮丧和脆弱不堪（例如“有些孩子为了让自己看起来‘坚强’而取笑其他孩子，其实他们根本不觉得自己坚强”）。[②]

## 四、对有个人或社交技能障碍的学生给予格外的支持和指导

一些学生表现出持久的社会、情感或行为问题，这明显地干扰了他们的课堂表现和人际关系。这种**情绪和行为障碍**（**emotional and behavioral disorders**）的症状通常可分为两大类。**外化行为**（**externalizing behaviors**）对他人有直接或间接的影响，例如攻击、蔑视、说谎、偷窃和缺乏自控能力；**内化行为**（**internalizing behaviors**）主要影响有障碍的学生自身，例如极端的负面情绪（如严重的焦虑或抑郁、夸大的情绪波动）、社交退缩和饮食障碍。一些情绪和行为障碍是由环境因素引起的，如有压力的生活条件、不一致的教养方式、儿童虐待或者家庭酗酒或吸毒。但是生物因素可能也有影响，例如，遗传倾向、化学失衡或是脑损伤。[③]

对学生的社交技能（有时还有学习）有消极影响的其他障碍被统称为**自闭症谱系障碍**（**autism spectrum disorders**），这类障碍可能是由大脑异常引起的。这些障碍的共同之处是都以社会认知（比如观点采择能力）、社交技能以及社会交往受损为标志。患有自闭症谱系障碍的学生在病情的严重性上有很大的差异。如图 7.4 中这首令人心酸的诗歌所示，有些人在一个或多个特定领域（如数学、工程、计算机科学、艺术或诗歌）有非凡的天赋。

然而，在严重的情况下，儿童在认知和语言方面发展迟缓，并表现出某些奇怪的行为——也许不停地摇摆或挥动手指，不断重复别人说过的话，或者对非常狭窄的一类物体或话题表现出不寻常的兴趣。[④]

直到最近，一种名为**阿斯伯格综合征**的障碍被认

**看起来没有障碍**

成为一个优秀的受过特别教育的孩子，比你的朋友更少地受到约束，这多好！
你告诉我，“你看起来没有障碍”，但这就是患有障碍的样子。
“你看起来没有障碍”，你说这是赞美，你说我的大脑和身体是奇耻大辱。

我们知道我们的大脑和身体是奇耻大辱。
我们知道我们应该要与正常发展的同龄人无异。
我们知道父母想要把我们丢弃在人群中。

我花了太多时间，
试着去拥有一双安静的手，
试着去静静地坐着好像我的心脏停止了跳动，
试着去看着你的眼睛，
当我知道你永远见不到我；
你能看到的是一个不患障碍的女孩，
或是一种掩盖了女孩的障碍。

“你看起来没有障碍！”
我感觉自己像一个间谍，
在真实的人群中，紧紧地裹着戏服，
以至于我的肺收缩成胶囊，
戴上彩色的面具，你几乎可以假装那是我的脸。

在多年的药物、双手和残忍的奄奄一息的笑声中，
我已经学会了让自己看起来没有障碍，
我向上帝祈祷，让看起来有障碍变得安全。

**图 7.4　在这首绝妙的诗中，15 岁的阿列夫描述了患有自闭症的感觉**

---

① Crosnoe, 2011.

② 一个有相当大的希望的相关干预方案，请参阅 Yeager et al., 2014。

③ Angold, Worthman, & Costello, 2003; P. T. Davies & Woitach, 2008; El-Sheikh et al., 2009; D. Glaser, 2000; H. C. Johnson & Friesen, 1993; Martinez-Torteya et al., 2009.

④ Gallese et al., 2011; Hobson, 2004; Lord, 2010; Pelphrey & Carter, 2007; Tager-Flusberg, 2007.

为是自闭症的一种常见形式，患有这种疾病的人有正常的语言技能以及中等或是中等偏上的智力，但他们也表现出自闭症谱系障碍的一些行为特征（例如，社交技能差、重复能力特别强、兴趣高度集中）。然而，现在一些专家认为，阿斯伯格综合征可能是一个独立的类别，其神经学基础与自闭症谱系障碍的神经学基础略有不同。①

当学生被认定患有情绪或行为障碍、自闭症谱系障碍或阿斯伯格综合征时，就需要进行专业干预。然而，这些患有上述障碍的学生大部分或全部时间都在普通学校课堂里学习。下面是一些与他们有效合作的方法②：

- 传达对学生幸福感的真正关心。
- 明确地教授和支持有效的社会认知和人际交往技能。
- 坚持一个一致的和可预测的每周时间表（特别是对有自闭症谱系障碍的学生）。
- 使课堂活动与学生的兴趣相关。
- 始终如一地传达对课堂适当行为的需要。
- 期望逐步改善，而不是一夜成功。

## 五、了解严重抑郁和可能自杀的警示信号

严重的抑郁可能是生物因素（比如，荷尔蒙失衡）、生活环境（比如，浪漫关系破裂、长期受同伴排斥或欺负、家庭中的特殊压力）或是两者结合带来的结果。③有些患有严重抑郁的学生想要结束自己的生命。下面是一些警示信号④：

- 突然退出社会关系圈。
- 越来越不在意个人的外表。
- 巨大的人格变化（比如，突然情绪高涨）。
- 专注于死亡和病态的主题。
- 公开或含蓄的威胁（比如，“我很快就要不存在了”）。
- 预示“把事情安排妥当”的行为（例如，把珍贵的东西送人）。

教师必须认真对待这些警示信号，并立即向受过培训的专业人士寻求帮助，如学校心理学家或辅导员。

## 六、对有辍学危险的学生尽早和经常进行干预

一些学生的个人情况或消极的学校经历导致他们在高中毕业前辍学，这些学生中有一部分人离

---

① 例如可参阅 Duffy, Shankardass, McAnulty, & Als, 2013。

② J. M. Chan & O'Reilly, 2008; Clarke et al., 1995; Dalrymple, 1995; Evertson & Weinstein, 2006; Hertel & Mathews, 2011; Leaf et al., 2012; Myles & Simpson, 2001; Wentzel, Donlan, Morrison, Russell, & Baker, 2009.

③ Champagne & Mashoodh, 2009; Dodge, 2009; Furman & Collins, 2009; Goldston et al., 2008; Hyman et al., 2006; Leadbeater & Hoglund, 2009.

④ Kerns & Lieberman, 1993; Wiles & Bondi, 2001.

开时不具备基本的阅读或数学技能。[1] 因此，一些辍学的学生没有能力为他们的家庭、社区或整个社会做出有益的贡献。

面临辍学风险的学生通常具有以下部分或全部特征：

- **学业失败史**：一般而言，辍学的学生学习能力较低，成绩较差，比那些顺利毕业的同学更有可能留级。[2]
- **情感和行为问题**：与那些比较成功的同学相比，潜在的辍学者往往自尊心较弱，而且他们更有可能在学校内外表现出严重的行为问题（比如，打架、吸毒）。他们的好朋友常常学习不好，有时甚至是反社会的同伴。[3]
- **缺少对学校的心理依恋**：面临学业失败风险的学生不太可能认同他们的学校，也不太可能相信自己是学校社区的重要成员。例如，他们参加的课外活动比他们的同班同学少，而且他们一般倾向于对学校表示不满。[4]
- **逐渐脱离学校**：辍学不一定是走极端的事情。有些高中辍学的学生在正式离开学校之前的几年中很少表现出“辍学”的迹象。未来的辍学者会比同伴更频繁地缺勤。他们也更有可能偶尔休学，或是表现出辍学—返回学校—再次辍学的长期模式。[5]

学生辍学的原因多种多样。有些学生是因为很少得到家庭和同伴对其学业成就方面的鼓励和支持。另一些学生则是因为其所处的生活环境出了问题：也许他们有医疗问题，要找一份工作来养家糊口，或者怀孕了。有些人只是对学校不满：他们可能觉得学校环境不友好或危险、在学校里一直受欺负、课程无聊且与个人无关，或者怀疑自己能否通过事关毕业的高风险成就测试。[6]不幸的是，老师的行为也可以对此产生影响。例如，老师可能会明确地（比如，告诉学生他们通过考试的机会很小）或含蓄地（比如，拒绝他们在分配的任务上的协助请求）传达对学生成绩的低期望。当学生觉得老师对帮助他们取得成功不感兴趣时，他们更有可能辍学。[7]

老师们可能在小学阶段就开始看到“辍学”的迹象，如学习成绩差、旷课率高，而其他一些常见的迹象——低自尊、破坏行为、较少参与学校活动——可能很快就会出现。因此，我们很有可能在他们的学校生涯早期就发现潜在的辍学者，并在辍学成为不可避免的后果之前采取预防措施或帮其补救学业问题。研究清楚地表明，对处境困难的学生来说，预防、早期干预和长期支持比以后的短期努力更加有效。[8]

面临辍学风险的学生是一个多样化的群体，他们有着各种各样的需求，可能没有一种单一的策略可以让他们在高中毕业前都能继续上学。尽管如此，有效的教学实践对于这些学生走上学业成功的道路和取得高中文凭仍然大有帮助。课堂策略专栏“鼓励和支持有辍学风险的学生”介绍了研究人员和经验丰富的教育工作者发现有效的几条策略。

最重要的是，指导处境不利的学生有很高的成功率的老师往往是那些通过言语和行动传达出真

---

① Boling & Evans, 2008; Rumberger, 2011; Slavin, 1989.

② Battin-Pearson et al., 2000; Brophy, 2002; Garnier, Stein, & Jacobs, 1997; Hattie, 2008; Rumberger,2011.

③ Battin-Pearson et al., 2000; Garnier et al., 1997; Suh, Suh, & Houston, 2007.

④ Christenson & Thurlow, 2004; Hymel, Comfort, Schonert-Reichl, & McDougall, 1996; Rumberger, 2011.

⑤ Christenson & Thurlow, 2004; Rumberger, 2011; Suh et al., 2007.

⑥ Brayboy & Searle, 2007; Cornell, Gregory, Huang, & Fan, 2013; Hardré & Reeve, 2003; Hursh, 2007; Portes,1996; Rumberger, 2011.

⑦ Becker & Luthar, 2002; Rumberger, 2011; Suh et al., 2007.

⑧ K. L. Alexander, Entwisle, & Dauber, 1995; Brooks-Gunn, 2003; Christenson & Thurlow, 2004; McCall & Plemons, 2001; Paris, Morrison, & Miller, 2006; Ramey & Ramey, 1998; Rumberger, 2011.

正的人文关心、关怀和高度尊重学生的人。一般来说，对于处境不利的学生最有效的教学策略，也会是那些对于任何学生都是理想的策略。

## 课堂策略

### 鼓励和支持有辍学风险的学生

- **使课程切合学生的生活和需要**

  市中心一所中学的一堂数学课表达了对学校附近的 13 家酒类商店以及这些商店所吸引的可疑顾客和毒贩的担忧。学生们使用标尺和地图计算每家商店到学校的距离，收集有关分区限制和市政府其他法规的信息，确定潜在的违规行为，会见当地报纸编辑（他发表了一篇描述此类情况的社论），最终会见州议员和市议成员。经过学生们的努力，市警察对酒类商店进行了更密切的监控，发现了重大违规行为（导致两家商店关闭），并且市议会规定在学校 600 英尺范围内饮酒是不合法的。

- **用激励性活动来激发学生的兴趣**

  在一个关于声音的物理教学单元中，一位初中科学老师向学生展示了声音的基本原理是如何在摇滚乐中展现出来的。有一次，老师拿来一把吉他，解释为什么在吉他长颈的不同位置按住一根弦会产生不同的频率，从而产生不同的音符。

- **利用学生的优点来提升他们积极的自我感**

  一所低收入的市内小学组建了一个学生必须参加的演唱团（爵士猫）。演唱团在各种社区活动中都会表演节目，学生们的才华享有相当大的知名度。团队成员由此自尊增强、学业进步，展现出更强的团队合作和领导才能。

- **通过言语和行动，向学生传达关于短期和长期个人和职业成功机会的乐观态度**

  一所位于市中心的低收入高中的数学老师招募学生参加强化数学课程。老师和学生们在晚上、周六和假期工作，他们中的许多人最终通过了大学先修课程微积分考试。[这个现实生活中的例子在 1988 年的电影《送货上门》(*Stand and Deliver*) 中有所描述，可看该电影的 DVD。]

- **为学业成功提供额外的支持**

  一个中学家庭作业小组每天放学后在 103 教室开会，学生们可以在那里的书架上找到他们的家庭作业。学生按照特定的顺序完成每一步分配任务（组装材料、让别人检查他们的工作等），并使用一个清单来确保他们不会跳过任何步骤。起初，一个主管老师可能会密切监控学生们做什么，但是随着时间和实践的推移，学生们只需要在很少的帮助和指导下就能完成他们的家庭作业。

- **让学生知道他们需要对自己的成功负责**

  一位老师对学生说："你写的关于最近的社区仇恨犯罪的文章很有力量。你已经对这个话题进行了大量的思考，而且你已经清楚地掌握了我们这学期讨论过的一些说服性写作技巧。我希望你认真考虑一下把你的文章投给当地报纸的社论版。我们能不能在明天的午餐时间花点时间来微调一下语法和拼写呢？"

- **创建同伴支持小组，使学生能够相互鼓励**

  在一所服务于大量面临学业失败风险的少数族裔学生的学校，教职工和学生创建了一个少数族裔成就委员会 (MAC) 计划，旨在将学业成绩作为优先事项。参加该项目是有选择性的（即学生必须做出关于学业进步的承诺）和有声望的。在定期会议上，成绩优异的 11 年级和 12 年级学生描述、示范并鼓励一些有效的策略来帮助那些在功课上苦苦挣扎的年轻学生。

- **让学生参与课外活动，特别是那些需要对集体努力做出长期承诺的活动**

  一位老师鼓励一个臂力强大的学生参加学校棒球队，并将该学生介绍给棒球教练。接着，教练表示他热情欢迎这个学生加入棒球队，并且让几名队员帮忙使他在团队练习时感觉轻松自在。

- **让学生参与学校政策和管理决策**

  在一所有着较高辍学率的高中，学生和老师定期举行"学生大会"，讨论公平和正义问题，并建立适当行为的规则。学生大会是民主的，学生和教师一样都有一张投票，并且多数人的意愿具有约束力。

来源：J. P. Allen & Antonishak, 2008; L. W. Anderson & Pellicer, 1998; Belfiore & Hornyak, 1998（家族作业项目的例子）; Christenson & Thurlow, 2004; Cosden, Morrison, Albanese, & Macias, 2001; Eccles, 2007; Feldman & Matjasko, 2005; Fuchs, Fuchs, et al., 2008; Higgins, 1995（学生大会的例子）; Jenlink, 1994（爵士猫的例子）; Knapp, Turnbull, & Shields, 1990; Ladson-Billings, 1994a; Lee-Pearce, Plowman,& Touchstone, 1998; Mathews, 1988（市中心中学数学课的例子）; Mc Govern, Davis, & Ogbu, 2008（少数族裔成就委员会的例子）; Ramey & Ramey, 1998; Rumberger, 2011; Suh et al., 2007; Tate, 1995（酒类商店的例子）; E. N. Walker, 2006; D. Wood, Larson, & Brown, 2009; Yeager & Dweck, 2012.

## 总结

现在我们回到本章开始提到的主要理念部分，以便对个人、社会性和道德发展进行总结。

- **儿童的行为是遗传特征、环境条件和环境背景以及大脑成熟变化的结果，这些因素逐渐塑造了儿童的人格和自我感**。儿童和青少年的人格是遗传（比如，气质倾向、基因控制的大脑成熟）和环境（比如，家庭环境、文化行为标准）之间复杂的相互作用的结果。虽然完全不同的情境会引发完全不同的行为，但是儿童和青少年的人格特征会使他们在不同情境中的行为表现有一致性。例如，一个孩子可能在一个或两个亲密的朋友面前很健谈，但在一个大的群体环境中就会比较害羞和安静。

  当儿童长大后，他们对于自己作为人的身份建立了越来越复杂和抽象的理解，这些理解影响着他们的行为和活动选择。他们的自我认知，被统称为*自我感*。自我感不仅源于他们以前的成功和失败，也源于他人的行为、他们所属团体的成就，还经常源于他们对相应性别的恰当行为图式。最终，儿童和青少年会在相当大的程度上社会化，顺应他们自己建构的对恰当行为的理解。

- **为了从与同伴的互动中充分获益，儿童必须具备良好的社会技能，并能够以有效的方式解释和应对各种社会情况和问题**。健康的同伴关系对于理想的个人和社会性发展至关重要。同伴可以检验新学习的社交技能，帮助彼此完成具有挑战性的任务，在遇到麻烦或是不确定的事情时可以提供支持和安慰，而且他们还是有影响力的社会化媒介。此外，同伴为年轻人提供了观点采择、推测他人动机和意图的机会，还发展了可行的人际问题解决方法。

  儿童甚至在上幼儿园或小学一年级之前就已经建立了友谊。随着他们进入学龄期，他们中的一些人形成了较大社会团体（也许是小集团、大众群体或是帮会），一些人还发展了浪漫关系。但是有些学生一直受到同伴的排斥或是忽视，这些学生可能特别需要教师的支持和指导。

  大多数儿童和青少年都积极地尝试理解他们的社会世界。随着年龄的增长，这种*社会认知*——思考其他人可能在想什么、感觉什么，以及假设其他人在各种情况下可能会如何行动和反应——变得越来越复杂和深刻，从而能够与成年人和同龄人进行有效的互动。然而，有些年轻人很难有效地解读社会线索，他们可能缺乏有效的社交技能。这些困难有时会导致对他人的攻击性和潜在的危险行为。

  有些类型的攻击包括可能会对他人造成身体伤害的行为。但其他形式——统称为*心理攻击*——包括那些意在造成精神痛苦或降低自尊的行为。*网络欺凌*是一种特别具有破坏性的心理攻击形式。网络欺凌即有人使用智能手机或互联网向大量同龄人提供令人尴尬的信息或照片。

- **道德推理和亲社会行为的迹象在生命早期就出现了，但道德的关键组成部分在儿童和青少年时期会持续发展**。随着儿童年级的增加，大多数儿童都会形成清晰的是非意识，这样他们就会按照亲社会的行为标准行事，而不是仅仅为了自己的利益而行动。这种进步是一些因素共同作用的结果，包括共情和抽象思维能力的提高、对人权和他人幸福的认识的不断提高，以及不断遇到的道德困境和问题。然而，即使在高中阶段，学生也不总是走向道德高尚的道路，因为个人需要和自我利益经常进入他们的道德决策。

- **有效力的教师会考虑到学生在气质和人格方面的个体差异，并且会帮助学生获得健康的自我感，以及培养学生持续的社会性和道德发展**。当教师们能够关注学生们不同的气质以及帮助他们发现有特殊才能的领域时，学生们更有可能在学业上取得成功并获得一种积极的自我感。同时，教师必须传达明确的行为标准，解释为什么有些行为是不可接受的，并在可能的情况下，将学生的冒险倾向转移到安全的活动中。

  大多数儿童和青少年的大部分清醒的时间都在学校度过，这使学校成为获得良好的社交技能和更高级的道德推理的重要环境。例如，教师可以帮助不受欢迎的学生获得更好的社交技能和更有成效的社会信息处理能力，他们必须积极阻止任何形式的欺凌行为。教师通常还可以采取措施，鼓励不同背景和特点的学生之间进行交流和互动。通过让学生定期讨论社会和道德问题，并让学生积极参与社区服务，教师可以培养学生的共情能力和更高水平的道德推理。
- **最需要教师指导和支持的学生是那些面临特殊的个人或社会挑战的学生**。所有学生都需要教师的不断支持和指导，但教师的指导对于那些（a）在家中面临更多挑战的学生、（b）无家可归的学生、（c）很少或根本不参与同龄人团体社交生活的学生，以及（d）有影响社交和心理健康的障碍或情绪问题的学生尤其重要。这些学生中的一些人——以及其他一些学生——辍学的风险很高，可能是因为长期的低学业成绩，也可能是因为缺乏对学校社区的情感依恋。教师们应该保持乐观的态度，认为他们可以让这些处境不利的学生中的一些人走向更好的学业成功和社会成功之路。

## ▼资格考试备考练习

### 《红字》

索瑟姆女士的11年级英语课上正在阅读纳撒尼尔·霍桑的《红字》。小说的背景是在17世纪的波士顿，主要描述了两个主角之间私密的恋情：年轻的海丝特·白兰——和丈夫失散两年多；受人尊敬的亚瑟·丁梅斯代尔——一位虔诚而有声望的牧师。当海丝特怀孕后，她因为通奸而被囚禁起来，最终生下了一个孩子。这节课正在讨论这本书的第3章，州长和镇上的领导——包括丁梅斯代尔，一起逼海丝特说出孩子的父亲是谁。

**索瑟姆女士**：孩子的父亲……你怎么知道是丁梅斯代尔……受人尊敬的亚瑟·丁梅斯代尔呢？在小说的第3章中有什么线索吗？……尼科尔？

**尼科尔**：他表现得非常退缩。他甚至不想涉入其中。他想让其他人询问她，因为他不想面对她让她叫他。

**索瑟姆女士**：好，还有什么吗？……

**学生**：那个小孩儿。

**索瑟姆女士**：小孩儿怎么了？

**学生**：她开始哭，她的眼睛看着他。

**索瑟姆女士**：这是我最爱的纯情小说之一。

索瑟姆女士阅读了有关丁梅斯代尔的段落，让学生写下对他的看法。然后她在教室中走来走去，监督学生直到他们写完。

**索瑟姆女士：** 如果你在导演《红字》这部电影，那么在你心中这个男人是什么样的？

**迈克：** 我心中没有这个人，只有角色。大约五英尺高，留着干净整洁的短发，穿着得体。他看起来真的很紧张、缺乏经验。面有愧色。一直紧张，抖得厉害。

**索瑟姆女士：** 他面有愧色。他的嘴唇一直发抖，一直颤动。

**迈克：** 他非常迷茫。

**马特：** 出了很多汗。一直这样。（他表演了一下丁梅斯代尔怎样擦拭额头的汗水。）他擦汗……用手绢……

**索瑟姆女士：** 事实上，我们并没有看到他擦额头，但是我们看到他在做什么？什么动作？你还记得吗？如果你看书上这部分，会看到他正用手拢在心上，就像正在遭受什么痛苦。

**学生：** 线框眼镜……我不知道为什么。他像……

**迈克：** 他像个书呆子……短裤……

**索瑟姆女士：** 但是同时……我不知道大家是否在同一间教室上课……他说“是的，她确实值得”。值得你为她而死，你知道吗？她是有罪，但是他也有，不是吗？如果她值得，那么我们为什么就不能认为他也值得她为他而死呢？

**学生：** 可能他人品不错。

**索瑟姆女士：** 你知道，他显然是个令人着迷的牧师。他真的能够吸引住群众。

**学生：** 就是他的眼睛，是的，是眼睛。

**索瑟姆女士：** 那双棕色的忧郁的眼睛。是的，绝对是那双棕色的忧郁的眼睛。

### 1. 问答题

在上面的课堂对话中，索瑟姆女士和她的学生对小说中人物的思想感情进行了推测，特别是对丁梅斯代尔。也就是说，他们正在做社会认知练习。

A. 从学生的陈述中找出两个社会认知方面的例子。

B. 解释这两个例子表明了说话者社会认知的哪些情况。

### 2. 选择题

索瑟姆女士做了几件可以提高学生观点采择能力的事情。下面哪件事情是最好的例证？

A. 她表达了对小说的热爱（“这是我最爱的纯情小说之一”）。

B. 学生在写对丁梅斯代尔的看法时，她在教室中走来走去。

C. 她指出丁梅斯代尔“正用手拢在心上，就像正在遭受什么痛苦”。

D. 她赞同迈克对丁梅斯代尔“面有愧色”的描述。

# 第 8 章

# 教学策略

**主要理念**

第一节　有效力的教师会明确哪些是他们希望学生掌握的知识和技能，并做出相应的教学规划。

第二节　有时候教师主导的教学效率更高，也就是说由教师掌控要学习的具体主题和每堂课的总体教学过程。

第三节　有时候学生主导的教学效率更高，也就是说学生对要讨论的问题及讨论方式有控制权。

第四节　不同的教学策略适合不同的教学目标和教学目的以及不同的学生。

**本章概要**

**个案研究：西进运动**

马丁·奎恩是一位六年级老师，他的班级正在学习 19 世纪中期在北美发生的西进运动。今天的课程是关于乘坐封闭式大篷马车开启的一次典型的西部之旅。奎恩老师在开始上课时把 19 世纪美国地图投影在教室前面的屏幕上。“很多人乘坐轮船沿着密苏里河去往独立镇。”他说，“然后他们乘坐大篷马车继续往西走，一直到他们最终的目的地，也许是科罗拉多、俄勒冈或者加利福尼亚。”他展示了几张人们坐封闭式大篷马车旅行的老照片，然后说：“封闭式大篷马车一般大约 4 英尺宽，10~12 英尺长。”他让两个学生用胶带在教室地毯上标记出一个 4 英尺 ×10 英尺的长方形。“这样大小的大篷马车里有多少空间留给家人和生活必需品呢？”学生们一致认为西进搬迁的人们必须对旅途中要带的东西仔细斟酌。

“好了。”奎恩老师继续说，“我们来思考一下，你的马车里可能需要带哪些东西。我们先来说说你想要带的食物，每种食物想要带多少。”他把学生们分成三四个人一组，进行头脑风暴，列出一张合理的杂货清单。几分钟后，他把每组的建议写到黑板上。

这时候，奎恩老师点击网络链接，在投影上展示约翰·莱尔·坎贝尔于 1864 年出版的宣传册《爱达荷州：在新金区的六个月：移民指南》的电子稿。“这个宣传册为参加西进旅行想要去爱达荷州寻求财富的四人团队给出了建议。”宣传册里列了很多同学们没有想到的东西，建议要带的东西比同学们所估计的要多得多。例如，宣传册推荐带 12 袋面粉、400 磅①腌肉、100 磅咖啡、15 加仑②醋、50 磅猪油，以及“一头可以挤牛奶的奶牛”。

“你们觉得这个清单怎么样？”奎恩老师问道，“看明白了吗？”学生们各抒己见：“我的天！50 磅的猪油太多了！那些东西对你的动脉和身体真的不好！”“我们把面粉估计少了。”“我不明白，他们为什么需要带这么多咖啡。”“不过，带一头奶牛是个好主意。”

奎恩的下一个问题是：“他们为什么需要带这些东西呢？我们来讨论一下吧。”

- 奎恩老师采用了什么具体教学策略来吸引学生和激发学生的学习动机？采用了什么策略帮助他们理解并记住课程内容？

为了激发学生的学习动机，奎恩老师通过身体活动唤起学生的兴趣（学生们在地毯上标出“马车”），创设出认知的不一致（宣传册上的清单与学生们自己列出的清单差别很大），让这节课具有社会性和交互性。某种程度上，这位教师通过鼓励采用视觉表象和精细加工来帮助学生们学习和理解，例如，让主题事件很具体很生动（通过展示老照片和用胶带标出马车），让学生们思考为什么猪油和咖啡这样的东西在旅程中很重要。

奎恩老师这节课大部分是**教师主导的教学**（**teacher-directed instruction**），即教师指挥学生大部分活动，选择要讲述的话题，认真指导学生的活动等等。但他其中一个教学方法，即让学生们以合作小组的形式列出要带的杂货清单，体现的是**学生主导的教学**（**learner-directed instruction**），

---

① 1 磅约为 453.59 克。——译者注

② 1 加仑约为 3.79 升。——译者注

学生对要做的事和要学习的内容有一定的控制权。[①] 采用教师主导的方法还是学生主导的方法，或者像奎恩老师这样在同一堂课中把两种方法结合起来，应该基于教学目的以及学生们现有的知识和技能水平。此外，由于在各种教学方法中教师和学生对教学过程的控制程度可能差别很大，因而在任何情况下我们在这儿所做的区分实际上都是一个连续体，并不是非此即彼的情况。

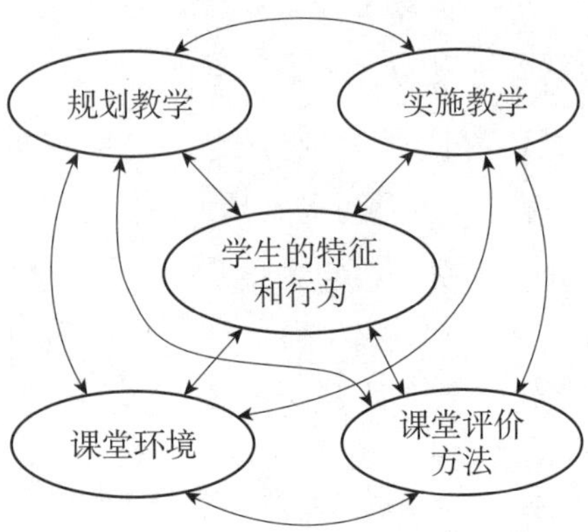


**图 8.1 规划教学、实施教学、课堂环境、课堂评价方法与学生的特征和行为是彼此独立而又相互影响的**

在本章中，我们将在已学内容的基础上继续了解人类学习和认知、动机，以及儿童发展，以便明确规划教学和实施教学的有效力的策略。你们很快就会发现，教学规划和实施教学活动与教学的另外两个基本方面是紧密结合的。这两个方面是：创造有效力的课堂环境以及评价学生的学业水平（我们将分别在第 9 章和第 10 章讨论）。但是，最核心的一点是，必须根据学生的特征和行为决定教师的课堂开展什么活动。重申一下第 1 章中提到的，教师的课堂策略应该以学生为中心（*learner centered*）（见图 8.1）。它们也应该是**循证教学法**，也就是说，应该是研究一致证明在帮助学生学习和成功方面有效的方法。

# 第一节 教学规划

**主要理念：有效力的教师会明确哪些是他们希望学生掌握的知识和技能，并做出相应的教学规划。**

有效力的教师会提前做好大量的教学规划：明确想让学生们掌握的知识和技能，决定讲授这些知识和技能的合适顺序，构思能够让学习效果最大化以及能够激发学生动机让他们专注地完成学习任务的课堂活动。理想情况下，教师们也会互相协调他们的教学规划，例如，明确所有学生要达到的共同的教学目标，或者在两个或两个以上的班级和学科范围内形成跨学科单元。

以下教学方法是有效教学规划的关键因素。

## 一、一开始就要明确学生最终应该了解什么内容以及能够达到什么水平

教学规划中最基本的步骤就是要明确学生在某节课或某个单元的学习中应该完成的具体内容，以及他们在学期或学年的学习过程中应该完成的内容。教育者用各种术语来表示这样的学习结果，包括目标、目的、结果、知识能力（*competencies*）、基准参照（*benchmarks*）和标准（*standards*）。在本书中，我们将主要使用**教学目标（instructional goals）**一词来表示总体的长期的教学结果，用**教学目的（instructional objectives）**来表示某节课或某单元的具体的教学结果。

① 有些教育者使用以教师为中心（*teacher centered*）和以学生为中心（*learner centered*）这两个词来进行区分。然而就如第 1 章中和图 8.1 中说明的那样，所有的教学方法都应该重点关注学生们学习什么和如何进行学习。这里最根本的区别在于由谁来控制教学活动。

不管使用哪个词，专家们一致认为想要达到的教学结果会影响教师讲解的内容、如何进行教学以及如何评价学生的学习和成绩。实际上，作为一条共同规则，教师的教学规划过程应该从决定学生最终想要了解哪些知识以及能够学会什么来开始。广为推荐使用的方法是**逆向设计**（**backward design**），教师按以下顺序进行[①]：

- 明确学生在知识和技能目标方面最终应该达到的结果，理想情况下应该包括有意义学习、概念理解和复杂的认知加工。
- 决定哪些证据可以证明学生已经达到学习目标，如学生在各种课堂评价任务中的表现。
- 对学生的学习经历和教学活动进行规划，让学生掌握前面两个步骤中需要掌握的知识和技能。

使用这种教学方法时，教师应从*教学结果开始*，然后选择与教学结果相关的评价任务和教学策略（参见图 8.2）。例如，如果某个单元的学习目的是对数字进行*快速检索*（*rapid retrieval*），那么教师就可以用计时测验来评价学生快速并轻松回想起这些数字的能力，也可以用游戏类电脑应用来强化学生对数字的自动反应能力。但如果教学目的是数字*应用*（*application*），教师则可以把评价手段和教学策略集中在文字题目上。当然，还有更好的办法，即采用真实事物或亲自动手的活动。

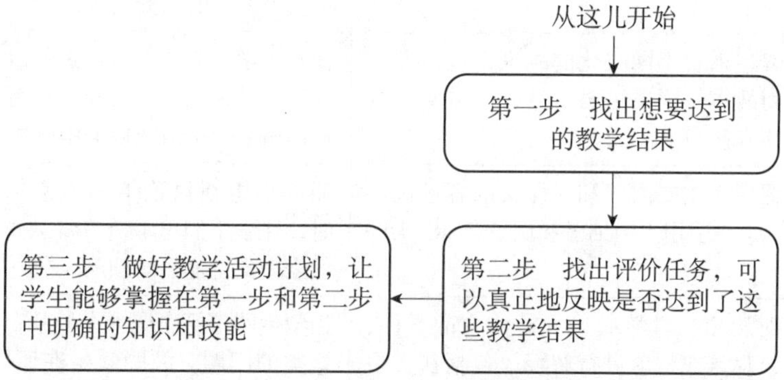


**图 8.2　在教学规划的逆向设计法中，教师从想要达到的教学结果开始，然后在脑子里进行时间回溯，明确采用哪些合适的评价方法和教学策略**

了解最终想要达到什么教学结果，这一点不仅对教师很有好处，因为教师可以选择合适的教学内容、评价方法和教学策略，同时对学生也很有好处。当学生知道需要达到什么学习目标时，他们可以更明确地决定如何集中精力以及如何分配学习时间，并在阅读和学习时更有效地监控自己的理解能力。[②] 例如，如果教师告诉学生应该学会把科学和数学应用到日常生活情境中，那么他们对这些学科内容的想法和学习可能与被要求背定义和公式时截然不同。

## 二、根据各种内容范围的适当标准调整长期教学目标

当然，教师不能胡乱地确定教学目标和教学目的。其中有些教学指导来源于国家和国际上特定学科专家组（例如，美国全国地理教育委员会、美国全国音乐教育协会）制定的**内容—范围标准**（**content-area standards**）。这些标准主要以概括性叙述的形式，阐述学生在不同年级水平在某个特

① Tomlinson & McTighe, 2006; Wiggins & McTighe, 2011.

② Gronlund & Brookhart, 2009; McAshan, 1979.

定领域应该获得的知识和技能以及学业成绩应该反映的学生特点。

此外，美国各州教育部门建立了读写、数学、科学和社会研究方面的综合标准清单，有时候艺术、音乐、外语以及体育方面也是如此。美国有许多州已经在数学和英语语言艺术科目联合采用一套**共同核心教育标准**（**Common Core State Standards**），有些州已经签订了**下一代科学教育标准**（**Next Generation Science Standards**）。[①] 表 8.1 呈现的是英语语言艺术学科的共同核心教育标准中明确的阅读技能以及可能有助于学生获得这些技能的教学方法。请注意，“标准”列中的表述指的是学生应该能够做的，而“方法”列中提供的是建议教师做的。

## 发展趋势

**表 8.1　举例说明如何根据不同年级水平的共同核心教育标准来调整教学方法**

| 年级 | 英语语言艺术学科的共同核心教育标准举例 | 达到这些标准所采用的教学方法举例 |
|---|---|---|
|  2 年级 | 能够提问或回答谁、什么、哪儿、何时、为什么以及如何之类的问题，表明他们已经理解了课文中的关键细节。（RL.2.1）[a] | 每天午饭后的“静心”时间，阅读一章孩子们最感兴趣的儿童小说，并要经常停下来提出一些要求学生们发散到文章以外的问题（如，让学生思考小说中某个人物的感受）。 |
| | 能够叙述来自不同文化的故事，包括寓言和民间故事，找出主要信息、可借鉴的内容以及寓意。（RL.2.2） | 让几个学生制作新近读过的故事中的道具，并进行表演，其他同学当观众。然后全班讨论故事人物从他们面临的事情或挑战中可能获得的教训。 |
|  4 年级 | 在解释课文主要内容和就课文内容进行推理时，可以引用文中细节和例子。（RL.4.1） | 阅读小组在讨论卡尔·希尔森的《拯救猫头鹰》时，让学生们思考情节将会如何发展，找出课文的线索来支持他们的预测。 |
| | 能够对历史、科学或技术类课文的事件、程序、观点或概念进行解释，包括在文中具体信息的基础上解释发生了什么事，以及为什么。（RI.4.3） | 当学生阅读历史课本上的某个章节时，提问为什么之类的问题，鼓励学生在原因—影响之间进行联系。（如：“为什么哥伦布的船员在开阔的海面上航行几个星期后想回欧洲？”） |
|  7 年级 | 能够分析作者组织文章的结构，包括主要部分对整个文章以及对观点的发展所起的作用。（RI.7.5） | 阅读科学类课文之前，让学生用这篇文章的标题和副标题做以下事：（1）列出本章的大致提纲；（2）提出他们阅读本章时希望回答的问题。然后，作为家庭作业，让学生们阅读并做笔记，用提纲和自己列出的问题作为指导来做笔记。 |
| | 能够查找并评价文章中的论点及具体观点，评价推理是否充分，证据是否有关联性并足以支持其观点。（RI.7.8） | 给学生一份自我提高产品的广告（如减肥药片或健身器材），让学生分成合作学习小组来做以下事：（1）指出该广告的动机；（2）评价该产品有效性的证据好坏。 |
|  11~12 年级 | 能够分析和评价作者就自己的立场或论点所使用的结构的有效性，包括该结构是否清楚地表达了观点，是否令人信服、引人入胜。（RI.11-12.5） | 描述说服式写作的常用技巧，让学生找出报纸文章中所采用的各种说服技巧。 |

① 请注意，共同核心教育标准越来越多地被美国以外的学校采用或调整后使用。例如，世界各地许多说英语的国际学校中采用了此标准。

续前表

| 年级 | 英语语言艺术学科的共同核心教育标准举例 | 达到这些标准所采用的教学方法举例 |
|---|---|---|
| <br>11~12 年级 | 能够在辞藻华丽的文章中找出作者的观点和意图，分析文章风格和内容对论说的力度、说服力或美观性的贡献。（RI.11-12.6） | 让学生们在两份新闻杂志对同一事件的描述中找出未表述的假设（如某个群体是好的、正确的，而另一群体是坏的、错误的）。 |

[a] 字母“RL”表示的是，与文学阅读相关的教学标准；字母“RI”指的是信息类文章的阅读。句点前面的数字指的是年级水平；句点后面的数字指的是该年级水平特定的标准。例如，第一个条目“RL.2.1”指的是 2 年级文献阅读第一段标准。

来源：Excerpts from *Common Core State Standards*. @Copyright 2010. National Governors Association for Best Practices and Council of Chief State School Officers. Reprinted with permission.

还要注意到，表 8.1 中最右侧这一栏中的两个例子是对科学和历史教学的建议。各学科领域的教师都必须努力提高学生的读写技巧。

近年来，许多教师、家长以及政策制定者提出了他们在州内和当地学区内使用共同核心教育标准的重要关注点，某些情况下，这简直是彻头彻尾的妄想。总的来说，他们所关注的，反映的是对于这些标准的意图和实施情况的错误理解。为了驳斥这类错误概念，我们必须强调共同核心教育标准的几个基本事实：

- 标准的制定是许多州的管理者及州教育委员会共同发起的，是为了确保各州的高中毕业生做好上大学和就业的准备。美国联邦政府并没有参与标准的制定过程，也没有在公立学校里要求采用这些标准。
- 这些标准并没有规定具体的教学方法，实际上，制定者着重指出，当地的学校和教师应该自己决定如何更好地帮助学生达到这些目标。
- 这些标准并没有规定用来测量学生对这些标准的掌握程度的具体工具。例如，没有要求通过一个或几个多项选择题测验来评价学生的学业情况。（现在出现的以此为目的的任何测验都是由私人公司开发的，并没有得到共同核心教育标准的开发者认可。）

请记住，现有的内容大都集中在学生的阅读、写作以及各种学术内容范围内应该达到什么水平；大多忽略了特定内容范围以外的目标，如技术读写能力、有效学习策略、自我管理技能以及良好的社交能力。国际教育技术协会（ISTE）开发的标准可以帮助教师提高学生使用数字技术和互联网的知识和技能水平。例如，如何创造逼真的技术产品，怎样评价和整合互联网上获取的信息。教师在关注增进学生在校内外长期的学业上和社会上的成功的同时，还要为教学活动制定自己的教学目的和教学目标。

## 三、教学目标和教学目的要有不同复杂性和难度水平

请注意，在表 8.1 中出现的标准大多集中在有意义的学习和复杂的认知过程——推理、分析、批判性的评价观点等等。这些过程也一定是教师制定的教学目标和教学目的中的重要内容。

有个简单的工具——2001年版的“**布鲁姆分类学**”，可以帮助教师开阔思路，了解学生应该学会做哪些事。它列出了六个不同复杂程度的认知过程：

- 记忆：能够识别或者回想起先前所学的或者储存在长时记忆里的信息。
- 理解：从教学材料和信息中建构意义（如推理、举出新例子、概括）。
- 应用：在类似的情境或新情境中使用所学知识。
- 分析：把信息分成几个部分，并找出各部分间的关系。
- 评价：用一定标准对信息进行判断。
- 创造：把知识和程序放在一起，或把两者整合成一个连贯的、结构性的、可能是原创的整体。

另一个有帮助的分类法出现在《通过设计来进行理解》中，这是很受欢迎的资源，它通过逆向设计过程来指导教师。[①] 这个分类法提出学生对于某个话题的理解所要使用的六种形式（“方面”）：

- 解释：把各种信息点整合成有意义的整体（如，了解各种事情和原则是如何以及为什么会这样），做恰当的推理，也可以帮助其他人理解这些事件。
- 阐明：弄清楚某些事件、数据、文献以及艺术和文学作品潜在的意义。
- 应用和调整：把已有知识应用到新情况和不同情境中。
- 观点：考虑关于某个问题的各种不同看法，尽可能减少自己分析某个问题的偏见。
- 共情：从某个特定的个体或群体的立场看待某种形势或问题，可能是基于该个体或群体的感觉或总体的世界观。
- 自我了解：找出自己理解上的偏差，以及可能曲解某人观点和解释上的个人偏见。

在列举学生在学习课堂主题事件时应该学会的内容时，以上两种分类法并不是毫无遗漏的详尽清单。例如，这两种分类法都没有包含心理活动技能。这些术语的顺序也不能反映从简到繁的不断递进的过程。[②] 即便如此，这些分类法还是可以提醒我们，学校学习和学业成就不只是学会和记忆具体事实，而应该有更多内容。

课堂策略专栏“明确教学目标和教学目的”中提供了几个建议，有经验的教育者发现其对指导教学和课堂评价实践十分有帮助。

## 课堂策略

### 明确教学目标和教学目的

- **参考当地、各州、全国以及国际标准，但是不要完全依赖这些标准**

  明确当年的教学目标，一位中学科学教师既要考虑被她所在州采用的、作为公立学校科学课程指导框架的下一代科学教育标准，还要确定与学生所在城市中对他们有直接影响的两个问题相关的具体教学目标，如营养不良和空气污染问题。

- **对学生在一定时间能完成的内容要现实一点，给他们充分的时间对重要课题进行深入理解**

  二年级教师不要期望学生们记住社会研究课程中大量的具体事实，而是要明确学生在某个学年应该掌握的几个“主要概念”，如所有人都有某种需求会影响其行为，不同文化群体可能会想办法以不同方式来满足其需求和欲望。

---

① Wiggins & McTight, 2005, 2011.

② L. W. Anderson & Krathwohl, 2001; Iran-Nejad & Stewart, 2010; Marzano & Kendall, 2007.

- **明确短期教学目的和长期教学目标**

  一位四年级教师要求学生们每周学会拼读 10 个新单词，也要求他们在学年结束时能够写一篇内容连贯、语法准确的短篇故事。

- **除了与特定课题和内容相关的教学目标以外，还要明确与学生总体的长期学业成功有关的教学目标**

  一位中学教师认识到青春期早期是学生们在高中和大学阶段所需要的学习策略的重要发展期。然后，在整个学年内，他不断介绍学会并记住课堂主题内容的新策略，如记笔记的有效方法、帮助记住具体事实的记忆技巧以及阅读课本的某个章节时可能要回答的问题等，并且定期评估学生们在使用这些策略方面的进步。

- **除学生要获得的认知目标外，还要考虑学生身体、社会及情感方面的教育目标**

  一位体育教师想让学生理解篮球的基本规则，并能够恰当地运球和传球。她也想让学生产生对篮球运动的喜爱，学会与其他队员合作的有效方式，并形成保持身体健康的愿望。

- **不要以教师在课堂上要做的事情来描述教学目标和教学目的，而要用学生在教学结束时应该能做什么来描述，最好能附带相应的评估任务**

  一位高中的西班牙语老师知道学生们很容易混淆 estar 和 ser 这两个动词，因为翻译成英语都是“to be”。他把教学目标确定为“学生可以正确地列举 estar 和 ser 这两个动词的一般现在时变位，并在恰当的情境中使用”。他通过课堂小考和会话来评估学生正确使用这两个词的能力。

- **在阐述短期教学目的时，明确哪些行为可以反映教学目的的完成情况**

  在关于食物金字塔的章节中，一位健康课教师把教学目的确定为：“学生们可以把食物金字塔中的所有食物品种按一定比例组合，写出一份早餐、中餐和晚餐的菜单。”

- **在阐述涉及复杂话题和技能的长期教学目标时，要列出一些抽象教学目标，然后举例说明能够反映教学目标的特定行为**

  一所初中的老师们把学校的全体学生的教学目标确定为：“学生们展现出有效力的听力技巧，如认真准确地记笔记，对不同观点表示尊重，对不理解的问题能想办法弄清楚。”

来源：Brophy, 2008; Brophy, Alleman, & Knighton, 2009; N. S. Cole, 1990; Gronlund & Brookhart, 2009; M. D. Miller, Linn, & Gronlund, 2009; Pellegrino, Chudowsky, & Glaser, 2001; Popham, 2014; Wiggins & McTighe, 2011.

## 四、让学生明确自己的学习目的

提出这个建议的同时，我们回顾一下第 5 章的建议：让学生设定自己的学习和行为目标。当然，学生选择的学习目标和学习目的必须与所要求的标准相一致，必须与教师的教学目标和教学目的相一致。然而，学校大多数课程确实需要有灵活性，学生们很关注这一点。例如，不同的学生可以选择掌握不同的体育技能，选择使用不同的艺术媒介，或选择不同的历史事件进行深度学习。教师允许学生们确定自己的学习目标和学习目的，鼓励学生发展目标设定（*goal setting*），这是自我管理必不可少的方面（见第 3 章），促进学生发展自我决定（*autonomy*）对内在动机十分重要（见第 5 章）。

## 五、把复杂任务和话题分割成多个部分，标出各部分之间的逻辑顺序，决定如何把每个部分更好地教给学生

教学规划也要包括决定如何更好地把复杂话题和技能分割成便于管理的组块。例如，看看下面这四位老师的情况：

- 碧格老师教三年级，她计划教学生如何解决算术的单词问题。她也想帮助学生更有效地从阅读中学会更多的知识。
- 马瑞诺老师是中学体育老师，他想让学生们掌握篮球运动技能，让他们在学校篮球队中或与邻居的非正式球赛中感觉轻松舒畅。
- 吴老师是初中音乐老师，他要教刚开始学小号的学生如何在新年游行仪式上演奏《铃儿响叮当》（“Jingle Bell Rock”）这首为大家所熟知的乐曲。
- 弗洛丝老师是高中社会研究课老师，她打算向她的班级介绍联邦司法体制的错综复杂的内容。

这四位教师想要教给学生们复杂的话题或技能。因此，他们每个人都应该进行**任务分析（task analysis）**，明确掌握某个特定话题或技能的最基本的行为或认知要求。任务分析可以引导教师在讲授主题内容时选择合适的方法和顺序。

- **行为分析**。分析某个复杂任务的一种方法就是明确完成该任务时需要的具体行为。例如，马瑞诺老师可以明确运球、传球、投篮所涉及的具体身体运动。同样，吴老师可以明确学生演奏小号所必须掌握的动作，如如何正确地抓住乐器、如何正确地送气。
- **主题内容分析**。另一种方法是把主题内容分割成一个个具体话题、概念及原则。如弗洛丝老师可以指出司法体制的各个方面（如在被证明有罪之前是无罪的和合理质疑等概念，审判官和陪审团的作用等等）以及它们之间的关系。吴老师需要指出学生在学习小号的时候要理解乐谱的基本要素，如高音和低音谱号，以及全音、半音和四分音符等等。当老师讲授的主题内容包括许多相互关联的概念和观点，需要学生学会和进行概念性理解时，主题内容分析方法尤其重要。
- **信息加工分析**。第三种方法是确定任务中涉及的认知过程。例如，碧格老师指出成功解决算术中的单词问题所涉及的心理过程，如对问题进行正确编码（如决定是否需要加法、减法等）以及对基本数字进行快速检索。同样，她要明确在阅读理解中有用的具体认知策略，如找到主要思想、精细加工以及概述。

图 8.3 举例说明了三种任务分析方法。①

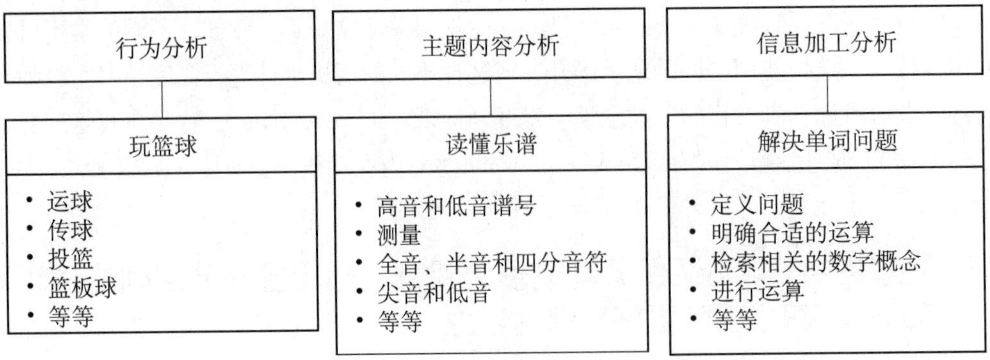


**图 8.3　任务分析的三种方法**

① R. E. Clark, Feldon, van Merriënboer, Yates, & Early, 2008; Jonassen, Hannum, & Tessmer, 1989.

要理解任务分析方法，可以试试下面的练习。

### 自己看一看

**花生黄油三明治**

对制作花生黄油三明治的过程进行任务分析：

1. 决定采用行为分析法、主题内容分析法还是信息加工分析法。

2. 用你选择的方法，把制作三明治的任务分成几个方便讲解的步骤。

3.（可选）如果饿了，手头有必要的原料，按你所确定的步骤制作一个真正的三明治。你起初的分析是否遗漏了重要步骤呢？

---

你很可能会选择行为分析法，因为制作花生黄油三明治在很大程度上是行为，而不是心理任务。例如，你必须知道如何拧开花生黄油罐的盖子，用小刀取出适量的花生黄油，把花生黄油轻轻地抹在面包上又不把面包弄破。

在制订教学计划中，对复杂的技能和话题进行任务分析至少有三个重要作用。[①] 第一，明确任务的具体要素——无论是行为、概念和想法还是认知过程，这样教师可以更好地理解学生需要学会的内容，以及学会这些知识最有效的顺序。第二，任务分析法可以帮助教师选择合适的教学策略。例如，如果解决算术单词问题的一个必需要素是从记忆中快速检索数字，那么重复练习数字对形成自动反应就非常重要。如果解决这个问题的另一个方面是明确用到的相关运算（加法、减法等），那么对数字概念和运算法则做到真正理解（可用具体的动手活动或真实活动练习）就是最基本的。

任务分析法第三个重要作用，是决定一项新的认知任务会给学生带来什么样的*认知负担*，尤其是任务的某些方面是否可能在初始阶段对学生有限的工作记忆能力产生压力。有时候，分析可能会透露出任务的某些部分应该单独讲授，一次讲一个部分。例如，吴老师可以在一开始的时候让小号初学者练习正确地吹气，不用担心吹出来的具体音符。但在其他情况下，完全在整个学习任务情境下教给学生他们应该学会的知识和技能是可能的，也是有利的。例如，碧格老师理所当然应该主要在真正的阅读情境中从阅读材料中教给学生有效学习所涉及的过程，如详细说明、概括等等。

## 六、思考如何更好地让学生持续地积极专注于教学活动

学生要真正地从课堂活动中获益，就必须积极专注于课堂活动，当然既要在认知上专注，也要在思想上、身体上、情感上专注于手头的主题学习内容（回忆第 5 章“学业参与”中的讨论）。至少，学生必须集中注意力在口头、视觉以及行为方面。但更理想的情况是，学生应该随着主题学习内容做些事情，可以是推理、对观点进行批判式评价或把正在学习的内容应用于解决新问题或创造新作品。[②]

---

① Jonassen et al., 1989; R.E. Mayer, 2011a; Stokes, Luiselli, & Reed, 2010; van Merriënboer & Kester, 2008.

② M.T. H. Chi & Wylie, 2014.

在第 5 章中，我们已经明确了几种激发和提高学生学习动机的方法。这里我们简单地提醒读者，有效教学计划不仅包括学生需要获得的信息和技能，也包括任务和活动：（1）抓住学生的兴趣和注意力；（2）学生更热心坚持面对学业挑战。

## 七、制定分步课堂教案

有效力的教师在明确教学目标和可能进行的任务分析后，会制定一个或多个**课堂教案**（**lesson plans**）来指导教学。课堂教案一般包括以下内容：

- 本课的教学目标和教学目的，如果适用的话，还应包括相关的内容范围标准。
- 教学材料（例如，课本和发放的材料、软件项目）和所需设备。
- 具体的教学策略及其使用的顺序。
- 计划采用的评价方法。

当然，任何课堂教案都应该考虑到学生的发展水平、先前已有的知识和文化背景、（如果适用的话，还要考虑）是否有残疾或其他特殊的教育需求等。

许多新教师会制定非常详细的课堂教案，描述如何帮助学生们掌握有疑问的主题内容。[①]例如，本书作者刚开始教课时，每星期要花好几个小时写好下个星期要用的信息、例子、问题以及学生活动。但随着教师教学经验的增加，就会知道哪些教学策略更有效，哪些无效，会经常使用其中一些有效力的教学策略，可以从长时记忆中很快很轻松地找到这些教学策略。随着时间推移，制订教学规划花的时间少了很多，很多可以在头脑中进行，不必落在纸上。

在课堂教案方面，教师有很多资源可利用，书本上和互联网上提供了许多由经验丰富的教师撰写的教案。例如，以下网站提供了各种主题的教案及相关教学材料。

- 美国史密森博物馆（smithsonianeducation.org）
- 教育者参考资料服务处（eduref.org）
- 探索科学百科（school.discoveryeducation.com）

但是，在利用这些资源时，教师必须时刻牢记课程应该与教学目标和教学目的紧密联系。

你应该把教案当作向导而不是秘方，也就是说它是总的进攻计划，能够随着情况的进展不断调整。例如，在教学过程中，教师可能发现学生们先前已有的知识比预计的少，因此需要回顾和重新讲解他们之前错误地假定学生们已掌握的内容。如果学生们表示非常好奇，对某个特定的话题有深刻见解，教师可以抓住这种特别的机会，即**愿学时机**（**teachable moment**），花更多的时间解释该话题而不是原先计划好的话题。

在学年中，教师们的长期教学规划也可能发生某些变化。例如，他们可能发现最初要教的知识和技能的任务分析过于简单。他们也可能发现对学生成绩的先前预期要么非常不切实际地太高或没必要地太低。随着教学过程的不断进行及课堂评价所反映出的学生学习和掌握的情况，教师们必须不断地对教案进行修改。

---

① Calderhead, 1996; Corno, 2008; Sternberg & Horvath, 1995.

## 八、创设班级网站，分享整个学年内的教学目的，促进交流

在高中和大学阶段，传统方法就是把教学大纲打印出来发给学生，列出课程主题、教学目标、家庭作业、交作业的时间、计划的评价方式等。但是，现在许多教师把这些信息，甚至其他更多信息，放到学校网站的班级网页上。有各种软件包可以用来创建这样的网站（可以参看 moodle.org）。从幼儿园到 12 年级，家长们也都可以登录这些网站。

例如，图 8.4 是杰夫（杰弗瑞的昵称）老师为他六年级人文学班级创设的网站首页。我们可以注意到，课程资源包括两个文件（课程大纲和评估标准），学生可以下载。向网页下方滚动，学生可以找到班级的一般学习目标，了解各单元以及作业的具体信息，找到很多可以下载的文档。

随着杰夫老师越来越有经验，他把班级网页用来做帮助学生学习的手段，如图 8.5 所示。学习有关早期人类的单元时，同学们正在阅读马乔里·考利（Marjorie Cowley）的《达尔和矛枪投掷人》（*Dar and the Spear-Thrower*），杰夫老师定期在网页上发布学习指导，鼓励学生们详细解释所阅读的内容。例如，在网页上提问题，比如：“达尔为什么要离开部落去寻找那个陌生人？”“请解释风如何与他为敌。”

班级网站为教师定期与学生和家长进行交流提供了一个简单方式，但不会是唯一方式。并不是所有学生和家长在家都方便用电脑和上网。有些人，尤其是家长，可能没有通过互联网导航和搜索的技术上的读写能力。因此，教师也应该把希望学生做的作业以及要了解的知识提供印刷版。

**图 8.4　六年级人文学班级网站的首页**

来源：Created by and used with permission from Jeffrey Scott Ormrod.

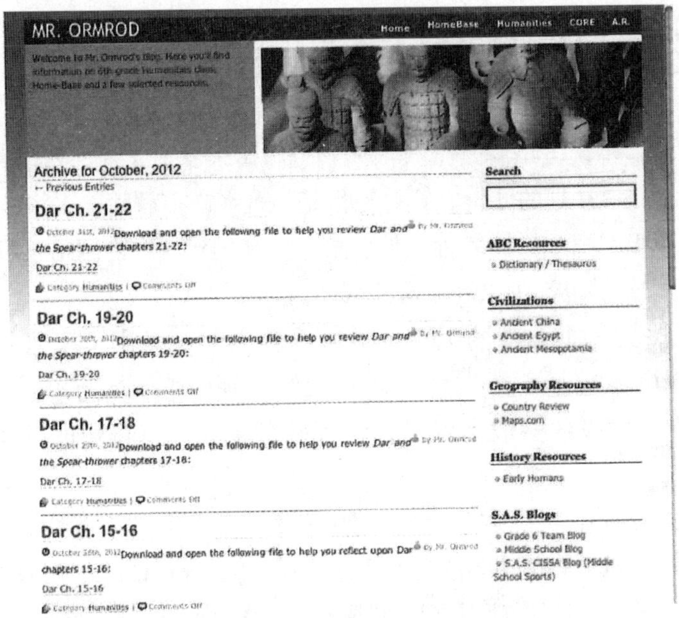


**图 8.5　班级网页为学生学习提供帮助的范例**

来源：Created by and used with permission from Jeffrey Scott Ormrod.

# 第二节　实施教师主导的教学

**主要理念：有时候教师主导的教学效率更高，也就是说由教师掌控要学习的具体主题和每堂课的总体教学过程。**

在本章开头部分的个案研究中，奎恩老师在很大程度上主导着课堂进程。例如，他把学生的注意力吸引到教室前面投影的屏幕上，让两个学生在地板上标出封闭式大篷马车的尺寸，让学生分成小组对人们在旅行中所需要的日常必需品进行头脑风暴。通过几个问题（如："他们为什么需要带这些东西呢？"）把学生引导到教师希望他们得出的关于 19 世纪北美西进运动的结论。

许多由教师主导的教学采用**说明性教学（expository instruction）**的形式，教师用与奎恩老师希望学生掌握的这些知识大致相同的方式来呈现（*展示*）信息。[①] 奎恩老师的课具有说明性教学的几个要素：展示了先驱家庭以及当时的封闭式大篷马车的照片、描述了许多先驱家庭西进的路线、让学生读一本他推荐的长途旅程中重要的食物供给的旧手册。

一些说明性教学本身完全是单向的，信息只是从教师传递到学生。这样的例子有课本的阅读作业、教学电影和录像以及网上的大多数教学网站。在这种情况下，"教师"（如课本作者或者录像中旁白叙述人）给出很多信息，但没有从学生那里获得任何信息。然而其他教学形式可以是交互式的，教师（可能是虚拟"教师"，如电脑）和学生之间有持续的信息交流。例如，有效力的课堂讲座一般都有学生介入的机会，其形式可能是回答教师问题，对不明白的问题进行询问，或对某些观点做出反应。在诸如*直接教学法*以及*电脑辅助教学法*之类的方法中——我们很快就要讨论这两种教

① 一些理论家用"说明性教学"这个术语仅仅指讲座和教材。本书使用这个术语更广义地指集中关注从专家（如课堂教学中的教师、教材编写者、电脑软件设计者）到学生的信息转移的教学方法。

学方式，尽管教师或者电脑程序对课本内容和顺序有很多控制，学生的介入仍是一堂课中最基本的组成部分。

以下教学策略可以增强教师主导的教学的有效性。

## 一、从学生已掌握的内容开始

学生更愿意进行有意义的学习，把新的学习材料与已掌握的知识联系起来，条件是他们在工作记忆中既有“新”知识又有“旧”知识。因此，第 2 章中所介绍的教学策略*激活已有知识*是教师主导的教学中重要的第一步。此外，问学生已经了解哪些内容或至少认为自己已经了解哪些内容，可以发现他们的错误概念，这些错误概念可能影响新的学习，因此一定要弄清楚。

## 二、鼓励和支持有效力的认知加工

教师主导的教学，其有效性最终取决于教学所激发和鼓励的特定的认知加工。要了解这个观点如何实施，请看下面的练习。

### 自己看一看

**找出书中的教学法**

1. 看一看本书前面两三个章节或其他你最近看过的课本。找出作者在帮助你有效地学习并记住材料方面的具体做法。本书用了哪些教学策略来促进你的认知加工呢？

2. 同样在这些章节中，你能否找到你理解材料时有困难的地方？如果找到了，这些例子中作者采用了哪些不同方法呢？

---

如果你选择本书中的几个章节，我们希望“自己看一看”练习可以帮助你把新话题与已有知识和经历联系起来。我们也希望个案研究、学生作业和教师教学策略的例子能够把抽象观点讲得更具体。或许有些图、表和总结可以帮助你对这些概念和准则进行组织。

研究人员提出了几个因素，可以通过认知加工提高教师主导教学的有效性。表 8.2 对此进行了描述和解释，这是教师在需要呈现信息时都应该牢记在心的一般准则。

**表 8.2 在教师主导的教学中加强认知加工**

| 一般原则 | 教育启示 | 举例 |
| --- | --- | --- |
| **预先组织（advance organizer）**，用口头或图表介绍把即将要学习的材料的总体组织框架展现出来，可以帮助学生们把他们学习的内容建立起有意义的联系。 | 通过描述要讨论的主要观点和概念及其相互关系的方式来引入新的单元。 | 介绍关于脊椎动物的单元时可以这样说：“脊椎动物都有脊柱。我们将要谈到脊椎动物的五个类群：哺乳动物、鸟类、爬行动物、两栖动物和鱼类。它们各方面互不相同：其成员是热血还是冷血动物？是否有毛发、鳞片、羽毛？是孵蛋还是生幼崽？” |

续前表

| 一般原则 | 教育启示 | 举例 |
| --- | --- | --- |
| **不断与先前所学知识建立联系**（**connections to prior knowledge**）可以帮助学生们更有意义地学习课堂材料，如果学生们已有的理解和看法是准确的话。 | 让学生回顾已掌握的知识，即激活先前已有的知识。对学生们错误的看法进行讲解（参见第2章中的“迁移”）。 | 在蠕动（推动食物经过消化道的肌肉收缩）和从包装袋中挤出番茄酱的过程之间进行类推：“你挤压包装袋的一个角，沿着包装袋朝另一个角的开口处移动手指。这时候，你把番茄酱朝一个方向，在手指前方挤，直到从开口处挤出包装袋。” |
| **有条理地呈现材料**（**organized presentation**）可以帮助学生们在各种观点之间建立适当的相互联系。 | 通过使用同样的组织结构呈现信息的办法，以特定方式帮助学生组织材料。 | 利用一个概念图对一个话题的主要概念和观点以及它们内在的联系进行描述（参看第3章关于概念图的讨论）。 |
| 讲解中加入各种**信号**（**signals**）（如使用斜体字、穿插几个问题）引起学生对重要内容的注意。 | 强调重要内容，如写在黑板上、提问题、把需要学习的重要内容简要地告诉学生。 | 把课本中的章节留作作业时，指出在阅读时应回答的几个问题。 |
| **视觉辅助**（**visual aids**）可以帮助学生对学习材料进行视觉编码和口头编码。 | 通过图片、照片、图解、地图、模型及演示来解释新材料。 | 描述美国南北战争的主要战役时，向学生展示一幅地图；指出在重要战略位置发生的一些战役。 |
| **适当的进度**（**pacing**）给学生合适的时间对所学信息进行加工。 | 呈现新知识的进度要慢，让学生进行推理、形成视觉表象、用其他方式进行有效力的长时记忆储存加工。 | 在很长的解释中穿插一些演示或者举手活动来解释你要描述的原理。 |
| **课堂总结**（**summaries**）可以帮助学生复习和组织材料并找出主要内容。 | 讲座或者阅读作业后，对这节课的要点进行总结。 | 在“艾米莉·狄金森”这个单元结束时，描述其诗歌独特的、吸引人的地方，以此对课文进行总结。 |

来源：Brophy et al., 2009; Bulgren, Deshler, Schumaker, & Lenz, 2000; Carney & Levin, 2002; Clement, 2008; Corkill, 1992; Dansereau, 1995; Edmonds et al., 2009; E. L. Ferguson & Hegarty, 1995; J. Hartley & Trueman, 1982; Ku, Chan, Wu, & Chen, 2008; Levin & Mayer, 1993; M. C. Linn & Eylon, 2011; Lorch, Lorch, & Inman, 1993; R. E. Mayer, 2010b; R. E. Mayer & Gallini, 1990; M. A. McDaniel & Einstein, 1989; Moreno, 2006; Newby, Ertmer, & Stepich, 1994, p. 4（蠕动的例子）; R. E. Reynolds & Shirey, 1988; Scevak, Moore, & Kirby, 1993; M. Y. Small, Lovett, & Scher, 1993; Verdi & Kulhavy, 2002; Wade, 1992; P. T. Wilson & Anderson, 1986; Winn, 1991; Zook, 1991.

## 三、举例说明与提供练习机会相结合

教师可以提供大量例子，使课堂主题更具体，帮助学生把抽象的主题内容与现实生活中的事物建立联系（见图8.6）。教师可以提供更多机会让学生练习新知识和新技能，可以促进对知识的自动反应，学生可能把已学知识迁移到现实生活中的任务和问题（参见第2章和第4章）。例如，学生很感兴趣的游戏可以有效地帮助练习和帮助学生掌握基本的数学概念。[①]

**直接教学法**（**direct instruction**）就是利用大量例子和练习机会让学生积极参与学习和应用课堂主题内容。这种教学法包含多个严格排序的小步骤，进度快，有大量师生互动。每堂课一般都应

① Plass et al., 2013.

包含以下内容[①]：

- **复习先前所学材料**。教师对先前所学课文相关的内容进行复习，检查相关的家庭作业，重新讲解学生还没有掌握的信息或技能。
- **叙述这节课的教学目的**。教师描述新课文中学生需要掌握的概念或技能。
- **以详细的逻辑顺序呈现新材料**。教师通过口头解释、示范以及举例的方式呈现知识或某项具体技能。教师也可以提供一个预先准备好的组织结构图提问，或以其他方式帮助学生对学习材料进行加工和记忆。
- **引导学生在每步完成后进行练习和评价**。通过提问题、解决问题、对要模仿的步骤进行表演，学生有很多机会练习所学知识。教师可以在学生回答问题时给出提示，对其表现立刻给予反馈，提出建议帮助他们提高，提供如何纠正的必要指导。学生完成教师指导的练习后，教师可以让学生们对已学内容进行概括总结，或回答一些后续问题，检查他们是否已经掌握了这些知识或技能。
- **独立练习**。一旦学生掌握了所学知识（如正确回答了 80% 的问题），就可独立地或以合作小组的形式进行进一步练习。通过这种方式，就可以对学习材料形成自动反应能力。
- **经常进行追踪复习**。在一学年期间，教师要给学生提供大量机会复习先前所学材料，如家庭作业、写作任务或者小测验等。

教师可以来回使用这些方法，以确保所有学生真正掌握了主题内容。

直接教学法最适合界限明确的可以分步骤按顺序讲解的知识和技能。[②] 直接教学法的师生互动较多，因此在小组学习和一对一辅导中更容易实施。在这种环境中，学生可获得扎实的知识。[③] 然而，如果完全采用直接教学法可能会适得其反，尤其是当教师不改变教学方法来维持学生的兴趣和注意力时，例如，教师仅仅一个接一个地呈现“演示和实践”练习题。[④]

> 桌子上放了一根猪食管，感觉又湿又滑。主血管摸上去很硬，好像有人在里面插了一根牙签。气管摸上去很湿，而且有点纹理。猪心脏，简直说不清楚什么感觉。两个猪肺感觉有点像可笑的布丁。

**图 8.6　在解剖学这个单元中，10 岁的波琳达和同学们用猪的呼吸系统和循环系统内脏获得了直接体验**

## 四、利用精心设计的教学软件和网站

许多教学软件包和网站，统称为**电脑辅助教学**（**computer-based instruction, CBI**），可以用来替代或补充传统教学方式。以下网站上可以找到很多好的例子：

① Rosenshine, 2009; Rosenshine & Stevens, 1986.

② Rosenshine & Stevens, 1986; Spiro & DeSchryver, 2009.

③ Rittle-Johnson, 2006; C. L. Watkins,1997; Weinert & Helmke, 1995.

④ Mac Iver, Reuman, & Main, 1995; Wasley, Hampel, & Clark, 1997.

探索科学百科网站：www.discoveryeducation.com

可汗学院网站：www.khanacademy.org

美国国家航空航天局网站：www.nasa.gov

美国国家自然历史博物馆网站：www.mnh.si.edu

以上列举的网站中特别值得注意的是可汗学院网站，这个网站提供了大量教学录像，涉及数学、科学、经济、历史、艺术、音乐以及电脑等方面的各种主题。

有效的电脑辅助教学程序可以体现在前面章节中讨论过的学习和认知原则。例如，它们用令人感兴趣的任务和图表来吸引和维持学生的注意力，鼓励有意义的学习，呈现各种例子和练习来促进学生的复杂认知加工（如，问题解决、批判式思考、科学推理）。这种教学措施会让学生在身体上和思想认知上不断强化记忆，主要是因为他们必须不断地对问题做出反应，而且能够定期得到反馈。

有些电脑辅助教学程序提供对基本知识和技能的训练与练习（如算术、打字、音乐基础知识），帮助学生形成对知识的自动反应。其他一些程序，被称为**智能家教系统**（**intelligent tutoring systems**），可通过复杂的主题内容巧妙地为学生提供指导，可预测并指出学生的各种错误概念和学习困难。还有些程序可以讲解并帮助学生掌握复杂的学习策略、元认知技能和自我管理能力（例如，回顾第 3 章中图 3.8“贝蒂大脑”中的屏幕截图）。

智能家教系统的一个很好的例子就是*我的科学课家庭教师*（MyST），小学高年级学生与“玛尼”老师一对一谈话。“玛尼”是电脑动画女人，她既可以跟他们聊天——通过软件的声音识别和语言加工元件，也可以听到并理解学生回答问题说的话。[1] 玛尼老师一般激活学生对于将要学习内容的先前已有知识后才开始与学生谈话，比如说：“你最近科学课在学什么知识呢？”然后，描述本节课的主题内容之后，玛尼老师会呈现一系列图解、动画、交互式的模拟，提出更具体的问题。例如，她可能问：“现在怎么样呢？”“你能做点什么来……呢？”[2] 她根据学生的理解情况进行后续指导，并解释她“认为”学生可能会存在的一些错误概念。图 8.7 呈现的例子是学生在电路和电磁学课上的电脑屏幕上可能看到的内容。

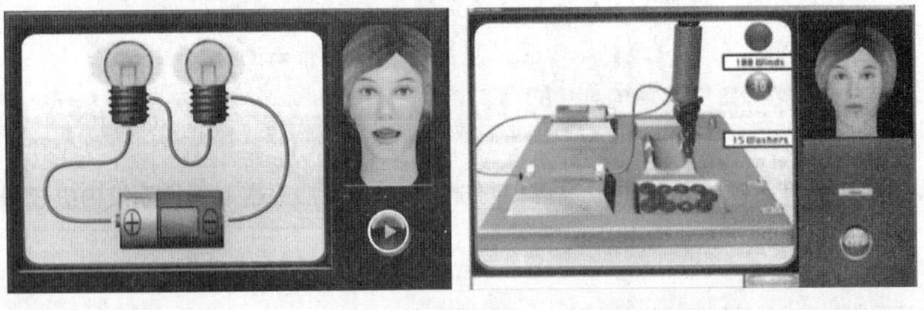

**图 8.7　在智能家教系统“我的科学课家庭教师（MyST）”中，小学生们同虚拟家庭教师玛尼一对一谈话，玛尼老师提问，“听”学生们的回答，并作出相应指导。左边的屏幕截图表明，玛尼老师提出了一个动画电路问题。右边的屏幕截图表明，学生进行电磁实验时玛尼老师在“观察和倾听”，通过增加或减少电线绕过金属芯的圈数来弄清楚对磁力强度的影响**

设计良好的电脑辅助教学程序通常对帮助学生学习主题内容非常有效。[3] 它们能够激发学生的

① W. Ward et al., 2013.

② W. Ward et al., 2013，pp.1118-1119.

③ Azevedo & Witherspoon, 2009; Graesser, Li, & Forsyth, 2014; Kulik & Fletcher, 2016; Ma, Adesope, Nesbit, & Liu, 2014; Steenbergen-Hu & Cooper, 2014; Tamin, Bernard, Brokhovski, Abrami, & Schmid, 2011.

学习动机，引起学生的情境兴趣，培养学生的独立性，帮助他们不断取得成功，增强其自主感和效能感。[①] 但是这里紧接着就有个告诫：电脑程序中对做出选择提供过多的独立性，可能导致学生毫无目的地折腾，在学习中很难取得更大进步。良好的电脑辅助教学程序会对学生在全过程各个不同步骤应该做什么提供大量指导。[②]

**想一想**

思考一下你自己使用教学软件和网站学习的经历。在你看来，电脑辅助教学的哪些特点促进了你的学习？

电脑辅助教学出现衰落趋势，是因为它提供给学生的社交机会很少，因此不能满足他们同他人建立关联性的需要。[③] 但它也有几个传统的、技术含量低的说明性教学法所不具备的优点。首先，电脑教学程序可以有动画、视频片段及口头信息，这是传统课本和其他打印材料不可能做到的。其次，有些程序可以记录和保留每个学生的数据，包括诸如学生在某个程序上的学习进度、回答问题的速度、对错的概率等等。教师利用这些数据，可以监测每个学生的进步，发现那些对学习材料很吃力的学生。最后，当血肉之躯的教师无法在场时，电脑可以用来对学生进行教学指导。例如，电脑辅助教学程序通常被用于*远程学习*，学生同教师不在同一个地方仍然能够得到指导。远程学习在高中阶段越来越普遍，学生的部分课程任务是由大学或其他经官方认可的机构提供的网上课程。

在本章随后几点中，我们将讨论电脑技术的其他使用。但是，一定要记住，使用电脑或其他数字技术，*就其本身而言*，并不是更有效教学的关键。[④] 只有当教师用较低技术含量的方式无法这么轻松和有效地进行教学时，新技术才可以帮助学生获得更高的水平。如果学生仅仅从电脑屏幕上而不从课本上读取信息，其收获也就微乎其微了。

## 五、向学生提出大量问题

实际上所有有效力的教师都会问学生大量问题。有些问题是**低水平问题**（**lower-level questions**），需要学生回忆起所学知识。这样的问题有几个好处[⑤]：

- 让教师了解学生关于某个主题的先前已有知识以及可能存在的错误概念。
- 帮助学生保持对在学课程的注意力，尤其是当所有学生必须以某种方式对每个问题做出回答时。
- 帮助教师评价学生是否成功地学会了课堂学习材料，还是对某个具体内容混淆不清。（甚至连非常有经验的教师有时候也会过高估计学生在说明性教学中真正学会的内容。）
- 给学生机会提供对自己的理解进行监控，决定自己对老师呈现的信息是已经理解了，还是需要寻求帮助。
- 当学生被提问他们之前已经学过的材料时，他们必须回顾这些学习材料，这也会促进后来的回忆。

下面举例说明八年级教师如何通过提问促进学生对关于古埃及这堂课的复习：

① Blumenfeld, Kempler, & Krajcik, 2006; Snir, Smith, & Raz, 2003.

② Kanar & Bell, 2013; Karich, Burns, & Maki, 2014; P. A. Kirschner & van Merriënboer, 2013.

③ A. Collins & Halverson, 2009; Winn, 2002.

④ R. E. Clark, Yates, Early, & Moulton, 2009; Moreno, 2006.

⑤ Airasian, 1994; Brophy, 2006; F. W. Connolly & Eisenberg, 1990; P. W. Fox & LeCount, 1991; Lambert, Cartledge, Heward, & Lo, 2006; Wixson, 1984.

**教师**：埃及人认为人死后尸体必须被保存下来。在最早期的时候他们保存尸体是怎么做的？

**学生**：他们把尸体晒干，塞满东西。

**教师**：我说的是最早期的时候。他们是怎么做的？凯瑞你回答。

**凯瑞**：他们把尸体埋在热沙子里。

**教师**：对了。他们把尸体埋在热沙子里。沙子非常干燥，尸体可以自然保存很多年。会腐化得慢一些……这之后他们是怎么做的？

**学生**：他们开始把重要器官取出来。

**教师**：正确。那时候他们指的重要器官是什么？

**诺木**：除了心脏和大脑之外的其他所有器官。

**教师**：很好，腹腔内的器官。肠、肺等，是最容易取出来的器官。大家有问题吗？

**学生**：从尼罗河到大多数国王埋葬的地方有多远？①

在这段对话的最后，学生问了一个问题，需要更多信息。这个学生很明显想要详细解释学习材料，可能他推测的是，离尼罗河很远的地方可能很干燥，足以把这些尸体保存很长时间。教师可以鼓励这种详细解释，也是鼓励新知识的建构——通过提一些需要学生用所学知识完成新任务的**高水平的问题**（**higher-level question**）。② 例如，高水平的问题可能要求学生自己在创造性写作中就某个概念押韵法和拟声词举例，思考化学上的因果关系的可能解释，或是用经济学原则来评价现有的或被提议的政府政策。

在小组课程期间提问，或就某项独立的阅读作业追踪提问，可以促进学生的学习。③ 当教师提出的问题是涉及推理、应用、判断或问题解决等高水平的问题时，这对加强学生学习的作用尤为突出。但教师必须给学生合适的时间来回答问题。就如学生需要时间对新知识进行加工一样，他们也需要时间来考虑问题，寻找与答案相关的知识。我们在第 2 章等待时间中提到，教师提问以后至少要给几秒钟的时间，很多学生会自行给出答案，其回答往往经过了深思熟虑。此外，就如你们在本章后面的文化因素专栏中要学到的，某些种族背景的学生通常在回答问题之前要等待几秒钟以表示对说话人的礼貌和尊重。

课堂策略专栏“以提问来促进和评价学习”中举例说明了教师如何用问题来推动有效力的认知加工，促进学生的学习。

## 六、布置与学生年龄相适应的家庭作业

实际上，学生在课堂时间内只能完成一定的任务，而家庭作业可以帮助教师延伸教学时间。有时候，教师可以用家庭作业让学生对学过的知识和步骤进行更多的练习（可作为促进复习和形成自动反应的方法），或把学生引入新的简单学习内容。④

① Aulls, 1998, p.62.

② Brophy, 2006; Meece, 1994; Minstrell & Stimpson, 1996.

③ Allington & Weber, 1993; Liu, 1990; Munro & Stephenson, 2009; Redfield & Rousseau, 1981.

④ H. Cooper, 1989.

## 课堂策略

### 以提问来促进和评价学习

- **向全班同学而不是少数几个积极回答问题的学生提问**

  高中科学课上，教师提问时女生很少主动回答问题。虽然教师经常叫那些举手的学生回答问题，但他也会叫没有举手的学生回答问题，确保每个学生每周至少回答一次问题。

- **对于可能有几个答案的问题，让学生对他们认为正确的答案进行投票**

  开始讲分数与分数的除法时，一位中学数学教师把问题写在教师前面的白板上：

  $$\frac{3}{4} \div \frac{1}{2} = ?$$

  她问道："在我们讨论如何解决这个问题之前，谁认为答案小于 1？谁认为答案大于 1？谁认为答案等于 1？"她每提出一个问题后都记下了举手的学生数，然后说："嗯，你们大多数人认为答案小于 1。我们一起来看看怎么解答这个问题。这样每个人都可以知道自己是对还是错。"

- **提供一种让所有学生都可把答案写出来并进行展示的方式**

  一位 4 年级的教师给每个学生一块贴面板，她向全班同学解释问题时学生可以把答案写在上面。她发现当学生都以这种方式回答问题时，他们在课堂上注意力更集中，很少扰乱课堂。

- **提一些追踪问题来让学生进行推理**

  在一节有关加拿大的地理课上，一位 6 年级的教师指出地图上的圣劳伦斯河。"水朝哪个方向流动：是朝着海洋的方向，还是相反的方向呢？"这时一个学生大声回答："与海洋相反的方向！"这位教师问他："你为什么这么想呢？"学生的解释就暴露出了一个普遍的错误概念：河流只能从北往南流动，不可能往相反的方向流动。

- **当学生对一个问题很难理解时，要给他们提供足够的帮助，让他们能够正确做出回答**

  在一节讲食物金字塔的课上，一位 2 年级的教师问学生："你们认为橘子汁属于哪类食物？"这时一个学生回答："奶类。"老师回答："奶类中的食物都来自奶牛，那么橘子汁是来自哪里呢？……橘子汁是从橘子中来的。如果是从橘子中来的，那么橘子属于哪类食物呢？……是水果还是面包？"学生们承认橘子汁是水果，因此橘子汁也应该属于水果类食物。

来源：Brophy et al., 2009，p.225（食物金字塔的例子）；Lambert, et al., 2006（贴面板的例子）。

有时候，教师也可以布置家庭作业，要求学生把课堂学习的主题内容应用到日常生活中。例如，在学习有关生活方式的单元中，教师会让 2 年级学生把自己的家与人类历史早期的家（如洞穴、小木屋）进行比较，感受现代社会的方便、生活的轻松和舒适。[①] 有时候，教师也可以鼓励学生从家里带来一些物品，准备一些想法（如从池塘中带来一罐蝌蚪，描述周末发生的事情），以此作为课堂活动的基础。[②] 在教师布置家庭作业时，让学生把课堂学习内容与外部世界进行联系，可以促进学生把所学知识进行转换。

对初中生和高中生来说家庭作业对提高成绩有较大作用，但对小学生来说作用不大。[③] 尽管如此，家庭作业仍可以帮助小学生形成学习策略和自我管理能力，是他们今后学习所需要的。[④] 不容置疑的是，作业的性质，如能够促进机械记忆还是有意义的学习，让学生觉得乏味还是感兴趣，对

① Alleman & Brophy, 1998.
② Alleman et al., 2010; Corno, 1996.
③ H. Cooper, Robinson, & Patall, 2006.
④ H. Cooper & Valentine, 2001；B. J. Zimmerman, 1998.

学生学会哪些知识、掌握多少内容以及形成哪种学习策略和自我管理策略产生的影响有很大差异。[①]

在布置家庭作业时，教师必须记住，学生在家里的学习时间和学习资源（如参考书、电脑、互联网等）不一样，从父母和其他家庭成员那里得到的帮助及其质量不一样，促使他们集中精力学习的动机和自我管理策略也不一样。[②] 教师可以通过以下几个简单的方法让家庭作业发挥最大作用[③]：

- 布置家庭作业主要用于教学和诊断目的，尽量不要用于评价学习和决定最终的课程成绩等级。
- 家庭作业要足以激起学生的好奇心，要有挑战性，让学生想要去完成。例如，家庭作业要真实可信，符合真实情境的特点，但难度不要过大而让学生感到困惑和有挫败感。
- 给学生提供完成家庭作业所需的信息和结构，让他们无须再求助于他人。
- 给学生布置必写作业和自选作业。（自选作业应该有助于学生建立自主性和控制感，增强其内在动机。）
- 布置作业的第二天或者尽快在班级里讨论家庭作业。
- 学生自我管理能力差或在家的学习资源有限的话，则要建立课后作业监督项目。

教师必须记住，家庭作业适用于帮助学生达到重要的教育目标，绝对不能用家庭作业来惩罚学生的错误行为。

| 学生 | 第1课时：分数的概念 | 第2课时：把分子分母缩减成最小值：（在第1节课的基础上） | 第3课时：同分母的分数成最小值：（在第Ⅰ节课的基础上） | 第4课时：分数相加，并把分子分母缩减成最小值（在第1课的基础上） |
|---|---|---|---|---|
| 莎拉 | ---→ | ---→ | ---→ | ---→ |
| 罗拉 | ---→ | ---→ | ---→ | ---→ |
| K.杰森 | ---→ | ---→ | ---→ | ---→ |
| M.杰森 | ---→ | ---→ | ---→ | ---→ |
| 艾丽松 | ⟶ | ---→ | ⟶ | ---→ |
| 雷杰 | ⟶ | ---→ | ⟶ | ---→ |
| S.杰森 | ⟶ | ---→ | ⟶ | ---→ |
| 麦蒂 | ⟶ | ⟶ | ---→ | ---→ |
| 查理 | ⟶ | ⟶ | ---→ | ---→ |
| F.玛瑞亚 | ⟶ | ⟶ | ---→ | ---→ |
| W.玛瑞亚 | ⟶ | ⟶ | ---→ | ---→ |
| 保罗 | ⟶ | ⟶ | ⟶ | ---→ |
| 阿尔拉 | ⟶ | ⟶ | ⟶ | ---→ |
| 卡伦 | ⟶ | ⟶ | ⟶ | ---→ |
| 凯文 | ⟶ | ⟶ | ⟶ | ⟶ |
| 诺丽 | ⟶ | ⟶ | ⟶ | ⟶ |
| 马西 | ⟶ | ⟶ | ⟶ | ⟶ |
| 加内尔 | ⟶ | ⟶ | ⟶ | ⟶ |
| 乔伊斯 | ⟶ | ⟶ | ⟶ | ⟶ |
| 明棠 | ⟶ | ⟶ | ⟶ | ⟶ |
| 乔治特 | ⟶ | ⟶ | ⟶ | ⟶ |
| 拉维达 | ⟶ | ⟶ | ⟶ | ⟶ |
| 马克 | ⟶ | ⟶ | ⟶ | ⟶ |
| 赛斯 | ⟶ | ⟶ | ⟶ | ⟶ |
| 乔安尼 | ⟶ | ⟶ | ⟶ | ⟶ |
| 瑞达 | ⟶ | ⟶ | ⟶ | ⟶ |
| 肖娜 | ⟶ | ⟶ | ⟶ | ⟶ |

---→ 没有掌握学习内容

⟶ 掌握了学习内容

**图 8.8　分数知识学习的连续性和层级性**

## 七、学生对基本知识和技能的掌握情况

在没有确定所有学生都掌握了某项学习内容时就继续学习新内容，会让越来越多的学生落后。例如，图 8.8 中这个班级有 27 名学生，开始学习分数这个单元。该班这几课时的进展如下。

第 1 课时：这节课学习分数的基本概念。分数代表一个整体的一部分：分母表示整体被分成几份，分子表示有几份。到这节课结束时，有 23 个学生理解了分数是什么，但莎拉、罗拉、K. 杰森和 M. 杰森还没完全弄明白。

第 2 课时：这节课学习把分数约分成更小数字的过程（如$\frac{2}{4}$可写成$\frac{1}{2}$，$\frac{12}{20}$可写成$\frac{3}{5}$）。这节课结束时，有 20 个学生理解了分数的约分过程。但艾丽松、雷杰和 S. 杰森没有掌握需要把分子和

① Dettmers, Trautwein, Lüdtke, Kunter, & Baumert, 2010; Trautwein, Lüdtke, Kastens, & Köller, 2006.

② Dumont et al., 2012; Eilam, 2001; Fries, Dietz, & Schmid, 2008; Hoover-Dempsey et al., 2001; Xu, 2008.

③ Alleman et al., 2010; Belfiore & Hornyak, 1998; H. Cooper, 1989; Cosden, Morrison, Albanese, & Macias, 2001; Dettmers et al., 2011; Garbe & Guy, 2006; Patall, Cooper, & Wynn, 2010; Trautwein et al., 2006; Trautwein, Niggli, Schnyder, & Lüdtke, 2009; Xu, 2008.

分母除以同一个数字；莎拉、罗拉和两个叫杰森的学生仍不明白分数是什么，所以这节课的内容也没听懂。

第 3 课时：这节课学习把两个分数相加的过程，且只看分母相同的分数（如$\frac{2}{5}+\frac{2}{5}=\frac{4}{5}$，$\frac{1}{20}+\frac{11}{20}=\frac{12}{20}$）。这节课结束时，有 19 个学生能够把分母相同的分数相加。但是麦蒂、查理、F. 玛瑞亚和 W. 玛瑞亚总是把分母和分子的数字同时相加（如：$\frac{2}{5}+\frac{2}{5}=\frac{4}{10}$）；莎拉、罗拉和两个叫杰森的学生根本不明白分数是什么。

第 4 课时：这节课把分数相加的和与把分数之和约分成最小值进行结合。先把两个分数相加，然后如果有必要的话，把得出的和约分成最小值（如$\frac{1}{20}+\frac{11}{20}$，必须把得出的和$\frac{12}{20}$约分成$\frac{3}{5}$）。这时，保罗、阿尔拉和卡伦掉队了，因为他们老是忘记把得出的和约分成最小值。当然，我们在先前的学习中已经有莎拉、罗拉、艾丽松、雷杰、麦蒂、查理、两个叫玛瑞亚的学生、三个叫杰森的学生落后了。*现在 27 名学生中只有 13 名学生理解了学习内容，不到一半！*（见图 8.8 最右侧的一列）

在**掌握学习**（**mastery learning**）教学法中，学生在进行下一步学习前要掌握前一个主题的学习内容，在全班进行新的更高难度的学习材料之前，尽可能不让学生掉队。[①] 该教学方法是以下面三个假设为基础的：

- 几乎每个学生都能完全掌握特定的学习内容。
- 有些学生掌握一个主题学习内容需要更多的时间。
- 有些学生需要更多的帮助。

就如你们看到的那样，掌握学习教学法反映的是一种非常乐观的教学方法。该教学方法假定，如果有足够的时间和指导，大多数学生都可以学会学校的学习内容。此外，真正地掌握课堂学习内容，学生才有可能把所学知识迁移到新情境和新问题中去，能够批判性和创造性地思考问题（回顾第 2、第 3 章中*少即是多*原则）。

掌握学习教学法很像是直接教学法，即把主题内容分成多个有逻辑顺序的步骤，给学生提供大量练习机会，每步完成后对学生进行评价。但学生只有掌握了之前的学习内容后才可以进行下一步学习。“掌握”可以用具体的特定的词来解释，比如至少能正确回答 90% 的测验题。在掌握学习教学法中，学生以自己的学习速度进行教学单元的学习，因此在一定时间内不同学生可能在学习不同的单元。

掌握学习教学法与非掌握学习教学法相比有几大优点。特别是，学生对主题学习内容的学习态度可能更积极，能学会更多知识，在课堂评价中成绩更好。对学习能力较低的学生来说，掌握学习教学法的好处更为突出。[②]

主题学习内容如果具有层级性，也就是说，某些概念和技能为后面的学习和概念理解提供基础，那么掌握学习教学法最合适。当教学目标是诸如单词认知、语法规则、计算或重要科学概念之类的基础内容时，就要按顺序设计用来促进掌握学习的教学内容。然而，诸如批判性思维、科学推理及创造性写作之类的技能，即便一时没有完全掌握，在整个儿童期和青春期也还可以继续提高。

---

① 例如，参见 B. S. Bloom, 1981; Fuchs et al., 2005; Guskey, 1985, 2010; B. J. Zimmerman & Didenedetto, 2008.

② Guskey, 2010; Hattie, 2009; C. C. Kulik, Kulik, & Bangert-Drowns, 1990; Shuell, 1996.

# 第三节　实施学生主导的教学

**主要理念：有时候学生主导的教学效率更高，也就是说学生对要讨论的问题及讨论方式有控制权。**

在本章开头部分的个案研究中，学生们组成讨论小组就 19 世纪长途旅行应该携带的杂货清单进行了头脑风暴。就如我们在第 4 章谈到的，与同伴讨论可以从多个方面促进学生的学习。例如，当学生谈到自己的看法或与同学交流看法时，他们必须解释自己的想法，组织自己的想法，在这个过程中他们可能会发现自己现有理解的疏漏和矛盾之处，有可能找到比自己的解释更准确更有用的解释。组内学生不仅可以参与共同解释，也可以为彼此的学习提供帮助。显然，学生不仅可以从教师也可以从相互交流中学到许多知识。

在学生主导的教学中，学生在很大程度上控制了要学习哪些内容及如何学习，通常都有同学之间的相互交流。以下策略可提高学生主导的教学的有效性。

## 一、让学生讨论可能产生多种观点、解释或方法的问题

多角度的和有争议的话题讨论有几大好处。如果学生知道可能有多种答案，他们则更愿意表达自己的看法。他们会自愿寻找新知识来解决矛盾的地方，换言之，他们有更强的内在动机来解决矛盾之处。他们会重新检查自己的立场，也可能改变立场，对主题学习内容形成有意义的全面的理解。①

实际上，在任何学科中让学生讨论都会很有收获。例如，在语言艺术方面，学生需要讨论对古典文学作品的各种解释，处理那些没有简单固定答案的问题。②在历史课上，学生阅读和讨论与某个历史事件相关的各种文献资料，认识到历史并不一定像传统的历史教材所描述的那样俗套。③［回顾第 3 章认知信念部分的讨论。］在科学课上，让学生对身体和生物学上的现象的各种相互矛盾的解释进行讨论，可以增强科学推理能力，促进概念变化，帮助学生理解科学并不完全是事实，而是一些动态的不断发展的概念和原理。④（这一点也会影响到学生的认知信念。）在数学课上，讨论一题多解可以让学生完全理解问题，更具创造性地解决问题，更好地将这个理念运用到新问题和新情境中。⑤

学生积极参与课堂讨论能够得到更大的收获。⑥当听众不是整个班级而是两三个同伴时，学生通常更愿意公开发言，对女生和残疾学生来说这种表现尤其明显。⑦有时候，教师可以先让学生进

---

① Jadallah et al., 2011; D. W. Johnson & Johnson, 2009b; Kuhn, 2015; Murphy, Wilkinson, Soter, Hennessey, & Alexander, 2009; Reznitskaya & Gregory, 2013; Sinatra & Mason, 2008.

② Applebee, Langer, Nystrand, & Gamoran, 2003; McGee, 1992; Wu, Anderson, Nguyen-Jahiel, & Miller, 2013.

③ Leinhardt, 1994; vanSledright & Limón, 2006.

④ Andriessen, 2006; Bell & Linn, 2002; K. Hogan, Nastasi, & Pressley, 2000; M. C. Linn, 2008.

⑤ M. M. Chiu, 2008; Cobb et al., 1991; J. Hiebert & Wearne, 1996; Lampert, 1990; Webb et al., 2008.

⑥ Lotan, 2006; A. M. O' Donnell, 1999; Webb, 1989.

⑦ A.-M. Clark et al., 2003; Hattie & Gan, 2011; Théberge, 1994.

行小组讨论，让学生在相对私密的情境中检验自己的想法，得到他人的支持后再与全班同学讨论自己的想法。[①]

## 二、创造有利于坦率地辩论和建设性地评价的课堂氛围

如果教师对学生的各种观点持支持态度，如果与同学意见不一致可以为大家所接受，如果即便意见是错误的学生也乐意提出来，那么学生会更愿意与他人分享自己的观念和看法。[②] 为了营造这种氛围，教师可以采取以下几项措施[③]：

- 开始讨论时就要告诉学生，在讨论结束时能够理解主题内容比找出正确答案（如果有的话）更重要。
- 让学生明白，提问题是好奇心和求知欲的反映，对有争议的话题有不同看法是不可避免的，是正确的，改变自己的看法是认真思考的表现。
- 让学生解释自己推理的过程，并试图理解他人的解释。
- 帮助学生向同学解释其推理思路。
- 提议让学生尽可能以其他同学的观点为依据。
- 鼓励学生在与他人的观点一致或不一致时，也就是说在"同意"或"不同意"其他同学的观点时，都不要有偏见。
- 强调可以针对别人的观点进行批判，但不得针对人进行批判。
- 当学生的推理过程存在误解和错误时，温柔地指导他们回到更有用的理解上。
- 用第三人称表述问题，对学生推理思路的质疑不针对个人。
- 偶尔可以让学生为自己实际上并不认同的观点进行辩护。
- 要求学生考虑对方观点，找出达成妥协的解决办法。

这些策略不仅可以使学生在课堂上有更多收获，也有助于在学生中培养一种**社群意识**。我们将在第 9 章中讨论培养社群意识的好处。

当学生对以大家能接受的方式表达不同意见感到很舒服，尤其是在情感上愿意参与讨论的话题时，他们与同学交往的动机会更强（回顾第 5 章中描述的概念**热认知**）。[④] 一个 4 年级学生的班里经常定期进行小组讨论，他说：

> 我喜欢小组讨论，因为我有时候说话声音大，喜欢在班上把问题讨论清楚，我真的很烦举手回答问题。此外，我们可以在课间休息时到室外互相交谈，以友好的方式进行辩论。[⑤]

---

① D. W. Johnson & Johnson, 2009b; Minstrell & Stimpson, 1996.

② A. -M. Clark et al., 2003; Hadjioannou, 2007; E. M. Nussbaum, 2008.

③ Hadjioannou, 2007; Hatano & Inagaki, 2003; Herrenkohl & Guerra, 1998; K. Hogan et al., 2000; D. W. Johnson & Johnson, 2009b; Lampert, Rittenhouse, & Crumbaugh, 1996; E. M. Nussbaum, 2008; Sinatra & Mason, 2008; Staples, 2007; Walshaw & Anthony, 2008; Webb et al., 2008.

④ Hadjioannou, 2007; C. L. Smith, 2007.

⑤ A.-M. Clark et al., 2003, p. 194.

此外，学生在与主题内容有关的课堂讨论中通常需要有效力的社交技巧。例如，当学生在自我主导的讨论小组讨论儿童文学时，他们可以学会表示同意的社交技巧（“我同意柯代尔的看法，因为……”），并互相学习，巧妙地表达不同意见（“嗯，但他们可能会看见狐狸偷偷地溜进来”），对某个观点进行判断（“我认为不该让这件事发生，因为如果他成了国王，谁知道他会对这个王国做什么呢？”），以及让每个人都参与讨论（“嘘！安静啦！让扎克说吧！”）。①

## 三、开展让学生必须互帮互助的学习活动

在第 7 章开头部分的个案研究中，我们看到学生能否成功取决于一起合作完成 8 年级的年度班级剧的能力。与同伴合作可以促进学生的学习，提高成绩。以下面的练习为例试试看。

### 自己看一看

**紫绸缎（Purple Satin）音乐组合**

把自己想象成以下描述的这三节课上的一名学生。你会怎么做呢？

1. 亚历山大老师告诉班里的同学：“我们要看看在‘人类的消化系统’这个章节中哪些同学学到的知识最多。周五的测验中得分最高的三位同学可以得到免费的紫绸缎音乐会门票。”紫绸缎是一个很受欢迎的音乐组合。为了听他们的演出你会不惜一切代价，但音乐会门票几个月前就卖光了。

2. 伯恩斯坦老师是这样介绍的：“我希望这周你们都能掌握人类消化系统的基础知识。如果周五的测验能得到 90 分以上，就给你们紫绸缎音乐会门票。”

3. 凯玛乔老师是这样开始这节课的：“从今天开始，你们三个人一组学习人类的消化系统知识。星期五进行测验，看看你们学会了多少知识。如果组内的三个人在测验中都得到了 90 分以上，你们组就可以得到三张免费的紫绸缎音乐会门票。”

哪节课上你更愿意努力学习来获得免费的紫绸缎音乐会门票？你在这三种情境中的学习会有什么不同？

---

第一节课（亚历山大老师的课）显然是很具竞争性的，只有三个成绩最好的学生才有可能拿到免费的紫绸缎音乐会门票。你会想办法争取吗？这完全取决于你认为自己在周五的测验中获得最高分的概率有多大。如果你在整个学年的测验中的成绩都很好，这星期学习这个章节时你一定会比以往更努力。然而，尽管你很努力但在班里成绩并不好，你可能就不会为不可能获得的成绩去努力。在这种情况下，你会去帮助你的同学学习有关消化系统的知识吗？如果你想自己去听音乐会的话，就不会去帮助其他同学。

在伯恩斯坦老师的课上，学生之间没有为获得音乐会门票而进行的竞争。只要在考试中得到 90 分以上，你就能拿到门票。但你会去帮助同学理解胰腺起什么作用，学习大肠和小肠之间的差异吗？如果你有时间且觉得自己很仁慈的话，你可能会去帮助其他同学。

---

① R. C. Anderson et al., 2001, pp.16, 25; Certo, 2011.

现在来看凯玛乔老师的课。能否得到门票取决于你和你的两个同伴在周五测验中的分数。你是否愿意帮助他们学习多涎症和消化酶的知识呢？你是否认为他们也会帮助你理解肝脏在什么地方接入整个消化系统的知识呢？肯定会的。

在**合作学习（cooperative learning）**中[①]，学生以小组形式进行学习来达到共同目标。与伯恩斯坦老师课上的个人学习（某个学生的成功与同伴的成绩没有关系）或者亚历山大老师的竞争性课堂（某个学生的成功部分取决于其他同学的失败）不同，凯玛乔老师的课上学生在合作学习的氛围中学习，一起取得成功。合作学习时学生也能从课堂讨论中获得同样的好处，包括更深入地理解和整合主题学习内容，找出自己在理解上存在的不足和错误概念，了解多种不同观点。此外，学生在互相合作时，可以相互提供一定的帮助和支持，在完成有挑战性的任务后可以获得更高的自我胜任感。[②]

设计和建构合理的合作学习是效率最高的。各种能力水平的学生都可以获得更好的成绩，女生、少数族裔学生以及学业成绩不好的学生更有可能从中获益。[③]合作学习活动还可以促进复杂的认知加工。学生基本上都会进行有声思考，即边想边说或自言自语，互相模仿各种学习策略和问题解决策略，形成更多的元认知意识。[④]此外，学生更愿意相信同学们喜欢他，不同种族的学生之间、残疾的学生和正常的学生之间都可以建立友谊。[⑤]

但合作学习也有几个潜在的缺陷。有些学生可能对社交目标和成绩目标比掌握学习内容更感兴趣（例如，留下好印象、快速得到正确答案），因此他们愿意帮助他人和寻求同学的帮助可能只是一种妥协。[⑥]承担大部分工作的学生和发言较多的学生可能会比其他小组成员学到更多知识。[⑦]有时候学生会同意某个组员提议的不正确的策略或方法，分享错误概念。[⑧]有时候学生简直没有互相合作和学习的技巧。[⑨]

就如你所看到的，合作学习不是简单地把学生分组后让他们失控地去完成任务的过程。有时候学生更习惯于有竞争的课堂和个人主义的课堂，而不是与同伴合作学习的课。要想让合作学习活动取得成功，教师必须对活动认真构思，合作不仅要有助于学生的学习进步，还应该是真正必要的。[⑩]课堂策略专栏“增强合作学习的有效性”中给出了专家推荐的开展有效合作学习活动的几个策略，并进行了详细说明。

---

① 有些理论家对合作学习（*cooperative learning*）和协作学习（*collaborative learning*）进行了区分，尽管不同的理论家对两者的区分并不相同。本书这里使用“合作学习”一词更广义地指学生在有一定结构安排的情形下进行合作来达到共同学习目标的教学模式。

② T. L. Good, McCaslin, & Reys, 1992; D.W. Johnson & Johnson,2009a; F. Kirschner, Paas, & Kirschner, 2009; A. M. O' Donnell & O' Kelly, 1994; Webb & Palincsar, 1996.

③ Ginsburg-Block, Rohrbeck, & Fantuzzo, 2006; Lou et al., 1996; Rohrbeck, Ginsburg-Block, Fantuzzo, & Miller, 2003; Slavin & Lake, 2008; S.M. Williams, 2010.

④ T. L. Good et al., 1992; D. W. Johnson & Johnson, 2009a; A. King, 1999.

⑤ Lou et al., 1996; J. H. Pfeifer, Brown, & Juvonen, 2007; Slavin, Hurley, & Chamberlain, 2003.

⑥ Levy, Kaplan, & Patrick, 2000; Moje & Shepardson, 1998; Wentzel, 2009.

⑦ Gayford, 1992; Lotan, 2006; Webb, 1989.

⑧ T. L. Good et al., 1992; Stacey, 1992.

⑨ Ladd, Kochenderfer-Ladd, Visconti, & Ettekal, 2012; Webb & Mastergeorge, 2003.

⑩ D. W. Johnson & Johnson, 2009a; Slavin, 2011; van Drie, van Boxtel, & van der Linden, 2006.

## 课堂策略

### 增强合作学习的有效性

- **选择有挑战性的任务，学生个人很难独立完成，需要几个同学共同努力才能完成**

  虽然还没有学习分数的除法，但是小学4年级的学生要回答下面的问题：妈妈做了苹果馅饼，每个馅饼要用3/4个苹果。她有20个苹果，可以做多少个馅饼呢？把学生分成小组来讨论这个问题（参见第3章中小组讨论的例子）。

- **让愿意合作的学生与有特定知识和技能的学生组成小组**

  一位小学教师把他所教的班级每三四个学生组成一个合作小组来设计海报，描述不同文化的非洲部落。他让每个小组里都有不同种族背景的学生，也有拥有不同技能可以为完成任务出力的学生。他还把不能一起好好合作的学生（例如，特别亲密的朋友在一起的时候往往会偏离任务）分到不同的组。

- **提出明确目标**

  高中西班牙语课的学生以小组形式创作一集完全用西班牙语的肥皂剧（浪漫电视肥皂剧）。在三个星期的课程中，每个合作小组都完成了一部短篇电视剧本，收集了必要的道具和服装，并拍成了视频。

- **给出具体安排，让小组成员互相帮助以取得成功**

  一位高中生物老师让合作小组准备即将进行的有关社区防蚊的赞成和反对理由的课堂辩论。她给每个小组成员分配一个独立的职责。一个学生负责阅读信息，一个负责记录小组成员辩论情况，另一个小组成员负责检查所有成员是否都同意每个论据等。

- **对学生如何做要提供清楚的指导**

  一位7年级数学老师把学生分成合作小组做数学题。在学生开始任务之前，这位老师让他们快速说出有效地进行小组合作的重要规则。学生自愿提出了以下看法，如："轻声说话，不要打扰其他小组。""帮助有困难的同学。""要有耐心。"

- **监督小组交流**

  一位教初中社会学研究的老师让合作小组想出方案来帮助无家可归的人得到合适的住所。当他听到某个学生因为不同意见贬低另一个学生时，他提醒该小组不要针对同学，而应该针对他的观点进行批评。

- **当（也只有当）小组自己不能给出某些信息和看法时，给他们提供关键信息和看法**

  这位社会学老师还告诉一个小组："你的解决办法假定大多数纳税人都愿意缴纳比现在高得多的税款。这样做现实吗？"

- **学生要对自己的成绩负责**

  一位小学教师把合作学习应用到正方形、长方形、三角形的周长这个单元的学习。后来她用小测验评价每个学生对周长问题的掌握程度。

- **鼓励小组全体的成功**

  同是上面这位老师，她给组内每个成员都已掌握了周长问题的小组额外加分。

- **让学生对小组完成任务的有效性进行评价**

  合作小组完成了任务后，一位老师让学生回答这样的问题："所有小组成员都积极参与了吗？""没听明白的时候提问了吗？""他们不是批评别的同学而是在批评他们的意见吗？"

来源：Blumenfeld, Marx, Soloway, & Krajcik, 1996; E. G. Cohen, 1994; Crook, 1995; Deutsch, 1993; Esmonde, 2009; J. D. Finn, Pannozzo, & Achilles, 2003; Gillies & Ashman, 1998; Ginsburg-Block et al., 2006; J. Hiebert et al., 1997, p. 118（苹果馅饼问题）; D. W. Johnson & Johnson, 1991, 2009b; Karau & Williams, 1995; Linnenbrink-Garcia, Rogat, & Koskey, 2011; Lotan, 2006; Lou et al., 1996; A. M. O' Donnell & O' Kelly, 1994; Slavin, 2011; van Drie et al., 2006; Webb & Farivar, 1999; Webb & Palincsar, 1996.

## 四、让学生自己开展对某个学习内容的研究

前几章中用到"研究"这个词的时候，一般是指人类为了获得新知识而设计的有计划的系

统调查。这里是指广义的研究：自己寻找新信息，而不是接受填鸭式的知识。在有些例子中，这种研究是以发现学习和探究学习的形式出现（例如，第 6 章课堂策略专栏“引导有效的发现学习和探究学习活动”）。但在其他例子中，也包括寻找书籍、杂志、报纸和电子数据库等已有的信息。

学生们越来越多地通过互联网找到所需要的信息。在互联网搜索引擎如谷歌、必应和雅虎上，学生们几乎可以找到任何主题的网站。他们也可以直接登录网上维基百科，到本书出版的时候，该网站已经有 500 万条英文条目和更多其他语言的条目。许多网站采取**超媒体**（hypermedia）的形式，学生通过点击屏幕上的某一个单词、图标或“按钮”就可以从一个电子页面链接到所选择的另一个页面。

由学生开展研究的好处就是可以让学生探索个人感兴趣的主题，增强学生的自主感，从而促进学习课堂学科内容的内在动机。但要记住的是，学生们在探索很多互联网资源时并不具备有效学习所需的全部知识、自我管理技能和技术上的读写能力，他们也没有可以促进有意义的持续学习必需的加工能力或其他认知过程。[①] 此外，互联网没有良好的质量控制机制来确保信息的准确性，尤其是由个人而不是政府机构或专业组织发布的内容。（例如，维基百科网站上的条目，尽管一般来说是准确的，但偶尔也可能包含由非专业人士提供的不准确信息，有些人可能故意“篡改”历史或科学来推进某些特定个体或政治事件的进程。）还要注意的是，有些学生可能会冒险做于学习无益的事，可能把别人的研究论文当作自己的论文蒙混过关（这就是抄袭），可能偶然进入某些宣扬种族态度或提供色情图片的网站，或把个人信息泄露给他人而使自身利益受损害。[②]

显然，学生在网上搜索课题资料时需要很多帮助，他们在网络空间的活动应该受到严密监管。即使是初中阶段的学生也可能需要一定的指导：如何区分有帮助的和没有帮助的网站，如何从海量信息中筛选出与自己想要的内容相关度最高的信息，如何对找到的信息的质量做出批判性的评价，如何把找到的信息整合成连贯的有意义的整体。[③]

集中关注学生的网络搜索的一个有效方式，就是把适合学生们使用的网站链接发布到班级网站上。教师也可以使用或创建一个**网络探究**（**webquest**）活动，学生在完成感兴趣的和需要高水平思维技巧的有挑战性的任务时可以使用很多预先选定的网站，而 WebQuest.org 网站提供了许多例子的链接。教师在使用这些方法时应该给学生明确清晰的进行网络搜索时需要完成的指导性目标，例如给学生具体的问题让他们找到答案。[④]

此外，现在许多学校的电脑系统都有*远程桌面*（*remote desktop*），可以让教师在学生使用互联网时提供帮助，并进行监管。教师可以把自己的电脑屏幕和学生共享，演示如何进行网上活动。这一方法也能让教师从远处看到学生的电脑屏幕。如果哪个学生在网上做无关的事，教师可以锁定学生的屏幕，并给学生发送提示消息。

---

① Arnesen, Elstad, Christophersen, & Vavik, 2014; Eysink & de Jong, 2012; P. A. Kirschner & van Merriënboer, 2013; C.N. Davidson, 2011; Winters, Greene, & Costich, 2008.

② Nixon, 2005; Schofield, 2006.

③ Afflerbach & Cho, 2010; P. A. Alexander & the Disciplined Reading and Learning Research Laboratory, 2012; P. A. Kirschner & van Merriënboer, 2013.

④ Niederhauser, 2008.

## 五、让学生互相教课

让学生互相教课，即**同伴教学**（**peer tutoring**），在讲解基础信息和技能时通常是有效力的教学方法。例如，教师可以让班里的学生互相讲课。两个或两个以上的合作教师也可以让高年级学生教低年级学生，如让四五年级学生教幼儿园或1年级学生。[①] 本书作者之一很多年前就读的高中学校有一个全校同伴教学项目，是与美国国家高中荣誉生会的分会合办的。

同伴教学可以提高学生的学业成绩。[②] 其有效力的原因之一是让学生主动专注于学习内容，这在教师主导的全班级授课方式中是不可能出现的。这种情境也可以让学习吃力的学生对自己不明白的问题进行提问，并且他们经常能够获得自己表现的反馈。[③]

一般来说，同伴教学可以让讲课的学生和听课的学生都从中受益。[④] 如果学生知道自己要给其他同学讲课，其学习的内在动机便更强，学习时会精心做计划并详细解释。[⑤] 此外，指导其他学生学习及解决问题的过程中，讲课者会把这些过程内化（回顾第6章内化中讨论的内容），因而能更好地指导自己的学习和问题解决。换言之，同伴教学可以促进学生的自我管理。[⑥] 同伴教学也有非学业方面的好处。通过同伴教学，学生的合作和其他社交技能可以得到提高，行为问题减少，不同种族背景的学生之间以及残疾学生和正常学生之间可以建立友谊。[⑦]

但学生并不具备成为合格的教师的知识和技能，尤其在小学阶段。[⑧] 大多数情况下，同伴教学内容应该仅限于讲课者熟知的学习内容（我们很快将看到一个例外情况）。对学生进行有效的教学技巧训练会很有帮助。例如，教师要告诉即将讲课的学生如何与要教的学生建立良好关系，如何把任务分成几个简单的步骤，以及什么时候给学生提供反馈等。[⑨]

**想一想**

你本人在同伴教学环节当讲课者或学习者是否受益了呢？如果受益了，你是如何从中受益的？如果没有，这个环节应该怎样进行改变呢？

教师给讲课者提供教学构思，有助于推动学生的课堂学习，尤其是当所有学生对学习内容都很陌生时。[⑩] 一种方法是问学生一些“起动问题”（starters），帮助学生想出一些高水平问题互相提问，例如：“……和……之间的区别是什么？”“如果发生……事情，你认为会发生什么？”在下面这段对话中，两个七年级学生在合作学习关于肌肉的知识时采用起动问题提问，他们两个之前对这个内容都不太了解。

**乔恩：**人体的肌肉系统是怎样工作的，凯尔？

**凯尔：**嗯……你活动时肌肉会缩回或缩紧。

① Inglis & Biemiller, 1997; Kermani & Moallem, 1997; D. R. Robinson, Schofield, & Steers-Wentzell, 2005; J. R. Sullivan & Conoley, 2004.

② Ginsburg-Block et al., 2006; Graesser, D’Mello, & Cade, 2011; K. C. Leung, 2015; D. R. Robinson et al., 2005; Roscoe & Chi, 2007.

③ Graesser & Person, 1994; J. R. Sullivan & Conoley, 2004.

④ Graesser et al., 2011; Inglis & Biemiller, 1997; K. C. Leung, 2015; D. R. Robinson et al., 2005.

⑤ Benware & Deci, 1984; A. M. O’Donnell, 2006; Roscoe & Chi, 2007.

⑥ Biemiller, Shany, Inglis, & Meichenbaum, 1998; Graesser et al., 2011.

⑦ Cushing & Kennedy, 1997; DuPaul, Ervin, Hook, & McGoey, 1998; Greenwood, Carta, & Hall, 1988; D. R. Robinson et al., 2005.

⑧ Graesser et al., 2011; Greenwood et al., 1988; Kermani & Moallem, 1997; D. Wood, Wood, Ainsworth, & O’Malley, 1995.

⑨ Fueyo & Bushell, 1998; Inglis & Biemiller, 1997; Kermani & Moallem, 1997; D. R. Robinson et al., 2005.

⑩ Fantuzzo, King, & Heller, 1992; Fuchs et al., 1996; Mathes, Torgesen, & Allor, 2001; Spörer & Brunstein, 2009.

**乔恩**：能告诉我更多的内容吗？

**凯尔**：嗯……这个……

**乔恩**：嗯，为什么肌肉很重要？

**凯尔**：因为如果没有肌肉，我们就不能活动，所以它很重要。

**乔恩**：但是，肌肉是怎样工作的？再解释一下。

**凯尔**：唔，肌肉有肌腱。有些肌肉叫作骨骼肌。骨骼肌在肌肉里面，比如在胳膊上，肌腱把肌肉和骨头连在一起，让肌肉前后左右活动。这样你就可以走路了。

**乔恩**：太好了！好吧。骨骼肌和心脏肌一样吗？

**凯尔**：嗯，它们都是肌肉，都很强壮，可以抓住东西。但我认为它们并没有很多共同点。

**乔恩**：行。那你为什么认为它们没有太多共同点？

**凯尔**：因为平滑肌，我指的是骨骼肌是随意肌，而心脏肌是不随意肌。好了，我现在想问你，你认为如果没有平滑肌会出现什么情况？

**乔恩**：如果没有平滑肌我们就得很费劲地咀嚼，花很长时间消化食物，必须时刻想着消化食物，因为平滑肌比如肠和胃都是不随意肌。

**凯尔**：对了，嗯，但是，你认为如果没有平滑肌你会受影响吗？

**乔恩**：嗯，会受影响，因为没有肌肉把食物送到胃、肠，你会被食物塞满！也许你只能喝果汁，只能吃果汁类食物。哈哈。[①]

请注意这两个男生是怎样互相问问题，从而让对方详细解释并进行元认知自我反思的（“那你为什么认为它们没有太多共同点？”“你认为如果没有平滑肌会出现什么情况？”）[②]通过这些有组织的相互交流，同样能力和水平的学生可以互相提供有价值的帮助。[③]

最理想的情况是，所有学生都能有一次或多次互相讲课的机会。说来容易做来难，因为总有少数学生比其他大多数学生水平低。一种办法是让成绩差的学生给低年级学生或同龄但有认知或身体障碍的学生讲课。[④]也可以让他们给成绩好的学生讲解他们能教的某些特定的任务，但事先不要让其他同学知道。[⑤]

## 六、用电脑技术来加强交流与合作

学生之间的有效互动并不一定要面对面完成。学生也可以通过电子邮件、聊天软件、电子公告板、网站和 Skype 网络电话（www.skype.com）等技术途径与同伴（本地的或是世界各地的同伴）进行交流，交换观点、进行头脑风暴，偶尔也可以邀请专家参与他们的谈话。这样的相互交流被统称为**电脑辅助合作学习**（computer-supported collaborative learning, CSCL）。但是，学生们必须明白，课堂讨论的规则同样适用于网络交流。例如，学生各种各样的观点都是受欢迎的，都是受期待的，

① A. King, 1997, p. 230.

② A. King, Staffieri, & Adelgais, 1998, p. 141.

③ A. King, 1998.

④ Greenwood, 1991; J. R. Sullivan & Conoley, 2004.

⑤ Cushing & Kennedy, 1997; Inglis & Biemiller, 1997; J. R. Sullivan & Conoley, 2004; Webb & Palincsar, 1996.

他们当然可以对同伴的观点进行批评，但是必须尊重对方，且不能持有任何偏见。[①]

关于如何运用技术加强学生的相互交流和合作学习，多伦多大学的研究者开发了一款软件，为此提供了很好的范例。该软件叫作“知识论坛”（knowledgeforum.com），它提供了多媒体数据库，学生可以用它联合组建某个主题的共享知识体，可能是关于空气动力学、光学或是美国南北战争的等。在电子环境中，学生可以把作业以研究报告、问题解决、图表、流程图、短篇故事之类的形式发布。学生定期作出回应，可能是做出反馈、构建观点、提出不同看法，或是把小组合作学习的内容进行综合。这些相互交流的电子形式让学生有时间思考他人的观点，胆小害羞的或因其他原因不愿意与同伴在公开场合交流的学生尤其喜欢这种方式。实质上，软件提供了电脑辅助的*学习者社区*的基础，大多数学生在心理上感觉更舒服，更“安全”。[②]

电脑辅助合作学习有几大好处。学生可以清楚地看到彼此的研究发现和逻辑思维过程，可以更轻松地思考和评价自己及同伴的观点。此外，学生集中精力真正地理解课堂学习内容，而不只是简单地“应付差事”完成任务（他们以理解掌握为目标，而不以成绩为目标），因此可以更好地记住并应用课堂学习内容。[③] 此外，来自不同国家的学生之间的合作学习也是让年轻学习者理解作为地球公民以及某个特定社区和国家的公民如何思考和行动的最佳方式。

## 七、用真实的现实生活中的任务来做小组活动

在第 3 章，我们注意到*真实活动*任务很重要。真实活动是指与学生在现实生活中遇到的问题类似的活动，这类活动可以促使学生把课堂学习内容运用到现实世界中去。现实生活中的复杂任务应该让学生在他人不提供指导或没有明确指导的情况下自己处理，让儿童在课堂完成任务时自己做各种决定，为今后做准备。大多数真实活动都应该是由学生主导，而不是由教师主导。

现实生活中有些任务很容易在校园完成。例如，在校园内学生可以烤蛋糕、撰写报刊文章、开展一个科学调查、为维基百科创建条目或计算不规则形状的房间需要用多少地毯。也可以将电脑辅助合作学习应用于此。例如，在一个叫作“全球项目”（www.globe.gov）的程序中，世界各地的学生小组就有关环境和地球科学的一个基于调查的项目开展合作。参加活动的学校和班级的学生们收集和分析各种环境主题（例如，气候变化、分水线动力学）的数据，撰写研究报告，与其他地方的学生和专业科学家们分享他们的研究发现。

其他真实任务可能在社区外发生，甚至是在第 4 章所描述的真实的*实习社区*中发生。例如，在**服务学习**（service learning）中，学生要制定与课程内容紧密相关的有意义的社区服务项目。小学阶段的孩子可以定期在环境易受影响的城市公园监测家养宠物遭“遗弃”的数量，中学生可以收集学校周边卖酒的商店和该地区暴力事件方面的信息。[④] 社区服务项目除了有社会、道德和动机方面

---

① Bellanca & Stirling, 2011; Kreijns, Kirschner, & Vermeulen, 2013.

② Hewitt & Scardamalia, 1998; Scardamalia & Bereiter, 2006, 2014.

③ Bereiter & Scardamalia, 2006; Gehlbach et al., 2008; Greaves, Hayes, Wilson, Gielniak, & Peterson, 2012; Miyake, 2008; Scardamalia & Bereiter, 2006; Zhang, Scardamalia, Reeve, & Messina, 2009.

④ Pickens, 2006; W.-M. Roth, 2011; Tate, 1995. 卖酒的商店这个例子在第 7 章课堂策略专栏“鼓励和支持有辍学风险的学生”中有详细描述。

的好处外（参见第 7 章），与重要教学目标紧密相关的社区服务项目还可以促进课堂学习。[①]

但并非所有的真实任务都可以在校内外完成，在这种情况下进行模拟是不错的办法。[②] 例如，学生可以对历史人物（如亚历山大大帝、阿道夫·希特勒）进行模拟审判，对古典文学作品中的各种人物进行角色扮演，或用形状各异的纸飞机检验空气动力学的有效性。

## 八、当在真实世界完成任务和进行模拟不太现实时，可以考虑使用电脑辅助模拟和游戏方式

电脑辅助模拟是非常有效的。例如，儿童可以通过在电脑屏幕上虚拟“操作”学会大量关于摩擦的知识，青少年可以在电脑模拟世界里系统地检验影响地震和雪崩的各种假设。采用电脑模拟方式的一个特别的优势就是，可以把学生的认知负担保持在合理的范围内，给学生提供适当的支持和帮助。[③]

有些电脑辅助模拟可以涉及很多学生——甚至包括很多所学校——他们一起为共同的问题进行合作。例如，在一个叫作“全球教育”（www.globaled.uconn.edu）的网络模拟游戏中，中学社会研究班成为特定国家的代表（如一个班代表法国，另一个班代表尼日利亚），不同的班级成员处理不同的全球问题（如国际冲突、人权、环境问题）。学生研究他们的国家和问题，然后通过网络与其他“国家”的代表进行交流（如其他学校的学生），分享他们的观点，就协议条约进行谈判。这种模拟不仅可以加深学生对全球问题的理解，也可以增强他们的观点采择能力，提高其对社会研究这个学科的兴趣。[④]

在另一个全球发布的模拟游戏“亚特兰蒂斯重组”（Atlantis Remixed，ARX; atlantisremixed.org）中，学生扮演不同的角色（如科学家、历史学家、数学家）来处理与某些环境或社会问题相关的复杂的全球问题，他们作出决定并采取行动，对长期结果可以产生明显的虚拟“影响”。[⑤] 图 8.9 是 ARX 系列世界游戏中的一个截屏。在该模拟中，学生在一个三维虚拟世界中为了找出鱼类数量下降的原因而对水质进行检测。

在某些情况下，电脑辅助模拟很明显具有类似游戏的特点。尽管很显然是游戏的元素，但是有些视频游戏和其他高科技类游戏却可以促进学生学习和成绩的明显提高。[⑥] 举例来说，在网络游戏网站“Whyville”（www.whyville.net）中，年龄稍大的儿童和青少年成为“公民”，进入一个拥有自己的政府、经济和生态系统的缤纷多彩的多面虚拟世界，进行探索、实验、竞争和合作。例如，创建个人虚拟化身“小镇居民”后可以建造高效节能的家，研发新疫苗，创建社区循环项目，或是在当地的珊瑚礁上找出新种类，赚取“克朗”（游戏中的虚拟现金）为他们的社区集体知识和心理幸福感做贡献（参见图 8.10）。在这种虚拟环境中，学生不仅可以学习和应用学术主题内容，也可以

① Celio, Durlak, & Dymnicki, 2011; Dymond, Renzaglia, & Chun, 2007; Thapa, Cohen, Guffey, & Higgins-D'Alessandro, 2013.

② 例如，参看 B. K. Lee, Patall, Cawthon, & Steingut, 2015。

③ Baroody, Eiland, Purpura, & Reid, 2013; de Jong, 2011; Kafai & Dede, 2014; Kuhn & Pease, 2010; Sarama & Clements, 2009.

④ Gehlbach et al., 2008.

⑤ Barab, Gresalfi, & Arici, 2009; Barab et al., 2010.

⑥ 关于这一点的深入讨论，请参看 Barab, Gresalfi, & Ingram-Goble, 2010; Squire, 2011; Tobias & Fletcher, 2011。

应用亲社会策略和领导技能。[①]

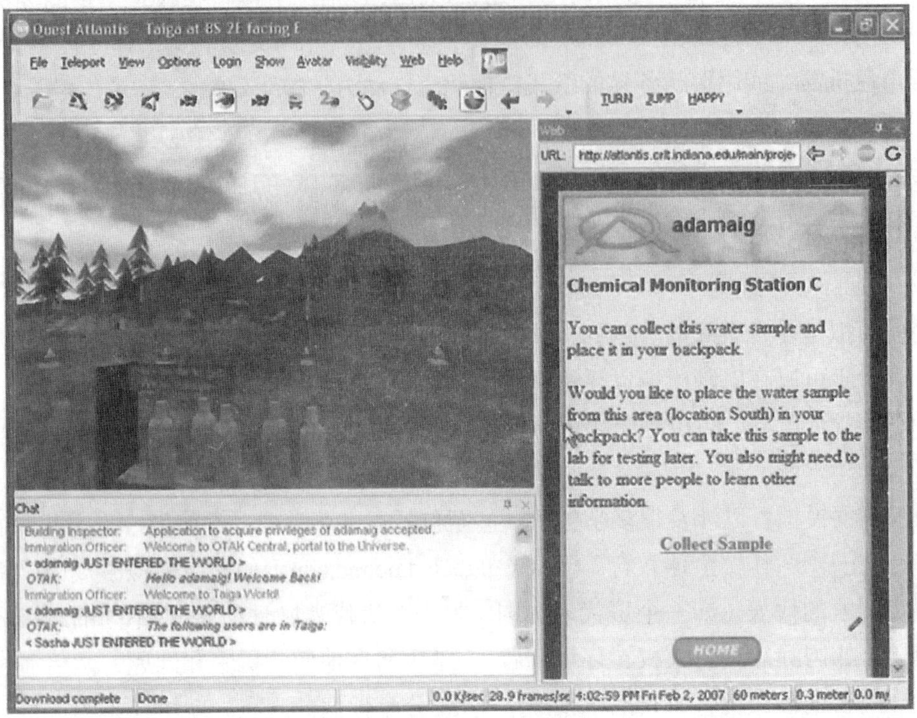


**图 8.9　这个 ARX 截屏展示的是一次电脑辅助模拟活动：学生在一个三维虚拟世界中为了找出鱼类数量减少的原因而对水质进行检测。想要了解更多模拟游戏信息，可以登录网站 atlantisremixed.org**

来源：Screenshot provided courtesy of Atlantis Remixed. Copyright @ by Atlantis Remixed. Reprinted by permission.

**图 8.10　在该游戏截屏中，学生的虚拟化身在潜入虚拟珊瑚礁时遇到了各种各样的珊瑚礁。通过辨认和数出这些东西，学生了解了珊瑚生态系统，并注意到珊瑚的健康动态**

来源：Screenshot provided courtesy of Numedeon, Inc. the creators of Whyville. Copyright @ by Nemedeon, Inc. Reprinted by permission.

① Kafai & Fields, 2013; Tobias & Fletcher, 2011; Wouters, van Nimwegen, van Oostendorp, & van der Spek, 2013.

## 九、提供足够的支持和帮助，确保学生顺利完成任务

在本章讨论各种教学策略时，搭脚手架这个单词经常出现。不管是教师主导的教学还是学生主导的教学，学生都需要足够的帮助和引导，以便知道他们应该做什么，能够达到什么程度的成功。[①] 然而，教师要采取折中的办法。他们当然不想把课堂任务设置成只需要简单任务和思考过程就能完成的程度，这样会让学生独立作决定的空间很小。最后，教师想要学生发展和使用复杂认知过程（例如，分析性的、批判式的、创造性的思考），就必须有推动这些过程的课堂作业和课堂活动。

# 第四节　一般教学策略

**主要理念：不同的教学策略适合不同的教学目标和教学目的以及不同的学生。**

做课程规划或教课时，无论是教师主导的教学还是学生主导的教学，或是两种教学方法结合，都应该认识到，我们在前几章中提出的许多策略是相互关联的。其关键是：

- 定期评价学生对学习内容的理解情况（见第 2 章）。
- 指导和支持学生的自我管理行为和学习（见第 3 章）。
- 不是表面地而是深入地研究一个主题（见第 3 章）。
- 开展模拟课堂和活动（见第 5 章）。
- 提供让学生可以完成的有挑战性的任务（见第 5 章）。

以下几个策略适用于所有人。

## 一、要考虑群体差异

有些教学策略更适合某些文化背景的学生。例如，来自注重人际合作文化背景的学生（如西半球的西班牙裔和本土美国人社区、新西兰毛利人社区）在有许多互动与合作活动的课堂上容易取得更好的学业成绩。相反，刚从亚洲国家移民来的学生更习惯教师主导的教学而不是学生主导的课堂活动。世界其他各地的土著群体的孩子也是如此。[②]

语言交流的特定文化模式也很重要，它们会影响到学生在全班讨论和问答环节的参与程度。文化因素专栏“语言交流中的文化和种族差异”中有些例子。

---

① Belland, Kim, & Hannafin, 2013; N. Carr, 2011; Jeong & Hmelo-Silver, 2016; van de Pol, Volman, & Beishuizen, 2010; Weinert & Helmke, 1995.

② Castagno & Brayboy, 2008; Lillemyr, Søbstad, Marder, & Flowerday, 2011; Macfarlane, Webber Cookson-Cox, & McRae, 2014; Tyler et al., 2008.

# 文化因素

## 语言交流中的文化和种族差异

如果你在西方主流文化中长大，你会知道用哪些方式与他人谈话是合乎社会规范的，而用哪些方式是完全不被接受的。例如，你与朋友一起吃午餐，用餐过程中可能一直要进行交谈。如果另一个人在说话，尤其是如果他是权威人物，你要知道在他说完之前不要打断他。但他说完之后，如果你想进一步了解就可以提问题。

这种社交习俗并非全世界通用。我们现在从语言交往的几个方面来看看文化和种族差异：方言、爱说话、坚定自信、回答问题、等待时间。

- **方言**

即使在家说英语，儿童说的也与学校普遍接受的**标准英语**（**Standard English**）有所不同。具体来讲，他们使用不同的方言，他们的英语形式（或更广泛地说，任何一种语言形式）包含独特的发音、习惯用语和语法结构。**方言**总是与特定地区或特定种族和文化群体相联系。最广为研究的种族方言是**非裔美国人所讲的英语方言**（你可能也见过“黑人英语土话”这样的说法）。它实际上是一组相似的方言，在全美许多非裔美国人社区使用，说话的方式与标准英语有很大差别。（例如：“He got ten dollar.”“Momma she mad.”“He be talkin.”）[a]曾经有一段时间，许多研究者认为非裔美国人所讲的英语方言是标准英语的简化形式，因此他们敦促教育者尽快教学生们“恰当地”说英语。但是现在大多数研究者意识到，非裔美国人所讲的英语方言实际上非常复杂，有可预见的句子结构，与标准英语一样很容易促进交流和复杂的思维加工。[b]

如果地方方言为社区的居民所乐于使用，那么它就成为人们日常交往中有效力的联系方式。此外，许多儿童和青少年把他们本土的方言看成种族认同的必不可少的一部分。[c]然而，不能流利地说标准英语会阻碍学生的阅读和写作能力发展，在今后的岁月中，他们使用不同的区域或文化的方言可能会让其他人低估他们的能力水平。[d]因此，许多专家建议，所有说英语国家的学生都应该熟练掌握标准英语。

最后，在适当场合既能说地方方言也能用标准英语的儿童和青少年能够最有效地担当自己的角色。例如，尽管教师希望学生在书面作业和正式演讲中使用标准英语，但他们也发现在创造性的写作和非正式的课堂讨论中方言也许更合适。[e]

- **爱说话**

相对来讲，西方主流文化是爱闲聊的文化。人们即使没有什么可交流的，也会一起聊天，以此方式保持人际交往和打破令人尴尬的沉默。[f]此外，在一些非裔美国人文化、夏威夷和犹太文化中，无论成年人还是孩子，总是在不由自主地说话，似乎是为了表明个人在参与谈话，也可能是为了避免从谈话中被排除在外。[g]

但是，在其他一些文化中，也可能沉默是金。例如，在有些地方，要求孩子们主要通过近距离安静地观察成年人的方式进行学习，而不是提问或打断大人。[h]实际上，在有些文化中，如墨西哥裔美国人社区和东南亚地区、非裔美国人社区，孩子们从小就学会了只有在被直接要求说话时才可以参与成年人的谈话。[i]

- **坚定自信**

有些爱说话的文化也是坚定自信的，人们通常愿意说出他们的看法，可能打断正在说话的人。例如，非裔美国人、欧裔美国人、夏威夷人就是如此。来自比较安静文化的人，如亚裔美国人，通常在表达自己观点的时候更委婉、更敏感。例如，他们开始说话的时候，可能会以“我不太确定，但有可能……”开始，在谈话过程中他们也不太可能会表露自己的情感。[j]

- **回答问题**

西方主流文化课堂里常见的交往模式是**IRE循环**（**IRE cycle**）：教师通过提问发起（I，initiate）交流，学生回答（R，respond）问题，教师对其回答进行评价（E，evaluate）。[k]中等收入的欧裔美国人家庭中亲子间的互动也有类似的模式。例如，我的孩子在蹒跚学步阶段和学龄前，我通常会问：“你多大了？”“奶牛会说什么？”他们做出正确回答时我会表扬他们。但是在其他文化群体中长大的孩子，刚开始上学时并不熟悉这样的问答环节。此外，有些孩子对教师提问他自己已经知道答案的问题感到很困惑。[l]

- **等待时间**

向学生提问以后，许多教师都会等不到一秒钟让学生回答问题（见第2章）。这个短暂的等待时间不仅没有给学生足够的时间来检索相关信息和构思答案，也与某些文化群体的交往模式不协调。有些文化背景的人在回答问题之前会留出很长的停顿时间以表示尊重，就如一位北部夏安族人所说：

即使对你的问题能很快做出回答，我也不会马上回答。因为那样会显得你的问题根本不值得去思考。[m]

如果等待几秒钟时间让其回答问题，这些文化背景的学生可能会参与课题和回答问题。[n] 把等待时间延长，既可以让学生表示尊重，也可以给那些英语应用能力有限的学生一些心理“转换”时间。

[a] Hulit & Howard, 2006, p. 346; Owens, 1995, p. A-8.
[b] Alim & Baugh, 2007; Fairchild & Edwards-Evans, 1990; Hulit & Howard, 2006; Spears, 2007.
[c] Adger, Wolfram, & Christian, 2007; Godley & Escher, 2011; Ogbu, 2003.
[d] Adger et al., 2007; Charity, Scarborough, & Griffin, 2004; T.A. Roberts, 2005.
[e] Adger et al., 2007; DeBose, 2007; Ogbu, 2003.
[f] Gay, 2010; Trawick-Smith, 2003.
[g] Farber, Mindel, & Lazerwitz, 1988; Hale-Benson, 1986; Tharp, 1989; Gay, 2010; Tyler et al., 2008.
[h] Correa-Chávez, Rogoff, & Mejía Arauz, 2005; Gutiérrez & Rogoff, 2003; Kağitçibaşi, 2007; J. Li & Fischer, 2004.
[i] Delgado-Gaitan, 1994; C. A. Grant & Gomez, 2001; Ochs, 1982.
[j] Gay, 2010; Morelli & Rothbaum, 2007; Tyler et al., 2008; C. Ward, Bochner, & Furnham, 2001.
[k] Mehan, 1979.
[l] Adger et al., 2007; Crago, Annahatak, & Ningiuruvik, 1993; Heath, 1989; Rogoff, 2003, 2007.
[m] Gilliland, 1988, p. 27.
[n] Castagno & Brayboy, 2008; Gilliland, 1988; Mohatt & Erickson, 1981; Tharp, 1989.

还要考虑到学生的性别差异。许多男生喜欢竞争，在努力实现目标时更为坚定自信。① 相反，女生在合作式的教学活动中比在竞争式的教学活动中表现更好。在全班讨论中女生可能会感到害怕，更愿意参与小组形式的讨论与活动。② 因为有时候男生会控制小组活动，所以教师可以组织全部是女生的小组。这样做可以提高女生的参与度，鼓励她们起领袖作用。③

教师对教学策略的选择在低经济收入社区的学校尤其重要。这些学校的学生在基础技能方面的训练和练习太多，这种练习对提升学生的学习兴趣没有任何帮助。④ 掌握基本知识和技能虽然很重要，但教师可以把这种练习合并到课程中，让学生把学习内容与个人兴趣相结合，应用到现实生活中。例如，在“孩子们的美国大选”（Kids Voting USA）这个课程中，各年级的学生都学习与年龄相适应的选举、政党、政治问题方面的课程，把所学内容与当地选举活动联系起来。⑤ 不同年级的学生可以进行自己的模拟选举，分析竞选人会如何攻击对手，发表演讲拉选票。参与该项目的学生定期听取媒体对选举的报道，在朋友和家人中发起关于选举的讨论，对竞选人和选举结果有更多了解。实际上，他们对政治的知识和热情也具有感染力，因为他们的父母也会开始关注新闻，经常讨论政治，获得关于竞选人和政治问题更多的知识。

一定要记住低收入家庭的孩子使用电脑和互联网的方便程度和经验不如那些家庭经济条件好的同伴，这一点很重要。但不是说，教师要避免让低收入家庭的学生使用电脑。恰好相反，教师应该为他们的与电脑相关的活动和作业提供更多支持。同时，就如在本章前面提到的，如果不清楚是不是所有学生都方便使用高科技资源，则应该布置不需要使用技术设施的家庭作业。

① Benenson et al., 2002; Eisenberg, Martin, & Fabes, 1996; Maccoby, 2002.
② Théberge, 1994.
③ Fennema, 1987; MacLean, Sasse, Keating, Steward, & Miller, 1995; Slavin et al., 2003.
④ Duke, 2000; R. Ferguson, 1998; Pianta & Hamre, 2009; Portes, 1996.
⑤ M. McDevitt & Chaffe, 1998, 2002; M.McDevitt & Kiousis, 2006; also see www. kidsvotingusa. org/.

## 二、要考虑根据课堂上英语学习者的优势对教学策略进行修改或补充

实际上，除非有明显残疾，否则所有学龄儿童都熟练掌握了至少一门语言。这门语言可能是英语，也可能不是。能够流利地使用母语但母语不是英语的学龄儿童通常被称作**英语学习者**（**English language learners, ELLs**）。小学和初中阶段的这类学生关于英语的知识有限，在英语课堂上他们的学校功课很可能有麻烦。

对大多数英语学习者来说，最理想的情况是**双语教学**（**bilingual education**），她们可以得到英语的详细教学指导，同时又能用母语学习其他学科或领域，然后经过几年时间逐渐过渡到纯英语的教学指导中。①基本简单了解对话语言，也称为**基本人际交流技巧**（**basic interpersonal communication skills, BICS**），对纯英语课程的学术学习是不够的。最后，学生们必须熟练掌握足量的词汇和语法才能理解英文课文和讲座，并从中学习。换句话说，他们必须有**认知学术语言能力**（**cognitive academic language proficiency, CALP**）。这样的英语水平需要相当长的一段时间才可以达到，通常需要5~7年。②

很显然，期待教师在课堂上熟练掌握所有的英语学习者的母语是不切实际的。但是，教师在推动学生的课堂学习和提高其学业成就方面是大有可为的。在课堂策略专栏“与英语学习者合作”中提供了一些建议。

### 课堂策略

#### 与英语学习者合作

- **如果你不会说某个学生的母语，你可以招募和训练家长、社区志愿者或其他学生帮助你提供那门语言的指导**

  有个幼儿园小男孩是在说赫蒙语环境中长大的，这是美国的一些亚洲移民社区的语言。他的老师找了一个能够为他读英语图画书的四年级学生，给他把英语翻译成赫蒙语。老师指着这本书上某一页的睡莲叶子，让这个四年级学生用赫蒙语描述，因为这个男孩还从来没有见过睡莲叶子。

- **如果可能的话，早点用学生的母语教给学生阅读技巧**

  一位一年级老师与刚从墨西哥移民来的学生合作时，用西班牙语教给学生基本的字母与发音之间的关系以及单词编码技巧（例如，印刷体单词dos，意思是“二”，可以分成几个音，“duh”“oh”和“sss”）。

- **用英语交流的时候，说话要比平常速度慢，每个单词都清楚地发音**

  一位中学老师非常仔细，他总是说“going to”而不说“gonna”，他说“want to”而不说“wanna”。

- **使用双语软件**

  一位老师使用关键词“双语”“教育”“软件”进行快速搜索时，发现了许多教育软件程序，在其中可以选择英语和西班牙语，包括一些免费程序，都可以轻松下载到教室里的电脑上。

- **采用视觉帮助来补充口头解释**

  一位高中历史老师使用从互联网上下载的图片来解释对古埃及的口头描述。

① Dixon et al., 2012; Garcia & Jensen, 2009; Marsh, Hau, & Kong, 2002; Tong, Lara-Alecio, Irby, Mathes, & Kwok, 2008.

② Carhill, Suárez-Orozco, & Páez, 2008; Cummins, 2000, 2008; Dixon et al., 2012; Padilla, 2006.

- **在小组学习活动期间，要鼓励母语相同的学生互相用母语交流**

  一位高中科学老师把学生们分成合作小组来学习重量、长度以及推力对钟摆的震荡周率的影响。她把三个母语为中文的学生单独分到一个组。她建议在做实验时他们可以说英语，也可以说中文。

- **让学生分组合作来理解课文材料**

  两个中学生在阅读地理课本时，其中一个大声朗读，另一个同学边听边记笔记。他们时常停下来讨论刚读到的内容，或是交换角色。

- **鼓励学生用英语进行班级讨论，但不必强行要求；对有些学生刚开始不愿意参与活动要给予理解**

  一位高中社会学老师经常把班级分成多个小组，讨论一些有争议的社会和政治问题。当这些英语学习者进行交流还有困难的时候，他特意把两个新近移民来的学生安排在那些可能会支持他们的小伙伴的组里。

来源：教学策略是基于 Carhill et al., 2008; Comeau, Cormier, Grandmaison, & Lacroix, 1999; Duff, 2001; Egbert, 2009; Espinosa, 2007; Garcia, 1995; Herrell & Jordan, 2004; Igoa, 1995; Janzen, 2008; Krashen, 1996; McClelland, 2001; Padilla, 2006; Slavin & Cheung, 2005; Solórzano, 2008; Tong et al., 2008; Valdés, Bunch, Snow, & Lee, 2005 的研究和建议。

## 三、要考虑学生的发展水平、个体差异和特殊教育需求

教学策略在某种程度上必须取决于学生的年龄和发展水平。用结构化的方式对主题内容做详细解释，给学生大量指导和反馈（如直接教学法、掌握教学法），这种教学方法更适合年龄较小的学生。当然，如果需要吸引学生的兴趣和注意力，鼓励有意义的学习，那么讲座（通常较为抽象）和长篇的家庭作业对年龄大一点的学生更为有效。[①]

学生已有的知识和技能也是必须考虑的重要内容。[②]结构化的、教师主导的教学通常更适合学生学习那些不太了解或完全不了解的内容。但当学生掌握了基本知识和技能，尤其是有自我管理能力的学生可以开始主导自己的学习时，应该把他们分成讨论小组开展实证活动或通过超媒体和互联网独立进行研究。

即使是对同一年龄的学生，教师也要根据学生的特点对教学目标和教学策略进行调整。与有特殊认知能力或残疾学生合作时，教师尤其要灵活运用。最理想的情况是，教师为每个学生提供个性化教学，该方法被称为**差别化教学**（**differentiated instruction**）。例如，要想让所有学生都在特定的*最近发展区*（见第 6 章）学习，教师可能需要明确某些学生（如智力障碍的学生）的基本教学目标，而给另一些学生提供更有挑战性的活动。严格地讲，单向的说明性教学（如讲座、课本或网页）可以为向那些能快速抽象处理信息的学生呈现新观点提供快速高效的方式，但背景知识很少的学生和有学习障碍的学生会觉得很难理解，无法应付。相反，直接教学法和掌握学习法对学习落后的学生（包括许多被确定有认知障碍的学生）很有效，但会妨碍接受能力强的学生以与自身潜力相当的进度学习。[③]此外，许多学业成绩较差的学生在记笔记活动中需要很多支持和帮助。例如，对于有学习障碍的学生和注意力缺陷多动障碍的学生，可以给他们提供具体某一课的笔记表格，也可以经常提醒他们哪些内容应该记在笔记里面——这些办法对他们都有所帮助。[④]

---

① Ausubel, Novak, & Hanesian, 1978; H. Cooper et al., 2006; Rosenshine & Stevens, 1986.

② C. M. Connor et al., 2009; Corno, 2008; Kalyuga & Sweller, 2004.

③ Arlin, 1984; Rosenshine & Stevens, 1986; Stein & Krishnan, 2007; Tomlinson & McTighe, 2006.

④ J. R. Boyle, Forchelli, & Cariss, 2015.

电脑辅助教学策略作为根据学生的特定能力水平调整教学的一种方式尤其有用。例如，智能教学系统，实质上是根据学生个体的知识水平和持续的进步进行适合的教学。可汗学院这样的网站提供了许多针对数学、科学、其他内容领域的具体主题内容的教学短片。英语语言的教学短片和教基本技能的双语软件在与英语学习者合作时是非常有帮助的。① 电脑软件程序里的某些工具，如文字处理程序里的拼写检查和语法检查功能可以为某些学生提供可能需要的额外帮助（见图 8.11）。

差别化教学法的一个基本元素，当然就是*学生学习进展的定期评价*，这是教学策略和课堂评价方法相互影响的错综复杂的方法中的一个例子。我们将在第 10 章中深入讨论。

> 我小时候，根本就无法阅读。一个老师告诉我，如果我努力学习就可以学会。学会阅读就像是爬拉什莫尔山。我花了很长的时间，但最终还是成功了。妈妈说，她非常（vary）自豪。阅读对我来说很难。我花五年时间学会了阅读。我每天去学习中心学习 400 常用词（site words）。对我来说，学习这些单词很难，但我还是努力去做。阅读是我这一生到目前为止最为重要的事情之一。

**图 8.11　五年级学生达伦的阅读和书写比较困难，他在文字处理程序的帮助下写出了这段连贯的话。拼写检查让他能够正确地拼写出大部分单词，但并非全部单词（他原本是想使用单词 very 和 sight，而不是 vary 和 site）**

## 四、在一节课中要结合几种教学方法

在整个 20 世纪和 21 世纪早期，许多教育者一直在寻找教育儿童和青少年的唯一的“最佳”办法，在某些情况下也可以说他们已经找到了。结果是出现了一系列运动，教育者原本主张采用某种教学方法，几年后又提倡另一种截然不同的方法。② 我们作者于是想知道为什么教育领域会有这种摇摆不定的特点，我们提出了几种假设。也许是有些人在寻找教学的法则（*algorithm*）——一种为保证学生取得高分而采取的特定方式。也许是他们混淆了理论和事实，认为最新的理论热潮肯定是儿童如何学习如何发展的唯一正确解释，因此他们的结论是：从这个理论中得出的教学方法也一定是正确的。这可能是他们对教育体制的目标是什么只有极其简单的看法。

到现在为止，非常明确的一点是，*课堂教学没有唯一的最佳方法*。每种教学方法都有其优点，某种教学方法在某种情境中可能是有效力的。表 8.3 列举了教师用到的一般教学目标，并提出了相适应的一般教学策略建议。注意我们在本章所探讨的许多策略在表中都出现了两次或两次以上，说明这些策略可以灵活运用到多个教学目的中。成功的课堂，也就是说学生以真正有意义的方式来获得并使用主题学习内容的课堂，毫无疑问是可以找到多种教学方法的课堂。

---

① Egbert, 2009; Merrill et al., 1996.

② 例如，可以参看 K. R. Harris & Alexander, 1998; Sfard, 1998。

**表 8.3　选择一种教学策略**

| 当你的教学目标是帮助学生…… | 你可以考虑采用…… |
| --- | --- |
| 掌握和复习基本技能 | • 直接教学法<br>• 电脑辅助教学（某些程序）<br>• 教师提出一些较低要求的问题<br>• 掌握学习教学<br>• 合作学习<br>• 同伴教学<br>• 视频游戏（某些程序）<br>• 布置家庭作业（让学生练习他们先前在学校里学的技能） |
| 获得某个主题直接的具体的经验 | • 发现学习和探究学习（参见第 6 章）<br>• 服务学习活动<br>• 电脑辅助模拟（例如，通过角色扮演活动、教学软件程序或网页） |
| 获得关于某个主题的有组织的、相对抽象的知识体系 | • 讲座<br>• 课本和其他阅读作业<br>• 教学网站<br>• 智能家教系统 |
| 把学校学习内容与现实世界的情况和问题进行联系 | • 实证活动<br>• 电脑辅助模拟<br>• 探究学习<br>• 电脑辅助合作学习（在同一教室或与其他学校的同学合作）<br>• 设计合理的以及提供了支持帮助的家庭作业 |
| 深入理解某个主题或形成高水平的认知加工（如问题解决、批评思维、科学推理）能力 | • 由教师提问高水平的问题<br>• 课堂讨论<br>• 合作学习<br>• 探究学习<br>• 学生开展独立研究（使用打印材料和互联网）<br>• 实证活动<br>• 电脑辅助模拟（某些程序）<br>• 电脑辅助合作学习<br>• 同伴教学（需要讲课者对他们先前所学的知识进行组织和解释） |
| 获得更多的元认知意识以及更高效的阅读和自我管理策略 | • 电脑辅助教学（某些程序）<br>• 互相教学（见第 6 章）<br>• 合作学习<br>• 同伴教学（可以提高讲课者的自我管理能力）<br>• 适合年龄的家庭作业（提供适当的帮助，以促进独立学习习惯的养成以及诸如自我提问和自我监控之类的元认知加工） |
| 掌握电脑使用技巧 | • 定期使用班级网站<br>• 电脑辅助教学（如智能家教系统）<br>• 学生在网上独立开展研究<br>• 网络探究<br>• 电脑辅助合作学习<br>• 电脑辅助模拟 |

续前表

| 当你的教学目标是帮助学生…… | 你可以考虑采用…… |
|---|---|
| 获得与他人进行有效交往和合作的策略 | • 班级讨论<br>• 互相教学<br>• 小组探究学习<br>• 合作学习<br>• 同伴教学<br>• 电脑辅助合作学习<br>• 多人电脑辅助模拟和视频游戏 |

## 总结

教师的两个核心作用是制定教学规划和实施教学。本章开头部分提出的四大主要理念可以帮助我们总结指导这些课堂活动的基本原则。

- **有效力的教师会明确哪些是他们希望学生掌握的知识和技能，并做出相应的教学规划**。有效力的教师会提前做大量教学规划。他们会明确想要学生达到的总教学目标和具体的教学目的。他们会进行任务分析，把复杂任务分成多个简单任务。他们会做出课堂教学规划，拟出每天要使用的教学活动，并在学年中不断评价和修改教学规划。近年来，许多教师开始创建班级网站，交流班级的教学目标和教学目的、作业的详细信息以及最后交作业的时间等等。
- **有时候教师主导的教学效率更高，也就是说由教师掌控要学习的具体主题和每堂课的总体教学过程**。大多数教师主导的教学是说明性的，基本以与学生期待的学习方式大致类似的方式呈现信息。有时是“单向的”（如讲座和课本阅读作业），信息主要是从教师或其他专家（如课文作者）传到学生。有时也有双向的信息在教师（也可能是“虚拟的”教师，如电脑）和学生之间来回。例如，直接教学法、电脑辅助教学、掌握学习教学法都有许多学生练习和教师反馈的机会。与所有教学方法一样，教师主导的教学在促进有效力的认知加工时最有效，例如，吸引学生的注意力，鼓励学生解释所学内容。
- **有时候学生主导的教学效率更高，也就是说学生对要讨论的问题及讨论方式有控制权**。在相当大的程度上，在课堂讨论、合作学习活动、独立研究、电脑辅助合作学习、同伴教学、实证和模拟活动中，学生有进程控制权。当话题和任务本身可以让他们得出各种观点和方法时，当教师营造有利于辩论的课堂气氛时，且学生有能力管理自己的学习和行为时，学生主导的教学是最有效力的。即便如此，学生也需要一些帮助和指导才能成功完成教师指派的任务。
- **不同的教学策略适合不同的教学目标和教学目的以及不同的学生**。例如，当学生要学会基本技能并自动做出反应时，建议采用直接教学法或掌握学习教学法。而教学目标是让学生应用这些技能解决现实世界的实际问题时，实证和模拟活动则更适合。对女生和强调合作而非竞争的文化背景的学生来说，互动的、合作的教学策略更有效。抽象的讲座对成绩好的学生更有效，而具体的教学方法（如直接教学法）更适合年龄小的学生、成绩差的学生以及对要学习的主题和技能没有任何了解的学生。真正有效力的教师会根据学生的能力、素质和需求采用有针对性的教学策略。

## ▼资格考试备考练习

### 合作学习项目

某个星期一上午，米哈乐老师在一个 4 年级的班级开始教“世界各地的风俗”这个单元。她让学生选择两到三个同学一起研究某个国家的风俗。学生组合成 6 个小组之后，她给每个小组指定了一个国家：澳大利亚、哥伦比亚、爱尔兰、希腊、日本和南非。她告诉学生：“今天我们要去学校图书馆，每个小组要找到这个国家的风俗方面的信息，看看你们的材料是否有用。现在起两个星期内，每天都要有时间和小组在一起。从周五起一周后，每个小组向全班做口头报告。”

在后来几节课上，米哈乐老师遇到了很多她未曾预料到的问题。她发现学习成绩好的学生组成两个小组，许多性格外向受欢迎的学生组成了另外两个小组，剩下的学生组成了其他两个小组。有些小组很快就开展工作，有些小组一直在开玩笑闲聊天，还有些小组既不学习也不交流。

在这个单元的学习过程中，米哈乐老师听到学生对这次学习任务有很多抱怨：“我和詹妮特做了全部的工作，凯伦和玛丽・凯根本不帮忙。”“尤金认为他可以对我们发号施令，因为我们要研究的是爱尔兰风俗，而他是爱尔兰人。”“我们花了很多时间却什么也没找到。”这个单元学完后各小组汇报质量大不相同：有些认真做了计划，内容丰富；而有些小组毫无头绪，也没有主旨。

**1. 问答题**

描述你要做的两件事来完善米哈乐老师的合作学习活动。你要做的事情要以与合作学习相关的研究结果或现代的学习、发展或动机方面的理论为基础。

**2. 选择题**

米哈乐老师没有明确“世界各地的风俗”这个单元的教学目的。以下哪个教学目的反映了我们推荐的确定教学目的的有关指导？

（1）教师应该告诉学生不同文化在行为和观念上（如饮食习惯、仪式做法、宗教信仰和道德价值观）都存在很大差异。

（2）教师应该使用各种教学方法，包括（但并不限于）讲座、直接教学法、课文朗读以及合作学习活动。

（3）学生应该学习各种文化行为和观念，包括世界不同地方的。

（4）学生应该展示各种不同文化中行为方面的知识，如描述不同文化的三个不同之处。

# 第 9 章

# 创造有效力的课堂环境和校园环境的策略

**主要理念**

第一节　有效力的教师可以创造充满关爱和尊重的课堂环境，让学生可以持续专注于学习，实现教学目标和教学目的。

第二节　教师与同事、校外机构及家长一起合作时效率是最高的。

第三节　教师要采取有效干预措施来减少学生不学习的行为，这些干预措施要适应环境，以学生的长期发展和心理幸福感为最终目标。

第四节　减少校园里的攻击和暴力行为需要一个三层级法：（1）创造尊重的支持性的校园环境；（2）对可能出现社交失败的学生尽早干预；（3）对经常出现攻击行为的学生进行深度干预。

**本章概要**

个案研究：易传染的情况

创造有利于学习的环境

把社群意识扩展到课堂以外

减少与学习无关的行为

处理校园里的攻击和暴力行为

总结

资格考试备考练习：好伙伴

**个案研究：易传染的情况**

康奈尔老师在 5 月份获得教师资格证后，成为双松小学 5 年级的教师。她整个暑假都在做课程计划，明确了这个学年的教学目标，为帮助学生达到这些教学目标设计了很多活动。开学第一天，她直接开始教计划好的课程。但很快出现了三个问题学生：伊莱、杰克和瓦内萨。

这三个学生似乎坚决要利用一切机会破坏课堂纪律。他们不经允许在教室里面到处走动，故意在削铅笔或去废纸篓扔东西时打扰其他同学。他们随意说话，有时很粗鲁，对老师和同学不尊重，有时候还贬低康奈尔老师精心准备的课堂活动。他们几乎从不完成课堂作业，而是在搞恶作剧或讲笑话。每天开始上课和快放学的时候，休息和午餐前后，在康奈尔老师忙着与其他同学说话时，他们更容易出现不良行为。

康奈尔老师继续进行每天的课程计划，不理这几个问题学生，希望他们能够自己改进。但他们的破坏行为还在继续，他们对彼此的滑稽动作感到很高兴。此外，这些行为开始蔓延到其他学生。到 10 月中旬，康奈尔老师的课堂已经失控，教学目标几乎都没有完成。少数几个想要专注学习的学生也很难再专心学习了。

- 请问康奈尔老师在哪些方面提前做了计划？哪些方面没有做计划？

康奈尔老师是刚参加工作的新教师，从某些方面做了充分准备，但并没有在各方面都做好准备。她认真地明确了教学目标以及相关课程计划，但忽略了考虑如何把学生吸引到课堂任务中，如何根据学生的学习进展情况调整课程，也没有考虑在他们妨碍教学和其他同学的学习之前如何将其不良行为消除在萌芽状态。没有这些计划，任何课程，即便是以正确的学习、发展和动机原则为理论基础的课程，也不可能有效。

本章我们将不时地回到开头部分的个案研究来弄清楚伊莱、杰克和瓦内萨这三个学生为什么这么爱捣乱，他们的行为为什么会蔓延到其他同学。但首先要明确的一点是：康奈尔老师的课堂问题并不是因为太吵，也不是因为活动太多。有效力的**课堂管理**（**classroom management**），即创造和保持有利于学生学习的课堂环境，与课堂噪音和活动水平没有关系。管理良好的课堂中，学生能够持续专注于学习活动，学生的行为不会干扰自己或他人教学目标的实现。

创造和保持让学生持续专注于课堂活动的环境，是一项极具挑战性的任务。教师必须注意学生的特别需要，必须协调同时出现的几个活动，对没有预料到的事要快速决定如何做出反应。此外，教师必须把正在使用的课堂管理策略调整为特定教学策略（如直接教学法、班级讨论或合作学习活动）。因此，许多新教师认为课堂管理是他们首先要关注的事。[①]

有效力的课堂管理的一般模式是*权威型教养方式*，这是第 7 章讲到的教养风格。[②] 你可能回想起来了，权威型父母会：

- 提供充满关爱的、支持的家庭环境；
- 对儿童的行为有很高的期望和标准；

---

① Evertson & Weinstein, 2006; V. Jones, 2006.

② Gregory, Cornell, & Fan, 2011; J. M. T. Walker & Hoover-Dempsey, 2006.

- 解释为什么有些行为可接受而有些不可接受；
- 不断强化行为规则；
- 让孩子自己参与做决定；
- 提供与儿童年龄相适应的自主性。

在以下对课堂管理策略的讨论中，我们将看到权威型教养模式的这几个特征。我们从先发制人的预防策略开始讨论，这些预防策略旨在从最开始就要想办法建立良好的学习环境。然后，我们再讨论对于学生不学习的行为采取什么策略，这种情况即便是在管理良好的课堂中也可能出现。

# 第一节　创造有利于学习的环境

**主要理念：有效力的教师可以创造充满关爱和尊重的课堂环境，让学生可以持续专注于学习，实现教学目标和教学目的。**

在谈到课堂环境时，从某种程度上我们指的是真实的物理情境，如桌椅如何摆放，学习工具和教学设备（绘画用品、电脑等）的使用是否方便，是否有用来呈现信息和吸引学生注意力的布告栏等。但更重要的是心理环境或**课堂氛围**（**classroom climate**）。[①]在理想的课堂上，学生觉得很安全，学习是优先的事，愿意去冒险、去犯错误，这一点对长期的学业成功十分关键。这些特点对学习成绩不好和可能辍学的学生尤为重要。[②]

以下推荐的策略概括了许多研究者和有经验的教育者提出的如何创设和保持有利于学生学习和学业进步的环境。

## 一、合理安排教室布局，尽量吸引学生注意力，使其不受干扰

当教师安排教室里的桌椅用具时，要决定把教学材料和设备放置在什么地方等问题，应该考虑各种安排对学生行为可能造成的影响。以下是几个广泛推荐使用的策略。[③]

- 桌椅的安排要方便师生互动，定期调查班里的学生是否有困惑、挫败或厌烦的现象。
- 确定教室里的通行方式，让学生在教室里走动时不会互相干扰。
- 用一些图片展示使教室墙壁显得更有生气，但不要创设出视觉上的“忙碌”，因为这样很容易分散学生们上课的注意力。
- 把易分散学生注意力的东西放在学生看不见够不着的地方，需要时再拿出来。
- 如果好朋友在一起容易做与学习任务无关的事，则把他们的座位分开（如安排在教室里不同方位的座位上）。

---

① Hardré, Crowson, DeBacker, & White, 2007; Patrick, Ryan, & Kaplan, 2007; Reyes, Brackett, Rivers, White, & Salovey, 2012.

② Hamre & Pianta, 2005; V. E. Lee & Burkam, 2003; Rumberger, 2011.

③ Bicard, Ervin, Bicard, & Baylot-Casey, 2012; K. Carter & Doyle, 2006; W. Doyle, 1986; Emmer & Evertson, 2009; A.V. Fisher, Godwin, & Seltman, 2014; Gettinger & Kohler, 2006.

- 把经常捣乱和不听课的学生安排在离教师近的座位。

## 二、让每个学生都感受到关心和尊重

回顾第 5 章的内容，人类的基本心理需求是与他人保持社交联系。课堂上学生以不同方式表现出与同学保持联系的需求。例如，有些学生在自己表现好的时候希望得到教师的表扬。有些学生上课捣乱是为了引起教师的关注（这可能正是本章开头部分的个案研究中伊莱、杰克和瓦内萨的情形）。但是以作者自己当教师和学校心理学家的经验，从未遇到过在内心深处不想和其他同学建立积极有益人际关系的儿童或青少年。

从某种程度上讲，教师可以通过许多小事表现出对学生的关心和尊重，满足学生与同学保持联系的需求。[①] 每天早上一个微笑、温暖的问候、对学生新发型的赞美、学生生气或感到不安时一句关切问候，都可以表现出关心和尊重。一个高中学生这样描述老师对他的关爱：

> 他们会表现出来。你可能在走廊见到他们，问你在做什么、上次那个报告卡做得怎么样了、有没有需要他们帮助的地方。如果某一天你看上去不开心，他们会把你叫到一旁问你有什么麻烦，需要什么帮助。[②]

确定让学生可以与教师私密地交流的机制是十分重要的。一种方式是发电子邮件，可以通过班级网页发邮件，这一点对年龄较大的学生来说尤其合适。技术要求低一点的办法是使用“最近怎么样”的表格，学生可以经常把日常生活中值得记录的或感到有挑战性的事件记录下来交给老师。[③] 另一种方法是采用双向对话日志（*dialogue journals*），学生和老师每周在日志里写几次。图 9.1 是 6 岁的马特在日志里写的内容。我们注意到，马特觉得与老师进行这种好玩的胜人一筹的对话（“我滑得比你快”）非常舒服。虽然他的书写还不够完美，例如他写的下山滑雪有拼写错误，但这些内容可以表达他的想法。我们还注意到，他的老师并没有改正马特的拼写错误。她主要目的是鼓励学生书写，让沟通方式保持畅通，对学生拼写的负面反馈可能会妨碍这两个目的。

> **想一想**
>
> 教师应该如何为不能读写的学生调整日志作业？

然而教师对学生们只是“热情和温暖”是远远不够的。教师必须通过以下几件事来表示对学生真正的关心和尊重。[④]

- 为课堂做充分准备，或用其他方式表明自己采用了有效力的教学方法。
- 对学生的表现要表现出较高期望（但要符合实际），并给学生提供必要支持。
- 让学生参与做决定，对学生进行评价时要听取学生的意见。
- 要认识到学生偶尔可以有“表现不够好的”一天。

---

① Allday, Bush, Ticknor, & Walker, 2011; Certo, Cauley, & Chafin, 2002; J. Ellis, Fitzsimmons, & Small-McGinley, 2010; D. K. Meyer & Turner, 2006.

② Certo et al., 2002, p.15.

③ A.K. Smith, 2009.

④ L. H. Anderman, Patrick, Hruda, & Linnenbrink, 2002, p.274; M.-L. Chang & Davis, 2009; H. A. Davis, 2003; H. A. Davis, Schutz, & Chambless, 2001; J. M. T. Walker & Hoover-Dempsey, 2006; Wentzel, Battle, Russell, & Looney, 2010.

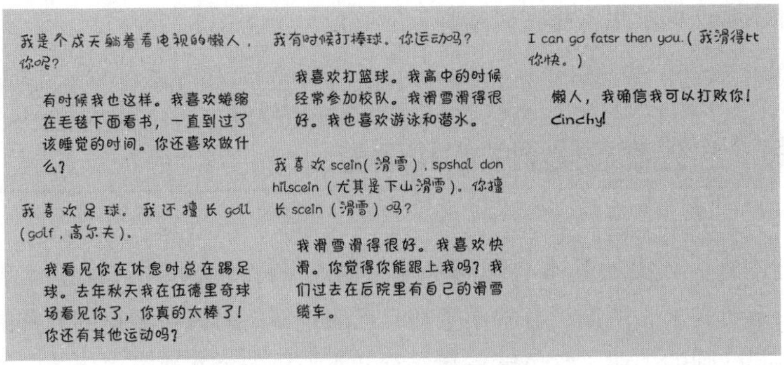


**图 9.1　6 岁的马特和他一年级老师定期通过双向对话日志进行沟通**

师生关系的质量是学生在学校的心理幸福感、动机和学业成就的最有影响力的因素之一。当学生与老师之间形成积极的支持关系时，他们的自我效能感更高，内在学习动机更强，能够更好地进行自我管理学习，有需要的时候更愿意寻求帮助，课堂作业不会作弊，能够达到更高的水平。①

教师的关爱、尊重和支持对家庭面临异常困难（如家境贫穷、父母不关心他们或打骂他们、邻居施暴）的学生尤为重要。当这样的学生身边有一个或更多关心他们、值得信任的成年人时，当有一个温暖的、有规矩的和值得信赖的班级时，他们在课堂内外能够获得强烈的自尊，克服挑战获得成功（回顾第 7 章有心理弹性的学生中讨论的内容）。②

## 三、努力改善开局不利的人际关系

有时候学生因先前与父母或其他人感情不好，来上学时带着情绪，从上学第一天起就不相信老师。有时候教师因为自己的某些做法没有开好头，导致与某些学生的关系不好，如把某个学生成绩不好错误地归因于他不努力，而不是缺乏正确的学习技巧，或责怪精力旺盛的孩子故意不守纪律。但实际上，与老师关系不好的学生往往最需要与老师保持良好关系。③

师生关系不良不仅会破坏学生的关系需求和总体的心理幸福感，也会影响教师的关系需求和总体的心理幸福感。此外，教师会认为他们无法实现让学生发展和课堂表现的目标，因而“不再热衷”于教学，甚至完全离开教师职业。④

不管是什么原因导致师生关系不良，教师都必须想办法改善这种关系。当然，第一步是通过以下这些现象确定师生之间是否存在这种不良关系。⑤

- 对某个学生有不友善的感觉（如不喜欢、生气）。
- 很少与某个学生交往。

---

① J.N. Hughes, Luo, Kwok, & Loyd, 2008; Kiuru et al., 2014; Marchand & Skinner, 2007; Murdock, Miller, & Kohlhardt, 2004; E. O’ Connor, Dearing, & Collins, 2011; Pianta, Belsky, Vandergrift, Houts, & Morrison, 2008; Roorda, Koomen, Spilt, & Oort, 2011.

② Becker & Luthar, 2002; Juvonen, 2006; Masten, 2001; E. O’ Connor & McCartney, 2007; D. A. O’ Donnell, Schwab-Stone, & Muyeed, 2002; Werner & Smith, 2001.

③ M.-L. Chang & Davis, 2009; Houts, Caspi, Pianta, Arseneault, & Moffitt, 2010; Juvonen, 2006; Keogh, 2003; Stipek & Miles, 2008; Wentzel, Donlan, Morrison, Russell, & Baker, 2009.

④ Skaalvik & Skaalvik, 2008; Spilt, Koomen, & Thijs, 2011.

⑤ M.-L. Chang & Davis, 2009; Hand, 2010; Pianta, 1999; Sutherland & Morgan, 2003.

- 对某个学生总是批评和爱挑毛病。
- 对能否与某个学生进行有效沟通感到无助。

这里列举几个有助于修复不良师生关系的方法。一个方法是积极思考学生为什么会出现这种行为，与同事一起讨论，列出你们的想法以及可能的解决途径。另一个方法是与该学生单独见面，坦率谈论问题以及修复的办法（本章稍后会详细讨论）。还有一个方法对年龄小的孩子尤其有效，即多花些时间陪这个学生无拘无束地玩，这种环境下容易出现积极的感觉。[①]

## 四、创设社群意识和归属感

在第 4 章，我们描述了*学习者社群*，师生要经常互相帮助，一起学习。最终，教师应该在班级创设**社群意识**（**sense of community**），教师和学生有共同的目标，互相尊重和支持，努力学习，并相信每个人对课堂学习都有重要贡献。[②] 创设社群意识也可以让学生产生**归属感**（**belongingness**）：学生把自己看作是班级的重要成员。[③]

当学生们形成学习者社群意识时，更可能表现出亲社会行为，专注于学习任务，对课堂活动表现出热情，从而达到更高水平。此外，课堂社群意识与较低水平的沮丧、破坏性的课堂行为、逃学以及辍学是相关的。[④] 学生在课堂社群经常体验到关爱和公平公正，有助于其内化对成功的民主社会非常重要的态度，包括承诺每个人享有公平和公正的权利。[⑤]

课堂策略专栏"创设和强化课堂社群意识"提供了几种办法，可以帮助学生们相信自己是班级中的重要成员。最重要的是第一个：强调学生必须相互友爱，彼此尊重。甚至当学生们必须应对同学所说所做的时候，也能够采取巧妙机智的尊重人的方式（见图 9.2）。

**常用词：**
你……的时候我不喜欢。
能不能请你不要……？
能不能请你停止……？
我想先休息一下，然后再继续谈论这件事。

**与伙伴合作：**
要有礼貌。
互相帮助。
学会分享。
倾听同伴说话。
做个有风度的人。
轮流来。
就事论事。
说话时要尊重对方。

克里斯缇娜·福柯斯老师张贴的礼貌贴纸

**图 9.2　关于如何跟同学们交往，可视的提醒更有效，尤其是在小学低年级。以上展示的是一个二年级教室里的两张贴纸**

---

① M.-L. Chang & Davis, 2009; Gehlbach, Brinkworth, & Harris, 2012; Pianta, 1999, 2006; Silverberg, 2003; Sutton & Wheatley, 2003.

② Ciani, Middleton, Summers, & Sheldon, 2010; Hamm, Hoffman, & Farmer, 2012; D. Kim, Solomon, & Roberts, 1995; Osterman, 2000.

③ E. M. Anderman, 2002; J. Ellis et al., 2010.

④ Hom & Battistich, 1995; Juvonen, 2006; Osterman, 2000; Patrick et al., 2007; Rumberger, 2011.

⑤ C.A. Flanagan, Cumsille, Gill, & Gallay, 2007.

## 课堂策略

### 创设和强化课堂社群意识

- **经常告诉学生，要相互友爱，互相尊重，每个学生都是班级社群的重要成员**

  中学语言艺术课上的三个学生有阅读障碍，这在学生的口头和书面作业中显而易见。这个班的教师并没有公开说出这些学生有残疾，因为这样的话会伤害他们对自身身体条件保密的权利。但她经常告诉学生，各年级学生的阅读能力差别很大，通常不是他们自己的过错，并经常强调，帮助每个人提高读写技能是整个班级的责任。

- **建立机制，让学生们都来帮助班级顺利有效运转**

  一位幼儿园老师创造了几个“帮助者”角色（如分发美术用品，给班级里的金鱼喂食），他把这些任务分配给不同的学生，并轮流值日。

- **强调分享和合作之类的亲社会价值观，为学生们提供互相帮助的机会**

  一个七年级数学教师在学生做课堂作业时，有时候会说：“谁有问题，可以问其他同学，让他帮你解决。”

- **经常采用互动和合作的教学策略**

  一位高中教师在给学生布置合作学习小组作业时，通常把社交技能较差的学生（如阿斯伯格综合征患者）同其他两三个社交能力强的学生组成一组。各小组开始工作之前，老师提醒学生班级合作小组的规则，如：“礼貌地耐心地倾听其他人说话。”“用尊重他人的建议性的方式提出不同意见。”

- **了解学生的想法和观念，并将其整合到课堂讨论和活动中**

  一位一年级教师让学生们对她在每天午饭后“静心歇息”时间读的故事书进行投票。她先读投票最多的书，但她让投票不同的学生们知道，那个星期晚些时候读他们选择的书。她说：“我们要读什么书，每个人都可以发表意见，这一点很重要。”

- **为了创设课堂上好玩的情形，所有学生都有同样取胜的机会时，才可以采用竞争的方式**

  一位高中西班牙语老师布置了长期合作小组项目，要求学生撰写剧情并拍摄西班牙语肥皂剧视频（浪漫电视肥皂剧）。几个星期之后，老师举办了一场“学术颁奖宴会”——学生及其家人们的百乐餐。在宴会上，这位老师展示了所有的视频，并颁发了各种“奥斯卡奖”。尽管只把“最佳奥斯卡”电视剧奖颁给了一个组，但她给每个学生的表演都颁发了某方面的“奥斯卡奖”。

- **鼓励学生在课堂活动时留意某些同学——可能是残疾孩子，要主动请他们参加活动**

  一所小学的教师们坚持使用与操场上同样的“不排斥”原则：任何学生只要想参加游戏活动都可以参加。

- **帮助那些与人交往时容易伤害或疏远他人的学生提高社交技巧**

  一个三年级学生经常对同学表现出攻击行为，因为他们拥有她想要而没有的东西。例如，当她在等着轮流使用教室电脑时，她大声叫喊：“我现在就要用电脑了！”或者，把正在用电脑的同学挤开。一次单独见面时，她的老师指出耐心和轮流使用的重要性，并建议她有几种方式可以礼貌地让别人知道她的需求。（例如：“你什么时候可以用完电脑呢？你用完电脑之后我可以用吗？”）这个老师也让学生通过各种角色扮演情境练习这些方法。

来源：M.-L. Chang & Davis, 2009; Evertson & Emmer, 2009; Hamovitch, 2007; J.N. Hughes, 2012; D.Kim et al., 1995; Osterman, 2000; A.M. Ryan & Patrick, 2001; Sapon-Shevin, Dobbelaere, Corrigan, Goodman, & Mastin, 1998（操场上的案例）; Stipek, 1996; Turnbull, Pereira, & Blue-Banning, 2000; M.-T. Wang & Holcombe, 2010; Wentzel, Donlan, & Morrison, 2012.

## 五、创设目标导向的务实的（但不要有威胁性的）氛围

尽管让学生感受到教师的关心很重要，但师生都必须认识到他们在学校是要完成某些学习任务。也就是说，课堂上大部分时间应该是相对务实的氛围。这并不是说课堂活动就一定会无聊冗长；相反，应该是有趣的、吸引人的，有时候也可能是让人兴奋的。但是，娱乐和兴奋本身不是目

标，而是为了实现更重要目标的手段，是为了掌握主题学习内容。[①]

尽管我们强调务实，但课堂气氛不能让学生觉得不舒服或带有威胁性。就如第 5 章中提到的，极度焦虑不安的学生不可能发挥最好的表现。教师不威胁的话如何提高课堂效率呢？

他们可以要求学生必须达到教学目标，但不要把学生置于持续的监视之中；可以指出学生的错误，但不要让学生有挫败感；可以让学生集中关注个人进步，而不是与其他同学比较；可以批评学生的错误行为，但要告诉他明天又是一个新的开始。[②]

## 六、制定合理的规章制度

本章开头部分的个案研究中，康奈尔老师没有规定学生应该怎样做，这些事情她本该在开学第一周就告诉学生。如果没有这方面的指导，班级便容易出现乱糟糟的情况，课堂没有成效。

学生必须知道哪些行为是不可容忍的，尤其是那些引起身体和心理的伤害、毁坏他人物品、妨碍他人学习的行为。制定对课堂行为的合理限制不仅可以形成更有成效的学习环境，也有助于学生今后在成人社会中获得成功（回顾第 4 章社会化中的讨论）。

有效力的班级管理者从最开始就会制定规章制度并告诉学生。[③]他们会明确哪些行为是可接受的，哪些是不可接受的，不仅有关于社会交往方面的，也有关于每天上课要守时和做好课前准备的。他们还会不断地制定诸如完成课堂作业、寻求帮助、交作业等事情的程序和做法。对于非常规的事情，如学校集会、野外旅行、消防演习等，他们也会准备好适当的做法要求。在现今的高科技世界，许多教师会明确禁止学生在上课时间使用手机，可以让学生把手机在上课前放到一个盒子里。教师应该要花点时间把规章制度说清楚，并定期回顾，这对小学低年级学生尤其重要，因为他们对学生在学校应该怎么做还不太熟悉。[④]

学生应该明白这些规章制度不是教师突发奇想的结果，而是为了帮助班级更顺畅更有效地运转。尽管约束了他们的行为，但学生在班里有自主感（*sense of autonomy*）（见第 5 章）。方法之一就是让学生对全班要实行的规章制度参与做决定，增强学生对这些规章制度的所有权意识，使其更愿意遵守。[⑤]

另一个维护学生自主感的办法是把这些规章制度当作信息呈现，如作为帮助学生完成课堂学习目的的条件，而不是用来控制学生的机制。[⑥]图 9.3 左边是把规章制度当作信息呈现的三个例子，请注意，每个例子中，老师的要求都提供了一个或几个理由。以下情境可以简要地说明，把制定规章制度的原因告诉学生，情况会完全不同：

盖诺德是个忍受不了挫折的学生。每次向唐纳利老师寻求帮助时，他总要马上实现。如果老师不能立即来帮助他，他就会尖叫：“你不好！”“你不关心我！”然后生气地走回座位时猛推其他同学的课桌。

---

① Brophy, 2006; G. A. Davis & Thomas, 1989; Gettinger & Kohler, 2006.

② Dijkstra, Kuyper, van der Werf, Buunk, & van der Zee, 2008; K. L. Fletcher & Cassady, 2010; Patrick, Kaplan, & Ryan, 2011; C. R. Rogers, 1983; Spaulding, 1992.

③ Borko & Putnam, 1996; W. Doyle, 1990; Emmer & Evertson, 2009; Gettinger & Kohler, 2006.

④ K. Carter & Doyle, 2006; W. Doyle, 1990; Gettinger & Kohler, 2006; K. L. Lane, Menzies, Bruhn, & Crnobori, 2011.

⑤ Evertson & Emmer, 2009; Nucci, 2009; M. Watson, 2008.

⑥ Deci, 1992; Koestner, Ryan, Bernieri, & Holt, 1984; Reeve, 2009.

<table>
<tr><td colspan="2">如果教师不把规章制度当作控制学生的形式，而是将其作为信息呈现的话，那么学生遵守课堂规章制度的内在动机就更强。</td></tr>
<tr><td>教师可以这样说（信息）：<br>“如果马上开始学习，你很快就可以独立完成自己的作业了。”<br>“进行火灾演习时，要快速排好队并保持安静，这样就可以听清楚指令。知道该怎么去做，这是十分重要的。”<br>“这个作业是要帮助你们提高写作技能，这些技能在你毕业后也是需要的。逐字逐句地抄袭他人的作品对作者是不公平的，所以我们要练习用自己的语言来表达自己的想法，借用别人的观点时要标明作者。盗用他人的文章和观点，在大学里会被勒令停学，在商业领域里会引起法律诉讼。”</td><td>不要这样说（控制）：<br>“安静，做你自己的作业。”<br>“火警响起时，快速安静地排好队，等待下一步指令。”<br>“作弊和抄袭在我们这个课堂上是绝不能接受的。”</td></tr>
</table>

**图 9.3 要把课堂规章制度当作信息提供给学生**

在那个学年的课程中，有个学习人际交往技巧的单元。其中有一课讲时机的把握（*timing*）——求助他人的最恰当、最有效力的时间。一周后，盖诺德拿着一个数学问题去找唐纳利老师。她正在和另一个学生说话，但是她转向盖诺德说：“时机的把握。”她估计盖诺德会像往常那样尖叫。但是，他回答道：“嘿，唐老师，我明白了。我换个时间问你问题！”他笑着回到了座位上。[①]

请记住，如果规章制度比较简单且数量不多的话，则学生会很容易记住并愿意遵守。[②] 有效力的课堂管理者在学年开始时只会强调最重要的规章制度，以后根据需要再介绍其他规则。也要记住，虽然有些命令和规矩对学生的学业成就很重要，但是过多的命令会使课堂乏味死板，没有了趣味和自主性。课堂并不一定凡事都有规章制度！

## 七、持续地、公正地强化规则

课堂规则只有不断强化才能更有效。例如，在本章开头部分的个案研究中，当三个学生出现不良行为时康奈尔老师并没有让他们承担任何后果。最后，不仅他们在做古怪动作，其他学生也跟着做，他们认识到“康奈尔老师”的课堂“任何事情都可以做”。就如我们在第 4 章中所看到的，对学生的不恰当行为不施加任何负面措施，尤其是没有提前告诉学生可能的后果，实际上会成为不良行为的强化剂。在这里，不仅三个捣乱的学生继续破坏课堂，其他学生也开始出现类似行为，正反映了第 7 章描述的同伴传染现象。学生们已经学会了在康奈尔老师的课堂上可以“为所欲为”。

我们稍后将在本章讨论如何对学生实施惩罚，但现在我们要注意的是不断强化课堂规则不仅适合各种情况，也适合各种“不同类型”的学生。教师总是更喜欢某些学生（例如，偏爱学习成绩好的学生），但必须把这种偏爱隐藏起来。学生非常憎恨那些特别偏爱少数几个“宠儿”的老师，认为这些“宠儿”违反规定时总能得到他们的原谅。[③] 当然，受到不公正责骂或惩罚的学生更会感到愤恨，一个高中生解释说：

---

① 基于 Sullivan-DeCarlo, DeFalco, & Roberts, 1998, p. 81。

② W. Doyle, 1986; Emmer & Gerwels, 2006; K. L. Lane et al., 2011.

③ Babad, 1995; Babad, Avni-Babad, & Rosenthal, 2003; J. Baker, 1999.

> 因为你过去有过不良记录，或你在中学时遇到过类似的麻烦，他们就认为你是个爱惹麻烦的人。如果你又一次卷进麻烦，他们总是……如果你正好出现在发生坏事或违反规则的地方，他们会首先抓住你，因为他们认为你过去有过这样的情况。他们不会抓以前从没有做过类似事情的学生。[①]

因此，持续公正地对待所有学生（或这方面做得不足）对师生关系和总体课堂氛围都会产生极大影响。[②]

## 八、让学生完成有价值的任务

优秀教师在规划课程和课堂活动时，也会规划让学生持续专注于课堂任务的具体方法，在本章开头部分的案例中康奈尔老师忽视了这一点。当然，办法之一是使主题学习内容有趣，与学生的价值观和学习目标相关（见第 5 章）。另一个办法是让课堂充满变化，可以采用丰富多样的声音视频辅助手段、开展新颖的活动（如小组讨论、班级辩论），或偶尔转移上课地点（如到电脑教室或学校院子里上课）。[③]

但最重要的是，优秀的教师让学生任何时候都有事可做。由于人类有基本的唤醒需求，因而在一段时间内无事可做的话会很难受（见第 5 章）。学生感到无事可做时或对正在做的事感到厌烦时，便容易出现不良行为。[④]

有效力的课堂管理者会尽量减少让学生无事可做的“空白”时间。以下是让学生高效学习的几个策略。[⑤]

- 每天让学生做些具体的事，即便是开学第一天。
- 要求学生在课前把学习材料准备好，把仪器准备好。
- 开展让所有学生都能参与的活动。
- 每堂课从头到尾都要保持活泼轻快的进度（但不要让学生感觉跟不上）。
- 确保学生的发言与课堂内容相关、有帮助，但不要过于冗长啰唆（例如，对习惯性占用太多课堂时间的学生要在课后单独谈话，让他们学会给其他学生发言的机会）。
- 缩短课堂上用来帮助个别学生的时间，除非其他同学可以同时独立地有效地学习。
- 要让快速完成指定任务的学生有其他事情可做（如让他们写班级日志或看书）。

**想一想**

回想一下你的小学和初中阶段，是否能记起哪些学生是老师的“宠儿”，他们是否显然是老师最喜欢的、有特权的学生？是否能记起哪些学生不断地因为做错事被老师责骂，即使有时候他们并不是真正的罪魁祸首？

## 九、规划好过渡时间段

在本章开头部分的个案研究中，伊莱、杰克和瓦内萨在课间休息和午餐前后出现不良行为，在

① Certo et al., 2002, p. 25.
② Babad et al., 2003; Peter & Dalbert, 2010; Wentzel et al., 2010.
③ Brophy, Alleman, & Knighton, 2009; G. A. Davis & Thomas, 1989; Munn, Johnstone, & Chalmers, 1990.
④ Gettinger & Kohler, 2006; J. Hunter & Csikszentmihalyi, 2003; Shernoff, Csikszentmihalyi, Schneider, & Shernoff, 2003.
⑤ W. Doyle, 1986; Emmer & Evertson, 2009; Emmer & Gerwels, 2006; Gettinger, 1988; K. L. Lane et al., 2011; Munn et al., 1990.

每天上学和放学时也经常这样。他们的不良行为大多出现在过渡时间段，如结束一个活动和开始下一项活动时，或从一个教室转移到另一个教室时。有效力的课堂管理者会采取措施来确保这些过渡时间段快速度过，学生不会失去学习的劲头。[①] 例如，他们会规定从一项活动进入下一项活动时的做法，他们会尽量减少活动之间学生无事可做的懈怠时间间隔。尤其是中学生，几乎每节课都要换教室，有效力的课堂管理者一般会让学生一进教室就开始完成某项任务。请看以下例子：

- 一位小学老师让学生在每天午餐时坚持这样的做法：
  （1）把已完成的作业放在讲台上的篮子里；
  （2）把学习用品收起来；
  （3）把午餐盒拿出来；
  （4）在门口安静地排队。
- 一位中学数学老师让学生一到教室就开始做家庭作业。
- 当学生第一次走进教室时，一位中学社会研究教师总是递给学生一份简短的“请现在开始做”的作业安排。例如，有一次他发给学生一幅美国各州及各州州府的地图，并指导学生找出美国本土名字的州和有欧洲渊源的地名，这个任务很快就引出这节课上关于地名来源的讨论。
- 一位 9 年级的写作课老师很有创造性，每堂课开始前在黑板上写一个题目或问题（如“养宠物的最大麻烦”）。学生知道回到教室时应该马上就今天的题目或问题开始写作。
- 一位高中体育老师让学生在每堂课开始前做 5 分钟撑拉训练。

尽管这些策略性质完全不同，但都有一个共同目标，就是让学生把注意力集中在课堂活动上。

请记住，有些学生从一项活动转到另一项活动很困难，尤其是当他们全神贯注于正在做的事情时。因此，提前告诉学生马上要过渡到下一项活动，对下一项活动进行描述，告诉学生转换到下一项活动时通常要做些什么，这些做法都很有帮助。[②]

## 十、要考虑学生的个体差异和发展差异

之前我们提到持续地、公正地强化课堂规则非常重要。然而，防止学生出现偏离任务的行为，鼓励更有成效的行为，对某些学生的最佳方法有可能完全不同于对其他人的。例如，要求学生独立完成课堂作业时，有些学生在周边有很多同学时能够认真学习，而有些学生却很容易分神，除非在安静的地方，比如离老师讲台很近的地方。在小组活动时，有些小组自己就能很高效地进行，而有些小组却需要很多指导和监督。

影响学生课堂行为的重要个体差异因素是气质。气质是指学生与生俱来的精力旺盛、急躁易怒、冲动的程度（见第 7 章）。要成为真正有效力的课堂管理者，教师必须认识到学生各种截然不同的课堂行为有一部分原因来自生物学上的倾向性，这是学生自己不能完全控制的。这种认识会影响教师对学生为什么出现这些行为的看法，也就是说会影响教师的归因分析，这些看法反过来也会

---

① W. Doyle, 1984, 2006; Gettinger & Kohler, 2006. 一种叫作行为动力的现象与此相关；请参看 Ardoin, Martens, & Wolfe, 1999; Belfiore, Lee, Vargas, & Skinner, 1997; Mace et al., 1988。

② K. Carter & Doyle, 2006; Emmer & Gerwels, 2006.

影响教师，让他们更愿意调整课堂策略，从而促进有成效的课堂行为。[①]

影响学生课堂行为的另一个有个体差异的可变因素是能力水平。学生要做的任务和作业应该与他们现有的知识和技能相当，这时他们更愿意用功完成课堂学习任务。如果做太难的事情，则容易出现不良行为，不管他们自己的看法正确与否。[②]（在本章开头部分的个案研究中伊莱、杰克和瓦内萨就是这种情况。）这里我们并不是提议教师安排让学生做收获甚微的简单学习任务（请回顾第 6 章中最近发展区这个概念）。可行的方法就是在学年开始时让学生承担他们容易完成的任务。这些任务可以让学生熟悉必需的规章制度，也让学生树立自信心，认为自己可以在老师分配的活动中取得成功。一旦这种支持性的课堂气氛建立起来，学生适应了课堂规则，教师就可以逐步引入更有挑战性的学习任务了。[③]

学生的发展差异在一定程度上也会影响到课堂管理策略。小学低年级的许多学生对正规教育没有足够经验，不了解所有管理课堂交往活动的“不成文”规则。例如，当老师或其他成年人说话时学生应该保持沉默，只有被叫到的学生才可以回答问题。[④]刚上幼儿园或刚上小学 1 年级的学生可能会对新的学校环境感到不安，容易焦虑，就像许多青少年进入初中和高中的过渡阶段那样（见第 5 章）。当然，随着学生不断长大，他们会获得更好的社交技巧，从而影响他们与教师和同学进行有效交往的能力（见第 7 章）。表 9.1 列出了不同年级学生之间的发展差异，并举例说明教师在课堂实践中如何适应他们。

## 发展趋势

**表 9.1　　不同年级如何进行有效力的课堂管理**

| 年级 | 该年龄段的典型特点 | 案例 | 建议策略 |
|---|---|---|---|
| <br>幼儿园 ~2 年级 | • 对自己要待在学校感到焦虑，尤其是头几个星期，以及没有学前班经历的学生。<br>• 对老师没提到的恰当的课堂行为缺乏了解。<br>• 持续注意时间短，容易出现精力不集中。<br>• 自我管理能力差。<br>• 渴望得到老师的关心和表扬。<br>• 社交技巧方面个体差异明显。 | 开学第一天的午餐后，一位 1 年级老师让学生马上聚集到教室前面，给他们读一本故事书。开始读故事之前，她解释说安静地坐着听故事很重要，这样每个人都能听清楚，当学生偶尔出现分散他人注意力的行为时，她温柔地提醒他们哪些是恰当的学校行为。 | • 新学年开始时邀请学生和家长来参观教室。<br>• 在开学第一周，要特别注重与每个学生建立温暖的、支持性的关系。<br>• 创造一个集中的地方（如地毯上），让学生坐在一起进行班级讨论。<br>• 分派给学生的学习任务要简短、集中。<br>• 创造让学生独立完成自选任务的区域（例如，学生可以在阅读中心听磁带或听电脑讲故事）。<br>• 经常给学生释放多余精力的机会。<br>• 向学生简明扼要地解释哪些是可接受的课堂行为，要持续不断地温柔地改正学生的不恰当行为。 |

① W. Johnson, McGue, & Iacono, 2005; Keogh, 2003; A. Miller, 2006; Rothbart, 2011.

② Mac Iver, Reuman, & Main, 1995; Moore & Edwards, 2003; S. L. Robinson & Griesemer, 2006.

③ W. Doyle, 1990; Emmer & Evertson, 2009.

④ Mehan, 1979; Myles & Simpson, 2001; R.K. Payne, 2005.

续前表

| 年级 | 该年龄段的典型特点 | 案例 | 建议策略 |
| --- | --- | --- | --- |
| <br>3~5 年级 | • 持续地渴望得到老师的表扬，但是也越来越关注同伴的表扬。<br>• 更多地关注善于表达情感的教师（例如，对于在学生沮丧时经常微笑的老师，表现出明显关心）。<br>• 自我管理的能力越来越强。<br>• 对自己和他人想法和动机进行反思的能力逐渐提高（例如，社会认知不断提高）。<br>• 不断遭受学习上或社交上挫败的学生会更加疏远学校。 | 9 岁的贝利在班里经常出现破坏行为和不恰当的社交行为，以致班里的同学都尽可能躲着她。有几次老师把她叫到一边，礼貌地要求她做一些有效力的行为。例如，有一次老师说："贝利，我很高兴你在我们班。如果你在回答问题之前能够举手的话，对我很有帮助，我认为对你也有帮助。这样，其他同学也能有机会回答问题。" | • 用语言和行动不断地告诉学生，你很在意他们学习上的进步和心理幸福感。<br>• 给学生提供更多独立学习的机会，但要提供足够的支持指导学生完成学习任务。<br>• 采用双向日志与学生定期交流学习问题及个人问题。<br>• 学生出现意见不统一或发生矛盾时，让学生互相反思对方的想法和感受。<br>• 要特别想办法与不爱学习和不爱交往的学生建立亲密的、支持性的关系。 |
| <br>6~8 年级 | • 通常会因为离家更远，与老师还没有建立支持性的关系，而对升入初中感到焦虑。<br>• 学习的内在动机下降。<br>• 挑战传统学习行为标准的倾向性增加，如关于着装和发型的要求（对部分学生来说）。<br>• 作弊行为增多，如果学生认为老师尊重他们，愿意帮助他们，则其作弊行为较少。<br>• 特别关注自己能否融入和被同伴接受。<br>• 欺凌行为增多。 | 14 岁的迪·杰是一个忽视型单亲妈妈的孩子，经常在不同的亲戚之间搬来搬去。现在他留级重读 7 年级。他在班里很有破坏性，不尊重他人。有一次他把同学称作"苦工"。老师把他叫到一旁对他说："我不能容忍你使用这个带有侮辱性的词。但我知道你在家里要承受很多事。我真的希望你在学校表现很出色。我能帮你什么忙呢？"迪·杰承认他的好朋友也不会喜欢他用的这个词。老师对他的心理幸福感表现出明显的关心，让他在班里的行为越来越好。此外，他做作业时开始寻求老师的帮助。 | • 想办法与学生进行课外交往（如在走廊跟学生们聊天，参加运动会、学校舞会）。<br>• 课程计划要与学生的生活和需要相关。<br>• 要禁止可能威胁到学生安全和心理幸福感的着装模式（如帮派标志、种族主义 T 恤、过分性感的打扮），但也要让学生在服装方面有一些自由表达。<br>• 给学生提供足够的学习支持，让学生没有作弊的理由；但即便如此，也要注意学生还是有可能作弊。<br>• 不要容忍学生的欺凌行为及其他形式的攻击行为；弄清楚其潜在的原因（见第 7 章关于攻击性的讨论）。<br>• 想办法与不和他人交往的学生接触（如邀请他们在教室和你共进午餐）。 |

续前表

| 年级 | 该年龄段的典型特点 | 案例 | 建议策略 |
| --- | --- | --- | --- |
|  9~12 年级 | • 对升入高中感到很焦虑，尤其是如果 7 年级和 8 年级属于小学阶段（在某些较小的学区）。<br>• 社交和早恋通常是学生分心的原因。<br>• 某些学生的自我管理能力很强，但并非所有学生都能如此。<br>• 作弊发生率更高，部分原因是同伴交往中认为作弊是可接受的。<br>• 鄙视那些为得到老师表扬而努力学习的同学（如“马屁精”）。<br>• 某些青少年倾向于认为不良行为会得到同学的羡慕。<br>• 暴力行为增加，尤其是在低收入社区的学校。 | 当一位高中老师看到 16 岁的杰罗德独自站在那里，不安地看着学校的某个地方时，他走近这个学生，表示自己深有同感。“我还记得我第一次参加学校舞会的情形。”老师说，“孩子，我感到难堪，我很不好意思去请女孩子跳舞，害怕自己被愚弄。你说我们该怎样让这样的事不那么恐怖？”杰罗德微笑着，承认自己和老师曾经的感觉一样，他们想出很多办法来帮助学生在以后的舞会中感觉更轻松。 | • 请记住即使是在高中各年级，如果学生和老师之间有着亲密的支持性的关系，他们的成绩也会更好。<br>• 定期规划包含社会交往的活动；如有可能，让学生经常换座位，以便他们能更轻松地交流。<br>• 给自我管理能力较差的学生提供指导和帮助，让他们把注意力集中在学习任务上。<br>• 告诉学生什么是作弊，作弊为什么不对。<br>• 要单独而不是公开地表示对学生的赞成。<br>• 积极主动地处理学生的暴力行为（请看本章后面的部分“处理校园里的攻击和暴力行为”）。 |

来源：有些特点和建议是基于 Blanton & Burkley, 2008; Blugental, Lyon, Lin, McGrath, & Bimbela, 1999; K. Carter & Doyle, 2006; Castagno & Brayboy, 2008; Cizek, 2003; Emmer & Gerwels, 2006; Espinoza & Juvonen, 2011; Fingerhut & Christoffel, 2002; Hamre & Pianta, 2005; J. N. Hughes et al., 2008; Ladd, Herald-Brown, & Reiser, 2008; Mainhard, Brekelmans, den Brok, & Wubbels, 2011; Mehan, 1979; Murdock, Hale, & Weber, 2001; E. O' Connor & McCartney, 2007; Pellegrini, 2002; 其他观点来源于前几章的内容。

## 十一、持续监控学生们在做什么

有效力的教师会让你知道什么叫作**明察秋毫**（**withitness**）。他们知道学生一直在干什么，同时学生也清楚老师知道这一点。他们会定期扫视整个教室，目光通常会扫视到每个角落，与个别学生有频繁的目光接触。

当学生出现某些不良行为时，这些教师知道是什么时候发生的，也知道谁是做坏事的孩子。① 请看下面的课堂案例。

某个 2 年级班级，每天早上有一个半小时读书。一部分时间是学生和老师一起组成阅读小组，其余时间独立完成老师按他们个人阅读能力布置的作业。当这位老师在班级里和阅读小组交流时，她背对着墙，这样就可以同时关注到在座位上独立完成学习任务的学生。她向偏离学习任务的学生传递快速而微妙的信号：可能是一个严厉的表情、手指放在唇边提醒学生保持安静，或是叫学生的名字。

① Gettinger & Kohler, 2006; T. Hogan, Rabinowitz, & Craven, 2003; Kounin, 1970; K. L. Lane et al., 2011.

当教师表现出这样的明察秋毫时，尤其是学年开始时，学生更可能表现出恰当的行为，能够持续集中注意力完成学习任务，并获得更好的学业成就。①

# 第二节 把社群意识扩展到课堂以外

**主要理念：教师与同事、校外机构及家长一起合作时效率是最高的。**

学生的学习和发展不仅有赖于课堂上发生的事情，也有赖于学校其他地方、周边社区以及家里发生的事情。因此，有效力的教师会想办法与学生生活中对他们有影响的人一起合作，如学校其他教职人员、社区机构的专家，尤其是学生家长或其他主要监护人。理想情况是，教师应该把这些联合力量看作伙伴关系（*partnership*），大家一起合作来促进学生长期的发展和学习。下面推荐几种策略。

## 一、与同事合作创设学校社群意识

通过以下这些方法与同事一起协调合作，教师会变得更有效力。②

- 明确学生应该学会和达到的共同目标。
- 共同努力弄清楚学生学习上存在什么样的困难，并想办法帮助他们克服困难。
- 建立一整套学生行为标准以及系统的校内程序来鼓励学生有效力的学习行为。
- 共同明确要求学生尊重不同背景和需求的人，换句话说，就是要禁止学生恶意嘲笑他人、传播贬损他人的谣言、欺凌同学以及做出其他形式的同伴骚扰行为。

因此，有效力的教师不仅在班内创设社群意识，也会创设一个整体的**学校社群意识（sense of school community）**。③学生应该从教师那儿持续得到两个信息：（1）所有的教职员工会共同努力，帮助他们成为有见识、有作为的公民；（2）学生们能够也应该相互帮助和支持。学校社群意识包括亲密的学生关系，不仅是在某个班级内部，也包括不同班级以及不同年级。跨班级的同伴间教学指导、参与课外活动、参与学校决策、经常使用学校吉祥物以及其他传统的学校标志等，所有这些都有助于学生认为自己是相互支持的学校“大家庭”的成员。④

当教师和学生都拥有一种学校社群意识时，学生对学校的态度更积极，对取得更好的学业成就有更强的动机，表现出更多的亲社会行为，经常同各种不同背景的同伴交往。此外，教师与其他人合作时，对自己能够帮助学生学习并取得更好的成绩有更高的集体自我效能感（*collective self-efficacy*），认为通过社群共同努力，就一定可以对学生的学习和成就产生影响（回顾第 5 章中对这个概念的讨

① W. Doyle, 1986; Gettinger & Kohler, 2006; Woolfolk & Brooks, 1985.

② Battistich, Solomon, Watson, & Schaps, 1997; Espelage & Swearer, 2004; K.L. Lane, Kalberg, &Menzies, 2009; J.Lee & Shute, 2010; T. J. Lewis, Newcomer, Trussell, & Richter, 2006; O'Brennan, Waasdorp, &Bradshaw, 2014; M. Watson & Battistich, 2006.

③ Battistich, Solomon, Kim, Watson, & Schaps, 1995; Battistich et al., 1997; M. Watson & Battistich, 2006.

④ Juvonen, 2006; Nucci, 2009; D.R. Robinson, Schofield, & Streers-Wentzell, 2005.

论）。这种集体自信心与学术的学业表现相关。[①]这种团队精神对新教师特别有好处：可以给他们提供所需要的支持（搭脚手架），尤其是当他们要面对的是那些极可能出现学业失败的学生时。[②]

## 二、与在学生生活中起重要作用的其他人合作

学生与学校外的人，如社区娱乐中心、社会服务机构、教堂、医院、心理健康诊所或当地的司法系统的人，几乎总是有定期接触。如果教师把自己看作促进孩子长期发展的大社群的一部分，他们的教学就会更有效。因此，要与在学生生活中起重要作用的其他人和机构保持联系，齐心协力帮助学生。[③]但是，要记住的是，学校和机构之间关于个别学生的合作，尤其是如果涉及共享敏感信息时，一般要得到学生家长的书面许可。

## 三、定期与家长和其他主要监护人交流

毫无疑问，良好的家长教师关系可以促进学生的课堂学习和学业成就，家校间的持续交流非常重要。[④]至少，教师必须与家长和其他照顾者保持定期联系，关注学生的进步。定期交流也为家长和教师交换信息（如关于家庭现有氛围或有效力的动机策略的信息）提供了一种方式。以下几个常见的机制可以增强家校间的交流。

- **家长教师座谈会**。在大多数学区，一年召开一次或多次正式的家长教师座谈会。有时候教师会让学生参加（把座谈会变成家长教师学生座谈会）。邀请共同承担照顾责任的其他家庭成员（如祖父母）一起参加也很有帮助。
- **书面交流**。书面交流可以有多种形式：（1）解释每天晚上作业安排的家庭作业条；（2）告知学生重要成就的非正式便条；（3）由教师编写的描述学生学业进步的备忘录；（4）描述课堂活动的一般刊物。
- **电话交谈**。当问题需要马上得到关注时，例如，当学生赢得了一项重要奖项，也可能是没有任何明显原因学习成绩突然下降时，打电话是很有用的。此外，教师介绍自己是学生下个学年的小学老师时，打电话也是很有用的方法。[⑤]
- **电子邮件**。显然，只有当学生家长有电脑、有读写能力且方便上网可以定期查看邮件时，使用电子邮件才是适合的。这个方式对低收入家庭以及英语能力有限的家庭是不适合的。
- **班级网站**。就像在第 8 章中提到的，许多教师现在都创建了班级网站，他们可以在班级网站上发布教学目标、作业等信息。一般来说，家长和学生都可以登录这些网站，但是就像电子邮件联系方式一样，这种方式只适合经常使用电脑和互联网的家长。

---

① Goddard, Hoy, & Woolfolk Hoy, 2000; Hoy, Tarter, & Woolfolk Hoy, 2006; J. Lee & Shute, 2010.

② Chester & Beaudin, 1996.

③ J. L. Epstein, 1996; Kincheloe, 2009.

④ P. A. Edwards & Turner, 2010; Gutman & McLoyd, 2000; J. Hughes & Kwok, 2007; Reschly & Christenson, 2009.

⑤ Striepling-Goldstein, 2004.

举例来说，图 9.4 是一位四年级教师定期发送给学生家长及其他主要监护人的电子邮件“每周更新”。我们注意到，她考虑到学生各种不同类型的家庭结构，因此把邮件发送给“家长”，而不是“父母”。也注意到，这封邮件要同时达到几个目的：（1）要求学生穿合适的户外服装；（2）提醒家庭成员按时参加家校座谈会，迎接其他即将发生的事情；（3）让家长了解现在的学业课程和项目；（4）鼓励家长有任何问题都与她取得联系。

教师在与学生的家庭进行交流时，不必局限于课堂内容。许多家长也希望教师对他们应该如何在家更好地帮助孩子提出建议。例如，家长通常希望教师对如何辅导孩子做作业或如何促进孩子全面发展提出更多建议。[①]他们也希望了解某个特定年龄段的孩子什么行为是正常的，什么行为是不正常的。[②]

**各位家长和监护人：**

我希望每个人都度过了一个美好的秋日周末。天气逐渐转凉，请提醒孩子注意调整着装，只要天气允许，我们会进行户外活动。因此，请送来外套、帽子等。

本周有家长会。如果您不清楚会议时间，请联系我。上周我给大多数学生发放了备忘表带回家。真诚地希望能见到所有的家长。

以下是本周的一些安排。

数学：我们开始讨论位值，认识和扩大数字，比较整数，考察数轴，学习百万以内的数字。

语言艺术：本周要进行单词学习。我已经根据每个学生的需要调整了几个单词学习小组。我们已经开始在电脑实验室里的打字项目。虽然在家里不能用电脑，但是有个免费的打字项目：【这位教师在此处输入了这个项目的链接】。这是一项非常重要的技能，所以请务必鼓励孩子在家里打字！我们将继续泰坦尼克项目，希望到本周五可以完成。我们还将开始一个神秘的微单元，阅读好几个短篇玄幻小说。继续读书俱乐部的德佩罗故事。写作方面，我们要完成每个人的叙述，开始为每个学生选择要写的文章进行头脑风暴。这篇文章是由劳特莱俱乐部和蒙哥马利县赞助的一项竞赛活动。我们将把它作为第一个重要写作项目在学校共同完成。

科学：继续学习天气。明天进行关于天气工具的快速小测验。我们已经学习了云的种类，本周将开始学习温度和气压。

历史：本周要完成“最早的弗吉尼亚人”这个单元，下周早些时候进行测验。要提醒的是，所有测验都是不断地积累，为本年度末的 SOL 测验做准备。

重要时间：

10 月 24 日学生不上课（家校座谈会）

10 月 25 日家长教师协会秋节（下午 6 点到 8 点）

11 月 1 日早放学

11 月 4 日艺术中心音乐会实地考察旅行（上学时间）

11 月 5 日学生不上学（选举日）

11 月 7 日阅卷结束

11 月 14 日 BHS 实地考察旅行（上学时间，观看一场戏剧《灰姑娘》）

同往常一样，如果有任何问题请联系我。

祝本周愉快！

Ashleigh

**图 9.4　弗吉尼亚的一位四年级教师在这样一封每周邮件中与学生家长及其他主要监护人定期联系。“SOL”指的是学习标准测验（Standards of Learning Test，SOL），是在弗吉尼亚州范围内每学年结束的时候举行的学业成就测验。她的“不断地积累”的课堂测验，包括之前这一学年所有的材料，旨在鼓励学生不断地复习所学过的主题和技能**

① 并非所有的父母对如何帮助孩子做家庭作业都有良好的判断。有些父母的方法实际上有可能是影响孩子学习的，如果他们创设了冲突和压力的来源时则尤其如此；可以参看 Dumont et al., 2012。

② C. Davis & Yang, 2005; J. M. T. Walker & Hoover-Dempsey, 2006.

## 四、邀请学生的家人一起参与学校的学习和社交活动

一般来说，有效力的学校是乐于接纳的，不仅鼓励学生也鼓励家庭成员来参与学校的活动。[①] 有些家长在工作日有空闲时间，乐于在偶尔的郊游和班级晚会上提供帮助，有些家长甚至能够为某些学生提供一对一的辅导。大多数家长在晚上有时间，能够参加学校的开放屋、校园剧、乐队和合唱团表演、募集基金的活动。有些教师成功地利用家长咖啡之夜解释新的教育策略，或是在作者茶会上让学生们朗读自己写作的诗歌或短篇故事。

有时候，教师或其他教职员工组织家长讨论相互感兴趣的问题。[②] 例如，他们把家长当作宣传者，选择课程主题内容或思考如何布置有争议的文学作品。教师也可以把讨论小组作为教师和家长分享如何在家里促进学生的学业发展、个人发展和社会发展的一种机制。

## 五、要加倍努力与看上去"不情愿的"家长沟通

尽管有许多机会参与孩子的教育，但是有些家长仍然不参与，例如，他们可能从不参加定期的家长教师座谈会。不要得出结论认为这些家长对孩子的教育不感兴趣，教师必须认识到家长没有与老师取得联系可能有几个原因。有些可能是工作繁忙，没有时间和精力，或是缺少对孩子适当的照顾；有些家长可能是英语不好，认为他们很难通过学校找到解决办法，或是认为麻烦老师不合适；有些家长在自己做学生时有过糟糕的经历，在学校教学楼里会感到不舒服；个别的家长也可能是心理疾病患者或药物滥用者，他们无法从经济上、学业上为孩子提供支持。[③]

有时候，单独邀请会让情况大不相同，就如这位家长所说的那样：

> 这种事情就是这样，如果没有人走过来并特意问我，我不会伸出手说："我来做这件事吧。"……如果你经常把家长请过来，那么黑人家长可能也会很愿意的，虽然他们可能有点害羞，不会说我真的很愿意为这件事做些什么。你给我一张表格，可能我永远不会去填。或者我会考虑一下却没有把表格送回来。但是你知道的，如果是校长或是儿子的数学老师叫住我，问我是否愿意……[④]

有经验的教育者会提供更多的机会让那些看起来不太情愿的家长更多地参与孩子的校园生活。[⑤]

- 鼓励家长有疑问时要果断一些。
- 邀请其他重要的家庭成员（如祖父母、姑姑、叔叔等）参加学校活动，尤其是其文化非常重视几代人同住的大家庭。

---

① J. L. Epstein, 1996; N. E. Hill et al., 2004; G. R. López, 2001; Serpell, Baker, & Sonnenschein, 2005.

② J. L. Epstein, 1996; Fosnot, 1996; Rudman, 1993.

③ Bornstein & Cote, 2010; Cazden, 2001; Dantas & Manyak, 2010; P.A. Edwards & Turner, 2010; C. L. Green, Walker, Hoover-Dempsey, & Sandler, 2007; J. -S. Lee & Bowen, 2006.

④ A. A. Carr, 1997, p. 2.

⑤ Castagno & Brayboy, 2008; Dantas & Manyak, 2010; C. Davis & Yang, 2005; J. L. Epstein, 1996; Finders & Lewis, 1994; Hidalgo et al., 1995; G. R. López, 2001; Salend & Taylor, 1993; M. G. Sanders, 1996; J. M. T. Walker & Hoover-Dempsey, 2006.

- 指出家长在家里可以轻松帮助孩子完成哪些学习活动。
- 弄清楚某些家庭成员哪些事情能做得特别好（如木工手艺、厨艺），邀请他们与学生们分享。
- 为家长提供自愿承担无须离开家就能做的工作（如学生对家庭作业不清楚的时候可以给他们打电话）。
- 找出一些可以为不会说英语或英语不太好的家长进行翻译的家长（如说双语的家长）。
- 在家长方便的时间和地点召开家长教师会议或家长座谈会；如果家长欢迎的话，还可以充分利用家访。
- 在教学楼为家长提供可用的资源（如社交服务和健康服务、英语、文学、家庭修理、艺术和手工制作等课程）。

如果学生在学校表现很好，还有几个可以鼓励学生和家长的有效方法。一座有许多移民学生的学校的一位管理者是这样说的：

> 我们做的一件事……就是找出出勤率很高的孩子和通过了州内学业成就测验各个科目的孩子。我们不表扬这些学生，而是表扬他们的家长。我们给家长颁发奖状。因为我们要告诉他们："通过你们的努力，通过你们的勤奋工作，你们的孩子才能够做到这些。"①

即便如此，仍有少数家长不关心孩子的学习，他们很可能真的对帮助孩子不感兴趣。教师一定不要因为家长的行为或家长不采取任何行为而惩罚学生。教师也必须认识到，他们自己更容易成为学生们生命中学业和情感帮助的重要来源。

## 第三节　减少与学习无关的行为

**主要理念：教师要采取有效干预措施来减少学生不学习的行为，这些干预措施要适应环境，以学生的长期发展和心理幸福感为最终目标。**

尽管教师做了很多努力，但学生的行为有时候仍会严重破坏课堂活动，扰乱其他学生的学习。为了便于讨论，我们把**不良行为（misbehavior）**界定为任何可能破坏学习和计划好的课堂活动的行为，即会将学生身体安全或心理幸福感置于危险之中的行为，或破坏基本的道德标准和种族标准的行为。有些不良行为相对较轻，对学生的心理幸福感和学业成就没有长期的影响。这样的行为，如经常不按顺序轮流发言、在课堂上给同学写小纸条、在规定时间以后才交作业，一般都属于较轻的不良行为一类。其他不良行为更为严重，肯定妨碍其他人的学习或心理幸福感。例如，当学生对老师大喊大叫，打了同学，或习惯性地拒绝参与活动时，当然会对"当事人"的课堂学习，有时也会对其他同学的课堂学习产生负面影响，直至影响整个班级氛围。

就像在本章开头的个案研究中那样，任何班级里总是有几个学生制造了绝大多数不良行为。②这样的学生很容易成为教师面临的最大挑战。教师必须想方设法把学生引导到更有成效的方向上。

---

① G. R. López, 2001, p. 273.

② W. Doyle, 2006.

如果没有教师和其他照顾者的积极干预，在小学低年级时经常出现破坏行为或以其他方式偏离课堂学习任务的学生，以后还会不断出现行为问题。①

教师需要提前计划他们如何处理学生的不良行为。尽管教师必须对学生公然违反规则的行为进行制止，但是从长远来看，减少学生不努力学习的行为在不同情况下方法有所不同。以下是几种可能的情况。

## 一、要考虑是教学策略还是课堂任务导致学生出现偏离学习任务的行为

有效力的课堂管理的原则与学习和动机的原则是密切相关的。当学生学习并取得成功时，当他们清楚地表明想要完成课堂教学目标时，他们上学时更愿意积极进行有成效的学习活动。相反，当他们很难理解课堂学习主题，或没有学习兴趣时，他们可能会因为挫败感或感到厌烦而不努力学习，出现影响课堂的行为。②

当学生出现不良行为时，新教师通常会认为学生做错了。相反，有经验的教师更可能仔细思考他们自己可以做些什么改变来吸引学生的注意力，对已有计划做相应修改。③ 以下几个自我提问可以帮助新教师像专家级教师那样思考问题：

- 我要如何改变教学方法来激发学生对学习主题的兴趣？
- 教学材料是不是太难，或事先没有经过精心组织，导致学生产生挫败感？还是因为太容易或一成不变而让学生感到厌烦？
- 学生们真正关心的是什么？例如，他们是不是更关注与同学的交往，而不是获得新知识和新技能？如何引导学生的学习动机和学习目标（例如，他们渴望被同伴接受）并同时帮助他们实现课堂学习目的？

弄明白这些问题可以帮助教师专注于学校教育的目标：促进学生的学习。

有时候，国际、国内或本地最近发生的事件（如与班内学生有关系的恐怖袭击、自然灾害或车祸），可能要优先考虑。当学生专注于某些事情而不是教学内容时，他们对教师之前计划好的课程很难集中注意力，也不可能学到什么。在这种情况下，如果情有可原，教师至少在一段时间内要放弃自己的课堂计划。

## 二、考虑学生的文化背景是不是影响了他们的课堂行为

教师在决定哪些行为在课堂上绝对不允许时，必须记住，他们自己的文化中认为不恰当的行为在其他文化中可能是可接受的。④ 请看下面三个例子：

---

① Dishion, Piehler, & Myers, 2008; Emmer & Gerwels, 2006; Vitaro, Brendgen, Larose, & Tremblay, 2005.

② Gettinger & Kohler, 2006; K. L. Lane et al., 2011; Metcalfe, Harvey, & Laws, 2013; Pekrun, Goetz, Daniels, Stupnisky, & Perry, 2010.

③ Emmer & Stough, 2001; Sabers, Cushing, & Berliner, 1991; H. L. Swanson, O' Connor, & Cooney, 1990.

④ 例如，请参见 Gay, 2006。

### 自己看一看

**弄清楚学生的不良行为**

阅读以下三种情况，并考虑以下问题：

- 你是否认为这是不良行为？
- 什么文化群体会认为这样的行为是恰当的？
- 你如何应对学生的这种行为？

1. 某个学生上学经常迟到，有时候第一节课上课铃响一小时后才到。
2. 小测验的时候，两个学生互相抄答案。
3. 几个学生在互相辱骂，不断地贬损对方。

拖拉的毛病（例 1）会干扰学习，因为学生失去了宝贵的学习时间，因此，这种行为被认为是不良行为。然而，经常拖拖拉拉的学生可能住在一个并不严格遵守时间的社区——这种情况在美国原住民中很普遍（请看第 4 章“文化因素”专栏）。此外，到校的时间可能不完全由学生掌控，例如，学生可能要在家做家务，或有交通上的问题，很难按时到校。可以找这个学生单独谈话，也可以再和他的家人座谈，这可能是找出问题的根源和解决问题的最有效的方法（稍后将讨论更多的方法）。

测验时抄答案（例 2）是不良行为，如果教师特别说明学生要自己完成的话。因为测验可以帮助教师了解学生掌握了哪些内容，哪些没有掌握，不准确的测验分数会影响教师的教学计划，因此也会影响学生后来的学习（抄答案可能会降低测验分数的有效性；我们将在第 10 章中讨论这个概念）。尽管这种行为在很多人看来是作弊，但在许多美国原住民、墨西哥裔美国人以及东南亚裔学生的文化中它却反映了合作的精神和强调了团队成就（同样请看第 4 章“文化因素”专栏）。如果教师在测验之前以学生能够理解的方式解释了什么是作弊，如果教师清楚地描述了合作在什么情况下合适什么情况下不合适，换句话说，如果学生完全清楚他们的行为违反了课堂规则的话，那结果就截然不同了。还没有做这些基础工作的教师必须马上进行以预防这些行为再次出现。

互相辱骂（例 3）对相关的学生会造成心理伤害，对课堂氛围会造成负面影响。但是，这也有可能仅仅是在做游戏对骂（play the dozens），这是一个好玩的语言交流游戏，在一些非裔美国人社区中很普遍（请看第 4 章中包含“你妈妈”的“争吵”练习）。教师如何处理这种情况必须视学生对这种活动的看法而定。学生的身体语言可以反映出来，他们是在笑还是在怒视对方，是放松还是很紧张。如果这种辱骂真的使双方的敌意升级，教师就要马上进行干预。但是，如果这种辱骂是创造性的语言游戏，教师只需要设立合理的边界就可以了（如只可用“室内的”音量，不可使用种族侮辱的语言）。

## 三、忽略学生临时的、细微的、不太可能再次出现或被其他同学仿效的不良行为

有时候最好的行动就是不采取任何行动，至少不要采取惩罚性质的行动。请看以下情形：

狄米乔很少违反课堂规则。但是有一次你要求学生在自己的座位上安静地独立学习时，看见她与旁边的女孩在窃窃私语。其他学生似乎还没有注意到狄米乔违反了规定。

何波在化学实验室很粗心，不小心打翻了一个液体小瓶子（好在瓶子里面的液体是无害的）。他很快道歉了，还做了清理工作。

这些行为会影响狄米乔和何波的学业成就吗？这些行为会像康奈尔老师班上的打闹那样"传染"给其他学生吗？这两个问题的答案都是"应该不会的"。

当教师停下教学活动来处理学生的不良行为时，即使只有几秒钟，也会破坏课堂活动，并把学生的注意力吸引到出现不良行为的同学身上。此外，把班级注意力集中到个别学生的行为上，教师实际上是在强化而不是阻止这个学生的不良行为。

以下情况中通常可以忽略学生的不良行为。①

- 这种行为很少出现，再次出现的可能性很小。
- 这种行为不太可能传给其他学生。
- 这种行为是由不寻常的和临时的情况引起的（如放假前的最后一天，学生个人生活中出现令人不安的事情）。
- 某个年龄段的学生很典型的行为（如幼儿园小朋友坐了一段时间之后变得焦躁不安，6 年级学生在舞蹈课上拒绝拉手）。
- 这个行为的自然结果令人很不愉快，学生不敢再次出现这种行为。
- 这个行为没有严重影响到课堂学习。

狄米乔的行为——在独立做作业时与同学交头接耳，不太可能传给其他同学（他们没看见她的举动），也可能不是作弊（出现在她开始做作业之前）。何波的行为——在化学实验室打翻液体瓶，本身已经造成了不愉快的结果：他必须清理垃圾。在这两种情况下，忽略学生的不良行为可能是最好的方法了。

## 四、对什么是恰当和不恰当的行为给出信号并进行提醒

在某些情况下，偏离课堂活动的行为，尽管本身并不严重，但确实会干扰课堂学习，必须进行阻止。看看下面几个例子：

当你在解释一个很难的概念时，莫卓瑞在忙着书写。一开始你以为她是在记笔记，但后来你看见康昂把那张纸递回给莫卓瑞。看来这两个学生在应该听讲的时候却在写小纸条。

你把班级分成几个小组进行一项合作学习的练习。有一个小组总是偏离学习任务，如果不马上开始专心学习的话，该小组很可能完不成任务。

**想一想**

你能否把教师的忽视行为与操作条件反射的某个具体概念联系起来？为什么忽视行为在康奈尔的课堂上不起作用呢？（如果需要重新复习负性强化及其影响，请看第 4 章。）

有效力的课堂管理者处理这类较小的行为问题时会尽可能不引起其他人的注意。他们不会把正

① G. A. Davis & Thomas, 1989; W. Doyle, 1986, 2006; Munn et al., 1990; Silberman & Wheelan, 1980; Wynne, 1990.

在讲的课停下来，不会分散其他学生的注意力，也不会引起其他学生对要制止的行为的注意。[①] 在多数情况下，他们会进行暗示（*cueing*）——在第 4 章介绍了这个方法。也就是说，教师通过某种信号让学生知道他意识到了其不良行为，并要求他们停下来。

暗示有很多种形式。例如，教师可以采用非语言暗示，把手指放在嘴唇上暗示“嘘”，也可能走近某个学生直到学生的不良行为停止。当这样的非语言暗示不起作用时，可以进行简单的语言暗示，如说出这个学生的名字，提醒该学生采取正确的行为，或者（如有必要）具体描述其不恰当的行为。理想的情况下，语言暗示*应该*把学生的注意力集中到应该怎么做，而*不是*他们没有在做什么。[②] 例如，在一次合作性小组活动中，教师没有责骂学生们太过吵闹，而是说：“你们交流想法的时候，记住要使用*室内音量*，这样就不会打扰到其他小组。”

有些有效力的教师会采用一些幽默的方法使得可能影响师生关系的语言变得易于接受。[③] 例如，当一个学生由于在大厅里与朋友谈话时间过长而上课迟到的时候，他的老师故意很烦恼地告诉他：“约翰，我知道你在外面有很多粉丝，但是你在这儿的粉丝们，也包括*我*，觉得有点被怠慢了，因为你不愿意和我们在一起。”请注意，这个说法既表达了约翰有一种令人羡慕的品质——他是一个令人喜爱的孩子，同时也提醒他守时是很重要的。

## 五、了解学生对这些行为的看法

有时候简单的信号还不足以改变学生的行为。请看以下情形：

> 阿朗卓几乎总是在你第三节代数课上迟到几分钟。他到了教室后，还要再花几分钟时间从书包里面拿出课本和其他学习用品。你经常提醒他按时上课的重要性，但他还是很拖拉。
>
> 楚迪很少完成课堂作业。实际上，她甚至经常是还没有开始做。以前有很多次，你总是想办法让她开始做作业，但总是没有成功。今天，当你与楚迪目光接触时，你让她开始做作业，她挑衅地回答道：“我不会去做作业的。你休想让我去做作业！”

**想一想**

从动机的角度来看，单独与学生谈话会有所帮助吗？

在这样的情况下，下一步就是要和这些学生单独谈话。单独（*private*）谈话有几个原因。首先，就如前面提到的，引起同伴对问题行为的注意实际上是在强化该行为而不是在阻止。其次，其他同学的注意也可能会让这个学生觉得非常尴尬或感到被羞辱，这种感觉会让这个学生以后在班里感到很焦虑。最后，教师花太多课堂时间处理某个不良行为的学生，其他学生有可能会偏离学习任务。[④]

和个别学生单独谈话可以让教师有机会解释为什么有些行为是不被接受的，必须停止。这样也让学生有机会解释他们为什么这样做。例如，阿朗卓可能会把他的拖沓的毛病解释为他有糖尿病，在第二、三节课之间必须去检查血糖水平。他可以自己来测，但是他更愿意去教学楼那头的校医室

① K. Carter & Doyle, 2006; W. Doyle, 1990; Emmer, 1987.

② Evertson & Emmer, 2009; K. L. Lane et al., 2011.

③ Henley, 2010.

④ W. Doyle, 2006; Emmer & Gerwels, 2006; Scott & Bushell, 1974.

测。同时，楚迪可能会说她对学习内容长期以来有挫败感，她认为作业对她没有任何帮助。一个有阅读障碍的男孩曾经在一次访谈中和研究者讲述了这样的挫折：

> 他们（老师）过去经常在周一发给我们家庭作业。有一次老师发给我大约一英寸厚的作业，当我走出教室时刚好有个大的垃圾桶，当着所有同学和老师的面，我把所有作业全扔进了垃圾桶，然后走出了教室。我这样做，是因为我看不懂老师给我的那些作业。我想让老师明白的就是这一点。当我这样做的时候，内心是有点受伤的，因为我真的很想做作业，但我不会做。我不想表现得那么软弱，就走到垃圾桶边上然后把作业都扔了进去。①

学生的解释也为今后长远来看如何更好地应对这些行为提供了线索。例如，如果阿朗卓有糖尿病，他上课迟到可能还是不可避免。但是，老师可以把他的座位调整到教室门口附近，这样他到教室时就不会引人注意。楚迪对学习的挫败感表明她需要其他的支持来帮助她获得成功。这也可能暗示了一种未诊断出来的学习障碍，需要学校心理学家或其他诊断专家的指导。有时候，和学生谈话也可以发现，其不良行为是因社交的适应不良。例如，习惯性攻击的学生可能是有不正确的看法，认为同学们总是要挑起争端（请回顾第 7 章的*敌意的归因偏差*）。如果是这种情况，教师要咨询学校的心理咨询师帮助学生更有效地理解社会交往。

但是学生的解释并非总是可以得出直接的解决办法。例如，阿朗卓上课迟到，仅仅是因为他想要和朋友们在大厅里再逗留几分钟。楚迪可能说她不想做作业是因为她很厌烦别人总是告诉她做这做那。这时候，教师不要武斗，即一个人通过控制另一个人获得胜利。以下几个方法可以尽量减少武斗的可能性。②

- 用一种平静的、叙述事实的方式描述你所看到的问题。（“过去三周内你一直没有交过任何作业。你和我都希望你在班里有很好的表现，但是这种情况不会平白出现，除非我们都努力去做。”）
- 陈述问题时要把它当作没有成效的、影响学习的行为，不要作为人格的缺点。（“这个月你几乎每天上课都迟到了。”）
- 认真倾听学生说的话，接纳学生的感觉和看法。（“我感觉你不太喜欢课堂活动；我真的很想听听你关注的事情。”）
- 概括你对学生告诉你的事情的看法，如果有必要就要进一步弄清楚。（“听起来好像你不愿意同学们知道你对学习感到困难。是这样吗，还是有其他原因？”）
- 描述问题行为的影响，也要包括你个人的反应。（“当你每天上课迟到时，我担心你越来越落后了。有时候我甚至感到有点伤心，你看上去不珍惜你在我课堂上的时间。”）
- 给出两三个可接受的方法让学生进行选择。（“你愿意在你们小组的课桌上安静地写作业，还是愿意单独坐在一边来完成作业呢？”）
- 尤其是当你的学生是青少年时，你的解决办法一定要让学生能够保持他们在同伴眼中的可靠性。（“我想你是在担心如果遵守我的要求，朋友们会看不起你。我们应该怎么样来解决这个问题呢？”）

最后，教师必须表达出以下三点：（1）对学生长期的学业成就的兴趣；（2）关注不良行为对学业成就的干扰；（3）承诺与学生们配合一起来解决问题。

---

① Zambo & Brem, 2004, p. 6.

② Colvin, Ainge, & Nelson, 1997; Emmer & Evertson, 2009; Henley, 2010; Keller & Tapasak, 2004; K. Lane, Falk, & Wehby, 2006.

## 六、教给学生自我管理的策略

有时候学生需要一对一指导，教他们如何更好地控制自己的行为。请看下面几个例子：

白德利在作业任务中的表现一直很差。你知道他本来可以做得更好，因为他偶尔也会交来很高质量的作业。白德利的问题的根源是他大多数时候总是在偏离学习任务，可能是在画运动汽车的图片，心不在焉地摆弄他在地上找到的东西，或是在做白日梦。白德利真的很想提高学习成绩，但是他似乎不知道怎样去做。

乔治娅总是不经允许随意发言，例如，脱口而出问题的答案，打断正在发言的同学，不合时宜地发起学习任务以外的谈话。有几次你已经和乔治娅谈论过这个问题，她总是发誓以后会更好地控制自己。有一两天她的行为有所好转，但是很快她又控制不住自己的嘴了。

白德利偏离学习任务的行为干扰了他自己的学习，乔治娅过多的说话行为干扰了同学们的学习。暗示和单独谈话都没有什么成效。但是白德利和乔治娅都有对他们有利的东西：他们想要改变自己的行为。

在第3章中我们考察了很多提高自我管理学习和行为的方法，其中有些方法对白德利和乔治娅有用。当学生们对问题的严重性需要检验时，自我监控（*self-monitoring*）的方法尤其有用。例如，白德利可能认为他专注学习任务的时间比实际要多得多。为了帮助他了解他是经常偏离学习任务的，教师可以给他一个计时器，每10分钟响一次；每次当他听到计时器的叫声，他就应该记下他是否在专注于学习任务（图9.5是他用的记录单）。同样，乔治娅可能没有意识到自己频繁地阻止了同学们的发言。为了让她知道问题的严重性，教师让她每次不经允许发言时在一张计数记录单上做一个标记。

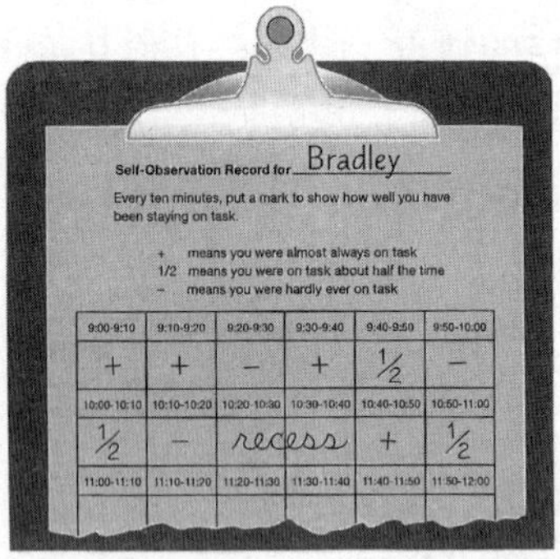


**图9.5　专注于学习任务的自我管理表举例**

如果自我监控的办法不能完全解决问题，自我指导（*self-instructions*）也可以帮助乔治娅在课堂讨论中获得一些自我约束：

（1）紧闭嘴唇（把双唇紧紧抿在一起）。

（2）举手。

（3）等老师叫我。

此外，学生可以使用自我奖励法（*self-imposed contingencies*）给自己一个动机助推器。例如，白德利每专注于学习任务10分钟就可以奖励自己一分。乔治娅可以在每天上学一开始给自己五分，然后每一次不按规矩发言减一分。通过积够一定的分数，学生可以赢得机会去做自己喜欢的事。

有些学生刚开始可能需要很多的帮助才能学会如何对自己的行为进行自我管理。[①] 例如，在最初的几天或几个星期，教师可以采用一个或更多的简单技术装置——可能是一个小的蜂鸣器，教师可以从教室的另一边远程遥控激活——来提醒学生他们应该做的事情，或者在他们做的很好的时候进行反馈。

自我管理方法有几个优点：可以帮助教师避免与学生进行谁说了算的较量；增加学生的自主意识，从而增加学生在教室里自觉做出好的表现的动机。此外，自我管理的策略对学生今后的长远发展也很有益，能够促进学生产生更有益于学习的行为，这些行为在离开某个班级或某个学校之后还

① J. O. Cooper, Heron, & Heward, 2007; Duckworth, Gendler, & Gross, 2014; Meltzer, 2007.

能持续很长时间。当学生学会如何监控和改正自己的行为，而不是依赖教师时，教师可以有精力做更多的事情，如教学！

## 七、在惩罚学生时，只采用那些能够有效减少问题行为的方法

在管理良好的班级，强化奖励提高学习效率的行为要远远多于惩罚学生不恰当做法的行为。请看下面几个例子：

邦妮不能很好地应对挫折。每当她遇到自己不能马上克服的困难，她总会做出打、踢或摔东西的反应。有一天，在班级情人节晚会上，她不小心把蛋糕杯打翻在地，当她发现蛋糕不能再吃的时候，她把牛奶盒扔到房间的另一边，打在了另一个孩子的头上。

与邻镇的对手高中踢足球赛的前两天，球队几个成员在对手学校体育馆的露天看台上喷涂脏话时被当场抓住。

有些不良行为严重地干扰了课堂学习，或反映出他们漠视其他人的权利和幸福。这些做法需要立刻得到改正，教师或管理者必须让他们感受到不愉快的后果，阻止他们的行为。也就是说，有时候教育者必须采取惩罚措施。当学生缺乏改变自身行为的动机时，惩罚尤其有效。

通常的做法是，在课堂上教师使用相对温和的惩罚方式。[①]严厉的惩罚，如持续几周或几个月，或是严重削弱学生的自我价值感，可能会出现我们不想要的副作用，如憎恨、敌意或逃学。以下几种温和的惩罚方式对减少不良的课堂行为十分有效：

- **口头训诫（责备）**。尽管教师的责备会引起其他同学的关注，有些学生会以此为乐，但大多数学生会觉得老师的责备令人不愉快，是一种惩罚，在教师不经常责备学生的情况下尤其如此。一般情况下，立刻做出简短的不附加情绪的训诫更有效。只要可能就应当单独进行。如果当着同伴的面，有些学生会喜欢引起同伴的注意，有些学生会感到很耻辱。[②]
- **反应代价**。**反应代价**是指失去先前得到的强化或获得强化的机会；无论是哪一种情况，都是某种形式的移除惩罚。反应代价在与适当的行为强化结合使用时尤其有效。[③]例如，对经常出现行为问题的学生，教师有时候要把反应代价与分数机制或代币法结合起来，用奖励分数、打钩标记、塑料棍或类似的东西来鼓励好的行为（强化），当学生出现不当行为的时候拿走这些东西（反应代价）。积累足够数量的分数或代币就可以用它来“购买”物品、权利或喜爱的游戏活动，否则他们就得不到（你可以回顾第 4 章关于移除惩罚和代币的内容）。
- **逻辑后果**。**逻辑后果**是学生不良行为出现之后自然而然或逻辑上可能发生的事情，也就是说，它是与罪行相适应的惩罚。例如，如果某个学生毁坏了同学的物品，其后果就是这个学生要赔偿一个新的东西或赔付相应的钱。如果两个好朋友老是在一起聊天却没有完成作业，其后果就是他们会被分开。[④]

---

① Landrum & Kauffman, 2006.

② M. L. Fuller, 2001; Landrum & Kauffman, 2006; Pfiffner & O' Leary, 1993; Van Houten, Nau, MacKenzie-Keating, Sameoto, & Colavecchia, 1982.

③ Conyers et al., 2004; J. M. Donaldson, DeLeon, Fisher, & Kahng, 2014; Iwata & Bailey, 1974; Lentz, 1988.

④ Dreikurs, 1998; Landrum & Kauffman, 2006; Nucci, 2001.

- **被罚隔离**。学生因为不良行为而**被罚隔离**，被安置在一个枯燥无聊的（但不是吓人的）环境中，可以是专门为被罚出局的孩子而设计的单独的房间、很少使用的办公室，或教室里面与大家相隔较远的某个角落。被罚隔离的孩子没有机会与班里其他同学交往，没有机会得到奖励强化。被罚隔离的时间长度一般来说很短（可能是 2 ～ 10 分钟，依学生的年龄而定），但学生在不当行为（如咒骂、踢打）停止之前不能被释放。[①] 但是，请记住，只有当课堂活动让学生感到很快乐，参加课堂活动是奖励的时候被罚隔离的方法才是有效力的。相反，如果这个方法让学生可以逃避复杂的学习任务或是噪音刺激，那么它实际上会强化学生的不良行为，从而增加我们不希望学生出现的不良行为。[②]
- **校内禁闭**。就像被罚隔离一样，**校内禁闭**就是把学生搬离常规的课堂活动。但是通常会持续一天或是好几天，在学校教学楼内一个隔离的房间有成年人进行严密的监管。被校内禁闭的学生整天都要做跟其他同学一样的作业，跟上学习进度。但他们没有机会与同伴交往，而与同伴交往对绝大多数学生来说是一种强化鼓励。当禁闭的部分环节是要教给学生恰当的行为和学业技能时，当监管老师担当支持者而不是惩罚者的角色时，校内禁闭项目是很有效的。[③]

其他几种惩罚的形式一般情况下不推荐使用。当然，体罚（*physical punishment*）可能会导致身体伤害，甚至是温和的方式也可能导致我们不希望学生出现的行为，如对教师的怨恨、对学习任务不关注、撒谎、激起攻击性、肆意破坏公物、回避学习任务以及逃学等。[④] 任何严重威胁学生自我价值感的后果，如心理惩罚（*psychological punishment*），都可能导致与体罚同样的副作用（如怨恨老师、对学习任务不关注、逃学），产生长期的心理伤害。[⑤] 如果仅仅是为了惩罚学生的错误做法，不适合布置额外的课堂作业，因为这样做传递的信息就是“学习、做作业是令人不愉快的”[⑥]。给学生打低分（*giving low grades*）也是不合适的：就如我们在第 10 章中要强调的那样，课程成绩等级应该是基于学生的学业成就，而不是学生的行为。[⑦] 最后，校外禁闭（*out-of-school suspension*）对改变学生的行为计划没有任何效果。一方面，校外禁闭可能刚好是学生想要的，在这种情况下学生的不当行为得到了强化而不是惩罚；另一方面，禁闭会让学生失去很多有价值的学习实践，影响到学生对学校的心理依恋感，因此会减少学习成就低的学生获得学习和社交成功的机会，有时候他们甚至到了没有兴趣返回学校的地步。[⑧]

人们对其他两种惩罚方式的有效性持有不同看法。有时候，有些学生因为偏离学习任务没有在正规课堂时间内完成功课而失去了休息机会。然而，研究表明，尤其是在小学阶段，如果学生们能够经常休息并有机会释放被压抑的能量，他们就会更有效地把精力集中在学习任务上。[⑨] 尽管在很多学校放学后留校是常见做法，但有些学生放学后不能留下来，可能是因为交通问题，必须在父母

---

① 从历史上来看，许多被罚隔离的做法都包括把学生放在一个特别为这些学生设计的单独的、隔离的房间里。这种做法在公立学校已经不获赞成了，除了一些非常严重的行为问题，如身体攻击（Alberto & Troutman, 2013）。

② J. M. Donaldson & Vollmer, 2011; McClowry, 1998; Pfiffner, Barkley, & DuPaul, 2006; Rortvedt & Miltenberger, 1994; A. G. White & Bailey, 1990.

③ Gootman, 1998; Pfiffner et al., 2006; Sheets, 1996; J. S. Sullivan, 1989.

④ W. Doyle, 1990; Landrum & Kauffman, 2006; Nucci, 2006.

⑤ Brendgen, Wanner, Vitaro, Bukowski, & Tremblay, 2007; J. Ellis et al., 2010; Hyman et al., 2006.

⑥ H. Cooper, 1989; Corno, 1996.

⑦ 给学生打低分作为对行为不良学生的惩罚，除了处理存在分数效度的问题（参见第 10 章）以外，实际上也会增加学生的行为问题。（F. Zimmermann, Schütte, Taskinen, & Köller, 2013.）

⑧ 美国心理学会零容忍任务 , 2008; Christenson & Thurlow, 2004; Gregory, Skiba, & Noguera, 2010; Osher, Bear, Sprague, & Doyle, 2010。

⑨ Owen et al., 2016; Pellegrini & Bohn, 2005; Pellegrini, Huberty, & Jones, 1995.

下班回家之前照顾弟妹，或害怕天黑以后走过某些街区。[①]

受批评最多的是不人性化或有点野蛮的惩罚。实际上，某些惩罚形式，如身体的虐待或是当众羞辱，确实会形成不人性化的对待的。[②] 此外，在许多州学校体罚是非法的。教师在课堂上使用惩罚的方法时必须极其慎重。但如果谨慎使用，尤其是在温暖的支持性师生关系的情境中，有些温和的惩罚形式可能会使不良行为迅速减少，不会产生身体上和心理上的伤害。[③] 课堂策略专栏“人性化地有效地实施惩罚”提供了使用惩罚手段时的几条指导意见，从长期来看可以促进学生形成有益于学习的行为。你将会注意到，可能会出现前面提到的扔牛奶盒和喷涂看台的例子。

## 课堂策略

### 人性化地有效地实施惩罚

- **提前告知学生哪些行为是不对的，并向学生解释这些行为将得到什么样的惩罚**

  一位 3 年级教师明确宣布了一条课间休息规定：学生们不可以做任何可能伤到别人的事。他举了几个具体例子：扔石子、揪头发、在斜坡上推人等等。他说：“如果你做的事可能伤到别的同学，后面三个课间休息时间你就要坐在教室门外的长凳上。”

- **帮助学生理解受到惩罚的行为为什么是不对的**

  一个高中足球队的几个成员在对手学校的体育馆露天看台上喷涂脏话时被当场抓住，有三种后果：（1）在马上要举行的与对手学校的比赛中，这些学生不能参加；（2）他们必须去拜访对手学校的校长并做出正式道歉，承认他们的行为表明他们缺少运动员精神，不重视他人的财产；（3）他们必须用自己的钱购买涂料，把露天看台上被破坏的地方重新粉刷好。

- **一定要讲清楚，我们不喜欢的是他们的不正确行为，而非某个学生**

  一个幼儿园小朋友生气地把牛奶盒扔到了另一个小孩身上，老师把他安排在房间后面的“被罚隔离角落”里。老师告诉他：“邦妮，我很喜欢你，但是我不想你做那些伤到苏珊的事情。我也像喜欢你一样喜欢她，我希望你们两个在班里都很安全。”

- **私下单独实施惩罚，尤其是当其他学生没有意识到他们在违反规定时**

  一个初中老师从走廊走过来时，偶然听到一个学生给他的两个朋友讲带有侮辱性的种族诽谤笑话，那两个朋友在大笑。老师把这三个学生拉到一旁，告诉他们她听到了那个笑话，并认为很无礼。她说：“不管你是在讲笑话或只是在大笑，都表明你对学校里的老师和学生不尊重，不仅破坏了学校整体的社群意识，也破坏了学校的规定。这些行为的后果就是一天的校内禁闭。我会通知校长办公室你们明天要进行校内禁闭。记得带上课本和作业，这样你们就不会落下功课了。”

- **惩罚的同时要教给学生哪些是被接受的正确行为，并进行鼓励强化**

  在小组讨论和合作学习活动时，一个中学生经常贬低其他同学的看法。老师把她带到一旁训诫她，并教给她不同意同学的观点时更有效力的办法。他说：“你可以说另一个同学的观点中好的地方。例如，你可以这样说，杰瑞，我知道你很认真地思考了这个问题。我想还有一个不同的观点我们组也可以好好考虑一下……”后来，这个学生在小组活动时使用了这个方法，老师听到后，和她目光对视，向她竖起了大拇指。

来源：Boyanton, 2010; Landrum & Kauffman, 2006; Lerman & Vorndran, 2002; Moles, 1990; Nucci, 2001; Parke, 1974; D. G. Perry & Perry, 1983; Ruef, Higgins, Glaeser, & Patnode, 1998.

① Nichols, Ludwin, & Iadicola, 1999.

② 关于这一点，详见 Hyman et al., 2004。

③ Landrum & Kauffman, 2006; Nucci, 2001.

## 八、与学生家长商议

从整体上讲，教师与家长交流的内容要能反映课堂上出现的正面的、积极的情况。但是，有时候教师也需要和学生家长或其他主要照顾者就学生出现的严重或经常性问题进行谈话。请看以下两个情形：

你几乎每天晚上都会布置少量家庭作业。卡洛琳只交过三分之一的作业。你很确定她会做这些作业，从之前与她家长之间的座谈会上你知道她的父母会给她完成这些作业的时间以及她所需要的帮助。你已经和卡洛琳就这个问题谈过好几次，但是她只是耸了耸肩，好像一点也不在乎在班里表现好不好。

自从罗杰来过以后，学生们经常发现课桌里或是个人物品储存柜里的东西丢了。有几个学生告诉你看见罗杰拿别人的东西，许多丢了的东西后来都出现在罗杰的物品里。当你告诉罗杰你怀疑他偷了其他同学的东西时，他矢口否认。他说不知道卡米的手套或是玛维恩的新书怎么会在他的课桌里面。

当学生的行为问题在一段时期内呈现某种模式，对学生长期的学业或社会成功有严重影响时，与学生家长进行商议是尤为重要的。有时候打个电话可能就行。例如，卡洛琳的父母可能不知道她一直没做家庭作业（她一直告诉父母她没有作业），但知道后能够采取必要措施让她完成作业。有时候请家长到学校来商议可能会更为有效。例如，教师想要和罗杰及其家长一起讨论罗杰偷东西的习惯，在同一个房间里所有人面对面坐在一起讨论会更有效。有些与家长交谈的方法效果会更好，在以下练习中请站在家长的视角来思考问题。

### 自己看一看

**以家长的视角来思考问题**

想象你是7年级学生托米的家长。这天晚上你和托米正在吃晚餐，电话铃响了，你站起来接电话。

**你**：您好！

**姜老师**：我是托米的老师姜娴。我可以和您谈谈吗？

**你**：当然。请问您有什么事？

**姜老师**：哦，恐怕我和您的儿子有点麻烦，我想您应该了解一下。

**你**：真的吗？什么问题呢？

**姜老师**：托米几乎从不按时上学。到了教室以后，他大部分时间又在和朋友们聊天，而不听讲。每天我都要说他三四次。

**你**：这个现象有多长时间了？

**姜老师**：有好几个星期了，情况非但没有好转，还越来越糟。请您和托米谈谈这个问题吧。

**你**：姜老师，谢谢您告诉我这些。

**姜老师**：不客气，晚安！

**你**：晚安！姜老师。

请用几分钟时间记下你作为这位家长在这段电话谈话之后会想些什么。

你可能对姜老师的谈话有很多想法。比如：

- 为什么托米不认真对待学校作业？
- 难道托米没有做正确的事情？
- 除了训诫托米的行为之外姜老师有没有试试别的方法？她是不是把这个问题都推给了我？
- 托米是个好孩子。我是知道的，因为我把他养大。姜老师因为某种原因不喜欢他，因此对他做的事总爱挑毛病。

这四种想法中只有第一种可能会让你做出正确反应。

请注意姜老师只是关注了托米课堂表现的消极方面。因此，你（作为托米的家长）可能会对儿子感到很生气，对自己无效的教育技巧感到内疚。或者如果你对儿子学习能力和自己作为家长的能力很自信，你可能会对姜老师激发 7 年级学生学习兴趣的能力感到怀疑。可悲的是，很多教师和家长谈话的时候只谈到学生的弱点，对他们的优点只字不提。下面对贾迈的访谈说明了这一点：

**爱达特**：你的爷爷（贾迈的主要照顾者）来过学校吗？

**贾迈**：来过，老师叫他过来的。

**爱达特**：他们因为什么事叫他来的？

**贾迈**：只有我做了坏事他们才叫他来。老师给他打电话，他就来与老师见面。

**爱达特**：如果你表现好的话，老师会给他打电话吗？

**贾迈**：不会。[①]

教师和家长在共同关注学生的学习和心理幸福感，建立起互相信任、互相尊重的关系的前提条件下，再去讨论学生的问题行为是比较理想的。例如，如果教师和家长已经形成很好的合作关系，如果教师自信家长不会做出过激反应、过度惩罚孩子，那么给家长打电话可能会达到最好的效果。此外，与家长交流时，教师关于学生的各种信息应该是正面的、乐观的。例如，教师可以先讲述学生表现好的情境，再描述他课堂表现不好的地方。姜老师在一开始可以讲托米是个聪明有能力的孩子，有很多好朋友，很有幽默感等，而不是一开始就抱怨托米的行为。教师必须清楚他们的责任是与学生家长一起合作，帮助学生在课堂上获得成功。课堂策略专栏“与家长谈论学生的不良行为”提供了几种就有挑战性的行为问题与学生家长有效沟通的方法。

教师与学生家长谈话时，必须记住不同文化对如何更好地解决学生的行为问题有不同观点（请看文化因素专栏“父母管教方式的文化差异”）。最后，教师和家长必须找到共同基础，以此帮助学生体会到在学校很快乐。同时，教师必须机智而又敏锐地意识到家长的心态，帮助家长理解有些处罚如严重体罚或心理惩罚从长远来看不可能有效。

---

① 本段对话摘自 Kumar, Gheen, & Kaplan, 2002, p.164。

## 课堂策略

### 与家长谈论学生的不良行为

- **和家长商量如何共同努力改变学生的行为**

  在家长教师学生的座谈会上，一位高中数学教师说有个学生经常在课堂上睡觉。因为那个学生的卧室里有一台电脑和网线接口，所以她爸爸推测她在本该睡觉的时间可能在上网。他带着询问的眼神看着女儿，她面带愧疚的表情，表明父亲的怀疑是正确的。在老师的督促下，这个学生和父亲明确了在家使用电脑的要求——把电脑搬到另一个房间，这样她用电脑时能够得到更密切的监控。

- **从描述学生的优点开始谈话**

  一位教师给学生家长打电话。她描述了这个学生有明显进步的几个地方，然后给家长提建议，如何帮助他专注于学习任务，对功课更用心。

- **描述学生的问题时用行为恰当这样的词，不要说学生的性格不好**

  一位老师描述某个学生很少交家庭作业时说："这个学年我布置的作业卡洛琳只交了三分之一。这学年她只有两天没来上课，因此我知道她身体健康。她也肯定会做这些作业。"这位教师一点也没说卡洛琳很懒、学习动机不够或很固执这类的话。

- **不要责骂家长；相反，要承认教育孩子很不容易**

  有位教师在与一个中学生妈妈谈话时提到这个学生对和同学们聊天很感兴趣，而不愿完成功课。这位母亲说他在家也有同样的问题："玛尼是个爱社交的女孩，让她放下电话去做作业就像是给她拔牙那么费劲，最终我们总是以大吵大闹收场！"这位教师同情地回答："孩子们到了青春期就会特别关注社交的事。您、玛尼和我哪天放学后见见面，一起聊聊这个问题好吗？我们三方面一起努力，没准能找到解决办法。"

- **询问学生的情况，表示你想和家长一起合作来解决问题**

  当教师发现某个学生经常从同学的储存柜里拿东西时，她安排与这个学生及他奶奶（这个学生的主要照顾者）见面。她说："我很喜欢罗杰，他很幽默，他的微笑让我每天都感到很开心。我不明白为什么他没有事先征得同学的同意就从其他孩子那里'借'东西。这让他失去了好几个朋友。你们觉得这个问题该怎么解决呢？只要能修复罗杰在同学眼中的名声，我愿意做任何事。"

- **就解决办法达成一致意见**

  一位小学教师在家长教师座谈会上评论某个学生学业进步时说："马克总在该做作业时胡乱摆弄课桌上的东西，比如说，折纸、玩橡皮圈或折纸飞机。因此，他经常完不成作业。"学生的父亲回答道："马克做作业时我也注意到同样的情况，但我每天晚上都要从办公室带回很多工作，没有时间敦促他认真完成作业。"这位教师和学生的父亲就这个问题又谈了很长时间，一致同意如果这个学生完成作业就进行鼓励，这样做可能会有所帮助。马克如果得高分就可以获得积分，这有助于他"买"到一直想要的自行车。

来源：Christenson & Sheridan, 2001; C. Davis & Yang, 2005; Emmer & Evertson, 2009; Evertson & Emmer, 2009; A. Miller, 2006; Woolfolk Hoy, Davis, & Pape, 2006.

## 九、要解决学生长期的行为问题，必须拟订计划并进行系统的干预

有时候问题行为很有破坏性，持续时间长，需要进行系统的努力才能够将其改变。请看以下情形：

塔克总能找到在课堂上走动的理由，"必须"削铅笔、"必须"从书包里拿出作业，"必须"喝水等等。自然而然地，塔克几乎没做功课，同学们总是不断地被他没完没了的动作分散注意力。

詹妮特很难控制自己骂人。她经常用带有性暗示的语言冒犯你以及同学。当她很愉快地对待别人时你试着表扬她，她对你这么做很感激，但她还在继续骂人。

## 文化因素

### 父母管教方式的文化差异

大多数家长都想让孩子得到最好的教育，也认识到良好的教育对孩子今后的成功有重要价值。[a] 然而，不同文化和种族群体的家长有时对什么是问题行为持有不同看法。例如，我们再回头看看第 4 章开头的个案研究“为什么杰克没有来上学”。杰克，美国原住民，7 年级学生，整整一星期没来学校上课。他的父母似乎也不关心，甚至都不去找他，直到他们需要他到家里的农场帮着干活。他们知道儿子在周边很安全，杰克已经长大了，要对自己负责。只有我们理解这些，才能明白他们的态度和做法。[b] 相反，许多亚裔家长希望孩子听从他们的想法，遵从权威人物（如父母和教师）的指令，并认为西方文化中教师对学生过于仁慈。[c]

不同文化中惩罚策略也不相同。在西方主流文化中，表扬是被广泛用来鼓励好行为的策略，训诫和剥夺权利通常是学生出现不良行为时要承担的后果。但并不一定都是如此。有些文化中，人们不习惯因为恰当的行为和个人成功受到直接表扬，因为他们认为恰当的行为是社会责任，因此不值得表扬。成年人也可能以别的方式表示赞成，例如，告诉别人某个孩子很灵巧。[d] 在有些文化中（包括本土美国人和亚洲人）排斥是常见的惩罚策略。如果某个孩子的不良行为被认为给家庭或社区带来耻辱，这个孩子会有很长一段时间受冷落。[e]

有些文化群体认为体罚对惩罚不良行为很有必要，注意到这一点很重要。当体罚在某个文化中是常见的惩罚方式时，孩子可能会认为温和的体罚是恰当的、值得的。但是即使在这种文化中，体罚也可能对学生的心理幸福感产生负面影响。[f] 同样，教师应该巧妙地劝阻家长体罚学生，建议他们采取其他不引起伤害而有效减少学生问题行为的方法。

[a] Dantas & Manyak, 2010; Gallimore & Goldenberg, 2001; Spera, 2005.

[b] Deyhle & LeCompte, 1999.

[c] Dien, 1998; Hidalgo, Siu, Bright, Swap, & Epstein, 1995; Kağitçibaşi, 2007; Tamis-Lemonda & McFadden, 2010.

[d] Greenfield et al., 2006; Kitayama, Duffy, & Uchida, 2007; Rogoff, 2003.

[e] Pang, 1995; K.D. Williams, 2001.

[f] Bornstein & Lansford, 2010; Lansford et al., 2005; Lansford, Deater-Decker, & Dodge, Bates, & Pettit, 2003.

---

假如塔克和詹妮特都是你班里的学生，你分别和他们谈了他们的行为是不对的，但没有任何改善；你也告诉他们自我管理的方式，但这两个学生似乎并不想表现得更好。你试过让他们被罚隔离，但是詹妮特似乎很享受不做功课的时间，塔克有时是因为正当理由才离开座位。尽管这两个学生的家长都知道了孩子的课堂行为问题，也很关注，但他们在家里的努力没有任何效果。毕竟这些问题大多发生在校园内，不是在家里。现在你该怎么做呢？

尽管你不断努力想要减少学生的某个严重的不良行为，但这些行为仍在继续，这时就应该进行集中干预。有些干预，被称为**应用行为分析**（**applied behavior analysis，ABA**），比如*行为治疗*或是*随因管理*，主要关注学生在环境中刺激条件改变时的反应—结果。① 这些方法大多是基于第 4 章中提出的原则。

- 有些刺激容易引发某种行为。
- 学习者更容易习得可能会出现他们想要的结果的行为。

① 这些方法的实例，请参看 Alberto & Troutman, 2013; Bradshaw, Zmuda, Kellam, & Ialongo, 2009; Ormrod, 2016。

- 学习者会尽量避免可能导致不愉快结果的行为。

记住这些原则，专家级教师可以改变课堂环境让学生形成更有效力的行为，并建立有益的反应—结果事件。他们可以采用下面这些策略。

- 用简要的语言（理想的情况是用可量化的方式）明确什么是问题行为，什么是良好行为。通常这两者不能并存。
- 明确鼓励强化、惩罚或两者兼用。
- 形成具体的干预方案。方案要包括对良好行为的强化和塑造，对不良行为的削减和惩罚，或多种方法结合使用。
- 改变课堂环境，使可能触发不恰当行为的条件最小化。
- 在干预之前和干预期间，收集问题行为和良好行为出现的频率数据。
- 通过观察各种行为随时间的改变情况来检查干预项目的有效性，必要时进行修改。
- 采取步骤来推动新习得的行为的迁移（如让学生在各种真实情境中实践这些行为）。
- 学生出现我们希望的行为后，逐步停止干预（如断断续续地鼓励强化）。

在考虑了影响学生行为的认知和动机因素时，以上这些方法会更有效，这些方法被称为*认知行为疗法*（*cognitive-behavioral therapy*）。例如，教师可能也会用到以下方法：

- 教给学生自我管理的技巧。
- 教给学生有效力的社交技巧。
- 鼓励更好的观点采择和社会认知的其他方面。
- 改变课程或教学手段，或两者都进行改变，使学业成功和学业任务的自我效能感最大化。

教师如何使用以上策略改善塔克的课堂行为呢？一种方法是明确几个有效力的鼓励强化措施，如果塔克一直坐立不安，那么给他活动身体的机会就有强化作用，然后他逐渐能够习惯久坐。此外，有时他离开座位的反应是正当的（如，去书架上取参考书，把做好的作业送到老师收作业的篮子里），教师可以合理分配给塔克在一天内可以使用的离开座位的“机会”。另外，也可以给塔克提供一般组织技能的培训和帮助，尤其是上课前把必要的学习用品（笔记本、削好的铅笔、已完成的家庭作业等）准备齐全，对他来说会很有帮助。

系统的干预对詹妮特也有帮助。我们要想到詹妮特可能缺乏与他人有效交往所需要的社交技巧。她的老师或学校的心理咨询老师一开始需要通过模拟示范、角色扮演等方式教给她这些技巧（见第 7 章）。詹妮特学会有效力的人际交往技巧之后，教师可以开始在她使用这些技巧时进行鼓励强化（表扬是一种有效力的鼓励强化策略，过去她受到表扬时也会做出正面反应）。同时，当她再犯老毛病和出现辱骂行为时，教师也应该惩罚她（可能用被罚隔离的办法）。

## 十、弄清楚学生的不良行为是否有特定目的

有时候学生的不良行为，虽然从教师的观点来看是不恰当的，但从某种方式上可以让学生保持心理幸福感。请看以下案例：

9 岁的撒玛莎有轻度自闭症和一定的语言障碍。她经常跑出她 3 年级的教室，破坏学校财产和同学的物品。当老师或其他人想要阻止她时，她总是用咬、踢或拽头发的方式还击。每当这时候，学校老师通常给她父母打电话，要求他们到学校来把她接回家。

专家组系统地收集了撒玛莎课堂表现的数据，发现她不良的攻击行为一般出现在做比较难的作业时。当周围环境喧闹或有混乱的事发生，常规时间安排被改变，喜欢的老师没在时，她更容易出现不恰当的行为。

专家组认为撒玛莎的不良行为有两个目的：（1）帮助她逃避有压力的情境或不喜欢的学习任务；（2）得到别人的关注。他们也怀疑撒玛莎可能觉得她对课堂活动无法控制，渴望与老师和同学有更多的社会交往。[①]

为了弄清楚撒玛莎为什么出现这些不良行为，专家组采取了**功能分析法**（**functional analysis**）（你也会见到*功能行为评价*这个说法）。功能分析法是要找出撒玛莎做出不恰当反应前后都存在的特定刺激条件，也就是某个特定行为的前因后果：

原因→行为→结果

专家组很快认识到撒玛莎的行为既是前因事件（如有挑战性的任务、常规安排的改变）的结果，也起因于她想要得到的结果（如得到注意、回家）。换句话说，撒玛莎的行为是为某个功能服务的：让她受到他人的注意（鼓励强化），让她逃避不想做的事和不想去的地方（这种逃避是负面强化）。像撒玛莎一样有长期行为问题的学生通常在做复杂或是不喜欢的任务时容易出现不良行为，他们的不良行为要么可以帮助他们逃避学习任务，要么可以得到老师或同学的注意。[②]

完成功能分析后，下一步就是进行**正面行为干预与支持**（**positive behavioral interventions and supports，PBIS**）。[③]尤其是，要在了解不良行为的功能的基础上进行正面行为支持。以下是典型的方法。[④]

- 教给学生能够达到同样目的的行为，替代不恰当行为。
- 改变课堂环境，使可能触发不恰当行为的条件最小化。
- 确定学生可预见的每日常规安排，降低焦虑水平，让学生感觉更舒服、更安全。
- 给学生选择的机会，让学生无须采用不恰当行为就能获得想要的结果。
- 改变课程和教学，使学生获得学业成功的可能性最大化（例如，以学生的兴趣为基础，以更慢的进度呈现材料，在更容易的更好玩的任务中分散较难的任务）。
- 监控各种行为出现的频率，弄清楚干预是否起作用，或是否需要修改。

例如，学校教职人员对撒玛莎不恰当行为的根源形成合理的想法后，采取了几个步骤帮助她学

① DeVault, Krug, & Fake, 1996.

② Greer et al., 2013; Mueller, Nkosi, & Hine, 2011; S.W. Payne & Dozier, 2013; Van Camp et al., 2000.

③ 从历史上来看，这种方法被认为是正面行为支持（positive behavior support，PBS），但是教育者们更倾向于使用正面行为干预与支持（positive behavioral interventions and supports，PBIS），目的是避免与另一个词也就是公共广播服务（Public Broadcasting Service, PBS）混淆。

④ 例如，可参看 Crone, & Hawken, & Horner, 2015; Ruef, Higgins, Glaeser, & Patnode, 1998; Scheuermann & Hall, 2016; Wheeler & Richey, 2014。

会更有效力的行为。①

- 给她一份每天的时间安排，包括在完成有挑战性的学习任务时进行休息，还有很多与其他人交往的机会。
- 给她提供一个“学习目标清单”，她可以从中选择想要完成的任务、时间长短及达到学习目标后可以得到的奖励。
- 教她如何在需要时寻求帮助，面对有挑战性的任务时可以使用的方法，而不是逃离教室。
- 她学习时如果觉得需要休息，可以去“放松室”里休息，这是一个安静的私密空间，她可以坐在豆袋椅上听舒缓的音乐。
- 如果她要离开教室，教师马上把她安排到休息室，在那里没有人注意，她可以冷静下来。
- 简明地指导她如何与同学交往。起初，恰当的社交行为让她可以挣到积分，换到特定的待遇（如和家人一起去吃 DQ 冰激凌或去音像店）。最后她的社交技巧形成了自然的结果，可以与朋友们友好地交往，没有必要再进行外在的鼓励强化。

撒玛莎的老师和家长定期沟通，共同努力。她的问题行为不是一夜之间消失的，但后来几个月内逐渐减少。到撒玛莎 12 岁上 6 年级的时候，她一直在优秀学生名单里，和一群好朋友一起参加课外活动。②

我们再回到本章开头部分的个案研究中让康奈尔老师头疼的学生：伊莱、杰克和瓦内萨。应该对他们进行计划周密的系统的干预，可能包括功能分析和正面行为干预与支持。鼓励强化恰当的行为（如有必要，可通过一段时间来逐渐形成这样的行为），并惩罚不恰当的行为。此外，康奈尔老师应该说清楚“反应—后果事件”，可以使用随因协议（请看第 4 章）。她也弄清楚了这些学生的不良行为想要达到的目的（例如，这三个学生渴望被注意，或没有适当的阅读技巧因而想逃避作业）。根据不同情况，她要么找出可以达到同样目的的更益于学习的行为，要么帮助解决学业问题或社交问题，这些问题可能直接或间接地使学生出现这些问题行为。

表 9.2 概括了前面几页所描述的学生不良行为的一般处理方法，教师可以同时采用所有方法。但长期行为问题有时不是只涉及某些学生，而是涉及整个学校，或是某个学校的大部分学生（参见第 7 章开头部分的个案研究“校园演出”）。最麻烦的可能是，某些学校攻击行为和暴力现象很普遍。在处理范围较广的攻击和暴力问题时，教师起关键作用，也很有效力。本章最后一部分，我们来看看这方面的方法。

**表 9.2　应对学生不良课堂行为的方法**

| 方法 | 适应的情境 | 案例 |
|---|---|---|
| 忽略学生的行为 | • 不太可能反复出现<br>• 不太可能“传染”到其他学生<br>• 环境的不同寻常致使学生临时出现不良行为<br>• 没有严重地干扰学习 | • 某个学生在某堂课快结束时悄悄地传给另一个学生一张纸条<br>• 某个学生不小心把书弄掉在地上，惊扰了其他同学，也使其他同学暂时分神<br>• 在春假前的最后一个下午整个班级都过于活跃 |

① DeVault et al., 1996.

② DeVault et al., 1996.

续前表

| 方法 | 适应的情境 | 案例 |
| --- | --- | --- |
| 给学生暗示 | • 不良行为是轻微的，但影响到学生的学习<br>• 在提醒后学生的行为可能能够得到改善 | • 有个学生在测验前忘了把笔记本合上<br>• 合作学习小组的成员说话声音太大，分散了其他小组的注意力<br>• 几个学生在独立完成作业时互开玩笑 |
| 和学生一起讨论他的问题 | • 暗示对改变学生行为无效时<br>• 如果能弄清楚学生不良行为出现的原因，可能也就提示了解决方法 | • 某个学生上课经常迟到<br>• 某个学生拒绝做某类作业<br>• 某个学生学习动机没有明显原因突然下降 |
| 提高学生的自我管理能力 | • 学生对改善自身行为有强烈愿望 | • 某个学生没有认识到自己经常打断其他同学<br>• 某个学生寻求帮助来控制自己的愤怒情绪<br>• 某个学生承认她无法坚持某些任务，对想要取得的成绩有负面影响 |
| 惩罚 | • 某个学生的行为严重干扰了课堂学习，或反映出他不关注他人的权利<br>• 自己的行为不被他人接受，学生对此不理解也不关心 | • 某个学生用拳头打不小心碰了他一下的同学<br>• 某个学生讲的笑话侮辱了某个种族群体<br>• 某个学生故意破坏其他同学的储物柜 |
| 与家长商议 | • 长期的行为问题阻碍学生的长期学业成就或社交成功<br>• 问题的根源在校外<br>• 家长与学校老师一起合作，可能会使学生的不良行为得到改变 | • 某个学生在课堂上表现很好，但很少交老师要求做的家庭作业<br>• 某个学生几乎每天都在课堂上睡觉<br>• 某个学生在偷同学的午餐时被抓住了 |
| 进行计划周密的系统的干预（如应用行为分析、正面行为干预与支持） | • 不良行为持续一段时间，严重妨碍了学生的学习和社会成就<br>• 其他方法（如暗示、师生讨论、温和的惩罚）没有效果<br>• 学生不愿意或不能使用自我管理手段<br>• 学生的不良行为可以使他达到想要的结果 | • 某个学生在应该能够安静坐着的年龄段对于安静地坐着感到很困难<br>• 足球队成员表现出愤怒和攻击性，对其他队员可能有危险<br>• 每当要求完成较难的任务时某个学生总是出现破坏行为 |

## 第四节　处理校园里的攻击和暴力行为

**主要理念：减少校园里的攻击和暴力行为需要一个三层级法：（1）创造尊重的支持性的校园环境；（2）对可能出现社交失败的学生尽早干预；（3）对经常出现攻击行为的学生进行深度干预。**

近年来新闻媒体对校园暴力犯罪尤其是校园枪击案给予了很多关注，让很多人以为校园里的攻击行为在不断增加。实际上，相对而言在校园内引起严重受伤或死亡的暴力攻击还是较少的，至少在美国是呈下降趋势，而不是上升趋势。校园里的攻击行为经常引起轻度的身体伤害、心理伤害（如性侵犯或种族困扰），或财产破坏（如肆意破坏学校的储物柜）。[①]

① Borum, Cornell, Modzeleski, & Jimerson, 2010; Kupchik & Bracy, 2009; M. J. Mayer & Furlong, 2010; Robers, Zhang, Morgan, & Musu-Gillette, 2015.

如果我们只考虑引起严重受伤或死亡的攻击行为，那么对儿童和青少年来说学校可能是最安全的地方。[①] 但是如果我们要讨论各种形式的攻击行为（温和的和严重的、心理的和生理的），那么在学校里儿童和青少年的攻击行为比其他任何地方都要多，主要有两个因素。首先，儿童和青少年有很多时间待在学校，除了家他们在学校的时间比其他地方都要多。其次，极少数学生尽管上学次数少，但他们使得人际冲突不可回避。

校园里攻击和暴力行为的根源很多，也各不相同。就如我们在第 7 章发现的那样，各种认知因素（缺乏观点采择能力、缺乏社交问题解决能力等）使某些学生容易出现攻击行为。此外，由于他们居住的家庭或邻里环境，有些学生相信攻击行为是解决冲突的正确而有效力的办法。[②] 发展因素也有影响。例如，许多幼儿和少数青少年很冲动，控制力差。在小升初的不安定的过渡期，担心自己能否适应新学校的学生可能会把欺负更弱的同龄人看作是获得或保持社会地位的方式。[③] 校园文化对此也有影响。例如，在某些学校，威胁抢男朋友或女朋友的同伴或为此打架是可接受的做法。最后，有些学生在学校努力想要取得学业和社交上的成功，但是屡遭挫折，攻击行为是他们对挫折的常见反应。[④]

不管这些行为的根源是什么，教育者都不能容忍任何形式的校园攻击或暴力行为。只有当学生知道他们在学校里身体和心理是安全的，他们才可以学习并达到最佳水平。但是，如果感到不安全，他们很可能在高中毕业之前就辍学。[⑤] 要真正有效地解决攻击和暴力行为，教师和学校其他教职人员必须在图 9.6 描述的三个层级上进行处理。[⑥] 以下推荐的四个方法中前三个方法反映了三层级法，最后一个方法特别讨论了校园内由于竞争对手之间的敌意造成的攻击行为。

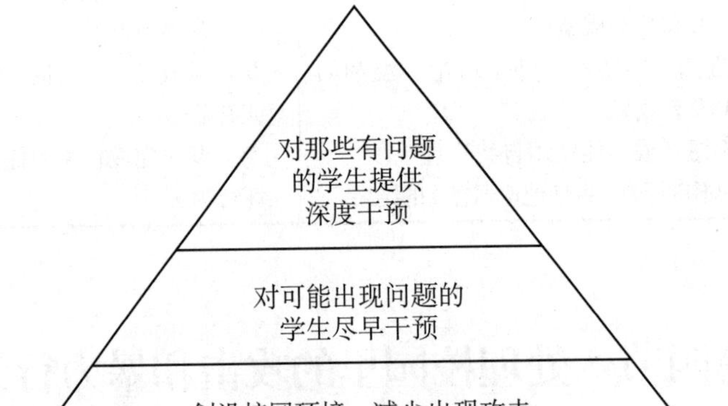


**图 9.6　预防校园攻击和暴力行为的三层级法**

① Robers et al., 2015.

② R. P. Brown, Osterman, & Barnes, 2009; K. M. Williams, 2001a.

③ Bradshaw, 2015; Bronson, 2000; Espelage, Holt, & Henkel, 2003; Pellegrini, 2002.

④ Bender, 2001; Casella, 2001b; Miles & Stipek, 2006.

⑤ Filax, 2007; Rumberger, 2011.

⑥ Dwyer & Osher, 2000; Hyman et al., 2006; Ihlo & Nantais, 2010; Osher et al., 2010; H. M. Walker et al., 1996. 关于三层级法更深入的讨论，请参看《保护儿童的安全：行动指南》，K. Dwyer & D. Osher (2000)。

## 一、把创造无暴力的校园环境作为要长期努力做的事

一次“反暴力”斗争对校园里的攻击和暴力行为可能影响不大。然而，最关键的是，建立和保持总体上让学生觉得身体和心理上都安全的**校园环境**（**school climate**），致力于完成重要的学业目标和个人目标。创设和平有效力的校园环境必须是一项长期的努力，可以采用以下几种方法。①

- 在全校范围内做出承诺，支持所有学生学业和社交上取得成功。
- 提供有挑战性的吸引学生的课程。
- 形成关心的、信任的师生关系。
- 师生之间不同背景、不同民族和不同种族的群体之间保持真正的平等的尊重关系。
- 帮助学生理解，他人的行为不是永久的人格特点（如“吝啬”）造成的结果，他们的某些看法和感觉可能会变得越来越好。②
- 强调亲社会行为（如分享、互助与合作）。
- 确定校园政策和办法激励正确的行为（如对学生的行为给出明确指导，违反规定的后果要保持一致，提供有效进行社会交往的和问题解决技巧的指导）。
- 教给学生用来阻止欺凌事件的具体技巧。
- 给学生提供无须害怕报复就可以公开交流他们关注攻击和犯罪问题的机制。
- 让学生参与学校的决定。
- 与社区机构和家庭建立亲密的合作关系。
- 公开讨论安全问题。

这些方法中大多数看似熟悉，因为在整本书里出现过多次。所列清单中的最后一个方法是公开讨论安全问题，包括很多具体问题。例如，教师应该解释欺凌是什么，为什么不可接受（参见第 7 章）。学校教师可以征求学生哪些地方可能不安全（可能是不经常使用的卫生间或后楼梯间），需要成年人更多监管。教师要愿意倾听学生关注到的爱惹麻烦的以及可能危险的同学，通过这种方式也可以获取一些重要线索，了解哪些儿童或青少年更需要帮助和干预。

近年来，许多学校成功地建立了**校园正面行为干预与支持**（**schoolwide positive behavioral interventions and supports, SWPBIS**）项目，其中包含之前描述的一些应用行为分析和正面行为干预与支持。这些项目主要是对所有学生采取以下大多数方法：

---

① Bradshaw, 2015; Burstyn & Stevens, 2001; Dwyer & Osher, 2000; L.M. Jones, Mitchell, & Turner, 2015; Learning First Alliance, 2001; Meehan, Hughes, & Cavell, 2003; G. M. Morrison, Furlong, D' Incau, & Morrison, 2004; Osher, Dwyer, & Jimerson, 2006; Pellegrini, 2002; S. W. Ross & Horner, 2009; Syvertsen, Flanagan, & Stout, 2009; Thapa, Cohen, Guffey, & Higgins-D' Alessandro, 2013; Warren et al., 2006; Yeager & Dweck, 2012.

② 这样做的有效方式（有个方法是教给学生大脑延展性有关的知识）请参看 Yeager & Dweck, 2012。

- 明确解释和教授适当的行为，包括获取所希望的结果（例如，教师的注意）的有效方式。
- 设计课程，实施适合学生现在的需求和能力水平的教学实践。
- 给学生做选择的机会。
- 对学生的恰当行为定期进行强化，要经常表扬但也要有象征性的强化，这些象征性的东西可以换成特定的奖品或权限。
- 向有需要的学生提供大量的指导和支持（有时候包括个性化的干预）。
- 通过检查办公室资料、违纪行为以及其他相关数据，持续监控项目的有效性。

这些方法通常会带来学生行为的巨大变化，对历来有许多纪律问题的学校尤其有帮助。此外，教师在真正提高学生的课堂行为和学业成就方面能够有所作为，也会让他们更为乐观。①

## 二、对可能出现问题的学生尽早干预

大概有 10% ～ 15% 的学生需要某种干预来帮助他们和同伴有效交往、与老师建立良好的合作关系、在学校社团里成为名副其实的成员。② 每种干预都不可能是放之四海而皆准的方法，要根据不同的特点和需要进行调整。对某些学生来说，可能要进行社交技巧训练；有时候可以让学生积极参与学校社团活动或是课外活动；有时候可能需要持续的系统的努力来鼓励和强化学生有益于学习的行为，或许是通过功能分析法和正面行为干预与支持的方法。但是不管采取什么性质的干预，在学生的反社会行为发展时间不太长的时候尽早介入，并且由多学科教师和其他各领域的专业人士组成的团队来实施，总是最有效力的。③

## 三、对那些有问题的学生提供深度干预

由于各种原因，当有些学生容易出现攻击性和暴力时，小的干预有时候是不够的。例如，有些学生有严重的心理疾病，妨碍了他们理性思考的能力，他们不能正确应对挫折和控制自己的冲动。一般来讲，学校必须与其他社区机构密切合作，如与心理健康诊所、警察局、鉴定机构、社会服务机构合作，帮助可能出现攻击性和暴力行为的学生。④ 教师是这些合作者中最重要的人，可以提供对学生优缺点的分析、与学生家人交流他们可以获得的服务、与专家合作找出恰当的干预措施。

教师经常和学生交往，有利于明确那些最需要深度干预的儿童或青少年，让他们回到学业和社交成功的轨道。尤其是当教师与某个年龄段的学生接触一段时间后，能够很好地了解在这个年龄层次哪些特征正常哪些不正常。教师也应该注意图 9.7 中暴力的早期警示信号。

---

① Bradshaw, Mitchell, & Leaf, 2010; Ihlo & Nantais, 2010; T.J. Lewis et al., 2006; Osher et al., 2010; Warren et al., 2006.

② Ihlo & Nantais, 2010; K. L. Lane et al., 2011; Osher et al., 2006.

③ Crone, Horner, & Hawken, 2004; Dwyer & Osher, 2000; Osher et al., 2010.

④ Greenberg et al., 2003; Hyman et al., 2006; Rappaport, Osher, Garrison, Anderson-Ketchmark, & Dwyer, 2003.

专家们提出了很多种警示信号，表明某个学生可能对其他学生采取暴力行动。任何单个信号都不可能表示这个学生会有暴力攻击，但是几个信号结合在一起，教师就要向学校管理者和特别培训的专业人士咨询这个学生的情况。

**社交退缩。**某个学生一段时间以来与教师和其他同伴的交往越来越少。感觉特别孤立、拒绝他人或烦躁。某个学生可能直接或间接地表示他没有朋友，没人喜欢，或是受到不公平的挑剔，这种感觉可能是长期受到同伴身体或心理欺负的结果。

**学业表现迅速下降。**某个学生学业表现变化很大，不想好好表现。成绩下降的原因排除了认知和身体上的原因（如学习障碍、无效的学习技巧、脑部受伤）。

**应对技巧较差。**某个学生不能有效应对挫折，不能接受别人轻微的冒犯，即使小小的失望也很难恢复。

**对愤怒的情绪缺乏控制。**即使是轻微的不公正也会出现失控的愤怒反应。

**明显的优越感，以自我为中心，缺乏共情能力。**认为自己"更聪明"或是比同伴更好，专注于自己的需要，很少关注他人的需要。这种性格特征的学生低自尊，感到沮丧。

**长时间的怨恨。**即便过去了很长时间，也不原谅他人的过错。

**在绘画和书面作业中表现暴力的主题。**在学生的艺术作品、故事、日志中暴力占绝大部分，或某人经常成为他的目标（请记住，偶尔出现暴力内容是正常的，对男孩子来说尤其如此）。

**无法容忍个体和群体的差异。**对某个种族、民族、性别、性取向、宗教或残疾人表现出强烈的轻蔑和偏见。

**以往有过暴力、攻击性和其他纪律问题。**几年来经常有严重的不良行为记录。

**与有暴力的同伴在一起。**经常与某个帮派或是其他反社会的同伴群体在一起。

**不恰当的角色模仿。**某个学生话语中表现出对撒旦、希特勒、本·拉登或其他凶残人物的欣赏。

**酗酒或吸毒。**酗酒或吸毒会降低学生的自我控制力。有时候药物滥用表明有严重的心理疾病。

**有不正当途径获得手枪。**很容易得到枪和弹药，经常练习如何使用。

**暴力威胁。**以明确的言语或含糊地提到学校里某一天会发生"轰动的事"，公开表达想要伤害他人。只有这个警示信号需要马上采取行动。

**图 9.7　可能发生暴力行为的早期警示信号**

来源：Dwyer, Osher, & Warger, 1998; O'Toole, 2000; U. S. Secret Service National Threat Assessment Center, 2000; M. W. Watson, Andreas, Fischer, & Smith, 2005.

虽然教师要警惕学生计划伤害他人的警示信号，但必须记住以下几点。第一，就如前面提到的，极端暴力在校园中并不多见。对可能出现的校园暴力的不合理的猜疑会妨碍教师与学生进行有效合作。第二，出现图 9.7 中一种或几种警示信号的学生中，绝大多数不一定会实施暴力。[①] 最重要的是，教师绝对不可以把这些信号当成不公平指控、鼓励或惩罚学生的理由。[②] 提出这些警示信号是为了让这些学生得到帮助，而不是把他们排除在其他儿童和青少年能够享受的教育之外。

## 四、采取其他措施来处理团伙暴力

在有些学校，暴力的来源主要是帮派之间的敌意。尽管帮派现象在低收入和市内学校更为普遍，但是在郊区或乡村学校也会出现。[③]

---

① U.S. Secret Service National Threat Assessment Center, 2000.

② Dwyer, Osher, & Warger, 1998.

③ Howell & Lynch, 2000; Kodluboy, 2004; Robers et al., 2015.

刚刚我们谈到，减少校园攻击性和暴力的三层级法可以阻止暴力帮派活动，但学校老师通常还需要采取其他手段，推荐以下几种方法[①]：

- 对可能威胁到其他同学安全的，要制定清楚明白的政策，告诉学生，并严格执行。
- 弄清楚学生帮派活动的具体性质和范围。
- 禁止帮派用服装、首饰或行为来标示其成员的身份（如大手帕、代表帮派颜色的鞋带、某种手势语）。[②]
- 积极调解帮派之间和帮派内部的争端。

某个中学的个案研究[③]表明最后一个"调解"法很有效，有时候可以解决帮派的攻击性问题。几个帮派的学生似乎"统治了整个学校"。对手帮派之间的打架很常见，非帮派成员经常成为受害者。对经常制造麻烦的学生而言，向他们提出着装标准、提供心理咨询服务和勒令退学，对改善他们的行为没有任何作用。最后，两个学校心理咨询师建议学校实施一个调解项目，从制造大多数麻烦的最大的三个帮派开始。涉及两个或两个以上帮派的人际问题必须交给调解小组解决，由五个教职工和三个分别来自这三个帮派的代表组成。小组成员必须遵守下面的规则：

（1）真的想要解决问题。

（2）不骂人，不贬低奚落别人。

（3）不打断别人说话。

（4）要尽可能诚实。

（5）不用武器或是采取恐吓行为。

（6）在达成协议或是调解被取消之前，所有环节都要保密。[④]

为了给有成效的讨论打好基础，调解小组的教师要分别与三个帮派见面，建立友好关系和信任感，解释调解过程如何进行，以期得到学生的配合。

在调解的第一个环节，他们倾诉了自己的苦衷。学生们都认同他们不想被奚落，担心自己的身体安全，想得到对方的尊重。后来的两个星期，他们又见了几次面，调解小组达成了协议，许多行为在校园内是不被接受的：不应该奚落别人、骂人、瞪眼、威胁、猛推或在墙上乱涂乱写。最后一次见面后，各个帮派分别被叫到一个会议室。调解小组里的帮派代表解释了他们达成的协议，其他成员被要求签署同意书。尽管有些怀疑，但这三个帮派的大多数成员都签署了协议书。

一个月以后，人们看到这个项目明显是成功的。对手帮派的成员互相愉快地点头问好，或是在经过大厅的时候互相举手击掌以示问候。帮派成员不再为了安全而结对外出。有天下午还有人看见两个帮派的成员在一起踢足球。整个月都没有出现帮派打架的事。

从本章我们的讨论很明显可以看出，帮助成长中的儿童和青少年获得成功，有时候对成年人来说也是个挑战。但是本书作者的经历表明，教师实际上可以改变学生的生活，包括那些可能出现学业或社交失败的学生的生活，而这正是教师最值得做的事。

---

① Kodluboy, 2004.

② 该策略可能存在的问题是，有可能违反学生的公民自由权。如何在确保学生安全的同时给学生合理的表达自由，请参见 Kodluboy, 2004; Rozalski & Yell, 2004。

③ Sanchez & Anderson, 1990.

④ Sanchez & Anderson, 1990, p.54.

## 总结

有效力的课堂管理包括预防和干预，就如本章开头所提出的四个主要理念指出的那样。

- **有效力的教师可以创造充满关爱和尊重的课堂环境，让学生可以持续专注于学习，实现教学目标和教学目的**。有效力的教师会创造课堂情境，让学生集中注意力参与计划好的任务和课堂活动，几乎不会受到学生行为的干扰。课堂的物理布置会起作用，但学生的心理氛围（课堂氛围）更为重要，要让学生感觉到安全，认为学习是最重要的事，要敢于冒险，不怕犯错误。要营造这样的课堂氛围，重要的是：（1）向每一个学生传递真正的关心和爱护；（2）课堂有整体的社群意识——师生之间有着共同的目标，对对方的努力表示尊重和支持，相信每个人对课堂学习都有重要贡献。同时，教师必须从某种程度上负起责任，确立课堂规则，拟定适合学生年龄的课堂活动，确保学生不断地朝着教学目标和教学目的努力学习。
- **教师与同事、校外机构及家长一起合作时效率是最高的**。有效力的教师会和其他教职员工、其他机构以及学生的家庭合作，共同促进学生的学习、发展和成就。教师要与学生家长和其他照顾者经常保持接触，双向交流学生所取得的进步，学校和家庭要共同努力，这一点很重要。对那些表面上似乎不愿意参与孩子的教育的家长，教师要付出更多的努力，与这些家长建立起有效力的关系。
- **教师要采取有效干预措施来减少学生不学习的行为，这些干预措施要适应环境，以学生的长期发展和心理幸福感为最终目标**。尽管教师已经付出了很大的努力，但是儿童和青少年有时候还会出现破坏课堂学习的行为，威胁到其他学生的身体安全和心理幸福感，或触犯了基本的道德准则和伦理标准。小的错误行为最好不去理睬，包括一些不太可能再次出现的，不太可能被其他学生模仿的，或暂时出现的，或只在不寻常的情境下发生的行为。其他一些小的不良行为问题，可以通过提醒学生或与他们单独谈心等简单的方法迅速解决。对严重的习惯性不良行为则要综合运用自我管理、惩罚、向家长咨询、系统整合多种策略的深度干预进行处理。
- **减少校园里的攻击和暴力行为需要一个三层级法：（1）创造尊重的支持性的校园环境；（2）对可能出现社交失败的学生尽早干预；（3）对经常出现攻击行为的学生进行深度干预**。当某些学生的行为严重影响到其他学生的安全感和心理幸福感时，尤其是当攻击和暴力行为在整个学校很普遍时，有必要采取三层级法。第一，教师必须同心协力，使整个校园的环境内不出现攻击和暴力行为，例如，可以建立互相信任的师生关系，使不同背景的学生之间互相关心和尊重，提供某种手段让学生互相交流想法而不担心被报复。第二，教师必须尽早干预可能出现学业和社交失败的学生，给他们提供在学校取得成功所需的认知技能和社交技巧。第三，教师要为特别容易出现暴力的学生、表现出重大心理疾病的学生或很爱惹麻烦的学生进行深度干预。有时候需要采用其他措施来化解帮派之间的敌意引发的暴力冲突。

## ▼资格考试备考练习

### 好伙伴

沙来科老师很小的时候就希望成为一名教师。他当过很多志愿者，如当女子篮球队教练、帮助男童子军、在周日学校教课，那些年他很喜欢和孩子们在一起。孩子们也很喜欢和他在一起。许多孩子偶尔还给他打电话或到他家找他打篮球，聊过去的时光，或打个招呼。有些学生甚至亲切地叫他的名字。

现在沙来科老师完成了本科学业，获得了教师资格证，他在家乡的初中学校里当1年级老师。他很高兴自己认识这里的很多孩子，开始上课的前几天他重新开启他们之间的友谊。但是到这个星期结束的时候，他认识到所教的班级没有完成作业。

接下来的星期一，沙来科老师发誓要让学生静下心来学习。他的六节课里每节课开始时他都会说明下个星期的教学目标，然后开始他的第一堂课。不幸的是，很多学生拒绝静下心来学习。他们在座位间走来走去，和朋友们聊天，把纸揉成“篮球”在教室里抛来抛去，他们什么都做，就是不完成学习任务。成为新老师后第二周，沙来科老师的课堂已经失控了。

**1. 问答题**

沙来科老师很难把他的课堂恢复正常。（1）指出沙来科老师没有做哪两件最关键的事，从而没能让这个学年有个良好的开端？（2）沙来科老师可以采用什么方法来改变现在的状况？

**2. 选择题**

毫无疑问，沙来科老师意识到好老师会表现出他们关注并尊重学生。以下哪种说法描述的师生关系最可能促进学生的学习和成就？

a. 教师对学生能够获得成功的潜力表现出乐观态度，并提供给学生必要的帮助。

b. 放学后和周末，教师花很多时间与学生们一起进行娱乐活动。

c. 教师集中关注学生擅长做什么，忽略学生做得不好的地方或轻描淡写。

d. 教师倾听学生关注的事，但是提醒学生他们最终必须自己决定课堂上的事情。

# 第10章

# 评价策略

## 主要理念

第一节　课堂评价有多种目的，但都可能会以某种方式影响学生将来的学习和学业成就。

第二节　有效力的教师有策略地采取形成性评价和总结性评价来促进学生的学习。

第三节　理想的课堂评价有四个特征（RSVP），即信度、标准化、效度和可操作性，其中以效度最为重要。

第四节　自发的非正式评价和预先计划的正式评价在促进学生学习和提高学生学业成就方面都起重要作用。

第五节　最终的课程成绩等级只能提供有关学生学业成就水平的总体的量化信息。如有可能，应该补充定性信息，可以使用学生创建的档案夹。

第六节　大规模的标准化测验对于评价学生在某个领域的总体学业成就水平很有帮助，但是教育者永远不能仅仅根据某次测验分数对学生个体做重要决定，政策制定者们也不应该采用单次测验的平均分来评价教师和学校的效率。

## 本章概要

**个案研究：历史学科得了B等**

12岁的埃莉是戴维森老师六年级班里学习成绩最好的学生。她积极参与班级讨论和活动，认真完成课内作业和家庭作业。由于她在学业上坚持不懈和勤奋，她每年的成绩报告卡片上得的都是A等。

这个星期五放学时，戴维森老师对全班说："大家知道，本学年第一次期中测评上周结束了。我现在把成绩卡片发给你们，你们可以带回去给父母看。我对一位一直在尽最大努力的学生尤其感到自豪，她的成绩几乎全是A等。"她充满慈爱地微笑着看着埃莉，递给她一张成绩报告卡。"给你吧，埃莉，只有历史学科得了B等。我相信，在下个阶段你一定可以赶上来。"

尽管是表扬，但埃莉感到极为震惊。这个B等让她猝不及防，她没有想到会得到这样的成绩，窘迫得说不出话来。当戴维森老师分发其他同学成绩报告卡的时候，她努力没有让眼泪流下来，只是低头看着课桌。当放学铃响了之后，埃莉快速收拾书包，冲出了教室，也没有像往常放学时那样跟朋友说再见。

- 戴维森老师对埃莉做了一个什么样的结论，她可能是基于什么信息而做的结论？
- 埃莉的父母不可能关心她只得了一个B等，他们可能更担心她弟弟，因为他在阅读发展方面有明显滞后。那为什么埃莉会如此紧张不安呢？
- 戴维森老师向全班宣布埃莉的成绩等级合适吗？为什么？

很显然，戴维森老师得出埃莉在各种学习内容领域内的成就水平的结论，主要是基于埃莉在作业和小测验中的表现，也可能基于每天对埃莉在课堂活动上所说所做的观察。此外，戴维森老师可能通过观察埃莉在学校里的学习行为以及总是完成家庭作业的行为之后，才对埃莉的学习习惯下了一个结论（她"一直在尽最大努力"）。

在本章，我们将会看到，课堂评价可以有许多不同形式。下面这个定义概括了评价的主要特征：

**评价（assessment）**是观察学生行为样本并以此推断出该学生的知识和能力的过程。

该定义有几个部分要重点注意。第一，评价是对学生行为的观察，包括学生对纸笔任务的书面回答，因为不可能看到学生大脑的内部，不可能看到隐藏了哪些知识和技能。第二，评价一般只涉及行为的样本。教师当然无法观察并记录学生每天上学的所有行为。第三，评价是对所观察到的行为进行推理来对学生的总体学习和成就做出判断，或者，有时候，对他们的学习习惯、动机、态度、人格特征或社交技巧做出判断。这种推理是最棘手的事，需要仔细思考根据哪些行为可以对学生已经了解的知识和技能做出合理而正确的估计。

有些评价是**非正式评价（informal assessment）**，是对学生在课堂上所说所做的事进行同步的日常观察。有些评价是**正式评价（formal assessment）**，这种评价会提前计划并有特定目的，也许是确定学生从某个教学单元学到了哪些知识，是否能够把学到的内容应用到真实情境中去。正式评价可以设定特定的时间，学生可以提前为此做准备，其目的是了解特定教学目标和内容–范围标准方面的信息，从这个意义上来讲，这是*正式的*。

课堂评价手段与真实的课堂活动的其他方面交织在一起。教师的教学目标既要决定课堂学习内容——至少应该能够决定，也要决定测验、作业以及学生学业水平的其他测量方式的性质，就像第 8 章首次描述的逆向设计法所反映的那样——该方法在图 10.1 中再次做了图示。反之，学生在现在的评价中表现如何，也会影响教师的未来计划、教学方法以及课堂管理策略。好的课堂评价方法会考虑到学生现有的特征和行为，如注意力周期、词汇水平、阅读和写作技巧等等。

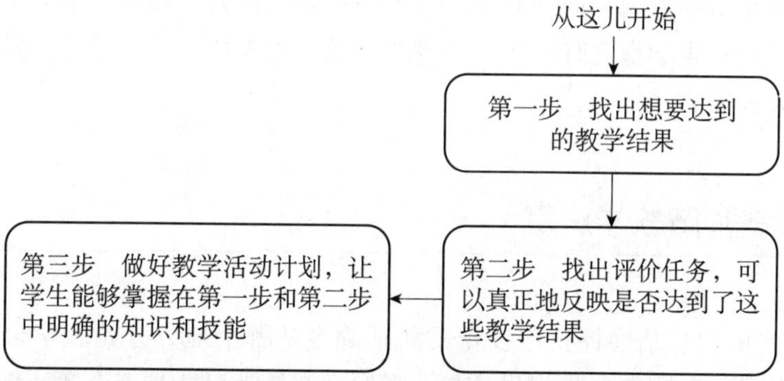


**图 10.1　在逆向设计法中，教师一开始就明确所希望得到的教学目标和教学目的——一般反映了提前决定好的内容–范围标准，然后再明确或创设可以反映这些教学目标和教学目的掌握程度的评价任务。理想情况下，只有确定适当的评价任务之后才可以实施教学计划**

但最重要的是，好的评价方法可以*促进学生的学习*，无论是从短期还是长远来看；如果学生的测评结果在他们自己预想的分数范围内，这种情况更有可能发生。在上面的案例中，埃莉肯定知道她在历史学科的测试中偶尔也会出错，但是她并没有预想到最终会得 B 等，而不是 A 等。她以往全都是 A 等，所以对自己设定了非常高的标准。只有全 A 才是足够好，这是一些成绩好的六年级学生持有的不切实际的标准。① 此外，戴维森老师对整个班级宣布了埃莉不是全 A。作为一个青春期的孩子，埃莉不确定哪个会更糟糕：是她的同伴们知道她在全班得到了最高等级，还是知道她的历史学科还不够好？戴维森老师宣布成绩这件事不仅让埃莉非常不舒服，也侵犯了埃莉的隐私权。实际上，在本章中我们将会发现，戴维森老师公开某个学生的成绩的做法，至少在美国是非法的。

# 第一节　课堂评价可以用于不同的目的

**主要理念：课堂评价有多种目的，但都可能会以某种方式影响学生将来的学习和学业成就。**

你最好把课堂评价当作*工具*——引导教师决定如何帮助学生学习和取得成功，以及总结学生最终学会了什么。课堂评价极少是*完美的*工具，就如我们在接下来这个部分看到的那样，选择正确的课堂评价方法的重要第一步就是要决定所采用的特定评价的具体目的是什么。

---

① Parker, 1997.

**想一想**

小心，不要混淆形成性评价和正式评价两个术语。这两个概念有什么区别？

课堂评价可以实现两个主要功能之一，有时候两个功能都可以实现。**形成性评价**（**formative assessment**）指的是确定学生在教学指导之前或期间应该知道什么，能够做什么，明确学生已有的长处和兴趣，确定学生某一课程现有的知识和误解之处，或是弄清楚学生通过某个单元或某节课取得的进步。相反，**总结性评价**（**summative assessment**）是指在教学指导后开展评价，目的在于将学生归于最终的课程成绩等级，或确定哪些学生可以进入更高级别的班级。

记住这两种基本评价，我们来讨论教育评价在以下几个方面的作用：（1）指导教师做教学决定；（2）诊断学生在学习和表现方面的问题；（3）确定学生在教学结束后学会了哪些知识；（4）评价教学质量；（5）帮助学生学得*更好*。所列内容的最后一项为帮助学生学习，是最为重要的，因此我们多花一点时间来讨论。

## 一、指导教师做教学决定

当然，形成性评价和总结性评价可以帮助教师确定从哪个地方开始教学合适。在某堂课或某个单元开展形成性评价，可以不断地提供信息，了解现有教学目标是否合适，现有教学策略是否有效。例如，教师发现几乎所有学生都能很快、很轻松地完成作业，就可以把教学目标定得高一点。相反，如果许多学生对口头解释的概念理解很费劲，教师则可以尝试不同的教学方法，可以用更具体的动手实践法。

总结性评价对教师做教学决定也会有重要影响。例如，年度的全区、州内、州际或者（在某些国家）全国范围的学业成就测验，应该引导教师优先集中关注哪些学习课目和学习技巧。某些情况下，甚至是在开展形成性评价之前，教师就必须考虑到今后的总结性评价的性质（在本章后面高风险测验中将继续讨论这个问题）。

## 二、诊断学生在学习和表现方面的问题

为什么路易斯在学习阅读时感到困难？为什么格瑞特每次要做较难的作业时会出现不良行为？如果怀疑某些学生的学习不同于其他同龄的学生，可能需要特殊的教育服务，教师就要考虑这些问题。有些评价工具是特别为明确某些学生的特殊学业需求和个人需求而设计的。这些工具中大多数都需要就如何使用进行详细培训，通常要由专家（学校的心理学老师、言语和语言病理学家等）来实施和解释。然而，教师的课堂评价也可以提供大量的诊断信息，尤其是当课堂评价中发现学生容易出错的模式和学习难点时（例如，参看图 10.2）。[①]

现在很多老师定期使用简短的形成性评价来确定某些学生是否有额外的教学需求，这个方法被称作**干预反应法**（**response to intervention，RTI**）。教师经常用它来评价学生的学习进展，持续关注那些经教师采用有实践基础的做法，在全班教学和随后的小组活动中仍然很难获得某个基本技能

① 在这种情境中，有时候你会看到“诊断性评价”这个术语。诊断性评价的目的是，通过正式出版发行的测验以及教师自己编制的评价任务来获得学生现有知识和能力的详细信息，以便设计教学计划，让学生的学习和成就最大化。

**图 10.2 在学生作业样本中，7 岁的凯西在听到的音和书写中所用的音之间很难建立联系，他的这种情况就是一种叫作失读症的学习障碍**

的学生。请注意这里有实践基础的做法的重要性：教师一定要采用已有研究证明对绝大部分学生都有效的教学方法。作为用来发现哪些学生有学习障碍的一种手段，干预反应法很受欢迎，对其他学生也可能是有用的。①

## 三、确定学生在教学结束后学会了哪些知识

大多数情况下，教师应该使用正式评价（而不是随意的非正式评价）来确定学生是否已经达到了教学目标或能够达到某项学习内容的标准。正式的学业成就总结性评价在用掌握学习法进行教学时是很重要的，对于给学生确定最终的课程成绩等级也很重要。学校指导教师和管理者也需要根据总结性评价结果做出分班决定，如确定哪些学生在高级班里能学得更好，哪些学生需要增加基本技能的学习等。

## 四、评价教学质量

最后，对学生学习成就的总结性评价也可以用于评价教学质量的高低。如果大多数学生在某个教学单元学完后表现都不太好，教师就应该思考学生哪些地方做得不够，也应该反思他们自己可能也有哪些地方做得不够，例如，教师讲解教学材料时速度太快，或没有给学生足够的机会练习某些技能。很多学生或全部学生的评价结果都很差的话，说明教学需要加以改进。

## 五、促进学生学习

当教师进行正式评价来帮助制订或修改课程计划时，很显然是在使用评价来促进学生的学习。总结性评价也可以影响学生的学习，就如以下原则中所反映的那样。

① T.A. Glover & Vaughn, 2010; Hoover, 2009; Mellard & Johnson, 2008.

### 1. 评价可以增强学生的学习动机

一般情况下，告诉学生所学习的内容要用测验或其他方式进行评价，比只告诉他们要学习这些内容，会让他们学习更多的课程资料，也会学得更好。[①] 然而，如何进行评价和是否要评价是同样重要的。然而，如何评估学生与是否评估他们同样重要。当学生被要求做到最好时，评估作为激励因素就会特别有效，他们的表现是根据他们完成教学目标情况来评判的。[②] 当然，学生的自我效能感和归因会影响他们对“挑战”的看法。学生必须相信，如果他们努力学习并采用了恰当的方法，就有可能在评价任务中取得成功。

尽管常规的课堂评价可以有很明显的动机作用，但是评价本身通常是外在动机。因此课堂评价可以把学生的注意力引导到表现目标上，并逐渐影响学生学习的内在动机。当学生认为课堂评价是对其表现进行评价，而不是帮助他们掌握课堂学习内容时，评价尤其能够鼓励表现目标。[③]

### 2. 评价可以影响学生学习时的认知过程

学生可以从教师使用的评价方法来推断重要的教学目标是什么。因此，不同的评价任务可以让他们的学习不同。[④] 例如，比起评价中不太可能涉及的内容，学生一般会花更多的时间来学习他们认为在评价中可能出现的内容。此外，学生对于他们需要进行的任务类型和需要回答的问题类型的期待，会让他们要么记住一些孤立的内容，要么形成一个有意义的综合知识体系。

例如，图 10.3 的 A 部分是 6 年级“岩石”知识的测验，考查的是基本知识或知识转换，取决于学生之前是否见过特定的岩石标本。测验的其他部分主要是一些需要记忆的事实，可能会鼓励学生为将来的学习进行机械性的背诵学习。比如，请考虑最后一个句子“每块岩石都有一个________”。学生只需逐字地学会材料，就可以正确回答这个问题。要填的这个词是“故事”。

课堂评价也会影响学生对各学科特点的看法，也就是说，它们会影响第 3 章中提到的认识信念。例如，如果教师定期给学生做小测验，评价关于具体事实的知识（见图 10.3 中的大部分题目），学生就很容易得出结论：每个学科中都是一些无可争议的事实。相反，如果教师要求学生就某个有争议的问题表明立场，用证据和逻辑来进行论证，学生就会得到截然不同的信息：这个学科是各种看法和理解的综合体，必须用推理来支持，且随着时间而改变。

### 3. 评价本身就是学习经历

总的来说，完成课堂材料评价这个过程本身可以帮助学生复习学习内容，让他们掌握得更好，尤其是当评价任务要求学生对材料进行精细加工或以某种新的方式进行运用时。[⑤] 你在前面第 3 章的图 3.10 中已经见过这类例子，本章后面部分还将举更多的例子。

---

① Dempster, 1991; N.Frederiksen, 1984b; Rohrer & Pashler, 2010.

② Mac Iver, Reuman, & Main, 1995; L.H.Meyer, Weir, McClure, & Walkey, 2008; Newstead, 2004.

③ F.Danner, 2008; Grolnick & Ryan, 1987; Paris & Turner, 1994; Shernoff, 2013.

④ Carpenter, 2012; Corliss & Linn, 2011; N. Frederiksen, 1984b; Haertel, 2013.

⑤ Dunlosky, Rawson, Marsh, Nathan, & Willingham, 2013;Corliss & Linn, 2011; Foos & Fisher, 1988; C.I. Johnson & Mayer, 2009; Rohrer & Pashler, 2010.

A. 教室前面所展示的岩石是沉积岩、火成岩还是变质岩？
（1）__________________
（2）__________________
（3）__________________

B. 下面列出了岩石循环的各个阶段。请按它们出现的顺序用数字 1 到 9 进行排序。
_____ 热和压力
_____ 结晶和冷却
_____ 变成火成岩
_____ 岩浆
_____ 风化侵蚀变成沉积岩
_____ 熔化
_____ 变成沉积岩
_____ 压力和黏结
_____ 变成变质岩

C. 填写与岩石的正确定义相应的字母。
（1）_____ 火成岩　a. 当被侵蚀的岩石块沉淀在一起时黏结而成
（2）_____ 沉积岩　b. 当地壳下面达到极强的压力和高温时产生
（3）_____ 变质岩　c. 当地球内部熔化的岩石冷却之后形成

D. 句子填空。
（1）由水、冰、植物、动物和化学变化引起的运动撞掉岩石的过程叫作 ________。
（2）所有的岩石都是由 ____________ 组成的。
（3）岩石的硬度是由 ____________ 决定的。
（4）岩石持续的风化最终会形成 ____________。
（5）每块岩石都有一个 ____________。
（这个测验后面还有几个填空题和简答题。）

**图 10.3　这个 6 年级地理测验中大部分题目都在考查学生对具体事实的了解，可能会鼓励学生死记硬背，而不是去理解有关岩石的知识**

### 4. 评价可以提供学生在学习进步方面的反馈信息

仅仅知道某个学生测验或作业的最终分数是完全没有任何帮助的。为了促进学生的学习，提高学业成就，增强学生掌握学习内容的自我效能感，评价反馈必须包括具体信息，即学生在哪方面取得了成功，哪方面有困难以及如何提高。①

一个简单的却非常有效的反馈策略是，在课堂上穿插一些不给等级分的“小测验”。例如，当教学活动包含的大多是陈述性信息，没有太多双向的师生互动时——这在很多传统的课堂中确实存在，可以偶尔增加一些多项选择题或简答题，帮助学生监控自己对老师正在讲解的课堂学习材料的理解情况。②

### 5. 如果学生在评价过程中扮演积极角色，那么评价可以激发内在动机和自我管理

前文提到，课堂评价是典型的外在动机，只能从外部说明课堂学习内容的重要性。然而，学生有内在动机时学习才更有效。如果学生对课堂活动有自主性，内在动机就更强（见第 5 章）。此外，如果学生要成为自我管理的学习者，就必须获得自我监控和自我评价的技能（见第 3 章）。由于这些原因，学生应该是评价自己的学习和表现的经常的积极参与者（本章稍后还会谈到这一点）。最后，教师应该把评价看作是要与学生一起做的事，而不是要强加给学生的事。③

① Andrade & Cizek, 2010; Harrie & Gan, 2001; Shute, 2008; Wiliam, 2010.

② Glass & Sinha, 2013; Szpunar, Jing, & Schacter, 2014; Wiliam, 2011.

③ Andrade, 2010; Panadero & Jonsson, 2013; Paris & Ayres, 1994; Reeve, Deci, & Ryan, 2004; Shepard, Hammerness, Darling-Hammond, & Rust, 2005.

评价不仅仅是伴随教学的东西。从真正意义上来说，评价就是教学：它清晰地告诉学生，哪些是他们最需要完成的重要内容，以及他们掌握的情况如何。

# 第二节 通过课堂评价练习来促进学习

**主要理念：有效力的教师有策略地采取形成性评价和总结性评价来促进学生的学习。**

就如我们所见，课堂评价的某些特征可能对学生的学习和学业成就有重要影响。理想情况下，教师应该把学生的长期学习和发展放在脑海中，有意识地采用课堂评价。下面推荐几个方法。

## 一、通过话语和行动让学生明白，最终目的是促进学习和掌握知识，而不是考试过关

许多学生把课堂评价当作是对他们已有能力的评估性判断，而不是帮助他们学习和获得更高水平的机制。教师可以用以下这些策略来淡化评价的判断性特点[①]：

- 用清晰、易懂的语言描述评价的教学目标和教学目的。
- 经常性地而不是偶尔评价学生的进步，但不要在那些不能促进学生学习的评价任务上花费过多时间。
- 持续不断地传达给学生这样的信息：开展课堂评价是为了加强对学习内容的理解和提高知识的掌握程度，而不是通过评判。
- 帮助学生认识真正的掌握和表面肤浅的知识之间的重要（然而也可能是细微的）区别。
- 让学生相互之间对作业进行建设性讨论，集中关注提高完善的办法。
- 让学生在所收到的反馈的基础上对自己的作业进行修改。

对可能面临学业失败的学生，这些策略尤其重要。[②]

## 二、在教学初期把评价标准说清楚

有些评价任务在好的和不太好的答案之间有清晰的界限。例如，打字速度和长除法技能的评价通常都很直接。但是，在某些专业和技术领域，如果学生的成绩水平同样能表现为某些行为和产品——尤其是这些行为和产品具有可分级的特点——那么就需要有明确的评价标准。

制定明确的评价标准的一个简单的方法就是，建立并分发**清单**（**check list**），列出学生的作业应该呈现的特征。例如，图 10.4 是一位 4 年级教师用来对学生在数学单词问题上的表现进行打分

① Andrade & Cizek, 2010; Black & Wiliam, 1998; Chappuis, 2009; Hattie & Gan, 2011; Panadero & Jonsson, 2013; Rohrer & Pashler, 2010; Szpunar et al., 2014.

② G. B. Hughes, 2010; Wiliam, 2011.

的清单。注意，这个清单包括了客观计分标准（如：正确答案），也包括更重质量的主观计分标准（如：作业的整洁度、对问题解决的解释）。

| 要素 | 可得分 | 得分 | |
|---|---|---|---|
| | | 自己打分 | 教师打分 |
| 1. 强调了你要解决的问题。 | 2 | ____ | ____ |
| 2. 采用了合适的方法。 | 2 | ____ | ____ |
| 3. 作业整洁有序。 | 2 | ____ | ____ |
| 4. 计算准确无误。 | 2 | ____ | ____ |
| 5. 回答了问题。 | 2 | ____ | ____ |
| 6. 用语言解释了你是如何解答问题的。 | 5 | ____ | ____ |
| 总分 | ____ | ____ | ____ |

**图 10.4　在这份 4 年级单词问题计分方案中，教师和学生都可以对学生表现的各个方面进行评价**

当教学集中关注复杂的、多方面的主题和技能时，教师可能会使用**量规**（**rubric**）——两个维度的矩阵来评价学生表现的不同要素，另外还有对每个要素相关的不同水平的表现的详细描述。例如，图 10.5 是评价学生的非虚构散文写作的各种质量的一个量规。这个评价标准并不完全是客观的，例如，偶尔、一些、许多这些单词意味着什么呢？但是它可以帮助教师找出一部分学生可能需要的补充指导和活动。有以下特征的量规可能是最有效的[①]：

- 集中关注技能表现的几个关键属性，并用清晰详细的术语对这些属性进行描述。
- 集中关注学生通过适当的指导和练习就能真正获得的属性。
- 可适应教学内容范围内的很多任务。

| 特征 | 熟练掌握 | 在发展中 | 刚开始发展 |
|---|---|---|---|
| 拼写正确 | 所有单词拼写正确 | 大多数单词拼写正确 | 许多单词拼写错误 |
| 标点和大写字母正确 | 在适当的地方使用标点符号和大写字母 | 偶尔出现标点符号遗漏，或使用不正确，或大小写字母使用不恰当 | 出现了很多标点和大小写字母的错误 |
| 句子完整 | 整篇文章使用完整的句子，只在为了清楚地表达文体目的时使用不完整的句子 | 没有明显的文体目的时使用了一些不完整的句子，或偶尔包含了一个连绵不断的句子 | 用了许多不完整的句子和连绵不断的长句子；很少使用句号或使用很随意 |
| 重点清晰 | 清楚地陈述主题思想，所有句子都是与之相关的，表达的信息是连贯的 | 只是暗示了主题思想，大多数句子与之相关，有些句子是没必要的，是可以删减的 | 写作漫无目的，没有清楚的主题思想；经常或毫无征兆地跑题 |
| 思路符合逻辑 | 仔细地引导读者跟随作者的主题思路走 | 表现出一定的逻辑发展，但是偶尔会遗漏对观点的表达十分重要的关键点 | 表达观点没有逻辑顺序 |
| 说服性陈述或论证 | 用证据和完整的推理有效地说服读者 | 使用了一些证据或推理来支持自己的观点，但是读者能够轻松地进行反驳 | 提出观点或看法毫无理由 |

**图 10.5　评价学生非虚构散文写作的量规**

① Arter & Chappuis, 2006; Popham, 2006, 2014.

清单和量规至少有三个好处。第一，给学生清晰的目标，让他们知道应该朝哪儿努力。第二，如果实施得好，可以让教师对学生表现的评价保持连贯性，且有较强的客观性（后面在信度的讨论中还将详细讨论这一点）。第三，为教师提供了一种对学生表现出的长处和不足之处进行详细反馈的方式。理想情况下，这些反馈可以帮助学生提高。

## 三、让学生对自己的表现进行评价

让我们再回到本章开头部分的个案研究，埃莉因为历史学科得了B等级却毫无心理准备而备受打击。戴维森老师大概已经跟踪评价埃莉的学习进展一段时间了，但是埃莉自己很显然没有这样做。

随着年龄增长，学生们在自我评价方面会越来越熟练①，但是即使是小学阶段的孩子也有一定的对自我表现进行评价的能力。以下几个策略可以让学生参与评价过程，帮助他们发展重要的自我监控和自我评价的能力②：

- 征求学生对于评价标准和量规设计的看法。
- 提供好的和不太好的作业样例（不使用现在的或最近的学生作业），让学生围绕数个评价标准进行比较。
- 让学生把对自我表现给的等级和教师给的进行比较（例如，注意图10.4中单词问题计分方案中“自我评分”和“教师评分”列）。
- 让学生根据即将到来的纸笔测验编一些类似的练习题。
- 让学生在一段时间内持续记录自己的表现并绘制成图表。
- 让学生在每天或每周日志中反思自己的作业情况，跟踪自己已经或尚未掌握的知识和技能，以及哪些学习策略是有效的哪些是无效的。
- 让学生编制作业文件夹，内容包括对各种条目所反映出来的学习和学业成就情况的自我反思。
- 让学生来引导家长会。

教师要鼓励有效力的自我评价，这一点也是很重要的。例如，学生应该真的相信他们可以通过一定的努力和好的策略来克服已有的弱点。③教师应该让学生制定一份后续的行动计划，明确地弄清楚在评价结果的基础上我现在应该怎么做这个问题。行动计划里应该包括找出如下这些更具体问题的答案：

- 我需要做哪些具体的事情来提高自己？
- 我需要哪些资源和帮助来提高自己？
- 我已经达到目的时我如何能知道？④

① van Kraayenoord & Paris, 1997.

② Andrade, 2010; A. L. Brown & Campione, 1996; Chappuis, 2009; McMillan, 2010; Paris & Ayres, 1994; Shepard, 2000; Stiggins & Chappuis, 2012.

③ Andrade, 2010; Stupnisky, Stewart, Daniels, & Perry, 2011.

④ 这些问题是基于Chappuis, 2009。

## 四、给予不同水平的指导和支持，评价学生学习新知识的能力

形成性评价的一种形式是**动态评价**（**dynamic assessment**），即教师评价学生学习新知识的能力，一般是在一对一教学、辅导或有其他形式支持帮助的情况下的学习能力。[①]这种方法反映了维果茨基最近发展区的概念，可以发现学生在合理的结构和指导下能够完成哪些学习内容。动态评价可以提供关于学生能力、认知策略和学习方法的丰富的定性分析信息。例如，可以为教师提供以下几个方面的深刻见解[②]：

- 学生对某个特定主题和技能方面的教学是否准备就绪。
- 学生的动机模式和情感模式（如，自我效能感、成绩目标、归因、焦虑）。
- 学生的学习习惯（如，冲动性、坚持力、对挫折和失败的反应）。
- 学生学习上潜在的困难（如，注意力分散、阅读理解技巧差、缺乏有效的自我监控和自我评价技能）。

因此，动态评价可以给教师提供传统评价策略不太可能获得的信息。

## 五、利用基于技术的形成性评价工具

几个基于互联网的资源提供了简短的形成性评价，教师可以定期检测学生在读写能力、数学或科学方面的进步。以下有四个网站可供采用：

- Accelerated Reader（renaissance.com）。
- AIMS 网站（aimsweb.com）。
- 诊断者（diagnoser.com）。
- DIBELS（早期读写能力的基本动态指标，dibels.uoregon.edu）。

这些资源，有些可以让教师在手持数字设备，如平板电脑或掌上电脑上直接输入学生的答案。还有一些可以由学生自己在笔记本电脑或台式电脑上完成一些简短的评价。程序可以记录学生一段时间内的表现，可以应教师的要求快速生成学生个人和整个班级的报告和图表。因此，在干预反应法（前面提到过）和基于课程的测量（稍后在效度部分将进行描述）尤其有用。

许多电脑软件程序可以帮助学生对自己的作业进行自我评价。例如，有些基于互联网的程序是特别为帮助学生评价书面作业的质量而设计的，如“潜在的警告分析”（Latent Semantic Analysis，LSA；lsa.colorado.edu）。这些程序可以提供对学生电子书面文章、短故事和其他作文的快速分析：学生是否使用了貌似合理的单词组合、恰当的语法结构等。大多数文字处理程序也在某种程度上通过语法检查提供这些服务。当然，教育者不应该让这些程序在评价学生的书面作业方面取代自

① 例如，参看 Feuerstein, Feuerstein, & Falik, 2010; Fuchs, Compton, et al., 2008; Haywood & Lidz, 2007; Seethaler, Fuchs, Fuchs, & Compton, 2012; H. L. Swanson & Lussier, 2001.

② Feuerstein et al., 2010; Fuchs, Compton, et al., 2008; Hamers & Ruijssenaars, 1997; Haywood & Lidz, 2007; Tzuriel, 2000.

己的工作。最终只有教师可以合理地评价学生所写内容的准确性、组织性和逻辑性。然而，当学生出于形成性评价的目的使用这些程序时，他们可以获得大量实质性的反馈，帮助他们提高写作质量。①

其他数字技术也可以提高学生的自我评价能力。例如，第 8 章中所描述的班级网站为学生提供了一种机制，他们可以将作业早期的草稿上传，获得同学的建设性反馈和建议。在某些情况下，教师和学生可以使用摄像机或笔记本电脑来记录学生的反应和活动，用于随后的分析。例如，教师可以将学生对某个复杂行为的执行情况进行录像，可以让学生将评价标准应用于对自己的表现进行自我评价。在某个中学，学生们设计并建造了木桥的小模型，在木桥模型上面放一块砖，然后录像。通过一个画面一个画面地对这段录像进行分析，他们会发现桥的设计上可能存在的瑕疵。②

## 第三节　好的课堂评价的重要特征

**主要理念：理想的课堂评价有四个特征（RSVP），即信度、标准化、效度和可操作性，其中以效度最为重要。**

作为学生，你是否曾经被老师用你认为不公平的方式评价过？如果有过，那么为什么你认为它不公平呢？

- 教师对学生回答的评价有不一致吗？
- 有些学生是在比其他人更有利的条件下接受评价的吗？
- 评价不能很好地测量你所学的知识吗？
- 评价是不是花了太长的时间以致最后你已不再关注自己的表现到底好不好？

鉴于你自己的经验，好的课堂评价工具和评价方法最基本的特征是什么？

刚才提出的这四个问题分别反映的是好的课堂评价应该具备的四个特征（RSVP）：信度、标准化、效度和可操作性。RSVP 特征是任何评价都必须认真考虑的重要内容，但当教育者采用总结性评价做重要决定时，例如确定学生最终的课程成绩等级、分到高级别班级，以及为残疾学生提供适当的服务，这些特征则更为重要。

**想一想**

快速回顾一下第 2 章的概念：在帮你记住好的课堂评价的四个重要特征方面，RSVP 所起的作用是什么？

### 一、好的评价要信度高

评价工具或程序的**信度**（**reliability**）是其对被评价的知识、技能或特征得出一致性信息的程度。要了解信度包括哪些内容，试试以下练习。

① Russell, 2010.

② Stokes, Luiselli, Reed, & Fleming, 2010; Warschauer, 2011.

## 自己看一看

### 鸟类游戏

下面是生物老师福勒女士生活中发生的一连串事：

- **周一**。鸟类和恐龙的骨架结构这一课学完后，福勒老师让学生写一篇文章，解释为什么许多科学家相信鸟类是从恐龙进化来的。放学后她把这堆文章扔在她杂乱无章的雪佛兰汽车后座上。
- **周二**。福勒老师在家里和教室里到处找这些文章，但都没找到。
- **周三**。因为福勒老师想通过学生的文章弄清楚学生们掌握了哪些内容，她让全班同学把同样的文章再写一遍。
- **周四**。福勒老师终于在汽车后座上找到了学生周一写的文章。
- **周五**。福勒老师把两次的文章都评了分。她惊讶地发现两次分数很不一样：周一写得好的学生在周三不一定写得很好，有些在周一写得不好的学生在周三却写得非常好。

福勒老师应该采用哪个结果，是周一的还是周三的结果呢？

---

教师评价学生的学习和学业成就，无论是在周一还是周三进行，无论是在晴天还是雨天进行，无论是在情绪好还是不好时进行，评价结果都必须基本上保持一致。福勒老师的评价工具信度较低，因为不同时间产生的评价结果完全不同。那么她应该采用哪天的结果呢？在这里我们提了一个很棘手的问题，因为根本没有办法知道哪个结果更准确。

在两个不同情况下对同一个学生进行评价，任何一个评价工具都很难产生完全一样的结果，即便是所评价的知识或能力是相同的。许多与被评价的知识或能力无关的临时条件也会影响学生的反应，不可避免地会导致评价结果的波动。例如，福勒老师的学生两次作文结果不一致，可能是由以下临时因素造成的：

- **学生自身的每日变化**，如身体状况、动机、情绪和体能水平等的变化。

  24 小时流感正在福勒老师的班级里蔓延。

- **自然环境的变化**，如房间温度、噪音水平及外在的分散注意力的事。

  福勒老师班上坐在窗户旁边的学生，周一的时候周边环境很安静，但周三写作文时外面有吵闹的工程机器在切割人行道。

- **实施过程中的变化**，如教学、时间安排、教师回答学生的问题时的变化。

  周一有几个学生上课时去参加学校剧的试妆，所以在放学以后才写作文。福勒老师向他们解释任务要求比在课堂上更清楚，也给了他们足够的时间。周三，另一组学生因为要在上课时去听邻镇乐队的音乐会，所以在放学后写作文。福勒老师匆忙地解释了作文任务，学生还没来得及完成就被收走了作文。

- **评价工具的特点**，如学习任务的长度、清楚程度、难度（如含混不清的或很难的任务会使学生随意猜测的可能性增加）。

“解释为什么许多科学家相信鸟类是从恐龙进化来的”这个作文题含混不清，学生在不同时间会做出截然不同的解释。

- **评分的主观性**，如基于模糊不准确的标准而作出的判断。

这两套作文是福勒老师在周五晚上看电视节目《电锯谋杀》时评阅的。她在观看电视节目的吻戏场景时给出的分数高，观看围捕的场景时给出的分数低。

对学生的学习和学业成就做结论时，教师必须确定结论所基于的信息不受临时的无关因素影响。以下几个方法可以产生信度高的评价结果：

- 评价中应包含多项任务，找出学生在不同任务中表现的一致性。
- 每项任务都要解释清楚，让学生明确知道他们需要做什么。
- 评价学生的表现所使用的标准要具体、详细。
- 不要让你对学生表现的期望值影响对学生真实表现的判断。
- 避免在学生不可能发挥出最佳水平时评价学生的学习成就，如他们生病时。
- 对所有学生以同样的方式在相似条件下实施评价。

推荐的这些办法中最后一条表明评价方法应该是标准化的，尤其是当学生们需要互相比较时，并且不管出于什么原因都应该标准化。我们现在来看看这个 RSVP 的特征。

## 二、好的评价对大多数学生是标准化的

**标准化**（**standardization**）这个词指的是评价应包含同样的内容和形式，对每个人都以同样的方式实施和评分。大多数情况下，学生应该得到同样的指导、完成相同的或类似的任务、有同样的时间限制、在同样的约束条件下完成。此外，对学生的回答应该使用同样的标准评分。如果不是情有可原，教师不应该给某个学生使用比其他学生更难的标准。

许多测验是由大规模测验公司开发并出版的，被称作标准化测验（*standardized tests*）。标准化意味着这些测验有详细的实施和评分程序，无论在哪里实施都可以一致地应用（本章后面我们将详细解释标准化测验）。但是在教师自己编制的课堂评价中标准化也很重要。标准化提高了任何一个单独的评价任务在不同情境中产生一致评价结果的可能性，这一点福勒老师的作文测验没有做到。

**想一想**

这个对于如何进行标准化测验的描述与你自己参加这样的测验的经验一致吗？

另一个要考虑的问题是公平。尤其是进行总结性评价的时候，只有让所有学生在同样条件下接受评价才是公平的。评价有特殊教育需求的学生，却是例外。在美国，《残疾人教育法》要求学校为有身体、心理、社交或情感障碍的学生提供适当调整。这一点不仅适用于教学实践，也适用于评价。对评价工具和程序的具体修改当然是为了适应那些有某种障碍的学生。请看下面的例子[①]：

① American Educational Research Association, American Psychological Association, & National Council on Measurement in Education, 1999;N. Gregg, 2009; Lovett, 2010.

- 采用计算机技术增强学生的读写能力。例如，用大号字体呈现问题（如对弱视的学生）或允许使用拼写检查（如对有学习障碍的学生）。
- 给阅读能力有限的学生读纸笔测验题目（如有阅读障碍的学生）。
- 对注意力时间短的学生，要把较长的评价任务分成几个较短的任务（如多动症学生）。
- 实施评价的房间应该安静，没有分散学生注意力的事物（如有学习障碍或多动症的学生）。
- 评价时给学生多一点时间或让学生在评价时多休息（如由于慢性病或头部创伤而容易疲劳的学生）。
- 如果有些学生所学习的教学目标不同于班级里的其他同学，则要编制个性化的评价工具（如有智力障碍的学生通常需要这样做）。

## 三、好的评价对其目的要有效度

之前你学过信度。我们来看看你能否把对于信度的理解应用（迁移）到下面的练习中。

### 自己看一看

**FTOI**

本书作者开发了一套测验，叫作智商的傻瓜测验（the Fathead Test of Intelligence, FTOI）：只需要一个卷尺和一张基准表格，就可以看出不同年龄的儿童和成人在测验中的表现。实施 FTOI 测验既快速又容易。你只要测量一个人眉毛以上的头围（要贴紧但不能太紧），并把你测量到的值与同年龄群体的平均值进行比较。头大的人（比较而言）智商高，头小的人智商低。

FTOI 的信度高吗？往下阅读之前请回答这个问题。

---

测量某人头部的大小，不管你测量多少次，每次都会得到类似的数值，大脑袋就是大脑袋，小脑袋还是小脑袋。因此我们对这个问题的答案是肯定的：FTOI 的信度高，因为得到的结果一致。如果你的回答是否定的，那么你可能是认为 FTOI 不是在测量智商。但这是 FTOI 的效度问题，不是信度问题。

评价的**效度（validity）**是它能够测量到想要测量的内容，能让我们对问题的特征或能力做出合理推理的程度。FTOI 测量的是智商吗？标准化测验能否很好地表示学生是否已经掌握了阅读和写作的基本技巧？学校音乐会上学生的表演是否反映了他们在器乐课上学到的知识？如果不能达到评价想要达到的目的，不能很好地测量出学生的知识和能力，那么评价就存在效度问题。

前面提到，许多不相关的因素会影响学生在评价任务中的表现。学生的健康状况、课堂分散注意力的事、评分的不一致性等，这些都是导致每次评价结果波动的临时条件，从而降低了测验的信度。但是其他不相关的因素，如阅读能力或长期的测验焦虑因素更为稳定，它们对评价结果的影响是相对连续的。例如，乔伊的阅读能力不强，不管他在科学、数学或社会研究课上取得什么成绩，他在纸笔测验的选择题上的得分总是很低。评价结果如果持续受到同样的无关变量的影响，评价效度就值得怀疑。

心理学家区分出不同种类的效度，以适用不同的情况。在某些情况下，我们可能对预测效度感兴趣。所谓预测效度，也就是说，分数能否很好地预测学生在今后活动中的表现，比如，智商分数能否预测学生未来的课堂表现。有时候我们对结构效度感兴趣。而所谓结构效度，就是说，评价工具能否测量某种特定的特质或性格特征，例如，FTOI 测试能否真正测量出人的智商，所谓的人格测量是否实际测量一个或多个人格特质。一般来说，课堂上教师最关心的应该是**内容效度**（**content validity**）。也就是说，他们评价的问题和任务——测量的内容范围——是不是充分代表了整体的知识和技能。

举例来说，表 10.1 中再次提到第 8 章表 8.1 中英语语言艺术学科的共同核心教育标准（第二列）和相关的教学方法（第三列）。表 10.1 最右侧（第四列）是达到这些标准的正式和非正式评价法的例子，第三列的教学策略提供了另外的非正式评价的方式。表中的策略，如让学生写作文或创造概念图，是**纸笔评价**（**paper-pencil assessment**），即教师提出要回答的问题、要谈论的话题或要解决的问题，学生在纸上回答。但是其他的例子，如让学生口头回答问题或表演故事，反映的是**表现评价**（**performance assessment**），即学生通过做某件事展示他们掌握的学习内容，而不只是通过书写。后面我们会发现，纸笔评价和表现评价适用于不同的情境。

## 发展趋势

**表 10.1　举例说明如何根据不同年级水平的共同核心教育标准与课堂教学来调整课堂评价**

| 年级 | 英语语言艺术学科的共同核心教育标准 | 用以达到这些标准的教学策略及非正式评价学生进步的方式 | 把课堂评价与这些标准以及课堂教学相结合 |
|---|---|---|---|
|  2 年级 | 能够提问或回答谁、什么、哪儿、何时、为什么以及如何之类的问题，表明他们已经理解了课文中的关键细节。（RL.2.1）[a] | 每天午饭后的“静心”时间，阅读一章孩子们最感兴趣的儿童小说，并要经常停下来提出一些要求学生们发散到文章以外的问题（如，让学生思考小说中某个人物的感受）。 | 分小组与学生会面，让每组学生用自己的话讲一个故事。然后再提问题，比如：“然后会发生什么事呢？”“他为什么要那样做？”了解每个学生对故事重要内容的理解程度。 |
| | 能够叙述来自不同文化的故事，包括寓言和民间故事，找出主要信息、可借鉴的内容以及寓意。（RL.2.2） | 让几个学生制作新近读过的故事中的道具，并进行表演，其他同学当观众。然后全班讨论故事人物从他们面临的事情或挑战中可能获得的教训。 | 给阅读小组布置几个适合他们年龄的中东或中国民间传说，然后问学生：“你认为这个故事是要告诉我们什么道理？”确保每一个小组成员都回答了问题，并让他们明白并不一定有唯一的正确答案。 |
|  4 年级 | 在解释课文主要内容和就课文内容进行推理时，可以引用文中细节和例子。（RL.4.1） | 阅读小组在讨论卡尔·希尔森的《拯救猫头鹰》时，让学生们思考情节将会如何发展，找出课文的线索来支持他们的预测。 | 学生阅读娜塔莉·巴比特的小说《真爱无尽》（塔克的家庭喝泉水变得长生不老），让学生写一篇文章，思考塔克的长生不老可能会造成的问题。然后，在他们获知塔克杀人之后，让学生思考她被逮捕的影响，并用课文中的线索支持他们所做的预测。 |
| | 能够对历史、科学或技术类课文的事件、程序、观点或概念进行解释，包括在文中具体信息的基础上解释发生了什么事，以及为什么。（RI.4.3） | 当学生阅读历史课本上的某个章节时，提问为什么之类的问题，鼓励学生在原因—影响之间进行联系。（如：“为什么哥伦布的船员在开阔的海面上航行几个星期后想回欧洲？”） | 让学生们画出概念图，展现某个特定历史阶段发生的各种事件之间的相互关系（包括原因和影响之间的关系）。 |

续前表

| 年级 | 英语语言艺术学科的共同核心教育标准 | 用以达到这些标准的教学策略及非正式评价学生进步的方式 | 把课堂评价与这些标准以及课堂教学相结合 |
|---|---|---|---|
|  7 年级 | 能够分析作者组织文章的结构，包括主要部分对整个文章以及对观点的发展所起的作用。（RI.7.5） | 阅读科学类课文之前，让学生用这篇文章的标题和副标题做以下事：（1）列出本章的大致提纲；（2）提出他们阅读本章时希望回答的问题。然后，作为家庭作业，让学生们阅读并做笔记，用提纲和自己列出的问题作为指导来做笔记。 | 让学生就科学课本的某个章节写三页纸的摘要。告诉他们，章节的标题和副标题可以帮助他们组织构思，但要强调这个摘要最重要的是要关注中心思想和几个支撑性的细节。 |
| | 能够查找并评价文章中的论点及具体观点，评价推理是否充分，证据是否有关联性并足以支持其观点。（RI.7.8） | 给学生一份自我提高产品的广告（如减肥药片或健身器材），让学生分成合作学习小组来做以下事：（1）指出该广告的动机；（2）评价该产品有效性的证据好坏。 | 让学生查询推广一种保健产品的网站。让他们找出网站用来说服人购买产品的证据和逻辑中可能存在的瑕疵，口头或书面都可以。 |
|  11~12 年级 | 能够分析和评价作者就自己的立场或论点所使用的结构的有效性，包括该结构是否清楚地表达了观点，是否令人信服、引人入胜。（RI.11-12.5） | 描述说服式写作的常用技巧，让学生找出报纸文章中所采用的各种说服技巧。 | 让学生，（1）找出 1776 年美国《独立宣言》中使用的三个具体的说服性的技巧，（2）解释每个技巧在说服人们理解从英格兰获取独立的重要性方面的具体意图。 |
| | 能够在辞藻华丽的文章中找出作者的观点和意图，分析文章风格和内容对论说的力度、说服力或美观性的贡献。（RI.11-12.6） | 让学生们在两份新闻杂志对同一事件的描述中找出未表述的假设（如某个群体是好的、正确的，而另一群体是坏的、错误的）。 | 给学生一篇描述最近美国国内或国际上发生的新闻事件的杂志文章。让他们画出五个句子表明作者的文化偏见或政治偏见，并用两页纸描述这些偏见。 |

[a] 字母“RL”表示的是，与文学阅读相关的教学标准；字母“RI”指的是信息类文章的阅读。句点前面的数字指的是年级水平；句点后面的数字指的是该年级水平特定的标准。例如，第一个条目“RL.2.1”指的是 2 年级文献阅读第一段标准。

来源：Excerpts from *Common Core State Standards*. @Copyright 2010. National Governors Association for Best Practices and Council of Chief State School Officers.Reprinted with permission.

在形成性评价中，确保内容效度的一个策略是**基于课程的测量**（**curriculum-based measurement,** CBM），这在基本技能教学和诊断持续性学习问题的干预反应法中尤其有效。在这个方法中，教师定期开展评价，每次集中关注课程中单一的、具体的技能（如，阅读时的单词认知、数学中两位数的加法），作为跟踪学生个体进步的方式。每个评价一般来说都非常简短（可能只有 1 ～ 4 分钟），然而却可以帮助教师弄清楚下一步哪些学生在某些技能方面需要额外的指导。前面提到的许多基于技术的形成性评价工具可以帮助教师实施 CMB 法。例如，我们再次告诉大家可以参考 AIMSweb（aimsweb.com）和 DIBELS 网站（dibels. uoregon.edu）。

教师实施总结性评价时，也就是说，当教师想要评价学生在某个教学单元或课程中最终学业成就水平时，内容效度高是很重要的。通过让评价任务与学生最终应该学到的内容尽可能相似，教师可以把内容效度最大化。换句话说，在总结性评价中使用的任何评价都应该反映教学目的与教学目标。

当总结性评价需要评估多个话题、概念和技能以及多个教学目标，那么教师便不可能在评价中面面俱到。但总体来看，教师在评价中要求学生做的应该是要评价内容范围的代表性样本。广为推荐的做法是制定一个行动计划表，标出要评价的内容以及每项内容所用的问题或任务的比例。这个计划表通常采用**细目表**（**table of specifications**）的形式，双向网格表示应该涉及哪些话题及每个话题学生应该能做什么。网格的每个单元格表示每个话题与行为组合的相对重要性，整个评价中包含的任务或测验题目的数量或比例。图 10.6 给出了两个例子，左边是包含 30 个题目关于加法的纸笔测验，不同的主题与行为组合的权重不同（如，题目数量不同），有些组合故意没有进行评价。右边是高中物理关于经典力学的单元，采用百分比表现不同的主题与行为组合的相对权重，它所包含的三种行为是基于布鲁姆分类学最前面的三个过程（**记忆、理解、应用**，参见第 8 章）。图 10.6 的两个表格都故意重点强调其中部分主题与行为组合，而在其他情况下，不同部分赋予同样权重可能才是适合的。

| 学习主题 ＼ 行为 | 用数字线进行表示 | 快速求和 | 重新分组（移动位置） | 估算 | 应用到表述问题中 |
|---|---|---|---|---|---|
| 一位数 | 2 | 6 | | | 4 |
| 10和100的倍数 | | 2 | | | 2 |
| 两位数 | | | 2 | 2 | 3 |
| 三位数 | | | 2 | 2 | 3 |

| 学习主题 ＼ 行为 | 知识的记忆 | 对概念的理解 | 应用到新的情境中 | 每个话题总计 |
|---|---|---|---|---|
| 静力学：静止状态下物体的属性 | 5% | 10% | 10% | 25% |
| 动力学：运动状态下物体的属性 | 10% | 10% | 10% | 30% |
| 力学：力作用下物体的属性 | 10% | 10% | 25% | 45% |

**图 10.6　细目表的两个例子**

## 四、好的评价要具有可操作性

RSVP 特征中最后一个是**可操作性**（**practicality**），评价工具和程序使用的容易程度。[①] 可操作性包括下面这些问题。

- 要花多长时间编写要实施的任务？
- 能否同时对许多学生实施评价，还是需要一对一进行？
- 要使用昂贵的材料吗？
- 要占用多少教学活动时间？
- 评价速度快吗？容易吗？

① 许多心理学家使用“可用性”（usability）这个词，但是我认为“可操作性”可以更好地表达这个意思。

可操作性和其他特征（如效度和信度）之间总要有一种权衡和取舍。例如，网球这个单元出是非判断题很容易，也便于实施评价，但对学生真正展示网球技能的表现评价，即使花再多时间和精力，毫无疑问也是考查学生掌握这项运动好坏的有效手段。

表 10.2 中总结了 RSVP 的四个特征，其中*效度最重要*。教师必须采用评价手段有效评价学生完成教学目标和教学目的的情况。但要特别注意的是*信度是效度的必要条件*，尤其是在总结性评价中。但是，信度不能保证效度，如前面我们用 FTOI 举例说明的那样。标准化与总结性评价关系最为密切，尤其是在教育者想要比较不同学生的学习表现时（在本章后面我们将明确这样做的原因）。

此外，标准化可以增强评价结果的信度，从而间接提高效度。只有当效度在实施过程中不会受到严重影响时才能考虑可操作性。

**表 10.2**　　**好的评价应具有的 RSVP 特征**

| 特征 | 定义 | 需要考虑的问题 |
|---|---|---|
| 信度 | 评价工具或程序对每个学生产生一致结果的程度 | • 学生的分数受到多少与我们要测量的特征不相关的临时条件的影响？<br>• 不同的人对学生的表现评分相似吗？<br>• 评价工具的各个部分得出的关于学生成就的结论相似吗？ |
| 标准化 | 评价工具或程序对所有学生的相似程度 | • 所有学生是不是在同样或相似的内容方面接受评价？<br>• 所有学生要完成的任务类型一样吗？<br>• 所有学生得到的指导语一样吗？<br>• 所有学生的时间限制一样吗？<br>• 每个人的表现是采用同样的标准进行评价的吗？ |
| 效度 | 评价工具或程序能够测得想要测量的内容，并进行合理推理的程度 | • 评价是否是要评价的内容范围的代表性样本（内容效度）？<br>• 学生的分数可以预测他们后来在某个领域的成功吗（预测效度）？<br>• 评价工具准确地测量某种心理或教育方面的特征了吗（结构效度）？ |
| 可操作性 | 评价工具或程序容易实施，费用也不高 | • 评价要花多少时间？<br>• 对学生的答案进行评分的容易程度和速度如何？<br>• 评价的实施和评分是否需要接受特殊培训？<br>• 评价需要购买特定材料吗？ |

## 第四节　非正式和正式地评价学生的学业进步和学业成就

**主要理念：自发的非正式评价和预先计划的正式评价在促进学生学习和提高学生学业成就方面都起重要作用。**

既然我们已经考察了各种课堂评价所具备的特征，现在刚好来探讨正式评价和非正式评价课堂策略。后面，我们将考虑各种评价策略最适合的教学目标和教学目的，以及不同方法的 RSVP 特征。

## 一、开展非正式评价

教师自发的、未预先计划的评价有几个优势。首先，最为重要的是，可以对教学任务和教学活动的有效性提供持续反馈。其次，发现问题后很容易调整。例如，当学生表达对某个主题的错误观念时，教师后续提出的问题，可以搞清楚学生的想法和推理过程。再次，非正式评价提供的信息可以为正式评价任务得到的结果提供支持或对其提出质疑。最后，通过对学生行为持续的观察，可以了解影响学生课堂表现的社会、情感和动机因素，这也可能是评价“有礼貌”“喜欢阅读”这类教学目标的唯一可操作的手段。

这里我们提供用来增强非正式评价有效性的一般策略。

### 1. 观察学生的言语和非言语行为

教师可以从学生在学校一天所说所做中了解很多信息。以下是非正式评价策略的例子。

- 在课堂上提问（如第 8 章课堂策略专栏“以提问来促进和评价学习”）。
- 观察学生在全班和小组讨论中的贡献大小，记录他们提出的问题种类。
- 观察学生在进行各种体育活动时的速度和熟练程度。
- 找出学生自愿参与哪种活动（如图 10.7）。
- 观察可以反映学生对课堂任务情绪反应的身体语言。
- 观察学生专注于学习任务和偏离学习任务的相对频率，寻找学生偏离任务的时间模式（如，参看第 9 章功能分析中的讨论）。
- 观察学生在课堂上、午餐时和操场上与其他同学的交往。

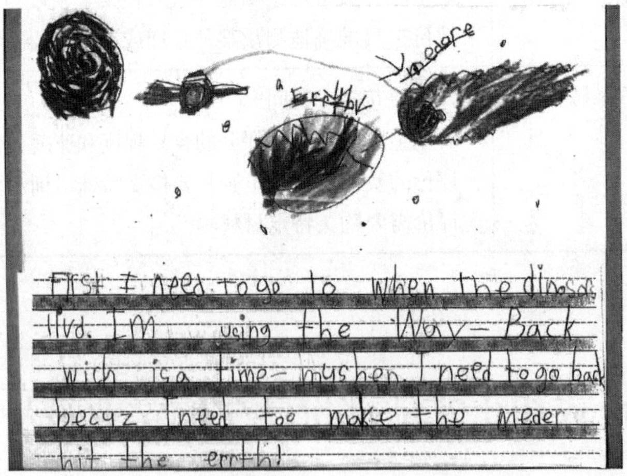


**图 10.7 最近一项深入的心理教育评估指出，8 岁的皮特虽然 IQ 分数达到了平均水平，但他在阅读和数学的某些方面存在特别困难，他可能有轻微的自闭症谱系障碍。就如上面“时光倒流”作业中所显示的，他对绘画和写作科学小说有强烈的兴趣。因此，教师给他布置阅读、书写和数学作业时可以建立在他的这种兴趣之上**

通过观察学生的言语和非言语行为，教师可以了解学生已经掌握了哪些知识，还有哪些错误观念，也可以了解学生的学习策略、自我管理技巧、自我感、兴趣和优先考虑的事、对课堂学习内容的感受及对成功和失败的归因。例如，在本章开头的个案研究中，埃莉积极参与课堂讨论，勤奋地完成家庭作业，这让戴维森老师得出结论说，埃莉“总是特别努力”。

### 2. 问自己已有的认知和期望是否会让你的判断带有偏见

我们再回头看看第 2 章提出的原则：*已有知识和认知会影响以后的学习*。这个原则不仅适用于学生也适用于教师。教师和其他人一样，对他们的所见所闻也会赋予意义，这些看法会受到他们已经知道的事情和已有看法的影响。教师对某个学生已有的看法和对他表现的期待不可避免地会影响教师对学生行为的评价。[①]

教师对学生的表现进行非正式评价时，偏见的常见来源之一是对不同种族、性别、社会经济地位群体学生的已有看法。[②]一项针对大学生的实验就是很好的例子。[③]学生们被告知他们正在参与的是一项对教师评价方式的研究，然后让他们观看一个叫汉娜的四年级学生的录像。在两个不同的版本中，汉娜的社会经济地位给人完全不同的印象。在一个录像中，汉娜的服装、玩耍的操场、有关她父母的职业的信息，间接表明她来自高社会经济地位背景；另一个录像表明她来自低社会经济地位背景。所有学生观看了汉娜参加的一个口语成就测验（这项测验是她在年级水平上进行的），并针对几个特征给她评分。被引导认为汉娜来自富裕家庭的学生，评价她的能力在年级水平之上；而认为她来自贫穷家庭的学生，评价她的能力在年级水平以下。两组学生对汉娜的做事习惯、动机、社交技能和总体成熟程度做出了不同的评价。

### 3. 对你的观察做好书面记录

我们来回顾第 2 章提出的另一个原则：*长时记忆并不必然会永久保持*。教师对学生课堂行为的记忆，可能并未完全准确地、完全值得信赖地记录了学生真正说了或做了的事情。就像普通人一样，教师可能记住了学生的某些行为而没有记住另一些行为。当教师必须依靠课堂表现对学生进行非正式观察，而面对的学生年龄较小、阅读和书写技能都很有限时，通常就是这种情况。他们应该对看到学生做的和听到学生说的内容做持续的书面记录。[④]

### 4. 不要对某次观察过于认真，而应该找出一个时期的发展模式

非正式评价最大的优点是具有可操作性。在事前或事后不用花太多时间（除了做书面观察记录之外）。此外，非正式评价很灵活，教师可以临时改变评价程序，随环境变化而改变。

尽管非正式评价具有可操作性，但是其他 RSVP 特征却值得怀疑。一方面，儿童和青少年每天的行为有不一致性，即使在同一天或同一节课上。这种不一致性使非正式评价的信度值得怀疑。例如，教师在课堂上问了穆罕迈德一个问题，可能正好是一个他不会答的问题。老师看见瑙米在课堂活动时偏离任务，可能碰巧是她唯一一次偏离任务。此外，非正式评价很难做到对所有的学生都标准化。教师一般对不同的学生提问不同的问题，在不同情境中观察每个学生的行为。这样的评价肯

---

① Hattie, 2009; Ritts, Patterson, & Tubbs, 1992; Stiggins & Chappuis, 2012.

② Pellegrini, 2011; Ready & Wright, 2011; J.P. Robinson & Lubienski, 2011; van den Bergh, Denessen, Hornstra, Voeten, & Holland, 2010.

③ Darley & Gross, 1983.

④ M.D.Miller, Linn, & Gronlund, 2009; Stiggins & Chappuis, 2012.

定不会对所有学生产生同样的信息。

即使教师在一段时期内看到学生的行为有一致性，他们也不可能总是获得学生已经掌握了哪些内容的准确信息。换句话说，效度是有问题的。例如，汤姆可能故意错误地回答问题，这样他就不会被认为无所不知；马戈因为长期有口吃的毛病，所以对有些问题他可能不愿意回答。一般来说，教师采用课堂问题来评价学生的学习时，他们必须认识到，有些学生（尤其是女生和某些少数族裔的学生）可能并不想回答问题。[①]

当教师要采用非正式评价来得出学生掌握了哪些内容、能做什么的结论时，他们的结论必须基于较长一段时间的观察。此外，他们应该把任何结论都当作假设，必须通过其他手段进一步确认或否认。最后，大多数教师更多地依赖正式评价手段来确定学生是否达到了教学目标和教学目的。

## 二、设计和实施正式评价

如我们所见，课堂评价不仅可以评价学生的学习，也会对学生的学习产生影响。此外，教师从评价结果中得出的结论，会影响最后的评分和对学生升学和毕业的决定，而这对学生今后的教育和职业规划有重要影响。因此，教师必须认真对待正式评价，仔细计划和设计，在让学生能够发挥最佳表现的条件下实施，评分要有信度而且公正。

以下推荐几种方法来增强正式课堂评价的 RSVP 特征。

### 1. 在合理的时间内获得尽可能多的信息

一般来说，长度更长的评价工具其信度和效度更高。为什么会这样，请看下面的练习。

#### 自己看一看

**快速测验**

以下选择题是为了评价你在第 5 章关于动机的内容中学到了什么而设计的。在回答这两个问题之前不要偷看答案！

1. 以下哪个选项更好地解释了情境动机？

   a. 亚历山大小时候就对航空旅行和空气动力学感兴趣，大家经常看见他在课堂上的空闲时间折纸飞机。

   b. 芭芭拉在某次作业中得到的分数比她预期的低，她对朋友们抱怨道："我应该得到更高的分数，史密斯老师很明显是不太喜欢我。"

   c. 科比很自信地认为，他在马上要进行的历史测验中可以获得好成绩，因为他整个学期的历史测验成绩都不错。

   d. 尽管唐娜对身体健康并不是特别感兴趣，但她急切盼望掌握有氧训练法，这是老师用她最喜欢的说唱音乐配乐的。

---

① Castagno & Brayboy, 2008; Rogoff, 2003; Wentzel, 2009；同时也可参看第 8 章中的文化因素专栏"语言交流中的文化和种族差异"。

2. 以下哪个选项是认知失调的最佳例子？
   a. 艾丽西亚自言自语道："我不太喜欢数学，但因为它对考大学很重要，所以我还在学数学。"
   b. 鲍勃确信金属在水里会沉下去，因此当他看到港口里的一艘金属战舰时，他感到很困惑。
   c. 卡莉在一次重要的测验中很焦虑，几乎无法集中精力做测验题。
   d. 大卫在读到关于第二次世界大战期间纳粹实施的大规模种族灭绝行动和其他暴行的文章时非常气愤。

---

现在给你的测验打分。第一题和第二题的正确答案分别是 d 和 b。如果两个题目你都答对了，你可以得到 A（100%）；如果你答对一个题目，你得的是 F（50%）。当然，两道题目都答错了也得 F。

遗憾的是，这个测验长度是有问题的。首先，第 5 章的许多概念只评价了两个（情境动机和认知失调）。这两个概念不能算是你所掌握的关于动机的代表性样本，因此这个测验的效度值得怀疑。其次，如果你对其中某道题目的解释与我们作者想的不一样，那你就会错误地回答这个问题，即使你已经掌握了正确地回答这个问题所需的知识。例如第 2 题，如果你认为大卫之前有关纳粹的看法是正面的，那么你会选择 d 作为认知失调的例子。这样一念之差，你所得的 A 就变成了 F。如果仅仅因为某一个错误的解释就让学生的好分数变成差分数——在某种情况下可能会产生错误的解释，但不会总产生——那么评价的信度便是值得怀疑的，因此其效度也是值得怀疑的。

从某种程度上来看，正式评价长些会更好。理想情况下，课堂评价应该包括足够的问题和任务：（1）恰当地代表了要评价的内容范围；（2）由不相关因素引起的一两个错误（如对题目内容的错误解释）不会严重影响最后的结果。但是，教师不应该过分追求评价的长度。如果测验和其他评价任务占用了很多时间，那么学生会感到疲劳，教师教学时间会减少。

## 2. 如果可操作的话，采用真实的任务

大多数教育评价工具都集中关注测量基本知识和技能，与现实世界里的任务相对隔绝。拼写测验、数学表述问题、体能测验都是采用的这种传统评价。然而，学生最终要能够把知识和技能迁移到课堂以外的复杂任务中。因而，**真实评价**的概念——在真实的、与现实生活类似的情境中评价学生的知识和技能——现在在学校里越来越占主导地位。①

在某些情况下，真实评价也要用纸和笔。例如，教师可能会让学生给朋友写信，或向校报投稿。有时候可能包括表现方面的任务。例如，教师让学生用外语交谈、设计和建造书架，或成功地完成平行停车。② 有时候真实任务既有纸笔评价，也可能有表现评价。例如，教师让学生为维基百科创设新的条目，或者撰写实验报告描述在电脑模拟实验中所做的和发现的内容。

不管是基于纸笔评价还是表现评价，或是两种评价相结合，评价任务都是真实的。例如，评价任务可能要求学生把新技能应用到想象的或是假设的情境中，而不是真实的现实生活中。例如，七年级的社会研究教师让学生应用绘制地图的技能，描绘一个有地形特征（如一条小溪从西海岸流进

---

① 例如，请参看 E.L. Baker, 2007; R. L. Johnson, Penny, & Gordon, 2009; Quellmalz et al., 2013; Wiggins & McTighe, 2007。

② 在使用表现评价和真实评价这些词时教育者们也没有完全达成一致意见，许多人把这些词当作同义词。分别考虑评价是不是包括表现（而不是用笔和纸）的任务还是包括复杂的、现实世界（真实）的任务，我发现这样做很有用。因此，在这里的讨论中，我没有交替使用这两个词。

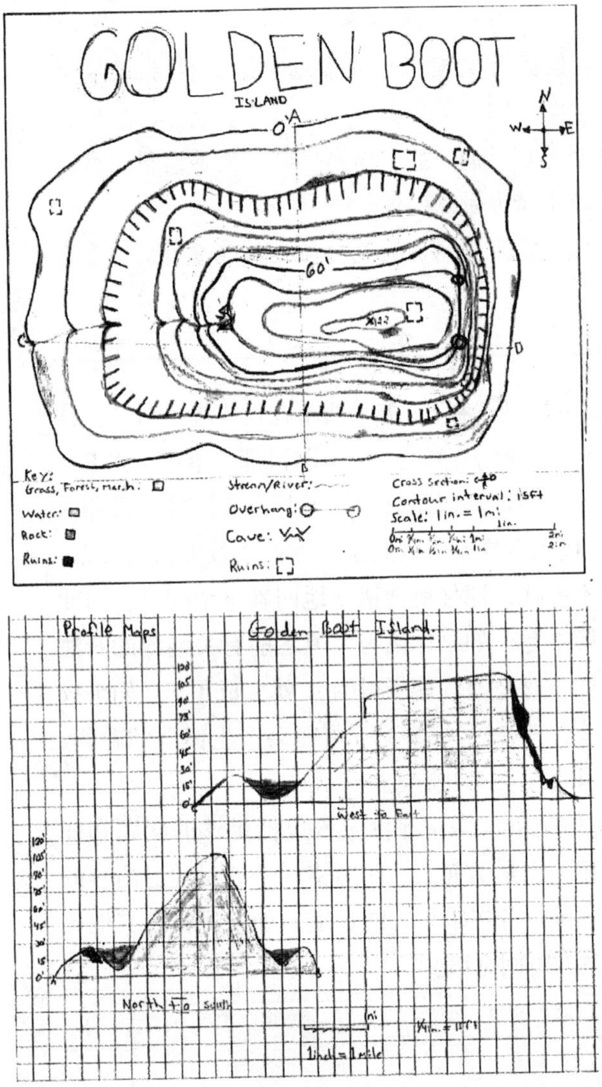


图 10.8　12 岁的弗兰西斯科在他的"金靴岛"航拍图和侧视图中展示了他所学的描绘海拔和地形的知识

大海）和某种海拔高度的岛屿。图 10.8 是 12 岁的弗兰西斯科的作业。

### 3. 与教学目标一致时采用纸笔评价

有时候，我们想要的结果只是回忆事实，这时教师可以让学生回答纸笔测验中的选择题或简答题。但在其他情况下，如目标是让学生批评某个文学作品或用科学证据支持结论，那么比较适合让学生做论述题。如果教师确实可以通过让学生写作来评价某个领域的知识，那么纸笔评价是较好的选择。

纸笔评价简单而又快速，因此比表现评价有更强的可操作性。通常纸笔评价可以在同一时间同一条件下在教室里对每个学生实施评价，因此很容易做到标准化。纸笔评价有大量的题目可以客观地进行评分，例如，是非判断题和选择题，因此也可以做到信度高。

纸笔评价最受关注的 RSVP 特征是效度。教师提出的问题只需要简短回答时（如是非判断题、选择题、匹配题），这些问题可以在相对较短的时间内找出学生许多主题方面的知识样本。在这个意义上，这些问题有很高的内容效度。但有时候这种题目类型不能准确地反映教学目标。为了评价学生将所学知识应用到新情境的能力，解决现实生活中复杂问题的能力，或进行其他复杂认知加工的能力，有时候教师要乐于采用一些需要做出较长回答的任务。①

遗憾的是，许多纸笔评价工具，尤其是教师编制的测验题，主要集中关注基本技能和具体事实的知识（比如，再看看图 10.3）。②但是，教师花一点心思可以设计出大量需要概念理解和复杂认知加工的纸笔评价任务。你已经看到了图 3.10 和图 10.8。下面是另一个例子，是对在离落基山国家公园开车一小时的地方居住的学生们所开展的评价任务，公园的高度在海拔 1.5 英里到 2 英里之间：

> 一群女童子军去落基山国家公园滑雪。她们注意到，在山上滑雪时比在_________（学生的家乡）时呼吸更困难。在滑雪时，一个女孩打开她在________（家乡）买的一瓶防晒霜。当她打开时，一小部分气体和防晒霜喷出来了。

---

① Brookhart & Nitko, 2011; H.-S. Lee, Liu, & Linn, 2011; Marzano & Kendall, 2007.

② Bransford et al., 2006; Coliss & Linn, 2011; Nickerson, 1989; Poole, 1994; Shepard et al., 2005.

- 为什么这些女孩会感觉呼吸困难？
- 为什么气体和防晒霜会喷出来？[①]

教师可以编制选择题来评价复杂认知过程。在前面的“快速测验”练习中，两个选择题需要把已经掌握的关于动机的知识迁移到新的情境。课堂策略专栏“编制选择题”最后两个问题就是附加的例子。

## 课堂策略

### 编制选择题

- **评价基础知识时改述课堂上或课本上出现的观点**

  某所中学的语言艺术教师用很短的选择题测验来评价学生对每个星期新学的词汇的理解情况，这些题目没有给学生提供具体的定义。例如，单词 manacle，教给学生的定义是：“用来限制一个人的手或手腕的装置。”但是测验的题目是：

  以下哪个单词或短语与单词 manacle 的意思最相近？

  a. 患精神病的

  b. 手铐

  c. 失去控制

  d. 紧贴在很硬的表面上的咸水生物

  （正确答案是 b）

- **给出不正确选项，这些选项，了解材料内容的学生一眼就可看出是错误的，但没有掌握相关内容的学生却认为貌似都有理**

  学习季节这个单元后，一位中学科学老师提出的问题是：

  冬天比夏天冷的主要原因是什么？

  a. 因为地球的赤道离太阳最远。

  b. 因为更可能刮北风而不是南风。

  c. 因为太阳照射地球的角度更大。

  d. 因为地面上的雪反射太阳光而不吸收太阳的热量。

  （正确答案是 c）

- **为了评价复杂的认知过程，让学生把他们所学知识应用到新情境中**

  某所高中的物理老师在评价学生对简单机械的掌握情况时给出的测验包括这道题目：

  一个发明家刚刚设计了一个切纸的新装置。在对他的发明不了解任何信息的情况下，我们预测可能是哪种类型的机械呢？

  a. 杠杆

  b. 可以移动的滑轮

  c. 斜坡

  d. 楔子

  （正确答案是 d）

- **偶尔加入视觉材料**

  一位高中地理老师把问题设置在地图里，请学生选择最符合逻辑的解释：

  为什么住在中东的人和住在远东的人形成了完全不同的语言？

  a. 远东的人与中东的人很少接触

  b. 住在海洋附近的人与住在高山上的人生活方式不同

  c. 住在南部的人与住在北部的人拥有的气候不同，生活方式也不同

  d. 两个地区的人为土地经常打仗。

  （正确答案是 a）

### 4. 必须确保效度时，要采用表现评价

有时候，纸笔任务很显然不能很好地反映学生已经学会了哪些知识，教师可能需要牺牲可操作

① Pugh, Schmidt, & Russell, 2010, p.9.

性，获得表现评价所能提供的更大的效度。在大量用来评价学生课堂学习内容掌握情况的形式中，以下是表现评价任务可以采取的几种形式：

- 演奏乐器；
- 用外语交谈；
- 参与一场关于社会问题的辩论；
- 维修一台出故障的机器；
- 求职面试的角色扮演；
- 向老师、同伴或社区成员呈现研究结果。

表现评价尤其适合对复杂的成就进行评价，如对同时使用多种技能进行评价，在评价问题解决能力、创造力、批判性思维能力方面很有帮助。此外，对学生来说评价表现任务通常比纸笔任务更有意义、更能激发思考、更真实，因此更能激发动机。①

**想一想**

你的教学内容中，哪些主题和技能可以用纸笔评价有效进行评价？哪些需要采用表现评价？

有些表现评价集中关注学生创造的有形产品，如雕刻产品、科学发明成果或海报。在没有有形产品的情况下，教师必须看到学生表现出来的具体的过程和行为，如他们如何做口头表演、做前滚翻和演奏独奏乐器。当教师看到的是过程而不是产品时，有时候可以探查学生的思维过程。例如，教师想要确定学生是否具备皮亚杰提出的具体运算能力或形式运算能力（如变量的保留、分离和控制），可以给学生提供皮亚杰所采用的同样的任务，让学生解释他们的推理过程（参见第6章）。教师可以通过让学生操作具体事物（如化学实验室里的化学物品、物理课上的电路板）了解学生如何对科学现象进行推理、对各种情境下将要发生什么事情进行预测，然后对他们提出的结果进行解释。② 课堂策略专栏“开发表现评价”给出了不同年龄水平和内容范围使用表现评价的几个建议。

## 课堂策略

### 开发表现评价

- **让学生创造反映所学知识的产品**

  一位中学科学老师让学生制作海报，对学校科学展览会的项目进行概括。教师告诉学生海报应该包括：（1）一个研究问题或研究假设；（2）用来解决问题的研究方法；（3）获得的研究结果；（4）一个或多个结论。

- **当安排的任务无法形成有形产品时，如果可以，则探查学生的思维过程**

  在乐队学完关于大音阶和小音阶的单元后，音乐教师让学生用乐器演奏三个不同的音阶来评价学生对自然小音阶的理解情况。如果学生演奏不正确，教师让这个学生描述小音阶的结构（全音程—半音程—全音程—全音程—半音程—全音程—全音程），并解释他演奏的音阶为什么听起来不正确。

- **小组项目要安排复杂的、较长的任务**

  在学习市区地理的单元里，一位高中社会研究教师布置了一项真实评价任务作为合作小

① Darling-Hammond, Ancess, & Falk, 1995; DiMartino & Castaneda, 2007; R.L. Johnson et al., 2009; Khattri & Sweet, 1996; Paris & Paris, 2001.

② De Corte, Greer, & Verschaffel, 1996; diSessa, 2007; Magnusson, Boyle, & Templin, 1994; Quellmalz & Hoskyn, 1997.

组的项目。第一，选择城市地图上标出的临近区域。第二，通过列出建筑、商业、住宅和公共设施的目录，找出该区域现有的特色。弄清楚现在的运输模式和交通流向。根据获取的信息，找出周边地区存在的特殊问题，如残破的住宅、交通堵塞或高犯罪率。第三，小组成员一起考虑各种改变和改善周边地区的方案。在评价学生的表现时，教师要考虑每个小组的整体完成情况，也要考虑个别学生对小组的贡献。

- **把评价融入正常的教学活动中**

为了评价学生对简单图表的理解情况，1 年级老师发给学生一张列有一年当中的 12 个月的表格。她让学生在教室走一圈，让每个学生在自己的生日月份旁签上名字。用这种方式，这张表可以反映出每个月有多少班级成员过生日。这张表说明有一部分学生但并不是全部学生理解了这个图表。在下面的例子中，许多学生（例如，Cam, Sara, Kesley, Adrienne, Spencer）都在表格的一个单元格中写上了名字。但是，有些学生（Kristen, Jesse, Kristah, Cameron）在两个单元格里写上了名字，可能是因为：（1）没明白一个人只占表格里的一个单元格；（2）字太大没办法写在一个单元格里，且不知道怎么解决这个问题。这张表也说明，有一个学生（Meg，她的生日在 3 月）还没有学会传统的从左往右的书写方式，包括写自己的名字。

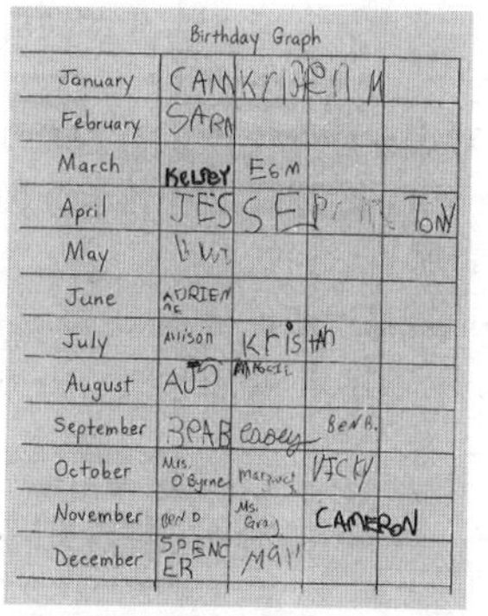


来源：Baxter, Elder, & Glaser, 1996; Boschee & Baron, 1993; DiMartino & Castaneda, 2007; Lester, Lambdin, & Preston, 1997; Newmann, 1997; Shavelson & Baxter, 1992; Stiggins & Chappuis,2012.

尽管有时候表现评价任务可以比纸笔评价任务更有效地提供关于学生的学业成就的指标，但是学生在单一表现评价任务中的反应通常不能很好地展现他们整体的学业成就。[①] 这就是内容效度有问题。如果由于时间限制只能进行一两个复杂任务，这些任务可能就不是学生已经学到的和会做的事情的代表性样本。此外，教师可能很难让每个学生的评价条件标准化，很难做到对每个学生表现的评分标准完全一致，这些问题反过来也会影响信度。表现评价通常不如传统的纸笔评价具有可操作性。尤其是当教师必须一个一个地观察学生，学生需要在社区外面花很多时间完成某项任务时，实施评价可能很费时间。

如你所见，非正式评价、正式的纸笔评价和正式的表现评价都有其优缺点。表 10.3 概括了它们的 RVSP 特征，并提供了相关的建议。最后，教师可能会发现纸笔评价和表现评价结合使用，以学生的典型课堂行为的非正式观察作为补充，可以更好地评价学生的学业成就。

**表 10.3**　　**不同种类 RVSP 特征的评价**

| 评价种类 | 信度 | 标准化 | 效度 | 可操作性 |
|---|---|---|---|---|
| 非正式评价 | 单一而简单的评价不是学生学业成就的可信赖指标。教师必须寻找学生在一段时间、不同情境下表现的一致性。 | 非正式观察很难标准化，因此教师不应该仅凭非正式评价结果对学生进行比较。 | 学生在课堂上的公开行为不是学业成就的有效指标（例如，有些学生在同学面前要隐藏自己的学业成就，有些学生可能来自鼓励倾听而不是交谈的文化背景）。 | 非正式评价肯定是可操作的、灵活的，且能在教学期间同时进行。 |

① Crehan, 2001; R.L.Johnson, et al., 2009; S. Klassen, 2006; Stiggins & Chappuis, 2012.

续前表

| 评价种类 | 信度 | 标准化 | 效度 | 可操作性 |
| --- | --- | --- | --- | --- |
| 正式的纸笔评价 | 客观的可评分的题目信度高。教师可以用具体语言描述使评分标准具体化来提高主观评分项目的信度。 | 在大多数情况下，纸笔评价工具很容易对所有学生做到标准化。提供给学生几个选择（如可写作的相关话题或可回答的问题）可以提高学生的动机，但会降低标准化。 | 简答题可以使评价内容是该领域的更有代表性的样本。但是需要很长的回答的问题有时候可能会更切合教学目标。 | 纸笔评价通常是可操作的。对所有学生可以同时评价，不需要特殊的材料。 |
| 正式的表现评价 | 通常对表现评价任务评分很难做到信度高。教师可以通过具体的语言描述使评分标准具体化来提高信度。 | 有些表现评价任务很容易标准化，但有些却很难。 | 相较于纸笔评价任务，有时表现评价任务与教学目标更一致。单一的表现任务不能提供内容领域的有代表性的样本，需要采用几个任务来确保内容效度。 | 一般来说，表现评价的可操作性比其他方法要低。要使用特殊的材料，占用一定的课堂时间，尤其是需要对学生一个一个进行评价时。 |

### 5. 清楚明了地向学生解释任务，提供一些帮助来引导学生做出回答

与教师的看法相反，布置含混不清的任务来评价学生的学习和学业成就很难有什么收获。学生是否知道如何对评价任务做出反应，他们至少应该理解他们需要做什么。比如，请考虑美国历史课的简答题：

> 请列举美国革命的原因。

有个学生书面列出了几个单词，简单写上“印花税条例、波士顿大屠杀、驻营条例”。但另一个学生写了几页纸来描述英国对美国殖民地收入需求的增多、美国人民对殖民者税收的憎恨、乔治三世国王缺乏对殖民地民众福利的关心。学生对没有具体明确要求的任务的回答会形成不同的方向，不可能做出一致评分，信度难以保证。尤其是许多材料可能是相关的，这时学生需要教师对需要回答问题的答案长度以及如何完成进行指导。例如，为了评价学生是否学会了美国革命方面的知识，教师提出的任务是：

> 请说出18世纪60—70年代对美国革命爆发有影响的三个政策或事件。用三到五个句子解释每个事件是如何增加了英国和美国殖民地之间的紧张关系的。

表现评价任务需要给学生提供许多帮助，尤其是当把它用于总结性评价（而非过程性评价）时。例如，应该对学生要完成哪些事情、可以使用哪些材料和设备、可以用多长时间来完成提供详细的指导。[1] 这样的帮助可以使评价标准化，从而可以使教师评价学生表现的信度更高。但是，过多的指导会降低表现任务的效度。尤其是在进行真实评价时，教师希望给学生布置与现实世界里的任务相似的任务，而现实世界的任务并非总能获得很多帮助和指导。教师必须把握合适的度，既提供足够的支持来引导学生保持正确的方向，但指导又不能太多从而导致学生不能自主决定如何进行。

解释和构建一项评价任务时，一个显而易见的策略就是给学生提供评价表现的检查单或注释说明。前面你看到了如何给四年级学生的单词问题计分（图10.4）以及如何评价高中学生的写作（图10.5）。如果你再次看看这两个图，你会注意到，每个图都提供了标准，可以应用于一般类型的任

① Gronlund & Waugh, 2009; R. L. Johnson et al., 2009; Shepard et al., 2005.

务：一种情况是单词问题，另一种是非虚构类的写作。检查单或注释说明最可能影响学生的长期学习和发展，当他们描述某个特定领域的产品或表现所希望达到的质量，尤其是在进行常规的自我评价时，学生会在今后不断遇到的重要评价中内化和采用这些标准。①

有时候有更多具体任务的检查单和注释说明也是有帮助的。例如，图 10.9 左边呈现的是评价学生在木工课堂的抛光上漆工作的检查单，右边是评价学生在科学实验室准备活动中的表现的两个等级量表。这样的计分指南不仅可以引导学生努力达到特定的教学目标，也可以帮助教师持续地、可信地评价学生的表现，因此可以增加评价结果的效度。

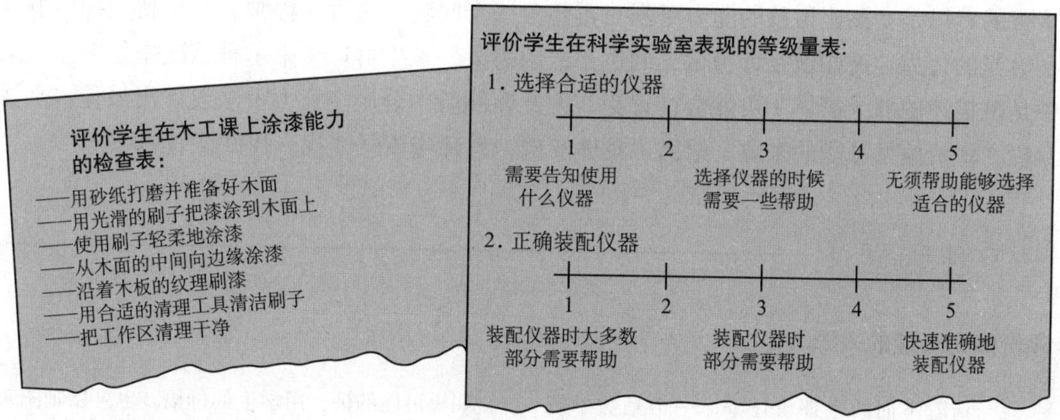


**图 10.9　具体任务作答说明举例**

来源：检查表选自《教学中的测量和评价》第 9 版，Robert L. Linn 和 M. David Miller 编。版权为皮尔森教育公司所有，经许可使用。量表选自《教学和评价的写作教学目标》，第 7 版，Norman E. Gronlund 编。版权为皮尔森教育公司公司所有，经许可使用。

## 6. 仔细检查评价的题目和任务，确保不受文化偏见影响

本章前面部分，我们说起在非正式评价中教师在判断学生行为上可能存在的偏见。但是偏见也可能出现在更正式的评价中。例如，如果题目冒犯性地或不公平地使某些种族、性别或社会经济地位的学生处于不利地位，那么评价工具就存在**评价偏见**。②最广为人知的评价偏见就是文化偏见，即特定文化或种族群体的学生由于不了解某种特定知识或技能而在评价中处于不利情况。以下面这个练习为例加以说明。

### 自己看一看

**你能有多高效呢？**

想象一下，你在参加一项测验，评估你对所处社会做出贡献的总体能力。测验中的前三个问题是：

1. 当你进入泥盖木屋时，应该从哪个方向围着火转呢？
2. 为什么婴儿的摇篮板经常用蓝绿色？
3. 如果你需要黑色的羊毛来编织地毯，下面哪个做法可能得到颜色最黑的？
   a. 用漆树木料、赭石和矮松果胶的混合物染羊毛。
   b. 用靛蓝、青苔、豆科灌木的混合物染羊毛。
   c. 采用特别饲养的黑绵羊未经染色的羊毛。

在往下阅读之前，请先回答这几个问题。

① Arter & Chappuis, 2006; Popham, 2006.

② G.E. García & Pearson, 1994; R.L. Johnson et al., 2009; Popham, 2006.

你回答这些问题时有困难吗？这三个问题都是从特定文化的角度来编写的，即纳瓦霍人的文化。如果你对此不太了解，你的成绩就会很糟糕。这三个答案分别是：（1）顺时针方向；（2）为了辟邪；（3）选项 a“用漆树木料、赭石和矮松果胶的混合物染羊毛”。①

这个测验是不是存在文化偏见？视情况而定。如果该测验是为了评价你对传统纳瓦霍人文化的认知，那么这些问题非常合适；但如果测验是为了评价完成与纳瓦霍人文化知识相关的任务的能力，这些问题就存在文化偏见。

评价会有偏见，可能会冒犯某个特定群体的人，记住这一点很重要。例如，想象一个测验问题，暗含的意思是女孩比男孩的能力更强。再想象一个问题，包含一幅画，某个特定种族群体的人在做不恰当的行为。这些就是评价偏见的例子，因为某些学生群体（第一种情况中是男生，第二种情况中是被描述的那个群体）可能会被冒犯，因此在测验中分散注意力没法发挥出最佳水平。文化因素专栏“评价偏见可能的来源”给出了具体实例，教师应该仔细找一找并认真思考。

## 文化因素

### 评价偏见可能的来源

请看下面两个评价任务，一个是数学测验，另一个是写作技能测验：

1. 马克是高中学校棒球队的成员，他击球 36 次击中 17 次。其中，只有 12 次安全地到达垒；其余 5 次要么球飞了，要么牺牲短打结果出界了。马克的 3 次击球，由于投掷不好，让马克走到了第一垒。基于这些信息，计算马克今年以来的平均击球数。
2. 你愿意在大海、湖或游泳池里游泳吗？请写两页纸的文章论证你的选择。

问题 1 假定学生拥有大量棒球知识，一部分学生尤其是男生比其他人的棒球知识更丰富。问题 2，很明显，没有在这三种情况下游过泳的学生很难回答，对从来没有游过泳的学生来说更困难。低收入家庭的孩子很容易出现这两种情况之一。这两个问题都存在评价偏见，因为一些学生由于背景经历不同而比其他学生获得的成绩好，而不是由于其在课堂所学知识的差异。

考虑课堂评价可能存在的各种偏见来源时，教师不仅要看评价内容本身，也要看这些任务是如何实施的。例如，刚刚移民开始学习英语的学生，即使有很强的数学技能，也可能在数学表述问题测验时取得很差的成绩，因为这些问题对书面英语有很高的要求。[a] 在这种情况下，教师需要用简单的语言重新叙述问题，如果可能的话，用学生的母语，也可以画图来帮助学生理解这些问题解决任务。我们一起来回顾第 4 章中提到的要点：有些文化群体（如某些印第安人社区）的学生在熟练掌握某些技能之前愿意独自练习。[b] 教师应该让学生离开大家的关注目光去练习新技能，独自一个接一个环节地证实他们的进步。

一组学生比另一组学生的得分高，并不能认为评价工具一定存在偏见。只有当老师要评价的知识和技能没有不同，而这些小组的分数不同时才可能是存在偏见。有时候，不同的小组背景不同，影响了他们的课堂学习和被评价时的表现。例如，一般而言，男孩比女孩有更多的数学定向的玩具和经历，这一点他们占优势，对学习某些数学概念和过程有影响，评价学生对这些概念和过程的掌握情况的任务中男孩的表现比女孩好。[c] 同样，如果低收入家庭的学生很少有机会到周边地区以外的地方（如很少去博物馆、很少去旅游），他们很少到各种不同的环境去体验，那么在评价时这些可能会影响他们的课堂学业成就和表现。

[a] E.E.Garcia, 2005; J.P. Robinson, 2010; Solano-Flores, 2008.
[b] E.E.Garcia, 1994;Tyler et al., 2008.
[c] Jacobs, Davis-Kean, Bleeker, Eccles & Malanchuk, 2005; Leaper & Friedman, 2007.

① Gilpin, 1968; Nez, 2011.

### 7. 实施测验时鼓励学生尽最大努力，但不要引起学生太多焦虑

大多数学生对测验和其他重要评价感到有些焦虑，少量的焦虑实际上可以提升表现力（请看第 5 章）。但有些学生参加测验时感到极度焦虑——这叫作**测验焦虑**，以至于分数大大低估了他们已掌握的知识。① 这些学生非常关注测验的评价方面，担心别人会觉得他们“很笨”或是不适合。过分的、有损测验成绩的测验焦虑，在少数族裔群体和有障碍的学生中尤其常见。②

测验焦虑不仅会妨碍评价时的信息检索和表现，也会妨碍学习者为评价做准备时的编码和存储。③ 因此，高度测验焦虑的学生不只是测验分数低，他们的学习也不好。表 10.4 列出了可以缓和测验焦虑的课堂评价方法和可能引起有损测验成绩的焦虑的课堂评价方法之间的区别。

**表 10.4　在课堂评价中让学生保持可促进表现的焦虑水平**

| 做什么 | 不做什么 |
| --- | --- |
| 指出评价的价值在于它是提高学习成绩的反馈机制，向学生描述评价时尽量少用“测验”这个词。 | 不要强调是在评价学生的能力。 |
| 进行练习或前测，让学生知道最后的评价是什么样的。 | 不要把评价的性质一直保密到测验那一天。 |
| 鼓励学生尽自己的努力但没有必要做到完美，可以说：“我们在这里是为了学习，你不可能不犯错误的。” | 不要告诉学生测验不通过就会有可怕的后果。 |
| 如果教学目标不要求学生记住信息，则给学生提供一些记忆帮助（如公式清单或包含答案的一张笔记卡片）。 | 不要坚持让学生记住没有价值的事实。 |
| 如果速度不是要测量的技能的重要部分，则减少时间限制。 | 不要给学生在给定的时间内无法完成的任务或问题。 |
| 一直留在房间里，随时回答学生的问题。 | 不要老在某些学生旁边徘徊，在他们完成评价时要密切关注他们。 |
| 只在做形成性评价时才不事先通知就测验（如决定教学从什么地方开始合适）。 | 不要用临时测验来增强有规律学习的学生的学习动机，更不要惩罚那些没有常规学习的学生。 |
| 采用几次评价的结果来做决定（如确定等级）。 | 不要以单一评价为根据做重要决定。 |

来源：Agarwal, D’Antonio, Roediger, McDermott, & McDaniel, 2014; Brophy, 1986，2004; Cassady, 2010; Cizek, 2003; Gaudry & Bradshaw, 1970; K.T.Hill, 1984; K.T.Hill & Wigfield, 1984; Sieber, & Kameya, & Paulson, 1970; Spaulding, 1992; Stipek, 2002b; Usher, 2009.

### 8. 创造条件让学生在评价中发挥最佳表现水平

评价的实施程序可以影响评价结果的效度。例如，学生可能在温度、光线、空间都合适且分散注意力的东西少的舒服环境中发挥最佳水平。这种舒服的因素对容易分神、不习惯正式评价或动机不强的学生尤其重要，例如，对于学业不好处于退学境地的学生是重要的考虑因素。④

此外，教师可以鼓励学生在不清楚评价任务需要做什么的时候进行提问。（虽然拥有多年开发作业和考试的经验，我们偶尔还是会让学生以我们没有预料到的方式对任务和问题进行解释和回

① Cassady, 2010; Hembree, 1988; E.Hong, O’Neil, & Feldon, 2005; Lang & Lang, 2010.

② R.Carter, Williams, & Silverman, 2008; Cassady, 2010; Putwain, 2007; J.L. Smith, 2004; Steele, 1997; Whitaker Sena, Lowe, & Lee, 2007.

③ Cassady, 2010; Zeidner & Matthews, 2005.

④ Popham, 1990; Shriner & Spicuzza, 1995.

答。）没有这种鼓励，有些学生，包括少数族裔群体的学生可能在正式评价时不愿意提问题。[①]

### 9. 采取合理的步骤防止学生作弊

如果学生在评价中作弊，他们的分数便不能准确反映他们掌握的知识，因此分数的效度较低。此外，如果学生发现作弊可以用极少的付出得到好成绩，作弊就会成为习惯。[②] 最好的方法就是预防，让他们一开始就不要作弊，可以采用以下这些方法：

**评价之前的几周或几天：**

- 让学生把注意力集中在掌握目标而不是表现目标上。
- 把不作弊而取得成功变成现实可能的事。
- 对重要的教学目标和教学目的要使用有明显效度的评价任务。
- 创设两个或两个以上的评价工具，形式和内容等值但答案不同（如，某次测验，在班级里使用一种形式，在补考中使用另一种形式，在不同时间的课上采用不同的形式）。
- 准确解释什么是作弊，为什么不可接受（如，解释作弊包括抄袭，如从网上逐字抄写材料不做适当的致谢）。[③]
- 解释作弊的后果。

**在评价期间（尤其是在测验中）：**

- 坚持让学生把手机和其他电子设备关闭，在教室门口检查确认。
- 评价需要学生独立（而不是按组）完成的时候，由老师安排座位。
- 让学生的座位尽可能离得远一点。
- 在整个评价期间持续关注学生在做什么，但不要老在某个学生身边徘徊。

遗憾的是，数字技术可以让学生以几十年前绝无可能的方式作弊。在测验期间，备考不足的学生可能会想办法通过电子化交流来分享答案（注意先前推荐的，要在考场门口检查手机）。如果作业需要学生在无人监管的环境中独立研究，某些学生可能会设法把从互联网上获取的材料当作自己的作业。我们作者自己也是教师，有两个办法有助于减少网上抄袭。首先，我们设计的评价任务要很特别，与特定教学目标紧密相关，网上找到的文献不能满足任务需求。其次，要警惕那些可以质疑学生是否自己写作业的线索，如，在学生作业中出现了极少见的复杂知识、词汇以及句子结构。

即使进行了合理的预防，还是会发生作弊事件，教师必须按之前的要求执行后果。这种后果应该足够严重，让学生以后不再作弊，但不要过于严重，以致让学生长远的学业成功的动机和机会大大减少。让学生诚实地重新完成一次评价任务，是一种合适的做法。教师也可以让学生写一篇作文，反思自己的学术不端行为的道德内涵和造成的负面影响。[④] 总的来说，教师必须记住，学生最终的成绩应该反映他们所学到的知识（稍后会继续讨论这一点）。因此，许多评价专家推荐，如果某个学生在

---

① L.R.Cheng, 1987; C.A.Grant & Gomez, 2001; Li & Fischer, 2004.

② Cizek, 2003.

③ 许多中学生错误地认为，他们从网上逐字地抄写材料是恰当并可以接受的（Nixon, 2005）。

④ K. O'Connor, 2011.

其他评价中表现出已经掌握了主题内容，那么作弊的后果不应该是让其最终成绩不及格。[①]

## 三、在正式评价中评估学生的表现

当教师评价学生在评价任务中的表现时，他们必须持续关注 RSVP 特征：信度、标准化、效度和可操作性。此外，他们必须记住，他们最为重要的角色不是评价学生的表现，而是帮助学生学习。由于教育学和法律的原因，他们必须保护学生的心理幸福感和隐私权。以下策略在达到这些目的时很有价值。

### 1. 学生完成评价后，回顾评价标准，确保评价标准可正确指导评分

即使最有经验的教师也无法完全预测学生在完成课堂评价任务时可能的方向。一般规则是，教师应该采用他们之前告诉学生的标准。但是，有时候可能需要调整（或增加，或减少）一条或更多的标准来适应预料之外的答案，提高一致地、公平公正地进行评分的能力。任何调整都应该在教师开始评分之前进行，而不是移到试卷评分时进行。例如，在书面评价评定等级时，通常可以先快速浏览学生样本的试卷，找出不寻常的答案，必要的话修改评分标准。

### 2. 评分要尽可能客观

评分标准当然可以帮助教师把评价标准客观一致地应用到所有学生身上，因此提高了标准化也间接地提高了信度和效度。此外，当评价包含多项任务（如几个简答题，或包含几个具体部分的实验报告）时，教师可以给每个学生的第一项任务评分，再给每个学生的第二项任务打分，这样可以使评分信度更高。用小的自贴纸遮住学生姓名也可以帮助教师防止因为对某个学生已有的看法和期望而影响判断。

### 3. 学生表现的重要方面，如果预先设定的评分标准中没有提到，则要做好记录

无论何时，当教师把学生在某些复杂任务中的表现分解成互不相连的行为时，他们都可能在这个过程中失去很多有价值的信息。[②]当教师用评分表给学生打分时，他们有时会需要匆匆记下学生表现的其他值得注意的特征。当然，评分过程的这些方面既不标准化、信度也不高，但有时候对弄清楚学生的特长和特殊需要很有用，因此对今后的教学计划有帮助。

### 4. 在决定学生的总体分数时，不要把学生的分数互相比较，除非有充分的理由

测验和评价的分数一般采用以下三种形式之一。

教师编制的评价中最常见的是**原始分数**（**raw score**），主要是基于正确回答的得分或题目的数量或百分比。例如，若某个学生正确地回答了 20 道选择题中的 15 道题，则他的分数是 75%。若某个学生的三道简答题得分分别是 3 分、8 分、5 分，则其总分是 16 分。原始分很容易计算，也容易理解。但实际上，我们有时很难知道原始分真正意味着什么。75% 和 16 这个分数相比是好是坏

① K. O'Connor, 2011; Stiggins & Chappuis, 2012.

② Delandshere & Petrosky, 1998.

呢？如果不知道评价包含哪类任务，我们便很难解释原始分数。

**标准参照分数（criterion-referenced score）**表明学生在特定教学目标或标准上达到了什么水平。有些标准参照分数是非此即彼的分数，表明学生通过还是没有通过某个单元，掌握还是没有掌握某项技能，达到还是没有达到某个目标。图 10.10 用初学者的游泳课举例说明了这一方法。其他标准参照分数表明不同的能力或成就水平。如以图 10.5 中呈现的评分说明来评价学生写作的各种特征，教师可以对学生在说话、拼写或思维链中的表现打分，熟练掌握打“3 分”，有待提高给“2 分”，刚开始进步给“1 分”。

但是，把各种具体标准的分数相加得到一个总体分数，这样做是有问题的。例如，当使用图 10.5 中的写作评分说明来评价学生的作文时，我们真的不能说熟练掌握是刚开始进步的表现的三倍，也不能说有待提高是这两者的中间水平。每个表现水平给定的分数严格来说是任意的。其次，把所有分数相加得到一个总体分数，所基于的假设是，所有评分标准都是同样重要的。例如，使用正确的标点和大小写字母，与有清晰的中心思想是同样重要的，这种假设并不正确。对这两个问题我们作者并没有即刻的补救办法，我们只是指出来，采用评分标准来获得某个标准参照分数有时候并没什么意义。[①]

原始分数和标准参照分数主要由学生个体的表现决定。相反，**常模参照分数（norm-referenced score）**是把学生的表现与其他学生相比较而决定的——比较组一般是同一班级里的其他同学；或者是全国范围内的常模组。常模参照分数很少能告诉我们学生到底掌握了什么或能做什么，它只告诉我们学生的表现在某个年龄段或年级是典型的还是不正常的。

**初学者游泳课**
斯普林赛公园和娱乐场

学生必须熟练掌握以下几项：

——跳进齐胸深的水里；
——在水里憋气8秒钟；
——俯卧漂浮10秒钟；
——以俯卧姿势游动并摆动双腿；
——仰面漂浮10秒钟；
——仰面游动并摆动踢腿；
——站在齐胸深的水里演示爬泳，并有节奏地呼吸；
——了解水中安全规则基本知识。

**图 10.10　在这堂游泳课上，学生的学业成就是以标准参照分数的形式报告的**

常模参照分数，按平时的说法，是在正态曲线上进行评分得出的，它经常用于标准化测验（稍后会具体讨论），而在教师编制的课堂评价中不常见。有时在音乐课上选“首席”或在地区科学展上选最佳项目时很有必要。当评价很难用“掌握”来描述复杂的技能（如写诗、高级运动技巧，或对文学作品的批评分析）时，教师可能也需要依靠常模参照法。但是，教师不应该经常使用常模参照分数。这样的分数会营造竞争的氛围，学生只有在自己的表现超过其他同学时才能说是表现很好。因此，常模参照分数会让学生集中关注表现目标而不是掌握目标，这可能会造成他们在评价任

① 请参看 Humphry & Heldsinger, 2014; Reddy & Andrade, 2010。

务中作弊。[1] 此外，常模参照分数创造的竞争氛围与第 9 章描述的*社群意识*并不一致。

标准参照分数可以传递学生和教师最需要知道的信息：教学目标和教学目的是否已经达到。这时候，他们集中关注掌握目标，在一段时间内取得的进步可以增强学生学习的自我效能感。当因为单次评价同时考查的教学目标太多（这一点我们并不推荐），标准参照分数很难确定时，原始分数通常是教师构建的评价任务的第二选择。但是教师必须记住关于原始分数的重要一点：关于学生已经学会和尚未学会的知识具体内容方面，原始分数所提供的信息很少。

### 5. 任何测验分数都要同时提供具体的建设性的反馈

这一点无论如何强调都不为过：评价学生现在的学业成就水平最为重要的原因，是要帮助学生学习和获得*更多*知识。因此，教师应该提供具体的评价，告诉学生他们哪些做得很好，哪些地方不足以及如何提高。

### 6. 允许学生冒险，偶尔"有表现不好的一天"

学生很喜欢可以自由冒险和犯错误的课堂评价。只有在这种情境下，他们才会应对有挑战性的任务，使学习和认知得到最大发展。教师鼓励冒险，告诉学生错误是学习很正常的一部分，课堂评价实践是给学生出错的机会而不受惩罚，这样可以减少学生的焦虑。[2]

鼓励冒险的一个策略是*经常进行评价*。经常得到评价的学生更敢于冒险，测验焦虑较少，因为他们知道如果某次评价得分很低并不意味着"突然死亡"。经常评价还有其他好处：让老师和学生了解学生的进步以及需要注意的弱点方面的持续信息；可以激发学生的学习动机（尤其是能力低的学生），使其有规律地进行学习，他们希望在每次测验和作业中做出最佳表现，有了这种压力，学生不会靠作弊来取得好成绩；至少，经常被评价的学生能够比很少被评价的学生达到更高水平。[3]

另一个策略是*给学生改正错误的机会*。尤其是当评价包含内容范围的大多数甚至是全部问题时，学生会尽可能学习更多的内容，改正评价任务中的错误。例如，有一种方法叫*掌握改错法*，有些数学教师是这样让学生改正错误的：

- **找出错误**。学生用一段话描述有哪些不知道怎样做的事。
- **陈述过程**。学生用话语而不是数学符号解释要掌握的运算过程。
- **练习**。学生用与之前做错的题目类似的三个新问题来证明自己已经掌握了这个方法。
- **陈述掌握**。学生用一两句话陈述现在已经掌握的步骤。

通过这几个步骤，学生可以用新的更高的评价分数替换之前的评价分数。有位高中数学老师告诉我们的一位作者，这个方法有全面而长远的好处：许多学生把这四个步骤融入常规的内化学习策略中。

还有一种策略是，当学生在第一次测验中的表现很差时可以让他们*重新考试*。在第 8 章提到的掌握学习中，有些学生需要比别人用更多的时间来掌握某个主题，因此需要不止一次地用同样的材料进行评价。但是，被允许重做同样测验或作业的学生，会认真学习评价中涉及的具体内容，而不学习

---

① E.M.Anderman, Griesinger & Westerfield, 1998; Mac Iver et al., 1995; Wentzel, Donlan, & Morrison, 2012.

② Clifford, 1990; N.E.Perry & Winne, 2004; Shepard et al., 2005.

③ Crooks, 1988; E.D.Evans & Craig, 1990; McDaniel, Agarwal, Huelser, McDermott, & Roediger, 2011; Rohrer & Pashler, 2010.

同样重要但在评价中没有出现的内容（记住，大多数评价任务只能代表内容样本的极少一部分内容）。因此，教师可以为同样的内容范围编制两个评价工具，一个用作最开始的评价，另一个用于重考。这个方法如果在操作时太费时间，教师可以让学生重做同样的评价任务，但取两次分数的平均值。

### 7. 尊重学生的隐私权

如果你的教师做了下面的事情你会有什么感觉?

- 按学生的测验成绩发试卷，这样分数高的学生先拿到试卷，而你最后一个拿到试卷。
- 告诉其他老师你在这次测验中表现很差，这样其他老师今后就可以注意到你有可能做出其他愚蠢的事。
- 翻阅你的学校记录，发现你在去年的一次智商测验中得了 87 分，你的人格测验表明你可能有些不正常的性幻想。

如果老师这样做，你可能会感到非常气愤。学生在评价任务中的表现应该是保密的。但是如何保密呢？什么时候、哪些人可以知道学生的评价结果呢?

在美国这些问题有相关的法律指导，即 1974 年美国国会通过的**《家庭教育权利和隐私法案》**（**Family Educational Rights and Privacy Act，FERPA**）。该法案规定正常的学校测验只限于学业成就测验和学业能力倾向测验，很显然两者都在学校范围内。此外，也规定学生评价的结果只限于真正需要了解的少数人：学生本人、家长、直接与学生的教育和心理幸福感相关的学校教职工。只有当学生（18 岁以上）或家长给出书面许可时，才可以让其他人（如家庭医生或心理学家）知道。

该保密法案对学校评价有以下三项规定：

- 教师不能要求学生透露自己的政治身份、性行为或性态度、非法行为、可能产生尴尬的心理问题或家庭收入（教师需要确定学生是否有资格享受经济援助的情况除外）。
- 教师不可以把学生的测验分数张贴出来让学生互相了解分数。例如，教师不能按字母顺序、生日或社保号码的顺序张贴分数。
- 教师分发试卷时不可以让学生互相看到分数。例如，教师不可以让学生从一沓试卷里找出自己的试卷。

给学生的分数保密使教育带有法律意义。如果别的同学知道了分数，分数低的学生可能会觉得尴尬和耻辱，今后的课堂表现会产生更高水平的焦虑。得高分的学生也会因为成绩被公之于众而难受。在有些学校，聪明并不一定被认为很酷，学业成就高的学生可能会表现差一点，避免被同伴拒绝。当然，公布学生的评价结果可以让学生更专注于表现目标，关注自己在别人眼中的形象，而不是真正地掌握学习内容。

在本章开头部分的个案研究中，教师向全班同学宣布了埃莉的成绩，教师的做法违反了《家庭教育权利和隐私法案》，这也适用于最终成绩以及个人评价分数。此外，埃莉的分数公开并非埃莉的最佳利益：这件事让她感到十分沮丧，在课堂上感觉不舒服，而并不能让她有更加努力学习的动机（她的学习动机已经很强了）。

**想一想**

回忆自己在学生时代的经历，能否想起《家庭教育权利和隐私法案》被违反的情形?

最初很多教育者认为，《家庭教育权利和隐私法案》禁止教师让学生互相评阅试卷。但在 2002 年，美国最高法院规定，这种做法并没有违反《家庭教育权利和隐私法案》，因为获得的测验分数还不是学生在学校的永久记录的内容。[①]然而，让学生互相评阅试卷会出卖有些表现特别好或特别差的学生，对学生课堂的心理幸福感有负面影响。

## 第五节 用课程成绩等级和学习档案总结学生的学业成就

**主要理念：最终的课程成绩等级只能提供有关学生学业成就水平的总体的量化信息。如有可能，应该补充定性信息，可以使用学生创建的档案夹。**

教师可以用多种方式来总结学生的学业成就。有些学前和小学低年级的教师用检查表来确定具体的完成情况，也有教师写一到两页的总结来描述学生的优缺点。我们要集中关注的是两种最常用的总结学业成绩的方式：分数和档案夹。下面推荐几种它们的使用方法。

### 一、学生最终的成绩等级评定要以学业成就和硬数据为依据

由于教师很容易对行为良好、愿意合作的学生给出较高的成绩等级评定，而用等级 D 和 F 来惩罚长期行为不良的学生，因而等级评定最终应该反映学生掌握了多少知识。仅仅凭良好行为或特别用功给学生评定好的等级，会误导学生和家长过高估计学生所掌握的学习内容；用低等级来惩罚学生的破坏行为，会导致学生认为（也许是出于良好的意图）教师的评分系统是武断的、毫无意义的，某些情况下实际上可能会导致学生的行为问题增加。[②]

此外，虽然教师肯定会希望学生在一个学年能够取得最大的进步，认为学生的最终成绩等级评定应该基于成绩提高的量而不是实际学业成就水平，但评价专家提出了两个很好的论据来反驳这个观点。首先，已经达到学年教学目标的学生比其他同学能够进步的空间少。其次，当学生所取得的进步被用作评级的标准时，试图“钻制度空子”的学生会很快意识到，只需要在学年刚开始时考很差的成绩，就可以获得较好的评级。[③]

总的来说，对学生达到了什么水平做最终结论时，教师应该使用硬数据，如正式的纸笔评价和表现评价的结果。由于前面我们提到的各种原因，教师对学生现在的成绩水平的非正式评价很容易受到教师对了解学生的程度的影响，如某些学生在课堂上出现不良行为的频率、学生过去的学业成绩水平。[④]

### 二、用多种评价来决定学生最终的成绩等级评定

前面我们列举了经常评价学生的学习和学业成就的几点好处。用多次评价来决定学生最终的成绩等级评定有助于弥补单个评价的信度和效度的不完美之处。但是，教师可能并不想考虑学生做的

---

① *Owasso, Independent Scholl District V. Falvo*, 534 U.S.426.

② Brookhart, 2004; Cizek, 2003; Poorthuis et al., 2015; F.Zimmermann, Schütte, Taskinen, & Köller, 2013.

③ Airasian, 1994; M.D.Miller, Linn, & Gronlund, 2009; Sax, 2010.

④ Carbonneau & Selig, 2011; Hoge & Coladarci, 1989; J.P. Robinson & Lubienski, 2011.

每件事。例如，他们不想在新任务中考虑学生最初的努力，最初的努力可能会有许多尝试和多次犯错。多次评价更适用于形成性评价，帮助学生学习，而不适合总结性评价。[①]

## 三、让学生了解评分标准，并持续告知学生所取得的进步

为了让学生感觉可以控制自己的成绩等级和其他学业成就（回顾第 5 章内在归因中的讨论），教师必须在学期或学年开始时告诉学生评级标准是什么。此外，告诉学生具体的评定成绩等级的标准，教师也可以避免学生在最终拿到成绩时感到吃惊而发生不愉快的事（回顾本章开头部分的个案研究中埃丽感到崩溃的样子）。如果教师发现最初的成绩等级评价标准整体上过于严格，则需要以某种方式降低要求，调整成绩等级间的分界或允许学生重新参加重要评价。但教师绝不能为了不公平地惩罚某些学生，或为了增加额外的、出乎意料的要求而中途改变评级标准。

请记住，许多学生尤其是年龄小的学生自我监控能力较差。此外，考虑到长时记忆不一定很可靠（见第 2 章），学生在几周内或几个月内对自己各种评价的分数很难准确地回忆，因此持续地提供成绩进步报告是有帮助的（见图 10.11），也可以让学生记录自己的分数。如果学生获得足够的电脑读写技能，那么与班级网页链接的电子成绩册便可作为一种便捷的方式，帮助教师和学生跟踪学生的学习进展。

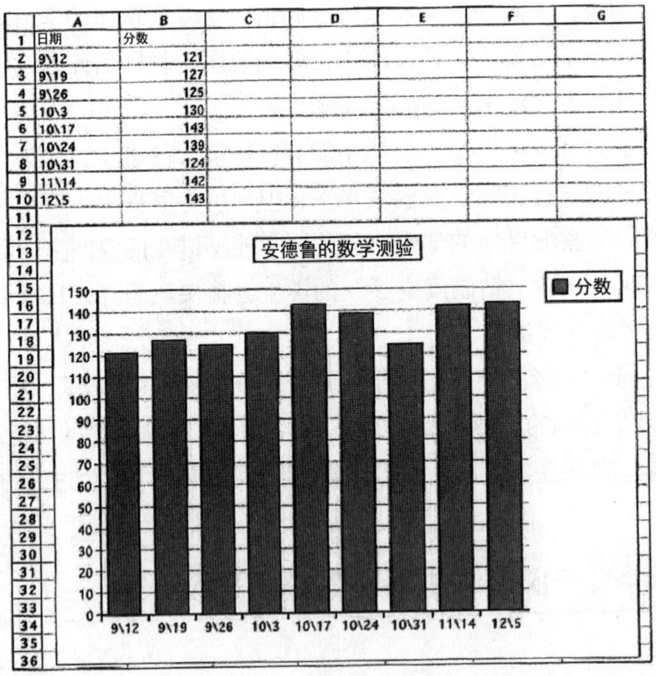


**图 10.11　电脑的电子数据表和电子成绩册可以帮助教师和学生对学生在课堂评价中的表现进行跟踪。这张简单的电子数据表总结了 10 岁的安德鲁在数学实际测验中的表现。每次测验的总分是 150 分**

① Andrade & Cizek, 2010; Brookhart, 2004; K. O' Connor, 2011; Shepard et al., 2005.

## 四、让家长了解内情

虽然家长并不需要知道孩子每次课堂评价的分数，但他们有权知道孩子的学习进展如何。实际上，美国《家庭教育权利和隐私法案》还规定，家长有权利了解孩子每次测验的分数和其他学校官方记录。此外，学校教职人员必须以家长能够理解的方式提供并解释这些信息。

第 9 章我们明确了与家长保持畅通交流的几个方法，例如，召开家长教师座谈会，偶尔把便条和检查单送至学生家，对家长了解孩子的学习情况显然是有用的。教师绝对不可以把与家长的交流用作对学生学习不够努力或在教师认为学生能够控制的其他事情上不够努力的惩罚手段。例如，我们来看看福特（Ford）老师的中学数学课。她刚把成绩不理想的测验试卷发给学生，紧接着的是以下课堂讨论：

**福特老师**：这次评阅试卷时，我对某些同学的分数真的感到十分惊讶。我想你们也很惊讶。我认为有些同学的分数一般，在我看来有些分数很糟糕。

**学生**：（吵闹声更大）我们可以拿来看看吗？

**福特老师**：我正要发给你们。我希望大家这样做：你们做错的每个数学题目，作为今晚和明晚的家庭作业，你们要改正错题并交上来。实际上，我想说希望大家在周三之前把试卷交给我。所有做错的数学题目希望大家交给我的时候都改成正确的答案。

**学生**：有人得 100 分吗？

**福特老师**：没有。

**学生**：没有人得 100 分？

**福特老师**：好了，孩子们，嘘。我想说这次测验如果在 75 分以下你一定要好好努力了。你们要让爸爸妈妈在试卷上签字。我希望你们的爸爸妈妈了解你们的情况。

**学生**：不要！

**学生**：我们必须得给家长看吗？这样才可以通过这门课吗？

**福特老师**：如果试卷上没有家长签字，我会给你家打电话。[①]

福特老师很显然想让学生家长知道孩子们在课堂上表现不是很好。她的方法有几个弊端。第一，许多学生会发现伪造家长的签名比把这个坏消息告诉家长更容易。第二，家长在看到孩子的试卷时没有什么信息能够帮助他们对结果进行解释。（分数低是因为不努力吗？学习方法不好？教师教得不够好？）第三，福特老师只关心学生成绩不好的问题，没有提供解决问题的任何具体建议。

最后，教师必须把自己看作是与学生及其家长一起合作来实现共同的目标：提高学生的学业成就。教师把评价结果告诉家长的主要目的是与家长分享信息促进学生的学习，而福特老师忽略了这一点。此外，因为实际上所有学生在这次测验中的成绩都不好，所以福特老师应该考虑是否因为她自己做了什么或没有做什么，才造成学生整体分数不高。例如，可能是她没有给学生足够的课堂时间来学习某些概念和技能，没有采用有效的方法来教学，或是测验难度太大。

① J.C.Turner, Meyer, et al., 1998, pp.740-741.

## 五、学生的评级要附上相关等级的描述

一般来说，学生最终的评级应该反映课堂学习内容和教学目标的掌握情况。换句话说，应该采用标准参照分数。[①] 在确定标准参照的评分系统时，教师应该尽可能具体地确定每个分数要代表学生什么样的学业成就。例如，传统的字母等级，教师要使用的标准描述如下：

| 等级 | 标准 |
|---|---|
| A | 学生熟练掌握了内容范围内的基本的和高级的知识和技能。对今后的学习任务已经做好了充分准备。 |
| B | 学生已经掌握了全部的基本知识和技能。某些内容达到了较高水平，但不是全部内容。为今后的学习任务做好了准备。 |
| C | 学生掌握了基本知识和技能，但对主题学习内容的高级方面还有困难。对今后的学习任务还缺乏一些基本技能。 |
| D | 学生掌握了一些但不是全部基本内容。对今后的学习任务缺少很多基本技能。 |
| F | 学生没有掌握教学目标，不能展示最基本的知识和技能。缺乏绝大多数今后的学习任务中需要的基本技能。* |

* 根据 Frisbie 和 Waltman（1992）所描述的标准。

在某个班级的学生正朝不同的教学目标努力时，把评分标准具体化尤其重要。例如，美国《残疾人教育法》规定，教师和学校其他教职人员要为有特殊教育需要的每个儿童和青少年明确合适的教学目标。对学业成就的最后评价，包括最终的等级评定，应该以这些教学目标的完成情况为依据。[②]

## 六、评级要附加学生表现的定性信息

最终的等级附上相关的描述，也只是学生已掌握知识的大概量化指标。因此，把等级配上定性信息是很有帮助的，例如附加学生某方面的学业长处、做事习惯、态度、社交技巧、对班级团体的独特贡献等等。学生和家长一样，会发现这些定性信息反馈很有价值，也很有帮助。但是，评论要简明扼要。“有你在我们班真好”这种反馈传递不了什么信息。[③]

---

① 例如，请参看 K.O’ Connor, 2011; Pattison, Grodsky, & Muller, 2013; Stiggins & Chappuis, 2012。在过去的几十年里，教师逐渐从常模参照评分（如在正态曲线上评分）转移到标准参照评分。集中关注学生对教学目标和教学目的的掌握情况，而不是学生之间的相互比较，导致年级平均分不断提高（“年级通胀”），这一点遭到很多公众人物的抱怨。

② 例如，请参见 Mastropieri & Scruggs, 2010; Venn, 2007。

③ Brookhart, 2004, p.183.

## 七、用档案夹来表现复杂技能或学生在一段时间内的进步

**档案夹**（**portfolio**）就是在较长时期内系统地收集的学生作品的集合，包括写作样本、学生自己构思的物品（如雕塑、发明）、照片、录音带、录像带、技术创造产品（幻灯片、学生自己做的录像游戏）等等。大多数情况下，学生是这些档案夹的主要作者，当然也会有教师适当的帮助。学生积极地将自己完成的作品归档，会获得与学业成就水平和评价过程相关的强烈的拥有感和自主感。

档案夹里面包含的学生作品的样本通常叫作*典型作品*。大多数学校档案夹还包括由学生自己写的档案，对每个典型作品进行描述并说明选入档案夹的理由。例如，在图 10.12 中，14 岁的科特描述并评价了他放进 8 年级语言艺术课的档案夹里的写作样本。

**自我评价**

我的档案夹里有三篇文章很好地体现了我是谁：（1）《作者本 · 霍夫》，这是用本 · 霍夫（Ben Hoff）的语言写的故事；（2）《从〈小熊维尼〉中引用的内容》；（3）《歧视》。

《作者本 · 霍夫》这篇作文展示的我是一个学习者或作家，能够分析和吸收作者的类型和风格，然后把我学到的内容转化为文字，写一篇很优秀的文章。这篇文章的描写很不错，故事情节线条清晰，意思明确，设置了基本的场景，内容通俗易懂。每一稿都没有做太多的修改，除了一些标点符号、语法和拼写。但是，我从《小熊维尼》中引用了一些内容。

《从〈小熊维尼〉中引用的内容》表明我可以从书本中找出好的重要内容，能够理解并转换成自己的语言。我想办法让其他人能够看懂这些内容。这段话很好地表达了我的意思，也很易懂。每一稿我真的只修改了一些拼写和标点。

《歧视》这篇文章表明我了解很多关于歧视的内容，歧视是什么感觉（即使我从来没有经历过很糟糕的歧视）。我发现我可以通过真实的写作表达自己的观点。这篇文章的描写很好，写得也不错。除了修改了一些拼写和标点错误，我还改动了几个词，使故事的意思更加清楚了。

这三篇文章，写作时第一稿很差，这是因为我开始写作时脑子在思考问题，而不是特别在意语法细节。后来因为我可以把注意力转向写作细节，所以稿子越来越好。写作最重要的四件事情是：（1）把你的想法编成故事；（2）使故事浅显易懂，让读者有所收获；（3）让读者记住这是一篇好文章；（4）喜欢自己写的文章。

**图 10.12　14 岁的科特在自我评价里解释为什么他选择这些内容放在他 8 年级语言艺术课的档案夹里**

档案夹可以有多种形式，以下是在学校常用的几种类型。[①]

- **工作档案夹**：展示学生到目前的能力，内容是动态的，新的典型作品表明学生的熟练程度不断提高，逐渐代替过去的不太成熟的作品。
- **发展档案夹**：与某项特定技能相关的几个典型作品，表明学生在一段时间内是如何提高的。
- **课程档案夹**：某门课程的作业和思考，主要包括学生对他这门课的总体成就的概括性反思。
- **最佳作品档案夹**：展示学生特殊成就和独特天赋的典型作品。

这几个类型并不互相排斥。例如，课程档案夹可能含有发展的成分，表明某个学生在这个学年

① R.S.Johnson, Mims-Cox, & Doyle-Nichols, 2006; Spandel, 1997.

一项或几项技能的不断进步。最佳作品档案夹可能是在相当长一段时间内不断积累的，因此也有工作档案夹的动态特点。有些档案夹适用于形成性评价，而有些适用于总结性评价。例如，发展档案夹表现出学生朝着长期教学目标不断取得的进步，因此，更适用于形成性评价。最佳作品档案夹更适用于总结性评价，例如，可以用来向学生家长、学习管理者、大学招生办公室或用人单位汇报。但不管是用于形成性评价还是用于总结性评价，学生最终的学业成就档案夹一般来说都有以下几个好处[①]：

- 档案夹可以记录学生学业成就的多个方面，特别重视复杂技能。
- 可以展示学生在真实世界、真实评价任务（如科学实验、服务类活动）中的表现。
- 提供自我监控和自我评价的方法，从而增强学生的自我管理能力。
- 让学生对他们已经掌握的内容有成就感和自我效能感，注意自己需要提高的地方。
- 提供了教师可以轻松地把评价和教学融合在一起的机制：学生通常会把教师为教学目标重点布置的作品选入档案夹。
- 因为档案夹主要关注复杂技能，因此教师更会教这些复杂技能。

然而，RSVP 特征是档案夹要考虑的重要内容，尤其是当它们被用来评价（而不只是用来了解）学生的学习和学业成就时。[②] 当档案夹必须进行计分时，评分通常是不可信的，不同的教师评分可能截然不同。此外，这里存在明显的标准化问题，因为不同学生的档案夹的内容各不相同。效度也可能有问题：有些档案夹可能包含足够的典型作品，可以充分地代表学生完成的与教学目标相关的成就，但是有些学生的档案夹可能没有代表性。因为档案夹要花费教师很多时间，所以它比其他总结学生学业成就的方法可操作性差。这并不是说教师可以不让学生创建档案夹，但他们必须确定潜在的好处要超过不足之处。要把档案夹用作反映学生成就的总结性评价，教师就必须明确评价这些档案夹的标准。[③]

创建档案夹是一个漫长的过程，要延续几个星期或几个月，有些最佳作品档案夹可能要延续好几年。为了不让学生被这个复杂的任务吓倒，可以把构建档案夹的过程分成几个步骤，每一步给学生提供帮助。[④]

- **计划**：确定档案夹要达到的意图（如要采用什么教学目标和内容范围标准或是主要用于形成性评价还是总结性评价），明确创建档案夹的初步计划。
- **收集**：保存可以反映特定目标和标准的进步或成就的典型作品。
- **选择**：对保存的典型作品做评论，选择那些能够更好地反映特定目标和标准的典型作品。
- **反思**：对每个典型作品写出解释和自我评价，描述这些典型作品如何反映了你现有的能力水平和一段时间内的进步，把你的成就与之前确定的目标和标准进行联系。
- **规划**：明确新的要达到的目标。
- **陈述展示**：与一定的观众（如同学、家长、大学招生人员）分享你的档案夹。

课堂策略专栏“用档案夹总结学生的学业成就”提供了几个帮助学生创建档案夹的建议。

---

① Banta, 2003; Darling-Hammond et al., 1995; DiMartino & Castaneda, 2007; R.S.Johnson et al., 2006; Paulson, Paulson, & Meyer, 1991; Popham, 2014; Spandel, 1997.

② Arter & Spandel, 1992; Banta, 2003; Popham, 2014; R.S.Johnson et al., 2006.

③ 学校成功使用过的标准，请参看 Darling-Hammond et al., 1995。

④ 这六个步骤是基于 R.S.Johnson et al., 2006。

## 课堂策略

### 用档案夹总结学生的学业成就

- **提前明确使用每个档案夹的具体意图**

有位3年级教师和她的学生同意创建档案夹，以便向家长和其他家庭成员展示这个学年学生写作技巧的进步。学生保留了整个学年写的作文，最后选出最能够展示他们掌握的写作技巧和进步的作文。学年结束时，在一次师生家长会上，孩子们自豪地展示了他们的档案夹。

- **档案夹的内容与重要的教学目标和教学内容标准相结合**

在俄亥俄州的一所高中学校，12年级的学生完成了毕业档案夹。档案夹包含三个部分，每部分都反映一个或几个毕业教学目标。

（1）*毕生学习技巧*：表现自己在写作、数学、科学方面关键技能的掌握情况，以及其他至少一个内容范畴。

（2）*民主公民权*：积极参加当地社区或更大的社会活动的具体事例（如为公共服务活动做贡献）。

（3）*职业准备部分*：包括简历、老师或其他成年人的推荐信、为高等教育或工作所做准备的证明文件。

- **让学生选择档案夹的内容，帮助他们做出正确决定**

有位5年级教师与学生一个一个地见面，帮助他们选择最能反映他们在这个学年的学业成就的典型作品。为了告诉学生应该选择什么样的东西，他给他们看了前些年学生创建的几个档案夹。他使用这些档案夹得到了这些学生及其家长的许可。

- **明确引导学生做选择的具体标准，在标准制定过程中可以让学生参与**

有位中学地理教师让全班同学讨论课程档案夹选择典型作品的标准。回顾这门课程的教学目标以后，该班学生同意每个档案夹都应该包括能够反映以下特点的至少一个典型作品：

（1）能够解释地图；

（2）能够编制地图；

（3）理解自然环境和社会经济实践之间的关系；

（4）国内的文化差异方面的知识；

（5）认识到所有文化都有许多积极的特质。

- **让学生对他们选入档案夹的作品进行反思**

在学年开始时，有位9年级的新闻学老师告诉学生，他们要创建档案夹来展现这个学期在杂志写作上取得的进步。她让学生保留所有的草稿，“即便是最简单的笔记和提纲”，她说。后来，当学生开始编制档案夹时，她要求学生看看每篇文章的草稿，描述每一稿的进步是如何体现出他们逐渐掌握新闻学写作技巧这个过程的。有时她把这些思考留作家庭作业，学生可以把创建档案夹的任务延续四个星期，因此不能丢掉任何东西，直到最后一刻。

- **给学生一个总体结构方案**

某所高中要求学生完成档案夹，以之作为毕业要求之一，学生在指导教室里从教师那里得到了很多指导。这些教师给了他们一张纸描述每个档案夹中应该包括的内容：题目页、目录表、档案夹内容介绍、每项内容的不同部分、总结学生学业成就的最后的思考。

- **确定不同情境用物质载体形式还是电子形式更合适**

在一所特别重视视觉和表演艺术的高中学校，学生创建了电子档案夹展示他们在艺术、戏剧、舞蹈和乐器方面的才能。他们把照片拍成数码照片、录像带、演出录音带，他们创建文档，对每项内容进行描述和评价。然后他们把电子文档分成几个逻辑类别，每个放到一个单独的电子档案夹里。

- **档案夹用于最终的评价时，要制定评分标准说明**

在纽约市的一所高中，重要的教学目标是让学生在学习中获得某种倾向和思维过程，这个学校将其统称为*思维习惯*。其中之一是使用可信的、有说服力的证据来支持某种说法或观点。该学校开发出一种4分的分级表对学生作品进行评价。得4分的是“整体思想和观点有具体相关的准确信息支撑，有一定深度”的作品；分级表的另一端，得1分的是“大多是过于笼统的陈述，与主题相关的具体论据很少”的作品。

来源：Banta, 2003; Darling-Hammond et al., 1995, p.39（纽约市高中校）；DiMartino & Castaneda, 2007,（俄亥俄高中校）；R.L.Johnson et al., 2009;R.S.Johnson et al., 2006; Paulson, Paulson，& Meyer, 1991;Popham, 2014; Spandel, 1997; Stiggins & Chappuis, 2012.

# 第六节　用标准化测验评价学生的学业成就和能力

**主要理念：大规模的标准化测验对于评价学生在某个领域的总体学业成就水平很有帮助，但是教育者永远不能仅仅根据某次测验分数对学生个体做重要决定，政策制定者们也不应该采用单次测验的平均分来评价教师和学校的效率。**

学生最终的分数和档案夹直接来源于学生的课堂表现。总结学生了解哪些内容以及会做什么的另一个方法是**标准化测验**（**standardized test**）。该测验由测验编制专家开发，在不同学校和课堂使用。测验在以下几个方面是标准的：所有学生接受同样的指导和时间限制，回答同样的（或类似的）问题或完成同样的任务，答案用同样的标准进行评价。测验手册描述了给学生的指导、时间限制、具体评分标准。测验手册通常会提供测验对不同群体和不同年龄对象的信度，也可以让教师和学校管理者推断他们自己实施这些测验的效度如何。

有些标准化测验需要一个接一个进行。这种测验可以让考官观察学生的注意力范围、动机及其他可能影响测验成绩的因素。由于这个原因，单个实施的测验一般用来明确有认知障碍和其他特殊教育需求的学生。

当环境要求对所有学生实施标准化测验时，最具操作性的办法通常是把他们作为一个组进行测验。幸运的是，电脑技术在两方面可以提供帮助。其一，电脑一般可用于对纸笔测验进行电子记分，并形成每个学生的成绩报告。其二，有些测验本身就是在电脑上实施的，不是纸笔测验的形式。电脑标准化测验可以提供纸笔测验不可能操作的几个选择：

- 可以实现**适应性评价**（**adaptive assessment**），可根据学生在测验中的表现调整试题的难度，因此能够很快地找准学生的具体长处和弱项。
- 可以包含动画、模拟、视频和录音信息，这些都可以增加测验题所能评价的知识和技能的种类。
- 能够评价学生如何处理具体问题，以及完成任务的速度。
- 可以当场给出分数以及学生表现的分析。

电脑标准化测验一般有传统纸笔测验同样的信度和效度。当然，电脑标准化测验的使用只限于熟悉并愿意使用电脑且键盘使用比较熟练的学生。

表 10.5 描述的是各学区经常使用的四种标准化测验：学业成就测验、一般学业才能和智力测验、特殊才能和能力测验、上学预备测验。这些测验大多是用常模参照分数。例如，你可以看看第6 章（参看图 6.10）中对智商分数的解释，你会发现智商分数是人与人之间的比较，因此是常模参照分数。常模参照分数有多种形式，学校和家长最终收到的由电脑生成的测验结果非常详细，有时候甚至到了“信息过于繁杂”的地步。在附录 B 部分“标准化测验分数的理解和解释”中你可以了解常模参照分数和电脑生成的测验报告。

**表 10.5** 普遍采用的标准化测验

| 测验的种类 | 目的 | 大体描述 | 特别考虑 |
|---|---|---|---|
| 学业成就测验 | 评价学生从教学中掌握了哪些内容。 | 测验题目是为了反映很多学校最常见的课程内容。测验分数只能在范围更广的（通常是）常模参照意义上表明学生的学业成就：用来估计学生在特定领域与国内其他学生相比的总体知识和技能水平。 | • 这类测验通常更适合测量一般学业成就水平，而不能确定学生已经掌握了哪些具体信息和技能。 |
| 一般学业才能和智力测验 | 评价学生的一般学习能力，预测短时期内的总体学业成就。 | 测验题目一般集中关注学生学会了哪些知识，掌握情况如何，从一般日常经验中可以推断出哪些知识。例如，测验包含要求学生解释单词、逻辑推理、从看似不相关的话题间找出相似性、分析几何图形或解决问题的题目。 | • 测验分数不能作为长期学习潜力的指标。<br>• 当学生的言语能力有限、有特殊天赋或有严重障碍时，单独实施测验（让学生一个接一个进行测验）更好。 |
| 特殊才能和能力测验 | 预测学生在特定领域的表现。 | 测验题目与一般学业才能和智力测验类似，更关注某个具体内容范围（如语言技能、数学推理）。有些才能测验叫作多重才能测验，可以同时得出几个领域的分数。 | • 测验分数不能作为长期学习潜力的指标。<br>• 测验对学生在某个特定领域的能力预测作用有限，因此只能与其他信息结合使用。 |
| 上学预备测验 | 决定学生是否有在幼儿园或 1 年级课程取得成功的必备技能。 | 测验题目集中关注基本知识和技能，例如，颜色和形状认知、数字和字母知识、记住并听从指令的能力。 | • 测验分数的解释要谨慎。年幼儿童的注意力时间短，对测验类任务动机不强，有可能导致测验分数的信度和效度较低。<br>• 测验主要用于制订教学计划，而非考查学生是否做好了正式上学的准备。* |

* 近年来，上学预备测验广受争议，部分原因是分数与学生入学一年后的学业表现只有中度相关。关于此项测验的各种观点，请参见 G.J.Duncan et al., 2007; Forget-Dubois et al., 2007; La Paro & Pianta, 2000; Pellegrini, 1998; C.E.Sanders, 1997; Stipek, 2002a。

本章我们强调要评价学生的学习和学业成就，接下来我们就集中关注标准化的学业成就测验。这些测验至少在两方面有用。第一，可以让教师和学校管理者把自己学生的一般学业成就与其他地方的学生进行比较，间接了解当地课程和教学实践的有效性。第二，标准化学业成就测验提供的方法，让我们可以跟踪学生在一段时间内的学业进步情况以及重点关注潜在的麻烦点。假设一下，鲁卡斯以往每年的成绩都在平均分附近，但 8 年级时突然低于平均分很多，尽管测验和常模群体与前些年一样。这时候，老师要搞清楚他的成绩不好是因为临时的偶发事件（如测试那天鲁卡斯是不是病了），还是因为其他需要注意的长期问题。

## 一、高风险测验和责任制

近几年来，学生在标准化学业成就测验中的表现很受重视，在我们看来，是过于看重了。在过去二三十年，许多政治家、商界领袖和其他公众人物都在哀叹学生学业成就测验分数太低，要求公立学校进行全面检查。有些有改革思想的人士把分数高等同于学业成就高，而把测验分数低等同于学业成就低。政策制定者给教师和教育管理者施加很多压力，让他们提高学生的测验分数，分数没有提高的学校和教职员工还被威胁会有严重后果。我们现在要谈两点：一是**高风险测验**（**high-stakes testing**），指的是单纯依据某次评价来做重要决定；二是**责任制**（**accountability**），教师、管理者和其他学校教职人员对学生在评价中的表现有承担责任的义务。

近年来，美国联邦立法机构在公立小学和初中学校要求实施高风险测验和责任制。2001 年通过的**《不让一个孩子掉队法案》**（**No Child Left Behind Act，NCLB**），要求各州确定语言艺术、数学和科学（几年后增加的）方面有挑战性的内容范围标准。各州随后进一步要求对 3 ～ 8 年级学生必须每年进行一次评价，在高中阶段至少进行一次评价，以确定学生是否取得了每年度适当进步，达到州内确定的阅读、数学和科学方面的标准。不同种族和社会经济地位群体的学生单独观察，在知识和技能方面有所收获（有明显认知障碍的学生可以参加替代评价，也要在能力水平方面表现出相应的进步）。各群体学生都显示出有进步的学校可以得到奖励，如给教师发奖金或增加对学校的资金投入。相反，没有表现出进步的学校会受到处罚，遭遇纠正行动（如公开曝光、重构管理、员工解散）。进步较大的学生可以选择由学区付费到其他更好的公立学校学习。

《不让一个孩子掉队法案》饱受争议，一部分原因是许多人认为它反映了联邦政府对各州教育政策干预过多，在很多方面并没能够带来想要达到的改变。[①] 此外，该法案主要关注标准化测验分数作为决定学生是否获得了应该掌握的学习内容的手段的作用，对当地学校课程的内容效度有时候并不高。因此，2015 年底该法案被**《每个学生都获得成功法案》**（**Every Student Succeeds Act, ESSA**）取代，该法案为各州成绩较差的学校在内容范围标准、评价技术以及纠正行动方面提供了更大的宽容度。根据该法案，学校必须继续评价学生在语言艺术和数学上取得的进步，3 ～ 8 年级每年至少一次，9 ～ 12 年级期间至少一次。学校也必须在 3 ～ 12 年级期间对学生在科学方面的学业成就水平至少评价三次。但是，学校可以使用其他评价工具来代替标准化测验分数，以之作为学生学业成就水平和进步的质量指标。例如，学校可以使用表现评价、档案夹以及“学生参与……完成高级课程作业……为高等教育做准备”之类的指标。ESSA 不太强调教师和学校对学生学业水平需承担责任，因此，常规的评价不像 NCLB 那样具有“高风险”特点。

除了教师和学校的责任之外，有时候学生个人对自己在州内和校内评价中的表现也要负责。有些学区以学生在测验和其他评价中的表现作为升入下一年级或颁发高中文凭的依据。[②] 一般来说，学校教职人员首先要明确学生最后的学业成就应该反映的内容标准（有时候用能力这个词），然后在教学结束后评价学生的表现水平（有时叫结果），只有学生的评价表现能够达到预先设定的标准和能力水平的学生才能进一步学习。当然，这种做法需要采用标准参照分数而不是常模参照分数。

---

① Forte, 2010; Mintrop & Sunderman, 2009; Polikoff, McEachin, Wrabel, & Duque, 2014.

② 这个方法有很多种名字，最常见的两种是基于结果的教育（*outcomes-based education*）和最低能力测验（*minimum competency testing*）。

当然，想办法监控学校教学的有效性和学生的学业进步，出发点是好的。在理想的情况下，可以帮助学校确定教学方法是否需要修改，教师是否需要改革，也可以帮助教师弄清楚哪些学生并没有获得长大以后成功参与社会生活所需要的基本技能。但是，现在强调提高学生的测验分数在执行过程中充满了困难。例如，很多老师花大量时间为测验而教学，如果测验只反映许多学生应该达到的教学目标中的很小的部分，问题就很严重。回顾第 3 章开头部分的个案研究中教师的两难处境。冈特老师为了"覆盖"8 年级数学能力考试中的全部内容，只好放弃帮助学生掌握基本概念和方法，把*少即是多*原则扔在一边。①

## 二、谨慎采用标准化学业成就测验

最后提几个在采用标准化和高风险学业成就测验时可使之发挥最大作用的建议：

### 1. 如果可以选择要使用的测验，请选择对课程和学生效度高的测验

就像教师自己设计的课堂评价一样，内容效度也是标准化测验要关注的。教师和学校管理者可以把测验的说明表和自己的课程进行比较，决定标准化学业成就测验的内容效度。② 学校教职工应该仔细检查测验题目，看看是否只测验基本知识和技能（有些测验就是如此）③，还是也测验了对概念的了解和复杂的认知过程。如果测验题目强调的主题和思维能力与当地教学目标和教学内容匹配，那么该测验对学校和课堂内容效度高。

### 2. 只有在测验能够反映重要的教学目标时才为测验而教学

当教师要对学生某次测验的表现负责时，很多教师会把大量的课堂实践用来教测验要评价的知识和技能，学生也会相应地集中精力学习这些内容。结果通常是学生在学业成就和能力没有得到提高的情况下，可以在高风险测验中取得更好的成绩。如果测验测量的是对学生的学习真的很重要的内容——包括复杂的认识加工，如知识迁移、问题解决和批判性思维——那么集中精力学习这些内容是合适的；如果测验是为了评价死记硬背的知识和基本技能，那么这样的强调可能会逐渐削弱教师真正想要学生取得的进步。④

### 3. 让学生为即将参加的标准化测验备考时，告诉他们测验是什么样的，并教他们应试技巧

在一般情况下，教师应该在标准化测验之前让学生做好准备。例如，可以采用以下几种方法：

- 解释测验及其涉及的任务的大概特点（例如，如果可以，告诉学生他们不需要知道所有的答

① 有关高风险测验和《不让一个孩子掉队法案》的各种观点，请参看 W.Au, 2007; E. L. Baker, 2007; A. B. Brown & Clift, 2010; Duckworth, Quinn, & Tsukayama, 2012; A. S. Finn et al., 2014; Finnigan & Gross, 2007; Forte, 2010; B. Fuller, Wright, Gesicki, & Kang, 2007; M. G. Jones, Jones, & Hargrove, 2003; Polikoff, Porter, & Smithson, 2011; Solórzano, 2008。

② 一般情况下，测验出版者会编制一个说明表，要么放在测验手册中，要么按需求提供。如果没有这样的表格，学校教职人员可以编制一个说明表，记录各种主题和思维技巧类的题目数量。

③ M.G. Jones et al., 2003; Mintrop & Sunderman, 2009; Polikoff, et al., 2011.

④ W.Au, 2007; E.L. Baker, 2007; M.G. Jones et al., 2003; Mintrop & Sunderman, 2009; Shepard et al., 2005; R.M. Thomas, 2005.

案，许多学生没有足够的时间回答全部题目）。

- 鼓励学生尽自己最大的努力，但是不要把测验描述成生死事件。
- 让学生练习测验的格式和题目类型（如示范如何回答选择题，如何填写机读卡）。
- 鼓励学生在参加测验前一天晚上睡个好觉，吃一顿有营养的早餐。

从某种程度上来说，教师可以帮助学生为标准化学业成就测验做好准备，教学生一些有用的应试策略，如暂时跳过较难的题目、重复检查答案是否填写在正确的地方等等。但是，教师要记住，有效的**应试技巧**（**testwiseness**）对学生的测验分数只能有很小的帮助。此外，应试技巧和学生的学业成就呈正相关：应试策略丰富的学生比应试策略少的学生能够取得更好的成绩。换句话说，很少有学生仅仅因为缺乏应试技巧而得很低的分数。在大多数情况下，教师不要花过多时间教学生如何应试，而应该教他们测验要评价的知识和技能，这样才可以更好地为学生服务。①

### 4. 考试时，严格遵守指令并报告非正常情况

一旦测验开始进行，教师就应该严格遵守测验实施程序，按指令分发试题册，让学生完成所提供的练习题目，严格遵守时间，以规定的方式回答学生的问题。记住，测验常模组的学生在标准化条件下参加测验，教师必须尽可能复制这些条件。有时候教师也可能会碰到无法控制的事情（如突然停电、室外非常吵闹等等）。如果这些事情对学生参加评价的条件改变很大，就会影响测验结果的效度，因此必须报告。教师应该对个别可能没有发挥最佳水平的学生做记录，如表现出特别紧张、长时间盯着窗外、随意标记答案的学生等。②

### 5. 对英语学习者要做出适当的调整

毫无疑问，学生的英语使用经历和能力会影响他们在用英语编制的学业成就测验中的表现，包括高风险测验。③ 例如，在非英语环境中长大的儿童，要花相当长的时间——可能是 5 ~ 7 年，英语才能达到足够的熟练程度，在说英语的课堂上做出最好的表现。④ 然而，许多学区在这些学生的语言达到熟练程度之前就要求他们参加高风险测验。⑤ 很明显，这种做法会导致低估这些学生的学业成就。如果公共政策和学区管理者允许的话（在美国，ESSA 允许其中一些做法，但并非全部做法），推荐以下几种做法⑥：

- 把测验翻译成学生的母语。
- 施测时一个接一个进行，减少对时间的限制，口头陈述问题，允许学生用母语回答（这种做法可能除低 RSVP 是的标准化，但却是保证 RSVP 中的效度的唯一办法）。
- 采用替代评价手段（如动态评价、档案夹）来记录学生的学业成就。
- 在计算反映学校或校内某个特定群体的总体学业成就的平均分时，除去这些学生的测验分数。

---

① J.R.Frederiksen & Collins, 1989; Geiger, 1997; Scruggs & Lifson, 1985; Shepard et al., 2005.

② M.D.Miller et al., 2009.

③ Carhill, Suárez-Orozco, & Páez, 2008; Solórzano, 2008.

④ Carhill et al., 2008; Cummins, 1984, 2008; Padilla, 2006.

⑤ Solórzano, 2008; W.E.Wright, 2006.

⑥ Haywood & Lidz, 2007; R.S.Johnson et al., 2006; Solórzano, 2008; W.E.Wright, 2006.

### 6. 对测验结果进行解释的时候考虑学生的年龄和发展水平

事实上，任何测验分数都会受到很多无关因素的影响，如读写技能、动机、情绪、精力水平、总体健康状况等等，都会影响到分数的信度和效度。这些因素尤其可能影响儿童的测验结果，他们的言语技能有限、注意力时间短、尽最大努力的动机不足、对挫折的忍受力较低。此外，儿童的不稳定行为可能使标准化测验的条件很难保持。[①]

在青春期，其他变量可能影响到标准化测验分数的效度。虽然在小学阶段学生也会在测验时感到紧张（见图 10.13），但测验焦虑在初中阶段和高中阶段还在增加，有时候会妨碍学生在测验时集中注意力。此外，尤其是在高中，有些学生轻视标准化纸笔测验的有效性和用途。如果学生不重视测验，他们会敷衍地阅读测验题目，少数学生甚至会以某种特定模式随意答题（如在 A 和 B 中直接任选一个），或往试卷上填涂泡泡弄成一个图案或设计。[②] 不管在哪个年级，教师和教育管理者都不要过于看重测验的具体分数。

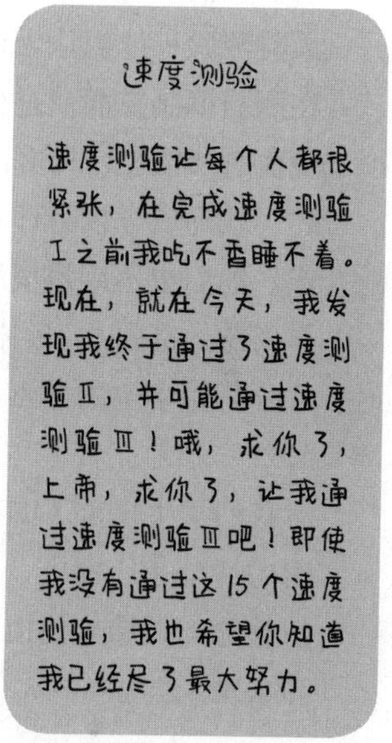


**图 10.13 8 岁的康妮描述测验焦虑如何不可抗拒**

### 7. 如果测验用于测量学校和教师的有效性，提倡集中关注学生在一段时间内的进步，而非该年龄群体的平均水平

评价每个学生在学年中取得进步的多少，可能并不是给出期末分数等级的最好方法（回忆前面提到的基于学生取得的进步给学生打分），但可能是评价教师和学校有效性的合理方法。有时候你会看到**增值评价**（**value-added assessment**）这个说法，指的就是基于学生取得的进步对教师和学校进行的评价。

遗憾的是，评价学生在某个学年取得的进步并不像看起来这么简单，尤其是当采用标准化学业成就测验分数时。我们不能仅凭学年开始和学年结束时分数间的差异就说："嗨，布莱克老师的学生比布朗老师的学生学到了更多知识，所以布莱克老师肯定是更优秀的老师。"一方面，如果我们计算两次信度、效度并不太好的测验分数之间的数学差异，那么结果将产生一个信度、效度更低的数字。学生所提高的程度也会有很大差异，低收入家庭的学生进步得较慢（与经济地位更优越的同伴相比，一般如此）。此外，教师工作的特定学校也会产生重要影响，例如，布莱克老师在一所新建学校，资源多，学生动机很强，而布朗老师所在的学校是一所破旧的老学校，教学供应不够，学生和教职工的学校社群感较差。

统计学开发了大量数学方法，以便在计算学生所取得的进步分数时将这些因素考虑进去，但是仍然没有真正有效的、可靠的方法来测量学校和教师的有效性。[③] 统计方法没有考虑基于学生所取得的进步来评价学校和教师的有效性的另一个问题：教师鼓励学生不要在学年开始的评价中表现太好，这样的话学生就能将这个学年的所谓"取得的进步"最大化。举例来说，一个六年级学生不久

---

① Bracken & Walker, 1997; Carver, 2006; Fleege, Charlesworth, & Burts, 1992; Messick, 1983; Stipek, 2002a; Wodtke, Harper, & Schommer, 1989.

② Paris, Lawton, Turner & Roth, 1991; W.E.Wright, 2006.

③ 例如，参看 American Educational Research Association，2015；American Statistical Association，2014；E.M. Anderman, Gimbert, O'Connell, & Riegel, 2015; Ballou, Sanders, & Wright, 2004。

前从学校回来，对父母解释说："老师告诉我不要在第一次测验中太努力了。否则，下次考试时我就没办法提高太多。"

因此教师的责任制到底该如何实施呢？我们强烈建议教育者和政策制定者不要过于依赖大规模学业成就测验作为评价学生进步和教师有效性的重要指标。理想情况下，决策者们应该明确每个学年学生应该掌握的具体的现实的教学目标，可以按照当地学生的长处和需求专门制作，且分为更具体的可控的短期目标，并创设合理的标准参照任务来评价教学目标的完成情况。[①]

### 8. 永远不要凭单次测验成绩对学生做重要决定

我们在媒体上看到和听到的信息，使我们认为许多政治家和其他政策制定者过高地估计了高风险测验：他们认为这些评价工具很准确，是对学生学业成就的综合测量。是的，这些测验都是由在测验编制方面受过很多训练的专家编制的，但是没有任何测验是完全可靠的，其效度也会根据情境而有所改变。所有测验都可能存在问题，学生可能由于各种原因在测验时没有发挥最佳水平。因此，教师、学校管理者、家长和其他人永远不要用单次评价或单次测验分数对学生个体做出重要决定。他们也不应该使用单次测验的结果对学生群体或教师做重要决定。每个在儿童的教育中起重要作用的人都要意识到标准化测验的局限性，并相应地教导他们身边的人。

不管学生的学习和学业成就如何评价，我们都必须一直记住的是：*测验和其他教育评价是有用的但并非完美的工具*。标准化测验、教师的小测验、课堂作业、表演任务、档案夹，这些都能够告诉我们学生理解了哪些知识，会做什么，还需要学习哪些知识。任何评价策略的使用都有赖于所使用的情境是否匹配、是否可信、是否有效。一般的规则是，我们应该把各种教育评价看成是工具，与其他工具结合使用，从长远来看才可以帮助提高课堂教学质量，使学生的学习和学业成就达到最高水平。

## 总结

对学生的学习和学业成就进行定期评价是有效课堂教学的基本要素。本章开头部分的主要理念可以帮助我们总结引导教师评价实践的重要概念和原则。

- **课堂评价有多种目的，但都可能会以某种方式影响学生将来的学习和学业成就**。评价是观察学生的行为样本并对学生的知识和能力进行推理的过程。有些课堂评价被用于形成性评价，引导今后的教与学；有些被用于总结性评价，在教学结束时确定学生最终了解了哪些知识，会做什么。但是不管教师评价学生的知识和技能的意图是什么，教师采用的评价工具的特点都会告诉学生哪些是要学习的重点，应该如何学习，如何思考课堂学习内容。评价不仅与教学紧密联系在一起，其本身也是教学。
- **有效力的教师有策略地采取形成性评价和总结性评价来促进学生的学习**。在明确评价不仅与教学密切联系，而且在真正意义上来说其本身就是教学之后，教师应该也能够定期特意使用课堂评价来促进学生的进步，提高其最终的学业成就水平。例如：（1）设计检查单和评分解释，具

---

① American Educational Research Association，2015；E.M. Anderman et al., 2015.

体说明好的表现的主要特质；（2）提供学生评价自身表现需要的支持和帮助；（3）利用互联网上可以找到的形成性评价。

- **理想的课堂评价有四个特征（RSVP），即信度、标准化、效度和可操作性，其中以效度最为重要。**在明确评价策略和开发评价工具时，教师应该记住四个特征，尤其是在对学生的学业完成情况做总结性评价时。首先，评价工具应该信度高，不管实施和评分的具体情境如何，都应该产生一致的结果。其次，评价工具应该是标准化的，对每个人都应该有同样的内容，以同样的方式实施和评价（有障碍的学生例外）。再次，应该效度高，真实反映教师想要评价的知识和技能。最后，应该是可操作的，保持合理的费用和时间限制。
- **自发的非正式评价和预先计划的正式评价在促进学生学习和提高学生学业成就方面都起重要作用。**教师有时候可以通过简单观察学生在日常课堂活动中的所做所说对学生的性格和能力进行非正式的评价。非正式评价很灵活，操作性强，几乎不需要提前计划。但遗憾的是，非正式评价通常不能提供学生了解的和会做的代表样本。教师的判断通常会受对特定学生的看法和期望的影响而产生偏差。

  当需要对学生已经掌握或尚未掌握的内容做确切结论时，如确定期末成绩等级，教师应该主要基于预先计划的正式评价做结论。纸笔评价任务如果能够真实反映教学目的，通常最具操作性，就是更好的选择。表现评价任务更适合评价需要各种技能整合的复杂学业成就，有些教学目标的完成情况只能通过直接观察学生所做的事情来评价。纸笔评价和表现评价一样都会产生更多有用信息，只要任务有一定的结构性，并且提前明确清晰的、具体的评分标准即可。

  课堂评价方法也可以为学生冒险去追求有挑战性的任务留有余地。某次的失败并不会影响学生长期的学业成功。此外，由于法律和教育的原因，教师必须对学生的评价结果保密，学生的分数、等级和其他信息只告诉学生本人、他们的家长和与学生的教育和心理幸福感直接相关的学校教职工。最后，教师必须记住，任何评价最终的目的都不是为了判断，而是帮助学生更有效地学习和达到更高的水平。
- **最终的课程成绩等级只能提供有关学生学业成就水平的总体的量化信息。如有可能，应该补充定性信息，可以使用学生创建的档案夹。**大多数教师最后需要把课堂评价的结果减缩成学生已经掌握的知识的更全面的指标。最常见的做法是最后的等级评定要总结学生在学期或学年达到了什么水平。在大多数情况下，最后的等级应该反映学生的真实学业成就，以硬数据为基础。当然，等级分数的问题是它对学生具体学会了什么、会做什么提供的信息很少。学生的档案夹可以表现学生学业成就多个方面的复杂特点，是最终等级分数的有效替代或补充。
- **大规模的标准化测验对于评价学生在某个领域的总体学业成就水平很有帮助，但是教育者永远不能仅仅根据某次测验分数对学生个体做重要决定，政策制定者们也不应该采用单次测验的平均分来评价教师和学校的效率。**标准学业成就测验提供了一种方法，可以用来跟踪学生一段时间的学业进步，可以用来了解某所学校的学生与其他地方的同伴进行比较的大概情况。近年来，标准化成就测验越来越多地用来对学生做重要决定，让学校教职工对学生的学业成就负责任。这种高风险测验并不总是能够带来更高的学生学业成就水平，例如，可能导致有些教师简单地“为测验而教学”，因此会忽视那些重要的但没被测验的教学目标。

  毫无疑问，至少在不远的将来，这类标准化测验还将继续被用作重要指标：（1）评价学生的进步；（2）评价教师和学校的有效性。教师应该提倡用合理有效的方法来评价学生的总体进步和学业成就。例如，任何高风险测验都应该与重要教学目标相匹配，学生年龄、发展水平和英语能力必须与测验设计、实施和结果解释相适应。此外，有影响力的政策制定者必须清楚认识到，把学生的学业成就测验分数用作教师和学校整体有效性的指标是存在重要局限性的。

## ▼资格考试备考练习

### 两次科学测验

经常采用纸笔测验会鼓励学生学习和回顾课堂材料，波洛斯凯老师告诉他 9 年级科学课的学生每周五都有测验。这是他当老师的第一年，编制测验问题方面没有经验，因此他决定用教材配套的测验手册里的题目。第一次测验前的那天晚上，波洛斯凯老师从手册中选出 30 道选择题和是非题，确定这些题目覆盖了他上课讲的具体内容。

他的学生抱怨这些题目“太过刁钻”。仔细检查这些题目时，他发现学生们是对的：这个测验只是测量学生对具体细节的记忆。因此，当准备第二次测验时，他把测验手册放到一边，出了两道简答题，让学生把他们学习的科学定律应用到新的现实生活情境中。

下个周五，学生对第二次考试抱怨得更厉害：“考试太难了！”“我们从来没学过这些内容！”“我觉得还是第一次测验比较好！”后来，波洛斯凯老师评分时惊讶地发现，学生们的表现非常糟糕。

**1. 问答题**

明确课堂评价任务时，教师必须确定评价任务的效度，尤其是内容效度。

A. 比较波洛斯凯老师两次测验的内容效度。

B. 叙述一种波洛斯凯老师可以使用用来编制内容效度好的测验的方法。

**2. 选择题**

以下选项是学生对第二次测验持否定态度的可能解释。根据当代学习和动机理论，选择最可能的解释。

A. 选择题和是非题比论述题更能增强学生的自主感。

B. 学习者更可能以他们认为可以巩固学习内容的方式学习。

C. 选择题和是非题容易促进学习目标，论述题可以促进表现目标。

D. 选择题和是非题评价短时记忆的信息，而论述题通常评价长时记忆的信息。

# 描述相关系数间的关系

- 高自尊的学生会比低自尊的学生在学校里表现更好吗?
- 随着学生年级水平的变化，他们学习课堂主题内容的内在动机是更强了，还是会变弱?
- 学生在同一周参加两次不同的一般认知能力测试，他们这两次测验的分数会一样吗?
- 孩子们对痛苦氛围的情绪反应与他们帮助抑郁人群的意愿相关吗?

这些问题问的都是两个变量之间的相关性：自尊与学校成就之间、年级水平和内在动机之间、两次一般认知能力测验之间、情绪反应和亲社会行为之间是否有联系。这种关联性的特点有时候可以概括成被称作**相关系数**（**correlation coefficient**）的统计数值。

相关系数是 -1 到 +1 之间的数字。大多数相关系数是处于这两个值之间的某个小数（正值或负值）。两个变量之间的相关系数告诉我们的是变量之间的相关性的方向和强度。

## 方向

相关性的方向用系数的符号来表示，也就是说，这个数字是正值还是负值。正值表示正相关（*positive correlation*）：一个变量增加，则另一个变量也会增加。例如，自尊和学校成就之间存在正相关：高自尊水平的学生获得更好的学业成就。[①] 相反，负值表示负相关（*negative correlation*）：一个变量减少，另一个变量则增加。例如，年级水平和内在动机之间存在负相关：一般来说，高年级的学生（如，初中和高中）对掌握课堂主题内容的内在动机比年龄小的学生更弱。[②] 图 A.1 清楚地描述了刚才所述的两种相关。

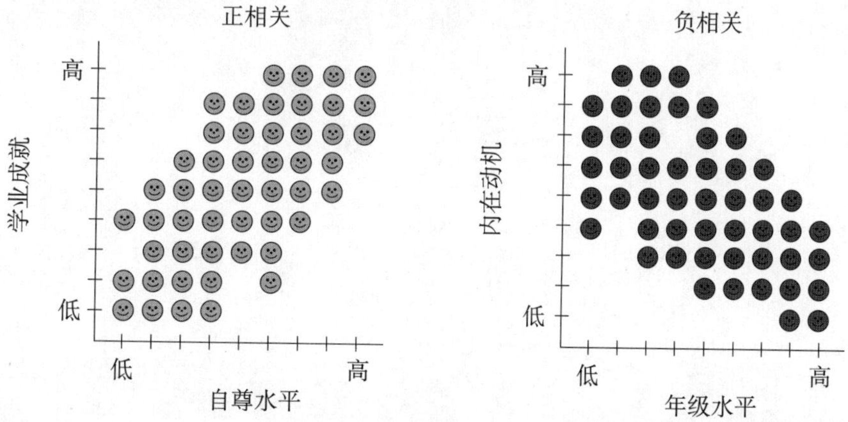


**图 A.1　这两个图的每张人脸代表 50 个学生组里的某个学生。每张人脸的位置表示学生这两个特征的高水平或低水平的程度。自尊水平学业成就直接存在正相关：高自尊水平的学生倾向于获得较高的学业成就。年级水平和内在动机之间存在负相关：高年级的学生比低年级的学生学会学校主题学习内容的内在动机水平低**

① 例如，参见 Marsh, Gerlach, Trautwein, Lüdtke, & Brettschneider, 2007。

② 例如，参见 Gottfried, Fleming, & Gottfried, 2001。

### 强度

相关的强度是用系数的大小来表示的。数字接近 +1 或 −1（如 +0.89 或 −0.76）表明是强相关：这两个变量是紧密相关的，因此知道一个变量的水平可以相当准确地预测另一个变量的水平。例如，我们经常发现在较短一段时期内两次一般认知能力测验之间相关程度很高：学生们在两次测验中倾向于获得同样的分数，两次测验涉及同样的内容时尤其如此。[①] 相反，接近 0 的数字（如 +0.08 或 −0.21）表示相关性较弱：知道一个变量的水平预测另一个变量的水平时，其准确程度并不高。例如，年龄小的孩子对悲伤的感受与亲社会行为之间存在弱相关：一般来说，在同伴需要帮助时感到伤心的孩子比不太伤心的孩子更可能提供帮助，但例外情况很多（如，有些伤心的孩子并没向同伴提供帮助）。[②] 中间范围的相关（如，0.40 和 0.50，不管是正值还是负值）表示中等程度的相关。

在专业书籍和期刊的研究论文里，你会经常看到相关系数。例如，你可能会读到，学生的视觉 – 空间思维能力与他们数学课的成功正相关，或是班级规模和学生的学业测验分数负相关。无论何时，当你看到这样的相关性内容时，都必须记住非常重要的一点：相关性并不一定表明存在因果关系。例如，仅仅基于相关性，我们不能说视觉 – 空间思维能力强一定会有更强的数学能力，我们也不能说大的班级规模会干扰课堂成就。只有认真设计实验研究才可以让我们得出结论，验证一件事情促成或影响另一件事情的程度。

许多计算是用程序来计算相关系数。也可以使用谷歌或必应这样的互联网浏览器，你可以很容易找到帮助你计算相关性和其他简单统计的网站。手工计算相关系数很复杂，但当然是有可能的。你可以在互联网搜索引擎或大多数介绍性的统计课本上找到这样的公式。

---

① 例如，参见 McGrew, Flanagan, Zeith, & Vanderwood, 1997。

② 例如，参见 P.A. Miller, Eisenberg, Fabes, & Shell, 1996。

# 附录 B

# 标准化测验分数的理解和解释

学生在标准化测验中的表现通常都是用一个或多个常模参照分数来报告，分数反映的是学生与全国范围内的常模组相关的表现。在某些情况下，分数是通过把学生的表现与各年级或年龄水平的学生进行比较得出来的，这种比较会产生与年级或年龄对应的分数。也有些情况下分数是以与同年龄或同年级的学生进行比较为基础的，这样比较会产生百分比等级或标准分数。

不管采取哪种形式的常模参照分数，教育者们都必须记住，任何测验分数反映的都仅仅是学生在某个测验中的表现。任何测验都不可能有最完美的信度，也不可能在某个给定的内容范围内完全考查出学生的成就和能力。

### 年级和年龄相对应的分数

想象一下，肖恩参加了标准化测验——阅读成就测验（RAT）。60 道题目他做对了 46 道题，因此 46 分是他的原始分。我们看看测验手册中报告的常模，找到了图 B.1 中不同年级和年龄水平的平均原始分。肖恩的原始分数 46 分与常模组 11 年级的平均分一样，因此他得到的**年级对应分数**（**grade-equivalent score**）是 11。他的分数是在 16 岁和 17 岁学生的平均分之间，因此他得到的**年龄对应分数**（**age-equivalent score**）是 16.5。肖恩 13 岁，读 8 年级，因此很显然他的阅读成就测验成绩不错。

| 年级常模 | | 年龄常模 | |
|---|---|---|---|
| 年级 | 平均原始分数 | 年龄 | 平均原始分数 |
| 5 | 19 | 10 | 18 |
| 6 | 25 | 11 | 24 |
| 7 | 30 | 12 | 28 |
| 8 | 34 | 13 | 33 |
| 9 | 39 | 14 | 37 |
| 10 | 43 | 15 | 41 |
| 11 | 46 | 16 | 44 |
| 12 | 50 | 17 | 48 |

**图 B.1　假设的阅读成就测验常模组数据**

一般来说，年级和年龄对应分数是通过把学生的原始分数和常模组某一特定年级或年龄水平匹配来决定的。在阅读成就测验中，与一般的 2 年级学生表现一样好的学生可以得到年级对应分数 2，不管学生实际在哪个年级。在身体健康测验中，与一般 10 岁孩子得到同样原始分数的学生可以得到年龄对应分 10，不管这个学生是 5 岁、10 岁还是 15 岁。

表面上看来，年级和年龄对应分数似乎既简单又直接，但有一个严重的缺陷：它们不能告诉我们在某一特定年级或年龄水平学生的表现的典型范围。例如，阅读成就测验原始分数 34 分的年级对应分数是 8，但是很显然并非所有的 8 年级学生都正好得到 34 分的原始分数。许多 8 年级学生的原始分数很有可能比 34 分高或低几分，而年龄对应分数是 9 或 7（可能是 10 分或更高，也可能是 6 分或更低）。

几十年来，年级对应分数被广泛用来总结学生在标准化学业成就测验中的表现。近些年来，它的作用有所下降，因为经常被错误地解释。一个常见错误解释是，善意的政策制定者们有时候提议，年级对应分数应该作为成绩的标准，所有学生都应该在学业测验上达到这个年级水平。考虑到大多数课堂存在的正常变化，这个目标是不现实的：每个人达到或超过平均水平这在数学上是不可能的。第二个常见错误解释可以总结为，年级对应分数表明应该把学生放在适当的年级。例如，三年级学生在各学科所获得的年级对应分数是 5 或 6，应该马上让他转到 5 年级。记住，标准参照分数反映的只是学生在某个特定时间某次特定测验中的成绩表现，并不一定反映学生有能力应付更高年级水平的课程。此外，尽管转到更高级别的班级有时候对某些学生是合适的，但大多数学生感觉与同龄的同学在一起在社交上和情感上更舒服。当然，好教师会根据学生不同的学业水平选择合适的教学策略。

### 百分比等级

**百分比等级**［**percentile rank**，有时候简单称作**百分比**（**percentile**）］是指同年龄或年级水平的学生获得的原始分数低于或等于某个学生的原始分数的百分比。举例说明，我们再来看看肖恩在阅读成就测验中的表现。因为肖恩在 8 年级，我们来看阅读成就测验手册中的 8 年级常模。我们发现原始分数 46 分在 8 年级学生分数中的百分比是 98，我们知道肖恩的成绩与常模组的 8 年级学生中 98% 的学生一样好或更好。同样，百分比等级是 25 的学生与常模组 25% 的学生一样好或更好，百分比等级是 60 的学生与 60% 的学生一样好或更好。重点要注意百分比等级指的是人数的百分比，而不是正确题目的百分比，而后者在教师教育中是很常见的错误观念。

百分比等级相对来说理解起来很简单，因此经常被用来报告测验结果。但有一个主要弱点：扭曲了学生之间的真实差异。举例来说，请看四个男孩在阅读成就测验中的百分比等级：

| 学生 | 百分比等级 |
|---|---|
| 厄尼斯特 | 45 |
| 弗兰克 | 55 |
| 吉沃杰 | 89 |
| 维恩 | 99 |

在真实学业成就上（用阅读成就测验测量的），尽管厄尼斯特与弗兰克的百分比等级相差 10

分，但他们的原始分数可能差得并不多。但是，10 分的差异在量表上端代表的学业成就差异很大：吉沃杰的百分等级 89 告诉我们他了解很多知识，而维恩的百分等级 99 告诉我们他了解的知识特别多。一般来说，百分比等级对所要测量的中间部分差异会高估：分数上几分的差异反映学生的学业成就和能力是基本一样的。同时，百分比等级会低估高分段和低分段的差异：相差几分通常反映出学生的学业成就和能力有较大差别。我们使用标准分数时就避免了这个问题。

### 标准分数

学校的护士测量了奥本海默老师 3 年级班里 25 个学生的身高，如图 B.2 左边所示。这名护士制作了学生身高图，如图 B.2 右边所示。注意该图中间部分高两边低。这个形状告诉我们，奥本海默老师的学生身高大多处于平均水平，只有少数个子很矮的学生（如派特、艾米和威尔）和少数几个个子很高的学生（如黑尔、罗伊和简）。

许多心理学家认为教育特征和心理特征（包括学业成就和能力）一般遵循与身高同样的模式：大多数人接近平均水平，少数人远离平均水平。教育特征和心理特征的这种理论模式叫作**正态分布**［**normal distribution**，或**正态曲线**（**or normal curve**）］，如页边曲线图所示。标准分数反映了这种正态分布：许多学生的分数在中间段，只有少数几个极高或极低的分数。

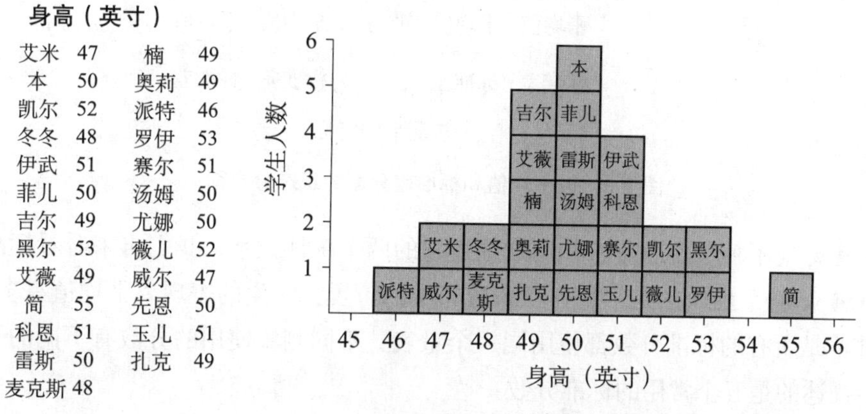


平均身高= $\frac{\text{所有学生身高总和}}{\text{学生人数}} = \frac{1250}{25} = 50$

**图 B.2 奥本海默老师 3 年级班里孩子们的身高**

我们在详细地考察标准分数之前，需要理解用来得出这些数值的两个数字：平均数和标准差。**平均数**（**mean**）是一系列分数的平均值：我们把所有分数相加除以分数（或人数）的总个数。例如，我们把奥本海默老师班上的 25 个学生的身高相加，然后除以 25，我们得到平均身高是 50 英寸（请看图 B.2 中的计算）。

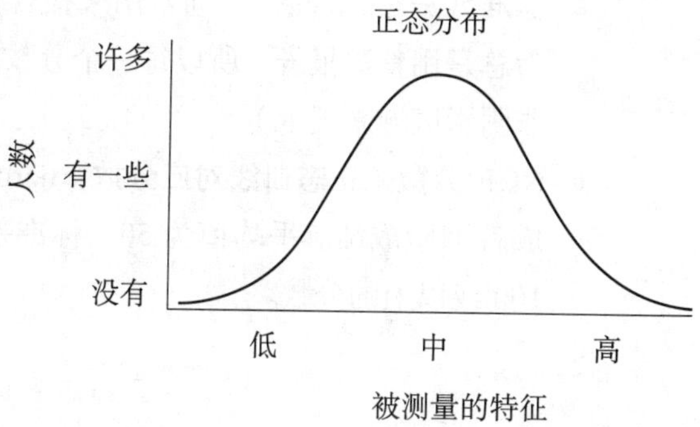


**标准差**（**standard deviation，SD**）表现的是分数的变化。一般来说，标准差小，表明这些分数相差不大，标准差大说明分数间差别较大。例如，3 年级比 8 年级学生的身高差别小（有些 8 年级学生身高不到 5 英尺，而有些可能将近 6 英尺高了）。3 年级学生身高标准差比 8 年级学生身高标准差小。计算标准差的公式

非常复杂，幸运的是，我们没有必要知道具体计算方法，就可以理解标准差在标准分数中所起的作用。此外，任何出版的测验一般在测验手册中都提供了标准差。（如果你很好奇的话，可以在维基百科和其他网站上找到。）

平均值和标准差可以用来把正态分布分成几个部分，如图 B.3 所示。曲线中间的垂直线表示平均值，在正态分布里既是曲线的中间点也是最高点。两边的细线表示标准差：我们可以找出比平均值高或低一个标准差的地方，用垂直线标出这两个地方。我们用这种方法把正态分布分开了，每一部分得分的学生百分比都是一样的。大约 2/3（68%）的学生得分在平均值一个标准差以内（两边各 34%）。从平均值再往两边，我们发现学生越来越少，28% 在离平均值一个到两个标准差之间（每边各 14%），只有 4% 的学生在两个标准差以外（每边各 2%）。

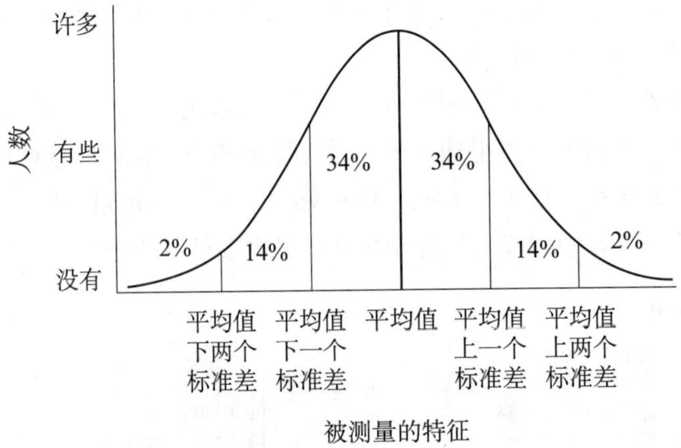


**图 B.3　被平均值和标准差分割的正态分布图**

现在我们更好地了解了正态分布和用来描述它的两个统计数字，我们再来看看标准分数。**标准分数（standard score）**反映的是学生在正态分布中的位置：学生的表现离平均值有多少个标准差。遗憾的是，并不是所有的标准分数都使用同一个量表：不同测验使用的分数有不同的平均值和标准差。图 B.4 中描述的是五个常用的标准分数：

- **智商分数**（IQ score）。智商分数经常用来报告学生在智力测验中的表现。平均值为 100，标准差为 15（第 6 章图 6.10，我把曲线用标准差单元的第三个分开。85 分和 115 分反映的都是离平均值 100 分一个标准差，70 分和 130 分反映的都是离平均值 2 个标准差）。
- **ETS 分数**（ETS score）。ETS 分数是美国教育测验服务出版的测验中使用的分数，如 SAT 和研究生考试（GRE）。500 分为平均分，标准差为 100。但是没有低于 200 分的也没有高于 800 分的。
- **标准九分**（stanines）。通常用来报告标准学业成就测验的结果。平均值为 2，标准差为 2。因为总是用整数报告，所以每一个分数反映的是测验表现的范围（图 B.4 右上部曲线中用阴影和非阴影区域来表示）。
- **NCE 分数**（**正态曲线对应分数，**normal-curve-equivalent scores）越来越多地用于报告标准学业成就测验成绩。平均值为 50，标准差为 21.06。零分或负分是不可能出现的，也不可能出现 100 或以上的分数。

- **Z 分数**（z-score）。被称为 z 分数的标准分数被经常使用。平均值为 0，标准差为 1。

NCE 分数（21.06）这个奇怪的标准差需要解释一下。用这个特定的标准差，NCE 分数 1 对应百分数 1，同样，NCE 分数 99 对应百分数 99。当然，NCE 分数 50（曲线的平均值和中间点）也对应百分数 50。因此，NCE 分数与百分比等级的范围是一样的。[①]

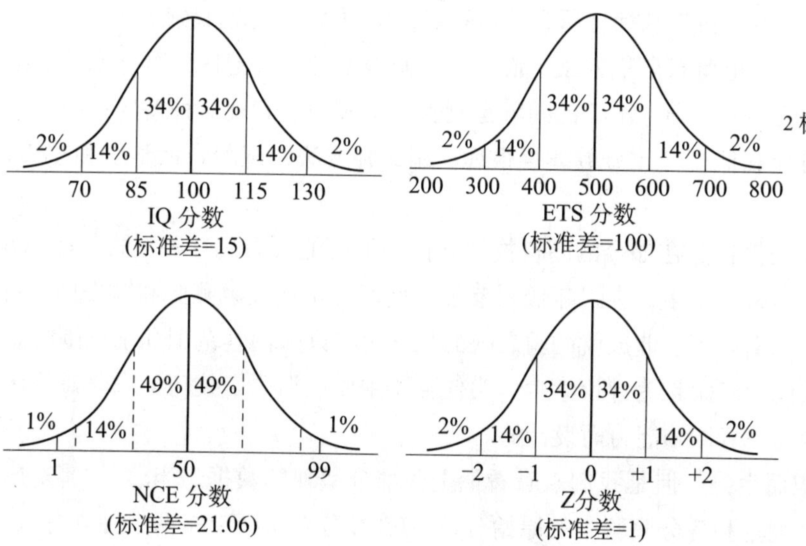


**图 B.4　五种类型的标准分数的分布图**

**解释电脑生成的测验分数：两个例子**

随着测验分析软件的成熟，测验出版者为教师和学生家长生成了越来越复杂的报告。有些报告很可能非常具有压迫性。为了帮助大家了解这些报告，我们从“旧时光”也就是 20 世纪 90 年代的一项报告开始。尽管按现在的标准这个报告已经太过时了，但是它简明扼要，相对来说容易理解。图 B.5 呈现的是 12 岁的英格瑞一次标准学业成就测验成绩的电脑打印稿。英格瑞的百分比等级和标准九分是用她的原始分数与全国常模组进行比较计算出来的。基于她的测验分数，英格瑞的拼写和数学计算达到了平均水平到略低于平均水平，数学概念达到了平均水平及略高于平均水平，阅读理解、科学和社会研究高于平均水平和远高于平均水平。

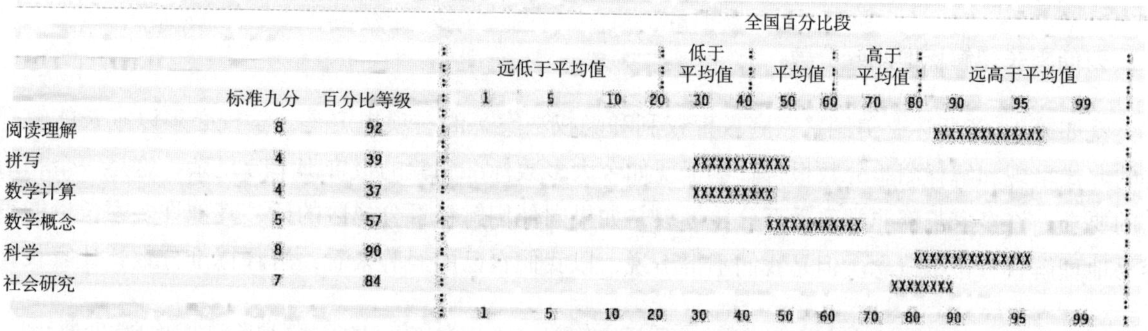


**图 B.5　12 岁的英格瑞一次标准学业成就测验成绩的电脑打印稿**

---

① 有些教育者发现，计算平均测验分对某个特定群体的学生来说很有帮助，NCE 分数就可以做到。相反，百分比等级不能用来计算平均分：前面我们提到，它扭曲了学生之间的实际差异，使得最简单的数学计算变得毫无意义。

图 B.5 中的“全国百分比段”（如这些“×”占的区间）是反映错误量的**置信区间**（**confidence intervals**）（由信度不够造成的），它在英格瑞的百分比等级分数中也会出现。英格瑞拼写和数学的置信区间重叠，因此虽然她在数学概念上的分数比拼写或数学计算分数高一些，但是分数差异不足以判断她的数学概念比其他两个方面更好。阅读理解、科学和社会研究的置信区间也是重叠，因此她在这三个方面的表现相似。三个最好的分数的置信区间没有与三个最低的分数的置信区间重叠。因此，我们可以说英格瑞的阅读理解、科学和社会研究相对较好，拼写和数学成就较低。

请注意百分比置信区间的数字（电脑打印稿的最下面一行）间隔不均匀。记住，百分比等级会高估平均值附近的差异，而低估两端的差异。不等的间隔是测验出版者为了表现这种差异：中间的百分比分数挤得很近，而高百分比和低百分比分数离得很远。用这种方法，试图告诉学生和家长，学生的测验分数呈正态分布。

现在我们来看一个更为详细的报告，在如今的高科技社会你们更可能会看到这种报告。图 B.6 是一个假设的例子，一个叫阿法斯特的学生，在二年级时参加了斯坦福学业成就测验和欧提斯 - 列农（Otis-Lennon）学校能力测验。斯坦福学业成就测验反映的是学生在许多内容范围和子范围的总体成就分数，欧提斯 - 列农学校能力测验是为评价学生口头任务（主要依靠语言技巧）和非口头任务（数字、图片或表格结构）中的一般认知能力而设计的。

粗略一看，这个报告令人望而生畏，但是我们来看看最上面部分呈现的数据。当然，“答对题目数”这一列是阿法斯特在整个测验和各分测验中的原始分数。PR-S 分数实际上是两个独立分数：前面两个数字表示的是百分比等级，连字符后面的数字是标准九分评分制分数。

斯坦福测验是基于二年级的全国常模群体编制了百分比等级和标准九分表；欧提斯 – 列农学校能力测验有两套百分比等级和标准九分数，一套源于二年级常模（“全国同年级 PR-S”），另一套源于阿法斯特的同龄人群体（“年龄 PR-S”）。前面我们已经解释过正态曲线对应分数的性质，欧提斯 – 列农学校能力测验的 SAI 分数是基于我们之前描述过的智商分数（SAI 指的是“学校能力指数”）。我们没有具体讨论量表分数，或 AAC 范围可能指的是什么，因为我们不想让读者被太多信息淹没，因此我们把这些内容的解释放在脚注中，感兴趣的读者可以去了解。[①]

请注意，图表右上部“全国同年级的百分比段”。这些置信区间，是用来反映影响阿法斯特百分比等级分数的误差量（以及不完美的信度）。正如图 B.5 中更简单的打印稿一样，该图将中间范围的百分比等级排得更近，并将高和低的百分比等级分得更远，以此作为反映分数基础正态分布的一种方式。

### 帮助家长理解标准测验分数

就如第 10 章所述，美国《家庭教育权利和隐权法案》的一项规定是，学校必须以家长能够理解的方式呈现和解释测验分数报告。鉴于现如今大多数标准测验的报告都十分复杂，这是一个相当高的要求。许多家长都非常熟悉百分比等级，如果向他们解释百分位数的话，其他许多家长也能很容易地理解百分位数概念。但是我们不得不说，以我们自己的经验来看，解释标准分数，让家长真

---

① “量表分数”是为了反映每个测验的难度水平而进行的统计学校正；通过它可以对参加不同形式的测验的学生进行比较，有些形式的测验不可避免地会比其他的难度大一些。“AAC 范围”指的是“能力—成就比较”，这里面的条目表示的是阿法斯特的各类学业成就测验分数如何与欧提斯 – 列农学校能力测验对他总的认知能力的评价进行比较。例如，阿法斯特的数学成绩分数高，表明他比跟他一样参加欧提斯 – 列农学校能力测验的其他学生表现更好一些。

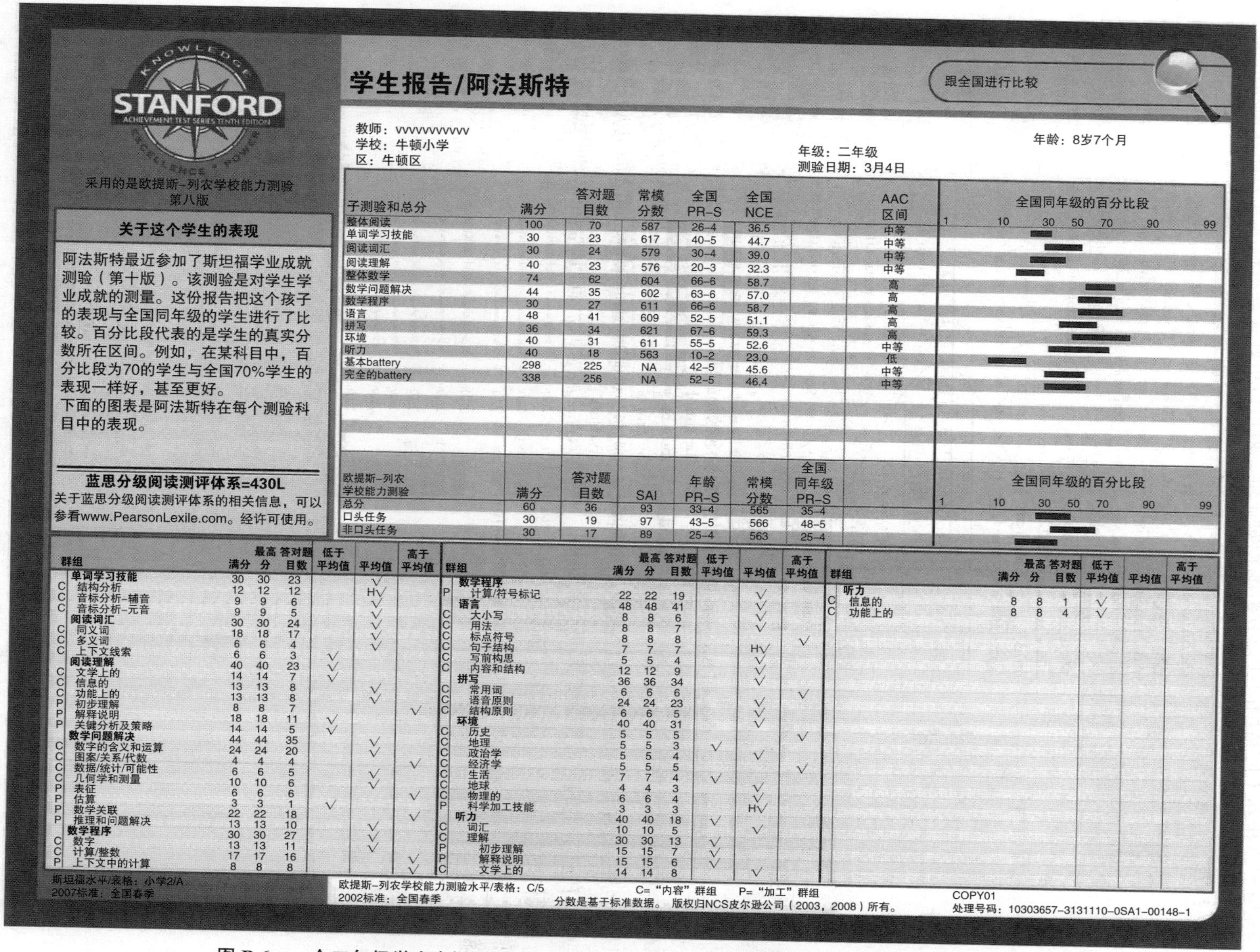


| 子测验和总分 | 满分 | 答对题目数 | 常模分数 | 全国PR-S | 全国NCE | AAC区间 |
|---|---|---|---|---|---|---|
| 整体阅读 | 100 | 70 | 587 | 26-4 | 36.5 | 中等 |
| 单词学习技能 | 30 | 23 | 617 | 40-5 | 44.7 | 中等 |
| 阅读词汇 | 30 | 24 | 579 | 30-4 | 39.0 | 中等 |
| 阅读理解 | 40 | 23 | 576 | 20-3 | 32.3 | 中等 |
| 整体数学 | 74 | 62 | 604 | 66-6 | 58.7 | 高 |
| 数学问题解决 | 44 | 35 | 602 | 63-6 | 57.0 | 高 |
| 数学程序 | 30 | 27 | 611 | 66-6 | 58.7 | 高 |
| 语言 | 48 | 41 | 609 | 52-5 | 51.1 | 高 |
| 拼写 | 36 | 34 | 621 | 67-6 | 59.3 | 高 |
| 环境 | 40 | 31 | 611 | 55-5 | 52.6 | 中等 |
| 听力 | 40 | 18 | 563 | 10-2 | 23.0 | 低 |
| 基本battery | 298 | 225 | NA | 42-5 | 45.6 | 中等 |
| 完全的battery | 338 | 256 | NA | 52-5 | 46.4 | 中等 |

| 欧提斯-列农学校能力测验 | 满分 | 答对题目数 | SAI | 年龄PR-S | 常模分数 | 全国同年级PR-S |
|---|---|---|---|---|---|---|
| 总分 | 60 | 36 | 93 | 33-4 | 565 | 35-4 |
| 口头任务 | 30 | 19 | 97 | 43-5 | 566 | 48-5 |
| 非口头任务 | 30 | 17 | 89 | 25-4 | 563 | 25-4 |

| | 群组 | 满分 | 最高分 | 答对题目数 | 低于平均值 | 平均值 | 高于平均值 |
|---|---|---|---|---|---|---|---|
| | **单词学习技能** | 30 | 30 | 23 | | √ | |
| C | 结构分析 | 12 | 12 | 12 | | H√ | |
| C | 音标分析-辅音 | 9 | 9 | 6 | | √ | |
| C | 音标分析-元音 | 9 | 9 | 5 | | √ | |
| | **阅读词汇** | 30 | 30 | 24 | | √ | |
| C | 同义词 | 18 | 18 | 17 | | √ | |
| C | 多义词 | 6 | 6 | 4 | | √ | |
| C | 上下文线索 | 6 | 6 | 3 | √ | | |
| | **阅读理解** | 40 | 40 | 23 | √ | | |
| C | 文学上的 | 14 | 14 | 7 | √ | | |
| C | 信息的 | 13 | 13 | 8 | | √ | |
| C | 功能上的 | 13 | 13 | 8 | | √ | |
| P | 初步理解 | 8 | 8 | 7 | | | √ |
| P | 解释说明 | 18 | 18 | 11 | √ | | |
| P | 关键分析及策略 | 14 | 14 | 5 | √ | | |
| | **数学问题解决** | 44 | 44 | 35 | | √ | |
| C | 数字的含义和运算 | 24 | 24 | 20 | | √ | |
| C | 图案/关系/代数 | 4 | 4 | 4 | | | √ |
| C | 数据/统计/可能性 | 6 | 6 | 5 | | √ | |
| C | 几何学和测量 | 10 | 10 | 6 | | √ | |
| P | 表征 | 6 | 6 | 6 | | | √ |
| P | 估算 | 3 | 3 | 1 | √ | | |
| P | 数学关联 | 22 | 22 | 18 | | | √ |
| P | 推理和问题解决 | 13 | 13 | 10 | | √ | |
| | **数学程序** | 30 | 30 | 27 | | √ | |
| C | 数字 | 13 | 13 | 11 | | √ | |
| C | 计算/整数 | 17 | 17 | 16 | | | √ |
| P | 上下文中的计算 | 8 | 8 | 8 | | | √ |

| | 群组 | 满分 | 最高分 | 答对题目数 | 低于平均值 | 平均值 | 高于平均值 |
|---|---|---|---|---|---|---|---|
| | **数学程序** | | | | | | |
| P | 计算/符号标记 | 22 | 22 | 19 | | √ | |
| | **语言** | 48 | 48 | 41 | | √ | |
| C | 大小写 | 8 | 8 | 6 | | √ | |
| C | 用法 | 8 | 8 | 7 | | √ | |
| C | 标点符号 | 8 | 8 | 8 | | | √ |
| C | 句子结构 | 7 | 7 | 7 | | H√ | |
| C | 写前构思 | 5 | 5 | 4 | | √ | |
| C | 内容和结构 | 12 | 12 | 9 | | √ | |
| | **拼写** | 36 | 36 | 34 | | √ | |
| C | 常用词 | 6 | 6 | 6 | | | √ |
| C | 语音原则 | 24 | 24 | 23 | | √ | |
| C | 结构原则 | 6 | 6 | 5 | | √ | |
| | **环境** | 40 | 40 | 31 | | √ | |
| C | 历史 | 5 | 5 | 5 | | | √ |
| C | 地理 | 5 | 5 | 3 | √ | | |
| C | 政治学 | 5 | 5 | 4 | | √ | |
| C | 经济学 | 5 | 5 | 5 | | | √ |
| C | 生活 | 7 | 7 | 4 | √ | | |
| C | 地球 | 4 | 4 | 3 | | √ | |
| C | 物理的 | 6 | 6 | 4 | | √ | |
| P | 科学加工技能 | 3 | 3 | 3 | | H√ | |
| | **听力** | 40 | 40 | 18 | √ | | |
| C | 词汇 | 10 | 10 | 5 | | √ | |
| C | 理解 | 30 | 30 | 13 | √ | | |
| P | 初步理解 | 15 | 15 | 7 | √ | | |
| P | 解释说明 | 15 | 15 | 6 | √ | | |
| C | 文学上的 | 14 | 14 | 8 | | √ | |

| | 群组 | 满分 | 最高分 | 答对题目数 | 低于平均值 | 平均值 | 高于平均值 |
|---|---|---|---|---|---|---|---|
| | **听力** | | | | | | |
| C | 信息的 | 8 | 8 | 1 | √ | | |
| C | 功能上的 | 8 | 8 | 4 | √ | | |

**图 B.6**　一个二年级学生在斯坦福成就测验和欧提斯 - 列农学校能力测验中的假想成绩报告单

来源：The Stanford Achievement Test Series,Tenth Edition (Stanford 10).Copyright @2003 by NCS Pearson,Inc.Reproduced with permisson.All rights reserved.

正能够理解，还是会有点难度的，尤其是当家长没什么统计学方面的背景时。（让我们面对现实吧，大多数家长都没有统计学背景！）图 B.7 中这个简单图表，通过查看这些分数与简单的百分比之间的关系，尤其是学生在不同范围内获得分数的相对比例，就可以更好地理解标准九分评分制和正态曲线对应分数。

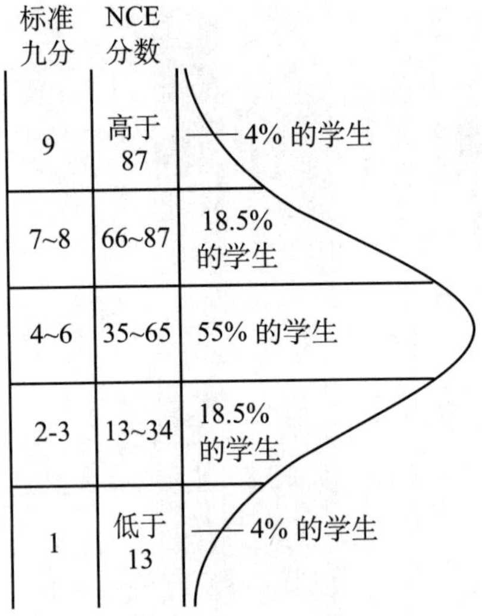


**图 B.7　标准九分和 NCE 分数的比较图**

尽管标准测验可以产生大量数据，但是教育者和家长必须记住，学生在这些测验中的分数，充其量只是对学生通常知道和会做的内容的不精确估计。并且，对某些学生来说，可能效度很小甚至没有效度。在对学生的标准测验结果进行解释时，我们务必非常谨慎，有时候要彻头彻尾地进行怀疑，而且我们不能在报告中放太多“确切的”的数字。

# 参考文献*

## CHAPTER 1


Alexander, P. A. (2003). The development of expertise: The journey from acclimation to proficiency. *Educational Researcher, 32*(8), 10–14.

American Psychological Association (2010). *Publication manual of the American Psychological Association* (6th ed.). Washington, DC: Author.

Baumert, J., Kunter, M., Blum, W., Brunner, M., Voss, T., Jordan, A., . . . Tsai, Y.-M. (2010). Teachers' mathematical knowledge, cognitive activation in the classroom, and student progress. *American Educational Research Journal, 47,* 133–180.

Berliner, D. C. (2001). Learning about and learning from expert teachers. *International Journal of Educational Research, 35,* 463–483.

Blumberg, F. C. (Ed.). (2014). *Learning by playing: Video gaming in education.* New York, NY: Oxford University Press.

Borko, H., & Putnam, R. T. (1996). Learning to teach. In D. C. Berliner & R. C. Calfee (Eds.), *Handbook of educational psychology.* New York, NY: Macmillan.

Bransford, J., Darling-Hammond, L., & LePage, P. (2005). Introduction. In L. Darling-Hammond & J. Bransford (Eds.), *Preparing teachers for a changing world: What teachers should learn and be able to do* (pp. 1–39). San Francisco, CA: Jossey-Bass/Wiley.

Bransford, J., Derry, S., Berliner, D., & Hammerness, K. (with Beckett, K. L.). (2005). Theories of learning and their roles in teaching. In L. Darling-Hammond & J. Bransford (Eds.), *Preparing teachers for a changing world: What teachers should learn and be able to do* (pp. 40–87). San Francisco, CA: Jossey-Bass/Wiley.

Brouwer, N., & Korthagen, F. (2005). Can teacher education make a difference? *American Educational Research Journal, 42,* 153–224.

Castagno, A. E., & Brayboy, B. M. J. (2008). Culturally responsive schooling for Indigenous youth: A review of the literature. *Review of Educational Research, 78,* 941–993.

Clotfelter, C. T., Ladd, H. F., & Vigdor, J. (2007). Who teaches whom? Race and the distribution of novice teachers. *Economics of Education Review, 24,* 377–392.

Cochran, K. F., & Jones, L. L. (1998). The subject matter knowledge of preservice science teachers. In B. J. Fraser & K. G. Tobin (Eds.), *International handbook of science education* (Pt. II, pp. 707–718). Dordrecht, Netherlands: Kluwer.

Cook, B. G., Smith, G. J., & Tankersley, M. (2012). Evidence-based practices in education. In K. R. Harris, S. Graham, & T. Urdan (Eds.), *APA educational psychology handbook* (Vol. 1, pp. 495–527). Washington, DC: American Psychological Association.

Creswell, J. W. (2014). *Research design: Qualitative, quantitative, and mixed methods approaches* (4th ed.). Thousand Oaks, CA: Sage.

Darling-Hammond, L., & Bransford, J. (Eds.). (2005). *Preparing teachers for a changing world: What teachers should learn and be able to do.* San Francisco, CA: Jossey-Bass/Wiley.

Desimone, L. M. (2009). Improving impact studies of teachers' professional development: Toward better conceptualizations and measures. *Educational Researcher, 38,* 181–199.

DuFour, R., DuFour, R., & Eaker, R. (2008). *Revisiting professional learning communities at work: New insights for improving schools.* Bloomington, IN: Solution Tree.

Feldon, D. F. (2007). Cognitive load and classroom teaching: The double-edged sword of automaticity. *Educational Psychologist, 42,* 123–137.

Fives, H., & Gill, M. G. (Eds.). (2015). *International handbook of research on teachers' beliefs.* New York, NY: Routledge.

Gage, N. L. (1991). The obviousness of social and educational research results. *Educational Researcher, 20*(1), 10–16.

Goldstein, L. S., & Lake, V. E. (2000). "Love, love, and more love for children": Exploring preservice teachers' understanding of caring. *Teaching and Teacher Education, 16,* 861–872.

Graham, P., & Ferriter, W. M. (2009). *Building a professional learning community at work: A guide to the first year.* Bloomington, IN: Solution Tree.

Green, C. S. (2014). The perceptual and cognitive effects of action video game experience. In F. C. Blumberg (Ed.), *Learning by playing: Video gaming in education* (pp. 29–41). New York, NY: Oxford University Press.

Gregoire, M. (2003). Is it a challenge or a threat? A dual-process model of teachers' cognition and appraisal processes during conceptual change. *Educational Psychology Review, 15,* 147–179.

Guskey, T. R., & Sparks, D. (2002, April). *Linking professional development to improvements in student learning.* Paper presented at the annual meeting of the American Educational Research Association, New Orleans, LA.

Hammerness, K., Darling-Hammond, L., & Bransford, J. (with Berliner, D., Cochran-Smith, M., McDonald, M., & Zeichner, K.). (2005). How teachers learn and develop. In L. Darling-Hammond & J. Bransford (Eds.), *Preparing teachers for a changing world: What teachers should learn and be able to do* (pp. 358–389). San Francisco, CA: Jossey-Bass/Wiley.

Hamre, B. K., Pianta, R. C., Burchinal, M., Field, S., LoCasale-Crouch, J., Downer, J. T., . . . Scott-Little, C. (2012). A course on effective teacher–child interactions: Effects on teacher beliefs, knowledge, and observed practice. *American Educational Research Journal, 49,* 88–123.

Harris, K. R., Graham, S., & Urdan, T. (2012). Introduction. In K. R. Harris, S. Graham, & T. Urdan (Eds.), *APA educational psychology handbook* (Vol. 1, pp. xxi–xxx). Washington, DC: American Psychological Association.

Hattie, J. A. C. (2009). *Visible learning: A synthesis of over 800 meta-analyses relating to achievement.* London, England: Routledge.

Heck, A., Collins, J., & Peterson, L. (2001). Decreasing children's risk taking on the playground. *Journal of Applied Behavior Analysis, 34,* 349–352.

Henry, G. T., Bastian, K. C., & Fortner, C. K. (2011). Stayers and leavers: Early-career teacher effectiveness and attrition. *Educational Researcher, 40,* 271–280.

Hill, H. C., Blunk, M. L., Charalambous, C. Y., Lewis, J. M., Phelps, G. C., Sleep, L., & Ball, D. L. (2008). Mathematical knowledge for teaching and the mathematical quality of instruction: An exploratory study. *Cognition and Instruction, 26,* 430–511.

Hogan, T., Rabinowitz, M., & Craven, J. A., III (2003). Representation in teaching: Inferences from research of expert and novice teachers. *Educational Psychologist, 38,* 235–247.

Holt-Reynolds, D. (1992). Personal history-based beliefs as relevant prior knowledge in course work. *American Educational Research Journal, 29,* 325–349.

Holzberger, D., Philipp, A., & Kunter, M. (2013). How teachers' self-efficacy is related to instructional quality: A longitudinal analysis. *Journal of Educational Psychology, 105,* 774–786.

Kirschner, P. A., & van Merriënboer, J. J. G. (2013). Do learners really know best? Urban legends in education. *Educational Psychologist, 48,* 169–183.

Konstantopoulos, S., & Chung, V. (2011). The persistence of teacher effects in elementary grades. *American Educational Research Journal, 48,* 361–386.

Kozhevnikov, M., Evans, C., & Kosslyn, S. M. (2014). Cognitive style as environmentally sensitive individual differences in cognition: A modern synthesis and applications in education, business, and management. *Psychological Science in the Public Interest, 15,* 3–33.

Krätzig, G. P., & Arbuthnott, K. D. (2006). Perceptual learning style and learning proficiency: A test of the hypothesis. *Journal of Educational Psychology, 98,* 238–246.

Krauss, S., Brunner, M., Kunter, M., Baumert, J., Blum, W., Neubrand, M., & Jordan, A. (2008). Pedagogical content knowledge and content knowledge of secondary mathematics teachers. *Journal of Educational Psychology, 100,* 716–725.

Langer, J. A. (2000). Excellence in English in middle and high school: How teachers' professional lives support student achievement. *American Educational Research Journal, 37,* 397–439.

Larrivee, B. (2006). The convergence of reflective practice and effective classroom management. In C. M. Evertson & C. S. Weinstein (Eds.), *Handbook of classroom management: Research, practice, and contemporary issues* (pp. 983–1001). Mahwah, NJ: Erlbaum.

Mayer, R. E., & Massa, L. J. (2003). Three facets of visual and verbal learners: Cognitive ability, cognitive style, and learning preference. *Journal of Educational Psychology, 95,* 833–846.

McCombs, B. L. (Ed.). (2005). *Learner-centered principles: A framework for teaching.* Mahwah, NJ: Erlbaum.

McDevitt, T. M., & Ormrod, J. E. (2008). Fostering conceptual change about child development in prospective teachers and other college students. *Child Development Perspectives, 2,* 85–91.

McIntyre, E. (2010). Issues in funds of knowledge teaching and research: Key concepts from a study of Appalachian families and schooling. In M. L. Dantas & P. C. Manyak (Eds.), *Home–school connections in a multicultural society: Learning from and with culturally and linguistically diverse families* (pp. 201–217). New York, NY: Routledge.

Mills, G. E. (2014). *Action research: A guide for the teacher researcher* (5th ed.). Upper Saddle River, NJ: Pearson.

National Research Council. (2000). *How people learn: Brain, mind, experience, and school* (expanded ed.). Washington, DC: National Academies Press.

Ormrod, J. E. (2011). *Our minds, our memories: Enhancing thinking and learning at all ages.* Boston: Pearson.

Patrick, H., & Pintrich, P. R. (2001). Conceptual change in teachers' intuitive conceptions of learning, motivation, and instruction: The role of motivational and epistemological beliefs. In B. Torff & R. J. Sternberg (Eds.), *Understanding and teaching the intuitive mind: Student and teacher learning* (pp. 117–143). Mahwah, NJ: Erlbaum.

Raudenbush, S. W. (2009). The *Brown* legacy and the O'Connor challenge: Transforming schools in the images of children's potential. *Educational Researcher, 38,* 169–180.

Reynolds, W. M., & Miller, G. E. (2013). Volume preface. In W. M. Reynolds & G. E. Miller (Eds.), *Handbook of psychology, volume 7: Educational psychology* (pp. xv–xviii). Hoboken, NJ: Wiley.

Richardson, V. (2003). Preservice teachers' beliefs. In J. Raths & A. C. McAninch (Eds.), *Teacher beliefs and classroom performance: The impact of teacher education* (pp. 1–22). Greenwich, CT: Information Age.

Rogoff, B. (2003). *The cultural nature of human development.* Oxford, England: Oxford University Press.

Rothbart, M. K. (2011). *Becoming who we are: Temperament and personality in development.* New York, NY: Guilford.

Schlegel, A., Alexander, P., & Tse, P. U. (2016). Information processing in the mental workspace is fundamentally distributed. *Journal of Cognitive Neuroscience, 28*(2), 295–307. doi:10.1162/jocn_a_00899

Shulman, L. S. (1986). Those who understand: Knowledge growth in teaching. *Educational Researcher, 15*(2), 4–14.

Skaalvik, E. M., & Skaalvik, S. (2008). Teacher self-efficacy: Conceptual analysis and relations with teacher burnout and perceived school context. In H. W. Marsh, R. G. Craven, & D. M. McInerney (Eds.), *Self-processes, learning, and enabling human potential* (pp. 223–247). Charlotte, NC: Information Age.

Smith, A. K. (2009). *The art of possibility: Creating more successful learners.* Malibu, CA: Center for Collaborative Action Research, Pepperdine University. Retrieved from http://cadres.pepperdine.edu/ccar/projects.school.html

Smith, D. C., & Neale, D. C. (1991). The construction of subject-matter knowledge in primary science teaching. In J. Brophy (Ed.), *Advances in research on teaching: Vol. 2. Teachers' knowledge of subject matter as it relates to their teaching practice* (pp. 187–244). Greenwich, CT: JAI Press.

Squire, K. (2011). *Video games and learning: Teaching and participatory culture in the digital age.* New York, NY: Teachers College Press.

Tobias, S., & Fletcher, J. D. (Eds.) (2011). *Computer games and instruction.* Charlotte, NC: Information Age.

Waterhouse, L. (2006). Multiple intelligences, the Mozart effect, and emotional intelligence: A critical review. *Educational Psychologist, 41,* 207–225.

Windschitl, M. (2002). Framing constructivism in practice as the negotiation of dilemmas: An analysis of the conceptual, pedagogical, cultural, and political challenges facing teachers. *Review of Educational Research, 72,* 131–175.

Woolfolk Hoy, A., Davis, H., & Pape, S. J. (2006). Teacher knowledge and beliefs. In P. A. Alexander & P. H. Winne (Eds.), *Handbook of educational psychology* (2nd ed., pp. 715–737). Mahwah, NJ: Erlbaum.


* 更多参考文献，请登录中国人民大学出版社网站，搜索本书书名进行下载：www.crup.com.cn。

# 推荐阅读书目

| ISBN | 书名 | 作者 | 单价（元） |
|---|---|---|---|
| | 心理学译丛 | | |
| 978-7-300-26722-7 | 心理学（第 3 版） | [美] 斯宾塞·A. 拉瑟斯 | 79.00 |
| 978-7-300-28545-0 | 心理学的世界 | [美] 阿比盖尔·A. 贝尔德 | 79.80 |
| **978-7-300-29372-1** | **心理学改变思维（第 4 版）** | **[美] 斯科特·O. 利林菲尔德 等** | **168.00** |
| 978-7-300-12644-9 | 行动中的心理学（第 8 版） | [美] 卡伦·霍夫曼 | 89.00 |
| 978-7-300-09563-9 | 现代心理学史（第 2 版） | [美] C. 詹姆斯·古德温 | 88.00 |
| 978-7-300-13001-9 | 心理学研究方法（第 9 版） | [美] 尼尔·J. 萨尔金德 | 68.00 |
| 978-7-300-16579-0 | 质性研究方法导论（第 4 版） | [美] 科瑞恩·格莱斯 | 48.00 |
| 978-7-300-22490-9 | 行为科学统计精要（第 8 版） | [美] 弗雷德里克·J. 格雷维特 等 | 68.00 |
| 978-7-300-28834-5 | 行为与社会科学统计（第 5 版） | [美] 亚瑟·阿伦 等 | 98.00 |
| 978-7-300-22245-5 | 心理统计学（第 5 版） | [美] 亚瑟·阿伦 等 | 89.00 |
| 978-7-300-13306-5 | 现代心理测量学（第 3 版） | [英] 约翰·罗斯特 等 | 39.90 |
| 978-7-300-17056-5 | 艾肯心理测量与评估（第 12 版·英文版） | [美] 刘易斯·艾肯 等 | 69.80 |
| 978-7-300-12745-3 | 人类发展（第 8 版） | [美] 詹姆斯·W. 范德赞登 等 | 88.00 |
| 978-7-300-13307-2 | 伯克毕生发展心理学:从 0 岁到青少年(第 4 版) | [美] 劳拉·E. 伯克 | 89.80 |
| 978-7-300-20556-4 | 阿内特青少年心理学（第 5 版） | [美] 杰弗瑞·简森·阿内特 | 69.90 |
| 978-7-300-18303-9 | 伯克毕生发展心理学:从青少年到老年(第 4 版) | [美] 劳拉·E. 伯克 | 55.00 |
| 978-7-300-18422-7 | 社会性发展 | [美] 罗斯·D. 帕克 等 | 59.90 |
| 978-7-300-21583-9 | 伍尔福克教育心理学（第 12 版） | [美] 安妮塔·伍尔福克 | 109.00 |
| 978-7-300-16761-9 | 伍德沃克教育心理学（第 11 版·英文版） | [美] 安妮塔·伍德沃克 | 75.00 |
| 978-7-300-17256-9 | 教育心理学精要（第 3 版） | [美] 简妮·爱丽丝·奥姆罗德 | 79.90 |
| 978-7-300-18664-1 | 学习心理学（第 6 版） | [美] 简妮·爱丽丝·奥姆罗德 | 78.00 |
| 978-7-300-23658-2 | 异常心理学（第 6 版） | [美] 马克·杜兰德 等 | 139.00 |
| 978-7-300-17653-6 | 临床心理学 | [加] 沃尔夫冈·林登 等 | 65.00 |
| 978-7-300-18593-4 | 婴幼儿心理健康手册（第 3 版） | [美] 小查尔斯·H. 泽纳 | 89.90 |
| 978-7-300-19858-3 | 心理咨询导论（第 6 版） | [美] 塞缪尔·格莱丁 | 89.90 |
| 978-7-300-25883-6 | 人格心理学入门（第 8 版） | [美] 马修·H. 奥尔森 等 | 98.00 |
| 978-7-300-14062-9 | 社会与人格心理学研究方法手册 | [美] 哈里·T. 赖斯 等 | 89.90 |
| 978-7-300-12478-0 | 女性心理学（第 6 版） | [美] 马格丽特·W. 马特林 | 58.00 |
| 978-7-300-18010-6 | 消费心理学：无所不在的时尚（第 2 版） | [美] 迈克尔·R. 所罗门 等 | 79.80 |
| 978-7-300-12617-3 | 社区心理学：联结个体和社区（第 2 版） | [美] 詹姆士·H. 道尔顿 等 | 69.80 |
| 978-7-300-16328-4 | 跨文化心理学（第 4 版） | [美] 埃里克·B. 希雷 | 55.00 |
| 978-7-300-14110-7 | 职场人际关系心理学（第 12 版） | [美] 莎伦·伦德·奥尼尔 等 | 49.00 |
| 978-7-300-15678-1 | 社会交际心理学：人际行为研究 | [澳] 约瑟夫·P. 福加斯 | 39.00 |
| 978-7-300-13303-4 | 生涯发展与规划：人生的问题与选择 | [美] 理查德·S. 沙夫 | 45.00 |
| 978-7-300-18904-8 | 大学生领导力（第 3 版） | [美] 苏珊·R. 考米维斯 等 | 39.80 |

## 西方心理学大师经典译丛

| | | | |
|---|---|---|---|
| 978-7-300-17807-3 | 自卑与超越 | ［奥］阿尔弗雷德·阿德勒 | 48.00 |
| 978-7-300-17774-8 | 我们时代的神经症人格 | ［美］卡伦·霍妮 | 45.00 |
| 978-7-300-17806-6 | 动机与人格（第三版） | ［美］亚伯拉罕·马斯洛 | 58.00 |
| 978-7-300-17739-7 | 人的自我寻求 | ［美］罗洛·梅 | 48.00 |
| 978-7-300-20299-0 | 教育心理学简编 | ［美］爱德华·桑代克 | 45.00 |
| 978-7-300-20342-3 | 心理物理学纲要 | ［德］古斯塔夫·费希纳 | 49.00 |
| 978-7-300-18539-2 | 精神病学的人际关系理论 | ［美］哈里·沙利文 | 45.00 |
| 978-7-300-20275-4 | 社会学习理论 | ［美］阿尔伯特·班杜拉 | 48.00 |
| 978-7-300-20339-3 | 追求意义的意志 | ［奥］维克多·弗兰克尔 | 48.00 |
| 978-7-300-17738-0 | 当事人中心治疗：实践、运用和理论 | ［美］卡尔·罗杰斯 等 | 89.00 |
| 978-7-300-24518-8 | 理解人性 | ［奥］阿尔弗雷德·阿德勒 | 39.90 |
| 978-7-300-24517-1 | 寻找灵魂的现代人 | ［瑞士］卡尔·荣格 | 48.00 |
| 978-7-300-23941-5 | 动力心理学 | ［美］罗伯特·伍德沃斯 | 45.00 |
| 978-7-300-23940-8 | 挫折与攻击 | ［美］约翰·多拉德 等 | 45.00 |
| 978-7-300-26138-6 | 性学三论与爱情心理学 | ［奥］西格蒙德·弗洛伊德 | 38.00 |
| 978-7-300-26033-4 | 人类的遗产：“文明社会”的演化与未来 | ［美］利昂·费斯汀格 | 55.00 |
| 978-7-300-26034-1 | 实现自我：神经症与人的成长 | ［美］卡伦·霍妮 | 65.00 |
| 978-7-300-27774-5 | 压力：评价与应对 | ［美］理查德·拉扎勒斯 等 | 85.00 |
| 978-7-300-27972-5 | 心理学与灵魂 | ［奥］奥托·兰克 | 48.00 |
| 978-7-300-28167-4 | 习得性无助 | ［美］马丁·塞利格曼 | 58.00 |
| 978-7-300-27210-8 | 思维风格 | ［美］罗伯特·斯滕伯格 | 49.00 |
| 978-7-300-25215-5 | 超越自由与尊严 | ［美］B. F. 斯金纳 | 48.00 |
| 978-7-300-29171-0 | 偏见的本质 | ［美］戈登·奥尔波特 | 118.00 |

## 当代西方社会心理学名著译丛

| | | | |
|---|---|---|---|
| 978-7-300-28793-5 | 偏见（第2版） | ［英］鲁珀特·布朗 | 98.00 |
| 978-7-300-28542-9 | 归因动机论 | ［美］伯纳德·韦纳 | 59.80 |
| 978-7-300-28329-6 | 欲望的演化（最新修订版） | ［美］戴维·巴斯 | 79.80 |
| 978-7-300-28458-3 | 努力的意义：积极的自我理论 | ［美］卡罗尔·德韦克 | 59.90 |
| 978-7-300-12765-1 | 社会支配论 | ［美］吉姆·斯达纽斯 等 | 65.00 |
| 978-7-300-13004-0 | 自我归类论 | ［澳］约翰·特纳 等 | 45.00 |
| 978-7-300-13009-5 | 社会认同过程 | ［澳］迈克尔·A. 豪格 等 | 59.00 |
| 978-7-300-13010-1 | 论辩与思考（新版） | ［英］迈克尔·毕利希 等 | 65.00 |

* * * *

更多图书信息请登录中国人民大学出版社网站：www.crup.com.cn

Authorized translation from the English language edition, entitled Essentials of Educational Psychology: Big Ideas to Guide Effective Teaching, 5e, 9780134894980 by Jeanne Ellis Ormrod, Brett Jones, published by Pearson Education, Inc., Copyright © 2018, 2015, 2012 by Pearson Education, Inc. or its affiliates.

All rights reserved. No part of this book may be reproduced or transmitted in any form or by any means, electronic or mechanical, including photocopying, recording or by any information storage retrieval system, without permission from Pearson Education, Inc.

CHINESE SIMPLIFIED language edition published by CHINA RENMIN UNIVERSITY PRESS CO., LTD., Copyright © 2021.

本书中文简体字版由培生教育出版公司授权中国人民大学出版社出版，未经出版者书面许可，不得以任何形式复制或抄袭本书的任何部分。
本书封面贴有 Pearson Education（培生教育出版集团）激光防伪标签。无标签者不得销售。

图书在版编目（CIP）数据

教育心理学：指导有效教学的主要理念：第5版 /（美）简妮·爱丽丝·奥姆罗德（Jeanne Ellis Ormrod），（美）布雷特·琼斯（Brett Jones）著；雷雳等译. --北京：中国人民大学出版社，2021.9

（心理学译丛）

书名原文：Essentials of educational psychology: Big ideas to guide effective teaching, 5e

ISBN 978-7-300-29643-2

Ⅰ.①教… Ⅱ.①简… ②布… ③雷… Ⅲ.①教育心理学 Ⅳ.①G44

中国版本图书馆CIP数据核字（2021）第160620号

心理学译丛

**教育心理学**

指导有效教学的主要理念（第5版）

［美］简妮·爱丽丝·奥姆罗德　布雷特·琼斯　著

雷雳　伍亚娜　柳铭心　王艳　聂佳　译

雷雳　审校

Jiaoyu Xinlixue

| | | | |
|---|---|---|---|
| 出版发行 | 中国人民大学出版社 | | |
| 社　址 | 北京中关村大街31号 | 邮政编码 | 100080 |
| 电　话 | 010-62511242（总编室） | | 010-62511770（质管部） |
| | 010-82501766（邮购部） | | 010-62514148（门市部） |
| | 010-62515195（发行公司） | | 010-62515275（盗版举报） |
| 网　址 | http://www.crup.com.cn | | |
| 经　销 | 新华书店 | | |
| 印　刷 | 三河市恒彩印务有限公司 | | |
| 规　格 | 215mm×275mm　16开本 | 版　次 | 2021年9月第1版 |
| 印　张 | 30.75　插页 2 | 印　次 | 2021年9月第1次印刷 |
| 字　数 | 786 000 | 定　价 | 109.00元 |


版权所有　侵权必究　印装差错　负责调换

Pearson

尊敬的老师：

您好！

为了确保您及时有效地申请培生整体教学资源，请您务必完整填写如下表格，加盖学院的公章后传真给我们，我们将会在2～3个工作日内为您处理。

**请填写所需教辅的开课信息：**

| | | | |
|---|---|---|---|
| 采用教材 | | | □ 中文版 □ 英文版 □ 双语版 |
| 作　者 | | 出版社 | |
| 版　次 | | ISBN | |
| 课程时间 | 始于　年　月　日 | 学生人数 | |
| | 止于　年　月　日 | 学生年级 | □ 专　科 □ 本科 1/2 年级<br>□ 研究生 □ 本科 3/4 年级 |

**请填写您的个人信息：**

| | | | |
|---|---|---|---|
| 学　校 | | | |
| 院系/专业 | | | |
| 姓　名 | | 职　称 | □ 助教 □ 讲师 □ 副教授 □ 教授 |
| 通信地址/邮编 | | | |
| 手　机 | | 电　话 | |
| 传　真 | | | |
| official email（必填）<br>（eg：×××@ruc. edu. cn） | | E-mail<br>（eg：×××@163. com） | |
| 是否愿意接受我们定期的新书信息通知：□ 是 □ 否 | | | |

系/院主任：________（签字）

（系 / 院办公室章）

____年____月____日

资源介绍：

——教材、常规教辅（PPT、教师手册、题库等）资源：请访问 www. pearsonhighered. com/educator。（免费）

——MyLabs/Mastering 系列在线平台：适合老师和学生共同使用；访问需要 Access Code。（付费）

100013　北京市东城区北三环东路 36 号环球贸易中心 D 座 1208 室

电话：（8610）57355003　　传真：（8610）58257961

Please send this form to：copub. hed@pearson. com